절대지식
중국고전

절대지식
중국고전

다케우치 미노루 외 지음 · 양억관 옮김

이다미디어

중국에 관한 절대지식의 진열장

어렸을 적, 뉘 집 할머니의 주머니를 훔쳐본 적이 있다. 고 손바닥만 한 비단 주머니에 오밀조밀한 장식이나 비상약, 거기다 꼬깃꼬깃한 용돈 말고도 한두 알 사탕까지 들어 있었다. 치마 속 저 안창에 꼭꼭 묶인 그 작은 주머니에 세상에서 제일 소중한 몇 가지를 담을 수 있다는 게 신기했다.

어느 날 웅덩이에서 고기를 잡는 영감을 보았다. 활짝 펴진 그물의 사방에서 물고기가 뛰어 그걸 어떻게 모조리 잡으랴 걱정인데, 영감이 쉬엄쉬엄 그물의 벼리를 잡아당기자 물고기가 몰리면서 퍼덕거렸다. 잔챙이는 던지고 큰 놈만 소쿠리에 옮기는 그 실력이 신기했다.

우리에게 중국은 숙명적이다. 현재의 삶도 그렇지만 우리의 전통문화를 알기 위해서도 담 너머 남의 집 이야기가 아니다. 그런데 중국의 고전은 입이 딱 벌어지게 많다. 그래서 골칫거리이다. 오죽하면 2,000년 전 수백, 수천의 논객들을 '제자백가諸子百家'라 했고, 그들의 저술을 '백가쟁명', '백화제방'이라 했으랴! 이때 그 작은 주머니에 세상에서 제일 중요한 몇 가지를 싸 넣던 할머니의 지혜나, 단 한 줄의 벼리로 그 넓은 그물을 당기면서 큼직한 물고기만 건져 올리는 어옹의 수법을 배우고 싶다. 다행히 중국은 명明나라·청淸나라 때에 들면서 도서의 수합·선별·품별 작업이 국가적인 사업으로 펼쳐졌다. 명나라 성조成祖 때는 중국 최초의 백과사전 격인 『영락대전永樂大典』이, 청나라 강희康熙 때는 『고금도서집성古今圖書集成』이, 다시 청나라 건륭乾隆 때는 『사고전서四庫全書』가 각각 수만 권씩 편집, 발간되었다.

　무엇보다 그 많은 고전 가운데 죽지 않고 썩지 않은 명저들이 방금 낚아 올린 물고기를 버들가지에 줄줄이 꿰어 놓은 듯 푸짐하다.

　우리가 사는 세상이 깜깜하면 불빛 같은 스승을 만나고 싶다. 그럼에도 불빛은 우리가 필요로 할 때 꺼지기 쉽고, 스승은 우리가 묻고 싶을 때 세상을 떠나고 말았다. 끝내 하늘에 묻지만 하늘은 바람일 뿐이다. 그래서 꺼지지 않는 불빛, 떠나지 않는 스승으로 고전을 추대하는 일에 우리는 주저하지 않는다. 더구나 살아 있는 우리들의 지식과 지혜가 고작 70, 80년인 데 반해 중국 명저의 나이는 걸핏하면 수백 살, 수천 살임에랴.

　그 불빛, 그 스승이 주머니처럼 모여 있고, 그물을 꿰는 벼리처럼 우리 옆에 있다면 얼마나 흐뭇하고 얼마나 간편할까? 때마침 축소의 귀재로 불리는 일본 사람들, 그 뛰어난 중국학 학자들이 모여 약 100종의 중국 명저를 다이제스트했다면 바로 앞에서 말한 할머니와 어옹의 지혜를 실현한 셈이 될 것이다. 그 장점을 몇 가지 들고 싶다.

첫째, 춘추春秋시대부터 20세기까지 근 3,000년에 걸친 명저를 '사고四庫'의 분류를 확대해 역사·사상·문학·예술·과학 등 5고庫로 발전시킴으로써 도서 분류의 틀을 지켰다. 그중 역사에서는 『춘추좌씨전』, 『춘추』 등의 16종, 사상에서는 유가·도가·신선가·법가·병가·묵가·불가 등 7개 사상파 외에 처세훈까지 도합 8개 유파의 40종, 문학에서는 『삼국지연의』, 『수호전』, 『서상기』, 『두아원』 등의 소설과 희곡 19종, 『시경』, 『초사』 등의 시집 16종 등 총 35종을 포괄했고, 이 밖에 『본초강목』, 『황제내경』 등의 과학서 5종과 『역대명화기』, 『개자원화전』 등 예술서 4종을 망라해 100종을 수록했다. 중국 문화의 맑은 눈동자와 뜨거운 가슴이 모두 여기에 모였기에 중국에 관한 절대지식의 진열장이라고 말할 수 있다.

둘째, 중국의 명저를 다이제스트했을지라도 줄곧 신작로만 걷는 게 아니라 정자를 만나 쉬거나 웅덩이를 만나 미역을 감는 격이었다. 곧 필요에 따라 지식의 넓이와 깊이를 충족시킬 수 있도록 배려했다. 중요한 경전일 경우, 중요한 괘사卦辭를 조목별로 요약했고, 편별로 나누어 그 요지를 축약하면서도 핵심적인 구절을 풀이했으며, 『수호지』의 경우 120회를 다시 내용별로 7분해 대체를 요약해 놓았다. 또 『정관정요』나 『전국책』 등은 당나라의 태종과 명신들의 문답을 기술한 내용인데도 현대 정치에 시사하는 바가 큰 정치수필로 읽혔고, 책사와 세객의 언론과 행태 등은 정치의 방담이나 정객의 열전을 방불케 했다.

셋째, 명저를 취합할 때 아雅·속俗, 허虛·실實, 경硬·연軟의 균형을 잡은 점이다. 『사서삼경』 같은 엄숙한 경전이 있는가 하면 『소림笑林』이나 『소부笑府』 같은 해학의 익살이 있고, 『춘추』나 『한서』 같은 역사의 진실한 기록이 있는가 하면 『수신기』나 『유선굴』 같은 허구의 지괴가 있으며, 『본초강목』이나 『진서천문지』 같은 정밀한 과학이 있는가 하면 『개자원화전』이나 『율려신서』 같은 예술 연구가 있다.

넷째, 유려한 번역이 인용한 원문의 참맛과 참뜻을 잘 살리고 있을 뿐 아니라 이 책을 읽는 동안, 우리 상용어의 어원을 터득하게 함으로써 한국어의 지평을 넓혀 주고 있다. 곧, '책 속의 명문장'이라는 코너에서 친절하게 풀이해 준 고사나 성어들이 그렇다.

고전을 읽는 것은 고인들의 지혜나 지식을 빌리는 일이며, 우리의 나이에 역사의 길이를 더하는 일이다. 특히 그러한 지식과 지혜를 한꺼번에 만나는 일은 우리에게 더없이 즐거운 일이다.

중국문학가 허 세 욱

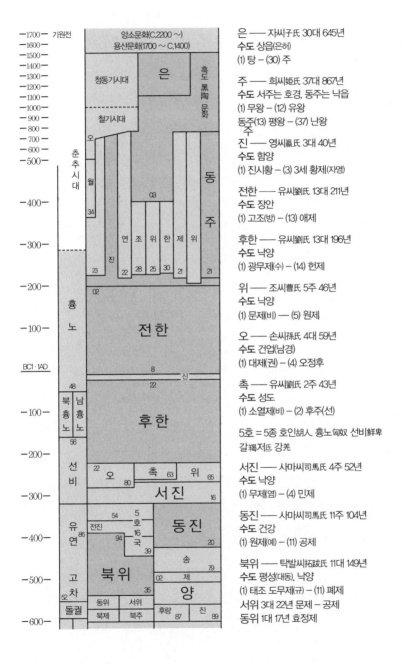

은 —— 자씨子氏 30대 645년
수도 상읍(은허)
(1) 탕 – (30) 주

주 —— 희씨姬氏 37대 867년
수도 서주는 호경, 동주는 낙읍
(1) 무왕 – (12) 유왕
동주(13) 평왕 – (37) 난왕

진 —— 영씨嬴氏 3대 40년
수도 함양
(1) 진시황 – (3) 3세 황제(자영)

전한 —— 유씨劉氏 13대 211년
수도 장안
(1) 고조(방) – (13) 애제

후한 —— 유씨劉氏 13대 196년
수도 낙양
(1) 광무제(수) – (14) 헌제

위 —— 조씨曹氏 5주 46년
수도 낙양
(1) 문제(비) – (5) 원제

오 —— 손씨孫氏 4대 59년
수도 건업(남경)
(1) 대제(권) – (4) 오정후

촉 —— 유씨劉氏 2주 43년
수도 성도
(1) 소열제(비) – (2) 후주(선)

5호 = 5종 호인胡人. 흉노匈奴 선비鮮卑
갈羯저氐 강羌

서진 —— 사마씨司馬氏 4주 52년
수도 낙양
(1) 무제(염) – (4) 민제

동진 —— 사마씨司馬氏 11주 104년
수도 건강
(1) 원제(예) – (11) 공제

북위 —— 탁발씨拓跋氏 11대 149년
수도 평성(대동), 낙양
(1) 태조 도무제(규) – (11) 폐제
서위 3대 22년 문제 – 공제
동위 1대 17년 효정제

※ 시대 구분표 안의 숫자는 나라가 멸망한 연도이다. 왕조의 계보는 왕조명, 씨족명, 수도명을 부기했다. (1), (30) 등의 숫자는 초대 제왕과 말대 제왕의 즉위순, 괄호 안은 이름이다. 후한의 헌제가 14대인 것은 1대가 중복됐기 때문이다. 위·촉 등을 대代가 아니고 주主로 표기한 것은 역사학의 관례에 따른 것이다.

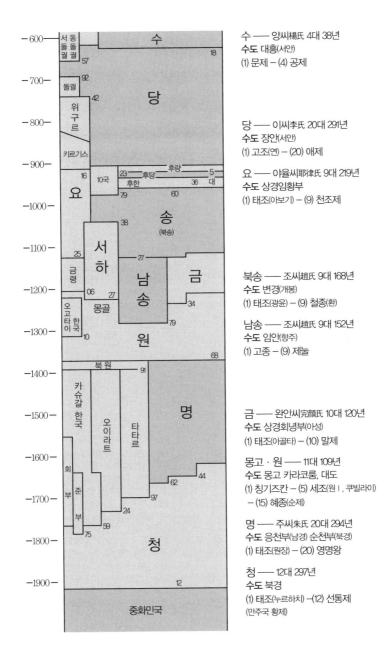

수 —— 양씨楊氏 4대 38년
수도 대흥(서안)
(1) 문제 – (4) 공제

당 —— 이씨李氏 20대 291년
수도 장안(서안)
(1) 고조(연) – (20) 애제

요 —— 야율씨耶律氏 9대 219년
수도 상경임황부
(1) 태조(아보기) – (9) 천조제

북송 —— 조씨趙氏 9대 168년
수도 변경(개봉)
(1) 태조(광윤) – (9) 철종(환)

남송 —— 조씨趙氏 9대 152년
수도 임안(항주)
(1) 고종 – (9) 제눌

금 —— 완안씨完顏氏 10대 120년
수도 상경회녕부(아성)
(1) 태조(아골타) – (10) 말제

몽고·원 —— 11대 109년
수도 몽고 카라코룸, 대도
(1) 칭기즈칸 – (5) 세조(원 I . 쿠빌라이)
 – (15) 혜종(순제)

명 —— 주씨朱氏 20대 294년
수도 응천부(남경) 순천부(북경)
(1) 태조(원장) – (20) 영명왕

청 —— 12대 297년
수도 북경
(1) 태조(누르하치) –(12) 선통제
(만주국 황제)

| 지도로 보는 중국 역사 |

| 은나라 · 주나라 시대(BC 8세기 이전) |

◀ **은나라와 주나라**─중국의 창세신화는 삼황오제三皇五帝, 요순시대, 하나라로 이어진다. 그러나 역사적 유물로 확인된 최고最古의 왕조는 은나라이다. 은허(현재 하남성 안양시)에서 발굴된 은나라 유물은 거대한 궁전과 청동 무기와 제기, 갑골문자 등인데 제정일치의 신권정치 체제를 유지했다. 기원전 11세기에 은을 멸망시킨 주나라가 주변 이민족의 침입을 받아 기원전 8세기에 도읍을 호경에서 낙읍으로 옮기면서(동주) 춘추전국시대가 열렸다.

| 전국시대의 중국(BC 5세기 ~ BC 3세기) |

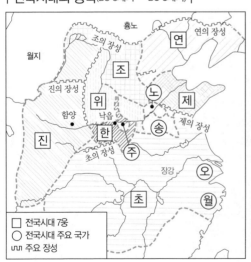

◀ **춘추전국시대**─주나라가 힘을 잃자 존왕양이를 내세운 각지의 제후들이 세력 경쟁을 벌여 마지막으로 패권을 차지한 제후를 춘추5패라 한다. 5패는 제의 환공, 진晉의 문공, 초의 장왕, 오왕 합려, 월왕 구천 등이다. 전국시대에는 기원전 403년 진나라가 한, 위, 조의 3국으로 분리되면서 전국시대의 7웅, 즉 한, 위, 조, 제, 연, 초, 진秦 등이 중원의 패권을 다투었다.
그리고 제후들이 부국강병책을 추구하면서 봉건제도가 무너지고 새로운 지배 체제를 주창하는 제자백가가 등장한 대변혁의 시기였다.

| 진나라와 전한 시대(BC 3세기 ~ AD 1세기) |

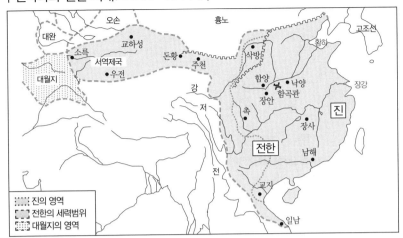

▲ **진나라와 전한 시대**―기원전 221년에 천하를 통일한 진시황제는 봉건제를 폐지하고 중앙집권적 관료제를 실시했다. 이러한 급진적인 개혁과 독재는 구세력과 농민의 반발을 불러와 진시황제의 사후 유방과 항우가 거병하는 결과를 초래했다. 초왕 항우를 격파한 유방은 기원전 202년 전국을 통일하고 한(전한)의 고조가 되었다. 한무제는 동중서의 헌책에 따라 유교를 국교로 정해 국가 질서의 기초를 닦았고, 서역 원정을 통해 영토를 확장하는 등 한의 전성기를 맞았다. 외척 왕망에 의해 한때 전한이 붕괴되었지만 기원 25년 유수(광무제)가 한왕조를 다시 세웠다. 이것이 후한이다.

| 위 · 촉 · 오의 삼국시대(3세기) |

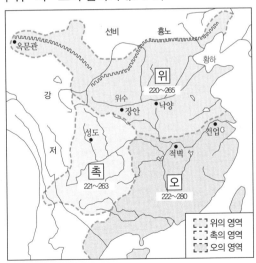

◀ **삼국시대**―후한 말에 정치적 내부 대립과 황건적의 난 등 농민 반란으로 인해 왕권이 붕괴되면서 위(조조) · 촉(유비) · 오(손권)가 대립하는 삼국시대가 시작되었다. 중원을 장악한 조조는 208년 적벽에서 촉 · 오 연합군을 이끄는 제갈공명에게 패해 천하 통일의 꿈을 접어야 했다. 그러나 조조의 아들 조비가 후한의 왕조를 찬탈해 제위에 올랐고, 촉한은 위의 실권자였던 사마의의 아들 사마소에게 항복했다. 사마소의 아들 사마염은 위나라 제위를 물려받아 진(서진)의 황제에 즉위한 다음 오를 멸망시키고 마침내 삼국을 통일했다.

| 서진의 5호16국 시대(4세기 ~ 5세기) |

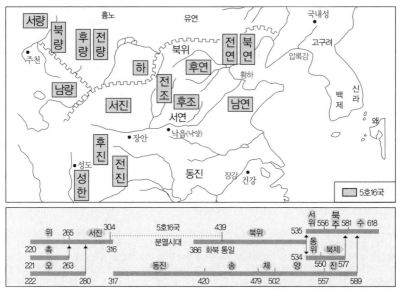

▲ **5호16국**—서진은 무제가 죽고 혜제
가 즉위하면서 왕족과 제후의 내분이 일어
나 쇠퇴의 길을 걸었다. 팔왕의 난이 발생
한 것을 계기로 주변 이민족들의 침략도
본격화되기 시작했다. 당시 화북을 침략한
이민족은 흉노, 선비, 갈, 저, 강 등 5호이
고, 여기에 한민족의 나라를 합쳐 16국이
약 130년간 흥망을 거듭했다. 316년 서진
이 멸망한 후 팔왕의 난 당시 남경에 머물
던 사마예가 호족의 추대를 받아 317년 동
진을 일으켰다.

| 남북조시대(5세기) |

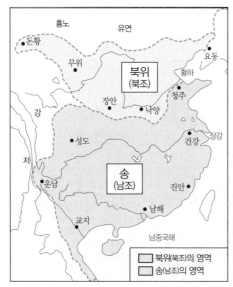

◀ **남북조시대**—5호16국 시대의 혼란은 선비
의 탁발씨가 세운 북위의 태무제에 의해 439년
화북이 통일될 때까지 계속되었다. 북위 이후 화
북을 지배한 왕조를 북조라 하고, 이들은 중국
문화에 빠르게 동화되었다. 강남에 자리 잡은 동
진은 송(남조)을 세운 유유에게 멸망한 후 북조와
남조가 150년 동안 대립하는 남북조시대가 열
리게 되었다. 이후 남조는 제, 양, 진陳의 왕조를
거쳐 결국 수나라에 병합되었다.

| 수나라 · 당나라 시대(6세기 말 ~ 9세기) |

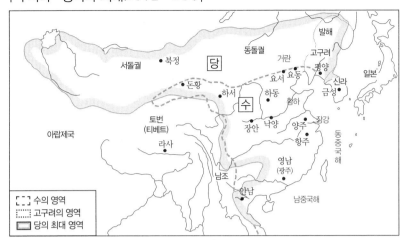

▲ **수나라와 당나라** 남북으로 분열돼 있던 중국은 589년 북조에서 일어난 수나라의 문제(양견)에 의해 천하 통일을 이루었다. 그러나 아들 양제가 고구려 원정 실패와 가혹한 착취로 인해 농민 반란을 자초했고, 결국 건국 30년 만에 산서 지방의 호족인 이연(당고조)에게 멸망당했다. 당의 2대 황제 태종(이세민)은 '정관의 치'로 당나라의 기초를 닦았다. 고종은 북방의 동돌궐을 격퇴해 몽골고원을 지배하고, 서쪽으로는 서돌궐과 토번(티베트)을 정벌해 중국 역사 이래 내세국을 건설했다.

| 남송과 금나라의 대립(12세기) |

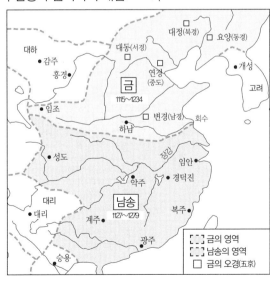

◀ **남송과 금나라** 황소의 난 이후 당의 통제력이 약해지자 절도사 주전충이 당을 멸망시키면서 화북에서는 5대 왕조가 연이어 교체되고, 지방에서도 10국이 발흥했다. 이른바 5대10국 시대였다. 5대의 마지막 왕조인 후주의 무장 조광윤이 960년 개봉(변경)을 도읍으로 하는 송(북송)을 세우고 통일을 이루었다. 10세기 초 북방의 몽골고원에서는 위구르를 멸망시킨 요가 발흥했지만 12세기에 들어오면서 발해 지역의 여진이 요를 무너뜨리고 금을 세웠다. 이후 금이 화북을 점령해 송(남송)을 남쪽으로 물리치면서 중국은 다시 남과 북으로 분할되었다.

| 칭기즈칸과 원나라(13세기 ~ 14세기) |

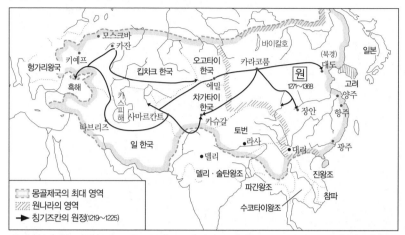

▲ **원나라**—몽골고원에서는 요가 멸망한 뒤에 몽골 민족이 급속히 세력을 확대해 12세기 초 칭기즈칸이 몽골제국을 세웠다. 칭기즈칸은 동서교역로를 따라 정복에 나서 서요의 구 영토를 차지하고, 호라즘왕조와 서북인도와 러시아 영토까지 점령했다. 칭기즈칸 사후 몽골군은 동쪽으로 진출해 서하와 금을 멸망시켰고, 고려를 속국으로 삼으며 유럽 대륙과 동아시아를 잇는 몽골대제국을 건설했다. 쿠빌라이칸이 즉위하면서 국호를 원(수도 북경)으로 개칭하고, 1279년에 남송을 멸망시키고 중국 전체를 지배하에 두었다.

| 명나라의 영역(14세기 말 ~ 17세기) |

◀ **명나라**—원나라 말기 홍건적의 난을 진압하면서 등장한 주원장은 몽골인의 중국 지배에 불만을 품은 지주 세력의 지원을 받아 원군을 격파하고, 1368년 금릉(남경)에서 명의 태조(홍무제)로 즉위했다. 그리고 원을 몽골고원으로 몰아낸 다음(이후 원을 북원이라 부른다) 1371년 중국을 통일했다. 중국 역사상 강남에서 나라를 세워 통일 국가를 이룬 나라는 명이 처음이었다. 명의 말기에 각지에서 반란이 일어났고, 1644년 이자성이 이끄는 농민군에게 북경이 점령당하면서 명의 지배도 끝났다. 당시 중국 동북부 지방에서는 여진(청대에 와서 만주로 개칭)이 다시 성장하고 있었다.

| 청나라와 중국 대륙(17세기 ~ 20세기 초) |

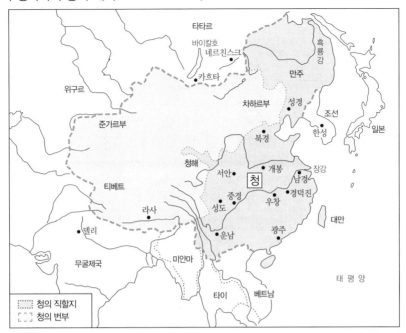

▲ **청나라**—금의 멸망 후 여진은 명의 지배하에 놓였지만 명이 조선의 임진왜란을 지원하기 위해 출병한 공백을 이용해 건주여진을 이끄는 누르하치(청의 태조)가 여진족을 통일하고 제위에 올랐다. 국호를 금(후금)이라 칭했는데(1616년) 이것이 청제국의 출발이었다. 태조는 국민개병제의 군사조직인 팔기병제도를 도입해 명군을 동북부 지역에서 완전히 몰아냈고, 태종이 내몽골을 정복한 다음 국호를 청으로 개칭했다(1636년). 세조 순치제가 명을 멸망시키면서 중국의 패자로 자리 잡았다. 강희제, 옹정제, 건륭제에 이르는 3대 130년에 걸쳐 주변국을 하나씩 점령하면서 오늘의 중국대륙을 완성했다.

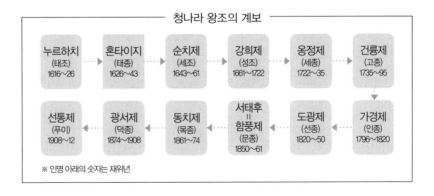

※ 인명 아래의 숫자는 재위년

시대	연대	중국고전작품·문화사	연대	중국 정치·사회사	연대	한국사
은	기원전 1500	중국 갑골문자 창안	기원전 1500	은왕조 성립 신권정치	기원전	
주			1122	주왕조 성립 봉건제도	1000	청동기시대 시작
			841	연호를 공화 원년이라 칭함		
춘추시대	700	『주역(역경)』 성립	770	주의 동천, 낙양으로 천도, 춘추시대의 개막		고조선시대
	645	제의 관중 사망	651	제의 환공 패자		
	600	『서경』 성립	632	진의 문공 패자		
	500	안영 사망 『안자 춘추』	603	초의 장왕 패자		
	481	손무의 『손자』	510	오와 월의 공방 시작		
	479	공자 사망	496	월왕 구천, 오에 승리		
	450	『논어』 편술 시작	494	오왕 부차, 월에 승리		
	431	자사 사망 『중용』	473	월왕 구천, 패왕을 칭함		
전국시대	400	열어구의 『열자』	403	진의 조·한·위 삼분으로 전국시대 개막		
	397	묵적 사망 『묵자』				
	350	『춘추좌씨전』, 『국어』 성립	386	전국 7웅(진·초·연·제·한·위·조)의 시대		
	320	손빈 사망? 『손빈병법』	333	책사 소진, 산동 지방의 제후들에게 합종책 유세	300	철기 문화 보급
	290	장자 사망? 『장자』				
	289	맹자 사망? 『맹자』	311	책사 장의, 연횡책을 진공에게 유세		
	277	굴원 사망? 『초사』				
	239	여불위 사망? 『여씨춘추』				
	236	순자 사망? 『순자』				
	233	한비자 사망 『한비자』				
	213	진시황의 분서갱유				
진			221	진시황 천하통일로 진왕조 시작		
			215	만리장성 축성		
			209	항우와 유방의 거병		

시대	연대	중국고전작품·문화사	연대	중국 정치·사회사	연대	한국사
한(전한)	191	한혜제, 협서율 폐지	202	유방 고조의 한왕조 시작 군주제 시행		
	179	육가 사망 『신어』			194	고조선 위만왕 즉위
	168	가의 사망 『신서』	200	수도를 장안으로 정함		
	136	무제, 동중서의 헌책으로 오경박사 설치	195	고조 사망 후 여태후 전횡		
	122	회남왕 유안 자살 『회남자』	180	5대 문제 즉위		
			154	오초칠국의 난		
	90	사마천(145~?) 사망 『사기』	141	7대 무제 즉위(~87)		
	73	환관(~49)『염철론』 성립	140	연호를 건원(建元)으로 정함		
	6	유향(77~) 사망 『설원』『전국책』『열녀전』『열선전』 유흠 『산해경』 편찬	119	염철관을 설치해 소금과 철의 전매 시작		
			108	고조선을 침략해 낙랑 등 4개군 설치	108	고조선 멸망
					57	신라, 박혁거세 즉위
					37	고구려, 주몽 즉위
			33	왕소군, 흉노의 호한사선우에게 시집	18	백제, 온조왕 즉위
신	기원후 23	유흠 사망 『주례』	기원후 8	신의 왕망 즉위	기원후 3	고구려, 졸본에서 국내성으로 천도
후한	82	『황제내경』 성립	25	광무제(유수)의 후한 시작, 낙양을 수도로 정함	42	수로왕, 금관가야 세움
	87	공자의 집에서 『고문상서』『예기』『논어』『효경』 등 발견	105	채윤 제지법 발명		
			184	황건적의 난 발발	191	고구려, 을파소를 국상에 임명
	90	왕윤(27~) 사망 『논형』	191	손권, 유비 등 군웅할거		
	92	반고(33~) 사망 『한서』『한서예문지』	207	유비, 제갈공명 삼고초려	199	가야, 수로왕 사망
					209	고구려, 환도성으로 도읍을 옮김
	219	장중경의 『상한론』 성립	216	조조, 위왕에 즉위		
삼국시대			220	삼국시대 시작		
			220	조조(155~) 사망 조비, 위의 황제 즉위	242	고구려, 요동 정벌
	260	죽림칠현의 활동	221	유비, 촉한의 황제 즉위	307	신라, 국호를 신라로 사용하기 시작
	263	완적(210~) 사망	222	손권, 오의 황제 즉위		
					315	고구려, 현도성 점령

시대	연대	중국고전작품·문화사	연대	중국 정치·사회사	연대	한국사
원	1295	마치원『한궁추』완성	1271	원제국(몽골) 시작	1274	원과 함께 일본 원정
	1317	마단림『문헌통고』편찬		수도 대도(북경)로 천도	1350	『서경별곡』『청산별곡』
	1351	고명『비파기』완성	1274	1차 일본원정 실패	1363	문익점, 원에서 목화씨
			1277	남송을 멸망시킴		유입
			1281	2차 일본원정 실패	1388	이성계 위화도 회군
명	1370	증선지『십팔사략』편찬	1368	명제국의 태조 홍무제	1392	태조 이성계 조선 건국
	1397	구우『전등신화』완성		즉위	1394	정도전『조선경국전』
	1494	나관중『삼국지연의』	1402	성조 영락제 즉위	1443	훈민정음 창제
		완성	1405	정화의 남해원정	1470	『경국대전』완성
	1510	나관중『수호전』『평요전』	1531	일유편법(세제 통일)	1560	정철『성산별곡』지음
		완성		실시	1579	이이『소학집주』완성
	1528	왕수인(양명) 사망	1557	포르투갈이 마카오 거주 허	1592	임진왜란 발발
		『전습록』		용	1598	이순신 전사. 정유재란
	1570	오승은『서유기』완성	1583	여진족(만주) 누르하치 거	1610	허준『동의보감』완성
		이반룡(1514~) 사망『당		병	1626	전국 호패법 실시
		시선』			1627	후금 침략(정묘호란)
	1590	이지『분서』편찬	1611	동림·비동림 당쟁 격화	1630	이이『격몽요결』편찬
	1593	여곤『신음어』편찬	1614	누르하치, 만주팔기군	1634	상평통보 처음 사용
	1596	이시진『본초강목』완성		제도 확립	1636	병자호란 발발
	1600	『금병매』완성	1616	후금국 시작		
	1624	풍몽룡『삼언』편찬		누르하치(청태조) 즉위		
	1632	능몽초『이박』편찬	1631	이자성의 난 발발		
	1633	포옹노인『금고기관』	1636	후금, 국호를 청으로		
		편찬		개칭		
청	1644	홍자성『채근담』편찬	1644	청군, 이자성의 난 진압 후	1651	윤선도『어부사시사』
	1645	왕수초『양주십일기』		북경을 수도로 중국 지배	1669	전국 호구조사
	1663	황종희『명이대방록』		시작(명의 멸망)		가구 134만 2,074호
		완성	1645	변발령 시행		인구 516만 4,524명
	1679	포송령『요재지이』완성	1661	강희제(성조) 즉위	1689	김만중『구운몽』
	1688	홍승『장생전』완성	1717	기독교 포교 금지		『사씨남정기』지음
	1699	공상임『도화선』완성	1735	건륭제(고종) 즉위	1710	전라도 농민 봉기
	1750	오경재『유림외사』완성	1796	백련교도의 난	1773	인평대군『연행록』
	1765	조설근『홍루몽』완성	1800	아편 수입 금지		간행
	1769	심덕잠(1673~) 사망	1813	천리교도의 난	1794	정조, 화성 축성 시작
		『당송팔가문』	1840	아편전쟁	1801	신유박해(기독교 탄압)
	1795	이두『양주화방록』완성	1842	남경조약 체결	1803	김만중『구운몽』간행

시대	연대	중국고전작품 · 문화사	연대	중국 정치 · 사회사	연대	한국사
청	1801	장학성(1738~) 사망 『문사통의』	1850	태평천국의 난	1814	허준의 『동의보감』 간행
	1808	심복 『부생육기』 완성	1861	서태후 권력 장악	1861	김정호 대동여지도
	1828	이여진 『경화록』 완성	1888	변법자강운동 시작		간행
	1879	석옥곤 『삼협오의』 완성	1889	서태후 퇴진, 덕종 친정체	1873	대원군 실각, 명성황후
	1894	캉유웨이 『대동서』 완성		제		세도정치
	1905	이백원 『관장현형기』 완성	1894	청일전쟁	1884	김옥균의 갑신정변
			1900	의화단 사건	1894	갑오동학농민운동
	1906	돈숭 『연경세시기』 완성	1911	신해혁명 시작	1895	청일전쟁 일본 승리
	1915	『신청년』 창간	1912	중화민국 설립 위안스카이 대통령 취임	1897	국호를 대한제국으로 정함
					1905	을사조약 체결 (외교권 박탈)
					1910	한일합병조약 조인

간략한 중국사

은殷에서 청淸까지 3,500년

마루야마 마츠유키丸山松幸 도쿄대학 교수

은주殷周 시대 – 역사의 시작

황하 중류 지역에 문명이 일어난 것은 지금으로부터 약 1만 년 전의 일이다. 신석기시대 최고의 앙소문화仰韶文化에서는 세련된 마제석기나 채문토기가 사용되었고, 또한 용산문화龍山文化의 유적에 이르면 원시공동체가 무너지고 계급화가 진행되었다는 것을 알 수 있다.

전설에 따르면, 치수의 영웅인 우禹임금에 이르러 최초의 왕조인 하夏나라가 세워졌고, 은나라와 주周나라가 그 뒤를 이었다. 현재 고고학적 발굴로 확인된 것은 은나라(BC 16세기~BC 11세기) 이후로, 그때는 벌써 청동기 단계로 들어섰고, 한자의 원형인 갑골문자가 나타났다.

은나라 사회의 기본 단위는 읍른이었는데, 이것은 씨족이 모인 집단으로 수천 개의 읍이 수백의 유력 씨족이나 왕족에게 예속되었다.

은나라 왕은 이러한 지배씨족의 연합체를 대표하는 존재였다. 은나라를 이은 주나라도 기본적으로 이런 지배 형태(읍제국가)를 이어받았다. 주나라는 동족이나 공신을 제후로 삼아 각지에 봉토를 주어 보냈다. 제후는 일족과 토착 지배 씨족이면서 경卿·대부大夫·사士라는 지배 계급을 이루었고, 성벽으로 둘러싸인 도시에 살며 노예 노동에 종사하는 주변의 작은 읍들을 지배했다.

주나라의 지배는 약 300년간 지속되었으나 점차 제후의 결합이 와해되면서 BC 771년에 이민족의 침입을 받아 수도를 동쪽의 낙읍洛邑(낙양)으로 옮긴 이후로는 권위를 잃고 제후가 서로 다투는 춘추시대로 들어섰다.

춘추전국春秋戰國시대 – 대변혁의 시대

주나라 초기에 1,800개에 달했던 제후국가는 약육강식의 싸움을 벌였다. 그 결과 춘추시대에는 140개, 전국시대에는 한韓나라, 위魏나라, 제齊나라, 조趙나라, 연燕나라, 초楚나라, 진秦나라의 전국 7웅으로 통합되었다. 그렇게 된 배경에는 씨족노예제에서 지주의 토지사유제라는 사회 체제의 변화가 깔려 있었다.

철제 농기구의 보급 등 농업 기술이 비약적으로 발전하여 씨족제의 속박을 벗어나 토지를 사유하거나 빌려 농사를 짓는 농민이 생산의 주역이 되면서 노동 의욕을 저해하는 씨족제는 점점 붕괴하기에 이르렀다.

부국강병을 추구하는 제후는 씨족제를 기반으로 하는 특권 귀족의 저항을 물리치고, 군권 강화와 직할지의 확대(군현제郡縣制), 토지사유제를 추진해 나갔다. 이전에는 뒤떨어진 나라였던 진나라가 다른 6국을 압도하여 천하를 통일할 수 있었던 것도 그런 개혁에 성공했기 때문이다. 이 동란의 시기에 제자백가諸子百家라는 사상가들이 배출되어 중국 고전 사상의 황금시대를 구가했다.

진한제국秦漢帝國 – 중앙집권적 통일 국가

BC 221년에 천하를 통일한 진시황제는 하나의 전제군주에 속하는 관료들을 지방에 파견하여 천하를 다스렸는데, 그것이 그 뒤 2,000년 동안 왕조 체제의 원형이 되었다. 한나라도 이 통치 기구의 골격을 그대로 이어받았고, 특히 무제武帝 때 관제를 정비하여 황제권을 확립하고, 강력한 경제력을 배경으로 적극적인 대외 정책을 추진하여 남북으로 대원정을 하고, 실크로드를 개척하는 등 대제국을 건설했다. 그러나 황제권이 너무 강해지자 무제 이후에는 외척이나 환관 등 황제 측근이 전횡을 일삼았고, 마침내 외척 왕망王莽에게 제위를 빼앗겨 한때 한나라 왕조는 단절되기도 했다.

부활한 후한 왕조를 지탱한 기반은 넓은 땅을 소유한 지방 호족이었는데, 예전에 그들은 강력한 힘으로 중앙정부와 대치했고, 이때부터는 정권의 핵심에 자리를 잡게 되었다. 무제가 국교로 정한 유교는 급속히 사회 속으로 침투하여 예교국가를 완성했다.

그러나 말기에 이르면 측근의 전횡이 부활해 호족 세력과의 권력 투쟁을 거듭하다가 황건黃巾의 난이라는 농민 반란 속에서 분열되어 멸망하고 만다.

위진남북조魏晉南北朝시대 – 분열의 시대

위魏·촉蜀·오吳 3국이 대립하다가 일단 위나라가 통일을 이루었으나, 진晉나라가 통일 왕국을 찬탈하였다. 그 후 이민족의 침입으로 진나라는 동쪽으로 천도하여 남조와 북조가 대립하기에 이르렀다.

이처럼 370년 동안 분열과 전란이 계속되었다. 사람들은 그런 현실을 넘어서기 위해 노장 사상, 불교, 도교를 널리 받아들였고, 또한 자연을 찬양하는 기풍이 일어났다. 남조의 경우는 명문 귀족이 토지를 독점하여 농민들은 거의 노예나 다름없었지만, 북조는 북위北魏 이래의 균전제均田制를 실시하여 다음 시대를 준비했다.

수隋나라와 당唐나라 – 재통일과 세계제국

분열된 천하는 589년에 북조의 수나라에 의해 통일되었다. 남과 북을 연결하는 대운하의 개통은 통일의 상징이 되었다. 그러나 정벌의 실패와 가혹한 착취에 저항하는 농민 반란으로 수나라는 30년 만에 망하고 만다.

당나라는 균전제를 실시하여 경제력과 군사력을 튼튼히 하고, 안으로는 중앙집권 체제를 확립하고 밖으로는 영토를 확장하여 세계제국을 건설했다. 수도 장안에는 화려한 이국의 문물이 모여드는 한편으로 당나라의 문화가 주변 민족에게 침투되어 갔다. 시문을 중심으로 하는 찬란한 귀족문화가 번성하였다. 그러나 이러한 번영도 균전제의 붕괴와 문벌귀족의 장원 증가, 궁핍한 농민의 증가로 기초가 흔들리기 시작하더니, 안녹산의 난과 사사명의 난으로 결정적인 타격을 입어 이윽고 지주와 호농豪農까지 가세한 황소黃巢의 난으로 무너지고 말았다.

송宋나라 · 원元나라 · 명明나라 – 근세사회의 성립

오대십국五代十國의 동란으로 문벌귀족의 세력이 일소되고, 사회적 생산력이 비약적으로 증가했다. 새로이 지배 세력이 된 신흥 지주 계층 가운데서 사대부라는 지배 계급이 발생했다. 그들은 유교를 중심으로 한 고전 지식을 갖추고 과거에 합격하여 정치를 하는 사람들로, 그들의 지배는 몽골의 원나라 시대를 제외하고 청나라 말기까지 이어졌다. 주자학과 양명학, 산수화도 그들이 만들어 낸 것이다.

한편으로 상공업을 기반으로 일어난 도시 서민 계급 사이에서는 원곡元曲이나 백화문학(『서유기』, 『수호전』 등)이 유행하였고, 빼어난 예술 작품들이 많이 만들어졌다.

청淸나라 - 최후의 왕조

명나라 말기에 전국을 뒤흔든 농민 반란을 틈타 침입한 만주족은 전국을 평정한 뒤 변발을 강요하고 언론을 탄압했으나, 한민족의 전통을 존중하고 사대부 계급을 흡수하여 전형적인 왕조 체제를 만들어 냈다. 강희康熙, 옹정雍正, 건륭乾隆 시대에는 선정을 베풀어 민심을 장악했고, 내치와 외교에서도 뛰어난 정치력을 발휘하였다. 그러나 그 뒤에는 서서히 사회적 모순이 표면화되어 백련교白蓮敎의 난과 태평천국太平天國의 난 등 농민반란이 이어졌고, 아편전쟁을 계기로 제국주의 세력에 의한 식민지화가 진행되었다. 청나라는 안으로도 위기에 봉착하여 1911년 공화제를 지향하는 혁명 세력에 의해 멸망했다.

차례

1장 · 역사 · 정치

2장 · 사상 · 처세

3장 · 사상 · 처세

4장 · 시와 산문

5장 · 과학과 예술

중국 역사와 정치의 거대한 흐름

사서는 중국 고전 가운데서도 가장 거대한 흐름을 이루고 있는데, 그 원류는 『춘추좌씨전』과 『사기』라 할 수 있다. 당나라의 역사가 유지기劉知幾의 명저 『사통史通』 가운데 "좌구명左丘明이 공자의 『춘추』에 전傳을 붙여 『춘추좌씨전』을 짓고, 사마천이 『사기』를 지은 이후로 역사서의 스타일이 완성되었다. 후세에 역사를 쓰는 사람은 『춘추좌씨전』과 『사기』 중 하나의 스타일을 따랐다"라고 말했듯이, 이 두 책은 역사 기술의 규범이 되었다.

스타일의 차이에 대해서 살펴보면, 『춘추좌씨전』의 기술은 편년체編年體, 『사기』의 기술은 기전체紀傳體이다. 편년체란 시대, 연, 월, 일의 시간적 흐름에 따라 사건을 기술하는 방법이다. 여기에 대해 기전체는 사마천이 『사기』에서 처음으로 채용한 방법으로, 본기本紀와 열전列傳이라는 두 가지 측면에서 역사를 기술하는 방법이다. 표表나 지志도 첨부되지만 필수 조건은 아니다. 본기에서는 연대순으로 천자의 전기와 국가의 대사를 기록하고, 다음으로 열전에서 신하의 전기와 외국과 관련된 내용을 열거하는 스타일이다.

두 가지 스타일에는 제각기 장단점이 있는데, 어느 것이 좋다고 한마디로 말하기는

역사와 정치

어렵다. 『사기』에 이어서 『한서』를 비롯한 정사(25사)가 기전체를 따르기 때문에 중국에서는 기전체가 역사 기술의 주류가 되었다. 예외를 들자면 송나라의 사마광司馬光이 저술한 『자치통감』이 있다.

기술 스타일은 이 외에도 기사본말체紀事本末體라는 것이 있다. 이것은 어떤 사건의 처음과 끝을 정리해서 기술하는 방법으로, 송나라의 원추遠樞가 지은 『통감기사본말通鑑紀事本末』에서 비롯한다. 이런 방식을 따른 것이 『송사기사본말宋事紀事本末』, 『구조기본말九朝紀本末』등이 있는데, 이 방법은 중국의 역사 기술의 주류를 이루지 못했다.

'정사正史'의 조건은 반드시 기전체로 기술되어야 하는데, 오늘날까지 『사기』, 『한서』 이하 『명사明史』에 이르는 25사가 공인되어 있다. 『사기』와 그 이후의 『한서』를 비롯한 사서의 차이는 『사기』가 태곳적부터 한나라의 무제까지를 기술한 '통사通史'임에 반해 『한서』를 비롯한 그 이후의 정사는 모두 한 나라 왕조에 대해 기술한 '단대사斷代史'라는 것이다. 그런 의미에서 『한서』가 오히려 그 이후의 정사에서 규범적인 역할을 했다고 할 수 있다.

춘추좌씨전
(春秋左氏傳)

BC 350년경에 만들어진 책으로, 『춘추春秋』라는 책에 좌씨左氏가 주석을 단 것이다. 열국의 흥망과 패권의 추이를 더듬고, 춘추시대의 인간 군상을 생생하게 묘사했으며, 『춘추』의 경문經文(본문)에 주석이 따르는 스타일로, BC 700년경부터 약 250년간의 역사적 사실을 편년체編年體●로 기록했다. 전 30권.

INTRO

『춘추』의 주석서로서 가장 오래되고 기본적인 책에 속한다. 이 『춘추좌씨전』과 『춘추곡량전春秋穀梁傳』, 『춘추공양전春秋公羊傳』을 '춘추삼전春秋三傳'이라 일컫는데, 『춘추좌씨전』은 다른 두 책과는 달리 역사적 사실에 충실하다. 풍부한 사료를 기반으로 하여 경문의 배후에 있는 사실들을 상세히 기술하고, 경문과는 직접적인 관계가 없는 설화도 많이 기록해 분량도 다른 두 책의 4배나 된다.

따라서 『춘추좌씨전』은 유가儒家의 경문이기는 하지만, 사상서라기보다는 역사서에 가깝다. 열국의 흥망성쇠와 패권의 향방을 비롯한 역사적 사실들뿐 아니라 사회 제도와 군사, 종교, 경제, 문화 등 춘추시대를 알 수 있는 귀중한 자료들이 가득하다.

이 책의 저자는 좌구명으로 전해지나 그에 대한 행적은 전해지지 않는다. 좌左가 성이고 구명丘明이 이름인지, 좌구가 성이고 명이 이름인지도 명확하지 않다.

또한 이 책의 제작 연대에 대해서도 의견이 분분한데, 노魯나라 애공哀公 27년(BC 468) 이후에서 사마천司馬遷●(BC 145~BC 86) 이전의 범위 안에 드는 것으로 추정할 따름이다.

이 책의 대표적인 주석서로는 서진西晉의 두예杜預(222~284)가 쓴 『춘추좌씨경전집해春秋左氏經傳集解』를 들 수 있다. 후세의 『춘추좌씨전』 연구는 모두 이것을 기반으로 한 것이다.

하 5월, 정백, 언에서 단과 싸워 이겼다

『춘추』의 본문은 아주 간단하다. 예를 들면 다음과 같다.

'(은공隱公 원년元年) 하夏 5월, 정백鄭伯, 언에서 단段과 싸워 이겼다.'

이 구절에 대해 『춘추좌씨전』은 다음과 같은 이야기로 부연 설명한다.

정鄭나라 무공武公은 신申나라에서 무강武姜이라는 부인을 맞이했다. 부인은 장공莊公과 공숙단共叔段을 낳았는데, 장공을 낳을 때 부인이 난산으로 크게 고생했다. 그래서 그 이름을 오생寤生(거꾸로 태어났다는 뜻)이라 하고 그를 미워했다. 무강은 공숙단을 군주의 자리에 앉히고 싶어 몇 번이나 무공에게 청했으나, 무공은 그것을 받아들이지 않았다. 결국 장공이 군주의 자리에 오르자, 무강은 공숙단을 위해 제制의 땅을 양도해 달라고 요청했다. 그러자 장공은 이렇게 말했다.

"그 땅은 요새와도 같습니다. 옛날에 괵숙虢叔●은 그 땅을 믿고 있다가 오히려 패망하고 말았습니다. 다른 땅이라면 원하시는 대로 얼마든지 드리겠습니다."

그래서 무강은 경京의 땅을 요구했고, 장공이 그것을 허락했으므로 공숙단은 '경성대숙京城大叔(경성에 사는 장공의 동생이라는 뜻)'이라 불리게 되었다. 그때 제중祭仲(정나라의 대부)이 장공에게 이렇게 말했다.

"국도國都가 아닌 도성의 성벽이 300장을 넘는 것은 나라에 좋지 않은 일입니다. 옛날의 법도를 보면, 아무리 길어도 국도의 3분의 1을 넘어서는 안 되고, 보통의 고을이라면 5분의 1, 작은 고을은 9분의 1로 정하고 있습니다. 그런데 경성의 성벽은 놀랄 만큼 길어 옛날의 법도에 비추어도 맞지 않습니다. 이대로 두었다가는 큰 난리가 일어날 수도 있습니다."

"그렇지만 어머님이 원하시는데 어떻게 하겠느냐?"

"공의 어머님께서는 욕심이 끝이 없습니다. 그 말을 모두 들어주다가는 한도 끝도 없을 것입니다. 서둘러 조치를 취하지 않으면 감당하기 어려워질 것입니다. 풀도 무성하면 다 뽑을 수 없는데, 하물며 공이 사랑하시는 아우님이야 더 말할 나위가 있겠습니까?"

"괜찮다. 불의를 행하는 자는 반드시 망하게 되어 있으니, 그대는 그 날을 지켜보기만 하면 될 것이야."

얼마 뒤, 경성대숙은 정나라의 서쪽 변방 고을과 북쪽 변방 고을을 자신에게 예속시켰다. 그것을 보고 대부大夫인 공자公子(지체가 높은 집안의 나이 어린 아들) 여呂가 장공에게 간했다.

"신하가 두 마음을 가지면 나라의 뿌리가 흔들리게 됩니다. 공께서는 장차 어찌하실 생각이신지요? 나라를 경성대숙에게 양도하실 생각이라면 신은 그를 섬길 것입니다. 만일 그에게 나라를 내주지 않으실 생각이라면 화근을 제거해 주십시오."

"그러지 않아도 된다. 손을 쓰지 않아도 저절로 화를 당하게 될 것이다."

경성대숙은 서쪽과 북쪽의 변방 고을을 자신에게 복속시키고 이어 그 세력을 늠연廩延까지 뻗쳤다.

자봉子封(공자 여의 자字)은 이렇게 말했다.

"빨리 없애야 합니다. 장차 많은 백성을 거느리게 된다면 감당하기 힘들 것입니다."

"불의를 행하는 사람에게 백성이 따를 리 있겠느냐. 곧 망할 것이니 두고 보거라."

경성대숙은 백성으로 군대를 조직한 뒤, 갑옷과 병기를 손질하고 병차 부대를 갖추어 언제든지 정나라의 도성을 공략할 수 있게 해두었다. 게다가 어머니 강씨가 그 도성에서 자신을 이끌어 줄 터였다. 그 계획을 사전에 알아챈 장공이 즉시 명령을 내렸다.

"때가 왔다! 쳐라!"

장공이 자봉에게 병차 200대를 주어 경을 치게 하자, 경의 백성들이 경성대숙 공숙단에게 반기를 들었다. 공숙단은 어쩔 수 없이 언으로 도망쳤고, 장공이 그 언을 정벌하자, 5월 신축일辛丑日(23일)에 다시 공共나라로 도망쳤다.

『춘추』는 왜 '정백, 언에서 단과 싸워 이겼다'라는 식으로 이 사건을 기록했을까?

'동생'이라고 적지 않은 것은, '단'이 형에게 동생답지 않게 행동했기 때문이다. 또한 대등한 위치의 적에게 겨우 이겼음을 뜻하는 '극克'이라는 말을 쓴 것은, 동생의 힘이 강하고 한 나라에 2명의 군주가 있는 상태였기 때문이다. '정백'이라고 쓴 까닭은, 장공이 형으로서 동생을 잘 이끌지 못했음을 비난하는 뜻을 내비치기 위함이다. 동생을 불의에 빠지게 한 다음 죽이려는 것이 장공의 은밀한 뜻이었던 것이다. 경문에서 다른 나라로 도망친 공숙단에 대해 '도망쳤다'라는 표현을 쓰지 않은 것은, 공숙단을 잡아서 죽이는 것이 정백(장공)의 본심이었음을 넌지시 알리기 위해서인데, 거기에는 정백을 나무라는 뜻이 감추어져 있다.

백성에게 성심을 다했다면 출병하십시오

장공 10년(BC 684)에 제나라가 노나라를 치려고 출병했다. 장공이 이를 맞받아치려고 준비하고 있는데, 조귀曹劌라는 사람이 공을 알현하려고 했다. 그러자 마을 사람들이 말렸다.

"높은 분이 꾀하는 일인데, 우리 같은 무지렁이가 참견해서는 안 되네."

그러나 조귀는 막무가내였다.

"높으신 분들은 눈이 어두워 멀리 내다볼 수 없는 법이오."

그는 기어코 장공을 만나 이렇게 입을 열었다.

"무엇을 믿고 싸우려 하십니까?"

장공이 대답했다.

"백성이다. 평소에 나는 백성들에게 먹을 것과 입을 것을 충분히 주어 편안히 살게 해 주었다."

"그런 은혜를 입은 사람은 소수에 지나지 않습니다. 그러므로 백성 모두가 공을 따르지는 않을 것입니다."

"그럼 신이다. 나는 늘 조상께 정성을 다해 희생을 바치고 제물을 올려 제사를 드렸다. 그러므로 나를 굽어살피실 것이다."

"그것은 자그마한 성의에 지나지 않으므로 신들은 공을 돕지 않을 것입니다."

"그렇다면 지금까지 내가 행한 공정한 재판이다. 나는 소송이 제기되면 크고 작은 일을 가리지 않고 공정하게 재판해 주었다."

"아, 그건 백성에게 성심을 다했다 할 수 있습니다. 한번 싸워 볼 만합니다. 그 싸움에 소인도 데려가 주십시오."

장공은 그를 자신의 병차에 태우고 장작長勺(노나라 땅)으로 가서 제나라의 군대와 대치했다. 장공이 돌격을 알리기 위해 큰북을 치려 하자 조귀가 말렸다.

"아직 아닙니다."

조귀는 적군이 큰북을 3번 울린 다음에야 말했다.

"지금 쳐야 합니다."

조귀가 시키는 대로 하자 제나라 군대가 무너졌다. 장공이 제나라의 패잔병을 추격하려 하자 다시 조귀가 말렸다.

"아직 안 됩니다."

그리고 그는 병차에서 내려 적군의 병차 바퀴를 살펴본 뒤, 병차 앞의 가로장 위에 올라서서 적군을 바라보고는 말했다.

　"이제 추격해도 좋습니다."

　그러자 장공은 제나라의 군대를 추격하게 했다. 승리를 거둔 뒤 장공은 조귀에게 그 사연을 물었다.

　"승패를 결정하는 것은 용기입니다. 용기는 첫 번째 북소리에 가장 크게 일어나고, 두 번째 북소리에 그 기세가 떨어지며, 세 번째 북소리에 이르러 사그라지고 맙니다. 적의 용기가 없어졌을 때 우리의 용기가 솟구치면 이길 수 있습니다. 또한 상대는 대국이니 조금도 방심해서는 안 됩니다. 어디에 복병이 있을지 모릅니다. 그래서 저는 적의 병차 바퀴와 깃발의 움직임을 살펴보았습니다. 그 흔적이 마구 흐트러진 것을 보고 복병이 없다고 확신했기에 추격해도 좋다고 했던 것입니다."

하늘이 일으키려는 자는 막을 수 없다

　희공僖公 23년(BC 637), 아버지 헌공獻公의 총희인 여희驪姬의 간계로 본국에서 쫓겨난 진晉나라의 공자 중이重耳●(뒤의 문공文公)가 천하를 유랑하던 중에 초楚나라에 이르렀다.

　초나라의 성왕成王은 성대한 잔치를 베풀어 중이 일행을 환대해 주며 그 자리에서 이렇게 말했다.

　"공자가 만일 귀국해 군주의 자리에 오른다면, 나에게 무엇으로 보답할 생각이신가?"

　"군께서는 미녀와 금은보화와 비단이라면 얼마든지 가지고 계실 것입니다. 아름다운 새의 깃털이나 상아, 모피도 군의 국토에서 많이 생산되고 있습니다. 그런 물건들이 저희 진나라에 나돈다면, 그건 군께서 쓰다

남은 것일 터이니 제가 무슨 물건으로 군께 보답할 수 있겠습니까?"

"그렇다고는 해도 뭔가 한 가지 보답은 받고 싶네."

그러자 중이는 이렇게 말했다.

"그럼 이렇게 하지요. 만일 군의 은혜로 진나라로 돌아가 군주의 자리에 앉는다면, 우리 두 나라가 중원中原에서 군대를 이끌고 대치하는 일이 생겼을 때, 저는 3사三舍(90리)를 물러나겠습니다. 이렇게 양보했는데도 끝까지 싸우시겠다면 저로서는 어쩔 수 없습니다. 외람된 말이지만, 활을 들고 싸울 수밖에 없습니다."

곁에서 이 말을 듣고 있던 영윤令尹(재상) 자옥子玉은 "앞으로 이자가 초나라의 강적이 될 것이 분명하니 암살하는 게 좋겠다"고 간했다. 그러자 성왕은 이렇게 대답했다.

"진나라의 공자는 큰 꿈을 품고 있으면서도 견실하고 덕이 있다. 그에 비해 지금의 진나라 군주(중이의 이복형제)는 충신도 없을 뿐 아니라 나라 안팎이 다 그를 미워하고 있다. 중이는 진나라의 국위를 일으킬 인물임에 분명하다. 하늘이 일으키려는 자를 누가 감히 막을 수 있겠느냐. 하늘의 뜻을 어기면 반드시 천벌을 받는 법이다."

성왕은 그렇게 말하고 중이를 진秦나라로 보내 주었다.

진나라의 조돈이 영공을 시해하다

선공宣公 2년(BC 607)의 일이다.

진나라의 영공靈公이 군주 노릇은 제대로 하지 않고 세금만 많이 거두어들이면서 담에도 조각을 하는가 하면, 궁전에서 아래쪽 거리를 지나는 사람들에게 돌팔매질을 한 뒤 사람들이 허둥대면 그것을 보고 좋아라 했다. 어느 날은 요리사가 곰 발바닥을 잘못 삶았다 하여 죽이고 여관女官에게 그 시체를 가마니에 담아 조정 바깥에다 버리게 했다. 그때 조돈趙盾●과 사계士季가 가마니 밖으로 튀어나온 사람의 손을 보고 깜짝 놀라 여관에게 그 사연을 물어보고는 크게 걱정했다. 조돈은 사계에게 함께 군주에게 가서 간하자고 했다. 그러자 사계는 이렇게 말했다.

"둘이서 같이 간해 받아들여지지 않으면 그 뒤를 이어 간할 사람이 없어지고 맙니다. 내가 먼저 간해 받아들여지지 않으면 그때 하십시오."

영공은 사계가 2번이나 땅에 엎드려 말해도 본 척도 안 하다가, 빗물이 떨어지는 궁전의 처마 밑에서 3번째로 엎드려 말하자, 그제서야 뒤를 돌아보며 말했다.

"내가 좀 심했다는 것은 알고 있으니 앞으로 고치도록 하마."

그러나 영공의 행실은 조금도 변하지 않았다.

이에 사계의 뒤를 이어 조돈이 나서서 몇 번이나 간했다. 그러자 마침내 영공은 화가 나서 자꾸 귀찮게 구는 조돈을 암살해야겠다고 마음먹었다.

가을 9월, 영공은 무장한 병사를 잠복시켜 두고, 주연에 참석하라고 조돈을 불렀다. 그러나 조돈의 병차를 지키는 차우車右(병차의 오른쪽에 타는 호위 무사) 시미명提彌明이 그 음모를 눈치채고 술자리로 달려 올라가 외쳤다.

"신하가 군주와 한자리에 앉아 3잔 이상 마시는 것은 예에 어긋납니다."

시미명은 말을 마치자마자 조돈을 억지로 술자리에서 끌어 내렸다. 영공은 음모가 발각난 것을 깨닫고 개를 풀어 물어 죽이려 했지만, 시미명이 그 개를 때려죽였다.

"나를 죽이는 데 인간을 쓰지 않고 개를 부리다니, 이게 무슨 일인가!

아무리 사나운 짐승인들 나를 어떻게 하리오."

조돈은 그렇게 외치고 복병들과 싸우며 도망쳤다.

을축일乙丑日(27일)에 조돈의 일족인 조천趙穿이 도원桃園에서 영공을 죽였다. 망명길에 오르던 조돈은 국경의 산을 미처 넘기도 전에 그 소식을 전해 듣고 되돌아왔다. 그러자 태사太史 동호董狐●는 '조돈이 군주를 죽였다'라고 써서 조정에 공시했다.

조돈은 그렇지 않다고 항의했지만, 태사는 그 공시를 거두어들이지 않았다. 거기에 대해 태사는 이렇게 말했다.

"당신은 정경正卿(재상격)의 신분으로 다른 나라로 망명하려다가 국경을 넘지 않고 돌아왔소이다. 따라서 아직도 정경의 신분을 그대로 유지하고 있으므로, 군주를 시해한 반역자를 처벌해야 마땅하오. 그런데도 아무런 행동도 하지 않으니, 군주를 죽인 책임자가 당신이 아니라면 과연 누구란 말이오?"

조돈은 이렇게 말하며 탄식했다.

"아아, 시(경)에 '나의 깊은 생각이 오히려 내 슬픔의 근원이로다'라는 구절은 바로 이런 걸 두고 하는 말이었구나."

뒷날 공자는 이 두 사람을 다음과 같이 평했다.

"동호는 참으로 훌륭한 사관이었다. 법도에 따라 사실을 있는 그대로 말하고 실천했다. 조돈은 참으로 훌륭한 대부였다. 법도를 지키기 위해 오명을 그냥 받아들였다. 참으로 애석한 일이다. 조돈이 국경을 넘었더라면 그 오명을 벗을 수 있었으련만."

힘으로 백성의 언로를 막을 수 없다

양공襄公 31년(BC 542)의 일이다. 정나라 사람들은 마을의 향교鄕校에 모여 정치를 논하는 풍습을 가지고 있었다.

그때 연명然明이라는 관리가 상경上卿 자산子産에게, 이런 풍습을 없애려면 향교를 폐하는 게 좋겠다고 말했다. 그러자 자산은 이렇게 대답했다.

"아니다. 그럴 필요는 없다. 백성들은 아침저녁으로 일을 끝내고 향교에 모여 우리의 정치를 비판하고 있다. 나는 그들의 의견을 참고로 하여 평판이 좋은 정책은 거리낌 없이 실행하고, 평판이 나쁜 정책은 고치려 애쓰고 있다. 그들은 나의 스승이나 같다. 향교는 절대로 폐지해서는 안 된다. '성실한 사람은 다른 사람의 원한을 사지 않는다'라는 말이 있다. 탄압으로는 사람들의 원망을 잠재울 수 없는 법. 물론 힘으로 누르면 그들의 입을 억지로 막을 수는 있을 것이나 그것은 강의 흐름을 억지로 막는 것과 같다. 제방이 터져 물이 한꺼번에 흐르면 홍수가 나서 많은 사람들이 다칠 것이다. 그렇게 되면 도저히 손을 쓸 수 없지 않겠느냐. 그보다는 조금씩 물을 흘려보내 수로로 이끄는 것이 현명할 것이다. 백성의 언로도 이와 같아서 가로막기보다는 들을 건 들어서 나의 약으로 삼는 게 옳다."

연명은 그 말에 감동해 이렇게 답했다.

"이제야 소인은 누구를 믿고 섬겨야 할지 알았습니다. 눈이 탁 틔는 것 같습니다. 님의 말씀대로 정치를 행한다면, 모든 정나라 사람들은 님을 믿고 따를 것입니다."

뒷날 공자는 자산의 말을 전해 듣고 이렇게 말했다.

"이 말을 들은 이상, 어느 누가 자산을 어질지 못한 사람이라 욕하더라도 나는 그 말을 믿지 않을 것이다."

問鼎之大小輕重焉 문정지대소경중언

솥의 무게를 묻는다는 말로, 어떤 직위에 있는 인물의 자격을 묻고, 퇴임을 압박한다는 뜻이다. 주나라 왕실에는 왕위의 상징으로서 솥이 대대로 전해졌다. 주 왕실의 권위가 약해졌을 때 초나라 장왕莊王이 그 솥의 크기와 무게를 물은 일에서 유래한 말이다.

食指動 식지동

정鄭나라의 공자 자송子宋은 특이한 버릇이 있었으니, 식지(둘째 손가락)가 움직이면 반드시 맛있는 음식을 먹을 일이 생겼다고 한다. 여기서 유래하여 식욕을 불러일으키는 것, 또는 물질에 대한 욕망을 일으킨다는 뜻으로 '식지가 움직인다'라는 표현을 하게 되었다.

NOTES

편년체編年體 : 연월年月에 따라 기술하는 역사 편찬의 한 체재體裁로,『춘추좌씨전』이 그 원초 형태原初 形態라고 한다.

사마천司馬遷 : BC 145~BC 86?. 이름은 천, 자는 자장子長이다.『사기史記』의 저자로, 동양 최고의 역사가이다.

괵숙號叔 : 주周나라 문왕文王의 아우. 괵이라는 땅에 봉해졌다.

중이重耳 : BC 696~BC 628. 아버지 헌공獻公이 총애하던 여비驪妃의 소생인 해제奚齊를 후계자로 삼기 위해 태자 신생申生을 죽이고, 중이와 그의 아우 이오夷吾를 추방했다. 이후 19년 동안 여러 나라를 방랑한 뒤 의형이 되는 진秦나라 목공穆公의 원조로 진晉나라로 돌아와 62세에 군주로 즉위해 천하의 패권을 쥐었다.

조돈趙盾 : 춘추시대 잔나라의 정치가로, 시호는 선宣이다. 오랜 기간 잔나라를 통치함으로써, 잔나라의 존재를 높였다.

동호董狐 : 춘추시대에 활동한 잔나라의 사관史官. 폭군 영왕靈王이 조천趙穿에게 살해되었을 때, 이를 치지 않고 임금에게 간하지도 않은 상경上卿 조돈趙盾의 행위를 죄라고 직필直筆로 기록해 후세에 양사良史로 알려졌다.

춘추공양전·
춘추곡량전
(春秋公羊傳·春秋穀梁傳)

『춘추』는 BC 5~BC 2세기에 만들어진 춘추시대 노魯나라의 연대기로, 사서오경四書五經●에 속한다. 노나라의 사관이 남긴 기록을 공자가 정리했고, 『공양전』·『곡량전』은 그 주석서이다. 노나라 은공隱公 원년에서 애공哀公 14년까지(BC 722~BC 481)의 역사를 기술했다. 중국사의 시대 구분에서 춘추시대(BC 722~BC 403)라는 명칭은 여기에서 비롯되었다.

INTRO

『춘추』는 공자가 노나라의 연대기를 정리한 책으로, 그 본문(경문)은 참으로 간결하다. 그러나 유가는 이런 간결한 표현(춘추필법春秋筆法●) 속에서 공자의 역사적 사실에 대한 평가와 세계관을 읽어 내려 한다. 그 때문에 『춘추』의 본문을 어떻게 해석하느냐가 큰 문제가 되어 이미 한漢나라 때에 '춘추삼전春秋三傳'이라는 주석서가 만들어졌다. 노나라의 좌구명이 지었다는 『좌씨전』, 전국시대戰國時代 노나라 공양고公羊高●의 『공양전』, 춘추시대 노나라 곡량적穀梁赤●의 『곡량전』이 그것이다. 그 가운데 『좌씨전』은 역사적 사실을 중시해 『춘추』의 경문에서 그 배경에 있는 구체적인 역사적 사실을 보충해 설명하고, 거기서 어떤 평가를 이끌어 내는 방식을 취하고 있다.

그에 비해 『공양전』과 『곡량전』은 '춘추필법'을 중시하고, 경문의 자그마한 표현의 차이 안에서 공자가 내세우는 대의를 읽어 내려는 방법을 취했다. 특히 『공양전』은 '획린獲麟'(기린을 잡았다)이라는 표현을 통해 『춘추』를 일컬어 공자가 미래의 혁명을 원한 책이라고 해석했다. 청淸나라 말기의 공양학자公羊學者(예를 들면 캉유웨이康有爲)들이 『공양전』을 '변혁의 서'라 하여 '변법자강운동變法自彊運動●'의 이론적 근거로 삼은 것도 이 때문이다.

『공양전』의 주석으로는 후한後漢의 하휴何休가 지은 『춘추공양해고春秋公羊解詁』가 있고, 『곡량전』의 주석으로는 진晉나라 범녕范甯이 지은 『춘추곡량전집해春秋穀梁傳集解』를 들 수 있다. 또한 당唐나라 서언徐彦의 『춘추공양전소春秋公羊傳疏』와 양사훈楊士勛의 『춘추곡량전소春秋穀梁傳疏』가 있다. 이런 책들은 앞에서 설명했던 책의 주석에 다시 주注를 단 것이다. 일반적으로 『좌씨전』에 대한 주석서는 많은 데 비해 『공양전』과 『곡량전』에 대한 것은 별로 없다.

'원년, 봄, 왕의 정월'

『춘추』는 노나라의 은공 원년 봄 정월에서 시작한다. 『춘추』의 본문은 이렇게 간단한 문장으로 되어 있다. '춘추삼전'으로 불리는 『춘추좌씨전』, 『춘추공양전』, 『춘추곡량전』은 거기에 주석을 단 것이다. 『춘추좌씨전』에서는 이 본문에 대해, '원년, 봄, 주왕周王의 정월(이것은 노나라가 주나라의 역曆을 사용한다는 말이고, 그러므로 주 왕실에 따른다는 것을 의미한다), 은공의 즉위에 대해 기록하지 않은 것은 섭정이었기 때문이다'라고 주석을 달았을 뿐인데, 『춘추공양전』이나 『춘추곡량전』에서는 문답체를 사용해 다음과 같은 내용을 펼친다.

『춘추공양전』

"원년이란 무엇인가?"

"군주가 즉위한 해를 말한다."

"봄이란 무엇인가?"

"한 해의 시작을 말한다."

"왕이란 누구를 두고 하는 말인가?"

"문왕文王을 가리키는 말이다."

"왜 먼저 왕을 두고, 뒤에 정월이라고 했는가?"

이것은 다른 곳에서 '가을 7월, 천왕天王…'이라는 식으로 달을 앞에 두고, 왕을 뒤에 둔 것과 비교해서 묻는 말이다. 이러한 표현의 차이를 통해 『춘추공양전』의 저자는 공자의 의도를 읽어 내려 하고 있다.

"왕의 정월이기 때문이다."

여기서 말하는 왕이란 주나라의 왕이고, 노나라가 주나라의 역을 사용한다는 것, 곧 주나라에 복종함을 강조하고 있다.

"왜 왕의 정월이라고 하는가?"

"통일을 강조하기 위함이다."

"공(은공)에 대해서는 왜 즉위했다는 말을 하지 않는가?"

"공의 의지를 나타내기 위함이다."

"(즉위를 말하지 않은 것이) 왜 공의 의지를 나타냄이 되는가?"

"공은 노나라를 평화롭게 만들어, 그것을 환공桓公에게 돌려주려 했기 때문이다."

"왜 환공에게 돌려주려 했는가?"

"환공은 어리지만 신분이 높고, 은공은 나이가 많지만 신분이 낮다. 그 신분의 차이가 미미해 노나라 사람들은 그런 사실을 모른다. 은공은 나이가 많으면서 현명하다. 중신들은 그를 떠밀어 군주의 자리에 앉혔다. 은공은 자신이 즉위를 거부해도 환공이 반드시 즉위하리라는 보장도 없고, 환공이 즉위한다 하더라도 중신들이 어린 군주를 보좌할 수 없을지도 모른다고 생각했다. 그러므로 은공은 오로지 환공을 위해 즉위했다."

"은공은 나이도 많고 현명하다. 왜 즉위해서는 안 되는가?"

"정부인의 아들 가운데서 장유長幼에 따라 군주를 결정할 때, 나이는 기준이 되지만 현명하고 어리석음은 판단의 기준이 되지 않는다. 그 외의 자식에서 군주를 가릴 때는 신분의 높고 낮음이 기준이 되고, 나이는 아무런 관계가 없다."

"환공은 왜 신분이 높은가?"

"어머니의 신분이 높기 때문이다."

"어머니의 신분이 높다고 해서 자식의 신분도 높아지는가?"

"자식은 어머니에 따라 신분이 오르내리고, 어머니는 자식 덕분에 신분이 오른다."

이상이 '원년, 봄, 왕의 정월'에 대한 『춘추공양전』의 주석이다. 같은 경문에 대해 『춘추곡량전』은 이렇게 말한다.

『춘추곡량전』

"아무런 사건도 없는데 정월이라 쓴 것은 처음이 중요하기 때문이다."

"공에 대해서 왜 즉위했다는 말을 하지 않는가?"

"공의 뜻을 나타내기 위함이다."

"그것이 어떻게 공의 뜻을 나타내는 일이 되는가?"

"은공 자신이 공의 자리에 오를 마음이 없었기 때문이다."

"공의 자리에 오를 마음이 없었다는 건 무슨 뜻인가?"

"환공에게 넘겨줄 생각이었음을 말한다."

"환공에게 넘겨주는 건 옳은 일인가?"

"옳지 않다."

"원래 『춘추』는 옳은 일에 대해서는 그 이룬 바를 적극적으로 기록하지만, 나쁜 행동에 대해서는 그렇게 하지 않는다. 은공은 옳지 않음에도 불구하고 그 뜻을 이룬다는 것은 무엇을 말하는가?"

"환공을 미워하기 때문이다."

"왜 환공을 미워하는가?"

"은공이 자리를 넘겨주려 했는데도 환공은 은공을 죽였다. 그러므로 환공은 나쁘다."

"환공은 은공을 죽였다. 그리고 은공은 공의 자리를 넘겨주려 했었다. 그렇다면 은공은 선한 사람이다. 그렇게 선한데도 은공이 옳지 못하다는 것은 무슨 말인가?"

"원래 『춘추』는 대의를 소중히 여기고, 감정에 흔들리는 호오^{好惡}는 중시하지 않는다. 곧, 정도를 발전시키고, 사도는 억제한다는 입장이다. 효자는 아버지의 좋은 점을 내세우고, 나쁜 점은 감춘다. 선군^{先君}인 혜공^{惠公}이 환공에게 자리를 물려주려 한 것은 옳은 일이 아니다. 사도이다. 그러나 그는 자신의 사심과 싸워 이겼기에 은공에게 자리를 물려주었다. 그런데도 은공 자신이 선군의 사악한 뜻을 받들어 마침내 환공에게 자리를 물려주었다면, 그것은 아버지의 사심을 완성시키는 일이 아닌가.

형제는 하늘이 정한 순서이다. 자식으로서 그 지위를 아버지에게 물려받아, 제후의 지위를 군주(주왕)에게 하사받는다. 스스로 하늘이 정한 순서를 어기고, 군주와 아버지를 망각하며, 감정에 치우쳐 그 호의를 허망하게 만드는 것은 소도^{小道}이다. 은공은 제후로서 자신의 책임을 충분히 자각하지 못했다. 정도^{正道}를 이루었다고 할 수 없을 것이다."

'여름, 5월, 정백, 언에서 단과 싸워 이기다'

이것은 은공 원년 여름 5월 초이다. 본문은 이것뿐이지만, 이 사건은 오랜 세월 동안 정나라 왕실에서 벌어지고 있던 알력의 결말을 나타낸다. 『춘추좌씨전』은 이 집안 소동의 경위에 대해서 상세히 다루고 있다. 『춘추공양전』, 『춘추곡량전』은 다음과 같은 주석을 달고 있다.

『춘추공양전』

"이겼다(克)는 것은 무엇을 말하는가?"

"죽였다는 것이다."

"죽였는데 왜 일부러 이겼다고 했는가?"

"정백의 악을 강조하기 위함이다."

"왜 정백의 악을 강조하는가?"

"어머니가 단段을 공의 자리에 앉히려 하는 것을 알고 죽였다. 그것은 그냥 공의 자리에 못 앉게 함만 못하다."

"단은 누구인가?"

"정백의 동생이다."

"왜 동생이라고 말하지 않았는가?"

"나라를 통치하고 있었기 때문이다."

"사건이 일어난 지명을 기록한 것은 무엇 때문인가?"

"나라를 통치하고 있었기 때문이다."

"그렇다면 제나라 사람은 공손무지公孫無知를 죽였을 때, 왜 그 사건이 일어난 지명을 기록하지 않았는가?"

"도성 안에 있었기 때문이다. 도성에 있을 때는 설령 나라를 통치하고 있었다 하더라도 사건이 일어난 지명을 적지 않는다. 나라를 통치하지 않은 경우에는 도성 바깥이라도 그 지명을 적지 않는다."

『춘추곡량전』

"이겼다는 건 무엇인가?"

"할 수 있었음을 뜻한다."

"무엇을 할 수 있었단 말인가?"

"죽일 수 있었다는 말이다."

"왜 죽였다고 하지 않는가?"

"단에게 많은 사람이 따랐음을 나타내기 위함이다. 단은 정백의 동생이다."

"어떻게 동생인 줄 아는가?"

"세자와 같은 배에서 태어난 동생을 죽이면서 그 상대를 군주처럼 다루고 있다. 그래서 동생이라 판단하는 것이다. 단이 동생인데도 동생이라 말하지 않고, 공자인데도 공자라 말하지 않은 것은 단을 비하하기 위함이다. 단은 동생으로서 마땅히 걸어야 할 길을 걷지 않았다. 따라서 단과 정백의 패덕을 동시에 드러내기 위해서 그렇게 표현한 것이다."

"왜 정백이 나쁜가?"

"정백이 머리를 굴려서 동생을 죽일 수 있는 지경까지 몰고 갔기 때문이다. '언에서'라고 적은 것은 그곳이 멀기 때문이다. 마치 어린애를 어머니 품에서 빼앗아 죽이는 것과 같다. 그것을 패덕하다고 하는 것이다."

"그렇다면 정백은 어떻게 했어야 했는가?"

"추적을 느슨하게 하여 멀리 도망치게 해 주는 것이 친족의 도리이다."

『춘추공양전』이나 『춘추곡량전』의 저자는 『춘추』의 본문에 나타난 간결한 표현 가운데서 많은 문제점을 끌어내, 거기에서 공자의 세계관과 인간관을 읽어 내려 하고 있다.

'봄, 서쪽 땅으로 사냥을 나가 기린을 잡았다'

이것은 애공 14년의 일로, 『춘추』의 끝맺음에 해당한다. 여기에 대해 『춘추공양전』은 다음과 같은 주석을 달고 있다.

『춘추공양전』

"왜 이런 사실을 기록했는가?"

"이상한 일이기 때문에 기록한 것이다."

"왜 이상한가?"

"우리 땅의 짐승이 아니기 때문이다."

"그렇다면 누가 그 짐승을 잡았는가?"

"나무꾼이다."

"나무꾼은 천한 사람이다. 왜 거기에 '사냥(狩)'(수狩는 원래 천자나 제후와 같은 고귀한 신분을 지닌 사람이 하는 사냥을 가리키는 말이다)이라는 말을 사용하는가?"

"그 일을 크게 다루기 위함이다."

"왜 크게 다루는가?"

"기린을 잡았기 때문에 크게 다루는 것이다."

"왜 기린을 잡는 것이 그렇게 큰일인가?"

"기린은 인수仁獸이다. 덕이 높은 군주가 있으면 찾아오고, 덕이 없는 군주에게는 오지 않는다. 어떤 사람이 공자에게 그 사실을 알리면서, '균(노루)같이 생겼는데, 뿔이 달린 짐승이 있습니다'라고 했다. 공자는 '누구를 위해 왔는가, 누구를 위해 왔는가(지금은 기린이 찾아올 세상이 아닌데)' 하고 소매로 얼굴을 가렸고, 눈물이 그 소매를 적셨다. 안연顔淵(안회)이 세상을 떠나자, 공자는 '아아, 하늘이 나를 버렸다'라고 하셨다. 자로子路가 세상을 떠나자, 공자는 '아아, 하늘이 나와 손을 끊었다'라고 하셨다. 서쪽 땅으로 사냥을 나가서 기린을 잡았을 때 공자는 '나는 막다른 골목에 이르고 말았다'라고 말씀하셨다."

"『춘추』는 왜 은공에서 시작하는가?"

"그것은 할아버지가 들었던 내용의 범위 안에 들기 때문이다. 『춘추』는 공자 자신이 직접 본 시대, 자신이 그 무렵 사람들에게 들었던 시대, 들었던 사람에게 다시 듣게 된 시대에 따라 표현의 방식을 바꾼 것이다."

"왜 애공 14년에서 끝나는가?"

"중요한 것은 모두 기록했기 때문이다."

"공자는 왜 『춘추』를 지었는가?"

"난세를 다스려 올바른 상태로 되돌리려면, 『춘추』가 가장 빠른 길이기 때문이다. 그런 이유 때문에 만든 것일까, 아니면 공자가 요순堯舜의 길을 설하는 것을 즐겼기 때문일까. 요순이 공자를 예견했듯이, 공자도 후대에 기대를 품었기 때문일까. 공자는 춘추의 대의를 지어 후세의 성인을 기다렸다. 공자가 『춘추』를 지은 것은 그런 기대가 있었기 때문이다."

『춘추공양전』은 이 '기린을 잡았다'라는 구절에 큰 의의를 두고 있으나, 『춘추곡량전』은 다음과 같이 주석을 달고 있다.

『춘추곡량전』

'봄에 서쪽 땅으로 사냥을 나가 기린을 잡았다는 것은 기린이 나타나자 그것을 잡았다는 말이다. 사냥을 할 때는 그 지명을 기록한다. 지명이 나오지 않은 것은 사냥이 아니었기 때문이다. 사냥이 아니었는데 '수狩'라는 말을 쓴 것은, 기린을 잡은 것이 중대한 일이기 때문이다. '내來'라는 말을 쓰지 않은 것은, 기린이 중국의 바깥에 있는 짐승이라 여기지 않았기 때문이다. '유有'라는 말을 쓰지 않은 것은, 기린이 이 땅에 없는 짐승이라 여기지 않았기 때문이다.'

덧붙여서 『춘추좌씨전』은 이 부분을 이렇게 기술한다.

'봄에 서쪽 땅 대야大野에서 수렵을 했다. 숙손씨叔孫氏의 마차를 돌보는 서상鉏商이 기린을 잡아 불길하다고 하여 그것을 산지기에게 주었다. 공자가 그 짐승을 보고 기린이라고 말씀하시자, 사관이 그것을 기록했다.'

이처럼 『춘추』를 주석한 '삼전'의 기술은 제각기 다르다.

| 책 속의 명문장 |

孝子揚父之美 不揚父之惡 효자양부지미 불양부지악

효자는 부모의 좋은 점을 말하고 나쁜 점은 말하지 않는다.

獨陰不生 獨陽不生 獨天不生 독음불생 독양불생 독천불생

음과 양 하나만으로는 물질이 세상에 나지 않는다. 음과 양이 함께 작용해야 한다.

撥亂反正 발란반정

어지러운 세상을 바로잡아 올바른 세상으로 바꾸어 놓는다.

NOTES

사서오경四書五經 : 유교의 경서 중 기본적인 경전經典을 통틀어 일컫는 말로『논어論語』,『맹자孟子』,
『대학大學』,『중용中庸』을 사서라 하고, 한韓나라 때 중시된『시경詩經』,『서경書經』,『역경易經』,『예기禮
記』,『춘추春秋』를 오서라 한다. 단, 이 가운데『대학』과『중용』은 본래『예기』의 한 장을 독립시킨 것
이다.

춘추필법春秋筆法 : 대의명분을 밝혀 세우는 사필史筆의 준엄한 논법을 비유해 이르는 말로,『춘추』의
문장에는 공자孔子의 역사 비판이 나타나 있다고 한 데서 비롯되었다. 중국의 경서經書『춘추』와 같이
비판적인 태도로 오직 객관적인 사실에만 입각해 기록하는 것을 의미한다. 춘추직필春秋直筆이라고도
한다.

공양고公羊高 : 전국시대 제齊나라의 학자이다. 그가 서술한『공양전公羊傳』은 4대까지 이어져 내려와 현
손玄孫인 수壽와 그의 제자 호모생胡母生 등이 완성했다.『좌씨전左氏傳』,『곡량전穀梁傳』과 함께 춘추삼
전春秋三傳이라 불렸고, 학문으로 이어져 공양학으로 번창했다.

곡량적穀梁赤 : 전국시대 노나라 사람으로, 이름은 곡량숙穀梁俶이라고도 하나 너무 많아 명확하지 않
으며 자세히 알려진 사항이 없다.

변법자강운동變法自疆運動 : 1898년 6월 11일부터 9월 21일까지 청나라 제11대 황제 광서제光緖帝의 전면
적인 지지하에 캉유웨이康有爲, 량치차오梁啓超 등 젊은 지식인이 중심이 되어 진행한 개혁운동. 무술변
법戊戌變法이라고도 한다. 입헌군주제와 의회 제도 및 서양의 실용 학문을 도입했으나 서태후 등 보수
세력의 탄압으로 실패했다.

국어
(國語)

BC 350년경에 만들어졌으며, 『춘추좌씨전』에 비견되는 춘추시대 열국사의 고전으로, 춘추시대의 열국에서 일어난 일을 나라별로 정리한 책이다. 「주어周語」, 「노어魯語」, 「제어齊語」, 「진어晉語」, 「정어鄭語」, 「초어楚語」, 「오어吳語」, 「월어越語」의 8개국의 역사로 구성되어 있다. 『춘추좌씨전』이 '춘추내전'으로 불리는 데 반해, 이 책은 '춘추외전'으로 불린다. 전 21권.

INTRO

『국어』는 춘추시대의 일들을 나라별로 정리한 책이다. 같은 시대를 다룬 『춘추좌씨전』을 '춘추내전'이라 하고, 이 책을 '춘추외전'이라 한다. 그러나 『춘추좌씨전』처럼 경전으로 인정받는 것은 아니다. 한편, '좌국사한左國史漢(『춘추좌씨전』, 『국어』, 『사기』, 『한서』)'이라 하여 역사의 고전으로 꼽힌다.

저자는 『춘추좌씨전』과 동일한 태사 구명左史丘明으로 알려져 있으나, 이 또한 『춘추좌씨전』과 마찬가지로 전승에 지나지 않는다.

『국어』가 대상으로 하는 시대는 주周나라의 목왕穆王 35년에서 정정왕貞定王 56년(BC 967~BC 453)까지로, 『춘추』가 대상으로 하는 시대(BC 722~BC 481)보다 길고, 춘추시대 이전인 서주西周 시대도 포함한다. 그러나 『국어』는 역사와 정치의 일화를 모은 단편집의 성격이 강해, 500년에 걸친 시대 전부를 체계적으로 다루지는 않는다.

「주어」: 상·중·하 3권, 단편집. 상은 대부분이 서주 시대를 다루고 있다.

「노어」: 상·하 2권, 단편집.

「제어」: 1권, 제齊나라 환공桓公●의 일대기. 내용은 『관자』의 「소광편小匡篇」과 거의 같다.

「진어」: 『국어』 전 21권 가운데 9권을 차지한다. 단편집에 진나라 문공文公의 일대기가 포함되어 있다.

「정어」: 1권, 서주시대, 정鄭나라 환공의 시대를 기술한 단편이다.

「초어」: 2권, 단편집.

「오어」: 1권, 오吳나라 왕 부차夫差●의 일대기이다.

「월어」: 2권, 월越나라 왕 구천句踐●의 일대기이다.

백성의 입을 막는 것은 강물을 막는 것보다 위험하다

주의 여왕厲王●은 포악해서 사람들에게 욕을 많이 얻어먹었다. 그래서 소공邵公이 왕에게 말했다.

"백성들은 왕의 명령을 참을 수 없다고 합니다."

이에 화가 난 왕은 위衛나라에서 무당을 데리고 와 욕하는 사람을 감시, 고발하게 하고, 고발당한 사람을 죽였다. 그 때문에 사람들은 말을 하지 않고 눈짓으로만 신호를 주고받았다. 왕은 기뻐하며 소공에게 말했다.

"이제 내 욕을 하는 소리가 들리지 않아. 아무도 입을 열지 않아."

소공이 대답했다.

"그건 입을 막았기 때문입니다. 백성의 입을 막는 것은 강물을 막는 것보다 더 위험합니다. 막힌 강물이 터지면 많은 사람이 다칩니다. 백성도 그와 같습니다. 그러므로 강을 다스리는 자는 물길을 터서 물이 잘 흐르게 해야 합니다. 백성을 다스리는 사람은 사람들이 말을 자유롭게 할 수 있도록 해야 합니다. 따라서 천자가 정치를 하려면, 먼저 왕이 공경사대부에게는 시를, 소경에게는 음악을, 사관에게는 책을 올리게 하고, 사師는 왕을 견제하게 하고, 눈 감은 장님은 읊고 눈뜬장님은 노래하게 하고, 백공百工은 왕을 간하게 하고, 서인은 관리를 통해 왕에게 의견을 올리게 하고, 근신에게는 법이 정한 대로 일이 진행되고 있는지 조사하게 하고, 왕의 친척은 왕의 과오를 보충하면서 정치를 감시하고, 악관樂官과 사관의 대표는 왕을 교도하게 하고, 사부師傅(천자의 스승)는 거기에 기초해 왕을 이끌게 해야 합니다. 그런 다음 왕께서 그 가운데서 취사선택하면 모든 일이 순조롭게 흘러가서 무리가 없을 것입니다. 백성에게 입이 달려 있는 것은 대지에 산천이 있는 것과 같고, 재화도 거기서 나오는 것입니다. 또한 들판이나 습지가 펼쳐진 대지 가운데 옥토가 있듯, 먹고 입는 것도 거기서 생산됩니다. 자유롭게 말을 할 수 있으면, 세상의 좋은 점과 나쁜 점이 모두 언론 속에 나타날 수 있습니다. 좋은 점은 펼치고, 나쁜 점은 고치는 것이 바로 재화와 의식을 풍성하게 만드는 일입니다. 원래 백성은 신중히 생각한 뒤에 그것을 입에 담는 법이니, 마음껏 발언할 수 있게 해야 합니다. 어떻게 그것을 막을 수 있겠습니까? 만일 그 입을 막는다면 파국이 올 것입니다."

여왕은 그 말을 듣지 않았다. 그래서 사람들은 입을 다물었고, 3년 뒤에 왕을 체彘로 쫓아내 버렸다. 「주어周語 상편」

진나라 문공의 20년에 걸친 유랑 생활

진나라 문공은 제나라 환공에 비견되는 패자이지만, 그 전반생은 순조롭지 못했다. 그는 후계자 투쟁에 말려들어 나라를 떠나 각지를 유랑해야 했다.

진나라의 문공 중이重耳의 아버지 헌공獻公은 오랑캐 나라에서 맞이한 부인 여희驪姬를 탐애했다. 여희는 전 부인의 아들인 태자 신생申生을 폐하고 자신이 낳은 해제奚齊를 태자로 삼기 위해, 신생이 헌공에게 보낸 제사 고기에 독을 넣었다. 그리고 헌공 앞에서 개가 그것을 먹고 그 자리에서 죽자 헌공을 암살하려 했다는 누명을 씌웠다. 이에 효자 신생은 결국 자살하고 만다. 이 사건을 보고 목숨에 위협을 느낀 중이는 가까스로 국외로 탈출해 장장 20년에 걸친 유랑 생활을 시작하게 된다. 그 여행의 한 장면을 여기에 소개한다.

중이가 적狄나라에 망명한 지 12년이 되던 어느 날, 호언狐偃(문공의 장인, 자는 자범子犯)이 말했다.

"우리가 여기에 온 것은 적나라가 쾌적해서가 아니라 진나라로 돌아가기 위해서입니다. 이전부터 나는 적나라가 망명하기에 가까운 곳이며, 어려울 때 물자를 조달하고 힘을 비축하기 좋은 곳이라고 말했습니다. 그러나 너무 오래 머물다 보니 여기에 그냥 안주하고 싶은 마음이 생겼습니다. 여기 안주하여 편히 지내다 보면 누가 우리를 자극해 일어서게 하겠습니까? 그러니 빨리 여길 떠나야 합니다. 우리가 제나라나 초나라에 가지 않은 것은 너무 멀었기 때문입니다. 벌써 12년이나 편히 쉬면서 힘을 비축했으니, 그 어느 먼 곳이라도 갈 수 있습니다. 제후^{齊侯}는 나이가 많아 진나라와 친선을 도모하려 합니다. 관중^{管仲}이 세상을 떠난 이후로 능력 없는 측근들이 정치를 잘하지 못해 관중 시절을 그리워하고 있습니다. 매사에 관중의 말을 떠올리고 좋은 분위기로 마지막을 장식하고 싶어서 가까운 자를 멀리하고 멀리 있는 자를 원하고 있습니다. 그러므로 우리가 그곳으로 가서 뜻을 펼치면 반드시 좋은 일이 있을 것입니다. 반드시 제나라와 친해져야 합니다."

이 말에 모두가 동의해 출발하기로 했다. 오록^{五鹿} 땅을 지날 때 한 농부에게 음식을 좀 나눠 달라고 하자 농부는 흙덩어리를 내밀었다. 이에 화가 난 중이가 농부를 채찍으로 내리치려 하자 그는 아랑곳하지 않고 다음과 같이 말했다.

"이건 하늘이 내려 준 선물입니다. 하늘이 정하는 일에는 반드시 전조가 있거늘, 지금 백성이 흙을 내밀며 공자에게 머리를 숙였습니다. 여러분, 반드시 기억하십시오. 12년 뒤에는 반드시 이 땅을 손에 넣을 것입니다. 세성^{歲星}(목성)이 수성^{壽星}(남극성)에서 순미^{鶉尾}(남쪽에 위치한 별자리)로 옮겨 가면 이 땅을 손에 넣을 것입니다. 하늘이 지금 우리에게 그걸 알려주고 있습니다. 세성이 다시 수성의 자리로 돌아오면, 공자께서는 반드시 제후를 거느리는 패자가 될 것입니다. 이는 하늘의 이치입니다. 그것은 이 흙덩어리를 얻는 데서 시작합니다. 이 오록의 땅을 얻는 것은 무신戊申의 날부터입니다. 무戊는 흙, 신申은 신伸으로 토지가 넓게 퍼지는 것을 말합니다."

농부의 말에 중이는 절을 올린 다음 그 흙을 받아 들고 마차에 올라탔다.

제나라의 제후는 중이를 자신의 딸과 결혼시키고 극진히 대접했다. 중이는 말을 84마리나 가질 정도로 호강을 하다 보니 이대로 제나라에서 일생을 마치고 싶은 마음이 일어났다.

"생활이 이렇게 편한데, 다른 걸 생각해서 뭘 하겠소."

환공은 죽고 효공孝公이 즉위했다. 그러자 여러 제후들이 제나라에 반기를 들었다. 자범은 이래서는 제나라의 힘을 빌려 진나라로 돌아갈 수 없다고 판단했을 뿐 아니라, 문공이 제나라에서 편안하게 일생을 마칠 생각이라는 사실을 알고는 제나라를 떠날 계획을 세웠다. 그러나 공자에게 그 말을 하면 반대할 것이 분명하므로 공자의 신하들과 뽕나무 아래서 의논했다. 그런데 한 여자가 뽕나무 위에서 뽕잎을 따다가 그 말을 들었지만 아무도 모르고 있었다. 그 여자는 강씨姜氏(제나라 제후의 딸, 중이의 아내)에게 그 사실을 알렸다. 강씨는 그 여자를 죽이고, 공자에게 말했다.

"당신의 신하들이 당신을 모시고 떠날 생각을 하고 있습니다. 그것을 엿들은 여자가 있었는데, 그 애는 제가 처리했습니다. 그러나 당신은 반드시 신하들의 의견에 따라야 할 것입니다. 천명을 의심해서는 안 됩니다. 의심하면 천명을 성취할 수 없습니다. 『시경』에도 나오지 않습니까? '옥황상제가 그대 편에 있다. 절대로 의심해서는 안 된다'라고요. 선왕은 천명을 알고 있었습니다. 어떻게 그걸 의심할 수 있겠습니까? 당신은 진나라를 떠나 이곳으로 왔습니다. 당신이 떠난 이후로 진나라에는 평화로운 날이 없었고, 진나라 백성들은 새로운 군주를 기다리고 있습니다. 그런데도 하늘은 아직 진나라를 멸망시키지 않고 있지 않습니까. 당신을 제외하고, 누가 진나라를 가질 수 있겠습니까? 마음을 단단히 먹으십시오. 상제님은 당신 편에 서 있습니다. 의심하면 반드시 벌을 받을 것입니다."

공자가 대답했다.

"난 가지 않을 게야. 반드시 여기서 죽을 것이야."

강씨는 말했다.

"안 됩니다. 주나라의 시에도 '군주의 명령으로 여행하는 사람들은 자기의 안락을 원하다가는 때를 놓칠 것이다'라는 말이 있지 않습니까? 밤낮 길을 서두르고, 앉아 쉴 시간도 없이 달려도 늦지 않을까 염려하는 것입니다. 하물며 자기가 원하는 대로 살면서 안락을 바라서야 어떻게 때에 맞출 수 있겠습니까? 해와 달조차 잠시도 쉬지 않는데, 하물며 사람의 몸으로 어떻게 안락을 누리려 하십니까? 서방(주나라)의 책에도 '안락을 바라면 큰일을 그르친다'라는 말이 있습니다. 정나라의 시에서도 '님 그립지만 소문날까 두렵네'라고 하지 않았습니까? 옛날에 관중이 이런 말을 한 적이 있습니다. '위엄을 두려워하기를 병처럼 하는 자는 백성 위에 있다. 욕망을 따라 물처럼 흘러가는 자는 백성 아래에 속한다. 욕망은 있으나 위엄을 생각하는 자는 백성의 가운데에 있다. 만약 위엄을 두려워하기를 병처럼 여긴다면, 백성에게 위엄을 보일 수는 있다. 위엄을 보이면 백성 위에 서고, 위엄을 두려워하지 않으면 벌을 받는다. 욕망에 따라 물처럼 흘러가는 자는 위엄에서 멀어진다. 그러므로 아래에 속하는 것이다. 나는 그 가운데를 따를 것이다. 그리하여 정나라의 시에 따를 것이다.' 그렇게 관중은 제나라를 통치하고 선군을 보좌해 패업을 달성했습니다.

당신이 관중의 말을 무시한다면 성공할 수 없을 것입니다. 제나라의 정치는 흔들리고 있고, 진나라는 오랜 세월 무도한 상태에 빠져 있습니다. 그런데도 당신의 신하는 충성심을 버리지 않고 여러 가지 계획을 세우고 있지 않습니까. 그러므로 당신이 귀국할 시기가 다가왔다 할 것입니다. 나라의 군주는 백성을 구제해야 합니다. 그러지 못한다면 사람이라 할 수 없습니다. 정치가 흔들리는 이 제나라에 있어서는 안 됩니다. 때를 놓치지 마십시오. 충의를 다하는 신하를 버려서는 안 됩니다. 욕망이 일어나는 대로 흘러가서도 안 됩니다. 당신은 당장 가야 합니다. 내가 듣기로는, 진나라가 처음으로 제후국이 되었을 때, 세성이 대화大火(화성)의 위치에 있었다고 합니다. 대화는 은나라를 지배하던 별입니다. 은나라는 31대나 이어졌습니다. 기록에 의하면 '당숙唐叔(진나라)은 은왕조와 같은 정도로 이어질 것'이라고 하는데 아직 반도 지나지 않았습니다. 진나라의 공자는 당신 한 사람. 당신은 반드시 진나라의 군주가 될 것입니다. 그런데 어떻게 안락한 생활을 원할 수 있단 말입니까?"

그래도 중이는 그 말에 따르지 않았다. 강씨는 자범과 의논해 공자에게 술을 먹이고, 취한 그를 마차에 태워 출발하게 했다. 얼마 뒤 눈을 뜬 공자는 창을 들고 자범을 쫓으며 외쳤다.

"만일 일이 제대로 풀리지 않는다면 네놈 고기를 먹고 말 테다. 아니, 그것으로도 부족해!"

장인 자범은 도망치면서 대답했다.

"일이 잘 풀리지 않으면 제가 어디서 죽었는지도 모를 것입니다. 도대체 어떤 사람이 들개나 늑대와 함께 제 고기를 다투겠습니까? 성공하면 공자는 진나라의 산해진미를 드실 테니, 제 고기 따위는 거들떠보시지도 않을 것입니다."

이렇게 하여 일행은 길을 떠났다. 「진어晉語 4편」

그러나 중이 일행은 그길로 진나라로 가지 않았다. 중이가 진나라로 돌아가 문공이 된 것은 그로부터 몇 년 뒤의 일이다.

내 눈을 동문에 걸어라, 오의 멸망을 보리라

오나라 왕 부차는 제나라를 정벌하고 돌아와서 신서申胥(오자서●)를 책망했다.

"옛날 선왕은 덕을 갖추었고 사리에 밝아 그 덕이 상제에까지 이르렀다. 예를 들면, 농부 두 사람이 사방의 쑥을 베듯 초나라를 물리치고 이름을 날렸으니 그것은 오로지 대부(오자서)의 공이었다. 그러나 대부가 늙은 지금, 그는 여생을 조용히 즐기지 못한 채 집에서는 모략을 꾸미고, 밖에서는 백성을 죄인으로 만들어 법도를 흐트러뜨리는 등 오나라에 불길한 요언妖言을 퍼뜨리고 있다. 지금 하늘의 축복이 오나라에 내리고, 제나라의 군대는 항복했다. 나는 자신의 힘을 과신하지는 않지만, 이것은 선왕의 신령이 돌보기 때문이라 생각한다. 대부는 이 말을 명심하라."

오자서는 검을 풀고 대답했다.

"옛날 우리 선왕께는 대대로 보필하는 신하가 있어 문제를 원만히 해결하고 악정을 물리쳐 어려움에 처하지 않으며 무사히 오늘날에 이를 수 있었습니다. 지금 왕께서는 노인을 버리고 어린애들과 의논하면서 자신의 명령에 따르지 않는 자는 없다고 자만하고 계십니다. 하나 거역하지 않는다는 것은 대도大道에 어긋나는 일임을 알아야 할 것입니다. 거역하지 않음은 멸망으로 가는 지름길입니다. 하늘이 누군가를 버릴 때는 먼저 작은 기쁨에 젖게 하여 문제의 본질을 잊게 합니다. 왕께서 만일 제나라에서 마음대로 싸우지 못하고, 그래서 본질을 깨닫게 된다면, 오나라는 앞으로도 오래오래 번성할 것입니다. 선군이 성공할 수 있었던 것은 그 나름의 노력이 있었기 때문이고, 실패에는 그 나름의 실수가 있었기 때문입니다. 지금 왕께서는 별다른 노력도 하지 않고 몇 번이나 하늘의 축복을 받았습니다. 이것은 오나라의 명이 얼마 남지 않았음을 말해주는 징후입니다. 원員(오자서의 이름)은 병을 핑계로 은퇴할 수도 있으나 왕이 월나라의 포로가 되시는 것을 가만히 지켜볼 수가 없습니다. 그러니 저에게 죽음을 내려 주십시오."

그 뒤 오자서는 자살했다. 죽기 전에 그는 이렇게 말했다.

"내 눈을 동문東門에 걸어라. 월나라의 군대가 쳐들어와 우리 오나라가 망하는 것을 보리라." 「오어吳語」

NOTES

부차夫差 : 오나라의 7대 왕. 아버지 합려闔閭가 월나라 왕 구천句踐에게 패하여 죽자 아버지의 유언을 받들어 BC 494년 월나라에 복수하였다. 그때 구천을 죽이라는 책사 오자서伍子胥의 간언을 받아들이지 않았는데, 뒷날 구천의 반격으로 패하자 자살했다.

구천句踐 : ?~BC 465. 춘추시대 월나라의 왕. 오나라의 왕 합려와 싸워 이겼으나, 그의 아들 부차에게 대패해 회계산會稽山에서 항복했다. 그 뒤 BC 473년에 범여의 도움으로 오나라를 멸망시켰다. BC 496~BC 465년 재위.

여왕厲王 : 주나라의 왕. 공포정치와 철저한 밀고 제도를 실시해 백성들을 통제했던 폭군이다.

환공桓公 : ?~BC 643. 춘추시대 제나라의 군주. 춘추오패春秋五覇의 한 명.

오자서伍子胥 : ?~BC 484. 춘추시대의 초나라 사람으로, 이름은 원員이다. 아버지와 형이 초나라 평왕平王에게 피살되자 오나라를 도와 초나라를 쳐서 원수를 갚았다. 그러나 오나라 왕 부차와 의견이 맞지 않아 자살형에 처해졌다.

전국책
(戰國策)

BC 6년경에 만들어진 책으로, 전국시대에 대륙을 누비며 세 치 혀로 유세했던 책사의 변설과 권모술수를 기록했다. '전국책'은 이 책의 편자 유향●이 지은 제목이며, '책策'이란 책략이라는 뜻 이다. 총 23편.

INTRO

주로 전국시대●(BC 403~BC 221)에 활약한 세객說客의 언론 활동과 권모술수를 나라별로 기 록한 역사 이야기로, 사마천이 『사기』를 집필할 때 이 책에서 많은 자료를 얻었다고 한다. 원 저자는 모른다.

전한의 유향(BC 77~BC 6)이 궁중의 장서를 교정할 때, 『국책國策』, 『국사國事』, 『단장短長』, 『사어事語』, 『장서長書』, 『수서脩書』 등의 명칭으로 비밀리에 보존되어 있던 여러 책을 정리하 고 중복을 없앤 뒤에 33권으로 편집해 『전국책』이라 했다.

1973년 겨울, 『전국책』의 성립에 관해 주목할 만한 새로운 사실이 밝혀졌다. 발굴이 끝난 호 남성湖南省 장사長沙 교외의 '마왕퇴馬王堆● 3호 한묘漢墓'에서 백서帛書(문자를 기록한 비단)에 기 록된 『전국책』의 원문이 발견되었던 것이다. 이후 그 전문이 『문물文物』 1975년 4월호에 발 표되었고, 학자들이 그에 관한 연구를 계속하고 있다.

오늘날의 『전국책』은 유향본 그대로가 아니다. 시대가 흐르면서 결손 부분이 생겼고, 그것 을 송나라 때의 증공曾鞏이 복원한 것이다. 옛날에는 역사서로 분류했는데, 때로는 종횡가縱 橫家에 넣기도 한다. 종횡가란 소진蘇秦, 장의張儀의 합종연횡合從連橫에서 따온 이름으로, 전국 시대에 외교 전략을 설파한 학파를 가리킨다. 물론 학파라고는 하지만 유가처럼 정연한 사 상 체계를 갖춘 것은 아니며, 전편에 걸쳐 책사와 세객의 권모술수적인 언론과 행동으로 가 득하다.

제齊나라가 초楚나라를 도와 진秦나라를 공략하고, 곡옥曲沃을 빼앗았다. 그 뒤 진나라는 제나라에 복수를 꾀했으나 제나라와 초나라의 사이가 좋아서 손을 쓸 수가 없었다. 이에 진나라 혜왕惠王은 재상 장의張儀●에게 대책을 세우게 했다.

"제나라에 복수를 하고 싶은데, 제나라는 초나라와 친밀하다. 어떻게 하면 좋겠느냐?"

"한번 해 보겠습니다. 마차와 비용을 준비해 주십시오."

장의는 남하해 초나라 회왕懷王을 설득했다.

"우리 군주는 누구보다 초왕께 호의를 가지고 있습니다. 소인도 왕을 모시고 싶습니다. 우리 군주는 누구보다도 제왕을 미워하고, 소인 또한 제왕을 미워합니다. 얼마 전 우리 군주는 제왕에게 치욕을 당했습니다. 복수를 하고 싶지만, 귀국이 제나라와 친밀해 협력을 요청할 수도 없고, 소인도 왕을 모실 수가 없습니다. 청컨대 제나라와 국교를 끊어 주실 수는 없으신지요? 그 대신 우리 군주에게 청해 상어商於 땅 600리 사방을 헌상하겠습니다. 귀국이 손을 끊으면 제나라는 분명 약해질 것이고, 그러면 왕의 뜻대로 부릴 수 있을 것입니다. 제나라를 약하게 하고 진나라에 은혜를 베풀면서 상어의 땅을 손에 넣게 되니 이것이야말로 일거삼득一擧三得이 아니겠습니까?"

초왕은 기분이 좋아져서 신하에게 말했다.

"상어의 땅 600리 사방을 손에 넣었도다."

군신들은 입을 모아 축하했다. 그러나 늦게 나타난 진진陳軫이라는 자는 떨떠름한 표정으로 입을 다물고 있었다. 그래서 초왕이 물었다.

"병사 하나 움직이지 않고 한 명의 부상자도 내지 않은 채 상어를 손에 넣었다. 정말 멋진 일이라고 생각하지 않느냐? 다들 기뻐하는데, 왜

너만 홀로 입을 다물고 있느냐?"

진진이 말했다.

"상어 땅은 가질 수 없을 것입니다. 오히려 어이없는 화를 당하게 될 것이니 기뻐할 일이 아닙니다."

"그게 무슨 말이냐?"

"진나라가 우리나라를 두려워하는 것은 제나라와 손을 잡고 있기 때문입니다. 땅을 손에 넣지 않은 단계에서 제나라와 국교를 단절하면 우리나라는 고립되고 말 것입니다. 제나라가 우리를 두려워하는 것도 그때까지입니다. 그렇다고 제나라와 단교하기 전에 진나라가 땅을 넘겨줄 리만무하며, 단교한 뒤에 땅을 요구하면 장의에게 당하는 꼴이 됩니다. 그리 되면 왕께서는 분노하시어 서쪽으로는 진나라와 충돌하고, 북쪽으로는 제나라와 다투게 될 것이니 결국 우리는 진나라와 제나라 양국의 공격을 받게 될 것입니다."

"내가 하는 일에는 빈틈이 없을 테니, 군소리하지 말고 잘 지켜만 보고 있거라."

초왕은 제나라에 사신을 보내 국교를 끊었다. 그리고 그 사자가 귀국하기도 전에 또다시 절교를 통고했다.

진나라로 돌아간 장의는 제나라에 사자를 보내 은밀히 손을 잡고, 약속한 땅을 받기 위해 초나라에서 파견된 장군을 이런저런 병을 핑계로 만나지 않았다. 이를 보고받은 초왕은 "장의는 우리가 아직 제나라와 단교하지 않은 줄 아는 모양이야"라고 하면서 일부러 제나라에 용사勇士를 보내 국왕을 나무랐다. 장의는 초나라가 제나라와 완전히 단교한 것을 알고, 이윽고 초나라의 사자를 만났다.

"여기서부터 여기까지 6리의 땅을 가져가시오."

사자가 따졌다.

"나는 600리라고 들었는데, 겨우 6리라니요?"

"나같이 비천한 신분의 사람이 어떻게 600리를 준다고 말할 수 있겠소?"

사자가 귀국해 이 같은 사실을 보고하자, 초왕은 화가 나서 진나라를 치려 했다. 그때 진진이 알현을 요청했다.

"말씀드릴 게 있습니다."

"말해 보아라."

"진나라를 치는 것은 옳지 않습니다. 오히려 성 하나를 주고 진나라와 연합해 제나라를 쳐야 합니다. 진나라에게 준 것은 제나라에 빼앗아올 수 있으니 손해는 없을 것입니다. 군께서는 제나라와 단교하고, 진나라의 약속 위반을 무력으로 물으려 하십니다. 그러나 이는 우리 스스로 진나라와 제나라의 단결을 촉진하는 결과를 초래해 장차 초나라는 큰 타격을 입게 될 것입니다."

그러나 초왕은 진진의 말을 듣지 않고 병사를 일으켜 진나라를 쳤다. 이에 진나라는 제나라와 연합했고, 한韓나라까지 여기에 가담했다. 그 결과 초나라 군대는 두릉杜陵에서 크게 패했다.

결국 초나라는 토지와 병사를 잃었을 뿐 아니라 멸망의 위기에까지 몰렸다. 초왕이 진진의 말을 받아들이지 않고 장의의 책략에 말려들었기 때문이다. 「진책秦策」

뱀의 다리를 그리다 술잔을 빼앗기다

초나라의 대신 소양昭陽이 위나라 군대를 쳐부수고 대장을 죽인 뒤 8개의 성을 공략하더니, 이윽고 창 끝을 돌려 제나라로 향했다. 세객 진진이 제왕의 사자로서 소양을 만났다. 진진은 무릎을 꿇고 승전을 축하한 다음 자리에 앉았다.

"초나라에서는 적을 쳐부수고 대장을 죽이면 어떤 자리를 보장해 줍니까?"

"벼슬은 상주국ᴸ柱國이 될 것이고, 작위는 상집규ᴸ執珪가 될 테지요."

"그보다 높은 자리는 있는지요?"

"영윤令尹뿐이지요."

그러자 진진이 말했다.

"과연 영윤이라면 귀한 자리이지요. 그러나 영윤이 두 사람일 수야 없겠지요. 비유해서 말씀드려도 되겠습니까? 옛날 초나라의 어떤 가문에서 잔치를 벌일 일이 있어 가까운 사인舍人들에게 1개의 큰 잔에 술을 가득 따라 주었습니다. 이때 사인들은 이런 말을 주고받았습니다. '여러 사람이 마시기엔 부족하지만, 한 사람이 마시기엔 만족스러울 것이다. 그러니 땅 위에 뱀을 그리되 가장 먼저 그린 사람이 마시기로 하자'라고 말입니다. 그렇게 하여 한 사람이 뱀을 먼저 그렸습니다. 그 사람은 왼손에 그 술잔을 쥐고 여전히 오른손으로 뱀을 그리면서 말했습니다. '아직 뱀 다리까지 그릴 여유가 있어.' 그러나 그 다리를 미처 다 그리기도 전에 다른 사람이 뱀을 다 그리고는 술잔을 빼앗아 버렸습니다. 그러면서 그는 '뱀은 다리가 없네. 다리를 그리면 그건 뱀이 아니지' 하고 말했습니다. 뱀 다리까지 그린 사람은 결국 술을 못 마시게 된 것입니다. 그런데 장군께서 초나라의 대신이 되어 위나라를 공략하고 적장을 죽인 뒤 성을 8채나 빼앗았습니다. 나아가 그 기세를 타고 제나라까지 공격하려 하십니다. 제나라는 장군을 몹시 두려워하고 있습니다. 이것으로 충분하지 않겠습니까? 너무 과하면 파멸할지도 모릅니다. 그러면 고생해서 얻은 작위도 다른 사람에게 넘어갈 것이니, 그건 마치 뱀의 다리를 그리는 것과 같지 않겠습니까?"

소양은 진진의 말이 옳다고 생각하고 그냥 물러났다. 「제책齊策」

큰 고기도 물에서 벗어나면 벌레의 먹이에 지나지 않는다

정곽군靖郭君●이 자신의 영지인 설薛 땅에 성을 지으려 하자 세객들이 그것을 중지하라고 간했다. 이에 정곽군은 측근을 시켜 세객들의 출입을 금지했다. 그러자 제나라의 세객이 측근을 통해 면담을 요청하며 말을 전했다.

"세 마디만 하게 해 주십시오. 그 이상 말하면 가마에 삶겨 죽어도 좋습니다."

정곽군은 그를 만나기로 했다. 남자는 잰걸음으로 다가와서 말했다.

"해海, 대大, 어魚."

그러고는 다시 도망치듯이 달려가는 것이었다.

"잠깐!"

정곽군은 그를 불러 세웠다.

"저는 하찮게 목숨을 잃고 싶지 않습니다."

"괜찮다. 죽이지 않을 테니 어서 말해 보거라."

"주군께서는 대어大魚에 대해 들어 보셨는지요? 너무 커서 그물로도 잡을 수 없고, 낚을 수도 없습니다. 그러나 그렇게 큰 고기라 해도 물에서 벗어나면 벌레들의 먹이가 되고 맙니다. 제나라는 주군께 그런 물과 같습니다. 그 물만 있으면 설 땅에 성을 지을 필요도 없습니다. 지금 제나라에 등을 돌리면 하늘까지 닿는 성을 짓는다 해도 아무 소용이 없을 것입니다."

"과연 옳은 말일세."

정곽군은 설에다 성을 짓지 않았다. 「제책」

초나라 회왕과 측실을 놀린 책사 장의

장의는 초나라에 있을 때 빈궁했다. 그래서 그를 따르는 사람들이 짜증을 내며 돌아가겠다고 하자, 다음과 같이 달래며 위로했다.

"조금만 기다리게. 내가 초나라의 회왕을 만나 그대들을 잘 대접하라고 말할 테니까."

그 무렵 초나라에는 남후南后와 정수鄭袖라는 측실이 회왕의 총애를 받고 있었다. 이윽고 장의는 회왕을 만났으나 크게 환영받지 못하자, 다음과 같이 말했다.

"소신에게 용무가 없는 듯하니, 소신은 북쪽의 진晉나라 군주를 만나러 가야 하겠습니다."

"그렇게 하게."

"왕께서는 혹시 진나라에서 구하고 싶은 건 없으신지요?"

"우리 초나라에는 황금, 상아, 구슬, 무소 뿔 등 안 나는 게 없으니 뭘 더 구하겠는가?"

"왕께서는 미인을 좋아하지 않으신지요?"

"왜 그런 말을 하는가?"

"정鄭나라나 주나라의 여인은 눈썹을 그리고 길가에 서 있으면 선녀가 아닌지 의심이 갈 정도로 아름답다고 합니다."

"우리나라는 시골이라 그런 미인을 본 적이 없다네. 그런 여자라면 내 어찌 좋아하지 않겠는가?"

그러면서 회왕은 장의에게 보석을 주어 여행 비용으로 쓰게 했다. 그 말을 전해 들은 남후는 걱정이 되어 장의에게 심부름꾼을 보냈다.

"장군께서 진나라로 간다는 소식을 들었습니다. 황금 1,000근을 드릴 테니 여비에 보태 쓰십시오."

정수도 황금 500근을 보내왔다.

장의는 회왕에게 작별 인사를 하며 말했다.

"천하의 관문은 막히기 쉬워 통과하기 어려우니 이다음에 언제쯤 만나 뵙게 될지 기약이 없습니다. 이별의 술잔이라도 내려 주시기 바랍니다."

"그럼, 술잔을 내려 주지."

왕은 술 한 잔을 주었다. 장의는 얼마 뒤 정중하게 예를 올리며 부탁했다.

"이 자리에 다른 사람은 없는지요? 왕께서 가장 총애하는 측실과 함께 마셨으면 좋겠습니다."

왕은 남후와 정수를 불러 잔을 나누었다. 그때 갑자기 장의가 자세를 가다듬고 정중하게 절을 하며 말했다.

"소신은 왕께 죽을 죄를 지었나이다."

"갑자기 그건 또 무슨 말이냐?"

"소신은 천하를 두루 둘러보았으나, 아직 이 두 분에 비길 만한 미인을 본 적이 없나이다. 그러므로 소신이 진나라에 가서 미인을 구해 오겠다는 말이 거짓말이 되고 말았나이다."

"걱정할 것 없다. 과인도 진작 천하에 이 둘보다 더 아름다운 여자는 없으리라 생각하고 있었으니까." 「초책楚策」

무사는 자기를 알아주는 사람을 위해 죽는다

진나라 필양畢陽의 후손 가운데 예양豫讓이라는 사람이 있었다. 처음에는 진나라의 중신 범씨范氏와 중행씨中行氏를 섬겼으나 중용되지 못했다. 그 뒤 중신 지백智伯을 섬겼는데, 지백은 예양을 높이 평가했다.

이윽고 중신 한씨韓氏, 위씨魏氏, 조씨趙氏가 손을 잡고 지백을 멸망시키고 그 영지를 빼앗아 나눠 가졌다. 그중 조양자趙襄子는 지백을 얼마나 미워했던지, 그의 두개골을 변기로 사용했다.

예양은 산으로 도망쳐 길게 탄식하며 맹세했다.

"아, 무사는 자신을 알아주는 사람을 위해 죽고, 여자는 자신을 사랑해 주는 사람을 위해 화장을 하는 법. 주군의 원한은 반드시 갚고야 말겠다."

이리하여 예양은 이름을 바꾸고 감옥에 갔다 온 사람처럼 가장한 뒤, 미장이 신분으로 조양자의 저택에 들어가 측간의 벽을 칠하면서 기회를 엿보고 있었다.

측간에 들어가려다 이상한 느낌이 든 조양자가 벽에 칠을 하던 미장이를 잡아 자세히 살펴보니 예양이었다. 그가 들고 있는 흙손에는 칼날이 달려 있었다. 예양은 하는 수 없이 지백의 원한을 갚기 위해 들어왔다고 자백했다. 그러자 측근들이 그를 죽이려 했으나 조양자가 제지했다.

"그 사내는 의로운 사람이다. 내가 몸조심하면 될 일이지. 지백은 죽어서 후계자도 없었는데, 그를 위해 복수하려는 신하가 있었다니 놀랍구나. 그자야말로 천하의 현인이로다."

그러고는 예양을 석방해 주었다.

이 일로 그냥 물러설 예양이 아니었다. 이번에는 작전을 바꾸어 나병환자처럼 위장하기 위해 몸에 옻칠을 하고 수염을 깎고 눈썹을 민 다음 얼굴에 칼자국까지 내고 구걸을 하며 다녔다. 아내조차 남편인 줄 못 알아볼 지경이었다.

"모습은 남편과 너무 다르지만, 목소리만은 똑같아."

아내가 그렇게 말하자 예양은 숯을 먹어 목소리마저 낼 수 없게 만들어 버렸다. 그런 그를 보다 못한 친구가 말했다.

"자네 수법으로는 성공하기 어려울 게야. 그 마음은 잘 알겠지만 현명한 생각은 아닐세. 자네는 재능이 있으니 차라리 조양자를 섬기는 게 어떻겠나? 그는 반드시 자네를 아낄 것인즉, 그런 연후에 계획을 실행하는 게 좋지 않겠는가?"

이에 예양은 빙긋 웃으며 대답했다.

"자네 말은 옛 친구를 위해 새로 사귄 친구를 죽이고, 이전에 모시던 주군을 위해 새롭게 섬기는 주군을 죽이라는 말과 같지 않은가? 그것은 군신의 도리를 해치는 일이 아닌가? 그렇게 할 수는 없네. 내가 이렇게 고생하는 것은 군신의 도리를 밝히기 위해서라네. 난 결코 안이한 길을 가고 싶지 않네. 신하의 서약을 해 놓고서 그 주군을 죽이려 한다면, 처음부터 두 마음으로 섬기는 것과 같지 않은가? 내가 이렇게 고생하는 것도, 후세에 두 마음을 가지고 주군을 섬기는 것이 얼마나 부끄러운 일인가를 알리기 위함일세."

어느 날, 조양자가 외출을 하게 되었다. 예양은 그 행렬이 지나가는 다리 밑에 숨어 있었다. 조양자가 다리를 건너려 하는데 갑자기 말이 놀라 걸음을 멈추었다.

"말이 놀라는 걸 보니 분명 예양이 이 부근에 있을 것이다."

조양자가 그렇게 말하고 부하들을 풀어 예양을 찾아냈다. 조양자는 예양을 나무랐다.

"너는 예전에 범씨와 중행씨를 모시지 않았더냐? 그들을 멸망시킨 사람이 바로 지백이다. 너는 그 원수를 갚지 못할지언정 서약을 하고 지백을 섬겼다. 그런데 지백이 죽었다고 무슨 이유로 그 원수를 갚으려 한단 말이냐?"

"범씨와 중행씨를 섬겼을 때, 그 두 사람은 나를 중인中人으로 대우해 주었습니다. 그러므로 나도 중인으로 보답한 것입니다. 그러나 지백 님은 나를 국사國士로 대우해 주었습니다. 그러므로 국사로서 은혜를 갚으려 하는 것입니다."

조양자는 예양의 의로운 마음에 감동해 울며 탄식했다.

"아, 예양아, 너는 벌써 지백에게 할 일을 다 했다. 여태까지는 너를 관대히 봐주었지만 이제는 그럴 수 없게 되었구나. 각오를 하거라. 이제는 용서할 수 없다."

조양자의 병사들이 예양을 둘러쌌다. 예양이 말했다.

"현명한 군주는 다른 사람의 절조와 도의를 가로막지 않고, 충신은 목숨을 던져 그 이름을 보전한다는 말이 있습니다. 당신은 한 번 나를 살려 주었습니다. 천하 사람들은 당신을 칭송하고 있습니다. 나는 기꺼이 죽을 생각입니다. 다만 그 전에 당신의 옷이라도 베고 싶습니다. 바랄 수야 없는 일이겠지만, 그러면 여한이 없겠기에 내 진심을 털어놓는 것입니다."

그의 말에 감동한 조양자는 측근에게 명령해 자신의 웃옷을 예양에게 건네주게 했다. 예양은 검을 빼 들고 3번 휘둘러 그 옷에 흠집을 냈다.

"이것으로 지백 님께 보답하게 되었다."

그러고는 곧바로 자결했다. 예양이 죽자 조나라 사람들은 모두 그를 위해 슬피 울었다. 「조책趙策」

남쪽의 초나라를 치려 하면서 북쪽으로 가는 것과 같다

위魏나라의 안리왕安釐王이 초나라의 수도 한단邯鄲을 치려 했을 때의 일이다. 세객 계량季梁이 그 소식을 듣고 여행 중에 급히 돌아와 안리왕에게 알현을 청했다.

"방금 돌아오는 길에 한 남자를 만났습니다. 그는 마차를 북쪽으로 달리면서 초나라로 갈 생각이라고 했습니다. 제가 '초나라로 가는데 왜 반대쪽인 북쪽으로 가느냐'고 묻자, 그는 '정말 잘 달리는 말이거든요'라고 대답하는 것이 아니겠습니까? '좋은 말인지는 모르겠지만, 길을 잘못 든 것 같다'고 했더니, 남자는 '여비도 충분하거든요'라고 하는 것입니다. 저는 '여비가 많아서 좋겠지만 길을 잘못 든 것 같다'고 다시 말해 주었습니다. 그랬더니 그는 '아주 훌륭한 마부를 데리고 있거든요'라는 것이었습니다. 그 사람은 좋은 조건을 갖추었으니 더욱더 초나라에서 멀어질 것입니다. 지금 주군께서는 패왕이 되기 위해 천하의 인심을 얻으려 하고 계십니다. 강한 군사력을 믿고 한단을 공략해 영토를 넓히고 이름을 날리려 하고 계십니다. 그러나 지금 여기서 함부로 움직이면 그만큼 패업에서 멀어질 것입니다. 남쪽의 초나라로 가려 하면서 북쪽으로 달려가는 것과 같습니다."「위책魏策」

어부지리漁夫之利

조나라가 연燕나라를 치려 하자 소대蘇大가 연나라를 위해 조나라의 혜왕惠王을 설득하려고 이렇게 말했다.

"오늘 소신이 역수易水 근처를 지나가는데, 마침 큰 조개가 물에서 나와 햇볕을 쬐고 있었습니다. 그때 황새 한 마리가 날아와서 조갯살을 쪼아 먹으려 하지 않겠습니까? 그러자 조개가 껍데기를 닫아 황새의 부리를 꽉 물어 버렸습니다. 황새가 말했습니다. '오늘이나 내일이나 비가 안 오면 넌 죽을 거야.' 조개가 말했습니다. '오늘이나 내일이나 내 입에서 빠져나가지 못하면 너도 죽을 거야.' 이러면서 어느 쪽도 놓아주려 하지 않았는데, 마침 지나가던 어부가 그 둘을 모두 잡아 버렸습니다. 지금 조나라는 연나라를 치려 하는데, 두 나라가 오래 싸우면 두 나라 백성들은 지쳐 버릴 것입니다. 그때 강력한 진秦나라가 그 어부처럼 두 나라를 단번에 먹어 치울 것입니다. 왕께서는 이 같은 일을 굽어살펴 주시기 바랍니다."

혜왕은 그 말을 듣고 연나라를 치려던 계획을 접었다. 「연책燕策」

곽외를 만나 천하의 현자를 불러들이다

자지子之의 난으로 혼란에 빠진 연나라의 어려움을 수습하고 왕위에 오른 소왕昭王은, 내란을 틈타 침략했던 제나라에 보복하기 위해 재물을 마련하고 겸허한 태도로 천하의 현자를 불러들이고 있었다.

소왕은 먼저 곽외郭隗 선생을 만났다.

"제나라는 우리나라의 내란에 편승해 기습 공격을 가했다. 과인은 이 상태로는 제나라에 복수할 수 없다는 것을 알고 있다. 그러나 현자를 등용해 선왕의 수치를 씻는 것이 과인의 비원이다. 우리가 거국적으로 복수를 하려면 어떻게 하면 좋은지 말해 보라."

"제왕의 기량을 가진 사람은 좋은 스승을 모셔 국정을 의논합니다. 왕의 기량을 가진 사람은 어진 친구를 구해 국정을 의논하고, 패자覇者의 기량을 가진 사람은 의지할 만한 신하를 두어 국정을 의논하며, 나라를 망하게 할 군주는 턱짓으로 부릴 수 있는 하찮은 인물과 함께 노는 법입니다. 예의를 다해 상대를 받들고 겸허하게 가르침을 구해야 합니다. 그러면 자신보다 100배나 뛰어난 인물이 찾아올 것입니다. 상대에게 경의를 표하고, 그 의견에 귀를 기울여야 합니다. 그렇게 하면 자신보다 10배는 뛰어난 인물이 찾아올 것입니다. 상대와 대등하게 대화를 나누면, 자신과 비슷한 인물이 찾아올 것입니다. 책상에 몸을 기댄 채 지팡이를 짚고 곁눈질로 지시를 내리면, 소인들이 모일 것입니다. 노골적으로 고함을 지르고 나무라면, 비천한 인간이 모일 것입니다. 이것이 인재를 모으는 상식입니다. 지금 널리 국내의 인재를 가려 가르침을 받아야 합니다. 그런 소문이 퍼지면 천하의 인재가 앞을 다투어 모여들 것입니다."

"그럼 누구의 가르침을 받으면 좋겠는가?"

"소신은 이런 이야기를 들은 적이 있습니다. 옛날에 어느 왕이 천금을 들여 가며 천리마를 구했으나 3년이 지나도록 손에 넣을 수가 없었습니다. 그때 한 측근이 나서서 자신이 찾아오겠다고 자청하는 것이었습니다. 왕은 그 사람에게 맡겼습니다. 그로부터 3개월 뒤, 그 남자는 천리마가 있는 곳을 찾아내 급히 가 보았으나 벌써 말은 죽고 없었습니다. 남자는 말의 뼈를 500금을 주고 사서 돌아와 왕에게 보고했습니다. 왕은 화를 내며 말했습니다. '내가 원하는 것은 살아 있는 말이야. 죽은 말에게 500금이나 내는 바보가 어디 있단 말이냐!' 그러자 남자는 조용히 말했습니다. '죽은 말을 500금이나 주고 샀으니 살아 있는 말이라면 더 높은 가격으로 살 것이라는 소문이 퍼져 나갈 것입니다. 곧 온 나라의 말이 모여들 것입니다.' 그 뒤 왕은 과연 1년도 되지 않아 천리마를 세 필이나 구할 수 있었습니다. 왕께서 진실로 인재를 구하신다면, 먼저 소인부터 등용해 일을 시작하시지요. 저 같은 사람도 정중한 대우를 받는다는 소문이 퍼지면, 천 리를 멀다 하지 않고 인재들이 모여들 것입니다."

그 말에 따라 소왕은 곽외를 극진히 대접했다. 그 이후로 위나라에서는 악의樂毅●가, 제나라에서는 추연鄒衍●이, 조나라에서는 극신劇辛이 모여 들었다. 그렇게 하여 연나라는 제나라를 쳐서 복수에 성공했다.「연책」

| 책 속의 명문장 |

遠交近攻 원교근공

멀리 있는 나라와는 동맹을 맺고 가까이 있는 나라를 공략한다는 외교 전략으로, 범 수范雎가 진秦나라의 소왕에게 헌책한 전략이다. 진나라는 이 전략을 채택했고, 이윽 고 시황제 때 중국을 통일했다.

合從連橫 합종연횡

전국시대에 고안된 합종과 연횡이라는 두 가지 외교 전략이다. 전국시대의 세력 판도 를 보면, 서쪽으로는 진秦나라, 동으로는 제齊나라, 북으로는 연燕나라, 남으로는 초 楚나라, 그리고 중원 지역에는 한韓나라·위魏나라·조趙나라 3국이 있었다. 합종이란 제나라 이하 6개국이 종으로 동맹을 맺어 서쪽의 강국 진나라에 대항하자는 전략이 다. 연횡이란 서쪽의 강국 진나라와 다른 6개국이 손을 잡는 전략이었다. 합종책은 소진蘇秦이 주도했고, 연횡책은 장의張儀가 주도했다.

騏驥老劣駑馬 기기로열노마

천리마도 늙으면 노마만도 못하다는 말로, 아무리 뛰어난 재능을 가진 사람이라도 늙으면 평범한 사람에게도 못 미친다는 뜻이다. 합종책을 추진한 소진이 제나라의 민왕閔王에게 한 말이다.

行百里者 半於九十 행백리자 반어구십

'100리를 가려는 자는 90리를 그 반으로 친다.' 무언가를 성취할 때 중요한 것은 마무리임을 지적한 말이다. 자기 나라의 힘을 과신한 진나라 무왕武王에게 가신이 한 말이다.

轉禍爲福 전화위복

소진이 제의 선왕宣王에게 한 유명한 말로, 악화된 국면을 타개할 때 사용하는 말이다.

壯士一去兮不復還 장사일거혜불복환

'장사는 한번 떠나면 다시는 돌아오지 못한다.'

연나라의 태자 단丹의 의뢰를 받아 진나라 왕 정政을 암살하기 위해 장도에 오른 자객 형가荊軻가 역수易水에서 친구 고점리高漸離의 축(비파의 일종) 음률에 맞춰 부른 노래에서 나온 말이다. 결사의 마음으로 장도에 오르는 남자의 시로 널리 알려졌다.

유향劉向 : BC 77~BC 6. 전한前漢 시대의 학자로, 자는 자정子政이다. 궁중의 도서 교정校訂에 힘쓰고, 그 해제서解題書인 『별록別錄』을 편집했다. 저서에 『설원說苑』, 『신서新序』, 『열녀전列女傳』 등이 있다.

춘추전국시대春秋戰國時代 : BC 770년에 중국의 주周나라 제13대 평왕平王이 낙양洛陽으로 도읍을 옮긴 다음부터 진秦나라가 다시 중국을 통일하는 BC 221년까지의 동란의 시대를 일컫는다. 도읍을 낙양으로 옮긴 이후부터 주나라를 '동주東周'라고 부른 데서 '동주 시대'라고 하며, 이 시대는 다시 '춘추시대' 와 '전국시대'로 나뉘는데, BC 403년에 진나라가 한韓·위魏·조趙의 삼국으로 나누어지기 전을 '춘추시 대'라 하고 그 이후를 '전국시대'라 한다.

춘추시대에는 봉건제의 붕괴로 주나라 왕조의 권위가 점차 떨어지면서 각지의 제후들이 패권을 사이에 두고 치열한 전란을 벌였다. 그 결과 주나라 초기에는 1,800개 정도였던 도시 국가가 13개국(노魯·제齊· 진晉·초楚·진秦·송宋·위衛·진陳·채蔡·조曹·정鄭·연燕·오吳)으로 압축되었고, 그중에서 패권을 장악한 5개 국(진晉·제齊·초楚·오吳·월越)을 춘추오패春秋五覇라고 한다.

BC 435년, 강력했던 대국 진晉나라에서 하극상이 일어나 한·위·조의 삼국으로 분리되면서 전국시대가 펼쳐졌다. 전국시대에는 이른바 '전국칠웅戰國七雄'이라 불리는 7개국(위에서 언급한 한韓·위魏·조趙 외에 진 秦·초楚·연燕·제齊를 말함)이 패권을 다툰다. 그 뒤 BC 221년에 부국강병을 위해 법치주의를 철저히 관철 한 진나라의 시황제가 중국 최초의 통일 국가를 세웠다.

마왕퇴馬王堆 : 1972년 중국 호남성湖南省 장사시長沙市 교외의 마왕퇴에서 발굴된 BC 2세기경 한漢나라 때의 무덤. 다양한 유물이 완벽한 상태로 발견됐다.

장의張儀 : ?~BC 309. 전국시대 위나라의 정치가. 귀곡 선생鬼谷先生에게서 종횡縱橫의 술책을 배우고, 뒤에 진秦나라의 재상이 되어 연횡책을 6국에 유세遊說해 열국으로 하여금 진나라에 복종하도록 힘썼다.

정곽군靖郭君 : '계명구도鷄鳴狗盜'라는 고사성어로 알려진 맹상군孟嘗君의 아버지로, 이름은 전영田嬰이 다. 제나라의 중신이었으나, 설에 영지를 가지고 반독립국을 형성하고 있었기에 이런 일화가 생겨났다.

악의樂毅 : 전국시대인 BC 3세기 전반에 활약한 연나라의 무장武將. 위나라 초기의 무장 악양樂羊의 자 손이다. 현자이면서 전쟁을 좋아했다. 훗날 연나라·조나라의 객경客卿이 되었다.

추연鄒衍 : 전국시대의 사상가. 추연騶衍이라고도 한다. 맹자보다 약간 늦게 등장해 음양오행설을 제창했 다. 세상의 모든 사상은 토土·목木·금金·화火·수水의 오행상승五行相勝 원리에 의하여 일어나는 것이라 하였다.

사기
(史記)

BC 90년경에 만들어진 책으로, 고대 중국을 무대로 '역사와 인간'을 탐구한 사마천의 명저이다. 『사기』 130권은 본기本紀 12권, 표表 10권, 서書 8권, 세가世家 30권, 열전列傳 70권의 5부로 나누어져 있다. 연대를 따라 평면적으로 기록하는 편년체가 아니라, 역사의 모습을 입체적으로 부각하는 기전체紀傳體●로 썼다.

INTRO

『사기』는 한漢나라의 사상가 사마천이 저술한 역사서로, 중국의 전설시대부터 하夏·은殷·주周, 춘추전국시대, 진제국의 통일과 와해를 거쳐, BC 2세기 한제국 초기에 이르기까지 방대한 역사가 기록되어 있다.

이 시대는 사상적으로나 사회경제적으로나 인류사의 대변혁기라 할 수 있는데, 『사기』는 그 시대를 이해하는 데 결정적인 단서를 제공한다. 그러나 단순한 사료로서가 아니라 사상서, 문학서로서도 널리 읽히는 것은 사마천의 냉철한 시선으로 관찰된 인간의 모습이 살아 움직이듯이 기술되어 있기 때문이다. '기전체'로 쓴 『사기』의 스타일은 『한서漢書』 이후의 중국 역사서로 이어진다. 그러나 사마천의 다양한 시각과 가치관으로 묘사된 『사기』에 버금가는 저술은 없다고 할 수 있겠다.

사마천이 태어나고 죽은 해는 명확하지 않지만, BC 2세기에서 BC 1세기에 걸쳐 한무제漢武帝의 치세에 살았던 것만은 분명하다.

그는 아버지의 뒤를 이어 태사령太史令(사관의 우두머리)이 되어 역사 편찬에 종사했다. 그러나 한때 비운의 패장 이릉李陵을 변호하다가 궁형宮刑(남근을 절단하는 형벌)을 당했다.

그는 감옥살이를 하다가 출옥한 뒤 그 굴욕을 역사서 편찬 사업으로 이겨내려 했다. 그는 이렇게 말했다.

"나는 궁형을 당한 다음 깊이 생각해 보았다. 생각건대 공자는 어려운 여행 중에도 『춘추』를 지었고, 굴원屈原●(전국시대 말기 초나라 왕족)은 추방된 뒤에 걸작인 장시 「이소離騷」를 지었다. 또 좌구명左丘明(춘추시대 노나라의 대부)은 실명한 뒤에 역사서 『국어國語』를 편찬했다. 이처럼 인간이란 마음속에 깊은 불만이 쌓이고, 자유롭게 살아갈 수 없을 때 과거를 이야기하고 미래를 생각하는 존재이다." 『사기』의 음울한 표현과 날카로운 통찰, 부조리에 대한 분노에는 그런 사연이 배경을 이루고 있었던 것이다.

1) 「본기本紀」

전설시대에서 한나라 때까지의 왕조 흥망사를 다루고 있는 본기는 「오제五帝본기」, 「하夏본기」, 「은殷본기」, 「주周본기」, 「진秦본기」, 「진시황秦始皇본기」, 「항우項羽본기」, 한나라의 「고조高祖본기」, 「여후呂后본기」, 「효문孝文본기」, 「효경孝景본기」, 「효무孝武본기」의 12권으로 되어 있다.

각 권말에는 사마천의 촌평이 붙어 있는데, 여기에는 진나라 왕조를 무너뜨렸지만 BC 202년에 한나라의 고조 유방에게 패한 항우의 최후도 묘사되어 있다. 항우는 왕조를 수립하지는 못했으나 「본기」에 편입되어 있다.

사면초가四面楚歌

BC 206년, 시황제가 죽고 4년이 흘러 진나라는 멸망했지만, 진나라를 토벌할 때 선봉에 섰던 초나라의 항우項羽●와 한나라의 유방劉邦●은 중원의 패권을 두고 4년간 싸웠다. 그 즈음 형세는 점점 항우에게 불리해져 갔다.

항우의 군대는 해하垓下에서 농성전을 벌였는데, 병력은 줄어들었고 식량도 턱없이 부족했다. 주위에는 한나라 군대와 제후의 연합군이 그를 포위하고 있었다.

밤이 되었을 때 항우는 사방의 적진에서 들려오는 고향 초나라의 노랫소리에 깜짝 놀랐다.

"우리 초나라도 벌써 한군의 손에 떨어지고 말았는가. 이렇게 많은 초나라 사람이 적에게 동조할 줄이야!"

항우는 눈을 부릅뜨고 술을 들이켰다. 그런 항우의 곁을 애첩인 우미인虞美人이 지키고 있었다. 그리고 항우는 추騅라는 명마를 사랑했다.

취기가 돌아 흥분 상태에 빠진 항우는 슬픔과 분노를 못 이겨 우와 추를 곁에 두고 이렇게 노래를 불렀다.

力拔山兮氣蓋世   힘은 산이라도 뽑고 그 기세는 천하를 덮을 만한데

時不利兮騅不逝   때를 못 만나 추여, 너마저 달리지 않는구나

騅不逝兮可奈何   추여, 네가 달리지 않으니 어찌하리 어찌하리

虞兮虞兮奈若何   우여, 우여, 너를 어찌하리 어찌하리

그 가락에 맞추어 우미인도 따라 노래를 불렀다. 이윽고 항우의 볼에 눈물이 흐르고, 부하들도 따라 울었다.

항우는 말에 올라탔다. 그는 800기의 정예 기마대와 함께 적의 포위망을 뚫고 남쪽으로 달리기 시작했다.

날이 새기 전에서야 한군은 항우가 도주한 사실을 알고, 기마대장 관영灌嬰이 이끄는 5,000기의 기마대로 하여금 그 뒤를 쫓게 했다.

항우가 회수淮水를 건널 때 그 뒤를 따르는 부하는 100여 기에 지나지 않았다.

이윽고 항우는 음릉陰陵 부근에 이르러 그만 길을 잃고 말았다. 마침 지나가는 농부에게 길을 물었는데, 농부가 거짓말을 했다.

"왼쪽으로 가시면 됩니다."

일행은 농부의 거짓말에 속아 늪지대로 들어가는 바람에 한군에게 꼬리를 잡히고 말았다. 그를 따르는 병사는 고작 28기에 불과했다. 항우는 굳은 각오를 하고 부하들에게 말했다.

"진나라를 타도하기 위해 군대를 일으킨 지 8년, 손수 실전에 참가한 것이 70여 회. 내 앞에 선 적은 모두 쳐부쉈고, 내가 공격하면 모두 항복

했다. 한 번도 패배란 걸 모르고 살아왔다. 그리하여 나는 천하의 패자로 군림할 수 있었다. 그런데 지금은 이런 지경에 빠지고 말았다. 이것은 나의 전술이 나빠서 그런 게 아니다. 하늘이 나를 버렸기 때문이다. 오늘 이 자리에서 죽음을 각오하고 너희들을 위해 시원하게 한판 싸워 주마. 나의 전술 탓이 아니라 천명으로 패배한 것임을 지금 여기서 보여 주겠다."

항우는 이렇게 하여 최후의 결전에 임했는데, 2기의 기마병만 잃었을 뿐 100기에 가까운 적병을 죽이고 장강을 향해 달렸다. 장강에 이르렀을 때 그 지역의 유력자가 배를 마련해 고향 강남으로 건너가라고 권했다. 그러나 항우는 함께 싸웠던 8,000여 명의 부하를 잃은 것을 부끄럽게 생각하여, 무슨 얼굴로 그 부모들을 대하겠느냐고 하며 추격하는 적과 싸우다 자결했다. 사마천은 한나라의 장수들이 그 시체를 난도질해 서로 빼앗으려 하는 장면을 기술한 다음 항우의 인물됨을 이렇게 평하고 있다.

"목적을 이루지는 못했지만 항우만 한 인물은 앞으로 나오기 힘들 것이다. 그러나 고향 초나라만을 생각하고 중원의 경영을 돌보지 않은 것은 잘못이다. 또한 초나라의 군주였던 의제義帝를 쫓아내고 스스로 제위에 오른 것은 고려하지 않고, 제후의 반란을 원망한 것은 어불성설이다. 자신과 자신이 세운 공에 도취해 독선에 빠져들어 무력에만 의존한 결과, 나라를 잃고 자신도 동성東城에서 죽고 말았다. 또한 자신의 실패를 깨닫지 못하고, 하늘이 자신을 버렸기 때문이지 자신의 전술이 나빴던 것이 아니라고 한 것은 참으로 큰 착각이다."「항우본기項羽本紀」

2)「표表」

연표年表 부분이다. 이것도 평면적으로 기술하지 않고, 왕조와 춘추시대 이전의 제후, 전국시대의 7국, 한나라 때의 제후, 왕족, 중신 등 10권으로 분류해 복잡한 관계를 한눈에 알아볼 수 있게 했다. 특히 진나라가 망하고 한나라가 일어나기까지(BC 209~BC 202) 격동의 8년간을 한 권에 정리하는 세심한 배려도 돋보인다.

1972년 봄 장사長沙 교외에서 발견된 마왕퇴 고분의 유해에 관한 신원이 판명된 것도 이 표의 기록 덕분이다.

3)「서書」

예제禮制와 역법, 천문, 법제, 치수공사治水工事, 경제 등의 제도 연혁을 8권으로 나누어 기술했다.

4)「세가世家」

고대 중국은 왕조 아래 제후를 두고 그들이 각지의 영지를 다스리는 통치 형태를 취하고 있었다. BC 8세기 이후에 이르면 주왕조의 통제력은 점차로 약해지고, 제후의 영지는 사실상 독립국의 형태를 띠고 서로 대립하며 패권을 다투게 된다. 이 제후의 계보와 역사를 개별적으로 기술한 것이 세가 30권이다. 또한 공자는 제후가 아니지만, 특별히 세가로 다루었다.

여기서는「제나라의 태공망太公望」과「송宋나라의 양공襄公」부분만을 발췌해 번역했다.

낚시를 인연으로 만난 태공망과 주나라 문왕

산동성山東省 일대에서 800년 가까이 번성했던 제나라는 BC 11세기에 주왕조 창건의 공신 여상呂尚●이 그 공적으로 봉토를 받은 데에서 시작되었다고 한다. 그 여상이 바로 태공망이라고 하는데, 후세에 강태공(낚시꾼)의 시조로 불리게 된 사연이 모두 기록되어 있다.

여상은 동방의 바닷가 사람이다. 그는 늙어서까지 가난하게 살았는데, 바다낚시를 인연으로 주나라 문왕을 알게 되었다.

어느 날 문왕이 사냥을 나가려고 점을 쳤는데, '이번 노획물은 호랑이나 곰이 아니라 왕의 패업을 도울 인물이다'라는 점괘가 나왔다. 과연 문왕은 위수渭水 북쪽의 강변에서 한 낚시꾼을 만나게 되었는데, 그 사람이 바로 여상이었다. 문왕은 여상과 대화를 나누던 중에 그의 높은 식견과 인격에 감동하고 말았다.

"우리 선군先君인 태공太公 시절부터 언젠가 성인이 나타나 주나라를 강성하게 할 것이라는 말이 전해 왔는데, 태공이 기다리던 인물이 바로 당신이었구려."

그리하여 그는 태공이 바라던(望) 인물이라는 뜻에서 태공망이라 불리게 되었다. 문왕은 그를 마차에 태우고 군사軍師로 삼았다.

문왕은 태공망과 은밀히 정책을 입안해 선정을 베풀면서 은殷나라를 타도하려고 애썼다. 태공망의 헌책은 군사적인 전략이 주를 이룬 것으로, 후세에 병법이나 권모술수를 논하는 사람들이 태공망을 시조로 삼은 것도 이 때문이다.

태공망은 문왕이 세상을 떠난 뒤 그 아들 무왕武王을 모셨고, 은나라를 멸망시키고 주나라의 천하 평정을 달성한 뒤, 제나라 땅을 봉토로 받았다. 그리고 그의 자손이 대대로 제나라의 군주가 되었다. 「제태공망세가齊太公望世家」 말미에 사마천은 이렇게 적고 있다.

'나는 제나라에 가 본 적이 있는데, 옥토가 2,000리나 되고 그 백성들은 모두 지혜로웠다. 태공망이 그 인덕으로 나라의 기초를 만들고, 뒤에

환공의 전성기를 맞아 선정을 베풀어 제후의 맹주가 된 것은 당연한 일이라 할 것이다.'

쓸데없이 베푸는 인정을 뜻하는 '송양의 인'

송나라는 하남河南의 작은 나라였지만, 양공(BC 650~BC 637 재위)은 제후의 맹주가 되려는 야심을 가슴에 품고 초나라와 싸웠다.

어느 날 양공이 이끄는 송나라 군대와 초나라 군대가 홍수泓水 강변에서 맞닥뜨렸다. 적이 강을 건너기 시작하는 것을 보고 재상 목이目夷(양공의 이복형)가 양공에게 말했다.

"적은 다수이고 아군은 소수입니다. 초나라 군대가 강을 건너기 전에 쳐야 합니다."

그러나 양공은 그 헌책을 받아들이지 않았다.

적은 강을 다 건넌 뒤 진형을 갖추기 시작했다. 그러자 목이가 "지금이라도 공격을 감행해야 합니다"고 말했지만 양공은 "아니다. 적이 진형을 다 갖춘 다음에 하도록 하자"라고 말하고, 적이 전열을 다 갖춘 뒤에야 비로소 공격을 시작했다.

그 때문에 송나라 군대는 대패하고, 양공은 부상을 입었다. 사람들이 그 작전은 정말 어리석었다고 비난하자, 양공은 이렇게 말했다.

"적이 곤란한 틈을 타서 공격하는 것은 군자가 할 바가 아니다. 상대가 준비를 다 갖추지도 않았는데 어떻게 공격 명령을 내릴 수 있단 말인가?"

후세 사람들이 적에게 쓸데없는 인정을 베풀어 실패하고 마는 경우를 두고 '송양의 인宋襄之仁'이라 조소하게 된 것은 바로 여기에서 비롯되었다. 그러나 사마천은 양공의 행위를 노골적으로 비판하지 않고 이렇게 말했다.

'양공은 홍수의 전투에서 패했지만, 군자 가운데서는 이 행위를 높이 평가하는 의견도 있다. 그들은 중국에 예의가 없음을 한탄하면서 양공의 예의와 양보를 높이 평가하는 것이다.' 「송미자세가宋微子世家」

5) 「열전列傳」

역사가 딱히 제왕이나 제후에 의해서만 만들어지는 것은 아니다. 사마천은 사상가와 정치가, 장군, 관리, 협객, 상인, 시정의 인물에 이르기까지 많은 사람의 전기를 열전 70권으로 묶었다. 제1권 「백이열전伯夷列傳」은 역사의 파도에 흔들리며 살아야 했던 인간의 마음을 주제로 했고, 제69권 「화식열전貨殖列傳」은 경제와 경제인의 업적을 들었는데(제70권은 사마천 자신의 전기), 전체적으로 치밀하게 구성된 하나의 작품이라 할 수 있다.

세상에 천도는 있는가?

백이伯夷와 숙제叔齊●는 무력 정치에 반대하며 산에 들어가 굶어 죽은 의인으로, 공자를 비롯한 유가에서는 그들을 칭송했으나, 사마천은 그 운명에 가탁假託해 역사의 비정함을 통탄했다.

백이와 숙제는 고죽국孤竹國 군주의 두 아들이었다. 아버지는 아우 숙제를 다음 왕으로 삼으려 했으나 아버지가 죽자 숙제는 왕위를 형 백이에게 양보했다. 그러나 백이는 아버지의 뜻을 어길 수 없다 하며 피했고, 아우 숙제도 왕위에 오르지 않고 피해 버렸다. 그러자 백성들은 다른 형제를 왕으로 옹립했다. 훗날 백이와 숙제는 서백창西伯昌이 노인을 잘 봉양한다는 소문을 듣고 그에게 의지하고자 했지만 서백창은 벌써 죽고 그의 아들 무왕武王이 아버지의 시호인 문왕文王의 위패를 수레에다 모시고 은나라의 주왕紂王을 정벌하기 위해 동쪽으로 향하고 있었다. 이에 백이와 숙제는 말고삐를 잡고 "아버지가 돌아가셨는데 장례도 치르지 않고 전쟁을 일으키는 것은 효도가 아닙니다. 또한 신하 된 도리로 군주를 치려 하는 것은 인仁이라 할 수 없습니다" 하고 말했다. 그러자 무왕은 그 둘의 목을 치라고 명령했다. 이때 태공망이 "이 사람들은 의인이다"라고 하며 살려 주었다. 이후 무왕이 은나라를 평정한 뒤 천하가 주나라 왕실을 섬겼으나, 백이와 숙제는 주나라 백성이 되는 것을 치욕으로 여기고 지조를 지켜 수양산首陽山에 은거하면서 주나라의 곡식을 먹으려 하지 않고 고사리로 배를 채우다가 결국 굶어 죽었다.

"천도天道는 공평무사해 항상 착한 사람을 돕는다"고 했다. 그러나 두 사람은 인덕을 쌓고 행실이 깨끗했지만 불행하게 죽고 말았다.

백이와 숙제의 예만이 아니라 공자의 많은 제자 가운데 공자가 가장 학문을 좋아하는 제자로 인정했던 안회도 너무 가난하여 술지게미도 배불리 먹지 못하고 결국 고생만 하다 죽고 말았다. 그에 비해 도척盜跖(춘추시대 말기의 유명한 도적)은 매일 죄 없는 사람을 죽이고 천하를 어지럽혔지만 천수를 누렸다. 도척은 대체 어떤 덕행을 쌓았단 말인가.

오늘날에도 사람들이 싫어하는 일만 하면서도 평생 향락과 부귀를 누리는 사람이 있는가 하면, 갈 만한 곳을 골라 가고, 때에 맞게 말을 하며, 공명정대한 일이 아니면 절대로 하지 않는 사람들이 화를 당하는 일이 너무 많으니 이건 대체 어찌 된 일인가. 이런 것을 천도라고 한다면, 과연 그 천도는 옳은 것인가 그른 것인가?「백이열전」

쓸모없는 두 식객이 맹상군을 구하다

열전에는 위에서 든 백이와 숙제를 비롯해 약 250명, 조연까지 넣으면 약 2,000명이 넘는 개성적인 인물이 등장한다. 전국시대에 제齊나라의 뛰어난 재상이었던 맹상군孟嘗君●의 일화를 들어 보자.

맹상군은 천하의 인재를 모아 식객으로 대접했다. 그 소문을 듣고 수배 중인 죄인까지 찾아오는 지경이라 그 식객만 해도 '수천 명'이나 되었다.

맹상군은 새로 온 식객을 면접할 때, 병풍 뒤에 서기를 두고 그의 부모 형제에 대해 기록하게 한 뒤 나중에 사자를 보내 부모 형제에게 선물을 전했다. 그 소식을 들은 식객이 감격했음은 말할 것도 없다.

어느 날 밤, 식객을 맞이해 식사를 할 때였다. 우연히 불빛에 가려 맹상군의 밥상이 안 보였다. 식객은 주인과 자신의 밥상에 차별을 둔다고 오해해 수저를 놓고 물러가려 했다. 맹상군은 자신의 밥상을 식객 앞으로 들고 가서 자세히 보게 했다. 식객은 자신의 행실을 부끄러워하며 스스로 목을 베어 죽었다. 그 때문에 맹상군의 평판은 점점 더 높아졌다.

맹상군이 제나라 왕의 사자가 되어 진秦나라로 가게 되었을 때 식객 몇 사람이 수행하게 되었는데, 그 가운데 도무지 쓸모없는 두 사람이 끼어 있었다. 한 사람은 개의 흉내를 내며 도적질을 잘하는 사람이고, 또 한 사람은 닭울음을 그럴듯하게 흉내 내는 사람이었다.

맹상군 일행을 맞이한 진나라의 소왕昭王은 맹상군의 힘으로 제나라가 강해질 것을 두려워해 일행을 연금하고는 죽이려 했다.

이에 맹상군은 소왕의 애첩에게 손을 써서 그 도움으로 풀려나려 했으나, 애첩이 그 대가로 여우의 겨드랑이 털로 만든 옷을 달라고 요구해 곤경에 빠지고 말았다. 똑같은 옷은 이미 맹상군이 소왕에게 바쳤고, 그것은 천하에 둘도 없는 진품이라 구할 수 없었기 때문이다.

맹상군은 식객들과 의논을 해 보았지만, 아무도 별다른 묘안을 내지 못했다. 그때 구석 자리에서 한 남자가 나섰다.

"제가 해 보겠습니다."

밤이 되자 그 남자는 왕궁으로 숨어들어 소왕에게 헌상했던 그 옷을 훔쳐 냈다. 맹상군은 그것을 애첩에게 바치고 풀려날 수 있었다.

일행은 서둘러 도성을 탈출해 위조한 통행증을 들고 캄캄한 밤에 함곡관函谷關에 도착했다. 그러나 규칙에 따라 아침에 닭이 울어야 문을 열어 줄 수 있다는 것이었다. 소왕은 벌써 맹상군 일행이 도망친 것을 알고 추격병을 파견한 상태였다. 맹상군은 초조했다. 그때 일행의 말석에 앉아 있던 식객이 손을 들고 앞으로 나오더니, 닭 울음소리를 흉내 내는 것이 아닌가. 그 울음소리를 듣고 주변의 닭들이 덩달아 울기 시작하자 병사들이 관문을 열었다.

이어서 추격병들이 뒤쫓아왔지만 맹상군 일행은 이미 함곡관을 떠난 뒤였다. 식객들은 그 두 사람에게 감복하지 않을 수 없었다. 「맹상군열전孟嘗君列傳」

부귀하면 인재가 모여들고, 비천하면 친구도 다 떠난다

맹상군은 한때 실각한 적이 있다. 그러자 식객들은 모두 떠나 버리고 풍환馮驩이라는 자만 남았는데, 그는 기묘한 책략으로 맹상군의 명성을 되찾게 해 주었다. 맹상군이 실각했을 때 떠났던 식객들은 맹상군이 힘을 되찾자 다시 돌아오려 했다. 이에 맹상군은 풍환에게 불평을 늘어놓았다.

"다행히도 그대 덕분에 자리를 되찾았으나, 그 사람들은 무슨 면목으로 나를 만나려 하는지 모르겠소이다. 침이라도 뱉어 주고 싶다오."

풍환은 말고삐를 매어 놓고 수레에서 내려와 절을 올렸다. 맹상군도 수레에서 내려와 예를 표하며 말했다.

"선생이 식객들을 대신해 사과하는 것입니까?"

"아닙니다. 선생께서 말실수를 했기 때문입니다. 모든 사물에는 필연적인 도리가 있다는 걸 아시겠지요?"

"무슨 뜻인지 못 알아듣겠습니다."

"살아 있는 것이 죽는 것은 사물의 필연적인 결과이며, 부귀하면 선비가 모여들고 비천하면 친구가 적은 것 또한 당연한 도리입니다. 선생께서는 아침에 사람들이 시장에 모여드는 것을 보지 못했는지요? 날이 밝으면 다투어 문으로 들어가는데, 날이 저물면 어깨를 늘어뜨린 채 시장 쪽은 돌아보지도 않습니다. 이것은 딱히 아침을 좋아하고 저녁을 싫어해서가 아니라, 바라는 물건이 그 안에 없기 때문입니다. 선생께서 지위를 잃었을 때 사람들이 다 떠났던 일을 두고 그들을 원망하며 일부러 식객이 오는 길을 막을 필요는 없습니다. 예전처럼 오는 손님을 잘 대접하시기 바랍니다."

맹상군은 절을 하며 그 말에 따랐다. 「맹상군열전」

| 책 속의 명문장 |

燕雀安知鴻鵠之志哉 연작안지홍곡지지재

'작은 새가 어찌 큰 새의 뜻을 알리오.' 소인은 큰 뜻을 품은 대인의 마음을 알 수 없다는 뜻으로, 시황제가 다스리는 진제국에 대항하여 최초로 반란군을 일으킨 진승이 젊은 시절 머슴살이를 할 때 신분에 어울리지 않는 거창한 말을 했다가 동료들의 비웃음을 샀다. 그때 그가 한 말이다.

王侯將相寧有種乎 왕후장상녕유종호

'왕후장상의 씨앗이 어디 따로 있다더냐!' 진승陳勝이 반란을 일으키고 병사들을 격려하기 위해 한 말이다.

大行不顧細謹 대행불고세근

큰일을 할 때는 사소한 것은 따지지 않는다는 뜻이다. 유방과 항우가 천하를 다툴 때, 진의 수도 함양 교외의 홍문에서 양웅이 술자리를 가졌는데, 유방은 화장실에 간다는 핑계를 대고 탈출했다. 그때 항우에게 인사도 못 하고 가게 되었다고 말하자, 부하 번쾌가 그 말을 받아 한 말이다.

桃李不言 下自成蹊 도이불언 하자성혜

복숭아와 자두는 말이 없지만, 꽃을 보고 열매를 따려는 사람들 때문에 그 나무 아래에는 저절로 길이 생기듯, 인격자에게는 자연스럽게 사람이 모여든다.

酒極則亂 樂極則悲 주극즉란 락극즉비

'술이 과하면 흐트러지고 즐거움이 과하면 슬퍼진다.' 제나라의 위왕威王을 모시던 학자 순우곤淳于髡이 왕에게 얼마나 마시면 취하느냐는 물음에 위왕이 답한 말이다.

夜郎自大 야랑자대

'우물 안 개구리'와 같은 뜻이다. '야랑夜郎'은 한나라 때 중국의 서남쪽에 있던 소수민족의 나라인데, 한나라의 사자를 맞이한 야랑국의 왕이 자기 나라가 한나라보다 더 크다고 자만한 데서 비롯된 말이다.

기전체紀傳體 : 역사 사실을 서술할 때 본기·열전·지志·연표 등으로 구성해 서술하는 역사 서술의 체재.

굴원屈源 : BC 343~BC 278. 전국시대 때 초나라의 정치가이자 그 시대를 대표하는 시인이었다. 이름은 평平이고, 자는 원原이다. 진나라 장의張儀의 모략을 꿰뚫어 보고 그에 휘둘리는 회왕懷王을 필사적으로 말렸으나 받아들여지지 않자, 초나라의 앞날에 절망하여 스스로 물에 빠져 죽었다.

항우項羽 : 진나라 말기에 유방과 천하를 놓고 다툰 무장.

유방劉邦 : 자는 계季이며, 한漢나라를 세운 황제이다. 한나라 왕으로 4년 동안 재위했고, 황제로는 8년 동안 재위했다. 영포英布의 반란을 평정하던 중 가슴에 화살을 맞았는데, 그 상처가 재발해 53세에 죽었다.

여상呂尙 : BC 12세기경 주나라 초기의 정치가이자 병략가로, 제나라의 시조이다. 성은 강姜, 이름은 상尙이며, 본명은 여상으로 속칭 태공망이라 한다. 뒤에 무왕을 도와 은나라를 멸하고 천하를 평정해 그 공으로 제나라의 봉함을 받아 그 시조가 되었다.

백이伯夷와 숙제叔齊 : 주나라의 전설적인 형제 성인聖人이다. 본래는 은나라 고죽국孤竹國의 왕자였는데, 아버지가 죽은 뒤 서로 후계자가 되기를 사양하다가 두 사람 모두 나라를 떠났다. 그 무렵 주나라무왕이 은나라의 주왕을 토멸하고 주왕조를 세우자, 두 사람은 무왕의 행위가 인의仁義에 위배되는 것이라 하여 주나라의 곡식을 먹기를 거부하고 수양산首陽山에 들어가 고사리를 캐 먹고 지내다가 굶어 죽었다.

맹상군孟嘗君 : 제나라의 공족이자 전국시대 말기의 '사군' 가운데 한 사람. 선왕宣王의 서제庶弟인 아버지의 뒤를 이어 천하의 인재들을 모아 후하게 대접해 그 명성과 실력을 과시했다. 제나라와 위나라의 재상을 역임하고 독립해 제후가 되었다.

한서
(漢書)

AD 90년경에 만들어진 책으로, 고조의 건국과 무제의 흉노 정벌 등 전한前漢 제국의 역사를 기록했다. 『한서』란 한나라의 사적을 기록한 책이라는 뜻으로, 후한後漢의 반고가 편찬했으며, 기紀 12권, 표表 8권, 지志 10권, 전傳 70권으로 이루어져 있다. 『사기』에 다음가는 정사로 평가받으며, 전한 고조 원년(BC 206)부터 왕망王莽●의 지황地皇 4년(AD 23)까지의 사적을 기술했다. 전 100권.

INTRO

『한서』 전 100권은 후한의 반고(32∼92)가 편찬한 것으로 알려졌지만, 사실은 반고 혼자서 한 것이 아니다. 그 전에 그의 아버지 반표班彪가 『후전後傳』 65편을 편찬했고, 그 작업을 이어받은 반고가 20년에 걸쳐 『한서』를 완성한 것이다.

그러나 반고가 만년에 거기장군車騎將軍 두헌竇憲의 흉노 정벌에 참가했다가 두헌의 황제 암살 음모에 연좌되어 옥사하는 바람에 8권의 표表와 「천문지天文志」는 완성되지 못했다.

그 뒤 여동생 반소班昭가 황명을 받아 편찬을 계속했고, 결국 반씨 일족의 손에 의해 30∼40년의 세월이 지난 뒤에야 완성되었다. 『한서』는 『사기』처럼 기전체를 취했으나, 『사기』가 상고시대부터 한나라 때까지를 기술한 통사임에 반해, 『한서』는 기술 대상을 전한 왕조로 한정했다. 『한서』 이후의 정사는 거의 단대사斷代史인데, 이는 왕조의 입장에서 보는 역사관의 표현이라 할 수 있다. 이런 역사 기술의 태도는 『한서』에서 비롯되었다.

최근에 중국의 중화서국이 청나라 왕선겸王先謙의 『한서보주漢書補注』를 저본으로 하여 열람하기 좋게 구두점을 찍은 활자본 『한서』를 출간했다.

소무의 정절과 이릉의 배신

한나라의 사절로서 흉노 땅으로 향한 소무蘇武●는 자신의 부하가 선우單于(흉노의 왕)의 궁정 안에서 음모에 휘말리는 바람에 흉노의 땅에 사로잡히고 말았다. 선우는 소무가 귀순을 거부하자, 그를 바이칼 호(북해)의 한적한 땅으로 보내고는 숫양이 새끼를 낳고 젖이 나오면 돌려보내 주겠다면서 숫양을 치게 했다.

한편, 5,000명의 보병을 거느리고 흉노 땅으로 들어선 이릉李陵●은 몇 배나 많은 흉노의 군대와 싸웠다. 선전에도 불구하고 결국 사로잡히고 만 이릉은 나중에 자신의 일족이 무제의 노여움을 사 죽임을 당했다는 사실을 알고 흉노에게 귀순해 우교왕右校王(흉노의 대관)의 지위에 올랐다. 그로부터 오랜 세월이 지난 어느 날, 이릉은 선우의 명령을 받고 옛 친구 소무를 찾아 바이칼 호로 갔다.

이전에 소무와 이릉은 한나라에서 함께 시중侍中(궁중의 관리)을 지낸 사이였다. 소무가 사신으로 흉노 땅에 갔던 그다음 해에 이릉은 흉노에게 항복했다. 그는 스스로 소무를 찾아가려 하지 않았다. 그로부터 오랜 세월이 흐른 뒤, 선우는 이릉을 바이칼 호로 보내 소무를 위해 연회를 베풀고 음악을 연주하게 했다. 그 자리에서 이릉은 소무에게 말했다.

"선우는 내가 자경子卿(소무의 자) 님과 친구라는 말을 듣고 설득해 보라며 이렇게 나를 보냈소이다. 선우는 아무런 격의 없이 그대를 대우할 생각이오. 어차피 한나라로 돌아가지 못하고 이렇게 외로운 땅에서 고통스럽게 살아간들 누가 그 충성심을 알아주겠소이까? 예전에 자경 님의 형님께서 천자를 수행해 옹雍(섬서성의 지명) 땅의 역양궁棫楊宮에 갔을 때, 수레를 잡고 돌계단을 내려가다가 기둥에 부딪쳐 말채를 부러뜨렸다는 이유로 불경죄로 몰려 결국 자결하지 않았소이까? 또한 그대의 아우인 유경孺卿 님은 천자가 하동河東의 후토后土(대지의 신)를 제사 지내러 갔을 때 수행한 적이 있는데, 말을 탄 환관이 황문부마黃門駙馬(천자의 말을 관리하는 환관)와 서로 배를 빼앗다가 부마를 물속에 빠져 죽게 하고 도망친 사건이 있었지요. 유경 님은 칙명을 받고 그 범인을 잡으러 갔지만 결국 실패해 음독 자살을 하고 말았소. 내가 이곳으로 올 무렵에 그대의 어머님이 돌아가셔서 직접 양릉陽陵까지 가서 문상을 했소이다. 듣건대, 젊은 자경 님의 부인은 재혼을 했다고 하오. 이제 두 분의 누이와 따님 둘, 아들 하나밖에 남지 않았다고 하는데, 10년이 지나고 보니 생사조차 알 길이 없소. 사람의 목숨이란 아침 이슬과도 같은 것, 왜 이렇게 고생만 하고 지내시오? 나도 항복할 무렵에는 멍하니 미친 사람처럼 살았소. 한나라를 배신했다는 사실이 나를 괴롭힌 것은 물론이고, 노모마저 보궁保宮(궁중의 옥사)에 갇히고 말았지. 자경 님께서 선우에게 항복하지 않으려는 그 착잡한 심정은 나의 경우보다 심하지는 않을 것이오. 게다가 폐하께서는 벌써 연로하시어 망령이 드셨는지, 죄도 없는 대신 수십 명의 가문을 멸하지 않았소? 충성을 바친들 내일의 목숨을 보장받기 어려운데, 자경 님! 대체 누구를 위해 이런 고생을 하시오? 제발 아무 말씀 마시고 내 말을 따르시오."

소무는 이렇게 대답했다.

"우리 부자는 아무런 공도 없는데 폐하의 은덕으로 장수의 대열에 들고 후侯의 작위를 얻었습니다. 그러므로 언제든 몸이 가루가 되도록 충성할 생각입니다. 지금 이 몸이 죽어 충성을 다할 수 있다면, 허리가 잘리고 끓는 가마솥에 들어가도 좋습니다. 신하가 천자를 섬기는 것은, 자식이 아버지를 섬기는 것과 같을진대, 자식이 아버지를 위해 죽은들 무슨 억울함이 있겠습니까? 제발 다시는 그런 말씀 마십시오." (……)

소제昭帝가 즉위(BC 86)하고 몇 년이 지난 뒤, 흉노와 한나라는 화친조약을 맺었다. 그때 한나라가 소무를 돌려보내 달라고 하자, 흉노는 소무가 죽었다고 거짓말을 했다. 나중에 한나라의 사자가 흉노 땅으로 갔을 때 상혜常惠(소무를 따라 흉노 땅으로 갔던 사람)가 보초에게 부탁해서, 그가 밤에 자리를 비운 사이 한나라의 사자를 만나 자세한 사정을 전했다.

그는 사자에게 선우를 만나면 다음과 같이 말하라고 일러 주었다. 그 내용은 '천자가 상림上林에서 사냥을 하다가 활로 기러기를 잡았더니 그 발목에 비단으로 싼 쪽지가 묶여 있었는데, 내용을 보니 소무가 어떤 습지에 살고 있다고 적혀 있었다'는 것이었다.

사신은 그 말을 듣고 크게 기뻐하며 상혜의 말대로 선우에게 따졌다. 선우는 깜짝 놀라 좌우를 돌아보며 안절부절못하다가 어쩔 수 없이 사신에게 사과하고, 소무가 살아 있다는 사실을 알렸다.

이릉은 주연을 베풀어 소무에게 축하의 말을 건넸다.

"이제 그대는 돌아갈 것이오. 그 이름을 흉노에 떨치고, 그 공은 한나라 조정에서 빛날 것이오. 역사에 남아 궁전의 벽에 그려진 공신들 가운데 누가 자경 님보다 더 뛰어나다 하겠소. 나는 어리석고 겁이 많지만, 만일 그때 한나라가 늙으신 어머니를 죽이지 않고 내 죄를 널리 용서해 설욕할 기회를 주었더라면 가柯의 맹약에서 조귀曹劌(춘추시대 노나라의 장수로서 자신을 인정해 준 노공을 위해 제나라와 가에서 조약을 맺을 때 검으로 제공을 습격해 실지를 회복하는 공을 세웠다)가 보여주었던 그런 공을 세웠을 것이오.

나는 옛날부터 그런 생각을 품고 살아왔다오. 그렇지만 천자는 내 일가를 몰살하고 세상의 웃음거리로 만들었으니 난들 무슨 미련이 있겠소이까? 이제 모든 것이 끝났소이다. 자경 님! 내 마음을 이해해 주시오. 우린 서로 다른 나라 사람이 되고 말았소이다. 이제 헤어지면 다신 만날 수 없을 테지요."

이릉은 그 자리에서 일어나 춤을 추며 이렇게 노래했다.

만 리를 지나 사막 건너

그대는 장군이 되어 흉노와 싸웠으니

길은 끊어지고 칼과 활은 부러져

병사들은 쓰러지고 이름마저 잃었노라

노모는 세상을 떠났으니

어디로 가 그 은혜 갚아야 하나

이릉은 눈물을 흘리며 소무와 헤어졌다. 선우는 소무의 부하들을 끌어모았으나, 벌써 흉노에게 항복했거나 세상을 떠난 사람이 많아 소무와 함께 한나라로 돌아간 사람은 9명뿐이었다. 「이광소건전李廣蘇建傳」

왕망王莽 : BC 45~AD 23. 전한 시대 말의 정치가. 신왕조新王朝(8-24)의 건국자이다. 갖가지 권모술수를 써서 중국 역사상 최초로 선양혁명禪讓革命에 의해 전한의 황제 권력을 빼앗았다.

소무蘇武 : BC 140~BC 80. 전한 시대의 명신이다. 제7대 황제인 무제의 명을 받고 흉노의 지역에 사신으로 갔을 때, 선우單于에게 붙잡혀 복속服屬할 것을 강요당했으나 이에 굴하지 않아 북해北海(바이칼 호) 부근에 19년간 유폐되었다. 흉노에게 항복한 지난날의 동료 이릉李陵이 설득했으나 굴복하지 않고 절개를 지켜 귀국했다. 후에 선제宣帝의 옹립에 가담해 그 공으로 관내후關內侯가 되었다.

이릉李陵 : ?~BC 74. 젊어서부터 기마와 궁사에 능하였다. BC 99년 이광리李廣利가 흉노를 쳤을 때 보병 5,000명을 인솔하고 출정해 흉노의 배후를 기습하고 이광리를 도왔다. 그러나 돌아오는 길에 무기와 식량이 떨어지고 8만 명의 흉노군에 포위당해 항복했다. 이에 분노한 무제에게 이릉을 변호한 탓에 사마천司馬遷은 궁형宮刑에 처해졌다.

후한서
(後漢書)

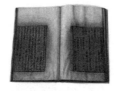

전 120권.

440년경에 만들어진 책으로, 적미赤眉의 난●이 한창일 때 세워진 후한이 황건黃巾의 난●으로 멸망하기까지의 과정을 그렸다. 본기本紀 10권, 열전列傳 80권은 육조六朝시대 송宋나라의 범엽이 편찬했다고 전한다. 『사기』, 『한서』에 이어지는 시대를 기술했는데, 후일 삼국시대를 다룬 『삼국지三國志』보다 늦게 만들어졌다.

INTRO

『후한서』는 『삼국지』보다 늦은 육조 송나라 때 만들어졌다. 그러나 후한後漢을 기술 대상으로 하는 역사서의 편찬은 이전부터 이루어져 왔는데, 「광무제기光武帝紀」 같은 것은 『한서』의 편찬자인 반고에 의해 벌써 쓰였던 것으로 추정되고, 그 뒤에도 많은 사람이 후한의 역사를 기술했다. 그러나 그러한 사서는 후한 말에서 남북조시대●에 걸친 전란 중에 산실되어 오늘날에는 전해지지 않는다.

범엽(398~445)은 『동관한기東觀漢記』 등 벌써 존재하던 7~8종의 후한 역사서를 참고해 『후한서』를 편찬했으며, 이때 인용 사료의 원문을 개작했다고 한다. 초기에는 10기紀, 10지志, 80열전으로 편찬할 계획이었으나 범엽이 궁정 안의 음모에 가담해 주모자로 지목되어 처형당하는 바람에 10지는 완성되지 않았다.

나중에 다른 사람이 진晉나라의 사마표司馬彪가 편찬한 『속한서續漢書』의 지志를 따서 보충했다고 한다.

범엽이 살았던 남북조시대는 역사학이 성행한 시대였고, 7가家의 『후한서後漢書』, 16가의 『진서晉書』 등 많은 사서가 편찬되었다. 이것은 계속되는 전란으로 통일 왕조에 대한 관심이 높아진 탓이다. 한편 사서는 왕조의 어용학御用學적 경향을 보였고, 사서 편찬에 종사하는 것이 출세의 지름길이 되었기 때문에 사서의 질이 낮아졌다고 한다. 당唐나라에 접어들면, 정사는 오로지 칙령으로만 제작할 수 있게 된다.

「광무제기」

전한 말에 왕망이 천자의 자리를 찬탈하고 국호를 신新이라 고쳤는데, 그때는 적미의 난이 일어나 전국이 혼란에 빠져 있었다. 그 와중에 군사를 일으킨 지방 호족 유수劉秀(후한의 광무제光武帝)가 서서히 난을 평정해 황제의 자리에 다가선다. 「광무제기」에서 유수가 황제의 자리에 오르는 내용 가운데 한 부분을 소개한다.

대중은 한번 흩어지면 다시 모이기가 힘든 법

(……) 그래서 장군들은 존호를 바치기 위해 협의했다. 먼저 마무馬武가 앞으로 나아가 말했다.

"천하에 주인이 없으면, 설령 중니仲尼(공자의 자)를 재상으로 삼고 손자孫子를 장군으로 삼을 수 있는 성인이라 할지라도 자신감을 잃고 말 것입니다. 그러므로 이 기회를 놓치면 돌이킬 수 없는 사태가 벌어질지도 모릅니다. 대왕(유수)은 사양하고 계시지만, 천하 국가를 이렇게 내버려 둘 수야 있겠습니까? 제발 계薊(하북성河北省 대흥현大興縣)로 돌아가 즉위하시고, 그런 다음 정벌에 나서시기 바랍니다. 지금 상태에서 우리가 무슨 명목으로 적을 토벌할 수 있단 말입니까?"

광무(유수)는 깜짝 놀라며 말했다.

"어느 장군이 그런 말을 하는가? 한 번만 더 그런 말을 하면 목을 치겠다."

마무가 대답했다.

"우리 장수들은 모두 그런 생각을 가지고 있습니다."

광무는 마무에게 다른 장수들을 잘 타이르게 한 뒤 군대를 이끌고 형으로 돌아갔다. 그리고 여름 4월, 공손술公孫述(호족)이 스스로 천자라 칭했다.

광무는 형을 거쳐 범양^{范陽}(하북성 정흥현^{定興縣})을 지나 그곳에서 관리의 조문을 하게 했다. 중산^{中山}(하북성 정현^{定縣})에 도착하자, 장수들이 다시 상소했다.

"한나라는 왕망 때문에 종묘가 끊어지고, 호걸이 미쳐 버리고, 백성은 도탄에 빠지고 말았습니다. 왕은 백승^{伯升}(유수의 형)과 함께 처음으로 거병했고, 갱시^{更始}(유수의 사촌 형 유현^{劉玄})는 그 도움을 받아 천자의 자리에 올랐습니다. 그러나 대통을 이어받지 못하고, 기강은 흐트러져 도적이 나날이 늘어나는 등 백성의 생활은 도탄에 빠지고 말았습니다. 대왕이 처음 곤양^{昆陽}(하남성 엽치현^{葉治縣})을 정벌하자, 왕망은 스스로 무너지고 말았습니다. 뒷날 한단^{邯鄲}을 제압하고 북주를 평정해 천하의 3분의 2를 손에 넣고, 많은 주를 지배하며, 100만의 병사를 거느리게 되었습니다. 무력으로 말하자면 왕에게 대항할 자가 없고, 문덕^{文德}을 보아도 천하에 어깨를 나란히 할 자가 없습니다. 신들은 제왕의 자리는 오래 비워 두어서는 안 되며, 천명을 거부해서도 안 된다고 생각합니다. 대왕은 천하 국가를 염두에 두고 스스로의 진퇴를 결정해 백성을 그 마음으로 삼도록 하십시오."

그러나 광무는 그 말을 듣지 않았다. 그러고는 계속 나아가 남평극^{南平棘}(하북성 조현^{趙縣})에 도착했다. 장수들은 또 천자의 자리에 오르기를 요청했다. 광무는 말했다.

"구적^{寇賊}이 아직 평정되지 않아 우리는 사면에 적을 두고 있는데 어찌하여 그대들은 칭호와 작위를 바로잡는 데 그리 관심이 많은가? 장수들은 앞으로 나서라."

경순^{耿純}이 앞으로 나와 말했다.

"천하의 사대부들이 가족을 버리고, 토지를 버리고, 대왕의 뒤를 따라 화살 빗속을 뚫고 여기까지 온 것은 모두 위대한 인물에게 충성을 바쳐 출세를 하기 위해서입니다. 지금 공적이 뚜렷이 드러났고, 하늘의 뜻과 인간의 행함이 일치하기에 이르렀습니다. 그런데도 대왕께서는 때를 멈추게 하고, 많은 사람의 뜻을 거부하고, 칭호와 작위를 바로잡지 않고 있습니다. 이 경순이 염려하는 바는, 사대부들은 출세의 길이 막히면 고통을 참지 못하고 그냥 고향으로 돌아가 버린다는 것입니다. 대중은 한번 흩어지면 다시 모이기 힘든 법입니다. 때를 멈추게 할 수도, 대중에게 거역할 수도 없습니다."

경순의 어투는 너무도 절실했다. 광무는 깊은 감동을 받은 듯했다.

"나도 생각해 보겠다."

광무는 다시 길을 떠나 호鄗(하북성 백향현柏鄕縣)로 갔다. 그곳에서 이전에 장안에 있을 때 같이 지냈던 강화彊華가 관중關中에서 적복부赤伏符(미래를 예언한 패찰)를 바쳤는데, 거기에는 '유수가 거병해 불의의 무리를 물리치고, 사방의 오랑캐들이 모인 용야龍野에서 싸운다. 47제際, 불(火), 주인이 된다(유수가 28세 때[4×7=28] 군사를 일으킨 것을 의미하며 한나라는 5행에서 화덕火德에 속하므로 유씨의 한나라가 다시 부흥한다)'라는 내용이 담겨 있었다. 이것을 토대로 군신들은 다시 상소했다.

"천명의 부苻는 반드시 존중되어야 합니다. 만 리 먼 곳까지 신의가 모였고, 서로 의논하지 않았는데도 마음이 하나로 뭉쳤습니다. 주나라 백어白魚의 고사(주나라 무왕이 은나라의 마지막 왕 주紂를 칠 때, 백어가 무왕의 배에 뛰어들었는데, 그 백어에 주를 쳐야 한다는 글이 적혀 있었다고 함)도 있지 않습니까. 지금 위로는 천자가 없는 가운데 세상은 혼란에 빠져 있습니다. 이것은 적복부의 내용과 일치합니다. 제발 천신의 뜻에 응해 산천에 제사를 올리시기 바랍니다."

광무는 그제서야 호의 남쪽 오성맥五成陌에 천추정千秋亭을 짓게 하고, 6월 기미일己未日에 황제의 자리에 올랐다. 그리고 장작에 불을 피워 하늘에 고하고, 6종宗과 산천의 신에게 제사 지냈다.

| 책 속의 명문장 |

刻鵠不成尙類鶩 畵虎不成反類狗者也 각곡불성상류목 화호불성반류구자야

백조를 새기려다 실패하면 집오리 정도는 되지만, 호랑이를 그리려다 실패하면 개가 되고 만다. 곧, 청렴한 사람에게 배우면 성공하지는 못하더라도 선한 사람은 될 수 있지만, 자질이 없는 사람이 영웅호걸에게 배우면 오히려 보잘것없는 사람이 되고 만다는 말로, 마원馬援이 조카를 깨우치기 위해 한 말이다.

NOTES

적미赤眉의 난 : 17년, 왕망王莽이 세운 신新나라 말기에 일어난 농민 반란. 적과 아군을 구별하기 위해 눈썹을 붉게 물들인 데서 이렇게 불렀다.

황건黃巾의 난 : 184년 태평도太平道를 이끌던 장각長角이 조직화된 신도들을 이끌고 후한 왕조에 반기를 든, 중국 역사상 최초의 대규모 농민 반란. 머리에 노란 두건을 두르고 있어서 이런 이름이 붙었다.

남북조시대 : 북위北魏가 화북華北을 통일한 439년부터 수隋나라가 중국을 다시 통일한 589년까지 중국 남북에 왕조가 병립하던 시기를 말한다. 남조는 한족漢族 왕조인 송宋나라 문제文帝에서 시작해 제齊나라·양梁나라·진陳나라의 4왕조가 교체하며 나라를 세웠다가, 589년 진나라가 수나라의 문제文帝에게 멸망될 때까지를 가리킨다. 북조는 오호십육국五胡十六國의 혼란을 수습한 북위의 태무제太武帝 때부터 시작되어, 이 북위가 동위東魏와 서위西魏로 분열하고 동위는 북제北齊에게, 서위는 북주北周에 의해 교체되었다가 북주가 북제를 멸망시키고 한때 화북 지역을 통일했으나, 얼마 못 가서 외척 양견楊堅(문제)이 제위를 양위받고 건국한 수나라가 남조 최후의 왕조인 진나라를 멸망시키고 중국 천하를 통일했을 때까지를 말한다.

삼국지
(三國志)

290년경에 저술된 책으로, 후한이 멸망한 뒤 위魏, 촉蜀, 오吳 세 나라가 다투던 세상을 그렸다. 『삼국지』의 '지志'는 기록이라는 뜻이다. 『위서魏書』 10권, 『촉서蜀書』 15권, 『오서吳書』 20권으로 구성되어 있으며, 진晉나라 진수가 편찬했다. 『후한서』보다 오래되었다. 전 65권.

INTRO

『삼국지』는 후한이 멸망하고 삼국이 정립한 뒤부터 진晉나라가 통일을 이룬 시기까지를 기술한 역사서이다.

일반적으로 '삼국지'라는 제목은 명나라의 나관중羅貫中이 지은 소설 『삼국지연의三國志演義』가 더 유명한데, 나관중의 소설은 『삼국지』를 바탕으로 하여 민간 설화나 강담講談 등을 참고해 만든 것으로, 경극 등의 소재가 되어 사람들에게 널리 알려졌다.

역사서 『삼국지』는 문장이 간결하고 역사적 사실들이 잘 정리되어 있어 정사 중에서도 잘된 책으로 꼽으며, 그 취향은 『삼국지연의』와 많이 다르다. 편찬자 진수(233~297)는 파서巴西 안한安漢 사람으로, 처음에는 촉나라의 관리였다가 촉나라가 멸망한 뒤에는 진晉나라의 관리가 되어 『삼국지』 65권을 완성했다. 또한 남조 송宋나라의 배송지裵松之가 붙인 주석은 유명하다.

『삼국지연의』를 비롯해 많은 글이 촉나라의 유비劉備를 좋은 사람으로, 위나라의 조조曹操를 악한으로 다루는데, 이것은 남송의 유학자 주희가 『자치통감강목資治通鑑綱目』을 편찬할 때, 그의 사상적 입장에서 촉나라를 정통으로 세웠고, 이후 그의 주자학이 국가가 인정하는 학문이 되자 그 설이 일반화되었기 때문이다. 그 이전에는 조조를 반드시 악한 인물로만 보지는 않았다. 그런 점에서 보면 이 『삼국지』 역시 위나라를 정통 왕조로 보고 『위서』에만 「제기帝紀」를 두었다.

「제갈량전諸葛亮傳」

제갈량의 자는 공명孔明으로, 낭야군琅邪郡 양도陽都(지금의 산동성山東省 기수현沂水縣) 사람이다. 한나라의 사례교위司隷校尉(경찰관의 일종) 제갈풍諸葛豊의 자손이다. 아버지 규珪의 자는 군공君貢으로, 후한 말에 태산군太山郡(지금의 산동성)의 승丞(군郡의 차관)이었다. 제갈량은 일찍 아버지를 여의었는데, 숙부 현玄이 원술袁術(군벌 가운데 하나)에 의해 예장豫章(지금의 강서성江西省) 태수로 발탁되자, 제갈량과 그 동생 균均을 데리고 임지로 갔다. 그때 마침 후한의 조정이 고호高號라는 인물을 예장 태수로 선발해 현과 교체하려 했다. 이에 현은 잘 아는 사이였던 형주荊州의 목牧(장관) 유표劉表를 찾아가 의지했다. 현이 죽자 제갈량은 스스로 농사를 지으며 즐겨 「양보음梁父吟」●을 노래했다. 키가 8척(1척은 23cm)이나 되어 늘 자신을 관중管仲(춘추시대 제나라의 재상)이나 악의樂毅(전국시대 연나라의 장수)에 비견했는데, 사람들은 그런 그를 상대해 주지 않았다. 다만, 박릉博陵(지금의 하북성)의 최주평崔州平과 영천潁川(지금의 하남성)의 서서徐庶(자는 원직元直)만이 제갈량과 친하게 지냈다.

공명을 만나기 위한 유비의 삼고초려

그 무렵 유비는 신야新野(지금의 하남성)에 주둔하고 있었다. 서서는 유비를 만나러 갔다. 유비는 서서를 높이 평가하고 있었다. 서서는 유비에게 다음과 같이 말했다.

"제갈공명은 와룡臥龍입니다. 장군께서 한번 만나 보시지 않겠습니까?"

유비가 말했다.

"그럼 여기로 데려오너라."

서서가 말했다.

"그 사람은 만나러 갈 수는 있으나 데리고 올 수는 없습니다. 장군께서 스스로 찾아가심이 좋을 것 같습니다."

그래서 유비는 제갈량이 사는 곳으로 찾아갔으나 만나지 못하다가 세 번째 가서야 겨우 만났다. 유비는 주위 사람들을 물리치고 말했다.

"한나라는 벌써 기울어져 간신들이 제멋대로 세력을 불리고, 주상은 수도에서 쫓겨나는 실정이라네. 내 비록 힘은 미약하나 천하를 구하려 해 보았는데, 지혜가 부족해 결국에는 실패하고 오늘날 이 자리에 앉아 있다네. 그러나 나는 아직 뜻을 버리지는 않았네. 그대의 생각은 어떤가?"

제갈량이 대답했다.

"동탁董卓(후한 말의 군벌) 이래로 여기저기서 호걸이 일어나 여러 개의 주군을 지배하는 자만 해도 헤아릴 수 없을 지경입니다. 조조는 원소袁紹(후한 말의 군벌)에 비하면 이름도 알려지지 않았고 병력도 적습니다. 그러나 결국은 조조가 원소를 이길 것입니다. 약한 자가 점점 강해지는 것은 때를 잘 만났기 때문만이 아니라 인간적인 노력과 지혜가 있었기 때문입니다. 지금 조조는 100만의 백성을 거느리며 천자를 내세워 제후에게 호령을 하고 있으니, 지금으로서는 도저히 대적할 상대가 못 됩니다. 손권孫權은 강동江東(장강長江 하류의 남쪽 땅)을 점유해 벌써 3대를 이어 오고 있습니다. 그 나라는 요새처럼 견고하고, 민심도 안정되어 있으며, 재능 있는 자들이 열심히 활약하고 있습니다. 따라서 반드시 손을 잡아야 하며 함부로 대적해서는 안 됩니다.

형주는 북으로는 한수漢水와 면수沔水(한수의 상류)에 접해 있고, 남으로는 남해에 이르며, 동으로는 오회吳會(지금의 강소성江蘇省 오현성吳縣城)로 이어지고, 서쪽으로는 파巴, 촉蜀(지금의 사천성四川省)과 통합니다. 그러므로 이 땅은 군대를 거느리고 적을 제압하기에 적합한 곳이지만, 지금 이 땅의 주인은 나라를 제대로 지키지 못하는 실정입니다. 이것은 마치 하늘이 장군을 위해 기회를 준 것이나 다름없습니다. 장군, 이 땅을 손에 넣을 생각이 있으신지요?

익주益州(지금의 사천성 광한현廣漢縣)는 험악한 산으로 둘러싸여 있고, 옥토가 1,000리나 뻗어 있어 그야말로 천부의 땅이라 할 수 있습니다. 한나라의 고조도 이 땅을 기반으로 제위에 올랐습니다. 유장劉璋(익주의 장관)은 어리석은 데다 장로張魯(황건적의 지도자)가 북에서 호시탐탐 기회를 엿보고 있습니다. 백성도 많은 데다 물자가 넘쳐 나는데도 유장은 백성을 어여삐 여길 줄 몰라 재능 있는 인물들이 현군을 기다리고 있습니다. 장군은 황실의 자손인 데다 그 신의가 사해에 알려져 있고, 영웅을 부하로 두고 있으며, 현자를 갈망하고 있습니다. 만일 형주와 익주를 모두 차지하고, 그 요새를 확보한 다음, 서쪽으로는 융戎과 화해하고, 남쪽으로는 월인越人과 손을 잡고, 바깥으로는 손권과 우의를 돈독히 하고, 안으로는 정치를 정비하고, 천하에 이변이 일어났을 때는 상장군에게 명령해 형주의 군대를 이끌고 완宛(지금의 하남성 남양현南陽縣), 낙양洛陽(낙양현洛陽縣)으로 향하게 하고, 장군 스스로는 익주의 군사를 이끌고 진천秦川(지금의 섬서성陝西省과 감숙성甘肅省)으로 치고 나가면, 백성들은 모두 식량을 손에 들고 장군을 환영할 것입니다. 이렇게 되면 패업을 이룰 수 있고, 한나라의 황실도 다시 세울 수 있을 것입니다."

유비가 말했다.

"그렇게 하도록 하겠네."

그렇게 하여 유비와 제갈량은 나날이 친교가 깊어졌다. 그러나 관우와 장비는 그것을 달갑지 않게 생각했다.

"내가 공명을 얻은 것은, 마치 물고기가 물을 만난 것과 다름없다. 너희들은 아무 말 말거라."

관우와 장비는 아무 말도 하지 않았다.

| 책 속의 명문장 |

蛟龍得雲雨 終非池中物 교룡득운우 종비지중물

이무기와 용은 비구름을 만나면 연못 속에 머물지 않는다. 곧, 지금은 움츠리고 있지만, 영웅이란 때를 만나면 반드시 자기 힘을 발휘한다는 뜻으로, 오吳나라의 장수 주유周瑜가 유비를 평하여 한 말이다.

泣斬馬謖 읍참마속

공적인 일을 처리할 때는 사적인 정을 끊어야 한다는 말로, 제갈공명이 군율을 지키기 위해 싸움에서 패한 부하 마속의 목을 자른 데서 나온 말이다.

雲中白鶴 운중백학

구름 속의 백학처럼 고고한 사람을 일컫는 말이다.

양보음梁父吟 : 유비가 제갈량을 영입하고자 찾아다닐 때, 유비를 피해 다니던 제갈량이 자신의 뜻을 담아 보낸 시.

자치통감
(資治通鑑)

1084년에 저술되었으며, 고대에서 당나라 말까지를 그린 역사서로 '제왕학의 책'이라고도 한다. 처음에는 '통사通史'라 했으나, 저자 사마광이 신종에게 이 책을 바치자, 신종이 정치에 관한 참고서로 충분한 자격을 갖추었다는 뜻에서 '자치통감'이라는 명칭을 하사해 그 후 그렇게 불리게 되었다. 풍부한 자료를 고증해 지은 책이라 처음부터 명저로 높이 평가받았다. 전 294권으로 이루어져 있다.

INTRO

『자치통감』은 동주의 위열왕威烈王이 진晉나라의 삼경三卿을 제후로 봉하면서 춘추시대의 대국인 진나라가 한韓, 위魏, 조趙의 세 나라로 분열된 위열왕 23년(BC 403)부터 후주後周의 세종世宗 현덕顯德 6년(959)까지 1,362년간의 통사를 편년체로 기술한 역사서이다. 편자는 왕안석王安石●의 신법新法에 반대한 구법당舊法黨●의 지도자로 유명한 북송의 사마광●(1019~1086)이다. 그는 많은 학자들의 협조를 받으면서 19년의 세월을 들여 이 책을 완성했다. 그 자신이 스스로 "신臣의 정기가 고갈되었나이다"라고 말했을 정도로 모든 힘을 쏟아부었다. 기술 방법은 그해마다 역사적인 사건을 기술해 가는 편년체로, 전기를 덧붙여 가는 기전체 방식을 취하는 일반적인 정사와는 다르다. 이 방법을 택한 것은 주관을 배제하고 객관을 중시하는 사마광의 역사관 때문이라고 한다. 현재 읽히고 있는 『자치통감』은 송나라의 유민遺民이었던 호삼성胡三省의 주석이 달린 형태로 나와 있다. 이 호삼성의 주는 지명에 관한 고증의 정확성은 물론이고 수준도 높다. 그 배후에는 이민족인 원나라의 지배에 대한 저항 정신이 깔려 있다고 할 것이다.

고대부터 당나라 말까지 다룬 역사서로 제왕학의 책

본문은 연대순에 따라 사건을 기술하고, 곳곳에 '신臣 광光이 말하기를'이라는 구절과 함께 사마광 자신의 비평을 실었다. 이 부분은 그의 역사관이 잘 드러나 있다.

주周나라 위열왕 23년.

처음으로 조서를 내려 진晉나라의 대부 위사魏斯, 조적趙籍, 한건韓虔을 제후로 봉했다. 신 광이 말하기를, 천자의 직책은 예를 지키는 것이 가장 중요하며, 예는 자신의 본분을 지키는 것이 그 핵심이고, 본분은 명名을 지키는 것이 가장 중요함을 알고 있다. 예란 무엇인가? 그것은 기강이다. 본분이란 무엇인가? 군君이냐 신하냐 하는 것이다. 명이란 무엇인가? 공公, 후侯, 경卿, 대부大夫가 그것이다.

원래 이 넓은 세상의 수많은 백성들이 한 사람에 의해 통솔되고, 힘센 사람과 뛰어난 지혜를 가진 사람조차 이 한 사람에게 복종하는 것은 예로 통솔되기 때문이 아니겠는가? 이렇게 하여 천자는 삼공을 통솔하고, 삼공은 제후를 통솔하고, 제후는 경대부를 통제하고, 경대부는 사인士人이나 서인庶人을 다스린다. 또한, 신분이 높은 자는 신분이 낮은 자 위에 군림하고, 신분이 낮은 자는 신분이 높은 자의 명령을 받게 된다. 위에 선 사람이 아랫사람을 다스리는 것은 마치 몸뚱이가 손발을 움직이고, 나무둥치가 가지나 잎을 통제하는 것과 같으며, 아랫사람이 윗사람을 섬기는 것은, 마치 가지나 잎이 나무둥치를 지키는 것과 같다. 그렇게 해야만 비로소 상하 관계가 잘 짜여 국가가 안정을 이루게 된다. 그러므로 천자라는 직책은 예를 지키는 것을 가장 소중히 여겨야 한다.

문왕이 역易의 괘를 늘어놓을 때, 건과 곤을 처음에 놓았다. 공자가 그것에 대해 주석하기를, '하늘은 높고 땅은 낮다. 그리하여 건과 곤이 자리를 잡는다. 거기에 따라 세상 속의 서열이 만들어지고, 귀천의 높낮이가 정해진다'라고 했다. 이것은 군신의 자리가 하늘과 땅이 바뀌지 않듯 바꿀 수 없음을 말한다. 『춘추』는 제후를 경계하고 왕실을 존중하고 있다. 왕은 무력하다 해도 제후 위에 서 있다. 그것만 보아도 성인이 군신의 본분을 결코 아무렇게나 여기지 않았음을 알 수 있다. 걸桀과 주紂●가 포악하고, 탕왕湯王(은殷나라를 세운 왕)이나 무왕武王●이 인격자였기 때문에 백성이 탕왕이나 무왕에게 귀순한 것은 아니다. 천명이 그렇게 하도록 한 것이다. 군신의 본분이란 죽어도 지켜야 하는 것이다. 그렇기 때문에 주가 아닌 미자微子를 그 자리에 앉혔더라면 은나라가 멸망하지 않고 탕왕의 제사도 끊어지지 않았을 것이며, 또한 계찰季札●을 오나라의 군주로 삼았더라면 오나라가 멸망하지 않고 태백太伯●의 제사도 끊어지지 않았을 것이다. 이처럼 예禮의 대절大節(절節이란 8척이나 되는 긴 장대에 쇠꼬리나 깃털을 단 깃발의 일종으로, 천자의 통수권을 상징한다)은 결코 흐트러지게 해서는 안 된다. 그러므로 예는 본분을 지키는 것이 가장 중요한 것이다.

명과 그릇이 없으면 예도 없다

원래 예란 귀천을 구별하고, 친소親疏의 서열을 매기고, 사물을 분별하고, 모든 일을 통제하는 것이며, 매사는 명名을 세우지 않으면 표현할 수 없고, 그릇(器)이 없으면 꼴을 갖추지 못한다. 명은 모든 것의 성질에 방향성을 부여하고, 그릇은 모든 일을 구별할 수 있게 해 준다. 이렇게 하여 상하의 길이 생기고 정해지는 것이다. 이것이 예의 본질이다. 명과 그릇이 없는데 어떻게 예만 홀로 존재할 수 있겠는가? 옛날, 중숙우해仲叔于奚가 위나라에서 공을 세웠을 때, 그는 읍邑(영지)을 받지 않고, 번영繁纓(제후의 말 장식)을 요구했는데, 공자는 읍을 많이 주는 한이 있어도 번영은 주어서는 안 된다고 했다. 명과 그릇은 남에게 맡겨서는 안 되는 것이므로, 군주가 직접 다루어야 한다. 정政이 사라지면 국가도 사라지기 때문이다. 위나라 군주는 공자를 기다려 정치를 행했다. 공자는 먼저 명을 올바로 세우려 했다. 명이 올바르지 못하면 백성들이 의지할 곳을 잃어버리기 때문이다. 번영은 자그마한 물건이다. 그래도 공자는 그것을 소중히 여겼다. 명을 올바르게 세우는 것은 사소한 일이다. 그래도 공자는 그것을 먼저 행했다. 명이 흐트러지면 상하의 질서가 없어지기 때문이다. 원래 일이란 작은 것에서 점점 커지는 것이다. 성인은 사려가 깊어 자그마한 일부터 미리 방지한다. 범인은 시야가 좁아서 늘 일이 커진 뒤에야 조치를 취하려 한다. 일이 커지기 전에 막으면 작은 힘으로 큰 효과를 얻을 수 있지만, 일이 커진 뒤에는 아무리 애를 써도 막을 수 없다. 그러므로 명을 지키는 것을 가장 소중히 여겨야 한다. (……)

그 무렵 주나라 왕실은 쇠약해졌고, 3진﹖(위·한·조)이 강해졌다. 그래서 주나라 왕실로서도 3진을 제후로 삼을 수밖에 없었다고 말하는 사람도 있으나 그것은 크게 잘못된 생각이다. 설령 3진이 천벌을 두려워하지 않고 의례를 침범해 천자의 허락도 없이 스스로 제후가 되었다고 치자. 그러면 그들은 역신이다. 만일 환공이나 문공 같은 군주가 나온다면, 반드시 의례를 받들어 3진을 칠 것이다. 그런데 3진의 경우는 천자에게 허락을 구하고, 천자가 그것을 허락했다. 그러므로 천자의 명령으로 제후가 된 것이기에 아무도 그들을 칠 수 없다. 따라서 3진이 제후의 반열에 든 것은 3진이 예를 파괴한 것이 아니라 천자 스스로 예를 무너뜨린 것이다. (……)

왕안석王安石 : 1021~1086. 북송의 정치가이자 시인으로, 당송팔대가 중 한 사람. 신법을 실시하고, 중소 농민과 중소 상인의 구제를 목표로 개혁을 시도했으나 구법당인 사마광의 강한 반발에 부딪쳤다.

구법당舊法黨 : 북송의 신종神宗 이후 북송이 멸망할 때까지 왕안석·채경蔡京 등 신법당新法黨의 정책에 반대하던 수구파 정당. 사마광이 수령이었으며 보수적인 정책을 펼쳤다.

사마광司馬光 : 북송北宋의 정치가이자 사학자. 저서로는 『자치통감』, 『속수기문涑水紀聞』, 『사마문정공 집司馬文正公集』 등이 있다.

걸桀과 주紂 : 각각 하夏나라와 은나라의 마지막 왕이며, 둘 다 폭군으로 유명했다. 걸은 은나라 탕왕에 의해 멸망했고, 주는 주나라 무왕에게 살해되었다.

무왕武王 : 이름은 희발姬發, 생몰년 미상이다. 문왕文王의 둘째 아들로, 문왕이 죽은 후 왕위를 계승했다. 재위 기간은 3년이었으며, 93세에 병으로 죽었다.

계찰季札 : 춘추시대 오吳나라에서 활약한 정치가. 오나라 초대 왕 수몽壽夢의 넷째 아들이다. 수몽은 현인이었던 아들 계찰에게 왕위를 물려주려고 했으나 계찰은 수몽의 뜻을 끝까지 거부했다.

태백太伯 : 주족周族의 시조인 고공단보古公亶父의 장남. 오나라의 시조이다.

십팔사략
(十八史略)

1370년경에 만들어진 책으로, 고대부터 송나라 때까지의 역대 왕조에 관한 흥망을 그린 역사 독본이다. 『사기』, 『한서』, 『삼국지』 등 17정사正史에 송나라 때의 사료를 넣어 18사로 하고, 교재로 사용하기 위해 그 내용을 편년체로 요약했다. 수천 년 중국의 역사에 대한 최소한의 지식을 초학자들이 읽기 쉽게 편찬했다. 전 2권.

INTRO

저자 증선지는 송나라 말기에서 원나라 초기의 사람으로, 자는 종야從野이며, 강서 노릉盧陵 출신이다. 그의 행적은 송나라 때 진사에 합격한 뒤 지방관을 역임했고, 송나라가 멸망한 뒤에는 관직에서 물러나 다시는 출사하지 않았다는 것 정도만 알려져 있다.

그 무렵 강남 사대부들은 대체로 이민족 왕조였던 원나라의 관리가 되기를 거부하고 은밀히 저항하면서 재야 문인으로서 민족 문화와 전통을 지키려 했는데, 아마 증선지도 이런 강남 사대부의 한 사람으로 평생 제자의 교육에 힘썼던 것으로 보인다.

『십팔사략』은 그 명칭대로 18종의 사서를 요약한 것이다. 과거가 행해지던 시대에는 사서四書에서 시작해 오경과 시문, 사서史書의 순으로 공부를 했는데, 이민족이 지배하던 무렵에는 유교 경전보다도 역사서가 민족적 자부심을 일깨우는 좋은 자료로 여겨졌다. 그러나 모든 정사는 양이 방대하고 복잡해 초학자에게는 그다지 적합하지 않았기 때문에 그들을 위해 이 책이 편찬되었던 것이다.

편집 방침을 보면, 왕조사관으로 일관해 역대 왕통을 철저히 더듬고 있는데, 이것은 그 무렵의 민족의식으로 미루어 볼 때 충분히 이해가 가는 부분이다. 역대 왕조의 흥망성쇠가 생생하게 묘사되어 읽는 자에게 좀더 깊이 알고 싶은 의욕을 불러일으키도록 배려되었다는 점이 흥미롭다. 유명한 고사나 명언도 많이 실려 있다.

진나라 시황제의 분서갱유焚書坑儒

진시황 34년에 승상 이사李斯●가 상소를 올렸다.

"예전에 제후가 할거해 싸울 때, 서로 다투어 학자들을 초빙해 후대했습니다. 그러나 지금은 천하가 통일되고 법령도 정비되었습니다. 따라서 백성들은 안정 속에서 농업과 공업에 힘을 써야 하고, 사회의 지도층은 법령을 준수해야 합니다. 그런데 학자들은 지금도 이 새로운 체제에 반항하고 있습니다. 그들은 '오늘'을 표본으로 삼지 않고, '과거'를 들어 오늘을 비판하면서 백성들을 혼란에 빠뜨리고 있습니다. 그들은 새로운 법령이 발령될 때마다 자신의 학문을 바탕으로 비판을 가하고 있습니다. 그것도 속으로만 비판하는 것이 아니라 거리에 나가 공공연히 논쟁을 벌이고 있습니다. 그들은 무리를 지어 비방과 중상을 해 대는 무뢰배입니다. 그러니 이번 기회에 과감한 조치를 취해야 할 것입니다. 우리 진 제국 외의 역사 기록 따위는 모두 불태워 버려야 합니다. 또한 박사의 관직에 있는 자가 소유하는 책을 제외하고, 『시경』, 『서경』을 비롯한 제자백가의 저작을 개인이 소유할 수 없게 해야 합니다. 그런 책들은 모두 군수에게 제출케 하여 소각해야 할 것입니다. 『시경』, 『서경』에 대해 말하는 자가 있으면 시장에서 목을 쳐야 하고, '옛날'을 들어 '오늘'을 비판하는 자가 있으면 일족을 멸해야 합니다. 다만 책 가운데서도 의약과 점, 농사에 관련된 것은 남겨 두어야 할 것이며, 법령을 알려고 하는 사람에게는 관리가 가르쳐 주어야 마땅할 것입니다."

시황제는 그 상소를 받아들였다.

진시황 35년, 후생侯生과 노생盧生●은 "황제가 나쁘니 선약仙藥이 발견되지 않는 것이다"라는 말을 남기고 도망쳤다.

그것을 계기로 학자들에 대한 시황제의 분노가 폭발했다.

"그렇게 후대해 주었는데도 나를 배신하다니! 하물며 나에게 욕을 해? 그 학자라는 놈들은 대체 무슨 생각을 하고 있단 말인가? 쓸데없는 말로 백성을 혼란스럽게 하는 자가 있을지도 모르니 함양咸陽(진나라의 수도)의 학자들을 모두 조사해 보아야 할 것이다."

이렇게 하여 검찰관에게 명해 학자들을 총점검했다. 그러나 학자들은 서로 손가락질하고 비판만 할 뿐 아무도 자신의 죄를 인정하려 하지 않았다.

결국 시황제는 464명에게 유죄를 선고하고, 그들을 모두 함양에서 생매장해 죽였다.

곡학아세曲學阿世 – 학문을 비틀어 세상에 아첨하다

한나라의 무제는 신분과 계급에 상관하지 않고, 당면한 문제를 해결할 수 있으며 성인의 가르침에 정통한 사람을 초빙하기로 했다. 그리고 그들을 상경시킬 때는 연도沿道의 군郡 당국이 차례대로 숙식을 제공하게 하고, 또한 그 상경 시기를 그 군의 회계책임자가 연차 보고를 하기 위해 상경할 때에 맞추어 여비가 들지 않게 배려했다.

이렇게 하여 치천군菑川郡에서는 공손홍公孫弘●이 선발되었다. 공손홍은 무제의 질문에 대답했다.

"군주가 하늘의 법칙에 따라 화덕和德을 갖추면, 아랫사람들에게도 영향을 끼쳐 백성이 화합하며 살 수 있습니다. 이처럼 마음의 조화가 달성되면 기도 온화해지고, 기가 온화해지면 형태에도 온화함이 나타나며, 형태가 온화해지면 목소리에도 온화함이 나타나게 됩니다. 그리고 마침내 거기에 호응해 천지 만물이 조화를 이루게 됩니다."

무제는 그 답변을 일등으로 치고 그를 궁중의 금마문金馬門으로 불러

정식으로 등용하는 칙서를 내렸다.

그즈음 제나라 출신의 원고轅固●가 90여 세의 나이로 현량과에 합격해 조정으로 초빙되었다. 원고와 공손홍은 동료였으나, 두 사람이 조정에서 마주치면 공손홍은 늘 눈길을 피해 버렸다. 어느 날, 원고는 공손홍을 붙잡고 이렇게 말했다.

"공손 님, 올바른 학문을 익히고 나서 말을 하는 게 좋소. 학문을 비틀어서(曲學) 세상에 아첨(阿世)해서는 안 되오."

조조는 치세의 능신, 난세의 간웅

조조는 어릴 적부터 눈치가 빠르고 권모술수에 능했다. 게다가 방탕한 생활을 하면서 직업을 가지려 하지 않았다.

그즈음, 여남汝南에 허소許劭라는 사람이 있었는데, 그는 그의 사촌 형인 허정許靖과 함께 평판이 자자했다. 두 사람은 자주 향당鄕黨의 인물에 대해 비평을 가했다. 매월 초하루가 되면 이들의 인물 평가 순위가 정해지는데, 여남 사람들은 그것을 '월단평'이라 했다.

어느 날 조조가 허소를 찾아가 물었다.

"저는 어떤 인간입니까?"

허소가 대답을 망설이고 있자, 조조는 빨리 대답해 달라고 졸랐다. 그래서 허소는 마지못해 대답했다.

"자네는 치세의 능신能臣, 난세의 간웅姦雄이 될 걸세."

조조는 크게 기뻐하며 돌아갔다.

뒷날 조조는 황건적黃巾賊을 토벌하고, 그것을 기회로 삼아 거병했다.

입의 말은 달지만, 배 속의 칼은 무섭다

당나라의 재상 이임보李林甫●는 현종의 측근들에게 열심히 아부하고, 현종에게는 늘 눈에 들게 잘 보여서 총애를 받았다. 그런 한편으로 군신의 의견이 위로 올라가지 못하도록 획책해 현종의 귀와 눈을 막아 버렸다. 어느 날 그는 많은 어사御史들 앞에서 이렇게 겁을 주었다.

"천자의 의장儀仗에 쓰는 말을 잘 봐라. 가만있으면 아무 일도 없지만, 조금이라도 울음소리를 내면 그냥 끌려 나가고 말지 않느냐."

그는 그런 식으로 어진 신하들을 미워하고 자신보다 뛰어난 인물을 배척했다. 너무도 음험한 그의 성격에 대해 사람들은 이렇게 말했다.

"입에서 나오는 말은 꿀처럼 달지만, 뱃속에 든 칼은 정말 무섭구나(구밀복검口蜜腹劍)."

그가 밤중에 언월당偃月堂이라는 집에 틀어박혀 생각에 잠기면, 그다음 날 반드시 누군가가 죽었다. 이러한 인물이 19년이나 재상의 자리에 있었기에 훗날 대란을 불러일으키는 원인이 되었지만, 현종은 아무것도 모르고 있었다.

NOTES

이사李斯 : ?~BC 208. 진나라 때 재상으로 사상적 기반을 법가法家에 두었다. 도량형度量衡을 통일하는 등 진나라의 성립에 크게 공헌했으나 시황제가 죽은 후, 권력 싸움에서 지고 살해되었다.

후생侯生과 노생盧生 : 방사方士. 진시황제의 독재 전횡과 강압 정치에 대항해 몰래 모의했으나, 뒤에 그 사실을 안 진시황제가 두 사람을 잡으려 하자 도주했다. 이에 분노한 진시황제는 그 사건에 연루된 460여 명을 잡아다 모두 생매장했다. 이것이 분서갱유焚書坑儒의 갱유 사건이다.

공손홍公孫弘 : BC 200~BC 121. 전한 시대의 재상. BC 122년, 회남왕淮南王·형산왕衡山王이 반란을 일으키자, 그 책임을 지고 사임하려 했으나 받아들여지지 않아 유임했고 이듬해 병사했다.

원고轅固 : 한漢나라 경제景帝 때 박사博士를 지냈다. 아흔이 넘은 나이에도 자신이 옳다고 생각하는 것은 두려워하지 않고 직언을 서슴지 않았던 강직한 성격의 학자였다.

이임보李林甫 : 당唐나라 때 재상으로, 현종이 양귀비에게 푹 빠져 있을 때 현종 대신 정치를 돌보았다. 정치에 대한 능력은 뛰어났으나 인간적으로는 야비했다고 한다.

염철론
(鹽鐵論)

BC 50년경에 만들어진 책으로, 한漢나라 때의 정치와 경제 논쟁을 재현한 기록 문학이다. 논쟁의 초점이 '소금과 철의 전매 제도●'였다는 데서 이런 이름이 붙었으나, 그 내용은 그 무렵의 정치와 경제, 방위, 도덕에 이르기까지 광범위하다. 대화 형식을 취하는 등 기록 문학의 선구적인 작품으로 주목받고 있다. 편저자 환관은 여남汝南 사람으로, 관직은 여강廬江 태수의 승丞(부태수)이었으며 박학하고 문장이 뛰어났다고 한다. 그는 이 『염철론』으로 후세에 이름을 남겼다. 본의本義에서 잡론雜論까지 10권 60편.

INTRO

한나라 선제宣帝 때 환관이 편찬한 정치토론집으로, BC 81년에 조정에서 열린 회의 내용을 골자로 했다. 이때의 회의는 '민간의 고통'을 테마로 하여 열렸는데, 민간에서 뽑힌 60여 명의 현량, 문학文學(관리 후보생)과 어사대부御史大夫(부재상)인 상홍양桑弘羊● 사이에서 뜨거운 논쟁이 벌어졌다. 토의 내용은 정치와 경제, 방위, 도덕 문제 등 여러 분야에 걸쳐 있었으며, 특히 이 가운데 논의의 초점이 된 것은 선대 무제武帝 때 제정되고 시행된 일련의 경제 정책과 소금·철·술의 전매 및 균수均輸와 평준법平準法●이 옳은가에 관한 것이었다. 상홍양은 이러한 정책을 입안하고 집행하는 당사자였기에 그 정책의 변론에 지대한 관심을 기울였다.

유가 사상으로 무장한 현량과 문학들은 도덕과 인의의 사상을 바탕으로 하여 국가가 이익을 목적으로 하는 사업에 손을 대서는 안 된다는 원칙론을 내세우고, 이러한 제도의 폐지를 주장했다. 그러나 법가 사상의 입장에 선 상홍양은 이러한 제도는 국가 재정의 안정에 이바지할 뿐 아니라 백성의 생활 안정에도 도움을 준다고 하여 그 존속을 주장하며 자신의 뜻을 굽히지 않았다.

이 회의에서 민간의 현량과 문학이 정부의 고관인 상홍양과 호각의 토론을 벌일 수 있었던 것은, 그 무렵 상홍양과 정치적으로 대립하고 있던 실력자 곽광霍光(전한 시대의 정치가)의 지원이 있었기 때문이다. 그러나 상홍양은 그로부터 1년 뒤 조정 안의 권력 투쟁에 휩쓸려 주살당한다. 그 이후에 곽광의 지배 체제가 완성되었는데, 술의 전매만 폐지되었을 뿐 나머지 제도는 지속되었다. 이 책은 그때의 논쟁을 그대로 기록한 것이 아니라, 편저자 환관에 의해 정리되고 윤색된 것으로 보인다. 그러나 논쟁의 기본적인 내용은 그대로 살린 것 같다. 이런 양자의 논점을 통해 그 무렵의 제도와 풍속, 관습 등을 알 수 있다. 또한 전편이 대화 형식을 취하고 있는 점이 이 책을 기록 문학의 선구적인 작품으로 평가받게 하고 있다.

정치와 경제 문제를 논쟁한 기록 문학

전한前漢의 소제昭帝 시원始元 6년(BC 81), 천자의 칙서에 따라 승상 차천추車千秋, 어사대부 상홍양과 전국에서 소집된 현량, 문학이 모여 앉아 민간의 어려움에 대한 대토론을 벌였다.

문학 – 백성을 다스리려면 음란한 책을 금지하고, 도덕을 널리 펴고, 사소한 이익을 억제하고, 인의를 널리 퍼뜨리며, 국가가 이익을 추구하는 일을 중지해야 한다. 그런데 오늘날 전국적으로 소금·철·술의 전매와 균수법이 시행되어 국가가 백성과 이익을 다투게 되자, 백성들 사이에는 소박하고 검소한 기풍이 사라지고 탐욕스러운 풍조가 만연하며, 나라의 근본이라 할 수 있는 농업을 버리고 말업末業(상업)에 종사하는 자가 많아지고 있다. 말업이 활발해지면 농업이 몰락한다. 또한 백성의 생활이 방종으로 흘러 의식衣食의 공급에도 지장을 초래할 것이다. 그 반대로 농업이 활발하면 백성의 생활이 소박해지고, 국가의 재정도 윤택해진다. 그러므로 소금과 철, 술의 전매와 균수법을 폐지해야 한다.

어사대부 – 흉노匈奴는 우리나라에 따르지 않고 변경을 침략하고 있다. 방비를 굳건히 하면 비용이 많이 들어 백성의 생활은 어려워질 것이다. 그렇다고 해서 방비를 소홀히 하면 흉노는 마음대로 침공해 올 것이다. 세상을 떠난 선제(무제)는 오랜 세월 흉노의 침략에 고통받아 온 변경의 백성을 가련히 여겨 성을 짓고, 망루를 세우고, 병사를 주둔시켜 방어력을 키웠다. 그 결과 재정 곤란에 빠지자 소금·철·술의 전매와 균수법을 시행해 국고 수입을 확보했고, 그것을 방위비에 썼다. 그런데 지금 논자들은 이러한 제도를 폐지하라고 한다. 그렇게 되면 국고는 텅 빌 것이고, 방위비를 확보하지 못해 국경을 지키는 병사들은 굶어야 할 것이다. 도대체 논자들은 이런 비용을 어디서 확보하라는 말인가?

문학 – 공자는 '나라를 다스리는 이는 재물이 적은 것을 걱정하지 않고 다만 그것이 공평하게 분배되지 않음을 걱정하며, 가난함을 근심하지 않고 안정되지 못함을 근심한다'라고 했다. 그러므로 천자는 이익의 많고 적음을 말하지 않고, 또한 제후나 대부도 이해득실을 입에 담지 않으며 오로지 인의와 덕행으로 백성을 교화해야 한다. 가까운 사람끼리 친밀하고, 멀리 있는 자가 복종하는 것도 그 때문이다. 예로부터 싸움을 잘하는 자는 군대를 동원하지 않으며, 싸우지 않고 이기는 법이다. 설령 군대를 동원했다 하더라도 적과 대치만 할 뿐, 칼과 창으로 다투는 어리석은 짓은 하지 않았다. 왕자王者는 어진 정치를 베풀기 때문에 천하무적이다. 어찌하여 군사비 조달에 골머리를 썩어야 하는가?

어사대부 – 흉노는 나쁜 마음을 먹고 제멋대로 성에 침입해 우리 국토를 유린하고 백성과 병사를 살육하고 있다. 그런 악역무도한 무리는 당장 토벌해야 한다. 그러나 황공하게도 폐하께서는 백성의 궁핍한 상황을 가슴 아파하여 차마 우리 장병을 전장으로 보내지 못하고 계신다. 그 때문인지 변경을 지키는 장병에게 흉노를 토벌하려는 왕성한 투지가 없는 것은 어쩔 수 없는 일이라 하더라도, 거기다 소금·철·술의 전매제와 균수법까지 폐지하라는 것은 도저히 이해할 수 없다. 그것은 국가의 전략에 대한 배려가 없고, 변경의 상황을 염려하는 마음이 없는 사람의 말이다.

문학 – 옛날에는 외적에 대해서도 군사 행동에 의지하지 않고 덕으로 감화했다. 그런데 지금은 도덕에 의지하지 않은 채 무기에만 의존하려 하고, 군사를 변경에 주둔시켜 흉노를 막으려 하고 있다. 그 결과 오랜 세월에 걸쳐 장병들을 전장에 못 박아 두고, 하루라도 식량 공급을 게을리할 수 없는 지경이 되었다. 밖으로는 장병들을 추위와 굶주림에 떨게 하고, 안으로는 백성을 도탄에 빠뜨리고 있다. 그러한 방위비를 조달하기 위해 소금과 철의 전매제를 만들어 백성의 이익을 빼앗는 것은 좋은 정책이라 할 수 없다. 당장 폐지해야 마땅하다.

각자의 욕망이 충돌하면 나라가 시끄러워진다

어사대부 – 옛날에 나라를 세운 사람은 농업과 상공업을 함께 일으키고 둘을 모두 중시했다. 곧, 시市 제도를 고안해 다양한 상품이 모이게 했기에 농·상·공 모두가 원하는 것을 손에 넣고 집으로 돌아갈 수 있었다. 『역경』에도 '황제黃帝, 요堯, 순舜 또한 전대부터 생활의 변화에 맞게 풍습을 개량해 생산의 향상과 생활의 안정을 꾀했다'라고 했다.

원래 수공업자가 없으면 농기구도 없고, 상인이 없으면 재화가 유통되지 않는 법이다. 농기구가 부족하면 생산량이 줄어들고, 생산이 감소하면 재화의 흐름이 막혀 국고는 궁핍해질 것이다. 소금과 철의 전매와 균수법이야말로 재화의 유통을 촉진하고, 부자와 빈자가 서로 통하게 하는 제도이다. 이것을 폐지하는 것은 옳지 않다.

문학 – 원래 도덕으로 백성을 지도하면 백성의 기풍은 중후해지고, 이익으로 백성을 유도하면 경박해진다. 백성의 기풍이 경박해지면 도의를 무시하고 이익에만 매달리며, 이익에 매달리면 눈에 불을 켜고 시장으로 모여든다. 그렇게 되면 각자의 욕망이 충돌해 나라 전체가 시끄러워질 것이다. 그 때문에 왕자는 농업을 중시하고 말업에 속하는 상공업을 경시하며, 예와 의로써 백성을 지도하고, 콩이나 조와 같은 재화가 풍성해지도록 한다. 상공업은 사람들이 필요로 하는 재화를 만들고 유통시키는 것만으로 충분하며, 나라를 다스리는 데는 그리 중요하지 않다.

어사대부 – 『관자』에 '토양이 비옥한데도 식량 부족에 허덕이는 것은 농기구가 부족하기 때문이다. 산물이 풍성한데도 재화가 부족한 것은 상공업이 발달하지 않았기 때문이다'라는 말이 있다. 농隴(지금의 감숙성甘肅省)과 촉蜀 지방에서 나는 단사丹砂(붉은색이 나는 광물 안료), 칠漆(검은색을 내는 옷), 모旄(깃대 끝에 매다는 장식, 쇠꼬리로 된 것), 우羽(깃대 끝에 매다는 장식, 깃털로 된 것), 형荊과 양揚 지방에서 나는 가죽과 동물 뼈, 상아, 강남 지방에서 나는 녹나무와 가래나무, 대죽大竹, 화살대, 연燕과 제齊 지방에서 나는 어류와 소금, 모직물, 가죽옷, 연兗과 예豫에서 나는 칠과 생사, 가는 갈포, 모시 같은 생활필수품은 수공업자들이 생산하고 상인들이 유통시킨다.

옛날 성인이 배와 노를 만들어 강에 띄우고, 육지에서는 우마를 달리게 하여 먼 곳이 서로 통하게 한 것도 물자의 교역을 통해 백성의 생활을 편하게 하기 위함이었다. 그래서 선제께서도 각지에 철을 다루는 관청을 두고 농기구 제조를 관리했으며, 균수법을 시행해 재화의 유통을 원활하게 했다. 소금과 철의 전매, 균수법이야말로 만민을 위한 것으로, 지금 이것을 폐지하는 것은 옳지 않다.

균수와 평준 제도는 만물의 가격을 고르게 한다

문학 – 비옥한 토지가 많은데도 식량이 부족한 것은 상공업이 활발하고 농업이 피폐해졌기 때문이다. 자원이 풍부한데도 재화가 부족한 것은 생활필수품은 내버려 두고 사치품만 만들기 때문이다. 아무리 강물이 풍성하다 하더라도 새는 잔을 채울 수 없고, 아무리 넓은 바다라 하더라도 시시각각 흘러내리는 계곡을 가득 채울 수 없다. 그와 마찬가지로 아무리 상공업이 발전한다 하더라도 인간의 욕망을 만족시킬 수 없다. 은나라 왕 반경盤庚이 사치를 멀리하기 위해 초옥에 살고, 순이 황금을 깊은 산에 숨기고, 선제인 고제高帝가 상인을 관리로 등용하지 못하게 한 것은 모두 탐욕스럽고 비루한 풍속을 방지하고 진실한 기풍을 북돋기 위함이었다. 설령 시장을 닫고 상인을 억압해 이익의 통로를 막는다 하더라도 사람들은 여전히 잘못을 저지를 터인데, 하물며 위에서 먼저 이익을 추구하면 어찌 되겠는가?

'제후가 이익을 좋아하면 대부가 인색해지고, 대부가 인색해지면 사士가 탐욕스러워지며, 사가 탐욕스러워지면 백성은 도둑질을 하게 된다'라는 말이 있지 않은가. 지금 나라가 행하는 일은 이익 추구의 구멍을 열어 두고 백성들이 죄를 저지르도록 조장하는 것이나 다름없다.

어사대부 – 옛날에 각지의 제후는 영지에서 난 산물을 조정에 보냈는데, 왕래가 번거롭고 물건이 상하는 경우가 많아 운송비만 늘어나는 일이 있었다. 그래서 각지에 수송을 담당하는 관리를 두었는데, 이를 균수라 했다. 다음으로 도성에 비축용 창고를 지어 화물을 한곳에 저장한 다음 물건 값이 떨어지면 이를 사들이고, 물건 값이 오르면 이를 내다 팔았다. 그렇게 하여 나라는 실리를 잃지 않고, 상인들은 이익을 취할 바가 없어졌으므로 '평준平準'이라 했다. 물가가 안정되면 백성들은 자신의 생업을 잃지 않게 되고, 수송 부담이 균등해지면 백성들의 노고와 편안함의 차이도 고르게 된다. 그러므로 균수와 평준 제도는 만물의 가격을 고르게 하여 백성에게 도움을 주는 것으로, 이익 추구의 길을 열어 백성에게 범죄의 사다리를 만들어 주는 것이 아니다.

문학 – 옛날에는 백성에게 세금을 거둘 때, 각자가 생산한 것을 내게 했다. 그런데 지금은 각자가 만드는 것은 무시해 버리고 그들에게 없는 것을 내게 하므로, 백성들은 어쩔 수 없이 자신이 만든 것을 싼값에 내다 팔아 세금에 충당한다. 어떤 지방에서는 백성에게 삼베와 명주솜을 만들게 장려하고는, 때가 되어 물건을 팔려 하면 관리가 나타나 싼값에 사들인다. 관리가 다루는 물건은 제와 동아東阿 지방에서 생산된 합사비단이나 촉과 한 지방에서 생산된 마포뿐 아니라 민간에서 생산되는 같은 종류의 물품도 있는데, 그들이 교활한 방법으로 물건 값을 깎아 내리니 농민이나 여공은 이중의 부담을 안은 채 생활고에 시달리게 되는 것이다.

'균수'라는 것이 말로는 그럴듯하지만 실상은 그렇지 못하다. 관리가 권력을 내세워 민간의 물자를 독점하고 시장을 독점하면, 모든 재화가 한곳에 집중될 것이고, 국가가 직접 상행위를 하게 되면 관리들도 교활한 마음을 품게 된다. 관청에 물자가 집중하면 물가가 오를 것이며, 물가가 오르면 이익을 추구하는 상인이 암약할 것이다.

NOTES

소금·철·술의 전매 제도 : 한나라 무제 때 외국에 군사를 보내 싸우는 일이 잦아 국고가 바닥이 나자, 재정을 확보하기 위한 대책으로 실시되었다. 소금은 민간에서 모집한 제염업자가 스스로 생산비를 부담하고 국가의 기구를 사용해 만든 다음 판매를 국가에 맡겼고, 나라에서는 각지에 '염관鹽官'을 두어 그것을 관리하게 했다. 철은 산지마다 '철관鐵官'을 두어 제철과 제기의 제조 및 판매를 담당하게 했다. 소금·철은 BC 119년, 술은 BC 98년에 전매제가 되었다.

상홍양桑弘羊 : BC 152~BC 80. 전한 시대 무제·소제 때의 관리. 상인 집안에서 태어나 13세 때 암산의 재능을 인정받고 시중侍中이 되었다. 무제가 소금과 철의 전매 등 새로운 재정책을 필요로 하게 되자 재무 관료로서 두각을 나타내 대사농중승大司農中丞이 되어 회계를 관장하고 균수관均輸官 설치에 착수했다. 그러나 뒷날 대장군 곽광과의 반목이 심해져 연나라 왕 유단劉旦·상관걸上官傑 등과 모반을 꾀하다 처형되었다.

균수·평준법 : 이 제도 역시 국가가 산업 경영에 가담해 국고 수입을 늘리려는 대책으로 BC 110년에 실시되었다. '균수'란 전국 각지에 '수관輸官'을 두고 세금 대신 그 지역의 생산물을 받은 다음, 국가가 그것을 필요한 지역에 수송해 판매한 제도이다. '평준'이란 도성에 '위부委府'라는 관청을 두고 각종 물자를 모아, 어떤 물자의 가격이 내려가면 그것을 사들이고, 올라가면 그것을 내다 팔아서 물가를 조절하는 제도를 말한다. 이때의 이익도 국고에 환수되었다.

명이대방록
(明夷待訪錄)

1662~1663년경에 저술된 책으로, 중국의 루소라 불리는 저자가 군주 독재를 비판한 민주적 정치론이다. '명이明夷'는 역易의 괘상卦象으로, 밝은 것이 땅속으로 꺼지는 것을 말한다. 지금은 명이의 상황이지만, 이윽고 새벽이 찾아오고 명군이 나타나는데, 그 명군에게 치세의 대법을 묻는 상황을 설정해 전개한 정치론이다. 명나라 왕조의 멸망이라는 민족적 비극에 대한 반성에서 쓰였다.

INTRO

황종희(1610~1695)는 명나라 말기의 정치 결사인 '동림당東林黨●'의 영향을 받으며 자랐고, 성장한 뒤에는 스스로 문학·정치 결사인 '복사復社', '독서사讀書社'에 가담해 정치 활동을 벌였다. 명나라가 멸망한 다음에는 동지와 함께 청나라에 대한 저항 운동을 계속했다.

만년에는 고향에 은거하면서 학문에 몰두했고, 철학과 사학을 비롯해 다방면에 걸쳐 많은 저서를 남겼다. 그 가운데에서도 『명유학안明儒學案』은 중국 최초의 본격적인 학술서로 널리 알려져 있다. 청나라의 조정으로부터 몇 번이나 초빙을 받았으나 거절하고 명나라의 유로遺老로 남았다. 이 책은 「원군原君」, 「원신原臣」, 「원법原法」, 「치상置相」, 「학교學校」, 「취사取士」, 「건도建都」, 「방진方鎭」, 「전제田制」, 「병제兵制」, 「재계財計」, 「서리胥吏」, 「엄환奄宦」의 13편으로 되어 있다. '옛날에는 천하를 주主로 하고, 군주를 객으로 했다'라는 기본 인식 아래 군주의 전제를 비판하고, 사대부 계급을 중심으로 하는 민주제를 주장하며, 독자적인 정치경제론을 전개해 청나라 말기의 혁명 운동에도 상당한 영향을 끼쳤다.

군주란 무엇인가? - 「원군」

인류 탄생의 초기에 사람들은 자신 하나밖에 염두에 없었고, 자신만의 이익을 위해 노력했다. 천하에 공익이라는 것이 있어도 그것을 널리 일으키려는 사람이 없었고, 설령 공익을 해치는 사람이 있어도 아무도 그를 제지하려 하지 않았다.

그때 한 인물이 나타났다. 그는 개인 차원의 이익으로 만족하지 않고 그 이익을 천하의 사람들에게 나누어 주었고, 개인 차원의 해를 뒤로 미루고 그 해에서 천하의 사람들을 구하려 했다. 그의 고생은 범인의 고생에 비해 천 배, 만 배는 더 컸을 것이다.

천 배, 만 배의 수고를 아끼지 않으면서도 자신을 위해서는 조금도 그 이익을 누리지 않으려는 태도는 일반적인 인간의 심리로는 이해하기가 힘들다. 그것은 옛날의 군주들이 증명하고 있다. 허유許由●와 무광務光●은 아예 군주의 자리에 오르려 하지 않았다(허유는 요堯가 군주의 자리를 물려주려 했으나 받아들이지 않고, 오히려 더러운 이야기를 들었다며 강에서 귀를 씻었다고 한다. 무광은 은나라 탕왕이 천하를 넘겨주려 했으나 받아들이지 않고 돌을 끌어안고 물에 빠져 죽었다고 한다). 요와 순은 일단 군주의 자리에 오르기는 했으나 나중에 물러나 버렸다(요는 순에게 자리를 물려주고, 순은 우에게 자리를 넘겨주어 세습하지 않았다). 우禹도 처음에는 그 자리에 오를 생각이 없었으나 도망치지 못해 오르게 되었다(천자의 세습은 이 우에서 시작된다). 옛사람은 예외라고 생각해서는 안 된다. 편안함을 좋아하고 고생을 싫어하는 것은 예나 지금이나 다를 바가 없기 때문이다.

그런데 후세의 군주를 보면 그렇지 않다. 그들은 천하의 이해를 결정하는 권한을 한 손에 거머쥐고 있다고 생각하게 된 것이다. 천하의 이익은 모두 자신의 사유물로 하고, 천하의 해는 모두 남들에게 떠맡겨도 자신은 전혀 불편함이 없다. 천하 사람들이 자신 하나만을 생각해서 자신만의 이익을 추구하지 못하게 하고, 군주 개인의 '대사大私'를 천하의 '공公'이라 했다. 처음에는 사양하는 듯하더니, 얼마 뒤에는 태연하게 천하를 자신의 사유 재산으로 보고 자자손손에게 상속하여 영원한 사유물로 삼으려 했다.

옛날에는 천하가 주인이고, 군주는 그 종이었다. 군주가 평생 경영에 노력한 것은 오로지 천하를 위해서였다. 그러나 지금은 군주를 주인이라 하고 천하를 종이라 한다. 천하의 어디에도 평온한 땅이 없는 것은 모두 군주 때문이다.

신하란 무엇인가? - 「원신」

이 광대한 천하를 도저히 혼자 힘으로는 다스릴 수 없다. 그래서 백관 百官을 두고 분할 통치하게 되었다. 그러므로 우리가 벼슬길에 오르는 것은 군주를 위해서가 아니라 천하를 위해서이며, 군주 일족을 위해서가 아니라 만백성을 위해서이다. 천하 만민을 위함이라는 관점에 서면, 설령 군주가 명령하더라도 도리에 벗어난 일은 해서는 안 된다.

법이란 무엇인가? - 「원법」

옛날 하, 은, 주 3대 이전에는 법이 있었으나, 3대 이후에는 법이 없었다. 이에 대해 살펴보도록 하자.

옛날의 성왕들은 천하에 먹을 것이 있어야 한다는 사실을 알았기 때문에 백성에게 밭을 주어 경작하게 했다. 의복이 있어야 한다는 것을 알았기에 토지를 맡겨 뽕나무나 대마를 심게 했다. 교육이 필요하다는 것을 알았기에 학교를 세워 교육을 일으켰다. 혼인의 예를 정해 성의 음란을 막고, 병역을 과해 치안을 유지했다. 이상이 3대 이전의 법이다. 법은 이렇듯 원래 군주라는 한 개인을 위해 만든 것이 아니었다.

후세의 군주는 천하를 손에 넣으면, 그 황운皇運이 오래 지속되지 않으면 어떡하나, 자손이 그 자리를 지키지 못하는 건 아닐까 하며 아직 일어나지도 않은 화를 미리 걱정해 그것을 막기 위한 법을 만들었다. 그러므로 그들의 법은 일족을 위한 법이지, 천하를 위한 법이 아니다.

곧, 후세의 법은 천하를 군주 한 사람의 고리짝 안에 가두어 두기 위한 것이다. 이익은 아래로 내려보내지 않고, 복은 오로지 위로 빨아들이려 했다. 한 사람을 등용해도 이놈이 이익을 챙기지나 않는지 살펴보고, 하나의 직제를 둘 때도 혹시 속이지는 않는지 걱정하여, 또 다른 직제를 만들어 그것을 방지하려 했다.

그렇게 조심하며 방지책을 만들어 두고서도, 세상 사람들이 그 고리짝의 존재를 알고 있기 때문에 혹시나 그것을 빼앗기지는 않을까 늘 벌벌 떨면서 그 고리짝만 걱정한다. 그 때문에 법은 더욱 세분화될 수밖에 없고, 법이 세분화되면 될수록 천하의 혼란은 그 법 속에서 일어난다.

학교란 무엇인가? - 「학교」

천자가 옳다고 하는 것이 반드시 옳은 것은 아니고, 천자가 그릇되다고 하는 것이 반드시 그릇된 것도 아니다. 그러므로 천자도 자기 혼자 옳고 그름을 판단하지 말고, 문제를 공표해 학교에서 그 옳고 그름을 판단하게 해야 한다. 인재의 양성은 학교의 임무 가운데 하나이기는 하나, 원래 학교라는 곳은 인재 양성만을 위해 만들어진 것이 아니다.

NOTES

동림당東林黨 : 명나라 말기에 강남의 사대부를 중심으로 이루어진 정치 집단. 학문적으로는 동림학파라고 한다. 양명학에 비판적이었으며, 심즉리설心卽理說과 무선무악설無善無惡說을 비판했다. 학문의 목적은 사회의 현실적 요구에 부응하는 것이며, 도덕적 수양과 정치적 사회 활동의 욕망이 조화를 이루는 지점에서 이理를 추구하려 했다.

허유許由 : 삼황오제 때 사람으로 전해지는 전설의 은자로, 청렴결백한 인격의 소유자였다.

무광務光 : 황제 또는 요임금 때의 신선으로 알려져 있다.

정관정요
(貞觀政要)

640년경에 만들어진 정치 문답집으로, 예로부터 제왕학의 교과서로 사용되었다. '정관貞觀'이란 당나라 태종의 연호로, 태평성대를 누린 그의 치세를 높이 평가해 '정관의 치治'라 했다. '정관정요'란 '정관의 치'를 가져온 정치의 요체라는 뜻이다. 태종과 신하의 언행을 분류하고, 「군도편君道篇」 이하 「신종편慎終篇」 까지 10장 40편으로 이루어져 있다.

INTRO

당나라의 제2대 황제 태종 이세민李世民과 그를 보좌했던 뛰어난 신하들과의 정치 문답집으로, 당나라의 역사가 오긍이 편찬했다.

태종(626~649 재위)은 아버지 태조를 도와 당나라를 창건했을 뿐 아니라 태조가 세상을 떠난 뒤 2대 황제의 자리에 올랐고, 그와 함께 널리 인재를 구하여 적재적소에 배치함으로써 당나라 300년의 기초를 닦았다. 태종의 치세 때에는 예를 들면 재상 방현령方玄齡, 두여회杜如晦, 정치 고문 위징魏徵, 왕규王珪, 장군 이적李勣, 이정李靖과 같은 뛰어난 인재들이 모여들었다. 태종은 이런 신하의 간언을 잘 받아들였고, 그들이 스스로의 능력을 충분히 발휘할 수 있게 하여 그의 시대에는 '백성들이 길거리에 떨어진 것을 줍지 않았고, 대문을 잠그지 않았다'고 할 정도로 안정된 사회를 이루었다. 그래서 태종의 연호를 따 '정관의 치'라고 한다.

『정관정요』에 나오는 태종과 명신들의 문답 속에는 '정관의 치'라는 태평성대를 가져다준 치세의 요체가 잘 드러나 있어 조직의 지도자나 기업의 경영자가 읽어야 할 필독서이다.

중국에서는 당나라의 헌종憲宗, 문종文宗, 선종宣宗, 송나라의 인종仁宗, 요遼나라의 흥종興宗, 금金나라의 세종世宗, 원元나라의 세조世祖, 명明나라의 신종神宗, 청淸나라의 고종高宗 등 역대 왕조의 군주가 모두 이 책을 즐겨 읽고 배웠다. 현재 읽히고 있는 것은 원나라의 과직戈直이 교정해 주석을 단 것이다.

창업과 수성은 모두 어렵다

정관 10년에 태종이 신하들에게 물었다.

"제왕의 사업인 창업과 수성 중 어느 쪽이 더 어려운가?"

상서좌복야尙書左僕射(당나라의 3성6부에서 3성의 하나인 상서성의 차관) 방현령이 말했다.

"천하가 혼란스러울 때는 영웅들이 다투어 일어납니다. 통일을 달성하기 위해서는 그런 군웅들을 쳐부수어야 합니다. 그걸 생각하면 창업이 더 어렵다 할 것입니다."

측근인 위징이 반론을 펼쳤다.

"새로운 제왕이 천자의 자리에 오르려면 반드시 전대의 혼란을 고스란히 짊어지고 세상을 평정하고 민심을 이끌어야 합니다. 그래야 백성들이 새로운 제왕을 환영하고, 다투어 그 명령에 복종합니다. 원래 창업이란 하늘이 내려주는 것이지 백성들이 주는 것이 아니므로, 그것을 손에 넣는 것이 그리 어렵다고만은 할 수 없습니다. 그러나 일단 천하를 손에 넣은 뒤에는 교만에 빠져 욕망이 이끄는 대로 내달리고 맙니다. 백성이 평온한 생활을 원해도, 각종 부역은 끝이 없어 백성들은 잠시도 쉴 틈이 없습니다. 백성들은 배가 고파 야단인데 제왕의 사치를 위한 노역이 끊이지 않으니, 국가가 피폐해지는 것도 다 이 때문입니다. 이런 점에서 보자면 창업보다는 수성이 더 어렵다 할 것입니다."

태종이 말했다.

"방현령은 예부터 나를 따라 천하를 평정하고 수없는 난관을 겪으며 구사일생으로 오늘날을 맞이했다. 그대 입장에서는 창업이야말로 지난한 일이라 생각하는 것도 무리가 아니야. 한편, 위징은 나와 함께 천하의 안정을 꾀했고, 지금도 혹시나 이 나라가 멸망의 길을 걷지는 않을지 노심초사하고 있으니 수성이 어렵다고 생각하는 것도 당연한 일이야. 생각건대 창업의 어려움은 벌써 과거의 일이 되고 말았구나. 앞으로는 그대들과 함께 힘껏 수성의 어려움을 극복해 나갈 생각이다."「군도편」

활의 이치를 아는 자는 나라를 다스리는 이치도 안다

정관 초년의 일이다. 태종이 소우蕭瑀(후량後梁 명제明帝의 아들로 당나라 고조의 휘하에 들어가 벼슬을 했다. 문학적 재능이 있고 포용력 있는 인물이었다)에게 물었다.

"나는 젊어서부터 활을 좋아해 궁도의 오묘한 도리를 모두 안다고 생각했는데, 어느 날 어느 장인에게 화살을 보여 주었더니 재료가 좋지 않다고 하더군. '나무의 중심이 바르지 못해 나뭇결이 곱지 않고, 활이 강하다 해도 화살이 똑바로 날아가지 못하니 좋은 활이라 할 수 없다'라고 말이야. 나는 그제야 그 이치를 깨달았지. 이제까지 무공으로 천하를 평정하면서 수많은 화살을 날렸지만, 여태 활의 오의奧義를 모르고 있었던 게야. 하물며 이제 막 천하를 차지했으니, 그 천하를 다스리는 오의를 알 리 없겠지. 활도 잘 모르는데 천하를 다스리는 이치를 어찌 알겠는가."

이 일을 계기로 태종은 수도 장안에 있는 고급 관료에게 명을 내려 교대로 궁중에서 당직을 서게 했다. 태종은 시간이 날 때마다 그들을 불러 함께 이야기를 나누고 바깥일을 물어 백성의 고통이나 정치의 득실 등을 알려고 했다. 「정체편政體篇」

군주는 배와 같고 백성은 물과 같다

정관 6년에 태종이 측근에게 물었다.

"생각건대 옛날의 제왕 가운데에는 흥한 이도 있고 망한 이도 있는데, 그것은 아침에 뜬 해가 저녁에 기우는 것과 같은 이치로, 멸망의 길로 나아가는 것은 눈과 귀가 가려져 정치적 득실을 몰랐기 때문이다. 올바른 충신의 입을 다물게 하고, 간사하고 아첨하는 무리들을 중용하고, 군주가 스스로의 허물을 깨닫지 못했기 때문에 멸망의 길로 나아간 것이다. 나는 깊숙한 구중궁궐 안에 갇혀 천하의 일을 모두 알 수가 없다. 그래서 그 일을 그대들에게 위임해 나의 귀와 눈으로 삼는 것이다. 천하가 태평스럽다고 해서 긴장을 풀어서는 안 된다. 『상서尙書』의 「대우모大禹謨」를 보면, '경애해야 할 대상은 군주이고, 두려워해야 할 대상은 백성이다'라는 말이 있지 않은가. 이것은 군주가 자신의 도리를 지키면 백성이 그를 군주로 받들고, 도리에 벗어나면 백성이 그를 버린다는 뜻이다. 이 어찌 두려워할 일이 아닌가!"

위징이 대답했다.

"예부터 나라를 잃은 군주는 안정된 시대에 그 위험을 잊고 있었고, 잘 다스려지던 때에 혼란을 생각하지 않았기 때문에 나라를 유지할 수 없었습니다. 다행히 폐하께서는 부가 넘쳐 나고 나라가 평화롭게 다스려지고 있음에도 천하의 앞날을 마음에 담으시고 깊은 연못의 살얼음을 밟는 기분으로 신중하게 정무를 처리하시니, 나라의 운명은 자연스럽게 오래갈 것입니다. 소신은 '군주는 배와 같고, 백성은 물과 같다. 물은 배를 띄울 수도 있고, 배를 뒤집을 수도 있다'라는 말을 들었습니다. 폐하께서는 백성을 두려워한다는 것이 무엇인지를 생각하고, 진정 폐하께서 아시는 대로 행하십시오." 「정체편」

굽은 나무도 먹줄을 따라 자르면 곧아진다

정관 원년에 태종이 신하들에게 말했다.

"아무리 뛰어난 군주라도 간신을 중용하면 나라를 온전히 다스릴 수 없고, 또한 정직한 신하가 사악한 군주를 섬겨도 올바른 정치를 할 수 없다. 오직 현명한 군주가 현명한 재상을 만나야만 물고기가 물을 만난 듯 천하를 태평하게 다스릴 수 있다. 내 비록 현명한 군주라고는 할 수 없으나, 다행히 여러 대신들이 나를 잘 보좌해 잘못을 바로잡고 허물을 고쳐 주고 있다. 앞으로도 태평천하를 위해 정직하게 말해 주기 바란다."

왕규가 대답했다.

"소신은 '아무리 굽은 나무도 먹줄을 따라 바르게 자르면 곧아지고, 군주가 신하의 간언을 받아들이면 사리에 밝아진다'고 들었습니다. 고대의 성군에게는 반드시 직언을 하는 7명의 신하가 있었습니다. 그들은 자신의 의견이 받아들여지지 않으면 죽음으로 그 뜻을 관철했습니다. 폐하께서는 성인처럼 마음이 트여 비천한 저희의 말도 잘 받아들이십니다. 신하가 이처럼 거리낌 없이 직언을 할 수 있는 조정에 있으니 미약하나마 온 힘을 다하고 싶습니다."

태종은 왕규의 말을 칭찬하고, 그 이후 재상이 국가의 대사를 처리할 때는 반드시 왕규를 불러 함께 의논했다. 「구간편求諫篇」

선한 자는 영원하고, 악한 자는 망한다

정관 6년에 태종이 신하들에게 말했다.

"내가 듣기로 주나라와 진나라는 천하를 얻은 것은 똑같았으나 그 뒤가 달랐다고 한다. 주나라는 건국한 뒤 선을 행해 인덕을 쌓았기 때문에 800년이나 번성했다. 그러나 진나라는 건국한 뒤 방종과 사치와 음란을 일삼고 형벌을 좋아해 고작 2대 만에 망하고 말았다. 이것은 선한 자는 영원하고 악한 자는 망한다는 것을 말해 준다. 걸桀과 주紂는 모두 제왕이었지만, 필부라도 '걸과 주 같은 놈'이라는 말을 들으면 치욕을 느끼고 화를 낼 것이다. 안회顔回●와 민손閔損●은 필부에 지나지 않지만, 그들과 비교하면 제왕이라도 영광으로 여긴다. 이것은 제왕의 신분으로 부끄럽게 생각해야 할 일이다. 나는 항상 이를 거울 삼아 안회나 민손 같은 현인에게 미치지 못해 사람들의 비웃음거리나 되지 않을지 늘 두려워하고 있다."

위징이 말했다.

"이런 이야기가 있습니다. 노魯나라의 애공哀公이 공자에게 '건망증이 심한 사람이 있었는데, 집을 옮긴 뒤에는 자기 아내마저 잊었다'고 하자 공자가 그 말을 받아 이렇게 말했다고 합니다. '그 사람보다 더 건망증이 심한 사람이 있으니, 바로 자신이 제왕임을 잊은 걸과 주입니다.' 폐하께서 이 고사를 늘 마음에 두신다면 결코 후세의 웃음거리가 되지는 않으실 것입니다."「군신감계편君臣鑒戒篇」

포상과 징벌은 신중하게 행하라

정관 6년에 태종이 위징에게 말했다.

"옛사람이 말하기를, 군주는 인재를 구하는 데 경솔해서는 안 된다고 했다. 나는 한 가지 일을 할 때마다 천하가 다 보도록 하고, 천하가 다 듣도록 하고 있다. 정직하고 좋은 인재를 구하면 선한 기운이 널리 퍼지지만, 나쁜 사람을 잘못 기용하면 악한 사람이 다투어 나오게 될 것이다. 상이 그 공로에 합당하면 공로가 없는 사람은 자연히 물러날 것이고, 형벌이 그 죄에 합당하면 사악한 사람은 경계하고 두려워할 것이다. 그래서 나는 포상과 징벌을 가볍게 시행할 수 없도록 하고, 사람을 가리는 일에 신중할 생각이다."

위징이 대답했다.

"예부터 인물이 올바른지 사악한지 판단하는 일은 참으로 어렵다고 했습니다. 그래서 옛사람들은 관리의 실적을 살펴 승진과 강등을 결정했습니다. 지금 폐하께서 인재를 구하시려면, 그 인물의 행동을 면밀히 조사해야 합니다. 훌륭한 인물임을 확인한 뒤에 등용한다면, 설령 일을 잘못한다 하더라도 그건 단지 능력이 부족한 것일 뿐 큰 해가 되지는 않을 것입니다. 그런데 자칫 잘못해서 나쁜 사람을 뽑으면 어떻게 되겠습니까? 그 사람의 재주가 뛰어나면 뛰어날수록 심각한 해를 끼칠 것입니다. 난세라면 그런 인물이라도 괜찮을지 모릅니다. 그러나 지금은 태평성대입니다. 이런 시대에는 재능과 인격을 겸비한 인물을 등용해야 할 것입니다."「택관편擇官篇」

인간의 선악은 가까운 사람의 영향을 받는다

정관 8년에 태종이 신하들에게 말했다.

"최고의 지혜를 가진 자는 상대 의견에 좌지우지되지 않으나, 보통의 지혜를 가진 일반 사람들은 일정한 중심이 없어 상대에 따라 어떻게든 변할 수 있다. 때문에 어떤 상대를 고르느냐가 중요한 것이다.

지금 나의 가장 큰 고민은 태자의 교육인데 어떤 사부를 만나느냐에 따라 태자의 사람됨이 결정되므로 옛날부터 그 선택은 힘든 것이었다. 두 가지 예를 들겠다. 성왕成王은 유년 시절에 주공周公을 태부太傅로 삼고, 소공召公을 태보太保로 삼은 데다 주변 사람들이 모두 훌륭해 늘 좋은 가르침을 들어 성군이 될 수 있었다. 한편 진나라 2세 황제인 호해胡亥는 조고趙高를 태사로 삼았는데, 조고는 그에게 형법으로 판결하는 것만 가르쳤기에 그는 제위에 오르자 공신들을 주살하고 종족을 살해하는 잔악하고 포악한 행동을 보였다. 그래서 진나라가 망한 것이다.

이 두 예를 보면 알겠듯이 인간의 선악은 가까운 사람의 영향을 받는다. 나는 지금 태자를 위해 훌륭한 사부를 선발하고, 예의제도를 잘 가르쳐 뒷날 나라를 잘 다스릴 수 있는 인물로 만들 생각이다. 사부의 가장 중요한 조건은 정직하고 충실한 사람이니 주변에 그러한 자가 있으면 각자 두세 명씩 추천하도록 하라." 「존경사부편尊敬師傅篇」

능력 있는 사람이면 자식이건 원수건 가리지 말라

정관 원년에 태종이 신하들에게 말했다.

"나는 지금 새로운 정치를 펼치기 위해 어질고 재능 있는 인재가 있다고 하면 바로 발탁하여 등용하고 있다. 그런데 말 많은 사람들이 '요즘 등용되는 사람들은 모두 중신들과 연고가 있는 사람들뿐이다'라며 말들이 많다. 그대들도 인재 등용에 늘 공평을 기해 이런 불평이 나오지 않게 조심하라.

다만, 새삼 말하지만 여기서 중요한 것은 인재 등용이다. 옛사람들도 진실로 유능한 인재라면 친족이라도 괜찮고, 원수라도 꺼려서는 안 된다고 말했다. 그대들도 자기 자식이건 원수건 그 인물이 유능하기만 하면 거리낌 없이 추천해주기 바란다." 「공평편公平篇」

흐르는 물은 모두 그 근원이 있다

정관 원년에 어떤 사람이 간사하고 아첨하는 신하를 물리치라고 요청하는 상소를 올렸다. 태종은 그에게 말했다.

"내가 임명한 신하들은 한결같이 훌륭한 인물이라 생각한다. 그대가 말하는 간사하고 아첨하는 사람이란 누구인가?"

"소인은 민간에 사는 사람이라 조정 안의 사정을 잘 몰라 구체적으로 누가 아첨하는 신하인지는 모릅니다. 청컨대 폐하께서 일부러 화를 내며 신하들을 시험해 보시기 바랍니다. 만일 폐하의 노여움을 두려워하지 않고 직언하는 자가 있다면 그는 올바른 군자입니다. 그러나 폐하의 말에 영합하는 자가 있다면 그는 간사하고 아첨하는 소인일 것입니다."

태종은 곁에 있던 재상 봉덕이를 향해 말했다.

"흐르는 물은 맑든 흐리든 모두 그 근원이 있게 마련이다. 군주는 정치의 근원이며, 일반 백성은 흐르는 물과 같다. 군주 자신이 거짓말을 하면서 신하들이 정직하기를 바라는 것은 오염된 수원에서 맑고 깨끗한 물이 흘러나오기를 바라는 것과 같다. 그러므로 나는 그렇게 할 수 없다. 나는 오래전부터 위나라 무제(조조)의 행위가 간사하고 인간됨이 천박하다고 생각해 왔다. 이자의 어조는 위나라 무제와 흡사하다. 백성을 이끌어야 하는 제왕의 입장에서 그런 술책은 쓰고 싶지 않다."

태종은 다시 상소를 올린 사내를 향해 말했다. "나는 백성에 대해 무엇보다도 신의를 소중히 여기는 사람이다. 그러므로 스스로 좋지 못한 사술을 시행하고 싶지 않다. 그대의 의도는 충분히 이해하지만 나는 그렇게 할 수 없다." 「성신편誠信篇」

갑옷은 견고하고 화살은 날카로워야 한다

정관 16년, 태종이 대리경大理卿인 손복가孫伏伽에게 말했다.

"갑옷을 만드는 사람이 그것을 견고하게 하는 것은 상처를 입지 않도록 하기 위함이고, 화살을 만드는 사람이 화살촉을 날카롭게 하는 것은 적을 상하게 하기 위함이다. 내가 법관에게 형벌의 경중에 대해 물으면, 그들은 늘 현재의 형법은 선대보다 더 관대하다고 말한다. 그렇긴 하지만 혹시라도 법관이 사람의 죄를 들춰내 영달을 꾀하고, 가혹하게 법을 집행하여 자신의 명예를 지키려 하지는 않는지 심히 걱정스럽다. 형법을 집행할 때는 늘 관대하고 공평하게 하라." 「형법편刑法篇」

자신이 하는 바는 자신이 잘 모르는 법이다

정관 16년에 태종이 위징에게 말했다.

"과거의 제왕 가운데는 10대에 걸쳐 자손에게 옥좌를 물려준 경우도 있는가 하면 1대, 2대에 끝나는 경우도 있었다. 극단적인 경우에는 자신의 손으로 얻은 제위를 자신의 대에서 잃기도 했다. 그래서 나는 백성을 잘 어루만져 주고 있는지, 교만 방종하고 제멋대로 노여워하며 절제하지 못하고 있는 것은 아닌지 심히 걱정스럽다. 자신이 하는 바는 자신이 잘 모르는 법이니 이런 점에 대해 그대는 허심탄회하게 말해 주어야겠다. 신하가 하는 말이면 무슨 일이든 귀 기울여 듣고 나의 행동 지침으로 삼을 생각이다."

위징이 대답했다.

"희로애락의 감정은 어진 사람이든 어리석은 사람이든 누구나 가지고 있는 법입니다. 어진 사람은 그것을 절제하여 지나치지 않게 할 수 있으나, 어리석은 사람은 방종하여 그것을 제어하지 못하고 과격해집니다. 폐하의 덕은 지극히 높아 평안함 속에서도 늘 어려울 때를 대비하시어 감정을 다스리고 계십니다. 앞으로도 항상 스스로를 제어하시어 아름답게 마지막을 장식해 주시기 바랍니다. 그러면 이 나라는 자손 대대로 폐하의 성덕을 입을 수 있을 것입니다." 「종신편終愼篇」

| 책 속의 명문장 |

林深則鳥棲 水廣則魚遊 임심즉조서 수광즉어유

'숲이 깊으면 새들이 깃들고, 물이 넓으면 물고기가 노닌다.'

태종이 측근에게 위정자의 마음가짐을 비유하여 한 말로, '인의를 쌓으면 천하 만물이 귀의한다(仁義積則物自歸之)'라는 말이 뒤를 잇는다. 위정자는 무엇보다 먼저 자신의 자세를 올바르게 해야 하고, 그것만 잘 지키면 백성들은 자연히 따라오게 되어 있다는 뜻이다.

疾風知勁草 板蕩知誠臣 질풍지경초 판탕지성신

태종이 신하 소우蕭瑀의 충절을 칭찬한 말로, '판탕'은 난세라는 뜻이다. 억센 풀이 세찬 바람(질풍)을 만났을 때 비로소 그 진가를 발휘하듯, 충신은 난세에 처했을 때 비로소 그 진면목을 드러낸다는 뜻이다.

NOTES

안회顏回 : BC 514~BC 483. 자는 자연子淵이며, 노나라 사람이다. 공자보다 30년 연하로 학덕이 높았고 가난했으나 조금도 개의치 않았다. 공자 다음가는 성인으로 존중되었다. 아깝게도 32세의 나이로 요절해 공자를 탄식하게 만들었다.

민손閔損 : 자는 자건子騫이며, 춘추시대 말기의 노나라 사람이다. 벼슬길을 구하지 않고 부모에게 효도했고, 형제 간에 화목하여 널리 이름이 알려졌다.

안자춘추
(晏子春秋)

BC 500년경에 만들어진 책으로, 제齊나라의 뛰어난 재상 안영(안자晏子)의 언행을 정리한 정치 문답집이자 간언집이다. '안자'는 안영의 존칭이다.
'춘추'는 원래 연대기라는 뜻으로, 이 책의 중심을 이루는 내편內篇의 이야기들이 연대순으로 정리된 데서 이런 이름이 붙여졌다. 215가지의 이야기로 구성되어 있으며, 정치의 실천적인 텍스트로 읽힌다.

INTRO

춘추시대 제나라의 재상이었던 안영의 언행록으로 『안자晏子』라고도 한다. 안영 자신이 직접 쓴 책이 아니라 전국시대에서 한나라에 걸쳐 편집된 것이다. 내편 6편(간상諫上, 간하諫下, 문상問上, 문하問下, 잡상雜上, 잡하雜下)과 외편 2편을 합해 215가지의 이야기로 구성되어 있다. 내용 면에서는 유가와 묵가의 사상을 포함하고 있는데, 그 특색은 오히려 정치의 기본과 요체를 말하는 데서 찾아야 할 것이다. 『안자춘추』의 '춘추'는 내편의 각 이야기가 거의 연대순으로 정리된 데서 붙여진 이름이다. 안영(?~BC 500)은 춘추시대 제나라의 영공靈公과 장공莊公, 경공景公이라는 어리석은 군주를 모셨는데, 특히 경공 때에는 재상으로서 국정을 담당하면서 자주 간언하고 선정을 베풀어 그보다 100년 전에 활동한 관중과 함께 높이 평가받는다.

형벌을 집행할 때는 신중해야 한다

제나라 경공이 아끼는 말이 어인圉人(말을 돌보는 직책)의 실수로 갑자기 죽고 말았다. 화가 난 경공은 그 어인을 잡아서 사지를 잘라 죽이라고 명했다. 우연히 그 자리에 있던 안영은 옆에 앉아 있던 관리가 칼을 들고 자리에서 일어서려 하자 말리며 경공에게 말했다.

"옛날 요堯임금과 순舜임금 시대에 사람들의 사지를 잘라 죽일 때 어느 부분부터 잘랐는지 군주께서는 알고 계신지요?"

그러자 경공은 문득 깨달은 바가 있어 이렇게 말했다.

"과인 때부터 이런 처형법을 시작하는 꼴이 되었구나."

그리하여 경공이 그 어인을 옥에 가두라고 명령하자, 안자가 다시 나섰다.

"이는 자신이 무슨 죄를 저질렀는지도 모르고 죽는 것이니, 소신이 군주를 위해 그 죄를 따지겠습니다. 그래서 자신의 죄를 알게 한 다음에 옥에 가두시지요."

경공이 허락하자 안영은 일일이 죄목을 들어 그 어인을 나무랐다.

"잘 들어라. 너는 3가지 죄를 저질렀다. 군주께서 너에게 말을 기르도록 명했는데, 너는 말을 죽게 했다. 이것이 첫 번째 죽을 죄이다. 또 군주께서 가장 아끼는 말을 죽게 했으니 이것이 두 번째 죽을 죄이다. 그리고 군주께서 그까짓 말 한 마리 때문에 사람을 죽일 뻔하게 만들었으니, 백성들이 이 이야기를 들으면 군주를 원망할 것이고, 제후들이 들으면 필시 우리나라를 가벼이 여길 것이다. 이것이 세 번째 죽을 죄이다. 그러니 너를 옥에 가두겠다. 알겠느냐!"

옆에서 그 말을 듣고 있던 경공은 크게 한숨을 내쉰 다음 이렇게 말했다.

"그만 풀어 주어라. 내가 잘못했다."

초나라가 개의 나라라면 개구멍으로 들어가겠다

안영이 사자의 신분으로 초楚나라에 갔을 때의 일이다. 초나라 왕은 안영이 난쟁이처럼 키가 작은 사람이라는 말을 듣고, 일부러 대문 옆에 작은 문을 새로 만들어 그곳으로 안내하려고 했다. 안영의 기를 죽여 할 말도 제대로 못 하게 하려는 의도였다. 그러자 안영은 이렇게 말했다.

"내가 개의 나라에 왔다면 개구멍으로 들어가겠지만, 나는 초라는 나라에 왔소이다. 이런 곳으로 들어갈 수야 없지요."

이에 관리는 어쩔 수 없이 대문으로 안내했다. 초나라 왕은 안영을 앞에 두고 고압적인 태도로 말했다.

"그대 같은 사람을 사자로 보내다니 참으로 어이가 없구나. 제나라에는 인물이 없느냐?"

"우리나라 도성에는 사람이 넘쳐 납니다. 감히 말씀드리건대 인물이야 빗자루로 쓸어서 버릴 만큼 많지요."

"그러면 내 묻겠는데, 어찌하여 그대처럼 보잘것없는 사람을 보냈느냐?"

"우리나라는 상대 나라 군주의 자질에 맞추어 사자를 뽑습니다. 현명한 군주에게는 현명한 신하를, 어리석은 군주에게는 어리석은 신하를 사자로 보내지요. 저는 어리석은 신하라 귀국에 사자로 온 것입니다."

안영의 말이 끝나자 초왕은 입을 다물어 버렸다.

용이 비싸고 구가 쌉니다

안영은 재상이면서도 아주 소박하고 검소한 생활을 했다. 이를 보다 못한 경공은 안영에게 새 집을 주기로 하고 어느 날 그를 불러 이렇게 말했다.

"경의 집은 시장에서 너무 가깝지 않은가. 아주 시끄러울 게야. 조용하고 높은 곳으로 집을 옮기는 것이 어떻겠는가?"

"정말 감사합니다만 그 집은 조상 대대로 살던 곳이라 마음이 편안하고, 또 불편하지도 않습니다. 그리고 저 같은 소인에게는 시장과 가까운 곳이 좋습니다."

경공은 쓴웃음을 지으면서 말했다.

"그럼 경은 물가의 움직임도 잘 알겠구려."

경공은 제아무리 안영이라 해도 무나 홍당무의 가격은 모를 거라고 생각했다. 그런데 안영은 너무나 자신 있게 대답하는 것이었다.

"아침저녁으로 둘러보기 때문에 잘 알고 있습니다."

경공은 조금의 틈도 주지 않고 다시 물었다.

"그럼 무엇이 비싸고 무엇이 싼지 말해 보게."

"용踊이 비싸고, 구屨가 쌉니다."

용이란 발의 인대가 잘리는 형벌을 당한 사람이 신는 신발을 말하고, 구는 보통 사람이 신는 신발을 말한다. 그 무렵 제나라에는 발의 인대가 잘리는 형벌을 당한 사람이 많았기 때문에 용의 가격이 오른 것이다. 경공은 즉시 그 형벌을 줄였고, 이 이야기를 들은 당시의 현자들은 이렇게 말했다.

"어진 사람의 한마디는 참으로 이익이 많구나. 안영의 한마디로 제후齊侯가 형벌을 줄였으니."

베를 함부로 자르면 쓸모가 없어진다

안영이 병으로 쓰러져 곧 숨을 거둘 때가 되자 그의 아내가 물었다.

"남기고 싶은 말씀은 없으신지요?"

"우리 집의 가풍을 바꾸어서는 안 되오. 모든 것을 지금 그대로 하시오."

또 그는 죽기 전에 유언장을 작성하고는 기둥을 파서 그 안에 넣었다.

"아들이 어른이 되면 꺼내 읽어 보도록 하시오."

나중에 어른이 된 그의 아들이 기둥에서 유언장을 꺼내 보니 다음과 같이 적혀 있었다.

첫째, 베를 함부로 잘라서는 안 된다. 쓸모가 없어지기 때문이다.

둘째, 우마牛馬를 피로하게 해서는 안 된다. 쓸모가 없어지기 때문이다.

셋째, 사士를 곤궁하게 해서는 안 된다. 쓸모가 없어지기 때문이다.

넷째, 나라를 곤궁하게 해서는 안 된다. 그리하면 정치가 불가능해진다.

송명신언행록
(宋名臣言行錄)

1200년경에 만들어진 책으로, '송대의 사풍士風'을 형성한 명신들의 일화집이다. 위정자를 위한 정치 텍스트라고 할 수 있다. 송나라 초기 5대에 걸쳐 활동한 명신들의 언행을 기록한 『오조명신언행록五朝名臣言行錄』 10권과 다음 3대를 다룬 『삼조명신언행록三朝名臣言行錄』 14권(모두 주희가 편찬함)을 합한 것이다. 시대순으로 재상 이하 97명의 명신이 등장한다.

INTRO

『오조명신언행록』과 『삼조명신언행록』을 합하여 보통 '송명신언행록'이라 부르는데, 이 두 책은 모두 남송의 대유 주희(주자朱子)●가 편찬한 것으로, 『정관정요』와 함께 위정자의 필독서로 꼽힌다.

이 책을 편찬한 의도를 주희는 다음과 같이 말했다.

"나는 최근의 문집이나 사적을 기록한 문헌을 읽고 거기서 명신들의 언행을 찾아볼 수 있었는데, 그것이 세상에 많은 도움을 줄 수 있다는 느낌을 받았다. 그러나 그 내용이 여기저기 흩어져 있어 체계가 없을 뿐 아니라 그 전후 관계를 전체적으로 살펴 이해하지 않고, 아무런 근거도 없는 허망하고 기이한 설에 의존하는 경향이 있어 늘 염려스러웠다. 그래서 그 내용을 선별하여 쉽게 널리 읽힐 수 있도록 이 책을 만들었다. 그러나 애석하게도 자료가 모두 갖추어지지 않고 빠진 부분이 많으니 자료가 확보되면 보충할 것이다."

이 책의 내용은 정치적 지혜와 처세의 요체에 관한 것이어서 오래전부터 중국인들에게 널리 읽혀 왔다. 지금도 정치인은 물론이고 조직이나 기업을 경영하는 사람들에게 시사하는 바가 많다. 주희가 엮은 이 책이 널리 읽히자, 그것을 본받아 이유무李幼武라는 사람이 『황조명신언행록속록皇朝名臣言行錄續錄』 8권, 『사조명신언행록四朝名臣言行錄』 상·하 26권, 『황조도학명신언행외록皇朝道學名臣言行外錄』 17권을 편찬했는데, 이 3권의 책과 주희의 책 2권을 합하여 『송명신언행록』이라 부르기도 한다.

형벌과 상은 천하의 것이다

조보趙普는 송나라 왕조의 초대 황제 태조와 2대 황제 태종을 모신 공신이다. 재상을 지낸 그는 중후한 인품에 과감한 실천력과 강인한 사명감으로 정치를 행했다.

어느 날, 재상 조보가 어떤 사람을 관직에 추천했으나 태조가 거부했다. 그러자 조보는 다음 날 다시 같은 안건의 재가를 요청했다. 한 번 거부한 안건을 다시 올린 것에 화가 난 태조는 그 문서를 마구 찢어 책상 위에 던져 버렸다. 그러나 조보는 낯빛 하나 바꾸지 않고 조용히 찢긴 문서를 주워 물러났다가 다음 날 그것을 풀로 붙여서 다시 제출했다. 그러자 태조는 자신의 오류를 깨닫고 그 안건을 재가했다. 그 사람은 조보가 바라던 대로 뛰어난 역량을 발휘했다.

또 이런 일도 있었다. 어떤 사람이 승진할 만한 공을 세웠는데, 그는 태조가 이전부터 싫어하던 사람이었기 때문에 승진 허가를 내리지 않았다. 이에 조보가 강력하게 승진을 요구했지만 태조는 물러서지 않았다.

"절대로 승진시키지 못하겠다면 어떻게 하겠느냐?"

조보가 대답했다.

"형벌은 악을 다스리고, 상은 공적에 보답하는 것입니다. 이것은 고금의 법칙입니다. 게다가 형벌과 상은 천하의 것으로, 폐하 개인의 취향이 아닙니다. 개인적인 감정으로 법칙을 어겨서는 안 됩니다."

화가 난 태조는 자리를 박차고 일어섰다. 그래도 조보는 물러서지 않고 그 뒤를 따라갔다. 그러자 태조는 그대로 궁중에 틀어박혀 버렸다. 조보는 문 앞에 서서 끈질기게 기다렸다. 결국 태조는 조보의 뜻을 받아들였다.

소리小吏를 대할 때도 예를 갖추어라

조빈曹彬은 태조와 태종, 진종眞宗 3대를 모신 명장이다. 근엄하고 청렴한 인품으로 황제의 신뢰를 얻어 추밀원樞密院 장관(군정의 최고 책임자)을 역임했다. 조빈은 많은 전공을 세워 추밀원 장관에 올랐으나, 관청으로 나갈 때 늘 관복을 깨끗하게 차려입고, 상대가 아무리 하급 관리일지라도 지시를 내릴 때는 마치 주군이나 아버지를 대하듯이 정중했으며, 부하를 대할 때도 절대 반말을 하거나 이름을 함부로 부르지 않았다.

또한 집무를 끝내고 집으로 돌아온 뒤에는 문을 잠그고 편히 쉬면서 거의 손님을 만나지 않았고, 다음 날 새벽 4시를 알리는 북소리가 울리면 황궁으로 달려가 문이 열리기를 기다렸다. 이런 습관은 비가 오나 눈이 오나 변하지 않았다. 그렇게 그는 8년간 추밀원 장관직을 성실하게 수행했다.

남의 잘못은 모르는 게 약이다

여몽정呂蒙正은 관리 등용 시험인 '과거'에 1등으로 합격한 뒤 빠르게 출세하여 태종과 진종 2대에 걸쳐 재상을 역임했는데, 정도를 지키며 정치를 하여 모든 사람의 신뢰를 받았다.

여몽정은 남의 잘못에 관대했다. 그가 부재상으로 기용되어 조정에 처음 등정했을 때의 일이다. 어떤 남자가 조정에서 여몽정을 가리키면서 이렇게 비꼬아 말했다.

"당신 같은 새파란 젊은이가 부재상이란 말인가?"

여몽정은 못 들은 척하며 지나쳤다. 화가 난 동료가 그 남자의 관등 성명을 밝히려 했으나 여몽정은 이를 제지했다. 동료는 조정에서 물러나온 뒤에도 불쾌함이 가시지 않자 남자의 이름을 확인하지 못한 것을 후회했다. 여몽정은 말했다.

"그럴 필요는 없네. 만일 상대의 이름을 알아 버리면 평생 잊지 못할 것이니 차라리 모르는 게 편하지 않겠는가. 모른다고 해서 기분 나빠하지 말게."

그 말을 전해 들은 사람들은 모두 그의 도량에 감복했다.

내 신념을 바꿀 수는 없어

이항李沆은 진종 때 재상을 지낸 인물이다. 그는 인재를 등용할 때 그 사람이 가진 뜻을 중시했고, 민생 안정에 중점을 둔 인정仁政을 펼쳐 사람들로부터 '성인 재상'이라는 평가를 받았다. 그는 사생활도 검소하여 현관문도 제대로 달리지 않은 허름한 집에서 살면서 담이 무너지고 지붕에서 비가 새도 마음에 두지 않았다. 어느 날, 마당 앞 담이 무너지고 말았다. 그것을 본 아내는 이번 기회에 남편을 시험해 보려고 일부러 담을 고치지 않았다. 그런데 이항은 매일 그 무너진 담을 보면서도 한 달이 지나도록 한 마디도 안 하는 것이 아닌가. 결국 참다 못한 아내가 담 이야기를 꺼내자, 이항은 옆에 있던 동생 이유李維를 보면서 이렇게 말했다.

"이까짓 일로 내 신념을 바꿀 수는 없어."

대신이 남의 수염이나 닦아 주다니……

구준寇準은 진종 때 재상을 지낸 인물이다. 1004년 북방의 이민족 거란契丹이 침입했을 때 적극적 대응론을 주장하여 나라를 구하는 공을 세웠다. 그는 성품이 강직하여 사람들과 자주 다투었고, 결국 불우한 처지에 놓여 죽었다.

구준은 인재를 사랑해 괜찮은 사람이면 기꺼이 추천했다. 뒷날 고관이 된 충방^{种放}이나 정위^{丁謂}도 그가 추천한 인재였다. 어느 날 구준은 측근에게 정위에 대해 말했다.

"정위는 재주가 많은 사람이지만, 국가의 중임을 맡길 만한 사람은 아니야."

세월이 흘러 구준과 정위가 재상과 부재상으로 짝을 이루어 국정을 수행하던 때의 일이다. 정부 고관들이 재상의 관저에서 회식을 하는데 구준의 턱수염에 음식이 묻었다. 그것을 본 정위는 일부러 자리에서 일어나 수염을 닦아 주었다. 그러자 구준은 옷매무새를 고치고 정위를 나무랐다.

"그대는 대신의 자리에 있으면서 윗사람을 위해 수염을 닦아 주다니, 그건 잘못된 일이야."

정위는 부끄러워 고개를 들지 못했다. 구준은 정직한 성격이라 뒤에서 남을 비방하는 음험한 사람이 있으리라고는 생각지도 않았다. 결국, 정위의 참언으로 말년을 불우하게 보내다가 세상을 떠난 것도 그의 강직한 성격 때문이었다.

은혜를 베푼 후에 원한을 살 수 있다

왕증^{王曾}은 4대 인종^{仁宗} 때 재상을 지낸 인물이다. 그는 과거의 3단계 시험에서 모두 수석을 차지한 수재로서 7년이나 재상을 역임했다.

어느 날, 한기^{韓琦}가 왕증의 인품에 대해 이런 말을 했다.

"왕증 님은 재상 자리에 계시면서도 자신의 문하에서 단 한 사람도 요직에 등용하지 않았다."

그 말을 듣고 당시의 사간^{司諫}(정부의 득실을 지적하는 관리)이었던 범중엄^{范仲淹}이 비꼬면서 말했다.

"인재의 등용은 재상의 책임이 아닙니까? 재상은 다른 점에서는 티를 잡을 수 없지만, 이 인재 등용에 관해서는 좀 문제가 있는 것 같습니다."

그러자 왕증은 조용히 대답했다.

"범군, 사람에게 은혜를 베푸는 건 좋은 일이지만, 좌천의 원한은 또 어떻게 할 것인가?"

그 말을 듣고 범중엄이 탄식하며 말했다.

"아, 왕증 님이야말로 진정한 재상이십니다."

실력을 감추고 날카로움을 드러내지 말라

두연和에은 인종 때 재상을 지낸 인물이다. 그는 지방 관리 시절에 뛰어난 지사로 이름을 날렸지만, 재상에 취임한 이후로는 파벌 싸움에 말려들어 고작 70일 만에 재상 자리에서 물러나야 했다. 두연의 문하생이 현縣의 지사로 임명되었을 때의 일이다. 두연은 그에게 이렇게 훈시했다.

"자네의 재능은 현의 지사로는 너무 아깝네. 그러나 가능한 한 그 재능을 감추며 처신하는 게 좋을 걸세. 남의 눈에 띄지 않도록 평범하게 행동하게. 재능을 마구 펼쳐 내면 무익한 싸움이 일어나고 화를 불러들일 수 있기 때문일세."

문하생이 반론을 폈다.

"선생님은 옛날부터 자신의 신념에 충실하다는 점에서 세상에 이름을 떨치고 계십니다. 그런데 지금 저에게 하시는 말씀은 그런 신념과 다르지 않습니까?"

두연이 대답했다.

"내가 이 자리에 오를 수 있었던 것은 오랜 세월 동안 많은 자리를 거치면서 경험을 쌓았기 때문이야. 그동안 황제에게 인정받고, 조정과 재야의 신뢰를 얻었기 때문에 지금 이렇게 내 신념을 국정에 펼칠 수 있게 된 게야. 그런데 자네는 방금 현의 지사로 임명되지 않았는가. 앞으로 승진을 하느냐 못 하느냐는 윗사람의 붓끝 하나에 달렸다네. 현 지사는 그렇다 치고 주 장관의 지위는 그리 쉽게 얻을 수 있는 게 아니라네. 윗사람에게 인정받지 못하면 언제까지고 현 지사에 머물러 넓은 안목으로 자신의 신념을 정치에 반영하지 못하게 돼. 오히려 쓸데없는 화를 불러올 수도 있어. 가능한 한 남의 눈에 띄지 않도록 보통 사람처럼 행동하는 것이 좋다는 것도 그 때문이네."

앞서 천하를 걱정하고, 즐거움은 뒤로한다

범중엄은 인종 때의 부재상으로 서방의 이민족인 서하西夏● 대책에 공을 세운 송나라 때의 명신 중 한 사람이다. 범중엄은 젊을 때부터 지조가 있고, 다른 사람의 경제 상태나 신분, 그리고 주위의 평판에 따라 마음이 흔들리는 법이 없었다. 그리고 늘 깊은 우국의 뜻을 품고 정치에 임했다. 그는 다음의 말을 좌우명으로 삼았다.

'사士는 누구보다 앞서 천하를 걱정하고, 천하의 즐거움은 뒤로한다.'

성공과 실패의 여부는 하늘에 맡긴다

한기는 인종과 영종英宗, 신종神宗 3대에 걸쳐 재상을 지냈다. 그는 서방의 이민족인 서하 대책 등에 능력을 발휘했고, 범중엄, 부필富弼과 함께 명신으로 평가받았다. 재상의 신분으로 나라를 위한 일이라면 무슨 일이든 실행에 옮겼고, 자신을 돌보지 않았다. 그것을 보고 어떤 사람이 이렇게 충고했다.

"당신의 행동을 보면 감복하지 않을 수 없습니다. 그러나 실패하면 목숨이 위태로워질 뿐 아니라 일족까지 파멸할지 모릅니다. 그다지 현명한 처세법은 아닌 것 같은데……."

한기는 탄식하며 대답했다.

"무슨 말을 그렇게 하는가? 신하된 자는 자신의 이해를 버리고, 온 힘을 다해 군주를 모시는 게 당연한 것일세. 문제는 올바른 정치를 하는가 그렇지 않은가라네. 성공이나 실패는 하늘에 맡기면 되네. 실행하기도 전에 실패를 두려워해서야 어찌 천하의 안위를 살필 수 있겠는가?"

군자와 소인을 똑같은 그릇에 담아서는 안 된다

부필은 인종과 영종, 신종 3대에 걸친 재상으로, 외교와 내정에서 활약했다. 만년에 왕안석王安石의 정치 개혁에 반대해 은퇴했다. 부필은 당당히 말했다.

"군자와 소인은 얼음과 불의 관계와도 같다. 그러므로 결코 같은 그릇에 담아서는 안 된다. 둘을 같이 쓰면 반드시 소인이 세력을 얻을 것이다. 그것은 마치 향과 똥을 같이 두면 똥 냄새가 더 나는 것과 같다."

부필은 재상이 되어 만년에 하양河陽현의 장관을 겸임한 다음, 노령을 이유로 은퇴하면서 3번이나 황제에게 의견서를 제출했다.

"천자에게는 정해진 직무가 있으니, 오로지 군자와 소인을 가려서 부리는 것입니다. 군자와 소인을 모두 등용하면 소인이 활개를 치게 될 것입니다. 군자는 정쟁에 패배해 은퇴를 해도 유유자적하게 살아갈 수 있으나, 소인은 패배하면 도당을 결성하여 음모를 꾸미며 필사적으로 이기려 합니다. 소인이 이기면 그 폐해는 이루 말로 다 할 수 없을 것이니, 그래서야 아무리 천하의 안정을 원한다 해도 이루어질 수 없을 것입니다."

백성을 다스리는 것은 병을 다스리는 것과 같다

구양수歐陽修는 인종과 영종, 신종 3대에 걸쳐 관리로 지내면서 부재상까지 올랐다. 그는 시문에 능했던 송나라 때의 문호이다.

구양수가 이런 말을 한 적이 있다.

"정치가 백성을 다스리는 것은 의사가 병을 다스리는 것과 같다. 그런데 그 의사 중에도 부자 의사와 가난한 의사가 있다. 부자 의사가 왕진을 나갈 때는 조수를 데리고 마차를 타며 세련된 차림을 한다. 그리고 환자의 맥을 짚어 보고, 의서를 꺼내 자신 있게 증세를 설명한다. 겉보기에는 정말 그럴듯하지만 처방한 약을 먹어도 병이 낫지 않는다. 가난한 의사는 조수도 없고 마차도 없으며 풍채도 별로이고 환자를 다루는 태도도 거칠다. 그러나 정확히 진찰해 약을 처방하므로 병이 낫는다. 이 사람이야말로 좋은 의사이다. 백성을 다스리는 경우도 이와 마찬가지로, 정치가로서의 재능이나 정책은 문제가 아니다. 결과적으로 백성이 평화로운 생활을 누릴 수 있게 하는 사람이 바로 뛰어난 정치가이다."

구양수는 그 말대로 지방 장관을 역임할 때, 겉모습이나 평판에 신경 쓰지 않고, 부를 축적하지도 않았다. 그 결과 백성들은 평화로운 생활을 누릴 수 있었고, 오래오래 그의 덕을 칭송했다.

NOTES

주희朱熹 : 1130~1200. 중국 송나라 때의 유학자로 성리학을 집대성했다. 그는 우주가 형이상학적인 '이理'와 형이하학적인 '기氣'로 구성되어 있다고 보고, 인간은 본성적으로 선한 '이'를 나타내는데, 불순한 '기' 때문에 악하게 되며 '격물格物'로 이 불순함을 제거할 수 있다고 했다.

서하西夏 : 1032~1227년 중국 북서 지역(지금의 오르도스 지방)에 존속한 탕구트족 국가.

2장

중국 고전 사상의 흐름

현대 중국학자들은 중국 사상의 흐름을 살필 때, 반동 권력에 밀착한 유학과 유학을 비판하는 사상 사이의 투쟁, 유심론과 유물론의 투쟁을 축으로 삼는다.

유학의 창시자는 춘추시대 말기의 공자이다. 그는 은주 시대부터 전승되어 온 '예禮'(관습적인 생활 규범)를 사회 질서의 중심으로 삼고, 그것을 지탱하는 '인仁'의 덕을 개인의 내면에 확립하려 했다. 이것은 무자각적인 전승에서 자각적인 사상을 형성하는 최초의 시도였다.

전국시대에 이르면, 유학에 대한 최초이자 최대의 비판자인 묵가墨家의 등장을 시작으로 제자백가가 출현하여 이른바 '백가쟁명百家爭鳴'의 활기가 넘치는 황금시대를 만들어 냈다.

보통 이러한 사상가를 유가(공자·증참·맹가·순황), 도가(노담·장주), 음양가(추연), 법가(상앙·관중·한비), 종횡가(소진·장의), 잡가(여불위), 농가(허행)의 9학파로 분류한다. 현대 중국에서는 이 시대를 노예제에서 봉건제로 바뀌는 변혁기로 보고, 제자백가가 대립하는 근본은 반동복고의 귀족 계급을 대표하는 유가와 신흥 지주 봉건 계급을 대표하는 법가의 대립으로 정리한다.

진시황제가 천하를 통일하고, 그 뒤를 이은 한나라는 그 후 2,000년을 이어 가는 왕조

사상과 처세

체제를 만들어 냈는데, 그 지배 원리를 유학에서 구했다. 유학은 국가 정통의 학문이 되고, 5 경(역경·시경·서경·예기·춘추)이 정비되어 오래토록 사람들의 정신생활을 지배하게 되었다. 후한에서 위진남북조, 수나라와 당나라에 걸쳐(1~10세기) 거기에 만족하지 못한 사람들이 노장 사상이나 불교 혹은 도교의 유행을 따랐지만, 정통 학문이라고 하면 오로지 5경의 자구를 자세하게 해석하는 훈고주석의 학문이었다.

송나라(10~13세기)에 이르러 생명력을 잃은 유학을 혁신하려는 기운이 일어나 인간 존재의 본질(性)과 천지의 근본 원리(理)를 하나로 결합하는(성즉리性卽理) 거대한 형이상학, 이른바 '성리학性理學(송학, 정주학, 주자학이라고도 한다)이 완성되었다. 이 신유학은 명나라와 청나라 시대에 공적인 학문으로 인정받아 조선과 일본의 근세 사상에 큰 영향을 끼쳤다. 나아가 명나라 시대에는 활기에 찬 시민사회를 배경으로 내 마음이 바로 천지 만물의 주인(심즉리心卽理)라고 주장하는 양명학이 일어나고, 그 흐름에서 인간성을 전통의 속박에서 해방시키려는 이지李贄의 사상이 생겨났다.

그러나 청나라에 들어와 이러한 관념론에 대한 반성으로 고전을 실증적으로 해석하는 고증학이 생겨나 고전 연구에 큰 업적을 남겼다. 아편전쟁을 계기로 서양의 침략이 시작되자, 왕조 체제에 대한 위기감에서 서양 사상에 의해 촉발된 『춘추공양전』을 기초로 한 공양학이 일어나 개혁의 기수가 되었지만 결국 이것이 중국 고전 사상의 최후가 되었다.

서경
(書經)

BC 600년경에 만들어진 책으로, 성왕聖王·명군名君·현신賢臣이 남긴 어록이자 선언집이다. 오경五經에 속하며, 중국 정치의 규범이 되는 책이다. 옛날에는 『서書』 또는 『상서尚書』라 했다. '글로 쓴 것 가운데 가장 순수하고 핵심적인 것'이라는 뜻이다.

INTRO

『서경』은 원래 그냥 '서'라 불렸다. 뒷날 '서'는 일반적인 책을 가리키는 말이 되었는데, 원래 쓴다는 행위는 궁정의 사관이 왕의 말을 기록하는 것이었다. 이러한 고대 사관의 기록이 춘추전국시대에 들어서면서 점차 정치의 규범이자 경전으로 인식되었고, 그 내용도 확대되었다.

전설에 따르면 공자가 고대의 기록 3,240편 가운데서 102편을 선별해 편찬한 것이라 하는데, 그 틀은 아마도 춘추전국시대에 걸쳐 서서히 형성되었던 것으로 보인다. 현재는 100편의 제목이 적힌 목록이 남아 있으며, 본문이 현존하는 것은 전설상의 성왕 요·순부터, 춘추시대 진秦나라의 목공穆公에 이르는 58편뿐이다.

그중 진秦나라의 박사였던 복생伏生이 전한 32편은 그 무렵 통용되는 문자로 적었다 하여 『금문상서今文尚書』라 하고, 공자의 자손이 살던 집의 벽에서 나왔다는 25편은 『고문상서古文尚書』라고 한다. 이 둘은 엄격히 구별되지 않은 채 경서로 존중되어 왔으나 시대가 흐름에 따라 『고문상서』의 내용에 의문이 생기기 시작했고, 청나라 초기 염약거閻若璩의 『고문상서소증古文尚書疏証』에 이르러서는 후세의 위작이라는 사실이 결정적으로 밝혀져, 오늘날에는 이 25편을 『위고문상서僞古文尚書』라고 한다.

천명에 따르고 덕이 있는 자를 존중하며 덕으로 백성을 편안히 한다는 유가의 정치 이념을 가장 잘 드러내고 있는 이 책은 옛날부터 '정치의 근본'으로 높이 평가받았다.

「우하서虞夏書」 – 요순을 중심으로 하나라의 사적을 기록

요堯·순舜·우禹의 치세를 중심으로 하夏나라 중기까지의 주요한 사적을 기록했다. 「요전堯典」, 「순전舜典」에서 제위 선양에 관한 부분을 발췌해 본다.

요임금은 말했다.

"사악四嶽(제후의 우두머리)아, 내 이 자리에 오른 지 벌써 70년, 그동안 너는 내 명령에 따라 천하를 잘 다스려 주었다. 이제부터 나를 대신하여 이 자리에 오르도록 하라."

"아닙니다. 이렇게 부덕한 몸으로는 제위를 욕되게 할 따름입니다."

"그렇다면 저 재야에 숨은 현자를 추천하라."

사람들은 순을 천거했다.

"순은 맹인의 자식으로, 아버지는 고집이 세고 불순한 사람이며, 어머니는 간사하고, 동생 상象은 교만하기 짝이 없지만, 그런 가운데서도 부모에게 효도를 다하고, 동생이 나쁜 길로 빠지지 않게 잘 이끌어 화목한 가정을 꾸려 나가고 있습니다."

그 말을 듣고 요임금은 자신의 두 딸을 순에게 주고, 백관의 통솔과 귀빈 접대, 신들에게 올리는 제사를 관장하게 했더니 백관이 그를 잘 따르고, 귀한 손님이 그에게 감복하고, 비와 바람이 때를 잘 맞추어 오곡이 풍성해졌다.

요임금은 순을 불러 말했다.

"순아, 내가 너의 말과 행동을 지켜본 지 어언 3년이 되었다. 이제부터 나를 대신해 제위에 오르도록 하라."

순은 스스로 부덕하다 하며 사양하려 했다. 그러나 결국 요임금의 뜻에 따라 정월에 길일을 잡아 제위에 올랐다.

「우하서」에는 이 밖에도 홍수를 다스린 우에게 순이 제위를 선양했다는 것을 기록한 「대우모大禹謨」, 우의 현신 고요皐陶의 말을 기록한 「고요모皐陶謨」, 전국의 지리와 물산을 기록한 「우공禹貢」 등 9편이 포함되어 있다.

「상서商書」 ─ 하늘의 뜻으로 하나라를 칠 것이다

하나라를 타도하고 은殷나라를 수립한 상商나라 탕왕湯王(은나라를 창건한 왕)의 서언誓言에서 시작하여, 은나라의 마지막 왕 주紂의 폭정을 비판하면서 멸망에 가까워졌음을 한탄하는 미자계微子啓의 말까지 은왕조의 주요한 발언을 모았다.

여기서는 탕왕이 명조鳴條의 들판에서 하나라 왕 걸桀과 싸울 때 병사들에게 서약한 말인 「탕서湯誓」를 초역한다.

탕왕이 말했다.

"백성들아, 이리 와서 내 말을 잘 듣거라. 내가 무작정 난을 일으키는 것이 아니다. 하나라 왕의 죄가 너무 커 하늘이 내게 처벌을 명령한 것이다. 너희들 가운데는, 우리 임금은 우리를 돌보지 않고 어찌하여 전쟁을 일으키려 하느냐고 말하는 자도 있음을 안다. 그러나 나는 하늘의 명령을 거역할 수 없어 이렇게 군사를 일으켜 정벌에 나선 것이다. 하나라 왕은 백성의 힘을 마르게 하고, 나라를 피폐하게 만들고 있다. 사정이 이러하니, 내 반드시 하나라를 칠 것이다. 나를 도와 천벌이 올바르게 내리도록 하라. 공을 세우면 반드시 후한 상을 내릴 것이다. 나를 믿고 따르라. 나의 서약에는 조금의 거짓도 없다."

「상서」에는 이 밖에도 천도를 반대하는 민심을 달래는 「반경盤庚」, 탕왕의 아들 태갑太甲의 횡포를 나무란 재상 이윤伊尹의 말을 기록한 「태갑」 등 17편이 포함되어 있다.

「주서周書」 – 천지의 대법과 정치 도덕을 논하다

『서경』의 근간을 이루는 것으로, 분량도 가장 많다. 「상서」와 마찬가지로 은나라 주왕紂王의 폭정에 대해 군사를 일으킨 주나라 무왕武王의 서언 「태서泰誓」, 「목서牧誓」에서 시작해, 진秦나라 목공이 정鄭나라를 공략할 때의 「진서秦誓」에 이르기까지, 주나라 초기에서 춘추시대까지의 32편이 담겨 있다. 이 가운데 가장 중요한 것은 「홍범洪範」으로, 은나라 왕족이면서 주왕에게 반항했던 기자箕子가 우에게서 전해 받은 천지의 대법大法과 정치, 도덕을 논한 글이다. 다음과 같이 9조로 나누어져 있다.

1. 오행五行(자연계의 5대 원소인 수·화·목·금·토)에 관한 일.

2. 오사五事(모양貌, 말하는 것言, 보는 것視, 듣는 것聽, 생각하는 것思)에 관한 일.

3. 팔정八政(정치의 기본이 되는 음식食, 재물貨, 제사祀, 최고 관직司空, 교육司徒, 사법司寇, 어전 외교賓, 군대師)에 임하는 일.

4. 오기五紀(역법의 기본이 되는 1년의 기간歲, 달月, 일日, 별의 운행星辰, 역수曆數)를 정리하는 일.

5. 황극皇極(임금의 정치와 덕의 준거)을 세우고 임금 스스로 올바르게 실천해 백성이 따르게 하는 일.

6. 삼덕三德(정직正直, 강극剛克, 유극柔克)을 갖추는 일.

7. 계의稽疑(점으로 의문을 밝히는 것)에 관한 일.

8. 서징庶徵(자연 현상 가운데에서 선악의 징후를 발견하는 것)에 관한

일.

9. 오복五福(장수壽, 부귀富, 건강康寧, 선행好德, 인생 계획終命)이 선행에 따르고, 육극六極(흉단절凶短折[흉은 재난을 만나 죽는 것, 단은 60세 이전에 죽는 것, 절은 30세 이전에 죽는 것], 병疾, 걱정憂, 가난貧, 악함惡, 약함弱)이 악행에 따르는 일.

| 책 속의 명문장 |

野無遺賢, 萬邦咸寧 야무유현, 만방함녕

'현자가 들판을 헤매지 않으면, 만천하가 편안하다'라는 뜻이다. 재능 있고 어진 사람들이 등용되지 못해 들판에서 헤매는 사회는 건강하지 못하며, 그런 현자를 널리 채용해야 정치의 권위가 선다는 뜻이다.

논어
(論語)

BC 450년경에 만들어진 책으로, 공자의 언행록이다. 공자를 중심으로 그의 제자들과 제후와의 문답 등을 기록했다. '논어'는 어록이라는 뜻이다. 공자와 그 제자들의 말과 행동이 약 500개에 이르는 문장으로 묘사되어 있다. 「학이편學而篇」에서 「요왈편堯曰篇」까지 20편으로 이루어져 있다.

INTRO

한 제자가 공자(BC 552~BC 479)의 말을 잊지 않으려고 허리띠에 적어 두었다는 구절이 『논어』에 나온다. 이처럼 『논어』는 그 제자들이 공자를 둘러싼 말과 일들을 정리해서 기록한 책이다. 그렇게 정리된 시기는 한漢나라 초기인 BC 2세기라고 한다. 때문에 『논어』는 체계를 갖추지 못했고, 내용에도 일관성이 없다. 『논어』 가운데서도 공자가 생전에 힘주어 말하고, 후세 사람들에게도 강한 인상을 남긴 말을 하나 꼽으라면, 당연히 그것은 '인仁●'이다. 인은 보편적인 인간애의 측면을 지니고 있다. 공자는 그것을 달리 군자의 덕이라고도 말했다. 중국의 문화혁명기에 공자가 비판의 대상이 된 것도 그 때문이다.

1) 「학이편學而篇」(전 16장)

"친구가 멀리서 찾아오면 또한 즐겁지 않으냐."

너무 유명한 말이라 누구든 한 번쯤은 이 말을 들어 보았을 것이다. 『논어』를 펼치면 맨 처음에 나오는 문장이다. 전체를 보면 다음과 같다.

"공자가 말하기를, 배우고 때로 익히면 또한 기쁘지 않으냐. 친구가 멀리서 찾아오면 또한 즐겁지 않으냐. 사람들이 나를 알아주지 않아도 원망하지 않는다면 어찌 군자가 아니겠느냐."(學而時習之, 不亦說乎. 有朋自遠方來, 不亦樂乎. 人不知而不慍, 不亦君子乎. 학이시습지, 불역열호. 유붕자원

방래, 불역낙호. 인부지이불온, 불역군자호.)

이것은 학문의 즐거움을 강조한 구절이다. 이 가운데 우리는 '친구'에 관련된 구절만 즐겨 차용해 사용한다.

많은 중국의 고전 가운데서도 특히 『논어』에는 우리가 일상에서 흔히 사용하는 말이 많이 들어 있다. 이를테면 다음과 같은 문장도 널리 인용된다.

"교묘하게 꾸민 말과 곱게 꾸민 얼굴에는 어진 덕이 없다."

(巧言令色, 鮮矣仁. 교언영색, 선의인.)

"잘못을 알았으면 솔직하게 고쳐야 한다."

(過則勿憚改. 과즉물탄개.)

이러한 말들은 모두 공자의 말을 그대로 인용해 기록한 것이다. 그러나 『논어』에는 다음과 같이 공자의 제자가 한 말을 기록한 것도 있다.

"증자曾子●가 말하기를, 나는 매일 세 가지로 내 몸을 반성한다."(曾子曰, 吾, 日三省吾身. 증자왈, 오, 일삼성오신.)

이처럼 단독형이 있는가 하면 문답형도 있다. 공자와 자공子貢의 문답을 살펴보자.

"가난해도 아첨하지 않고, 돈이 많아도 교만하지 않으면 어떠합니까?"

자공이 묻자 공자는 이렇게 말했다.

"좋은 말이다. 그러나 가난하면서도 도를 즐기며, 돈이 많으면서도 예를 좋아하는 것에는 미치지 못한다."

자공이 "『시경詩經』에 나오는 '절차탁마切磋琢磨'(절切은 칼 같은 것으로 끊는 것, 차磋는 줄 같은 것으로 가는 것, 탁琢은 정으로 쪼는 것, 마磨는 숫돌로 가는 것. 곧, 수양이란 끝도 없이 갈고닦는 것이라는 뜻)란 이를 두고 한 말이겠군요"라고 말하자, 공자는 이렇게 말했다.

"사賜(자공의 이름)야, 비로소 함께 시를 논할 만하구나. 과거를 말하면 미래를 아는구나."

자공은 공자의 수제자 가운데 한 사람으로, 말을 잘하고 재기才氣가 뛰어나며 상업에도 뛰어난 재능을 가진 사업가로 공자의 활동에 경제적 지원을 했다. 그런 자공이었기에 "돈이 많아도 교만하지 않으면 어떠합니까?" 하고 물을 수 있었던 것이다.

공자는 이것을 "좋은 말이다"라고 칭찬하면서도 한 걸음 더 나아가기를 충고한다.

그러자 자공은 『시경』을 인용하면서 「학이편」의 서두를 장식하는 "배우고 때로 익히면 또한 즐겁지 않으냐!"라는 구절을 실천하려는 자세를 드러낸다. 리얼리스트인 자공다운 발상으로 시작되는 스승과 제자의 대화가 손에 잡힐 듯이 다가온다.

『논어』의 문장은 단독형이건 문답형이건 더 이상 손을 댈 수 없을 정도로 압축되어 있다. 그 때문에 의미를 파악하기 힘든 경우도 있지만, 신중하게 읽어 가다 보면 그 압축된 표현이 오히려 매력임을 알 수 있다. 『논어』가 오랜 세월이 흘러도 고전으로서 그 생명력을 유지할 수 있었던 것도 이와 같은 문장의 매력 때문일 것이다.

2) 「위정편爲政篇」(전 24장)

공자가 말하기를 "정치를 도덕적으로 한다면, 비유컨대 북극성이 제 자리에 있고, 여러 별들이 이를 중심으로 도는 것과 같다"고 했다. (子曰, 爲政以德, 譬如北辰, 居其所, 而衆星共之. 자왈, 위정이덕, 비여북신, 거기소, 이중성공지.)

「위정편」은 이렇게 시작된다. 여기 나오는 '위정'이란 말에서 '위정편'이라는 이름이 붙었다. 『논어』 24편의 제목은 모두 이런 식으로 붙여진 것이다. 이것은 『논어』가 서로 관련성이 없는 짧은 글들을 모아서 만들어진 것임을 말해 준다.

「위정편」에는 공자의 자서전이라 할 수 있는 유명한 장이 있다.

공자가 말하기를 "나는 열다섯에 학문에 뜻을 두었고, 서른에 뜻을 확고히 세웠으며, 마흔에는 어떤 유혹에도 흔들림이 없게 되었고, 쉰에는 천명을 알게 되었다. 예순에는 사물의 이치를 절로 알게 되었고, 일흔에는 마음이 가는 대로 해도 순리에 어긋남이 없게 되었다"고 했다. (子曰, 吾十有五而志于學, 三十而立, 四十而不惑, 五十而知天命, 六十而耳順, 七十而從心所欲, 不踰矩. 자왈, 오십유오이지우학, 삼십이립, 사십이불혹, 오십이지천명, 육십이이순, 칠십이종심소욕, 불유구.)

공자는 모든 계급이 조화를 이루는 이상적인 상태를 현실 정치에 실현하려 애썼다. 그리고 50대 중반에 자신이 태어나고 자란 노^魯나라를 떠나 천하를 편력했다. 그러나 그를 등용해 주는 나라는 없었다. 공자의 이상은 비현실적이라 하여 비웃음의 대상이 될 뿐이었다. 제자 중에도 그런 생각을 가진 자가 있었다. 공자 자신도 내심 초조감을 느낀 적이 한두 번이 아니었다.

공자는 세속적인 의미에서 실패한 정치사상가였고, 공자 자신도 그것을 알고 있었다.

공자는 70세가 다 되어 고국 노나라로 돌아와 후진 양성과 고전 정리에 힘을 기울였다. 그런 자기의 일생을 되돌아보고, 그 내면의 역사를 말한 것이 바로 이 구절이다. 우리가 40세를 '불혹不惑'이라 하고, 60세를 '이순耳順'이라 하는 것도 여기서 비롯된 것이다.

현대에도 널리 사람들 입에 오르내리고 있는 몇 구절을 아래에 소개한다.

"옛것을 알고 새로운 것을 익혀 나가면 스승이 될 수 있다."

(溫故而知新, 可以爲師矣. 온고이지신, 가이위사의.)

"배우기만 하고 생각하지 않으면 어둡고, 생각만 하고 배우지 않으면 위태롭다."

(學而不思則罔, 思而不學則殆. 학이불사즉망, 사이불학즉태.)

"자기가 모실 귀신이 아닌데 모시는 것은 아첨이요, 의를 보고도 나서지 않으면 용기가 없다 할 것이다."

(非其鬼而祭之, 諂也, 見義不爲, 無勇也. 비기귀이제지, 첨야, 견의불위, 무용야.)

3) 「팔일편八佾篇」(전 26장)

예禮에 관련된 내용이 많다. 예란 예의나 예절이라고 할 때의 예이다.

국가적 차원의 외교, 내정과 개인 차원의 사회생활, 가정생활 등 모든 것에는 반드시 지켜야 할 규칙이 있다. 공자가 살던 시대는 중앙 정권이라 할 수 있는 주周나라 왕조가 몰락하여 유력한 제후가 패권을 다투는 춘추시대 말기로서 온 세상에 하극상下剋上이 만연했다. 곧, 질서가 무너진 것이다.

공자는 계씨季氏(노나라의 대부)를 비판하여 이렇게 말했다.

"뜰에서 팔일八佾을 추게 하다니, 이런 무례를 범할진대 무슨 짓인들 못 하겠는가?"(八佾舞於庭, 是可忍也, 孰不可忍也. 팔일무어정, 시가인야, 숙불가인야.)

팔일이란 8×8, 곧 64명이 추는 천자(주 왕실)의 무악이다. 제후의 무악에서는 6×6의 36명이 춤을 추고, 가신의 무악에서는 4×4의 16명이 춤을 춘다. 그 무렵에는 이것이 예였다. 그런데 일개 대부에 지나지 않는 계씨가 팔일의 무악을 즐겼다는 것은 자신 위에 있는 왕실의 권위를 무시한 것이다. 공자는 예를 무너뜨린 그 행위를 비판한 것이다.

4) 「이인편里仁篇」(전 26장)

처음의 7장은 모두 인仁에 관한 것이다. 공자가 가장 힘주어 강조한 것으로, 인간이 갖추어야 할 가장 높은 덕목이 바로 인이다.

『논어』에서 인이라는 말이 등장하는 곳은 모두 60장으로 전체의 1할에 해당하는데, 어떤 줄기를 세우고 개념적인 정의를 내린 것은 아니다. 다만, 평소의 생활과 인간관계, 행동거지에서 인을 체득해야 한다고 말한다.

인이란 자신의 눈에 비친 지배층의 부패와 알력과 대치되는 것으로, 공자가 내세운 치세의 슬로건이라 할 수도 있을 것이다. 인을 향해 무한히 노력하고 전진하는 것이 백성에 대한 위정자 또는 군자의 책임을 다하는 일이라고 공자는 말하고 있다.

"군자가 인의 길을 버리고 어찌 이름을 이루겠는가? 군자는 밥 먹는 동안에도 인의 길을 어기지 않고, 아무리 다급해도 반드시 인에 의지하고, 자빠졌을 때도 인에 의지해야 한다."(君子去仁, 惡乎成名, 君子無終食之間違仁, 造次必於是, 顚沛必於是. 군자거인, 오호성명, 군자무종식지간위인, 조차필어시, 전패필어시.)

덧붙여서 아주 짧은 시간을 '조차전패造次顚沛'(엎어지고 자빠지는 급한 순간, 곧 매우 위급하고 중대한 순간을 이르는 말)라고 하는데, 이 말도 여기서 비롯된 것이다. 이 밖에 유명한 몇 구절을 들어 본다.

"아침에 도를 들으면 저녁에 죽어도 좋다."

(朝聞道, 夕死可矣. 조문도, 석사가의.)

"덕은 외롭지 않다. 반드시 이웃이 있다."

(德不孤, 必有隣. 덕불고, 필유린.)

5) 「공야장편公冶長篇」(전 28장)

내용의 대부분은 인물평이다.

공자는 공야장公冶長●을 일러, "사위로 삼을 만하다. 비록 감옥에 들어간 적이 있지만, 그것은 그의 죄가 아니다"라며 자기 딸을 주었다. (子謂公冶長, "可妻也. 雖在縲絏之中, 非其罪也." 以其子妻之. 자위공야장, 가처야. 수재누설지중, 비기죄야. 이기자처지.)

두 사람의 결혼에 대해서는 이 밖에 전하는 바가 없지만, 인간적인 체취가 물씬 풍겨나는 이야기이다.

다음은 자공과 공자의 안회에 대한 평이다.

공자가 자공에게 말했다.

"너와 안회 중 누가 나으냐?"

자공이 대답했다.

"제가 어찌 안회에 비할 수 있겠습니까? 안회는 하나를 들으면 열을 아는데, 저는 하나를 들으면 둘을 알 뿐입니다."

공자가 말했다.

"그러하다. 나와 너는 안회를 따를 수 없다."

(子謂子貢曰 "女與回也, 孰愈." 對曰 "賜也, 何敢望回." 回也聞一以知十, 賜也聞一以知二." 子曰 "弗如也. 吾與女, 弗如也." 자위자공왈, 여여회야, 숙유. 대왈, 사야, 하감망회. 회야문일이지십, 사야문일이지이. 자왈, 불여야. 오여녀, 불여야.)

안회는 평생을 가난하게 살았다고 하니, 자공과는 대조적인 인물이라 할 것이다.

6) 「옹야편^{雍也篇}」(전 30장)

"어질도다, 안회여. 대그릇 한 공기 밥과 표주박 한 잔의 물로 누추한 거리에 살다 보면 다들 그 괴로움을 견디지 못하는데, 안회는 그 즐거움을 고치지 않으니, 어질도다, 안회여."

("賢哉, 回也. 一簞食, 一瓢飮, 在陋巷, 人不堪其憂, 回也不改其樂. 賢哉, 回也. 현재, 회야. 일단사, 일표음, 재누항, 인불감기우, 회야불개기락. 현재, 회야.)

"사람이 지켜야 할 의에 힘쓰고, 귀신을 공경하면서도 멀리하면 지혜 롭다 할 수 있다."(務民之義, 敬鬼神而遠之, 可謂知矣. 무민지의, 경귀신이원지, 가위지의.)

우리는 자칫 인간을 넘어선 초월적인 힘에 의존하고 싶은 충동에 사로 잡히기 쉽다. 그러나 먼저 인간으로서 해야 할 일이 무엇인지를 생각하 고 실천하는 것이 올바른 지식이라고 공자는 말하고 있다.

7) 「술이편^{述而篇}」(전 38장)

"심하도다, 나의 노쇠함이여! 오래되노라, 내가 주공을 꿈에 다시 못 본 것이."(甚矣, 吾衰也. 久矣, 吾不復夢見周公. 심의, 오쇠야, 구의, 오불복몽견주 공.)

주공은 주나라의 건국 공신으로, 공자가 늘 이상적인 정치가로 생각했 던 인물이다.

"변변치 못한 예물이라도 가지고 와서 가르침을 청하는 사람에게 내 일찍이 가르침을 거절한 적이 없다."

(自行束脩以上, 吾未嘗無誨焉. 자행속수이상, 오미상무회언.)

'속수束脩'는 가르침을 구하는 자가 스승을 처음 만나는 자리에서 건네는 예물로, 건육乾肉(육포)이나 건어물을 가리킨다. 예의 표현 가운데서도 가장 가벼운 것이다. 요즘 말로 하면 입학금 정도라 할 수 있을 것이다.

"분발하지 않으면 이끌어 주지 않고, 표현할 말을 찾지 못해 더듬거리지 않으면 도와주지 않고, 하나를 가르쳐 세 가지를 알아듣지 못하는 자에게는 되풀이하지 않을 것이다."(不憤不啓, 不悱不發, 舉一隅, 不以三隅反, 則不復也. 불분불계, 불비불발, 거일우, 불이삼우반, 즉불복야.)

우리가 흔히 쓰는 '계발啓發'이라는 말은 여기서 비롯되었다.

"거친 밥을 먹으며 물을 마시고, 팔을 괴어 베개로 삼아도 또한 즐거움이 그 가운데 있으니, 의롭지 않은 부귀는 내게 뜬구름과 같다."(飯疏食飲水, 曲肱而枕之, 樂亦在其中矣. 不義而富且貴, 於我如浮雲. 반소사음수, 곡굉이침지, 낙역재기중의, 불의이부차귀, 어아여부운.)

앞에서 든 "어질도다, 안회여"라는 구절과 잘 어울리는 내용이다.

"공자는 괴이쩍은 것과 힘으로 하는 것, 어지러운 것, 귀신에 대해서는 말하지 않았다."(子不語怪力亂神. 자불어괴력난신.)

이것은 공자가 직접 한 말이 아니라, 다른 사람이 보고 들은 바를 기록한 것이다.

8) 「태백편泰伯篇」(전 21장)

제3장부터 제7장까지는 증자의 말로 되어 있고, 제18장부터 제21장까지는 요堯, 순舜, 우禹를 찬미하는 공자의 말로 이루어져 있다.

하루에 3가지로 자신을 반성했다는 증자였던 만큼, 그 말은 너무도 당당하다.

증자가 말했다.

"선비는 너그럽고 뜻이 굳건해야 하니, 그것은 임무가 무겁고 갈 길이 멀기 때문이다. 인을 자기의 임무로 삼았으니 어찌 무겁지 않겠는가? 죽은 뒤에야 그만둘 것이니, 어찌 멀다 하지 않을쏜가?"(曾子曰, 士不可以不弘毅, 任重而道遠, 仁以爲己任, 不亦重乎, 死而後已, 不亦遠乎. 증자왈, 사불가이불홍의, 임중이도원, 인이위기임, 불역중호, 사이후이, 불역원호.)

공자는 또 이렇게 말했다.

"시로 감흥을 일으키고, 예로 규범을 세우며, 음악으로 정서를 완성시킨다."(興於詩, 立於禮, 成於樂. 흥어시, 입어례, 성어악.)

공자는 이 3가지를 군자의 필수 교양으로 삼았으니 그의 교실이 어떤 풍경이었을지 상상해 볼 수 있다. 공자는 그 자신이 연주가이기도 하여, 음악에 대해 상당한 식견을 가지고 있었다. 제나라에 머물고 있을 때에는 고전음악을 듣고 너무 감동한 나머지 음식 맛도 잊어버렸다고 할 정도였다.

"백성은 따라오게 할 수는 있어도, 알게 할 수는 없다."

(民, 可使由之, 不可使知之. 민, 가사유지, 불가사지지.)

9) 「자한편子罕篇」(전 31장)

공자가 냇가에서 말하기를, "지나가는 것은 이와 같으니, 밤낮 쉼이 없구나"라고 했다. (子在川上曰, 逝者如斯夫, 不舍晝夜. 자재천상왈, 서자여사부, 불사주야.)

"젊은이가 두렵다. 앞날이 지금만 못하리라 어찌 장담할 수 있겠느냐? 그러나 사오십 세가 되어서도 이름이 없다면, 그런 사람들은 무서워할 게 없다."(後生可畏, 焉知來者之不如今也, 四十五十而無聞焉, 斯亦不足畏也已.

후생가외, 언지내자지불여금야, 사십오십이무문언, 사역부족외야이.)

10) 「향당편鄕黨篇」

이 편은 다른 편들과는 달리 공자의 말을 기록한 것이 아니라, 공자의 일상적인 행동을 기록한 것이다. 이것으로 당시의 예가 구체적으로 어떤 모습을 띠었는지 알 수 있다. 일설에 따르면 그 내용은 공자에 대한 것보다는 예의 일반적인 규정을 말한 부분이 더 많다고 한다.

하나의 장으로 이루어졌지만 편의상 27개 절로 나누어 읽기도 한다.

11) 「선진편先進篇」(전 26장)

공자가 "유由(자로子路●)는 어찌하여 거문고를 우리 집에서 연주하는 것이냐?"라고 말했다. 이에 제자들이 자로를 존경하지 않게 되었다. 공자는 "자로의 실력은 당堂에는 오를 만하지만, 실室에는 들지 못한다"라고 말했다. (子曰, 由之瑟, 奚爲於丘之門. 門人不敬子路. 子曰, 由也升堂矣, 未入於室也. 자왈, 유지슬, 해위어구지문. 문인불경자로. 자왈, 유야승당의, 미입어실야.)

자로는 공자의 제자들 가운데 가장 나이가 많았는데, 힘이 세 무용에 뛰어났다.

본 편에는 공자가 자로의 성격을 두고 천수를 누리지 못할 것이라고 걱정하는 내용이 있는데 그 말대로 훗날 자로는 위나라에서 전사했다. 그런 자로였지만 음악적 소양에서는 상당한 수준에 올랐음을 알 수 있다.

자공이 사師(자장子張)●와 상商(자하子夏)● 중에 누가 더 현명하냐고 묻자, 공자가 말하기를 "사는 재주가 너무 지나치고, 상은 모자란다"고 대답했다.

"그렇다면 사가 더 낫습니까?"라고 물으니, 공자는 "지나친 것은 모자란 것과 같다"고 대답했다. (子貢, 問師與商也, 孰賢, 子曰師也過, 商也不及. 曰然則師愈與, 子曰, 過猶不及. 자공, 문사여상야, 숙현, 자왈사야과, 상야불급. 왈연즉사유여, 자왈, 과유불급.)

이 편의 마지막 장은 공자를 둘러싼 자로와 증석晳●(증자의 아버지), 염유冉有, 공서화公西華 네 사람이 자신의 포부를 이야기하는 장면으로, 『논어』에서 가장 긴 장이다.

12) 「안연편顏淵篇」(전 24장)

안연(안회)이 인을 묻는 것이 제1장, 중궁仲弓이 인을 묻는 것이 제2장, 사마우司馬牛가 인을 묻는 것이 제3장이다. 그 각각의 물음에 대한 공자의 대답이 주안점이며, 자로에 대한 인물평도 나온다.

공자가 말하기를 "한마디로 소송의 판결을 내릴 수 있는 사람은 자로(유由)일 것이다. 자로는 한번 약속한 일을 미루는 법이 없다"고 했다. (子曰, 片言可以折獄者, 其由也與, 子路無宿諾. 자왈, 편언가이절옥자, 기유야여, 자로무숙낙.)

성격이 급하기는 하지만, 행동력이나 결단력에서 누구도 따를 수 없는 자로의 성격이 잘 드러나 있다.

13) 「자로편子路篇」(전 30장)

공자가 말하기를 "강인하고, 과감하고, 질박하고 꾸밈이 없으며, 입이 무거우면 인에 가깝다"고 했다.

(子曰, 剛毅木訥, 近仁. 자왈, 강의목눌, 근인.)

공자가 말하기를 "가르치지 않은 백성으로 하여금 싸우게 하는 것은 백성을 버리는 것이다"라고 했다.

(子曰, 以不敎民戰, 是謂棄之. 자왈, 이불교민전, 시위기지.)

14) 「헌문편憲問篇」(전 46장)

공자가 방문했던 나라의 군주들이나 그 신하들과의 문답이 많고, 역사적 인물을 둘러싼 평가도 있다. 공자에 대한 은자의 평가도 눈길을 끈다.

15) 「위령공편衛靈公篇」(전 42장)

"인을 행함에는 스승에게도 양보하지 말아야 한다."

(當仁, 不讓於師. 당인, 불양어사.)

"가르침에는 부류가 없다."

(有敎無類. 유교무류.)

"문장이란 뜻을 전달하기 위한 것일 뿐이다."

(辭, 達而已矣. 사, 달이이의.)

16) 「계씨편季氏篇」(전 14장)

공자의 말이 모두 '공자 왈孔子曰(다른 편은 자 왈子曰)'로 정리되어 있는 점과 삼계三戒, 삼사三思, 구사九思라는 식으로 숫자로 정리한 말이 나온다는 점이 다른 편과 다르다.

17) 「양화편陽貨篇」(전 26장)

"닭을 잡는 데 어찌 소 잡는 칼을 쓰겠느냐."

(割鷄焉用牛刀. 할계언용·우도.)

공자가 무성武城이라는 작은 마을에 들어가니 여기저기서 음악 소리가 들려왔다. 그래서 그 마을을 다스리는 제자 자유子游●에게 이런 마을(닭)을 다스리는 데 이렇게 화려한 음악(소 잡는 칼)이 과연 필요하냐고 농담을 던진 것이다. 그 말에 자유는 즉각 반론을 펼쳤다. 그러자 공자는 제자의 말이 옳다고 하면서 자신의 말을 거두어들였다.

"길거리에서 들은 말을 길거리에서 하는 것은 덕을 버리는 것이다."

(道聽而塗說, 德之棄也. 도청이도설, 덕지기야.)

"여자와 소인은 다루기 힘들다."

(唯女子與小人, 爲難養也. 유녀자여소인, 위난양야.)

18) 「미자편微子篇」(전 11장)

'자 왈', '공자 왈'로 시작하는 장이 없고, 공자의 행동이나 역사적 인물에 대한 기술이 많다. 또한 은자와 공자를 대비한 부분이 눈길을 끈다.

19) 「자장편子張篇」(전 25장)

이 편은 모두 제자들이 한 말이다.

20) 「요왈편堯曰篇」(전 5장)

제1장은 유가가 성인으로 추앙하는 요의 말이고, 제2장과 제3장은 누가 한 말인지 알 수 없다. 제4장은 자장과 공자의 문답이며, 제5장은 공자의 말이다. 제1~3장을 하나로 묶는 분류 방식도 있다. 이 편은 『논어』를 20편으로 구성하기 위해 추가한 것이라는 설도 있다.

인仁: 공자가 주장한 유교의 도덕 이념이자 정치 이념으로, 윤리적인 모든 덕德의 기초로 이것을 확산시켜 실천하면 이상적인 상태에 도달할 수 있다고 했다.

증자曾子: BC 506~BC 436. 춘추시대의 유학자이다. 공자의 도道를 계승했고, 그의 가르침은 공자의 손자 자사子思를 거쳐 맹자에게 전해져 유교 사상사儒敎思想史에서 중요한 위치를 차지한다. 동양 5성의 하나이다.

공야장公冶長: 공자의 제자로 성이 공야, 이름이 지芝, 자는 자장子長이다.

자로子路: BC 543~BC 480. 고대의 유학자이며 공자의 제자. 곧고 순진한 성품이어서 헌신적으로 공자를 섬겼다고 한다. 공자도 그를 매우 사랑해 『논어』에 그 친분이 잘 표현되어 있다. 위衛나라에서 벼슬을 하던 중 내란이 일어났을 때 스스로 전사戰死를 택했다.

자장子長: 공자의 제자. 재능은 뛰어났으나 성실하지 못해 형식적인 것만 대충 익혔다고 한다.

자하子夏: BC 507~BC 420. 중국 전국시대의 학자이자 공자의 제자로, 공문십철孔門十哲의 한 사람이다. 그의 학문은 시와 예에 통했고, 주관적 내면성을 존중하는 증자와는 달리 예禮의 객관적 형식을 존중하는 것이 특색이다.

증석曾晳: 증자의 아버지로 이름은 점點, 자는 석晳이다. 아들과 더불어 공자의 제자였다.

자유子游: BC 506~BC 445. 본명은 언언言偃이다. 춘추시대 노나라의 유학자이자 공문십철의 한 사람으로, 자하子夏와 더불어 문학에 뛰어났고 예禮 사상이 투철했다.

맹자
(孟子)

BC 280년경에 만들어진 책으로, 유가에 속하는 사상가 맹자의 언행을 기록하고 인의仁義의 도덕을 강조했다. 『맹자』는 「양혜왕편梁惠王篇」, 「공손추편公孫丑篇」, 「등문공편滕文公篇」, 「이루편離婁篇」, 「만장편萬章篇」, 「고자편告子篇」, 「진심편盡心篇」 등 모두 7편으로 구성되어 있다. 각 편은 상하로 나뉘기 때문에 실제로는 14편인 셈이다. 7편 가운데 전반의 3편은 맹자가 천하를 돌며 유세하던 때의 언행을 기록한 것이고, 후반의 4편은 은퇴 이후의 언설을 기록한 것으로 추정된다.

INTRO

맹자는 BC 372년, 전국시대 중기에 추鄒나라(지금의 산동성山東省 추현鄒縣)의 사士 계급 집안에서 태어났다. 이름은 가軻, 자는 자여子輿, 자거子車, 또는 자거子居라고 하며, 공자의 손자인 자사子思의 문하에서 학문을 배웠다고 한다.

공자의 유학 사상을 이어받은 맹자는 42~43세경부터 송宋나라, 등滕나라, 양梁나라, 임任나라, 제齊나라, 노魯나라, 설薛나라를 유세하고, 제후에게 인의에 기반을 둔 왕도정치●를 설파했다. 제나라에 가장 오래 머물렀는데, 8년 동안 중신의 대우를 받기도 했다. 다른 학파의 사상가와 문답을 통해 유가의 입장을 강력히 주장한 것도 그때였다. 약 20년의 유세를 마치고 62세에 고국 추나라로 돌아와 은둔 생활을 하다가 BC 289년, 84세에 세상을 떠났다고 한다.

『맹자』 7편은 맹자가 고향 추나라에서 은둔 생활을 하는 동안 제자 만장萬章과 함께 만든 것으로 추정되지만 문장의 앞뒤가 딱 맞아떨어지는 것으로 보아 맹자 자신의 저술일 가능성도 있다. 또는 맹자가 세상을 떠난 뒤 만장이나 공손축이 맹자의 말을 정리하여 저술했다는 설도 있다.

『맹자』는 진秦나라, 한漢나라, 당唐나라 시대에는 유교의 경전이 아니었다. 때문에 『한서漢書』 「예문지藝文志」에는 '제자'로 분류되어 있다. 그 뒤 송대에 이르러 유학이 성행하면서 유학자 주자朱子가 『맹자』를 『대학大學』, 『중용中庸』, 『논어論語』와 더불어 '사서四書'로 삼고 『맹자집주孟子集注』를 저술했는데, 그 이후로 『맹자』는 유학 사상의 중요한 경전이 되었다.

그러나 1974년경부터 중국에서 일어난 '공자 비판' 속에서 맹자의 사상은 '노예 제도를 부활시킨 것'으로 취급되었다.

맹자에게는 인간에 대한 확고한 믿음이 있었고, 패도覇道를 부정하고 왕도정치를 주장한 그의 정치론에는 휴머니즘 사상이 깔려 있다. 『맹자』 7편은 힘찬 문장과 적절하고 날카로운 비유, 뛰어난 논리로 맹자의 언행을 박력 있게 표현하고 있으며 문답체 문장은 그의 변론술을 잘 드러내고 있다.

「양혜왕편」

맹자가 양梁나라(위魏나라), 제齊나라, 추鄒나라를 유세할 때의 기록으로, 각 제후에게 인정仁政을 설파한 내용이다.

제나라 선왕宣王이 맹자에게 물었다.

"제나라 환공桓公과 진晉나라 문공文公의 패업에 대해 말해 주시오."

"공자의 문하 가운데 패업에 대해 말한 사람은 없습니다. 그래서 전해진 바가 없기는 하지만, 꼭 듣고 싶으시다면 왕도王道에 대해 말씀드리도록 하겠습니다."

"왕 노릇을 하려면 대단한 덕을 갖추어야 하는 것이오?"

"민생을 안정시키면 될 것입니다. 그러면 아마도 왕 앞을 가로막는 적은 없을 것입니다."

"나 같은 사람도 그렇게 할 수 있겠소?"

"물론입니다."

"어떻게 그것을 알 수 있소?"

"호흘胡齕(선왕의 신하)에게 들은 이야기입니다만, 왕이 어전에 앉아 계실 때, 그 아래로 소를 몰고 가는 사람이 있어 '그 소를 어디로 끌고 가는가?' 하고 물었다고 하더이다. 그 사람이 '피를 뿌려야 하는 제사를 지내러 갑니다' 하고 대답하자, 왕께서는 '놔주어라, 저 소가 몸을 떨며 사지로 끌려가는 것을 차마 볼 수가 없구나' 하고 말씀하셨습니다. '그럼 제사를 그만둘까요?' 하고 그 사람이 묻자, 왕께서는 '어찌 제사를 그만둘 수 있겠느냐, 양으로 바꾸어라' 하고 말씀하셨다고 하는데, 사실인지요?"

"그렇소이다만."

"그런 마음이라면 충분히 옥좌를 지킬 수 있습니다. 백성들은 왕이 소가 아까워서 그랬다고들 하지만, 저는 그게 아니라 진심으로 소가 불쌍해서 그랬다는 것을 알 수 있었습니다."

"그렇소, 바로 그것이오. 그렇게 말하는 백성도 있었을 것이오. 하나 제나라가 아무리 좁고 작은 나라라고 한들 어찌 소 한 마리를 아끼겠소. 나는 그저 벌벌 떨면서 사지로 끌려가는 소가 불쌍해서 양으로 바꾸라고 했을 따름이지요."

"왕께서는 백성들이 인색하다고 비판하는 말을 마음에 두지 마십시오. 작은 것으로 큰 것을 구했으니, 백성들이 어찌 그 뜻을 알 수 있겠습니까? 그런데 죄 없이 사지로 끌려가는 것을 측은히 여기셨다면, 어찌 소와 양을 가리시는지요?"

선왕은 그 말에 웃으면서 대답했다.

"대체 그때 나는 무슨 생각을 했을까? 소가 아까워서 그러지 않았다는 것만은 분명한데……. 소가 아까워서 그랬다고 백성들이 생각하는 것도 무리는 아니지."

"마음에 두실 필요는 없습니다. 그것이야말로 인(仁)에 이르는 길입니다. 왕께서는 소는 보았지만 양은 보지 못하셨습니다. 군자는 새와 짐승을 대할 때, 살아 있는 것은 볼 수 있으나 죽는 꼴은 차마 볼 수 없습니다. 그것이 죽는 소리를 듣고는 차마 그 고기를 먹지 못합니다. 그래서 군자는 푸줏간을 멀리하는 것입니다."

선왕은 기뻐하며 말했다.

"『시경詩經』에 '나는 다른 사람의 마음을 헤아릴 수 있다'는 구절이 나오는데, 이는 선생을 두고 하는 말인 것 같소이다. 내가 하고도 왜 그랬는지 나 자신도 이해할 수 없었는데, 선생께서 그 의미를 정확히 짚어 주었소. 그때의 내 마음은 분명히 선생의 말씀대로라 할 것이오. 그런데 그것이 어떻게 왕 노릇을 하는 데 적합한 마음가짐이라 하는 것이오?"

"어떤 사람이 왕께 이렇게 말했다고 합시다. '나는 3,000근을 들어 올릴 수 있을 만큼 힘이 세지만 새의 깃털은 들 수 없고, 가느다란 터럭도 볼 수 있을 만큼 시력이 좋지만 수레에 실린 섶은 볼 수 없다'라고 한다면 왕께서는 과연 그 말을 믿으시겠습니까?"

"안 믿을 테지요."

"왕의 은혜가 금수에게까지 미치는데, 백성에게는 이르지 못하는 것은 또 무슨 까닭입니까? 새의 깃털을 들 수 없는 것은 들려 하지 않기 때문이고, 수레에 실린 섶을 보지 못하는 것은 좋은 시력을 쓰지 않기 때문이며, 백성의 생활이 안정되지 못함은 선정을 베풀지 않기 때문입니다. 그러므로 왕 노릇을 잘 못하는 것은 그렇게 할 수 없어서가 아니라 하지 않기 때문입니다."

"하지 않는 것과 할 수 없는 것은 구체적으로 어떻게 다르오?"

"태산을 끼고 북해를 뛰어넘으라고 하면 불가능하다고 할 것입니다. 그것은 정말로 할 수 없는 일입니다. 손윗사람에게 인사를 하라고 하는 데 못 하겠다고 하면, 그것은 하지 않는 것입니다. 못 하는 것이 아니라 안 하는 것입니다. 그러므로 왕께서 왕 노릇을 제대로 하지 못하는 것은 태산을 끼고 북해를 뛰어넘는 쪽이 아닌, 손윗사람에게 인사를 하지 않는 쪽에 서 있기 때문입니다.

자신의 어버이를 존경하는 마음으로 남의 어버이를 존경하며, 자기 자식을 사랑하는 마음으로 남의 자식을 사랑한다면, 천하를 손에 쥐고 마음대로 움직일 수 있을 것입니다. 『시경』에 '내 아내에게 법도를 세워 형제에게까지 이르게 하고, 집과 나라를 다스리노라'라고 했으니, 이것은 자신의 마음을 널리 퍼지게 하라는 뜻입니다. 그러므로 널리 은혜를 베풀면 세상을 평안하게 할 수 있고, 널리 은혜를 베풀지 못하면 처자를 지키지 못할 것입니다.

옛날의 왕이 특별히 위대했던 것은 바로 이러한 이치를 실천했기 때문입니다. 이렇게 왕의 은혜가 금수에게까지 미쳤음에도 불구하고 백성들에게 미치지 못한 것은 과연 무엇 때문이었겠습니까?

저울질을 해 봐야 가볍고 무거움을 알 수 있고, 자로 재어 봐야 길고 짧은 것을 알 수 있습니다. 모든 물건이 다 이러할진대 마음이야 어떻겠습니까? 왕께서는 깊이 생각해 보셔야 할 것입니다. 왕께서는 기어이 전쟁을 일으켜 병사와 신하를 위태롭게 하고, 제후와 원한을 맺어야 속이 시원하시겠습니까?"

"아니오, 난들 어찌 마음이 편하겠소? 다만, 내게는 큰 뜻이 있을 따름이오."

"그 큰 뜻이 무엇인지 좀 들려주시겠습니까?"

왕은 웃으면서 아무런 말도 하지 않았다. 맹자가 말했다.

"산해진미가 부족하십니까? 더 좋은 옷을 가지고 싶으십니까? 아니면 더 아름다운 여자와 더 아름다운 음악과 귀여운 종들을 더 많이 거느리고 싶으십니까? 그런 것이라면 신하들이 충분히 마련해 드릴 것입니다. 설마 그런 바람은 아니시겠지요?"

"내 어찌 그런 것을 두고 큰 뜻이라 하겠소?"

"그렇다면 왕께서 품으신 큰 뜻이란 영토를 넓혀서 진秦나라와 초楚나라를 복종케 하고, 천하를 군림하면서 사방의 오랑캐를 회유하는 것이겠지요. 그러나 전쟁으로 그 뜻을 이루려는 것은 나무에서 물고기를 구하는 것(연목구어緣木求魚)과 다를 바 없습니다."

"내 뜻이 그렇게도 어리석단 말이오?"

"어리석은 정도가 아닙니다. 나무에 올라가 물고기를 구하는 것은 설령 물고기를 얻지 못한다 하더라도 재앙을 부르지는 않습니다. 그러나 왕의 방식으로 뜻을 이루려면 반드시 있는 힘을 다해야 할 테고, 그러면 재앙이 따르는 법입니다."

"그 이유를 말해 보시오."

"소국인 추鄒나라와 대국인 초나라가 싸운다면 누가 이길 것이라고 보십니까?"

"그야 당연히 초나라가 이기겠지요."

"그렇습니다. 작은 것은 큰 것을 이기지 못하고, 적은 사람으로는 많은 사람을 이기지 못하며, 약한 것은 강한 것을 꺾을 수 없습니다. 천하에는 땅이 천 리나 되는 나라가 아홉이나 되는데, 제나라는 그 가운데 하나에 지나지 않습니다. 그 하나가 여덟을 이기겠다는 것은, 힘이 약한 추나라가 초나라를 이기겠다는 것과 다를 바 없습니다. 그보다는 먼저 정치의 근본을 올바로 세워야 할 것입니다.

왕께서 정치를 개혁해 인정仁政을 베풀면, 천하의 현신들이 왕의 조정에 서기를 원할 것이고, 천하의 농민들이 왕의 땅에서 밭을 갈고자 할 것이며, 천하의 장사치들이 왕의 시장에서 물건을 늘어놓을 것이며, 많은 사람들이 왕의 땅을 여행하고 싶어 할 것이며, 자기 나라의 왕에게 불만을 품은 사람들이 모여들어 왕에게 하소연할 것입니다. 이렇게 되면 왕에게 대적할 자 천하에 없을 것입니다."

"나는 어리석은 사람이라 그렇게 할 자신이 없소. 선생이 나를 도와 밝게 이끌어 주시오. 내 비록 명민하지는 못하나 힘껏 해 보겠소."

"일정한 생업 없이도 한결같은 마음을 유지할 수 있는 사람은 선비밖에 없습니다. 일반 백성들은 일정한 생업이 없으면 한결같은 마음을 잃고 말며, 그러다 한번 타락하면 무슨 일을 저지를지 모릅니다. 물론 범죄도 저지를 테지요. 죄를 저지르게 해 놓고, 잡아서 벌을 주는 것은 백성을 잡기 위해 그물을 쳐 두는 것과 같습니다. 덕이 있는 왕은 결코 자신의 백성을 그물을 쳐서 잡으려 하지 않습니다.

그러므로 훌륭한 왕은 백성에게 생업을 주어 위로는 부모를 섬길 수 있게 하고 아래로는 처자를 부양할 수 있게 하며, 풍년이 오면 배불리 먹을 수 있게 하고 흉년을 당해도 굶어 죽지 않게 하는 것을 기반으로 백성을 이끌어 가야 합니다. 그렇게 되면 백성도 기쁜 마음으로 왕의 뜻을 따를 것입니다.

그러나 지금 왕의 나라는 어떻습니까? 부모를 모실 수 없고, 처자를 거느리기 힘들며, 풍년이 들어도 배불리 먹지 못하니, 흉년이 들면 굶어죽어야 합니다. 먹고사는 일이 이렇게 힘든데, 어느 누가 예를 닦고 정의를 이루려 하겠습니까? 만일 왕께서 천하의 지도자가 되고 싶으시다면, 무엇보다도 먼저 정치의 근본을 올바르게 세우셔야 합니다.

5무亩畝(사방 6척尺을 1보步라 하고, 100보를 1무라 한다. 진秦나라 이후에는 240보를 1무라 했다)의 택지에 뽕나무를 심으면 쉰 살 된 노인이 비단옷을 입을 수 있고, 닭이나 돼지, 개와 같은 가축의 번식 시기를 놓치지 않게 하면 일흔 살 된 노인이 고기를 먹을 수 있으며, 농번기에 농민을 징용하지 않으면 100무의 밭으로 일가족 8명이 먹고살 수 있고, 교육을 철저히 실시하여 효제孝悌(부모와 형을 잘 섬김)를 가르치면 백발 노인이 짐을 지고 다니지 않을 것이니, 노인은 비단옷을 입고 고기를 먹으며, 백성들이 굶주리지 않고 추위에 떨지 않는 그런 정치를 행하고서도 천하의 왕이 되지 못한 사람은 없습니다."

「공손추편」

대부분이 맹자가 제나라에 머물렀을 때의 기록이며, 선왕과의 문답이나 맹자가 제나라를 떠날 때의 정황 등이 기록되어 있다. '사단설四端說'(사람에게는 측은惻隱, 수오羞惡, 사양辭讓, 시비是非의 마음이 있어서 이로부터 예와 지혜가 싹튼다고 했다)이 여기에 나온다.

「등문공편」

묵가墨家와 농가農家, 종횡가縱橫家를 비롯한 각 파의 사상가와 나눈 문답으로, 그들의 사상과 유가儒家 사상의 차이점을 말하고 있다.

「이루편」

짧은 문장으로 구성되어 있고, 인의仁義와 효양孝養, 반성反省 등을 논하고 있다.

「만장편」

주로 맹자가 만장萬章과 나눈 문답으로 구성되어 있으며, 그 내용은 고대의 성인 요순堯舜의 전설이나 공자의 언행과 함께 유가가 이상으로 삼는 인물상을 논하고 있다.

「고자편」

주로 인간의 본성을 논하고 있다. 맹자는 고자^{告子}●와 나눈 문답을 통해, 인간은 태어나면서부터 도덕성을 가지고 있다는 '성선설^{性善說}'을 펼치고 있다.

「진심편」

천명^{天命}과 마음, 인간의 본성에 대해 말하고 있다. 맹자가 은퇴한 이후의 어록으로 보인다.

| 책 속의 명문장 |

浩然之氣 호연지기

맹자가 제자 공손추와 용기를 기르는 방법에 대해 논하면서 언급한 말이다. '지극히 크고 지극히 넓으며 강하니, 곧은 것으로 길러 해하는 것이 없으면 하늘과 땅 사이에 가득 차는 것이 기^氣이다. 그러나 그것은 정의(義)와 올바른 길(道)에 따라 존재하는 것으로, 올바르게 살아가면 얻을 수 있지만 마음이 흐트러지면 사라져 버리는 것'이라고 설명하고 있다. 　　　　　　　　　　　　　　　　　「공손추편」

五十步百步 오십보백보

양^梁나라 혜왕^{惠王}이 맹자에게 물었다.

"나는 나랏일에 정성을 다하는데 왜 백성이 늘어나지 않는가?"

맹자가 대답했다.

"전쟁 이야기를 예로 들겠습니다. 둥둥둥 진격을 알리는 북소리를 따라 무기를 들고 싸우다가 갑옷을 버리고 도망치는데 어떤 사람은 백 보를 가서 멈추고, 또 어떤 사람은 오십 보를 가서 멈추었습니다. 그러자 오십 보를 도망친 사람이 백 보를 도망친 사람을 비웃는 것이 아니겠습니까. 왕께서는 이를 어떻게 생각하십니까?"

"오십 보건 백 보건 도망치기는 마찬가지가 아니겠는가?"

"그와 같은 선정善政으로 이웃 나라보다 백성이 많아지기를 바라지 마십시오."

「양혜왕편」

왕도정치|王道政治 : 도덕에 의한 교화를 정치의 기본으로 삼는 덕치 사상德治思想을 바탕으로 다스리는 정치 제도이다. 덕치 사상은 공맹학孔孟學의 중심 사상으로, 맹자는 공자의 인仁에서 비롯되는 예치주의禮治主義를 한 걸음 발전시켜 덕치를 왕도정치의 바탕으로 삼았다. 이것은 한漢나라 이후의 중국을 비롯한 유교 문화권에 속하는 동양 각국에서 치자治者의 으뜸 정치 사상이 되었다.

고자告子 : 전국시대의 사상가. 성은 고告이며 이름은 불해不害이다. 맹자와 같은 시대 사람으로, 자신의 저술은 남아 있는 것이 없다. 『맹자』 권11과 권12의 편명이 고자이며 그 상편인 권11에 맹자와 그가 문답을 펼친 내용의 일부가 전해질 뿐이다. 고자는 인간성이란 버들가지와 같아 구부려 술잔을 만든다면 만들어지고, 고인 물과 같아 터놓은 곳으로 흐른다고 주장했다.

순자
(荀子)

BC 230년경에 만들어졌으며, 난세에 뛰어든 순자가 천하통일의 사상적 준거를 제시한 책이다. 순자는 '순荀 선생'이라는 뜻으로, 고전 사상서의 예에 따라 존칭이 그대로 책 제목이 되었다. 「권학편勸學篇」에서 「요문편堯問篇」까지 32편으로 되어 있고, 각 편마다 특정한 테마를 놓고 광범위한 논의를 펼친다.

INTRO

『순자』는 전국시대의 사상가 순황의 저서로, 『손경자孫卿子』라고도 불렸다.

순자는 BC 4세기 말에서 3세기 초에 걸쳐 살았던 사람으로, 조趙나라에서 태어나 제齊나라에 유학하여 발군의 실력을 과시했고, 초楚나라로 옮겨 가서 난릉현蘭陵縣의 장관이 되었다. 그 사이 진秦나라와 고국인 조나라를 여행하기도 했다. 사상가이면서도 행정에도 뛰어난 자질을 발휘했으나, 정치에 직접 관계하지 않고 사색의 대상으로만 삼았다.

순자는 춘추전국시대의 제자백가諸子百家(사상가들)에 속하면서 그 사상들을 집대성한 인물로 평가받는다. 『순자』 32편 대부분은 순자 자신이 집필했고, 그 내용은 교육과 수양, 정치, 문학, 음악, 군사, 경제에서 인식론이나 논리학 등 철학의 전 분야를 망라하고 있다. 넓이와 깊이 면에서 동시대의 누구도 따를 수 없을 정도였다.

그의 철학적 논의는 천하의 안정과 질서의 확립을 목적으로 삼았고, 그것을 이루기 위한 인격의 도야를 중시했다. 그는 자신을 공자의 뒤를 잇는 사상가로 생각했는데, 사상사적으로 보아도 유가의 후예라 할 수 있다. 그러나 그는 많은 점에서 공자를 수정하고 맹자에게 반대했다. 이 때문에 유가의 범주에 들어가기 힘들다는 평가를 받기도 한다.

예를 들면, '예'를 외재적 규범으로 보는 사고방식을 비롯해 천명을 부정하고 인간을 주체로 하는 사상, 인식은 감각기관과 경험을 통해 이루어진다는 주장, 정치를 둘러싼 논의 등은 당시에 새로이 등장하던 신흥 지주 계급을 배경으로 한 것이었다. 이는 진나라의 천하통일에 이론적인 근거를 제공했던 것으로 평가받으며, 공산혁명을 거친 오늘날의 중국에서는 그런 순자의 역사적 역할을 높이 평가하고 있다. 법가의 대표적인 사상가, 뛰어난 유물론자로 평가받는다.

「권학편」

『순자』의 첫 번째 편으로, 후천적인 교육이 인간의 형성에 얼마나 큰 영향을 끼치는가를 말하고, 학문의 중요성과 학문의 방법 및 내용, 스스로를 갈고닦는 노력의 중요성을 말한다.『순자』의 기본적인 사상을 제시한 편으로, 그의 인간적인 면모를 살펴볼 수 있다.

푸른색은 쪽에서 뽑아내지만, 쪽보다 더 푸르다

얼음은 물이 얼어 형성되지만, 물보다 더 차다. 먹줄처럼 곧은 나무라도 열을 가해 구부리면 차 바퀴로 쓸 수 있다. 그렇게 굳어 버리면 원래의 곧은 나무로 돌아가지 않는다. 나무는 먹줄을 대지 않으면 똑바로 자를 수 없고, 금속은 숫돌로 갈아야 날카로워진다.

그와 마찬가지로 군자도 매일 반성을 거듭하며 학문에 정진하지 않으면, 지혜를 잃고 잘못된 길로 들어서고 만다.

동서남북 어느 곳에서 난 아이라도 태어날 때의 울음소리는 똑같다. 그러나 자라면서 각기 다른 풍속으로 살아가게 된다. 교육이 사람을 그렇게 만드는 것이다.

쑥도 삼밭에서 나면 곧게 자라난다

높은 곳에 올라가 손짓하면 팔이 길어진 것도 아닌데 멀리 있는 사람에게도 잘 보인다. 마차나 말을 타면 발이 빨라진 것도 아닌데 천 리 길을 하루 만에 갈 수 있다. 군자라고 해서 나면서부터 특별하지는 않다. 다만, 그는 사물을 잘 이용할 따름이다.

남쪽에 사는 굴뚝새는 깃털로 둥지를 틀고, 머리터럭으로 집을 짜서 갈대 이삭 끝에 매단다. 그런데 바람이 불어와 이삭이 꺾이면 알이 깨지고 새끼가 죽는다. 이것은 새집이 불완전하기 때문이 아니다. 새집을 묶어 둔 갈대 이삭이 약하기 때문이다. 서쪽 지방에 야간射干이라는 나무가 있다. 줄기는 네 치밖에 안 되지만, 높은 산에서 자라기 때문에 천 길 낭떠러지를 내려다본다. 키가 커서가 아니라 자라는 곳이 높기 때문이다. 쑥이 삼밭에서 자라면 받쳐 주지 않아도 곧게 서고, 하얀 모래라도 흙이 섞이면 검게 보인다. 그러므로 군자는 반드시 땅을 가려 살 곳을 정하고, 훌륭한 사람을 가려 사귀며, 사악한 것을 멀리하고 올바른 것에 다가서려 한다.

한 발 한 발 걷지 않고서는 천 리를 갈 수 없다

천리마라도 한 번에 열 걸음을 뛸 수 없고, 아무리 둔한 말이라도 열흘을 쉬지 않고 달리면 천리마를 따라잡을 수 있다. 큰 강이나 바다도 작은 시냇물이 모여 만들어진 것이다.

보이지 않는 노력을 쌓지 않으면 큰 뜻을 이룰 수 없고, 보이지 않는 곳에서 행하지 않으면 좋은 성과를 이룰 수 없다.

학식 있는 자도 배워서 이를 이루었다

배울 때는 있는 힘을 다해야 한다. 철저하지 않고 순수하지 않은 배움은 배움이라 할 수 없다. 그러므로 군자는 배움에 임할 때는 눈빛이 종이를 뚫을 정도로 집중해서 글을 읽고, 이해할 수 있을 때까지 사색한다. 그리고 뛰어난 스승을 찾아 배운다. 배움을 가로막는 마음속의 모든 것을 떨쳐 내고, 오로지 노력한다. 이렇게 하면 마침내 성인의 경지에 도달할 수 있다.

배움을 인생의 가장 큰 기쁨으로 생각하는 사람은 권력이나 개인의 욕망에 휩쓸리지 않고, 세상의 흐름에 흔들리지 않는다. 삶과 죽음의 의미도 모두 여기에 있다.

「천론편天論篇」

순자는 자연의 작용을 천명天命이라 규정하면서도 인간이 감히 손댈 수 없는 것은 아니라고 보고, 주체적으로 자연에 작용해 그것을 이용하라고 말한다. 깨어 있는 인식을 주장하면서 인간의 능력에 대한 믿음으로 가득한 내용을 담고 있다.

하늘이 운행하는 법칙에는 변함이 없다

하늘은 일정한 법칙을 가지고 있다. 요堯와 같은 성왕이 만들 수 있는 것도 아니고, 걸桀과 같은 폭군 때문에 없어지는 것도 아니다. 그럼에도 불구하고 인간 세계에 길흉이 있는 것은 인간 자신 때문이다. 열심히 일하고 절약하는 사람에게 하늘은 가난을 줄 수 없다. 먹을 것을 가리고 적절한 운동을 하는 사람에게 하늘은 질병을 줄 수 없다. 반대로 사치하고 게으름을 피우는 사람에게 하늘은 부귀를 주지 않는다. 음식을 가리지 않고 적절한 운동을 하지 않는 사람에게 하늘은 건강을 줄 수 없다.

하늘이 내려 준 같은 조건 아래서도 도리에 어긋난 행동을 하는 나라에는 천재지변이 일어난다. 그것은 하늘을 원망할 일이 아니다. 사람의 도리에 따라 그렇게 되었기 때문이다.

하늘에는 사계절의 변화가 있고, 땅에는 물질을 생산하는 힘이 있다. 그리고 인간에게는 그 두 힘을 이용할 수 있는 능력이 있다. 이러한 천天·지地·인人이 제각기 다른 역할을 가짐으로써 우주의 질서는 유지된다. 인간이 스스로 해야 할 일을 잊고 천지와 나란히 서려는 것은 어리석은 일이다. 진정한 지혜란 인간의 영역을 넘지 않는 것이다.

군자는 스스로를 믿고 하늘에 기대지 않는다

하늘은 사람이 추위를 싫어한다고 해서 겨울을 없애지 않고, 인간이 먼 길을 싫어한다고 해서 땅을 줄이지도 않는다. 그와 마찬가지로 군자는 소인의 입이 흉흉하다고 해서 도덕적 실천을 그만두지 않는다. 하늘과 땅에는 불변의 법칙이 있다. 그와 마찬가지로 군자에게도 불변의 도덕이 있다.

군자는 인간의 능력을 믿고 하늘에 기대지 않으려 하지만, 소인은 인간의 능력을 믿지 않고 하늘에 기대려 한다. 군자도 소인도 더 잘살기를 바라는 것은 똑같으나, 군자는 하루하루 진보하고 소인은 하루하루 추락한다.

인재人災만큼 무서운 것은 없다

별이 떨어지고 나무가 울면 사람들은 두려움에 떤다. 그러나 그것은 자연 현상에 지나지 않는다. 신기하게 생각하는 것은 괜찮지만 두려워할 필요는 없다.

일식과 월식, 계절에 맞지 않는 폭풍우, 요성妖星의 출현은 어느 시대에나 있었던 일이다. 만일 군자가 총명하고 올바른 정치를 행한다면 그런 현상이 일어나도 아무런 피해가 없다.

세상에서 인요人妖(사람이 일으키는 재난)보다 더 무서운 것은 없다. 예를 들어, 농사일을 적당히 하면 수확이 적어진다. 풀을 뽑지 않으면 밭이 황폐해진다. 농지가 황폐해지면 작물이 자라지 않아 농산물 값이 오르고 그에 따라 백성들은 배가 고파 길바닥에 쓰러진다. 인요는 늘 가까운 곳에서 일어난다. 그러므로 그 재난은 늘 비참하다. 이것을 두려워해야 하는 것이다.

천명에 대비하고 이용해야 한다

일식이나 월식이 일어나면 기도를 올린다. 오랫동안 비가 내리지 않으면 기우제를 지낸다. 그러나 거기에는 어떤 특별한 의미도 없다. 기우제를 지내지 않아도 때가 되면 비는 내리는 법이다.

하늘을 가장 위대한 존재로 생각하고 따르기보다는 하늘을 물질로 생각하고 이용하는 편이 낫다. 하늘에 순종하며 그것을 찬양하는 것보다는 천명을 인간에게 유리하게 작용하도록 하는 것이 낫다. 사계절이 순조롭게 운행되기만을 기다리는 것과 계절의 변화에 대비하고 응용하는 것 가운데 어느 것이 더 낫겠는가. 인간의 힘을 망각하고 하늘에 순종하기만 하면, 만물의 실제적인 모습을 모르게 된다.

「성악편性惡篇」

순자는 인간의 본성을 악으로 단정한다. 그러나 올바른 목표를 설정하고 적절한 지도를 받으면서 끊임없이 노력하면, 그 본성을 선善으로 바꿀 수 있다고 주장한다. 맹자의 성선설에 대립하는 내용이다.

인간의 본성은 악하나 인위人爲에 의해 선해진다

인간의 본성은 악하다. 인간의 선함은 후천적이며 인위적인 교육의 결과이다. 인간은 태어나면서부터 이익을 좋아한다. 그런 본성을 따르기 때문에 남을 해치고, 다투며, 질서나 도덕을 파괴한다. 그러므로 스승의 지도를 받아야 하고, 예의에 따른 교화가 필요하다. 그렇게 하면 본성을 억제하는 힘이 생기고, 질서나 도덕을 되찾아 세상이 편안해진다.

굽은 나무는 도지개에 대거나 증기로 쪄서 교정해야 반듯해지고, 이 빠진 칼은 숫돌에 갈아야 날카로워진다. 인간도 그와 같다. 본성이란 하늘이 내려 준 것이라 인력으로 어찌할 수 없으며, 노력한다고 고쳐지는 것이 아니다. 그에 비해 예禮와 의義는 성인이 만들어 낸 것이므로 배워서 몸에 익힐 수 있고, 인력으로 만들어 낼 수 있다. 배워 익힐 수 있고, 만들려면 만들 수 있는 것을 인위人爲라 한다.

성인이 보통 사람보다 뛰어난 것은 인위에 의한 것이다

본성으로 보자면, 성인도 보통 사람과 다를 바가 없다. 성인이 보통 사람보다 뛰어난 점이 있다면 그것은 '인위'에 의한 것이다.

옛날의 성인은 백성을 감독하고 교화하기 위해 군주의 권세를 세워 예의를 설파했다. 또한 백성을 다스리기 위해서 법을 만들고, 백성을 통제하기 위해서 형벌을 내렸다. 그리하여 백성은 모두 규율을 지키는 선량한 인간이 되었다.

만일 군주의 권세도, 예의에 의한 교화도, 법에 의한 지배나 통제도 없고, 군주가 아무 일도 하지 않으면서 백성의 생활을 방관한다면 어떻게 될까? 아마도 강한 자가 약한 자를 못 살게 굴고, 무리를 지은 다수의 힘이 선량한 사람을 괴롭혀 세상의 질서는 무너지고 말 것이다. 예를 들어 인간의 본성이 정의와 질서에 합치한다면 성인이 왜 필요하겠는가? 예의가 무슨 필요가 있겠는가?

성인이란 인위를 거듭해 완성된 인격체

우禹임금이 성인일 수 있는 것은 인仁, 의義, 예禮, 법法을 갖추었기 때문이다. 인, 의, 예, 법에는 누구든 이해할 수 있고 실천할 수 있는 논리가 있고, 한편으로 인간에게는 그것을 이해하는 자질과 그것을 실천할 수 있는 역량이 있다.

만일 그것을 이해하는 자질과 실천할 수 있는 역량을 적절하게 이끌어 준다면 누구든 성인이 될 수 있다.

어떤 사람이라도 한눈팔지 않고 학문을 닦고, 깊이 생각하고, 선행을 쌓으면, 뛰어난 예지를 갖추게 되어 위대한 인물이 될 수 있다. 평범한 인간이 인위를 거듭해 완성시킨 인격, 그것이 바로 성인이다.

「비십이자편非十二子篇」

12명의 사상가를 비판한 내용이다. 전국시대에 화려한 활동을 펼친 12명의 사상가를 6개 파로 나누어 철저히 비판한 다음, 지식인의 몸가짐을 이야기하면서 당시 학자들의 추태를 비판했다.

「유효편儒效篇」

유가儒家의 입장에서 유자儒者가 천하의 안정에 얼마나 큰 역할을 했는지를 말하고, 더불어 개인의 수양과 성인을 정점으로 하는 사회 질서에 대해 말하고 있다. 덕치德治라는 이상 속에 강권에 의한 무력 행사라는 현실적인 행동과 사상을 함께 접목해서 정치가로서 성인의 성격을 묘사하고 있다.

「왕제편王制篇」

예와 의를 근간으로 하는 정치의 구체적인 모습을 제시하고 있다. 사회의 계급을 구분하고, 조직에서 개인의 직분을 명확히 할 필요성을 역설하고 있다.

더 나아가 군주의 세 가지 자세(왕자王者●, 패자覇者●, 강자强者)에 대해 말하고, 왕자의 우월성을 강조하며 군주의 책임이 얼마나 중대한가를 말하고 있다.

「부국편富國篇」

왕자의 경제론이다. 재정을 충실히 하여 백성에게 여유를 주는 것이 나라를 부강하게 하는 근본이라 하고, 생산을 효과적으로 조직하는 마음가짐 등을 논하고 있다. 백성의 충족된 생활을 출발점으로 하여 신분적 질서를 고정시키려 했다.

「의병편議兵篇」

군사론과 전략론이 전개된다. 왕자, 즉 어진 군주의 병법을 논하면서 진정한 전략이란 군사적 관점에 의한 것이 아니라 군주의 덕을 기본으로 하며, 정치가 바로 그것이라고 말하고 있다.

「해폐편解蔽篇」

인간의 마음은 어떻게 작용하는가, 마음이 흔들릴 때 얼마나 많은 재앙이 찾아오는가 등을 말하고, 올바른 판단을 내리려면 마음의 작용을 어떻게 유지하고 의식해야 하는지를 정치나 사회와 관련해서 논하고 있다. 심리학과 인식론의 영역에 걸친 논의를 전개하고 있다.

「정명편正名篇」

정명正名이란 혼란을 바로잡는다는 뜻이다. 언어는 어떻게 성립하는가, 사회라는 집단이 기능하는 데 있어 언어는 어떤 역할을 하는가 등의 문제를 논의하고, 인간의 욕망을 어떻게 이끌어 가야 하는지를 말하고 있다.

| 책 속의 명문장 |

凡人之取也, 所欲未嘗粹而來也, 其去也, 所惡未嘗粹而往也.

범인지취야, 소욕미상수이래야, 기거야, 소악미상수이왕야

'무릇 사람이 바라는 것을 손에 넣을 때, 순수하게 바라는 것만을 가질 수는 없다. 그것을 버릴 때도 순수하게 싫어하는 것만 버려지는 것이 아니다.'

무엇인가를 추구해서 이루고 보면, 늘 바라는 것만 이루어지는 것은 아니다. 군더더기가 붙고, 바라지 않는 일이 일어나거나 바라지 않는 사람이 따라붙기도 한다. 일을 할 때는 늘 긍정적인 측면과 부정적인 측면을 함께 고려하고, 각오해야 한다는 말이다.　　　　　　　　　　　　　　　　　　　　　　　　　　　　　　　「정명편」

從道不從君 종도부종군

'신하는 도를 따라야지, 임금을 따라서는 안 된다.'

신하가 군주를 모실 때는 반드시 사회정의의 집약이라 할 수 있는 '도'에 따라 모셔야 한다. 군주가 '도'에서 벗어난 행동을 했을 때는 거친 수단을 써서라도 간해야 한다. '도'를 무시하고 군주를 따르는 것은 아부에 지나지 않는다.　　　　　　　「신도편臣道篇」

人生不能無群 인생불능무군

'사람은 태어나면서부터 여럿이 모여 살 수밖에 없다.'

인간은 선천적으로 모여 사는 동물이다. 다시 말해 사회적인 동물이다. 모여 사는 데는 질서가 있어야 하는데, 그 질서를 가지기 위해서는 예와 의의 규범이 있어야 한다고 순자는 말한다.　　　　　　　　　　　　　　　　　　　　　　　　　「왕제편」

下貧則上貧, 下富則上富 하빈즉상빈, 하부즉상부

'백성이 가난하면 임금이 가난하고, 백성이 풍족하면 임금도 풍족하다.'

백성의 생활이 얼마나 풍요로운가가 그 나라의 국력을 나타내는 척도이다. 그러므로 위정자의 임무는 백성을 잘살게 하는 데 있다. 「부국편」

君者, 舟也, 庶人者, 水也. 水則載舟, 水則覆舟

군자, 주야, 서인자, 수야. 수즉재주, 수즉복주.

'임금은 배요, 서민은 물이다. 물은 배를 띄우기도 하지만 배를 뒤짚어엎기도 한다.'

백성은 물이고, 임금은 그 물 위에 뜬 배이다. 여기서 중요한 것은 물이다. 물이 흔들리면 배는 그야말로 작은 나뭇잎에 지나지 않는다. 임금이란 존재는 그 물과 같아서 백성의 안정된 생활에 늘 주의를 기울여야 한다. 그것이 그가 살 길이다. 「왕제편」

NOTES

왕자王者: 유가의 이상인 인과 덕을 기본으로 하는 정치 사상(왕도)으로 천하를 다스리는 군주.

패자覇者: 무력과 권술을 이용해서 나라를 다스리는 군주.

역경
(易經)

BC 700년경에 만들어졌으며, 점술의 원전原典이자 중국 정통 사상의 자연 철학과 실천윤리의 근원이 되는 책이다. 옛날에는 『주역周易』 또는 『역易』이라 했다. '易'은 도마뱀의 상형문자로 '변화'를 뜻한다. 즉, '주역'이란 '널리 변화를 설명하는 책' 또는 '주나라에서 행해지던 역점의 책'이라는 뜻이다. '역경'으로 불리게 된 것은 송나라 이후부터이다.

INTRO

『역경』은 고대 중국의 점술 원리를 나타낸 책으로, 그 원형이 형성된 것은 서주西周 말기에서 춘추시대 초기(BC 8세기)로 추정된다.

은나라 때는 거북의 등딱지나 짐승의 뼈를 구운 뒤에 생긴 금을 보고 점을 쳤는데, 주나라에 들어서는 그와 병행하여 서죽筮竹(대나무를 깎아 만든 50개의 가는 막대기)을 헤아리는 점서占筮(점치는 일)가 시작되었고, 그 결과를 비단에 기록해 조정에 보관했다. 이렇게 집적된 서사筮辭(점의 결과) 가운데서 잘 맞아떨어진 것, 또 각 괘卦(음양으로 나뉜 효爻를 3개 또는 6개씩 어울려 놓은 것)와 각 효(괘를 나타내는 하나하나의 가로로 그은 획)로 잘 어울리는 것을 선별하고 편집한 것이 현재의 『역경』의 원형이 되었을 것으로 추정된다. 원전이 만들어진 이후로 점서는 조정의 독점을 벗어나 제후나 사대부 계급으로 보급되어 많은 사람들이 즐겨 점을 치게 되었다.

이렇게 널리 보급되자 해석이 필요해졌다. '역'의 언어는 난해하여 점을 치려는 개개의 사례에 적용될 통일적인 이론이 없으면 해석이 달라지고 만다. 그래서 전국시대 말기에서 전한 초기에 걸쳐 이른바 『십익十翼』(「단전彖傳 상·하」, 「상전象傳 상·하」, 「계사전繫辭傳 상·하」, 「문언전文言傳」, 「설괘전說卦傳」, 「서괘전序卦傳」, 「잡괘전雜卦傳」)이 차례로 작성되어 '역'의 철학이 완성되었다. 이윽고 유교가 국가의 학문으로 정해지자 『역경』은 유교 경전으로 격상되어 '육경六經'에 속하게 되었고, 나아가 중국 전통 학술의 근본으로 자리매김되었다. 나아가 송나라 때 신유학이 일어나자, 그 형이상학의 중심에 자리 잡았다.

전설에 따르면, 8괘八卦, 64괘, 괘효사卦爻辭, 『십익』을 만든 사람은 각기 복희씨伏羲氏●, 신농씨神農氏●, 문왕文王과 주공周公, 공자였다고 한다.

『역경』은 세상의 모든 일을 64가지 유형으로 나누어, 점을 보는 사람이 놓여 있는 위치와 방향을 가르쳐 주고 그 운명을 개척할 수 있게 하는 내용을 담고 있다. 그 64괘를 설명하는 「경」과 그 해석학인 『십익』(역의 이해를 돕는 10권의 책. 그중에서도 역의 철학적 이론을 설명한 「계사전」이 가장 중요하다)으로 구성되어 있다.

역의 기본은 음陰――과 양陽—이다. 음은 여성, 유순함, 소극성을 상징하고, 양은 남성, 강함, 적극성을 상징한다. 이 ――(음효陰爻)와 —(양효陽爻)를 3개씩 합해 가면 ☰(건乾), ☱(태兌), ☲(이離), ☳(진震), ☴(손巽), ☵(감坎), ☶(간艮), ☷(곤坤)이라는 8종류의 조합이 가능하다. 이것이 바로 8괘이다. 나아가 이 8괘를 2개씩 조합하면 8의 제곱, 곧 64괘(각각 6개의 효를 가진다)가 만들어진다.

1) 「경經」

「경」이란 64개의 괘에 대한 설명(괘사卦辭)과 6효에 대한 설명(효사爻辭)으로 이루어져 있는데 그 언어가 너무 상징적이어서 이해하기가 어렵다. 예를 들면, 최초의 건乾 괘의 괘사는 '원형리정元亨利貞'이라는 말뿐이다. 여기서 『십익』의 해석과 후세 학자의 주석에 근거해 괘의 의미를 간단하게 설명하겠다.

건乾   ☰☰ : 강건, 충실의 정점이다. 운이 좋으나 너무 자만하면 떨어진다.

곤坤   ☷☷ : 부드럽고 조용한 가운데 풍성한 힘이 내재되어 있다. 부드러움은 강한 것을 제압하는 힘을 품고 있다.

둔屯 ☵☳ : 곤란한 창업기를 의미한다. 생명력은 있으나 충분히 펼치지 못한다. 인내와 노력이 중요하다.

몽蒙 ☶☵ : 어린아이 같은 무심의 상태이다. 무한한 가능성을 개발하려면 주위의 지도에 따라야 한다.

수需 ☵☰ : 위험을 앞에 두고 은인자중하는 형상이다. 때가 올 때까지 예기를 닦으며 기다려야 한다.

송訟 ☰☵ : 다툼으로 고통을 받는다. 무익한 고집을 버리고 협조하는 마음을 가져야 한다.

사師 ☷☵ : 싸움에 임할 때는 대의를 밝히고, 부하의 마음을 사로잡아야 한다.

비比 ☵☷ : 친화하는 마음으로 많은 협력을 얻어 순조롭다. 여성인 경우에는 연적이 나타나 위험하다.

소축小畜 ☴☰ : 외유내강의 형상이다. 내재하는 강인함을 함부로 발산해서는 안 된다. 정체된 상황을 견뎌야 한다.

이履 ☰☱ : 호랑이 꼬리를 밟은 것과 같은 위험한 괘이다. 자신의 처지를 잘 알고 착실하게 나아가야 한다.

태泰 ☷☰ : 화합과 안정을 나타내는 이상적인 형상이다. 다만, 대길은 흉으로 바뀌니 스스로 자제할 필요가 있다.

비否 ☰☷ : 불안정하고 엇갈리는, 막다른 골목에 처한 형상이다. 겉은 그럴듯하지만 속은 여물지 못했다.

동인同人 ☰☲ : 풍성한 지성과 건실한 실행력을 나타낸다. 널리 협력자를 구하면 길하다.

대유大有 ☲☰ : 중천에 올라온 태양과 같은 형상이다. 성대하고 풍성함을 나타낸다. 적극적으로 행동해야 할 때이다.

겸謙	☷☶	: 겸허, 겸양의 필요성을 말한다. 자신을 비우고, 남에게 양보할 때 길이 열린다.

겸謙 ☷☶ : 겸허, 겸양의 필요성을 말한다. 자신을 비우고, 남에게 양보할 때 길이 열린다.

예豫 ☳☷ : 춘뢰^{春雷}의 계절이다. 오랜 겨울이 끝나고 다시 활동할 때가 왔다.

수隨 ☱☳ : 시들어 가는 가을이다. 자신을 억제하고 남에게 따르는 마음이 중요하다. 힘을 안으로 축적해야 한다.

고蠱 ☶☴ : 부패와 혼란의 형상이다. 화근을 끊기 위해 노력하면 길이 열린다.

임臨 ☷☱ : 기운이 점점 좋아지고 왕성해진다. 그러나 갑자기 하강하므로 멈출 때를 아는 것이 중요하다.

관觀 ☴☷ : 폭풍이 몰아치는 시기이다. 함부로 움직이지 말고 냉정하게 사태를 지켜보아야 한다.

서합噬嗑 ☲☳ : 강력한 장애물을 만나지만 온 힘을 기울여 정면 돌파해야 한다.

비賁 ☶☲ : 아름다운 저녁노을이지만 퇴폐의 아름다움이니 외면적인 허식은 버리고 내면의 충실을 꾀해야 한다.

박剝 ☶☷ : 쇠퇴하고 멸망할 위기이다. 함부로 힘을 쓰지 말고 때가 오기를 기다려야 한다.

복復 ☷☳ : 일양내복^{一陽來復}의 형상이다. 봄이 돌아왔으나, 급히 나가면 위험하다.

무망无妄 ☰☳ : 좋은 일이건 나쁜 일이건 뜻하지 않은 사태가 일어난다. 허심^{虛心}에 몸을 맡겨야 한다.

대축大畜 ☶☰ : 이미 충분히 축적되었다. 두려워하지 말고 크게 활동해야 한다.

이頤　☲☷ : 턱을 상징한다. 입은 자양분의 근본, 그 길을 나타낸
다. 언어와 음식에 주의해야 한다.

대과大過　☱☴ : 무거운 임무가 주어지나 실력이 따르지 못하는 형상
이다. 신중하지 않으면 위험하다.

습감習坎　☵☵ : 중대한 위기에 빠져 쉽게 빠져나오지 못한다. 용기와
성실로 견뎌 내야 한다.

이離　☲☲ : 빛나는 태양이다. 지성과 정열의 상징이기도 하다. 그
러나 너무 지나칠 수 있다.

함咸　☱☶ : 젊은 남녀의 애무를 상징한다. 마음의 화합이 중요하
지만, 감정에 빠지면 흉하다.

항恒　☳☴ : 안정된 생활을 의미하나 그 안에 위험한 유혹이 숨어
있으니 초심을 잊지 말아야 한다.

둔遯　☰☶ : 은둔의 길을 나타낸다. 지금은 시절이 좋지 않으므로
자세를 낮추고 몰락의 기운이 지나기를 기다려라.

대장大壯　☳☰ : 양기陽氣가 성대한 형상으로 맹진할 때이다. 그러나 겉
보기만큼 실속은 없다.

진晉　☲☷ : 떠오르기 시작한 태양이니 모든 것이 순조롭다. 이럴
때는 오히려 천천히 나아가야 한다.

명이明夷　☷☲ : 암흑이 지배한다. 무작정 국면을 타파하려 하다가는
오히려 낭패를 당하는 때이니 지금은 자중하고 몸을
숨겨라.

가인家人　☴☲ : 가정을 화목하게 하는 현모양처의 형상이다. 무슨 일
이든 지나치면 안 된다.

규睽　☲☱ : 여자끼리 언짢은 대립을 나타낸다. 참을성을 가지고

화해할 수 있는 공통점을 찾아야 한다.

건蹇 ䷦ : 사방이 막혀 꼼짝달싹도 못할 지경이다. 무리하지 말고 참아야 한다.

해解 ䷧ : 눈이 녹을 상이다. 어려운 문제가 해결되고, 심기일전해 새로운 기회를 맞이할 때이다.

손損 ䷨ : 눈앞의 이익을 버리고 미래를 바라보는 마음가짐이 필요하다. 손해를 보는 것이 오히려 득이 된다.

익益 ䷩ : 넓은 마음으로 사람들을 보살피는 것이 좋다. 인심을 얻으면 무슨 일이든 적극적으로 나서도 된다.

쾌夬 ䷪ : 무언가가 머리를 억누르고 있다. 용맹심으로 극복하면 길하다.

구姤 ䷫ : 야무진 여성을 나타낸다. 남성인 경우에는 혼담은 안 좋으니 빨리 정리하면 길하다.

췌萃 ䷬ : 사막의 오아시스이니 하늘의 은혜에 감사하는 마음이 중요하다. 입시, 취직, 인사에 길하다.

승升 ䷭ : 뻗어 나가는 어린 나무의 상으로 순조로운 성장이 기대된다. 방향은 남쪽이 좋다.

곤困 ䷮ : 시련의 시기이다. 연못이 마른 형상으로, 만사가 꼬인다. 와신상담의 자세가 필요하다.

정井 ䷯ : 조용한 가운데 풍성한 생명력이 깃들어 있다. 늘 신선한 마음으로 사람들에게 베풀어야 한다.

혁革 ䷰ : 혁신과 혁명의 상이다. 약간의 혼란이 있으나 사욕을 버리고 대처하면 길이 열린다.

정鼎 ䷱ : 권위를 상징한다. 중후함과 안정, 협조와 조화를 나타낸다. 협력 관계를 잃지 않는다면 순조롭다.

진震 ☳☳ : 천둥 번개가 칠 상이다. 경천동지할 사태가 일어나도 침착하게 행동해야 한다.

간艮 ☶☶ : 움직이지 않는 산과 같다. 경솔한 행동을 자제하고 자신의 길을 가라. 의지하는 마음은 금물이다.

점漸 ☴☶ : 착실하게 성장한다. 서둘러 소란을 피우지 말고 순서를 밟아 나아가야 한다. 여성의 경우 연담緣談은 길하다.

귀매歸妹 ☳☱ : 이루어지지 않을 사랑. 화려하게 보여도 오래가지 않는다. 내면의 충실이 필요하다.

풍豊 ☳☲ : 절정에 달한 상태이다. 성하면 반드시 쇠하기 마련이므로 스스로 자제하는 마음이 필요하다.

여旅 ☲☶ : 고독한 나그네이다. 고난 속에서도 목적을 잊지 말고, 한 걸음씩 앞으로 나아가는 마음 자세를 가져야 한다.

손巽 ☴☴ : 소슬바람의 형상이다. 유연, 겸손, 순응을 나타낸다. 그것이 지나쳐 우유부단해지지 않도록 해야 한다.

태兌 ☱☱ : 화합과 열락을 상징하면서도 중심이 잡히고 속이 꽉 차 있다. 절차탁마하여 길하다.

환渙 ☴☵ : 분열과 이산의 위기이나, 대동단결을 꾀하면 큰 사업이 가능하다.

절節 ☵☱ : 절도를 지킨다. 무슨 일이든 평형 감각을 잃지 않고 마무리를 잘해야 한다.

중부中孚 ☴☱ : 성실함이 무엇보다 중요하다. 단단하고 따스한 인간

관계를 만들면 만사가 순조롭다.

소과小過 ䷼ : 대립과 반목으로 곤경에 직면한다. 큰 문제를 피해 일상사에 전념해야 한다.

기제既濟 ䷾ : 만사형통하고 안정된다. 더 바라지 말고 현상 유지에 힘써라.

미제未濟 ䷿ : 곤경을 넘어서는 순간에 좌절하는 형국이니 일치 협력하여 곤경을 타개해야 한다.

2)「계사전繋辭傳」

「계사전」은 역의 해설이라기보다는 역을 소재로 하여 독자적인 철학을 전개한 글이다. 역은 이「계사전」에 의해 단순히 점을 치기 위한 책이 아니라 자연철학과 실천윤리를 설하는 경전으로 승화되었다.

「계사전」이 말하는 역 철학의 핵심은 음과 양의 대립과 통일이라는 음양이원론陰陽二元論이다.

음과 양의 대립과 통일이 우주의 근본 원리

'하늘은 높고 땅은 낮아 건 괘와 곤 괘가 정해진다.'

하늘은 위에 있으면서 능동적이고, 땅은 아래에 있으면서 수동적이다. 양자는 대립을 통해 통일되어 있다. 음과 양의 대립과 통일, 이것이 우주 구성의 근본 원리이며, 모든 변화는 여기서 일어난다. 음은 대지, 여성, 소극성의 상징이고 양은 하늘, 남성, 적극성의 상징으로, 둘은 정반대의 성격을 가지나, 그것은 결코 고정적이며 절대적인 것이 아니라 늘 상호 전화轉化한다.

'역은 극에 이르면 바뀌고, 바뀌면 통하며, 통하게 되면 오래간다.'

'해가 가면 달이 오고, 달이 가면 해가 온다. 해와 달이 서로 오고 감으로써 밝은 빛이 생긴다. 추위가 가면 더위가 오고, 더위가 가면 추위가 온다. 추위와 더위가 서로 오고 감으로써 한 해가 이루어진다.'

모든 사상은 극에 이르면 변화하고, 변화하면 새로운 전개가 펼쳐진다. 음이 양으로, 양이 음으로 변하는 것이며, 이 순환이 역의 변화에서 기본을 이루는데, 이 순환 외에 음양의 상호작용에 의한 변화 발전도 있다.

'천지의 음양 두 기운이 밀접하게 화합하여 만물이 순화醇化하고, 남성과 여성의 정기가 합해져 만물이 변화 생성한다.'

천지의 기가 교감하기 시작하면 만물이 형태를 이루고, 남녀의 정기가 일체를 이루어야 비로소 생명이 태어난다.

우주 만물은 이러한 음양의 교체와 상호작용에 따라 끊임없이 변화하고 발전한다. 이것이 역 철학의 우주에 대한 인식이다.

이 우주의 변화 법칙은 인간 세계 역시 지배한다.

해도 차면 기울고 달도 차면 기울듯, 인간 역시 이 우주의 법칙에서 벗어날 수 없다. 극에 달한 자는 이윽고 시든다. 평안할 때는 반드시 혼란이 찾아온다. 그러나 인간은 그냥 법칙에 지배당하기만 하는 존재가 아니다. 그것을 내 것으로 삼아 그 변화 속에서 운명을 열어 간다.

편안할 때도 위기에 대비한다. 나라가 평화로울 때도 난리가 일어날 때를 대비해야 진정한 평화를 누릴 수 있다. 일시적인 현상에 동요하지 말고, 변화하는 사태의 본질을 꿰뚫어 본 다음에 행동해야 한다.

이러한 우주의 법칙과 인간 행동의 원리를 밝히는 것이 바로 역서이다.

| 책 속의 명문장 |

金蘭之交 금란지교

동인 괘에 '먼저 울고 나중에 웃는다'는 말이 나오는데, 공자가 이 말을 해석해 '두 사람의 마음이 같으면 그 예리함이 쇠라도 자를 수 있고, 그 향기는 난초蘭草와도 같다'라고 한 데서 비롯한 말이다. 곧, 굳게 맺어진 우정을 뜻한다.

慢藏誨盜 冶容誨淫 만장회도 야용회음

'간직한 물건을 소홀히 함은 도둑을 가르치는 일이며, 얼굴을 곱게 꾸밈은 음탕함을 가르치는 일이다.' 즉, 도둑도 치한도 스스로 초래한 일이니 불운을 탓하기 전에 자신을 반성해야 한다는 뜻이다.

積善之家 必有餘慶, 積不善之家 必有餘殃 적선지가 필유여경, 적불선지가 필유여앙

'선을 쌓은 집에는 반드시 남은 기쁨이 있고, 선을 쌓지 않은 집에는 반드시 남은 재앙이 있다'라는 뜻이다. 곤 괘의 '서리를 밟고서 얼음의 계절이 온다'를 해설한 「문언전」에 나오는 말이다. 인과응보와는 뉘앙스가 다르다. 징후를 보고 미리 조치를 취하지 않으면 큰 재앙을 겪을 수도 있다는 뜻이다.

君子豹變, 小人革面 군자표변, 소인혁면

'군자는 표범처럼 변하고, 소인은 얼굴빛을 고친다'라는 뜻으로, 혁 괘의 해설에 나오는 말이다. 보통 '표변豹變'이라는 말은 태도나 입장을 바꾸는 것을 비꼬는 뜻으로 많이 쓰이는데, 원래는 혁명이 완성된 단계에서 사회 지도층(군자)이 과거의 면목을 일신하고 새로운 사회 건설에 노력하는 것을 말한다. '소인혁면'은 그와 같은 군자의 뜻에 일반 백성이 따른다는 뜻이다.

복희씨伏羲氏 : 중국 고대 전설상의 제왕으로, 삼황오제의 우두머리이다. 팔괘를 처음으로 만들고, 그물을 발명하여 고기잡이의 방법을 가르쳤다고 함.

신농씨神農氏 : 중국의 옛 전설 속의 제왕으로 삼황三皇의 한 사람. 농업·의료·악사樂師의 신이자 주조鑄造와 양조釀造의 신이며, 또 역易의 신, 상업의 신이라고도 함.

대학
(大學)

BC 430년경에 만들어진 책으로, 수신修身·제가齊家·치국治國·평천하平天下의 정치철학과 학문을 직접 연결한 유학의 정수를 담고 있다. 이에 따라 『대학』은 대인大人의 학문에서 나아가 천하를 이끄는 군주나 재상이 익혀야 할 학문을 가리키는 말이 되었다. 전문 1,750여 자의 짧은 글이지만, 송나라 때에 주자학이 일어나면서 '학學·용庸·논論·맹孟' 순으로 불리듯 '사서四書'의 필두를 장식하게 되었다.

『대학』은 원래 『예기禮記』의 한 부분으로, 한나라 무제武帝가 유교를 국교로 정하고 대학을 설치할 때 그 교육 이념으로 삼은 것으로 보이며, 작자는 알려져 있지 않다.

이 책은 특히 송나라 이후에 중시되었다. 왜냐하면 송나라의 유학자 주희朱熹가 이 책을 공자의 사상을 바탕으로 하여 증삼曾參과 그 문하생들이 만든 것이라 단정하고 원문을 대폭 수정해 자신의 주석을 단 『대학장구大學章句』를 저술한 뒤, 『논어』, 『맹자』, 『중용』과 더불어 '사서'라 이름 짓고 초학자의 필독서로 삼았기 때문이다. 이 책은 주자학朱子學●이 융성함에 따라 널리 보급되어, 『대학』이라 하면 『대학장구』라는 인식이 널리 퍼졌지만, 명나라 때 들어 이에 반대한 왕양명王陽明이 원문을 기본으로 삼아야 한다고 하며 『대학고본방주大學古本旁註』를 지었다. 주자학과 양명학陽明學●이 갈라지는 결정적인 부분은 『대학』의 '격물치지格物致知'에 대한 해석의 차이이다. 주희는 "사물의 이치를 규명해 지혜를 얻는다"라고 해석했고, 왕양명은 "내 마음의 양지良知를 사물에 나타나게 한다"라고 설명했다. 여기서 두 학파의 선명한 대립이 생겨났다.

어쨌든 『대학』은 근세 유학에서 가장 중요한 위치를 차지한 문헌으로, 유학의 정수이다. 근대 중국의 아버지라 불리는 쑨원孫文도 『대학』의 '팔조목八條目'이 세계에서 가장 뛰어난 정치철학의 보물이라 하면서 새로운 중국 정치의 근본으로 삼아야 한다고 주장했다.

「경經」

송나라의 주희는 『대학』을, 공자의 가르침을 전하는 「경」과 증삼이 그 것을 해설한 「전傳」으로 나누어진다고 보고, 그 원칙에 따라 원문을 정리하고 고쳤다. 아래의 내용은 주희가 정리하고 교정을 본 『대학장구』의 요약이다.

삼강령三綱領 – 학문의 궁극적인 목적

대학의 길은 밝은 덕을 밝히는 데 있고(明明德), 백성을 새롭게 하는 데 있으며(新民), 지극히 착한 곳에 머무름에 있다(止於至善). 머물 곳을 알아야 뜻을 정할 수 있고, 고요할 수 있으며, 편안할 수 있고, 생각할 수 있고, 진리를 터득할 수 있다.

'대학의 길'이란 최고의 학문을 지향하는 것이다. 천하의 지도자가 될 사람이 배우는 학문의 궁극적인 목적은, 사람들에게 선천적으로 갖추어진 덕을 발휘하게 하고, 민심을 새로이 하고, 최고로 선한 세계를 만드는 것이다. 그러기 위해서는 올바르게 차근차근 학문을 배워야 한다.

이 '명명덕明明德', '신민新民', '지어지선止於至善'을 '대학의 삼강령'이라 하고, 학문의 원칙으로 삼는다.

팔조목八條目 – 자신의 덕을 닦는 근본 이치

옛날에 밝은 덕을 천하에 밝히려 한 사람은 먼저 그 나라를 다스렸고, 나라를 다스리려는 사람은 먼저 그 집을 잘 정돈했으며, 집을 잘 정돈하려는 사람은 먼저 그 몸을 닦았다. 그 몸을 닦으려는 사람은 먼저 그 마음을 바르게 했고, 그 마음을 바르게 하려는 사람은 먼저 그 뜻을 정성스럽게 했으며, 그 뜻을 정성스럽게 하려는 사람은 먼저 앎을 가장 높은 곳에 두었고, 그 앎을 가장 높은 곳에 두려는 사람은 사물의 이치를 밝히려 했다. 사물의 이치가 밝혀져야(格物) 앎에 이를 수 있고(致知), 앎에 이른 뒤에야 뜻이 정성스러워지며(誠意), 뜻이 정성스러워진 뒤에야 마음이 바르게 되고(正心), 마음이 바르게 된 뒤에야 자신의 덕이 닦이며(修身), 자신의 덕이 닦여야 집이 잘 정돈되고(齊家), 집이 잘 정돈된 뒤에야 나라가 잘 다스려지고(治國), 나라가 잘 다스려진 뒤에야 천하가 평안해진다(平天下).

천자에서 서민에 이르기까지 한결같이 자신의 덕을 닦는 것이 근본이다. 그 근본이 어지러운데 그 말단이 잘 다스려질 리가 없다. 힘을 쏟아부어야 할 곳을 가벼이 여기고, 가벼이 여겨야 할 곳에 힘을 쏟아부어서는 안 된다.

앞의 '삼강령'이 학문의 궁극적인 목적을 말한 것이라면, 이 격물格物, 치지致知, 성의誠意, 정심正心, 수신修身, 제가齊家, 치국治國, 평천하平天下의 '팔조목'은 그 목적에 도달하기 위한 순서이다. 천하를 평안하게 하고 지극히 선한 세상을 만들기 위해서는 무엇보다 '수신'에서 출발해야 한다. 이것이 바로 유교의 학문론과 정치철학의 전형이다.

유교의 정치철학의 기본은 이른바 '덕치주의德治主義'이다. 통치의 근본은 덕이며, 법률이나 제도가 아무리 잘 정비되어 있어도 위에 서는 자에게 덕이 없으면 통치는 불가능하다. '수신'이라는 개인의 도덕적 수양이 '평천하'라는 정치 목적과 일직선으로 연결된 것도 바로 그 때문이다. 또한, 학문이란 개별적 진리의 추구나 기술이 아니라, 도덕적 인격의 완성과 그것이 가져다줄 '지선至善의 세계'의 실현을 지향하는 행위이다.

「전」

　이상이 「경」(원문 200자)이고, 이어지는 1,500자는 「전」으로, 「경」의 중요한 구절을 상세히 해설한 것이다.

　예를 들면, 주희가 초학자에게 가장 중요하다고 한 '성의'에 관한 설명은 다음과 같다.

　'그 뜻을 정성스럽게 한다는 것은 스스로 속이지 않는 것이다. 마치 우리의 감각적 본능이 나쁜 냄새를 싫어하고 아름다운 색깔을 좋아하는 것처럼 거짓을 버리고 오로지 선을 향하는 것이다. 그러므로 군자는 혼자 있기를 삼간다.'

　또한 '치국평천하'는 이렇게 설명한다.

　'위에 서는 자가 늙은이를 소중히 여기면, 백성은 효를 소중히 여긴다. 위에 서는 자가 어른을 공경하면, 백성은 공손해진다. 위에 서는 자가 고아를 구제하면, 백성은 반역하지 않는다. 그러므로 군자는 그런 진리를 헤아려 실천하는 마음의 잣대를 가져야 한다.'

| 책 속의 명문장 |

雖不中 不遠矣 수부중 불원의

'비록 정확히 짚지는 못했으나 그리 틀리지는 않다' 또는 '완전하지는 못하지만 거의 완전에 가깝다'라는 뜻이다. 『서경書經』의 강고康誥에, 백성을 다루기를 갓난아기 돌보듯 한다는 말이 있다. 마음으로 성실하게 구하면 비록 완전하지는 못하다 하더라도 그리 틀리지는 않게 할 수 있다. 그건 마치 아기 키우는 법을 배우지 않고 시집을 가도 아기를 잘 키우는 것과 같다.'　　　　　　　　　　　　　「전」의 9장

心不在焉 視而不見 심부재언 시이불견

'마음에 없으면 보아도 보지 못한다'라는 뜻이다. 이 말에 이어서 '들어도 듣지 못하고,

먹어도 그 맛을 알 수 없다'라는 말이 나온다. 분노나 두려움, 유혹, 고뇌를 끊지 못하

면 마음이 바로 서지 못해 이런 결과를 초래하게 된다는 말이다.　　　　　「전」의 7장

주자학朱子學 : 남송南宋의 주회 등이 재구축한 유교의 새로운 학문 체계이다. 인간과 사물에 선천적으로 존재한다는 이理에 의거한 학설이라 하여 '이학理學(송명이학宋明理學)'이라고도 한다.

양명학陽明學 : 명나라 중기의 유학자 왕양명王陽明(1472~1528)이 일으킨 신유가철학으로, 맹자의 성선설性善說 계보에 따른다. 왕양명은 초기에 이학理學을 공부하다가 주자朱子의 성즉리性卽理와 격물치지설格物致知說에 회의를 느끼고, 육상산의 설을 이어 심즉리心卽理·치양지致良知·지행합일설知行合一說을 주창했다. 즉, 원리와 원리 실현의 소재(氣)를 엄격히 구별함으로써 마음은 기이고 마음이 갖춘 도덕성 등의 이치는 이理라고 한 주자의 견해에 대해, 만물일체와 불교의 삼계유심三界唯心의 입장에서 마음이 곧 이라고 주장했다.

중용
(中庸)

BC 430년경에 만들어진 책으로, '성誠'과 '중中'을 기본 개념으로 하여 천인일리天人一理를 설명한 형이상학적인 내용을 담고 있다. '중'이란 기울어짐이 없다는 뜻이고, '용庸'이란 영원불변이라는 뜻이므로 올바르고 변함이 없는 도리를 설명한 책이 되는 셈이다. 원래는 『예기』에 속한 한 편이었다가 독립해 한 권의 책이 된 것으로, 송나라의 주희는 이것을 33절節로 나누었다.

INTRO

『중용』의 저자는 공자의 손자인 공급(자사子思)이라고 전해지나, 실제로는 전국시대 말기에서 진한秦漢 시대 무렵에 쓰인 것으로 추정된다.

원래 『예기』의 한 편이었던 『중용』을 한 권의 책으로 다루기 시작한 때는 남북조시대부터였다. 유학의 주요 문헌으로 존중되기 시작한 것은 송나라 때인데, 특히 주희가 『논어』, 『맹자』, 『대학』과 더불어 이것을 '사서'로 삼은 이후로 유학 입문의 필독서가 되었고, 중국 형이상학의 최고봉으로 평가받게 되었다.

『중용』은 주희가 우주 만물에서 인간 심리의 깊은 곳까지를 포괄하는 하나의 철학 체계(주자학)을 구축하는 데 '천인일리'의 전거典據가 되어 주었다. 주자학의 기본 테제인 '성즉리性卽理'도 여기서 도출된 것이다. 그가 지은 주석으로는 『중용장구中庸章句』, 『중용혹문中庸或問』이 있다.

『중용』은 문헌학적으로는 두 부분으로 나누어진다는 것이 정설이다. 곧, 제2장에서 제20장 전반까지 '중'을 설명한 부분이 『중용』의 원형이고, 제1장과 제21장 이후의 '천인일리'를 설명한 부분은 후대의 해설이라고 한다.

원래 '중中'이란 기울어짐이 없는 것을 말하고, '성誠'이란 거짓 없는 마음을 가리키는 말로, 예부터 인간 행동의 규범으로 여겨 왔다. 『중용』에서는 세계의 본질을 나타내는 형이상의 철학 개념으로 사용했다.

제1장 – 천天 · 성性 · 도道 · 중中

하늘(天)이 인간에게 준 것을 성性이라 하고, 성을 따르는 것을 도道라 하며, 그 도를 구체적으로 제시하고 닦는 것을 교敎라 한다.

도는 인간이라면 잠시도 거기서 벗어날 수 없는 것으로, 벗어날 수 있다면 그것은 도가 아니다. 그러므로 군자는 눈에 보이지 않는 도를 마음에 두고 늘 두려워하며 거기서 벗어나지 않으려고 노력한다.

어둠 속에서는 미세한 것이 가장 두드러지게 마련이다. 그러므로 군자는 혼자 있을 때 더욱 내성하며 삼가야 한다.

기쁨(喜)과 노여움(怒), 슬픔(哀)과 즐거움(樂)이 나타나지 않는 정적의 상태를 중中이라 하고, 그것들이 나타난 상태에서도 절도에 맞는 것을 화和라 한다. 따라서 중이야말로 천하의 큰 근본이고, 화야말로 천하의 통달이다.

중과 화가 서로 극한에 이를 때, 천지의 질서가 잡히고 만물이 자란다.

첫머리인 제1장은 중국의 철학적 사유의 역사에서 가장 유명하고 중요한 위치를 차지한다. 여기서 말하는 '중'이란 기쁨과 노여움, 슬픔과 즐거움이 아직 일어나지 않은 상태, 곧 정情의 본체인 '성性'(인간성의 본질)을 나타내고, 동시에 그것은 하늘이 내려 준 것이므로 하늘의 본질이기도 하다. 곧, 우주 만물의 궁극적 원리인 셈이다.

제2장 이하부터 제20장까지는 이 '중'의 원리에 기초한 도덕적 실천에 대해 공자의 말을 인용하거나 옛 성인인 순舜, 문왕文王, 무왕武王의 실례를 들면서 구체적으로 기술하고 있다. 그리고 제20장 중간 부분에 이르러 '성誠'의 개념을 제시한다.

제20장 후반 – 성誠이란 무엇인가?

천하 최고의 도(達道) 5가지와 그것을 실천하기 위한 최고의 덕(達德)이 3가지 있으니, 곧 군신君臣과 부자父子, 부부夫婦, 형제兄弟, 붕우朋友의 5가지가 천하 최고의 도이고, 지智와 인仁, 용勇의 3가지가 천하 최고의 덕이다. 그러나 그 실천의 근원은 하나이다.

천하 국가를 다스리는 9가지 원칙이 있으니, 곧 자신을 닦는 것(修身)과 어질고 현명한 이를 높이 받드는 것(尊賢), 부모를 섬기는 것(親親), 높은 사람을 공경하는 것(敬大臣), 모든 신하와 마음을 함께 하는 것(體群臣), 백성을 내 자식처럼 사랑하는 것(子庶民), 장인이 즐겁게 일할 수 있게 하는 것(來百工), 먼 나라의 백성을 위하는 것(柔遠人), 제후를 복종하게 하는 것(懷諸侯)이다. 그러한 원칙들을 실천하는 근원은 하나이니, 그것을 '성'이라 했다.

또한 '성은 하늘의 도이며, 그것을 실천하는 것이 사람의 도'라 했고, 이러한 인륜 도덕과 국가 경륜의 원칙이 하늘에서 유래한다고 했으며, 따라서 성이야말로 인간성의 본질이자 천도天道(하늘의 길)의 본질이라고 했다.

제21장 이하 – 성誠과 성인聖人의 길

"지극한 정성(至誠)은 쉼 없이 움직이며, 영원하고, 넓고 두터우며, 높고 밝다."

"천지의 도는 한마디로 말해서 단 한 점의 거짓도 없이 영원히 만물을 생성하는 것이다."

그렇게 하여 "이 지극한 정성의 길을 체득한 성인만이 자신의 성性을 완벽하게 발휘할 수 있고, 나아가 다른 사람의 성을 완전히 발휘할 수 있게 하여 천지의 조화를 돕는다. 그러므로 성인은 천지에 비견하는 지위를 가진다."

성誠은 시간과 공간을 꿰뚫는 근본 원리이자 만물을 생성하는 근원이므로, 거기에 기반을 둔 '성인의 길' 또한 보편타당할 수 있다. 이 '성'은 첫머리에 나온 '중中'과 거의 같은 내용인데, 보다 높은 추상성을 띠며 '천인일리'라는 형이상철학의 기본 개념에 잘 어울린다.

유교는 본래 '예禮'를 근간으로 하는 가르침이다. '예'는 관습적 생활 규범이므로 그것을 왜 지켜야 하는지에 대한 논리적 설명은 필요가 없다.

『맹자』의 성선설에 이르러 보편적 인간성에서 그 근거를 이끌어 내게 되었으나, 『맹자』에 여러 차례 기록되어 있듯 많은 의문이 제기됨에 따라 모든 사람을 이해시킬 수는 없었다.

『중용』은 유교의 가르침을 '중' 또는 '성'을 매개로, 천지의 무한성과 영원성을 결합해서 비로소 보편타당성을 가진 논리를 만들어 냈다. 이것은 유교 사상사에서 반드시 주목되어야 할 부분이다.

| 책 속의 명문장 |

莫見乎隱 막견호은

'숨은 것보다 더 잘 보이는 것은 없다'라는 뜻으로, 사람들이 잘 모르는 것처럼 생각되는 일일수록 알고 보면 널리 알려져 있다는 의미가 담겨 있다. 그러므로 군자는 아무도 보지 않는 곳에서 더욱 행동을 삼가야 한다. 주희는 이 '은隱'을 마음속의 미미한 움직임이라 해석하고, 그것을 미리 알고 조심한다는 뜻으로 풀이했다.　　　「제장」

효경
(孝經)

BC 430년경에 만들어진 책으로, 개인의 수양에서 천하의 질서에 이르기까지 도덕의 근원이 되는 '효孝'에 대해 깊이 있게 설명하고 있다. 『효경』은 공자가 직접 쓴 글이라고도 하고, 제자인 증삼曾參●과 그 문인들이 지은 것이라고도 하는데, 실제로는 전국시대에 들어와 증삼학파 문인들이 엮은 것으로 추정된다.

INTRO

이 책이 유가의 기본 문헌인 '오경五經'에 포함되지 않는데도 그와 동등한 대우를 받는 것은 역대 황제가 치국과 교화에 관한 가장 기본적인 서적으로 존중했기 때문이다.

특히 당나라 현종은 그 무렵까지 널리 읽히던 『금문효경今文孝經』과 『고문효경古文孝經』의 우열을 학자들에게 논의하게 하고, 금문을 중심으로 고문의 해석을 도입해 손수 주석을 달아 널리 읽히게 했다. 이것이 『어주효경御注孝經』이며 『십삼경주소十三經注疏』에 들어가 있다. 뒷날 현종이 안녹산安祿山의 반란으로 고통받은 것은 『고문효경』을 배제했기 때문이라든지, 농민 반란이 일어나도 『효경』을 낭독하면 진압할 수 있다는 미신과 같은 이야기가 생겨난 것도 『효경』이 통치의 근본 원리로서 얼마나 존중되었는가를 말해 준다. 현종의 『어주효경』이 나온 이후 중국에서는 옛날 주석서인 『공안국전孔安國傳』이나 『정현주鄭玄注』가 사라져 버렸으나, 일본에 보존되어 있다가 다시 중국으로 전해졌다.

우리나라의 경우에는 신라 성덕왕 4년(788)에 독서삼품과讀書三品科●를 설치하고 『논어』와 함께 『효경』을 필수 교양 과목으로 선정한 기록이 있고, 고려 시대에 들어와서는 국자감의 교과목이 되었으며, 조선 시대에 들어와서는 유학을 통치 이념으로 삼았던 만큼 그 가치가 더욱 중시되었다.

가족에서 천하에 이르기까지 그 사회 질서의 원리를 '효'라는 개념으로 파악하고, 이 '효'가 천지 자연의 근본 원리라는 것이 『효경』의 사상이다. 먼저 효의 근본적인 뜻을 밝힌 다음 천자 이하 각 사회 계층에 맞는 효의 구체적인 실천을 기술하고, 나아가 효에 대한 원리적 설명을 덧붙였다. 서술은 공자와 그의 제자 증삼이 나눈 문답 형식으로 되어 있다.

개종명의장開宗明義章

공자가 한가로이 지내고 있을 때 증자가 가까이서 모셨다. 공자가 말했다.

"옛 성자들은 지극한 덕과 근본적인 도리를 갖추어 천하를 다스렸으므로, 사람들이 화목하고 상하 간에 아무런 원한도 없었다. 그 도리를 아느냐?"

증자는 자리에서 일어나 공손하게 말했다.

"못난 제자는 모르옵니다."

"효는 덕행의 근본이고, 교화는 거기서 비롯되는 것이다. 우리 몸은 털 하나라도 부모에게 받지 않은 것이 없으니 함부로 다치지 않게 조심하는 것이 효의 처음이고, 세상에 나아가 올바른 도를 행하여 후세에 이름을 날려 부모를 드러내는 것이 효의 끝이다. 곧, 효란 어버이를 섬김이 처음이고, 군주를 섬김이 중간이며, 입신하는 것이 마지막이니라."

천자장天子章

어버이를 사랑하는 사람은 감히 남을 미워하지 않고, 어버이를 공경하는 사람은 감히 남을 업신여기지 않으니, 어버이를 섬기는 데 사랑과 공경을 다하면 덕이 온 사람에게 미쳐서 세상의 본보기가 될 것이다. 이것이 천자의 효이다.

제후장諸侯章

교만과 사치를 멀리하고 겸허함과 검약을 마음에 담으면 나라를 지키고 백성을 화목하게 할 수 있다. 이렇게 하여 조상이 남겨 준 부귀를 오래 지키는 것이 제후의 효이다.

경대부장卿大夫章

선왕이 정해 준 복장과 남겨 주신 말, 덕행을 오로지 지키며 언행을 신중히 하면 천하의 원망과 미움을 받지 않고, 지위를 오래 지켜 조상의 묘廟를 지킬 수 있다. 이것이 바로 경대부의 효이다.

사인장士人章

부모를 대하는 마음으로 군주를 모시면 충忠이고, 경애하는 마음으로 윗사람을 모시면 순順이다. 충과 순을 잃지 않으면 자리와 봉록을 지킬 수 있다. 이것이 사인의 효이다.

서인장庶人章

열심히 일하고 검소하게 생활하며 부모를 공양하는 것이 서인의 효이다.

삼재장三才章

효는 천지인天地人을 관통하는 불변의 원리이므로, 그것을 따르면 천하는 자연히 다스려진다.

효치장孝治章

효를 기반으로 천하를 다스리면, 만백성이 공손히 따르므로 재해와 난이 일어나지 않는다.

성치장聖治章

성인의 치세도 효도에 따라 행해졌고, 부자의 도리와 군신의 의리는 하나이다. 따라서 효도와 정치는 일치한다.

기효행장紀孝行章

효의 실천에는 부모의 생전과 사후의 봉양은 물론이고, 본인의 수양도 빼놓을 수 없다.

오형장五刑章

형벌이 많으면 불효가 널리 퍼져 있다는 것이고, 그것이 대란의 근원이 된다. 그러므로 불효는 가장 큰 죄이다.

광요도장廣要道章

개종명의장의 '요도要道'라는 말에 대한 해석.

광지덕장廣至德章

개종명의장의 '지덕至德'에 대한 해석.

광양명장廣揚名章

개종명의장의 '양명揚名'에 대한 해석.

간쟁장諫爭章

도리에 어긋나는 부모를 따라야 하느냐는 증자의 질문에 대해, 아버지가 의롭지 못할 때에는 반대하고 간하는 것이 진정한 효라고 말한다.

응감장應感章

천자가 효를 행하면, 천지의 귀신도 거기에 감응해 천하가 잘 다스려진다.

사군장事君章

군주를 모시는 마음가짐을 말한다.

상친장喪親章

부모가 죽은 뒤 그 장례와 제사에 대해 설명하고, 생전의 사랑과 공경심, 사후의 슬픔에 대한 표현으로 효는 완성된다고 말한다.

| 책 속의 명문장 |

身體髮膚 受之父母 不敢毀傷 孝之始也

신체발부 수지부모 불감훼상 효지시야

우리 몸은 털 하나라도 부모에게 받지 않은 것이 없으니 함부로 다치지 않게 조심하는 것이 효의 시작이다. 여기서 몸을 다치게 하지 않는다는 말은 몸에 상처를 낸다는 것 외에도 나쁜 짓을 하여 형벌을 받지 않는다는 뜻도 포함되어 있다.

天經地義 천경지의

영원한 진리를 뜻하는 말로, '효는 하늘의 길(天經)이자, 땅의 의義이며, 백성의 행行하는 일이다'에서 나왔다.

NOTES

증삼曾參 : BC 505~BC 426. 자는 자여子輿로, 노나라의 유학자이다. 아버지 증점曾點과 함께 공자의 제자이며, 공자의 덕행과 사상을 조술祖述하여 공자의 손자인 자사子思에게 전했다. 후세 사람이 높여 증자曾子라고 일컬었으며, 저서로는 『증자』, 『효경』 등이 있다.

독서삼품과讀書三品科 : 신라의 관리 선발 제도. 독서출신과讀書出身科라고도 한다. 788년(원성왕 4) 유교정치 사상에 입각한 정치 운영을 목적으로 국학國學 내에 설치했으며, 학생들의 독서 능력에 따라 성적을 3등급으로 구분해 관리로 선발하는 데 참조했다.

공자가어
(孔子家語)

350년경에 만들어진 책으로, 공자의 언행과 제자들과 나눈 문답을 정리한 것이다. 공자와 그 제자들의 언행과 사적을 기록한 점에서는 『논어』와 비슷하지만, 작자에 관해서는 삼국시대 말기의 학자 왕숙이 공자의 12세손 공안국孔安國의 이름을 빌려 위작한 것이라는 설이 유력하다. 「상로相魯」에서 「곡례공서적문曲禮公西赤問」까지 10권 44편이다.

INTRO

공자와 그 제자들의 언행과 사적을 기록한 책으로 『논어』의 자매편이라 할 수 있다. 『한서』 「예문지」에 『공자가어』 27권이라는 기록이 있는 것으로 보아 같은 이름의 책이 한나라 때도 존재했음을 알 수 있는데, 오늘날에는 전해지지 않는다.

현재 전해지는 『공자가어』는 『신당서新唐書』 「예문지藝文志」에 '왕숙주가어王肅注家語'라는 지목으로 소개되어 있는 10권짜리 판본이다. 이 책은 삼국시대 말기에 왕숙이라는 학자가 공자의 12세손 공안국의 이름을 빌려 『춘추좌씨전』, 『국어』, 『맹자』, 『순자』, 『대대례기大戴禮記』, 『예기』, 『사기』, 『설원說苑』, 『안자춘추』, 『열자』, 『한비자』, 『여씨춘추』, 『신서新序』, 『한시외전韓詩外傳』 등의 책을 자료로 삼아 만들었다는 설이 유력하지만, 다른 한편으로는 왕숙이 전한 시대에 편찬된 본래의 『공자가어』를 증보하고 재편집했다는 설도 있다.

그러나 위작 또는 재편집 중 어느 쪽이건, 이 책을 엮은 왕숙의 의도는 그 무렵 학계의 주류를 점하고 있던 정현鄭玄●(후한 시대의 문학가)의 학통에 이의를 제기하고, 자기 학설의 정통성을 주장하기 위한 것이라고 한다.

그것은 이 책에 왕숙 자신이 쓴 서문, 곧 오래전부터 정현의 학설에 의문을 품고 있다가 우연히 공자의 22세손 공맹孔猛이 전하는 『공자가어』를 보고 나서 자신의 의견이 옳다는 확신을 가질 수 있었다는 말에서 드러난다.

이 책이 『논어』와 더불어 널리 읽힌 것은 공자와 그 제자들의 언행을 비교적 쉽게 알 수 있고, 일반적인 처세의 지혜로 활용할 수 있는 내용이 많았기 때문이었을 것으로 추측된다.

돌이킬 수 없는 세 가지 실수

공자가 제나라에 갔을 때의 일이다. 길을 가는데 어디서 슬피 우는 소리가 들려왔다. 공자가 말했다.

"저 소리는 슬프기는 하나 초상을 당한 사람의 울음소리는 아닌 것 같구나."

수레를 서둘러 달리게 해 그곳에 가 보니, 이상한 남자 하나가 큰 소리로 울고 있었다. 자세히 보니 그 남자는 낫을 손에 들고 허리에는 새끼줄을 매고 있었다. 공자는 수레에서 내려 자리를 막 떠나려는 남자를 불러 세웠다.

"여보시오, 당신은 뭐 하는 사람이오?"

그 사람이 말했다.

"저는 구오자丘吾子라고 합니다."

공자가 다시 물었다.

"보아하니 상을 당한 것도 아닌 듯한데 왜 그리 슬피 우는 게요?"

구오자가 말했다.

"제가 3가지 실수를 저지르고도 오늘날까지 깨닫지 못하고 있다가 비로소 알게 되어 너무 후회스러워 우는 것입니다."

공자가 말했다.

"그 3가지 실수가 무엇인지 좀 가르쳐 주시겠소?"

구오자가 대답했다.

"저는 젊었을 때는 배우기를 좋아하여 천하를 돌아다녔는데, 집에 돌아와 보니 부모님이 이미 돌아가신 뒤였습니다. 이것이 첫 번째 실수입니다. 장성해서는 제나라의 군주를 섬겼는데, 군주가 교만하고 사치스러워 천하의 현자들이 모두 떠나 버렸고 저 역시 신하로서의 절개를 지키지 못했으니 이것이 두 번째 실수입니다. 그리고 저는 평생 사람 사귀기를 소중히 여겼는데, 지금 제 곁에는 아무도 없습니다. 이것이 세 번째 실수입니다. 나무는 조용히 서 있고자 하나 바람이 멈추지 않고, 자식은 부모를 모시고 싶어 하건만 부모는 기다려 주지 않으니, 한번 가면 돌아오지 않는 것이 세월이요, 한번 죽으면 다시 뵐 수 없는 것이 부모입니다."

말을 마친 남자는 작별 인사를 하더니 갑자기 물속에 몸을 던져 죽고 말았다. 공자는 그것을 보고 이렇게 말했다.

"오늘 보고 들은 것을 잘 기억해 두어라. 절대로 저와 똑같은 실수를 범하지 않도록 늘 마음에 새겨 두어야 할 것이다."

그날 이후 공자에게 작별 인사를 하고 부모를 모시기 위해 집으로 돌아간 제자가 13명이나 되었다. 「치사편致思篇」

자고가 형벌을 내린 성문지기의 보은

공자의 제자 자고子羔가 위나라에서 재판관을 할 때 한 남자에게 다리를 자르는 형벌을 내렸다. 그 뒤, 위나라에서 왕위를 둘러싼 내란이 일어났다. 위험을 느낀 자고가 국외로 도망치려고 성문에 이르렀는데, 그 성문지기가 바로 예전에 자신이 다리를 자르게 했던 그 남자였다. 그 남자는 자고의 모습을 확인하고는 도망칠 길을 가르쳐 주었다.

"저쪽에 성벽이 무너진 곳이 있으니 그리로 도망치십시오."

"군자는 그렇게 담을 넘어 다니지는 않는다."

자고가 말을 듣지 않자, 그 남자는 다른 길을 가르쳐 주었다.

"그럼 저기 개구멍이 있으니 그쪽으로 도망치십시오."

그러나 자고는 또 고개를 저었다.

"군자는 그런 개구멍으로는 다니지 않는다."

"그럼 이쪽에 빈방이 있으니 안으로 들어오십시오."

그렇게 그 남자는 자고를 구해 주었다.

이윽고 추격대가 물러나고 자고는 무사히 국외로 탈출할 수 있게 되었다. 탈출하기 전에 자고는 그 성문지기에게 물었다.

"나는 국법에 따라 자네의 다리를 자르게 했네. 내가 이런 위기에 빠져 있을 때야말로 그때의 원한을 갚을 수 있는 좋은 기회가 아닌가? 그런데 나에게 세 번이나 도망칠 길을 가르쳐 주다니 도무지 이해할 수 없네."

성문지기가 대답했다.

"다리가 잘린 것은 제가 죄를 범했기 때문이니 누구의 탓도 아닙니다. 그러나 당신은 법으로 단죄할 때, 저를 불쌍히 여겼습니다. 가능하다면 벌을 내리고 싶지 않다는 마음이 전해져 왔습니다. 또한, 죄가 결정되어 판결을 내리려 할 때 당신은 슬픈 표정을 지으셨습니다. 당사자인 저는 그런 표정을 제 마음처럼 알 수 있었지요. 당신은 사적인 원한으로 저를 재판한 것이 아닙니다. 군자란 원래 그래야 한다고 믿어 왔는데, 저는 당신의 그런 점이 마음에 들었습니다."

뒷날 공자에게 그 일화를 전하자, 공자는 이렇게 말했다.

"관리란 늘 그런 마음을 가져야 한다. 법의 적용은 공평히 해야 하고, 엄벌을 내릴 때는 상대에 대한 배려를 잊어서는 안 된다. 자고가 바로 그런 관리였구나!" 「치사편」

옛 친구는 옛 친구일세

공자의 친구 가운데 원양原壤이라는 사람이 있었다. 어느 날 그의 어머니가 세상을 떠났다는 말을 들은 공자는 관을 하나 부조하려고 했다. 그러자 자로가 물었다.

"예전에 제가 선생님께 듣기로는 자기만 못한 자와는 벗하지 아니하고, 허물이 있으면 고치기를 꺼리지 말라고 하셨습니다. 그 부조는 그만두는 것이 어떻겠습니까?"

공자가 말했다.

"아니다. 마을의 한 사람이 어려움에 처하면 온 마을 사람이 도와주는 법인데, 하물며 원양은 옛 친구가 아니냐. 나는 가 보아야겠다."

그리하여 공자는 관을 만들어 원양의 집에 보냈다. 원양은 그 관 위에 올라앉아 이렇게 말했다.

"내 오랫동안 노래를 부르지 않았다."

그러더니 노래를 부르기 시작했는데, 내용이 몹시 음란했다.

"백발 성성한 노인이 젊은 여자의 손을 잡고……."

공자는 숨어서 그 노래를 듣다가 모른 척하고 돌아왔다. 이에 자로가 한마디 했다.

"참는 데도 한계가 있습니다. 이래도 저자와 관계를 유지하실 겁니까?"

이에 공자가 말했다.

"어떤 사람이 됐든 피붙이는 피붙이이고, 옛 친구는 옛 친구일세."「굴절해편屈節解篇」

사람을 죽일 때도 예가 있다

초나라가 오나라를 공격했을 때의 일이다. 상양商陽이라는 하급 무사가 공자公子인 진기질陳棄疾의 전차에 동승해 도망치는 오나라 군대를 추격하고 있었다. 적의 모습이 보이자, 진기질이 외쳤다.

"왕의 명령이다. 활을 들어라!"

상양이 활을 들자, 진기질이 또 외쳤다.

"저기다. 쏘아라!"

상양은 한 사람을 쓰러뜨리고는 활을 그냥 활집에 집어넣었다. 이어 진기질이 또 적을 발견했고, 상양은 진기질의 명령으로 두 사람을 죽였는데, 한 사람을 죽일 때마다 눈길을 돌렸다. 죽어 쓰러진 사람을 차마 똑바로 볼 수 없었기 때문이다. 이렇게 하여 세 사람을 쓰러뜨린 상양은 마부에게 추격을 멈추도록 명령했다.

"소인은 대부의 연회에도 참석할 수 없는 비천한 신분이므로 세 명만 죽여도 할 일은 다 한 셈입니다."

뒷날 공자는 그 말을 듣고 이렇게 평했다.

"사람을 죽일 때도 예가 있다."

그 말을 듣고 자로는 화를 내며 공자에게 대들었다.

"신하 된 자, 주군의 일에 임할 때는 있는 힘을 다해야 하고, 목숨을 걸어야 함이 마땅한데, 어찌하여 상양의 행동을 칭찬하시는 것입니까?"

공자가 대답했다.

"그래, 네 말이 맞다. 나는 다만 상양이라는 사람이 사람 죽이기를 꺼리는 그 마음을 칭찬했을 따름이다." 「곡례자공문편曲禮子貢問篇」

무거운 세금은 호랑이보다 무섭다

공자가 제나라를 향해 가던 길에 태산泰山 옆을 지날 때였다. 어디선가 여인이 슬피 우는 소리가 들려오자 공자는 가던 길을 멈추고 자공을 시켜 물어보게 했다.

"울음소리를 들어 보니 예사로운 일이 아닌 듯싶다. 어서 가서 물어보고 오너라."

자공이 가서 이유를 묻자, 여인은 이렇게 대답했다.

"제 시아버지와 남편이 호랑이에게 물려 죽었는데, 자식마저 호랑이에게 물려 죽고 말았습니다. 그래서 이렇게 울고 있는 겁니다."

자공이 또 물었다.

"그렇게 기막힌 재난을 당하면서도 왜 이곳을 떠나지 않습니까?"

여자가 말했다.

"그건 이 마을에 무거운 세금이 없기 때문입니다."

자공은 들은 대로 공자에게 전했다. 공자가 말했다.

"다들 잘 기억해 두어라. 무거운 세금은 호랑이보다 무섭다는 것을."

「정론해편正論解篇」

어미 참새는 왜 그물에 걸리지 않는가?

어느 날, 공자가 참새 잡는 광경을 보고 있는데, 그물에 걸린 새들이 모두 부리가 노란 새끼 참새들뿐이었다. 이상하게 생각한 공자는 참새를 잡던 사람에게 물었다.

"어미 참새는 왜 그물에 걸리지 않는가?"

그러자 사내가 대답했다.

"어미 참새는 잘 놀라기 때문에 그물에 쉽게 걸리지 않습니다. 그에 비해 새끼 참새는 모이에 눈이 어두워 그물에 잘 걸립니다. 어린 참새라도 어미와 같이 있을 때면 잘 안 잡히지만, 어미 참새라도 새끼와 같이 있을 때는 쉽게 잡히기도 합니다."

그 말을 듣고 공자는 제자들을 돌아보며 이렇게 말했다.

"잘 놀라기 때문에 위험을 피할 수 있고, 음식에 눈이 어두워지면 재

난을 당한다. 행복이건 불행이건 모두 그 마음에서 비롯한다. 또한 어떤
상대와 행동을 같이하느냐에 따라 복을 누릴 수도 있고 불행을 당할 수
도 있으니 군자는 모름지기 행동을 같이할 상대를 신중히 가려야 한다."
「육본편六本篇」

대신의 지혜가 해바라기만도 못하다

제자 번지樊遲가 공자에게 물었다.

"포견鮑牽(제나라의 대부)이 제나라 군주를 섬길 때, 그 정치가 흔들림이
없었으니 그는 참으로 충성스러운 사람이라 할 것입니다. 그런데도 군주
는 그의 다리를 잘라 버렸으니 참으로 어리석은 군주가 아닙니까?"

공자가 말했다.

"옛날에 뜻을 품은 사람은 그 나라에 도가 있으면 충성을 바쳐 군주
를 도왔으나, 그 나라에 도가 없으면 물러나 화를 피했다. 그런데 포견은
녹을 타 먹는 데 급급하여 그 군주가 어진 사람인지 어리석은 사람인지
도 모르고 있다가 화를 당하고 말았다. 이는 그의 지혜가 한 송이 해바
라기만도 못함을 말해 주는 것이다. 해바라기는 무성한 잎사귀로 자신
의 뿌리를 지키는 지혜를 가지고 살아가지 않더냐."「정론해편」

NOTES

정현鄭玄 : 127~200. 후한 시대의 학자로, 자는 강성康成이다. 이십이현二十二賢 중의 한 명인 마융馬融에게
배웠으며, 일경전문一經專門의 학풍을 타파하고 훈고訓詁에 힘썼다. 『육예론六藝論』을 저술했고, 『시전詩
箋』, 『예기』, 『주역』, 『논어』, 『효경』 등을 주해했다.

근사록
(近思錄)

1176년에 간행된 책으로, 북송의 철학자 주돈이周敦頤(호는 염계濂溪), 정호程顥(호는 명도明道), 정이程頤(호는 이천伊川), 장재張載(장횡거張橫渠라고도 함)의 저서에서 발췌한 송학宋學의 입문서이다. 근사近思란 『논어』 「자장편子張篇」에 나오는 "간절하게 묻되 가까운 것부터 생각해 나간다면, 인은 그 안에 있다(切問而近思, 仁在其中矣)"라는 말에서 따온 것이다. 의문을 규명하고, 가깝고 쉬운 것부터 실천해 천하와 우주로 넓혀 나가는 것이 진정한 학문의 태도라는 것이다.

INTRO

송나라 때 성립한 신유학新儒學인 송학宋學(성리학性理學, 정주학程朱學 또는 주자학朱子學이라고도 함)은 훈고주석을 중심으로 하던 종전의 유학을 일신하여, 우주 자연의 근본 원리에서 사회, 인륜, 개인 수양에 이르기까지 일관된 체계 속에 끌어안는 장대한 철학을 만들어 냈으나 초학자에게는 무척 어려운 학문이었다.

그래서 주희朱熹(1130~1200)는 친구인 여조겸呂祖謙●(1137~1181)과 함께 송학의 기초를 닦은 북송의 주돈이, 정호, 정이, 장재의 저서에서 그 학문의 진수를 나타내는 말 622조를 선별하고, 이를 14권으로 분류하여 초학자를 위한 입문서로 삼았다. 그것이 바로 『근사록』이다.

이 책 안에는 송학의 주요 개념이 거의 망라되어 있다.

즉, 태극太極(理)에서 음양오행陰陽五行(氣)을 거쳐 만물萬物이라는 이기理氣를 중심으로 한 우주생성론, 성즉리性卽理라는 인성론, 격물궁리格物窮理를 중심으로 한 학문론, 인의예지仁義禮智를 강조하는 정치론 등 송학의 골격이 알차게 정리되어 있다.

주희는 이 책에 큰 자신감을 가져 늘 "사서四書는 육경의 발판이고, 『근사록』은 사서의 발판이다"라고 말했다.

『근사록』은 14부분으로 나누어져 있지만 처음에는 제목이 없었다. 뒷날 송나라의 섭채葉采가 주석을 달 때, 각 부분에 간결한 제목을 붙였다.

1) 도체道體

송학에 담긴 우주와 인간의 근본 원리를 설명한 것으로, 머리말에서는 주돈이의 『태극도설太極圖說』이 거론된다.

우주의 근원은 무극無極이면서 태극太極이고, 이것이 움직이면(動) 양이 생기며, 움직임이 극에 달하면 정靜에 이르러 음이 생기는데, 그것이 극에 달하면 다시 움직인다. 이렇게 하여 음과 양으로 나누어지고, 서로 변화, 합일하여 수水·화火·목木·금金·토土의 오행五行이 생기고, 그 운행으로 인해 사계절이 순환한다. 양은 남자, 음은 여자이며, 두 기운이 교류해 만물이 생긴다. 이렇게 만물은 연속적으로 생기며, 그 변화는 무한하다.

인간은 가장 뛰어난 음양의 기를 받았기에 만물의 영장이다. 특히 성인은 중정인의中正仁義로 사람의 행위에 규범을 정한다. 그 덕은 천지와도 같고, 그 밝음은 해와 달과 같다. 〈주돈이〉

인간의 본성은 그냥 그대로 천리天理이다(성즉리性卽理). 모든 것은 그 근원을 거슬러 올라가면 선하지 않은 것이 없다. 인간의 본성 또한 희로애락喜怒哀樂의 정이 움직이지 않을 때는 늘 선하지만, 정이 움직여도 절도가 있으면 반드시 선하고, 선하지 못함은 절도가 없을 때 생긴다. 〈정이〉

2) 논학論學

학문을 하는 데 필요한 요체를 설명한 말을 모았다. 주희는 초학자인 경우에는 이 부분부터 읽는 것이 좋다고 했다.

성인의 길은 귀로 들어와 마음에 머문다. 이것을 오래 축적하면 덕행이 되고, 실천하면 대업大業이 된다. 문장만 매만지는 자는 고루하다. 〈주돈이〉

성인의 길은 평탄한 대로와 같은데, 배우는 사람들이 그 성인의 문을 찾지 못할까 염려스럽다. 문에만 들어서면 멀어서 이르지 못할 것이 없으니 경서經書가 바로 그 문이다. 오늘날 경서를 배우는 사람은 많으나, 겉만 더듬고 알맹이를 보지 못한다. 경서는 '길'을 담고 있다. 그 말을 외우고 자구字句의 해석에만 매달려 중요한 '길'을 찾지 못한다면 다 부질없는 일이다. 〈정이〉

요즈음 사람들이 학문하는 것을 보면 마치 산등성이를 걸어가는 것과 같다. 평탄한 곳에서는 씩씩하게 잘 걸어가지만, 조금만 길이 험해지면 그만두고 만다. 학문은 과감하게 앞으로 전진하는 자세가 필요하다. 〈정이〉

3) 치지致知
송학의 방법론은 '격물궁리格物窮理'이다. 곧, 모든 사물의 이치를 끝까지 캐서 만물을 관통하는 하나의 이치를 확인하는 것, 그것이 바로 '앎에 이르는(致知)' 일이다.

하나의 사물에는 하나의 이치가 갖추어져 있으므로 그 이치를 끝까지 캐야 한다. 그 방법에는 여러 가지가 있다. 책을 읽고 올바른 도리를 밝히는 것도 하나의 방법이 될 수 있고, 고금의 인물을 논해 그 시비를 판별하는 방법이나 사물을 직접 접해 보고 올바르게 처리하는 방법도 있다. 이 모든 것이 이치를 밝히는 길이다. 어떤 사람이 '격물格物이란 하나의 사물에 대한 이치를 안다는 말인가, 아니면 하나의 이치를 알면 만 가지 이치를 다 알게 된다는 말인가?'라고 물었다. 그래서 나는 이렇게 대답했다.

"하나를 안다고 해서 어떻게 전체를 관통할 수 있겠는가? 하나를 들으면 열을 안다는 안자顔子(안회) 같은 사람도 그런 말은 하지 않았다. 오늘 하나를 알고 내일 또 하나를 알아 가는 것이 쌓이면 자연히 전체를 알게 되는 것이다." 〈정이〉

4) 존양存養

『맹자』에 나오는 "그 마음의 본성을 지켜 착한 성품을 기른다存養"라는 말에서 나온 존양은 하늘이 내려 준 선한 마음을 잃지 않고 기르도록 해야 한다는 뜻으로, 송학에서 가르치는 수양법의 목적이다.

어떤 사람이 물었다.

"성인은 배워서 되는 것입니까?"

"아니다."

"그러면 성인이 되는 요령은 있습니까?"

"있다. 마음을 '전일專一'하게 해야 한다. '일一'이란 무욕을 뜻하고, 무욕하면 마음이 고요하고 허虛해지며, 마음이 사물을 느끼더라도 올바르게 움직인다. 마음이 고요하고 어디에도 사로잡힘이 없으면 천하의 이치에

통하게 된다. 이렇게 되면 이미 성인이라 할 수 있다." 〈주돈이〉

말을 신중히 하여 덕을 기르고, 식음을 절제하여 몸을 기른다. 가장 가까우면서 가장 중요한 의미를 가진 것 가운데서 언어와 식음 이상의 것은 없다. 〈정이〉

5) 극치克治

사욕을 극복하고 사념을 다스리는 내용으로, 『논어』의 '극기복례克己復禮', 『역경易經』의 '개과천선改過遷善'(선한 것을 보면 거기로 옮겨 가고, 잘못이 있으면 고친다)에 해당한다. 주희는 이 부분을 「개과천선극기복례편」이라 했다.

올바른 도리와 사욕은 늘 사람의 마음속에서 서로 다투고 있다. 군자와 소인은 어느 쪽의 비율이 더 높으냐에 달려 있다. 도리의 체득이 점점 늘어나면 사욕은 자연히 소멸되어 가고, 사욕이 완전히 소멸된 사람이 바로 현인이다. 〈정이〉

6) 가도家道

『대학大學』에 나오는 '수신제가치국평천하修身齊家治國平天下' 가운데 제가齊家의 길에 대한 말을 모아 놓았다.

가정에서는 가족 간의 인정이 예를 잊게 하고, 자애가 의義를 무시하게 한다. 의지가 강한 사람만이 개인적인 사랑에 빠져도 올바른 이치를 잊는 법이 없다. 〈정이〉

부모와 손님을 접대할 때는 자신이 마련할 수 있는 최고의 것을 갖추어야 하고, 돈 문제는 생각하지 말아야 한다. 부모를 봉양할 때는 자신의 고생을 모르게 해야 한다. 무리한다는 것을 알면 부모의 마음이 편치 못할 것이기 때문이다. 〈장재〉

7) 출처出處

벼슬하는 것을 출出이라 하고, 물러나 집에 머무는 것을 처處라 하는데, 출처에는 원칙이 있어야 한다. 「출처」는 원칙도 없이 영달을 구하는 것을 나무라는 글이다.

현자는 자신이 낮은 지위에 있다고 해서 스스로 발탁되기를 바라거나 구해서는 안 된다. 그렇게 해서는 신뢰를 얻을 수 없다. 옛사람이 군주가 예를 갖추어 불렀을 때만 거기에 응한 것은 결코 거만해서가 아니다. 덕을 존중하고 도를 즐기는 군주가 아니면 함께 훌륭하고 바른 정치를 펴나갈 수가 없기 때문이다. 〈정이〉

세상에서 가장 큰 병폐는 남의 조소를 두려워하는 것이다. 관리가 되지 못하고, 조의조식粗衣粗食의 가난한 생활을 하면 다른 사람의 비웃음을 살지도 모른다고 걱정한다. 그런 사람은 살아야 할 때 살고, 죽어야 할 자리에서 죽고, 지금은 높은 봉록을 받더라도 내일은 그것을 버리고, 오늘은 부자지만 내일이면 배가 고플 수 있음을 태연히 여기며, 오로지 정의를 따르는 삶을 이해하지 못한다. 〈장재〉

8) 치체治體

치국평천하의 근본에 대해 말한 글들을 모아 놓았다.

군주가 인의仁義의 덕을 갖추고 있으면, 불인불의不仁不義한 사람이 없어진다. 천하가 평화로운가 어지러운가는 오로지 군주가 인의로운가 그렇지 않은가에 달려 있으니, 군주가 정도를 벗어나면 불인불의가 일어나 반드시 정치가 혼란스러워진다. 정치의 실책이나 인재 등용의 오류는 지모를 갖춘 신하가 고치고, 강직한 신하가 간해야 한다. 그러나 군주의 마음에 불인불의가 남아 있으면 계속 일어나는 정치적 실패를 고칠 수 없다. 〈정이〉

9) 치법治法

천하를 다스리는 데 필요한 예법과 제도에 관한 내용을 모아 놓았다.

관혼상제冠婚喪祭는 예 중에서도 가장 중요한데, 요즈음 사람들은 이것이 무엇인지 모르고 있다. 한낱 승냥이와 물개도 그 본분을 알고 있는데, 하물며 사대부가 이것을 가벼이 여긴다. 부모는 열심히 모시면서 조상을 받들지 않는 것은 잘못이다. 각 가정은 반드시 신주를 모신 사당을 짓고, 매달 초하룻날에는 꼭 새로운 제물로 제사를 올려야 한다. 동짓날에는 시조에게, 입춘에는 선조에게 제사를 지내고, 돌아가신 날에는 신주를 내실로 옮겨 제사를 지낸다. 무릇 죽은 사람을 받드는 예는 산 사람을 모시는 것보다 더 후해야 한다. 사람들이 이러한 제사를 마음에 새기고 잘 지낸다면, 어린이도 점점 예의를 알게 될 것이다. 〈정이〉

10) 정사政事

정치를 할 때 지녀야 할 구체적인 마음가짐을 다루었다.

학문을 하는 사람은 실무에도 능통해야 한다. 천하의 일은 가정의 일과 비슷하다. 스스로 하지 않으면 누가 대신해 주지 않는다. 〈정이〉

11) 교학教學

교육의 길에 대한 글을 모아 놓았다.

사람을 가르치는 일은 참으로 어렵다. 그 대상의 재능을 충분히 발휘할 수 있도록 하지 않으면 사람을 잘못 이끌게 되니, 그가 잘할 수 있는 일을 세심하게 관찰한 뒤에 이야기해 주어야 한다. 성인의 통찰력은 『장자』에 나오는, 소를 잡는 요리사 이야기와 비슷하다. 살과 고기 사이의 틈을 알고, 거기에 칼을 대야 매끄럽게 자를 수 있는 것이다. 〈장재〉

12) 계경戒警

잘못을 고치는 것과 사람이 가지기 쉬운 결함에 대한 글을 모아 놓았다.

자로子路는 자신의 잘못을 지적받으면 기뻐했다. 그래서 지금도 그 이름이 후세에 남아 있다. 요즈음 사람은 자신의 잘못을 알고도 다른 사람에게 지적을 받으면 모른 척하는데, 이는 마치 몸의 병을 소중히 여겨 의사를 피하는 것과 같다. 죽어도 그 잘못을 인정하려 하지 않으니 참으로 어리석은 일이다. 〈주돈이〉

13) 변별이단辨別異端

정통 학문인 유학을 지키고, 이단 학문, 특히 불교와 노장老莊을 배격하는 내용이다.

양주楊朱(BC 395~BC 335, 위아설爲我說●을 주장한 사상가)와 묵적墨翟(BC 480~BC 390, 겸애설兼愛說●을 주장한 사상가. 묵자墨子라고도 함)으로 인한 피해는 신불해申不害(BC 400~BC 337, 전국시대의 법가 사상가)와 한비자韓非子(BC 280?~BC 233, 전국시대의 법가 사상가)보다 더 심하다. 양주의 위아설은 인仁과 비슷하며, 묵적의 겸애설은 의義와 비슷하다. 신불해와 한비자의 설은 천박하기에 알기 쉽다. 그러므로 맹자는 양주와 묵적의 설을 풀이해 공박했다. 그 설이 세상을 미혹시키기 때문이다. 불교와 노장의 설은 도리에 가깝기에 양주와 묵적에 비할 수 없이 해가 심하다. 양주와 묵적의 해는 맹자가 밝혀 물리쳤기에 널리 알려져 있다. 〈정호〉

14) 총론성현總論聖賢

고대 성현의 풍속에 대한 말을 모아 놓았다. 송학의 최종 목표는 '배워서 성현에 이르는 것'이다. 이 장은 『근사록』 전편을 정리하는 총론이다.

공자는 온 천지요, 안자는 따스한 봄바람과 상서로운 구름 같고, 맹자는 태산의 바위와 같은 기상이다. 공자는 흔적이 없고, 안자는 희미하나마 흔적이 있으며, 맹자는 그 흔적이 뚜렷하다. 공자는 쾌활한 사람이요, 안자는 화기애애하고 겸손한 사람이며, 맹자는 격렬한 웅변을 잘하는 사람이다. 〈정호〉

여조겸呂祖謙 : 자는 구공舊恭이고, 호는 동래東萊이다. 30세 때 주희와 알게 되어 오랫동안 교류했다. 육상산陸象山, 장식張栻등과도 교류했고, 그런 면에서 주희에게 많은 영향을 끼쳤다. 『근사록』의 편찬은 그가 주희의 한천정사寒泉精舍(학문을 가르치고 정신을 수양하는 곳)를 방문해 약 40일간 머물며 읽은 북송학자의 저술에서 영향을 받아 이루어진 것이다.

위아설爲我說 : 전국시대의 사상가 양주의 극단적인 개인주의 학설. 남을 위하거나 해침이 없이 오직 자기 자신의 욕망을 만족시키는 것이 옳다는 주장이다. 춘추시대 무렵의 중국은 부국강병이라는 명목 아래 백성을 억압하고, 그것이 나라와 백성을 위한 일이라고 했으나, 백성의 입장은 그렇지 않았다. 이에 양주는 백성은 비록 좋은 일일지라도 남의 참견을 받거나 하는 등의 일 없이 완전히 자유로워야 한다고 역설했다.

겸애설兼愛說 : 전국시대의 사상가 묵적墨翟과 그 주장을 신봉하는 학파인 묵가墨家의 대표적인 주장. 중국의 전국시대에 묵가는 사람들이 자기를 사랑하듯이 남을 사랑하고, 자기 집과 자기 나라를 사랑하듯이 다른 나라를 사랑하면 천하가 태평하고 백성이 번영하는데, 이는 단순히 세상을 위해서가 아니라 하늘의 뜻이라고 주장했다.

전습록
(傳習錄)

1518~1556년에 편찬되었다. 왕수인(왕양명王陽明)의 어록과 서간을 모은 책으로, 양명학의 정수가 담겨 있다. '전습傳習'이란『논어』「학이편學而篇」에 나오는 증자曾子의 말 '전불습호傳不習乎'(전수받은 것을 익히지 못한 것은 없는가)에서 비롯된 말이다. 스승에게 배운 것을 거듭 복습해 익히려는 노력을 게을리해서는 안 된다는 뜻이다. 『논어』의 이 구절을 이렇게 해석하게 된 것은 주희朱熹 이후의 일이다.

INTRO

왕수인(1472~1528)의 호는 양명陽明으로 명나라 때의 사상가이자 양명학의 창시자로 잘 알려져 있다. 어릴 때부터 열정적인 성격으로 과거 시험 공부에 그치지 않고, 기사騎射, 문학文學, 신선神仙, 불교 등 여러 방면을 섭렵하면서 정통 교학인 주자학에 대해 의문을 품기 시작했다. 병부주사兵部主事 자리에 있을 때, 그 무렵 권세를 부리던 환관 유근劉瑾을 탄핵했다가 투옥되었고, 귀주성 용장龍場으로 좌천되었다. 그 변경의 땅에서 수많은 사색을 하던 그는 어느 날 밤 '심즉리心卽理'(내 마음이야말로 모든 진리의 근원이다)의 진리를 깨닫고, 여기서 '성즉리性卽理'라는, 주자학에 대립하는 양명학을 만들어 냈다.

이윽고 도성으로 돌아온 그는 관리 생활을 하는 한편, 새로운 학문의 정리와 강의에 열중하면서 많은 제자를 모았다. 만년에는 도적과 반란군 토벌에 나서 공을 세우고 광서성 반란을 진압한 후 돌아오는 길에 병사했다.

『전습록』 3권은 왕수인의 어록과 서간을 모은 것으로, 처음에는 제자 설간薛侃이 스승의 어록을 편집했고, 거기에 남대길南大吉이 서간을 더했다. 그 후 왕수인이 세상을 떠난 뒤 전덕홍錢德洪이 두 번에 걸쳐 증보해 완성한 것이다.

양명학의 근본 테제는 '마음과 이치를 합해 하나로 하는 것', 곧 '심즉리'이다. 사람의 마음속에 있는 고유한 양지良知야말로 우주의 본체이자 만물의 주인인데, 이 양지가 발현하는 곳에서 인식과 실천이 통일된 것이 '지행합일知行合一'이다. 나아가 '천지 만물은 원래 나와 일체하는 것'이므로, 천하 만민의 고통을 나의 고통으로 느낌(만물 일체의 인仁)으로써 양지의 자각은 사회적 실천으로 이어진다.

이처럼 왕수인은 객관적인 권위를 부정하며 자아를 절대적 주체로 확립하고, 거기에 기초해 천하의 고난과 인심의 퇴폐를 구하려고 했다. 이런 주체의 확신과 열정적 사명감은 『전습록』 전편에 걸쳐 힘차게 숨 쉬고 있으며, 그런 그의 사상이 어록이나 서간이라는 '육성'의 형식으로 정리된 것이 이 책의 매력이다.

격물치지의 새로운 해석으로 주자학과 대립

양명학의 출발점은 주자학의 정적이며 고정적인 이론에 대한 비판인데, 그 계기가 된 것이 『대학大學』의 '격물格物, 치지致知, 성의誠意, 정심正心, 수신修身, 제가齊家, 치국治國, 평천하平天下'의 해석이다. 주자는 나무 한 그루, 풀 한 포기에 모두 이理가 갖추어져 있고, 따라서 내 마음의 이를 끝까지 파 들어가면서 만물의 이치를 밝혀야 한다고 말한다(격물궁리格物窮理). 이런 사고방식에 대해 왕수인이 청년 시절에 품었던 의문은 다음과 같은 것이었다.

사람들은 모두 '격물'이라는 주자의 설을 절대적인 것이라 생각할 뿐, 그 설을 실천하려 하지 않는다. 그러나 나는 젊은 시절에 그 설을 다음과 같이 실천해 본 적이 있다. 친구 전군錢君과 함께 성현이 되려면 천하의 사물과 그 이치를 알아야 하는데, 어떻게 하면 그 힘을 얻을 수 있는가에 관해 논의하다가 먼저 정원에 있는 대나무를 알아보기로 했다. 먼저 전군이 아침부터 밤까지 대나무의 도리를 캐려고 노력했으나 사흘만에 신경쇠약에 걸리고 말았다. 처음에 나는 그가 정신적인 힘이 부족해서 그렇게 된 것이라고 믿었다. 그래서 나도 아침부터 밤까지 대나무의 도리를 밝혀내기 위해 노력했는데, 결국 일주일 만에 신경쇠약에 걸려버렸다. 그래서 우리 둘은 도저히 성현이 될 수 없고, 우리에게는 그럴힘도 없는 것 같다고 탄식했다.

그 뒤 귀주의 이민족 속에서 생활하던 3년 동안 그 이치를 어느 정도

깨닫고 천하의 물物은 본래 그 도리를 밝혀낼 수 없는 것이며, 격물수행은 오로지 내 몸과 마음에 대해 행하는 것임을 알게 되었다.

주자가 말하는 격물은 사물 하나하나에 대한 일정한 이치를 밝히는 것으로서, 그렇게 하면 이치와 내 마음을 구별해 둘로 만드는 결과가 나타난다. 예를 들면, 효도의 이치는 과연 부모의 몸에 있는가, 내 마음에 있는가라는 문제를 놓고 볼 때 만일 부모의 몸에 있을 경우, 부모가 돌아가시면 효의 이치는 사라지고 말 것이다.

내가 말하는 격물치지란 내 마음의 양지良知를 하나하나 사물에 나타나게 하는 것이다. 내 마음의 양지는 천리天理 그 자체이다. 내 마음의 양지라는 천리를 하나하나의 사물에 나타나게 하면, 그 사물들은 모두 그 이치를 얻는다. 내 마음의 양지를 나타나게 하는 것이 치지致知이며, 하나하나의 사물이 그 이치를 얻는 것이 격물格物이다. 곧, 마음과 이치를 합해 하나로 하는 것이다. 「중권 6」

심즉리心卽理 – 내 마음이 나와 우주 만물의 근원

주희의 라이벌이었던 송나라의 육상산陸象山●은 내 마음이 바로 이理(도덕적 원리)라는 논리를 주장했던 적이 있다. 왕수인은 그 논리를 더 발전시켜 인간의 마음이야말로 내 몸이나 인간 윤리, 나아가 우주 만물의 근원이라고 했다.

"최고선을 오로지 마음속에서만 추구한다면, 천하의 모든 사물의 도리를 궁극적으로 아는 것은 불가능하지 않을까요?"

서애徐愛의 질문에 스승은 이렇게 대답했다.

"마음이야말로 이치이다. 천하에 마음이 아닌 도리가 어디 있을까. 부모와 군주를 섬길 때, 부모와 군주에게서 효와 충의 이치를 추구할 수는 없다. 친구를 사귀고 백성을 다스릴 때도 상대에게서 신信과 인仁의 이치를 찾아서는 안 된다. 효, 충, 신, 인은 모두 내 마음속에 있다. 마음은 그냥 그대로 이치이다. 이 마음이 사욕으로 흐려지지 않았다면, 그냥 그대로 천리이니 바깥에서 무엇을 가지고 들어오지 않아도 된다. 이 천리를 따르는 순수한 마음으로 부모와 군주를 섬기면 그것이 효고 충이며, 친구와 사귀고 백성을 다스리면 그것이 신이며 인인 것이다. 오로지 내 마음의 욕망을 버리고 천리를 추구하는 것, 그 이외에는 없다."「상권 3」

지행합일知行合一 – 앎과 행위의 주체인 본심의 발현

왕수인은 '심즉리'의 논리로 행동의 기준과 판단의 근거, 도덕의 근원을 밝히고, 그것을 실천의 주체인 자신의 마음에서 추구했으며, 나아가 지행합일을 주장했다. 이것은 단순히 '지식을 실천한다', '앎과 행위를 일치시킨다'는 뜻이 아니다. 지행합일이란 앎과 행위의 주체인 '본심本心' 그 자체가 발현되어야 가능한 일로, 본심의 차원에서 앎과 행위가 합일해야 한다는 뜻이다.

서애는 스승이 말하는 지행합일을 잘 이해할 수 없어 친구들과 토론을 해 보았는데, 그래도 알 수 없어 결국 스승에게 물었다.

"사람은 누구든 부모에게는 효를 다하고 형에게는 공손해야 한다는 걸 잘 알면서도 실천하기가 어렵습니다. 이것은 아는 것과 행하는 것이 다름을 말해 주는 것이 아닌지요?"

"그것은 사욕에 흐려져서 그렇다. 그것은 지행의 본래 모습이 아니다. 알면서 행하지 않는 것은 본래 있을 수 없는 일이다. 알면서 행하지 않는다는 것은, 사실은 모른다는 것이다. 『대학』을 보면 참된 지행이란 '마치 예쁜 여자를 좋아하듯 하고, 나쁜 냄새를 싫어하듯 하라'라는 말이 있다. 예쁜 여자를 가려내는 것은 앎에 속하고, 그것을 좋아하는 것은 행위에 속한다. 그러나 실제로는 예쁜 여자를 가리는 순간 그것을 벌써 좋아하고 있는 것이다. 나쁜 냄새도 마찬가지로, 그것을 맡는 순간 마음이 움직여 싫어지는 것이다.

어떤 사람이 효와 공경을 안다고 했을 경우를 생각해 보자. 이미 효와 공경을 실천했을 때 그것을 안다고 말할 수 있는 것이지, 말로만 효와 공경을 외웠다고 해서 효와 공경을 안다고 할 수는 없다. 추위를 알고, 배고픔을 알 때도 제 몸이 그것을 체험했기 때문이 아닌가? 앎과 행위를 분리할 수는 없다. 이것이 사욕에 물들지 않은 지행의 본래적인 모습이다. 성인이 가르치는 것도 바로 이러한 지행의 존재 방식이며, 그렇지 않으면 안다고 할 수 없다." 「상권 5」

"내가 지금 왜 지행합일을 주장하는지 그 근본을 알아야 할 것이다. 지금 사람들은 학문을 하면서 앎과 행위를 분리하기 때문에, 한 생각이 일어나면 그것이 선하지 않은데도 억누르지 못한다. 내가 지금 사람들에게 지행합일을 주장하는 것은 하나의 생각이 일어나는 것 자체가 행위라는 것을 알리기 위함이다. 움직이기 시작한 하나의 생각이 선하지 못할 경우에는 반드시 그것을 마음속에서 몰아내야 한다. 이것이 내가 주장하는 근본이다." 「하권 26」

치양지致良知 – 모든 실천의 주체인 마음의 본질

왕수인이 치양지를 자기 사상의 중심에 둔 것은 비교적 만년晩年에 들어서였다. 앎과 행위를 자신의 마음속에서 합일시킨 그는, 그 뒤의 오랜 사색을 거쳐 모든 실천의 주체인 내 마음의 본질이 '치양지'라는 결론에 도달한다. '양지'란 『맹자』의 '생각하지 않고도 알 수 있는 것이 양지良知이다'라는 말에서 따온 것이다. 그는 양지란 인간에게 선천적으로 갖추어진 영묘한 도덕적 직관력이며, 이 양지를 사물에 나타나게 하는 것이 학문의 목적이라고 했다.

"원래 학문과 사변思辨(깊이 생각해 시비를 가림), 독행篤行(독실한 행위)을 공부한다는 것은 결국에는 내 마음의 양지에 이르는 것이며, 그 양지에 무엇 하나도 보탤 것이 없다. 지금 천하의 이치를 밝혀야 한다고 하면서 내 마음속에서 그것을 추구하지 않는다면, 선과 악, 진실과 허위의 구분을 어디서 구한단 말인가? 그것은 오로지 양지에 의해서만 밝혀질 수 있는 것이다."「중권, 답고동교서答顧東橋書」

어떤 친구가 조용히 앉아 사색을 하다가 깨달은 바가 있어 선생을 찾아가 물었다. 선생은 이렇게 대답했다.

"예전에 저주滁州에 있을 때, 제자들이 머리로만 이해하기에 힘쓰고, 천박한 논쟁에만 열중하는 것을 보고 이래서는 아무런 덕이 없다고 생각해 내성內省을 하도록 가르쳤다. 처음에는 좋은 효과가 있었으나, 이윽고 고요만을 즐기고 움직임을 싫어하여 생기를 잃어버리는 폐해가 생겼다. 그중에는 신비로운 깨달음을 얻었다 하여 허풍을 떠는 제자도 있었다. 그래서 그 뒤로는 양지만 명백하다면 내성해서 깨달음을 얻으려 하건, 구체적인 일을 연마하건 상관하지 않게 되었다. 양지의 본래 모습은 움직임도 고요도 아니다. 이것이 바로 학문의 핵심이다. 저주 시절 이후로 치양지를 거듭 검토해 보았으나, 이것만이 어떤 병폐도 없었다."「하권 62」

만물 일체의 인仁

양지의 나타남은 도덕적 완성을 가져다준다. 그리고 사욕을 물리치고 천리를 밝혀 사회적으로 실천하는 경우에는 나와 타인을 구별하지 않게 하고, 천하 만민을 구제해야 한다는 강한 의무감을 가지게 한다.

사람은 천지의 마음이며, 천지 만물은 본래 나와 일체이다. 백성의 고통은 모두 내 살을 찌르는 고통이 아닌 것이 없고, 내 몸의 아픔을 느끼지 못하는 사람은 '시비지심是非之心'(판단력)을 가질 수 없다. 판단력은 선천적으로 알고 배우지 않아도 아는 것, 즉 양지이다. 양지는 현명한 사람이건 어리석은 사람이건 한결같이 갖추고 있는 자질이다. 세상의 군자가 오로지 자신의 양지를 실현하는 데만 몰두한다면 판단력과 선악을 구별하는 마음은 만인 공통의 것이 되고, 남과 나의 차별은 없어지며, 나라는 내 집과 같고, 사람과 천지 만물은 일체가 될 것이니 이렇게 되면 싫다고 발버둥 쳐도 천하는 저절로 태평해진다.

옛사람은 선한 것을 보면 내 것처럼 기뻐하고, 악을 보면 내 몸이 아픈 듯 슬퍼했으며, 백성의 굶주림과 아픔을 내 일처럼 괴로워하고, 천하의 신뢰를 얻기 위해 애써 꾸미려 하지 않았다. 그것은 자신의 양지를 실현하여 내 마음의 만족을 얻으려 한 결과로 자연스럽게 그렇게 된 것이다.

그런데 후세에 이르러 양지가 잊히고, 세상 사람들은 서로 다투게 되었다. 인의仁義라는 미명 아래 제 마음대로 욕정을 발산하고, 혈육 사이에도 대립과 차별이 만연해 두 눈 뜨고 볼 수 없는 지경이 되고 말았다. 그러니 세상이 혼란스러운 것도 당연하다.

나는 하늘의 보살핌으로 양지를 알게 되었고, 그것으로 이 세상을 구제할 수 있다고 생각하게 되었다. 그래서 백성의 고난을 생각할 때마다 마음이 아파 내 몸은 돌보지 않고 양지로써 백성을 구제하려 했으나, 세상 사람들은 이런 나를 보고 미친 사람이라 조소하고 비방했다.

하지만 그런 조소에 신경 쓸 틈은 없다. 내 몸의 고통은 너무도 심하나, 부모 형제가 물에 빠지는 것을 보면, 위험을 잊고 절벽 아래로 뛰어내려 구하려 할 것이다. 그러면 점잖은 선비들은 그 곁에서 우아하게 인사를 나누고 담소하면서 이렇게 말할 것이다. 저렇게 허둥대며 체면도 돌보지 않는 것을 보니 미친 사람일 것이라고.

아, 세상 사람들은 나를 미친 사람이라고 하는데, 그것이 그리 틀린 말은 아니다. 세상 사람들의 마음이 모두 내 마음이거늘, 세상에 미친 사람이 있는 이상 어찌 내가 미치지 않을 수 있는가. 비정상적인 마음을 가진 사람이 있는데, 어찌 내가 정상일 수 있겠는가?「중권, 답섭문위答聶文蔚」

| 책 속의 명문장 |

拔本塞源 발본색원

악의 근원을 자르는 것을 말한다. 원래는 『춘추좌씨전』에 나오는 말인데, 왕수인은 번잡하고 사소한 지식만을 추구하는 잘못된 학문을 타파하자는 뜻으로 사용했다.

「중권, 답고동교서」

賢人如山嶽, 守其高而已 현인여산악, 수기고이이

현인은 높은 산과 같으니, 그 높음을 지킬 따름이다. 성인이 하늘처럼 자유자재인 것에 대해, 현인은 자신의 높이를 지킬 뿐 자유로운 성인의 경지에 들지 못했다는 뜻이다.

「상권 75」

滿街人, 是聖人 만가인, 시성인

거리에 가득한 사람이 모두 성인이다. 사람은 모두 양지良知를 갖추고 있으므로 거리를 지나가는 모든 사람이 성인이라는 뜻이다. 왕여지라는 사람이 유람을 갔다가 돌아오자, 왕수인이 무엇을 보고 왔느냐고 물었다. 이 물음에 왕여지가 "만가인, 시성인"이라고 대답하자, 왕수인은 "그대가 보기에는 거리를 지나는 사람들이 모두 성인이었겠지만, 그 사람들의 눈에는 오히려 그대가 성인처럼 보였을 것이야"라고 대답했다. 「하권 12」

NOTES

육상산陸象山 : 남송南宋의 유학자. 주자와 대립해 중국 전체를 양분하는 학문적 세력을 형성했다. 주자는 객관적 유심론을 주장한 반면, 상산은 주관적 유심론을 주장했다. 상산의 학문은 양자호 등에 의해 계승되었다. 주요 저서로 『상산선생 전집』(36권)이 있다.

노자
(老子)

BC 510년경에 만들어진 책으로, 자연에 순응하면서 자연의 법칙을 거스르지 않고 살아야 한다는 동양적 지혜의 정수를 담고 있다. '노老'는 저자 노담의 성이고, '자子'는 학자나 그 저술을 가리키는 말이다. 따라서 '노자'란 노 선생의 학설을 정리한 책이라는 뜻이다. 전문 약 5,400자이며, 보통 81장으로 나누고, 제1~제37장을 상편, 제38~제81장을 하편이라 한다.

INTRO

노담은 춘추시대 말기의 현자로, 공자에게 가르침을 준 적이 있다고 한다. 일설에 따르면 그의 성은 이李, 이름은 이耳, 자는 담聃이라고 한다. 초楚나라 출신으로, 주나라 왕실에 소속되었으나 주나라의 덕이 쇠약해지자 함곡관을 떠나 행방을 감추었다고 한다. 그러나 그가 실존했음을 뒷받침할 만한 문헌 자료가 없어 우화적 존재가 아닌가 하는 의구심이 들기도 하며, 설령 그의 존재를 긍정한다 해도, 『노자』라는 책의 저자가 그일 가능성은 거의 없다고 보아야 한다. 『노자』는 『노자서老子書』 또는 『노자도덕경老子道德經』이라고도 부른다. 그 용법이나 문자들을 보건대, 전국시대 이후의 작품이라는 사실에는 의심의 여지가 없다. 사상적으로는 전국시대의 양주楊朱, 송견宋銒, 윤문尹文, 전병田騈, 신도愼到, 장주莊周와 같이 훗날 도가道●로 분류되는 학파의 설이 혼재하는 것으로 보아, 주로 도가에 속하는 사람들의 사상을 집약하고 체계화해 노담이라는 이름에 가탁한 것으로 보인다. '도'를 체현한 성인만이 이상적인 사회를 실현할 수 있다는 정치론은 이윽고 법가의 설과 결탁해 군주 독재 체제의 확립에 기여했다는 의견도 있다. 또한 싸우지 않고 이기는 원리를 설파한 군사론은 '손자'의 병법과 연관이 있다는 지적도 있다. 오늘날 통용되는 『노자』는 후한 시대에 성립한 것으로 보이는 하상공河上公 주석본과 위魏나라 왕필王弼의 주석본이다. 1973년에 마왕퇴馬王堆에서 발굴된 『노자』 고사본 2종류는 전한前漢 초기나 그 이전의 것으로 추정되는 것으로 현존하는 텍스트 중에서 가장 오래된 것인데, 내용은 위의 2가지 주석본과 별 차이가 없고, 다만 상편과 하편의 순서가 반대로 되어 있다는 점이 다르다. 현대 중국에서는 노자가 달성한 변증법적 인식을 높이 평가하면서도 그 사상 전반은 귀족 계급의 심정을 대변하는 것이라 비판해 왔으나, 비림비공批林批公●(린뱌오林彪●와 공자를 비판한 것) 운동 이후로는 그 사상의 병가적 또는 법가적인 측면을 평가하게 되었다.

부드러움이 강한 것을 이긴다

노자는 '유약겸양부쟁柔弱謙讓不爭'의 덕을 설파한 사상가로 알려져 있다. 그러나 그것은 비굴함과는 아무 상관이 없는, '부드러움은 강한 것을 이긴다'라는 필승의 방책이다. 버드나무 가지가 눈사태에도 부러지지 않듯 노자는 유연함을 생명의 상징으로 보았다. 그리고 유연함의 극치를 추구하여 자연스러운 흐름과 모든 고정된 형태를 부정하는 경지에 이른다.

천하에 물보다 더 부드럽고 약한 것은 없다. 그러나 굳고 센 것을 꺾는 데 물보다 더 뛰어난 것 또한 없다. 이는 물이 철저하게 약하기 때문이다. 「제78장」

천하에서 가장 부드럽고 약한 물이 천하에서 가장 단단한 쇠와 돌을 마음대로 부린다. 형태가 없는 것은 도저히 파고들 틈도 없는 그 어떤 곳이라도 파고들 수 있기 때문이다. 「제43장」

형태가 없는 것을 '무'라 한다. 이 무의 움직임을 '무위無爲'라 한다. 노자의 승부사로서의 진면목은 무위로 이기는 것을 가장 높이 산다는 데 있다.

훌륭한 무사는 힘을 드러내지 않고, 잘 싸우는 사람은 성난 기색을 드러내지 않으며, 잘 이기는 사람은 함부로 다투지 않고, 남을 잘 부리는 사람은 늘 남에게 겸손하다. 「제68장」

능동적인 것보다 수동적인 것이 중요하다. 이 가르침을 지키면 나아가도 나아가는 것처럼 보이지 않고, 주먹을 휘둘러도 휘두르는 것같이 보이지 않으며, 적을 쳐도 치는 것처럼 보이지 않고, 무기를 들어도 든 것처럼 보이지 않는다. 「제69장」

노자는 이처럼 '무'를 활용한 승리야말로 병법의 궁극으로 쳤다. 승부란 무조건 이긴다고 좋은 것이 아니며, 끊임없이 반복되는 투쟁을 피하기 위해 모습을 드러내서도 안 되고, 상대에게 패배의 굴욕감을 주어서도 안 된다고 생각한 것 같다. 그리하여 상대도 모르게 승리하는 방법을 다음과 같이 설명하기도 했다.

움츠리게 하고 싶으면 먼저 펴게 해 주고, 약하게 만들고 싶으면 먼저 강하게 해 주며, 멸망시키고 싶으면 먼저 융성하게 해 주고, 빼앗고 싶으면 먼저 주어라. 「제36장」

늘어날 만큼 늘어났으면 줄어드는 것이 도리이다. 부드러움이 강함에 이기는 것은 이런 자연의 법칙이 있었기에 가능했다고 여겨졌다. 그러나 이 '무위자연'(무의 움직임을 이용하여 자연의 법칙에 순응하는 것) 식 승리법은 약자들만의 전매특허가 아니다. 강자가 계속 강자이기 위해서도 잊어서는 안 되는 마음가짐이었다.

큰 나라는 강의 하류와 같아서 천하의 모든 사람들이 모여들게 마련이니 천하의 '여자'라 할 수 있다. 여자는 손을 뻗지 않고도 남자를 마음대로 부린다. 큰 나라가 스스로 겸양하면 작은 나라가 저절로 따르고, 작은 나라가 큰 나라에 겸양하면 큰 나라는 스스로 작은 나라를 받아들인다.

큰 나라는 모든 나라를 수용해 모든 사람을 잘살게 하기를 원하며, 작은 나라도 큰 나라의 그늘 아래 있기를 바란다. 서로의 이해관계는 일치하는 점이 있기 때문에 큰 나라가 먼저 겸양해야 한다.「제61장」

무위로 다스리지 못할 것이 없다

무위로 다스리면 다스리지 못할 것이 없다는 것이 노자의 정치철학의 핵심이다. 아무것도 하지 않으면서 다스린다는 것이 무슨 뜻인지 구체적인 예를 들어 살펴보기로 하자.

최고의 군주가 다스리는 나라는 백성이 군주가 있는지 없는지도 모른다. 그다음으로 좋은 군주는 백성이 군주를 공경하며 찬양한다. 그보다 하수는 백성이 두려워하는 군주이며, 최악의 군주는 백성들에게 경멸당한다. 군주는 백성의 자연스러운 생활에 간섭하지 않는다. 뛰어난 군주는 함부로 명령하지 않고, 만사를 백성에게 맡겨 둔다. 그리하여 잘살게 되면, 백성은 그저 군주의 공이 아니라 자연스럽게 그리 된 줄로 안다.「제17장」

오해를 피하기 위해 덧붙이자면, 노자가 전하고 싶은 말은 '대책 없이 있어라'라는 것이 아니다. 군주가 어떤 시책을 세웠는지조차 의식할 수 없을 만큼 자연스러운 통치가 바람직하다는 것이다. 이 이상적인 지도 방식은 농부의 작업을 예로 들 수 있겠다. 농부는 농작물을 잘 키우기 위해 밭을 갈고 성장을 방해하는 원인을 없애려고 노력한다. 그다음 일은 자연에 맡기고 조급해하지 않는다. 농작물의 성장을 방해하는 흙 속의 돌멩이와 잡초, 해충 등은 인간의 간사한 지혜와 그 지혜로 인해 끝없이 비대해지는 욕망이라 할 수 있다.

옛 성인은 백성을 영악하게 만들지 않고, 우둔하고 소박하게 만들었다. 백성이 영악하면 정치하기가 어렵기 때문이다. 그러므로 교묘한 지혜로 나라를 다스리면 나라가 흔들린다. 나라를 크게 일으키려면 간사한 꾀를 부리지 말고 무위의 정치를 해야 한다. 「제65장」

위정자가 재능을 중시하지 말아야 백성들은 다투지 않고, 귀한 물건을 중시하지 말아야 도둑이 생기지 않으며, 탐욕을 부리지 말아야 백성의 자연스러운 본성이 흐트러지지 않는다. 「제3장」

백성들의 마음에서 욕망을 없애고, 대신 육체는 편하게 하는 것. 이것이 성인이 나라 다스리는 법이다.

이 부분을 두고 노자가 우민정치를 주장한다고 비판하는 사람도 있다. 노자에게 그런 측면이 있다는 사실은 부정할 수 없으나, 그의 사상은 결코 위정자가 백성을 꼭두각시처럼 움직이는 우민정치를 찬양하는 것은 아니다.

백성이 굶주리는 것은 위정자들이 세금을 많이 거두어들여 자신의 배를 채우기 때문이다. 백성이 반항하는 것은 그들이 술책을 부려 억압하기 때문이다. 백성이 목숨을 잃는 것은 그들이 욕심을 부리기 때문이다. 「제75장」

천하에 금기가 많으면 백성이 가난해지고, 통치자가 지략이나 권모술수를 많이 쓰면 쓸수록 세상은 어둡고 혼란스러워지며, 기술이 발달하면 할수록 불행한 사건은 더 많이 일어나고, 법률이 정비되면 될수록 범죄는 늘어난다. 「제57장」

2천 수백 년 전의 말이지만, 오늘날 우리가 당면한 경쟁 사회의 정신적 피폐와 기술 문명의 발전에 따른 환경 파괴에 대한 날카로운 통찰이 담겨 있다.

자기가 자기임을 주장하지 않는다

문명의 발달과 함께 한층 격렬해지는 생존 경쟁의 장에서 인간은 어떻게 자신을 구원할 수 있을까? 그 길은 단 하나, 현세의 사람들이 걸어가는 길에서 벗어나 자신의 주체성을 확립하는 일이라고 노자는 말한다.

사람들은 모두 의욕에 넘치지만, 나는 멍하니 모든 것을 잊고 있다. 나는 어리석어 무엇 하나 분별하지 못한다. 사람들은 명민하지만, 나는 도리에 어둡고 어리석다. 나는 정처 없이 출렁이는 바다이며, 그냥 스쳐 가는 바람이다. 사람들은 모두 유능하지만, 나는 우둔하고 촌스럽다. 나 홀로 사람들에게서 멀어져 자연이라는 어머니 품에 안기리라. 「제20장」

노자가 말하는 '나'라는 주체성은 세상 사람들이 한결같이 나아가는 길이 아니다. 바다처럼 형체도 없이 출렁이고, 무작정 부는 바람처럼 어떤 세속적 개념으로 잡을 수 없는 자유의 주체성이다.

천지는 영원하다. 그것은 자기가 자기임을 주장하지 않기 때문이다. 성인도 이와 같다. 사람 앞에 서려 하지 않음으로써 오히려 사람 앞에 설 수 있다. 내 몸을 잊었기에 오히려 내 몸을 온전히 한다. 「제7장」

자기를 주장하지 않는다는 것은 다르게 말해 자신을 자연에 맡기고 때의 변화에 순응한다는 것이다. 이렇게 자유자재로 변화할 수 있는 주체성을 지닌 인간은 번뜩이는 지혜의 빛과 의지의 불꽃을 바깥으로 드러내지 않는 존재여야 한다. 노자는 너무 넓어서 어떤 관점으로도 포착하기 힘든 인격을 이상적인 인간상으로 보았다.

도를 터득한 사람은 말이 없다. 말이 많으면 도를 모르는 사람이다. 감각에 사로잡히지 않고, 욕망의 문을 닫는다. 날카로움을 무디게 하고, 마음의 엉킴을 풀어 헤친다. 자신이 뿜어내는 눈부신 빛을 부드럽게 하고, 풍진 세상과 어우러진다(和其光, 同其塵). 이것을 현동玄同●이라 한다. 그러므로 현동에 이른 사람을 보면, 친밀하게 대해야 할지 미워해야 할지, 이롭게 해야 할지 해롭게 해야 할지, 존경해야 할지 경멸해야 할지 사람들은 가늠하지 못한다. 외부의 힘으로는 어떻게 해 볼 수 없는 이런 사람이야말로 가장 위대하다. 「제56장」

인간이란 자연의 한 요소에 지나지 않는다

노자 철학의 토대는 인간이란 자연의 한 요소에 지나지 않는다는 자각에 있다. 따라서 인간적 지혜의 이상적 형태는 만물을 지배하는 자연법칙을 인식하고 거기에 따르는 것이다. 그는 자연을 변화하는 실체로 파악하고, 우주 만물의 변화 속에서 일정한 법칙을 찾아낸다.

그 법칙이란, 모든 현상의 배후에 깔려 있는 시공을 넘어선 본체와 그

운동 원리이다. 그 본체를 그는 '도'라고 했다. '도'는 '무無'라는 말로 표현할 수밖에 없는, 지각을 넘어선 어떤 것이다. 도는 한정될 수 없는 본체이므로 '무'라 할 수밖에 없지만, 시간적으로나 공간적으로 제약된 현상, 곧 만물로 나타나므로 '유'라고 할 수도 있다. 또한 무는 극소를 나타내고, 유는 극대를 나타내므로 도는 소小이면서 대大이다. 이처럼 도는 모든 대립을 통일하는 존재이다. 우주의 모든 현상은 도 안에 포괄되는 대립 관계의 한 형태로 나타난다. 그것은 결코 한정된 것이 아니다. 예를 들면, 무는 늘 유로 바뀌려 하고, 유는 늘 무로 바뀌려 한다. 이렇게 대립하고 서로 전환하려는 운동이 도의 법칙이다.

대립 상태를 내포하면서, 그 대립적인 것으로 바뀌려 하는 것이 도의 운동이다(反者, 道之動). 늘 소극을 지키려 함으로써 한없이 적극으로 통한다. 그것이 도가 작용하는 형식이다(弱者, 道之用). 만물도 그 근원으로 거슬러 올라가면 '유', 곧 현상 일반에 도달한다. 그 유의 근원을 더 파고 들어가면 '무'라는 말 이외에는 표현할 수 없는 어떤 것에 이른다. 「제40장」

서로 대립하는 것의 상호 전환 과정이 무한히 반복됨으로써 끝없는 생성 변화가 일어난다는 것이 노자의 자연관이다. 그러나 인간은 지각에 사로잡혀 대립하는 것의 일면(예를 들어 미추美醜에서의 미)만을 고집함으로써 자연의 변화에 어긋나는 작위의 마음을 일으키게 되고, 그 결과 끝없는 미망迷妄에 빠지는 것이다.

| 책 속의 명문장 |

道可道, 非常道 도가도, 비상도

진정한 도는 절대 불변의 고정된 도가 아니다. 만물은 끊임없는 변화 속에 있다. 진정한 인식은 사물을 늘 변화 속에서 파악한다.

天下皆知美之爲美, 斯惡已 천하개지미지위미, 사악이

사람들은 아름다운 것은 언제나 아름답다고만 생각할 뿐, 아름다움이 곧 추악한 것임을 모른다. 모든 대립적인 개념은 어디까지나 상대적인 구별에 지나지 않는다. 그러므로 사물의 일면에 지나치게 집착해서는 안 된다.

上善若水 상선약수

최고의 선은 물과 같다. 물은 만물을 기르면서도 자기를 내세우지 않고, 오로지 낮은 곳으로 향한다. 이 물과 마찬가지로 자기를 주장하지 않는 자만이 자유로울 수 있다.

功遂身退, 天之道 공수신퇴, 천지도

공을 세우면 뒤로 물러서는 것이 하늘의 도리이니, 끝까지 올라가면 이제 남은 것은 내려가는 일뿐이다. 성공했다고 그 지위를 끝까지 지키려 하다가는 재앙을 부를 따름이다.

大道廢, 有仁義 대도폐, 유인의

사람들이 인이니 의니 하게 된 것은 무위자연의 대도가 사라지고 작위作爲가 세상을 지배하게 된 뒤부터이다. 도덕이 필요 없는 세상이야말로 이상적인 사회이다.

知足不辱, 知止不殆, 可以長久 지족불욕, 지지불태, 가이장구

만족하고 물러설 줄 알면 치욕을 당하지 않고, 멈출 줄 알면 위태롭지 않고, 오래 지
탱할 수 있다.

大巧若拙, 大辯若訥 대교약졸, 대변약눌

진정한 기교는 치졸해 보이고, 진정한 웅변은 어눌하게 들린다. 모든 진실은 작위를
버리고 자연의 길을 따르므로 오히려 진실되게 보이지 않는다.

도가道家 : 선진先秦 시대 제자백가의 하나. 노자와 장자의 허무, 염담恬淡, 무위無爲의 설을 받든 학파로,
만물의 근원으로서의 자연을 숭배했다. 유가와 더불어 양대 학파를 이룬다.

비림비공批林批公 : 중국에서 1973년 말부터 전 국방장관이자 당 부주석이었던 린뱌오와, 그가 즐겨 인
용한 공자를 함께 비판한 운동. 귀족을 옹호한 공자의 사상을 당 노선에 도입해 자본주의의 부활을 꾀
했다는 것이 비판의 요지.

린뱌오林彪 : 1906~1971. 중국의 정치가이자 군인이다. 중국 공산당원으로 1967년 문화대혁명 속에서 마
오쩌둥毛澤東, 장칭江靑과 결탁해 군대의 힘으로 권력을 탈취했으나, 훗날 반反마오쩌둥 쿠데타를 일으
켰다가 실패했다.

현동玄同 : 피아의 구별 없이 하나가 되어 차별이 없는 것을 말함.

장자
(莊子)

BC 290년경에 만들어진 책으로, 전국시대의 사상가인 장자(이름은 주周)의 저서이다. 전문 6만 5,000여 자이며, 「내편內篇」 7편(《소요유逍遙遊》, 〈제물론齊物論〉, 〈양생주養生主〉, 〈인간세人間世〉, 〈덕충부德充符〉, 〈대종사大宗師〉, 〈응제왕應帝王》)과 〈병무駢拇〉 이하 「외편外篇」 15편, 〈경상초庚桑楚〉 이하 「잡편雜篇」 11편 등 모두 33편으로 구성되어 있다.

INTRO

『장자』 33편 가운데 장자 자신이 쓴 것은 「내편」 7편뿐이고, 「외편」과 「잡편」은 후세의 장자 학파 사람들이 장자에 가탁해 썼다는 것이 통설이다.

장자가 살았던 연대나 이력에 대해서는 자세히 알려져 있지 않다. 『사기』에 따르면 '장자는 몽현蒙縣(지금의 하남성河南省 상구현商邱縣) 사람으로 이름은 주周이고, 옛날에 몽현의 옻나무 밭을 지키는 관리였다. 그리고 위魏나라 혜왕惠王, 제나라 선왕宣王과 동시대 사람'이었다고 한다. 위나라 혜왕의 재위 시기는 BC 370~BC 319년이고, 제나라 선왕의 재위 시기는 BC 319~BC 301년이므로, 장자는 BC 4세기 후반에 살았다고 볼 수 있다.

장자의 경력에 대해서는 『장자』의 「외편」과 「잡편」에 아내가 있었고《지락편至樂篇》, 제자가 있었다는 것《산목편山木篇》, 〈열어구편列禦寇篇》을 알려 주는 에피소드나, 그의 가난에 대해 말하면서 감하후監河侯에게 돈을 빌리러 갔다는 이야기《외물편外物篇》, 넝마를 입고 위나라 혜왕을 만난 이야기《산목편山木篇》 등으로 짐작할 수 있을 따름이다. 또한 『사기』에는 장자를 재상으로 삼으려는 초나라 위왕威王의 요청에 대해 진흙탕에 뒹굴어도 자유롭게 살고 싶다는 말로 보기 좋게 거절했다는 이야기가 소개되어 있다.

장자는 만물을 지배하는 근본 원리를 '도道'라 하고, 그 '도'에서 보자면 모든 사실에는 구별이 없다(만물제동萬物齊同, 곧 만물은 모두 동일한 현상에 지나지 않는다는 뜻)고 했다. 그리고 이 '도'와 일체화하는 것, 곧 무심無心의 경지에 들어 모든 것을 있는 그대로 받아들일 때 자유로운 삶을 얻을 수 있다고 하고, 그것을 위한 수양을 '심재心齋'●, '좌망坐忘'●이라고 했다. 또한 자연을 훼손하는 인위적 행위를 배척하고, 인위의 관점에서 보면 아무런 쓸모 없는 것이 실제로는 유용하다고 말했다.

훗날 『장자』는 무위자연의 처세 철학을 주장하는 『노자老子』와 일체화되어, 노장 사상老莊思想●으로서 후세 사람들의 삶에 큰 영향을 끼쳤다.

대붕도남大鵬圖南

북녘 바다에 곤鯤이라는 물고기가 살고 있는데, 그 크기가 몇천 리가 되는지 알 수 없다. 이 물고기가 변해서 붕鵬이라는 새가 된다. 그 등넓이는 몇천 리가 되는지 알 수 없고, 힘차게 날아오르면 날개는 하늘을 덮는 검은 구름과도 같다. 이 새는 바다에서 큰 바람이 이는 계절이 오면 천지天池라는 남쪽 바다로 날아가려 한다.

괴이한 일들이 실려 있는 『제해齊諧』라는 책을 보면, '붕이 남쪽 바다로 날아갈 때는 3,000리 바다에 파도를 일으키고, 회오리바람을 타고 9만 리 하늘을 날아올라 6개월 동안 쉼 없이 날갯짓을 한다'라고 되어 있다. 지상에서는 아지랑이와 먼지가 피어오르고, 모든 생명체의 입김이 가득하다. 그러나 하늘은 파랗다. 그 빛깔은 하늘의 본래 색깔이 아니라 멀리 떨어져 그렇게 보일 따름이다. 그러므로 9만 리 먼 하늘에서 붕이 내려다보는 이 지상 세계도 파란색일 것이다.

물이 깊지 않으면 배를 띄울 수 없다. 한 잔의 물이 마루에 괴면 작은 풀잎이 배처럼 뜰 수 있지만, 거기에 잔을 올려놓으면 바닥에 닿고 만다. 물은 얕은데 배는 크기 때문이다. 하늘을 나는 것도 이와 같다. 바람이 두껍게 쌓이지 않으면 날개를 띄워 올릴 힘을 얻을 수 없다. 9만 리 높은 하늘에 올라야만 붕의 날개가 강한 바람의 힘을 받을 수 있다. 이렇게 하여 붕은 바람을 타고 날아올라 푸른 하늘을 등지고 자유롭게 남쪽으로 날아가는 것이다.

매미와 비둘기가 그 붕을 비웃으며 말한다.

"우리는 있는 힘을 다해 날갯짓을 해도 느릅나무나 다목나무 가지 끝에도 못 닿고 때로는 바닥에 떨어지고 만다. 그런데 어찌 9만 리 먼 하늘까지 올라 남쪽으로 가려 하는가? 정말 웃기는 놈이다."

교외로 소풍을 나가면 하루 세 끼만 있으면 충분하지만, 백 리 길을 가려면 하룻밤 동안 곡식을 찧어야 하고, 천 리 길을 가려면 세 달 동안 식량을 모아야 한다. 조그만 날짐승이 대붕의 비상을 어찌 알랴. 작은 지혜는 큰 지혜에 미치지 못하고, 짧은 수명은 긴 수명에 미치지 못한다. 조균朝菌(아침에 피어 저녁에 시드는 버섯의 일종)은 밤과 새벽을 모르고, 매미는 봄과 가을을 모른다. 이런 것이 짧은 수명이다. 초나라 남쪽에 명령冥靈이라는 나무가 있는데, 500년 동안은 잎이 피어나 자라는 봄이고, 또 500년 동안은 잎이 지는 가을로 천 년 동안 단 한 줄의 나이테를 만든다. 아득히 먼 옛날 대춘大椿이라는 나무가 있었는데, 8,000년 동안은 봄이고 또 8,000년 동안은 가을이었다. 그런데 지금 고작 700년을 산 팽조彭祖는 장수한 사람으로 널리 알려져 세상 사람들이 그를 본받으려 한다. 이 얼마나 슬픈 일이냐. 〈소요유逍遙遊〉

조삼모사朝三暮四

말은 '그렇다'와 '아니다'가 명확하다. '도'(만물을 지배하는 근본 원리)는 끝없이 변화하므로 완전한 존재일 수 있는데, 그 변화는 개별 사물에 맞게 대응해야 한다. 곧, 그런 것은 그렇고, 아닌 것은 아니어야 한다. 말이란 의미가 정해지지 않으면 성립할 수 없다. 그 말로 표현하는 대상은 개별 존재임과 동시에 보편 존재이기도 하다.

따라서 작은 풀포기와 큰 기둥, 문둥이와 미녀 서시西施를 그 예로 들어 보면, 전자는 작고 큼에서, 후자는 추하고 아름다움에서 극단적인 차이를 보이지만 실은 동일한 현상이다. 아무리 상상할 수 없을 만큼 괴이쩍은 사물이라 해도 '도'의 관점에서 보면 모두 똑같다.

이러한 형식뿐 아니라 운동에 대해서도 똑같은 말을 할 수 있다. 파괴로 보이는 현상도 다른 관점에서 보면 완성일 수 있고, 완성으로 보이는 현상도 파괴가 될 수 있다. 곧, 모든 존재는 형식에서나 운동에서나 구별이 없다.

이러한 만물제동의 이치를 체득한 사람은 이것이냐 저것이냐를 선택하는 입장을 취하지 않고, 사물을 '용庸'(자연의 모습)에 맡긴다. 용庸은 용用과 통한다. 사물은 자연 그대로 있을 때, 올바른 모습을 드러낸다. '용用'은 다시 '통通'으로 이어진다. 자연스러운 작용에는 무리가 없다. '통通'은 또한 '득得'으로 이어진다. 무리 없이 작용할 때 사물은 존재의 의미를 가진다. 모든 존재를 있는 그대로 긍정하는 경지에 이르렀을 때, 우리의 인식은 만물의 실체에 도달했다고 할 수 있다. 그리고 자연 그대로 두려는 의식마저 사라진 상태가 '도'와 일체화한 경지이다.

그러나 우리는 이런 도리를 깨닫지 못하고, 자기 선택을 고집해 마음을 어지럽힌다. 이런 것을 두고 '조삼모사朝三暮四'라 한다. 이 말에는 다음과 같은 유래가 있다.

원숭이 조련사가 어느 날 원숭이에게 도토리를 주면서 이렇게 말했다. "이제부터 아침에는 3개, 저녁에는 4개를 주겠다."
그러자 원숭이가 화를 내며 길길이 날뛰었다. 그래서 말을 바꾸었다.
"미안, 미안. 그러면 아침에 4개, 저녁에 3개를 주지."
그러자 원숭이는 좋아라 했다.

실제는 아무런 차이가 없는데도 노여움과 기쁨이 일어난다. 이것은 자신의 마음이 시비에 얽매여 있기 때문이다. 그러므로 성인은 시비의 구별을 세우지 않고, 모든 것을 '천균天鈞'(만물제동의 원리, 자연의 조화)에 맡긴다. 이것을 '양행兩行'(양은 사물과 나, 행은 장애가 없음. 사물과 나 사이에 아무런 장애가 없다. 곧, 모든 모순과 대립을 있는 그대로 긍정하는 무한한 자유의 경지)이라 한다. 〈제물론齊物論〉

포정해우庖丁解牛(포정이 소를 잡다)

인간의 생명에는 끝이 있지만, 앎에는 끝이 없다. 끝이 있는 것으로 끝이 없는 것을 좇으면 위태롭다. 우리는 이것을 알면서도 앎의 욕구를 버리지 못한다.

우리는 그런 앎의 작용으로 선악을 구별한다. 그러나 선이건 악이건 간에 사회적 명성이나 형벌을 기준으로 한 평가에 지나지 않으니, 그러한 선악에 사로잡히지 말고 자연 그대로 살아가면 평안하고 충실하게 살아갈 수 있다.

어느 날, 유명한 요리사 포정庖丁이 위魏나라 혜왕惠王 앞에서 소 한 마리를 잡았다.

포정이 소를 손으로 잡고, 어깨에 힘을 넣어 발의 위치를 잡으며 무릎으로 소를 누르는가 싶더니 순식간에 고기와 뼈가 깨끗이 발라졌다. 그 리듬을 탄 칼질 소리는 마치 '상림무桑林舞'(은나라 탕왕이 즐기던 무곡)나 '경수회經首會'(요임금이 즐기던 무곡)처럼 들렸다.

"아! 참으로 신기로다!"

혜왕은 자신도 모르게 감탄사를 발했다.

포정은 그 말을 듣고 칼을 놓더니 혜왕을 바라보며 말했다.

"황공하오나 이것은 기술이 아닙니다. 기술이 극한에 이르면 도가 되는 것입니다. 제가 처음 소를 잡을 때는 눈에 보이는 것이란 모두 소뿐이었으나, 3년이 지나자 소의 모습이 눈에 보이지 않기에 이르렀습니다. 요즘 저는 눈이 아니라 마음으로 소를 대하고 있습니다. 그 결과 감각이 멈추고 마음만이 자유롭게 움직이기 시작했습니다. 그다음에는 자연의 섭리에 따를 뿐입니다. 소의 몸에 자연스레 나 있는 틈을 따라 칼질을 하므로 커다란 뼈는 물론이고 근육이나 살이 마구 얽힌 부분이라도 하나 흐트러짐 없이 발라낼 수 있는 것입니다. 보통의 요리사는 한 달에 한 번 칼을 바꾸고, 꽤 솜씨 있는 요리사라 하더라도 1년에 한 번은 칼을 바꿉니다. 왜냐하면 뼈에 부딪쳐 날이 빠지거나 오래 사용하는 사이에 칼날이 무디어지기 때문입니다. 그런데 이 칼을 보십시오. 19년이나 사용한 것입니다. 벌써 수천 마리의 소를 발랐지만 방금 숫돌에 간 것 같지 않습니까? 뼈마디에는 틈새가 있고, 칼날에는 두께가 없습니다. 두께가 없는 것을 틈새에 넣으니 널찍하여 칼날을 움직일 충분한 여유가 있는 것입니다.

그렇지만 근육과 뼈가 얽힌 어려운 부분에 이르면 마음을 다잡고 긴장합니다. 눈을 한 점에 집중하면, 동작은 자연스럽게 느려지고, 칼이 움직이는지 안 움직이는지 모를 지경에 이릅니다. 이윽고 '툭' 하는 소리와 함께 살점이 흙덩어리처럼 뼈에서 떨어집니다. 그러면 긴장을 풀고 칼을 든 채 일어서서 저도 모르게 주위를 둘러봅니다. 흐뭇한 마음으로 잠시 그렇게 선 채로 있다가 이윽고 냉정을 되찾으면 칼을 씻어 챙겨 넣습니다."

혜왕은 감동했다.

"정말 훌륭하구나. 포정의 말을 듣고 양생養生(참된 삶을 누리는 방법)의 이치를 터득했노라." 〈양생주養生主〉

무용無用의 용用

목수 석石이 제나라를 여행하다가 곡원曲轅이라는 곳에 이르러 토지신을 모신 사당 앞에 서 있는 거대한 상수리나무를 보았다. 그 크기는 수천 마리의 소를 가릴 수 있을 만큼 크고, 굵기는 백 아름이나 되며, 그 높이는 산을 내려다볼 정도이고, 지상에서 7~8척 높이가 된 지점에서야 가지가 뻗어나 있었다. 배를 만들 수 있을 정도로 큰 가지만 해도 수십 개는 되었다. 그 주위에 구경꾼이 구름처럼 모여 있었으나 목수 석은 본 척도 하지 않고 그 자리를 그냥 지나쳐 버렸다. 한동안 그 나무를 바라보던 제자가 스승 석에게 달려가 물었다.

"제가 도끼를 들고 선생님을 따라다닌 이래로 이렇게 훌륭한 나무는 보지 못했습니다. 그런데 선생님은 거들떠보지도 않으시니 어찌 된 일입니까?"

석이 대답했다.

"건방진 소리 말거라. 저 나무는 아무 쓸모가 없다. 배를 만들면 그냥 가라앉을 테고, 널을 짜면 금방 썩을 것이고, 그릇을 만들면 곧 망가질 것이고, 문을 만들면 진이 흐를 테고, 기둥을 만들면 좀이 슬 게야. 그러니 저건 재목으로 쓸데가 없어. 아무 소용이 없으니 저렇게 오래 살 수 있는 게야."

목수 석이 여행을 마치고 돌아온 뒤에 그 상수리나무가 꿈에 나타나 이렇게 말했다.

"너는 도대체 나를 어디다 비교해서 쓸모없는 나무라 하느냐? 필시 인간에게 유용한 나무에 비교했을 테지. 하기야 배나 귤, 유자 같은 열매는 익으면 사람들이 따 먹고, 그러다 보면 가지도 부러질 테지. 큰 가지는 꺾이고, 작은 가지는 찢어질 것이야. 결국 그 나무들은 맛있는 열매를 맺을 수 있는 능력 때문에 삶이 괴롭고, 그러니 천명을 다하지 못하고 도중에 죽어 버리지. 스스로 세속의 괴롭힘을 당할 수밖에 없는 존재들이야. 그러나 나는 그렇지 않다. 나는 오늘날까지 오로지 아무 소용이 없는 존재이기를 바라며 살아왔다. 이제 천수를 마감하려는 때에 이르러 마침내 아무 쓸모 없는 나무가 되었다. 너희들에게는 아무 소용이 없는 것이 내게는 정말 소중한 것이야. 만일 내가 쓸모 있는 나무였다면 벌써 베어졌을 것이야.

다시 한 번 말해 두겠는데, 너나 나나 어차피 자연계의 사소한 현상에 지나지 않아. 그런 물건이 다른 물건의 가치를 정해서 대체 뭘 하겠다는 건가? 너처럼 쓸모 있는 존재이고 싶어 스스로의 생명을 깎아먹는 자야말로 실제로는 아무 쓸모 없는 인간이야. 그런 쓸모없는 인간이 나처럼 쓸모없는 나무의 진가를 알아볼 리 없지."

다음 날 아침, 목수 석이 간밤에 꾸었던 꿈 이야기를 하자 제자가 이렇게 말했다.

"그렇게 간절히 쓸모없는 나무가 되고 싶었다면서, 왜 사당 앞의 신목神木이 되었을까요? 신목이란 사람을 지키는 역할을 하지 않습니까?"

목수 석이 대답했다.

"그건 말이 안 된다. 저 상수리나무도 겨우 신목이 되어 사당에 의지하고 있을 뿐이야. 사람들이 비판을 하면 자신을 헐뜯는 소리라며 들은 척도 않아. 신목이 안 되었더라면 잘려 버리고 말았을 테지. 사람들이 저 나무를 신목이라 우러러보는 것도 당치 않아. 나무 자신은 아무 쓸모 없는 존재가 되려고 애를 쓰고 있을 따름이니까." 〈인간세人間世〉

좌망坐忘

안회가 공자에게 물었다.

"저도 이제 많이 알게 된 것 같습니다."

"무슨 말이냐?"

"저는 인의를 잊을 수 있게 되었습니다."

"잘된 일이구나. 하지만 아직 모자란다."

며칠이 지난 뒤, 안회는 다시 공자에게 말했다.

"제가 더 발전한 것 같습니다."

"무슨 말이냐?"

"저는 예악禮樂(예절과 음악)을 잊을 수 있게 되었습니다."

"잘했다. 하지만 아직도 모자란다."

며칠 뒤, 안회는 다시 공자에게 말했다.

"제가 더욱더 발전한 것 같습니다."

"그래, 어떻게 발전하였느냐?"

"좌망하게 되었습니다."

"좌망?"

공자는 태도를 바꾸어 다시 물었다.

"그게 무엇이냐?"

"손발과 몸을 잊고, 모든 감각에서 벗어나 몸도 마음도 텅 비어 '도와 하나가 되는 것을 말합니다."

공자가 말했다.

"도와 하나가 되면 선악의 구별이 없어지고, 도와 함께 변화하면 무한한 자유를 얻게 된다. 너는 정말 훌륭하구나. 나도 네 뒤를 따라야겠다."

〈대종사大宗師〉

| 책 속의 명문장 |

壽則多辱 수즉다욕

"아들이 많으면 두려움이 많아지고, 부자가 되면 일이 많아지며, 오래 살면 욕됨이 많아진다." 요임금의 말이다. 그러나 이러한 생각은 아직도 많은 집착에 얽매인 단계이며 『장자』가 이상이라고 한, 그 어떤 것에도 얽매이지 않는 자유의 경지와는 거리가 멀다.　　　　　　　　　　　　　　　　　　　　　　　「천지天地」

蝸牛角上 와우각상

달팽이(蝸牛) 뿔 위에서 싸운다는 뜻으로, 아무것도 아닌 일로 소동을 부리는 어리석음을 비웃는 말이다. 위나라 혜왕이 제나라와 전쟁을 벌이려 하자 대진인戴晉人이라는, 장자와 같은 유형의 인물이 두 나라가 싸우는 형국을 달팽이 뿔 위의 싸움이라는 비유를 들어 가르침을 편 데서 생겨난 말이다.　　　　　　　　　「칙양則陽」

鑑於止水 감어지수

흐르는 물은 거울이 될 수 없지만, 고인 물은 어떤 모습도 비추어 낸다. 그처럼 모든 사물을 있는 그대로 받아들이는 부동의 경지를 두고 하는 말이다. 명경지수明鏡止水 (사람은 흐르는 물을 거울 삼지 않고, 가라앉은 물을 거울로 삼는다)와 같은 뜻이다.

「덕충부편德充符篇」

莫逆之友 막역지우

마음속에서부터 서로를 이해하며 뜻이 통하는 친구.　　　　　　　　「대종사」

螳螂之斧 당랑지부

낫 같은 다리를 치켜들고 수레에 대항하는 사마귀의 모습을 빌려, 제 주제를 모르고

날뛰는 사람을 나무라는 말로 쓰인다. 이 고사성어의 유래는 다음과 같다.

노나라의 안합顔闔은 난폭하기로 유명한 위衛나라의 태자 괴외蒯聵의 선생으로 초빙

되자, 위나라의 대부 거백옥蘧伯玉에게 어떤 자세로 태자를 가르쳐야 할지 물었다. 그

러자 거백옥은 이렇게 대답했다.

"사마귀는 팔뚝을 휘둘러 수레에 맞섭니다. 제 능력만 믿고 세상 무서운 줄 모르는

거지요. 선생도 자신의 능력을 믿고 태자에게 강요하면 무슨 일을 당할지 모릅니다.

조심하셔야 합니다."

「인간세」

NOTES

심재心齋 : 마음의 활동을 하나로 통일시켜 잡념을 떨쳐 버리는 것.

좌망坐忘 : 조용히 앉아서 자신을 구속하는 일체의 것들을 잊어버림으로써 무아의 경지에 들어가는 것.

노장 사상老莊思想 : 도가道家의 중심인물인 노자老子와 장자莊子의 사상만을 가리키는 것으로, 좁은 뜻의 도가철학을 뜻한다. 노자와 장자는 당시 주나라의 문물 제도가 지닌 허위성과 형식성에 문제를 제기하면서 반문명적 성향을 키우며 나타났다. 반형식反形式, 탈가치의식脫價値意識을 가지고 일체의 인위조작人爲造作, 예를 들면 대사회적對社會的 가치 체계나 제도 및 형식에 그치지 않고 그 근원으로서의 내적 도덕성에 대한 철저한 분석과 비판을 통하여, 어떻게 궁극적으로 자유자재하는 자아해탈自我解脫의 상태와 자연무위自然無爲의 경지에 도달할 수 있을 것인가 하는 문제를 다루었다.

열자
(列子)

BC 400년경에 만들어진 책으로, 『노자』, 『장자』와 함께 도가
道家에 속하며, 고대 우화의 보고寶庫이다. 저자는 고대 도가의
한 사람인 열자(이름은 어구禦寇)라고도 하지만, 후세 사람이
열자의 이름으로 저술했다는 설이 유력하다.

INTRO

열자가 실재 인물인지 아닌지에 대한 논의가 분분하나 실재 인물이 아니라는 설이 더 유력
하다.

실재설에 따르면, 열자는 노자의 제자의 제자이자 장자의 선배로서 BC 400년경에 정鄭나라
에서 태어났다고 하는데, 그 밖에는 아무것도 알려진 바가 없다.

『열자』의 성립에 대해서도 여러 가지 설이 있다.

한나라 때 기존의 책, 이를테면 『장자』, 『회남자淮南子』, 『산해경山海經』, 『한비자』, 『여씨춘추』
등에서 이야기를 따온 것이 『열자』의 원형이 되었다는 설이 유력하다. 내용적으로도 도가
일변도가 아니며, 제가諸家의 사상이 마구 섞여 있다.

그러나 이 책이 만들어진 진실이 어떻든, 『열자』에서 전개되는 우화적 세계는 '기우杞憂', '우
공이 산을 옮기다(愚公移山)' 등의 이야기와 함께 2,000년 동안이나 사람들 입에 오르내렸다.
마오쩌둥이 「우공, 산을 움직이다」라는 논문을 썼을 정도로, 그의 세계는 여전히 현대 중국
에서도 살아 숨 쉬고 있다.

이 책은 「천서天瑞」, 「황제黃帝」, 「주목왕周穆王」, 「중니仲尼」, 「탕문湯問」, 「역명力命」, 「양주楊朱」, 「설
부說符」의 8편으로 구성되어 있다. 고대 중국인의 사상이나 생활의 지혜를 엿볼 수 있는 책
이다.

기우杞憂

기杞나라의 어떤 사람이 하늘이 무너져 내리면 어떡하나 하고 걱정해 밥도 못 먹고 잠도 못 자고 있었다. 그 말을 듣고 딱하게 여긴 사람이 그를 찾아가 타일렀다.

"여보게, 하늘이란 공기가 가득 쌓인 것이야. 온 사방에 널린 게 공기가 아닌가. 우리가 팔다리를 굽혔다 폈다 하고, 숨을 들이쉬고 내쉬며 하루 종일 공기 속에서 살고 있으니, 하늘이 무너질 염려는 없다네."

남자가 물었다.

"공기가 쌓인 것이 하늘이라고? 그러면 해나 달, 별이 떨어지면 어떡하나?"

"해, 달, 별도 공기가 쌓인 것이야. 다만 빛을 내는 것이 다를 뿐이지. 설령 그것이 떨어진다 해도 손가락 하나 다치지 않는다네."

"그럼 땅이 무너지면 어떡하나?"

"땅이란 흙이 잔뜩 쌓인 것이야. 온통 흙이지. 우리는 하루 종일 흙을 밟고 다니지 않는가. 그것이 왜 무너지겠나?"

남자는 걱정거리가 없어졌다고 몹시 기뻐했다. 장려자長廬子라는 사람이 그 말을 듣고 웃었다.

"무지개, 구름과 안개, 비바람, 사계절은 모두 쌓인 공기가 하늘에 나타난 것이다. 산, 강, 바다, 돌, 쇠, 풀, 나무도 다 쌓인 물질이 꼴을 갖추어 나타난 것이다. 쌓인 공기나 쌓인 물질이 무너지지 않는다고만은 할 수 없지 않은가?

하늘과 땅은 허공 속에 존재하는 허망한 하나의 물질에 지나지 않는다. 그러나 우리 눈에 보이는 것 가운데 가장 큰 것임에는 분명하다. 그러므로 그 끝을 헤아리기 어렵고, 가늠하기 어려운 것은 당연하다. 하늘과 땅이 무너지지 않을까 걱정하는 것은 참으로 엉뚱한 일이지만, 절대로 안 무너질 것이라는 말도 반드시 옳다고는 할 수 없다. 꼴을 갖춘 것은 모두 무너지는 자연의 현실로 미루어 보건대, 하늘과 땅 또한 반드시 무너지는 법칙에 속한다고 보는 것이 타당하지 않겠는가? 하늘과 땅이 워낙 넓고 커서 그 시기를 예측하기는 어려우나, 그때가 되면 무너질 것을 걱정하지 않을 수 없을 것이다."

그 말을 듣고 열자가 웃으며 말했다.

"하늘과 땅이 무너질 것이라 말하는 것도 잘못이고, 무너질 리 없다고 말하는 것 또한 잘못이다. 무너질지 안 무너질지 아무도 모르기 때문이다. 다만, 무너져도 그만이고, 안 무너져도 그만이다. 사람이란 살아서는 죽음을 알지 못하고 죽어서는 삶을 이해하지 못하며, 과거에서는 미래를 모르고 미래에서는 과거를 모른다. 그러할진대 하늘과 땅이 무너지느냐 안 무너지느냐 그런 문제에 마음을 쓸 필요는 없다."「천서편天瑞篇」

우공, 산을 옮기다愚公移山

대행太行과 왕옥王屋이라는 두 산은 둘레가 700리, 높이는 1만 길이다. 두 산은 본래 기주冀州의 남쪽, 하양河陽의 북쪽에 있었으나 옮겨졌다고 한다.

먼 옛날, 북산北山에 우공愚公이라는 아흔 살 가까운 노인이 있었는데, 산이 마주 보이는 곳에 살았다. 그의 집은 남쪽이 산으로 막혀 있어 나들이를 할 때면 멀리 돌아가야 했으므로 귀찮고 힘들었다. 어느 날, 우공은 가족을 모아 놓고 의논했다.

"우리가 힘을 모아 저 산을 한번 옮겨 보지 않겠느냐? 그러면 예주豫州나 한수漢水로 곧장 갈 수 있을 것이다. 어떻게 생각하느냐?"

다들 찬성이었다. 그런데 아내만은 고개를 갸우뚱했다.

"당신 힘으로는 자그마한 언덕 하나 무너뜨리지 못할 텐데, 어떻게 그런 큰 산을 옮기려 해요? 그 많은 흙과 돌을 어디다 버릴 작정이에요?"

"발해渤海의 끝, 은토隱土의 북쪽에다 버리지."

이리하여 우공은 아들과 손자를 데리고 일을 시작했다. 돌을 깨고 흙을 파서 키와 삼태기에 담아 발해 끝으로 옮겼다. 이웃에 예닐곱 살밖에 안 되는 경성씨京城氏라는 과부의 아들이 팔짝팔짝 뛰어와서는 일을 도왔다. 그러나 워낙 멀어서 한 번 갔다 오는 데 반년이나 걸렸다. 하곡河曲의 지수智叟가 웃으며 말렸다.

"정말 어리석은 짓을 하는구먼. 살날도 얼마 남지 않은 그 몸으로는 산모퉁이 하나 무너뜨리지 못할 걸세. 게다가 그 많은 흙과 돌은 어떻게 할 생각인가?"

우공은 탄식하며 말했다.

"자네는 정말 앞뒤가 꽉 막혔어. 이웃집 과부나 그 아들만도 못해. 내가 죽으면 아들이 있지 않은가. 아들은 다시 손자를 낳을 테고, 손자는 다시 아들을 낳을 것이 아닌가. 그 아들이 다시 아들을 낳고, 그 아들에게도 손자가 생길 것인즉, 자손은 끝없이 이어질 것이야. 그러나 산은 더 자라지 못할 터이니, 어찌 옮길 수 없단 말인가?"

지수는 할 말을 잃고 말았다. 산신이 이 말을 듣고, 만일 저 우공이 작업을 계속하면 큰일이라 생각해 천제에게 보고했다. 천제는 그 말을 듣고 그만 감동하고 말았다. 천제는 과아씨夸蛾氏(전설상의 거인족巨人族)의 두 아들에게 지시하여, 두 산을 업어다 하나는 삭동朔東에, 하나는 옹남雍南에 내려놓게 했다. 이때부터 기주의 남쪽과 한수 이북에는 조그만 언덕 하나 없게 되었다. 「탕문편湯問篇」

疑心生暗鬼 의심생암귀

의심이 한번 마음에 들어서면 아무것도 아닌 일도 수상히 여기게 된다. 다음은 『열자』의 「설부편說符篇」에 나오는 이야기이다.

어떤 사내가 큰 도끼를 잃어버렸다. 그는 이웃집 아들을 수상하게 생각했는데, 한 번 의심하기 시작하자 그 아들의 걸음걸이며 표정, 말투까지 모두 도끼 도둑처럼 보였다. 며칠 뒤, 사내는 골짜기를 파다가 잃었던 큰 도끼를 찾았다. 그러자 그 뒤부터는 이웃집 소년의 일거수일투족이 도둑으로 보이지 않았다. 「설부편」

포박자
(抱朴子)

370년경에 만들어진 책으로, 선인仙人이 되기 위한 신선술의 이론과 실천을 설명한 도가의 고전이다. 포박자는 『노자』에 나오는 '견소포박見素抱樸'이라는 구절에서 따온 저자의 호이자 책 제목이다. 「내편」 20권은 선도仙道를 논하는 도가의 내용이고, 「외편」 50권은 유가의 입장에서 세상 풍속의 득실을 논하고 있다. 통상적으로 『포박자』라 하면 「내편」만을 가리킨다. 「내편」은 〈창현暢玄〉, 〈논선論仙〉 등 20권으로 구성된다.

INTRO

진나라 시황제와 한나라 무제는 전문 방사方士에게 명해 불사의 선약을 구하게 했으나 성공하지 못했다.

한나라 때는 경전의 독송이나 기도를 중시하는 신흥 종교로서 태평도太平道●와 오두미교五斗米教●라는 도교 교단이 생겼다. 이는 자력으로 불사의 신선이 되려는 것은 아니었다.

그러다가 진晉나라에 이르러 포박자라 불리는 갈홍이 나타나 '선도仙道'의 실천을 목적으로 하는 행기行氣(호흡법), 방중술房中術(섹스 기법) 등의 건강법을 제창하고, 승선昇仙의 단약丹藥을 만들기 위해 약물학, 화학, 의학을 연구하는 등, 사상과 종교였던 노장학이나 도교에 과학적 방법을 도입해 발전시켰다. 이는 바로 자신의 힘으로 신선이 될 수 있다는 사고방식을 바탕으로 하는 것이었다. 이러한 사상과 실천의 획기적인 저술이 바로 『포박자』이다.

갈홍의 조상 가운데는 갈현葛玄이라는 저명한 금단金丹● 학자가 있었다. 갈현의 제자가 정은鄭隱이고, 정은의 제자가 갈홍이다. 갈홍은 자가 치천稚川이며, 지금의 남경南京에서 가까운 단양丹陽 사람이다. 그는 젊었을 때부터 고학으로 도가 양생의 술법을 배우고, 20세 남짓부터는 저술에 전념해 10여 년이 지난 뒤인 진나라 건무建武 원년(317)에 『포박자』 「내편」과 「외편」을 완성했다. 그중 갈홍이 가장 힘을 쏟은 것은 「내편」이며, 이 책은 중국 과학기술사에서 중요한 문헌이기도 하다.

〈창현暢玄〉(제1권)

이 책은 서론에서, '현玄' 및 '현도玄道'에 대해 말하고 있다. 포박자에 따르면, 현이란 자연의 시작으로, 모든 현상의 근원이다. 어두울수록 깊기 때문에 '미微'라 하고, 너무 멀고 아득하기에 '묘妙'라고 한다. 그것이 만물에 나타나면 '유有'가 되고, 정적 속에 숨으면 '무無'가 된다. 이 현이 있는 곳에 무궁한 즐거움이 있고, 현이 떠나면 육체는 무너지며 정신은 사라진다. 현도는 내적인 마음으로 얻을 수 있고, 외적인 육체로는 잃고 만다. 이것을 운용하는 것은 정신精神이며, 이것을 잊게 하는 것은 육체이다. 이것이 현도를 지향하는 자의 요체이다.

〈논선論仙〉(제2권)

어떤 사람이 신선불사神仙不死가 과연 존재하느냐고 묻자, 평범한 사람의 상식이나 경험을 넘어선 곳에 있는 불사의 선인은 있다고 말하면서, 위魏나라 문제文帝와 조식曹植의 문장, 유향劉向의 『열선전列仙傳』, 그 밖에 옛 선인의 예를 들어 선인은 제왕 등 권세와 부귀를 누리는 사람이 아니라 가난하고 미천한 선비였다고 말한다. 그리고 선도의 경전을 펼쳐 세 종류의 신선을 들었다. 최상의 신선은 육신 그대로 하늘로 오르는데, 이를 천선天仙이라 한다. 그다음은 명산에서 노니는 지선地仙, 세 번째가 죽은 뒤에 껍질을 벗고 떠나는 시해선尸解仙이다.

〈대속對俗〉(제3권)

노자나 팽조彭祖 같은 선인이 오래 살 수 있었던 것은 원래 그렇게 태어났기 때문이지, 배워서 그렇게 될 수 있는 것이 아니라는 반론에 대해,

만물의 영장인 인간이기 때문에 불로장생이 가능하며, 좋은 약을 먹고 선인이 되어 학이나 거북처럼 오래 살 수 있다고 말한다. 단약을 복용하고 유일한 길을 지키며, 정기를 환원하고 호흡을 가다듬으면 천지와 함께 무궁하게 살 수 있다는 것이 바로 선도의 요체이다. 또한 선도를 수행하는 자는 필요한 만큼의 선행을 쌓지 않으면 단약을 먹더라도 아무 소용이 없으며, 선을 쌓으면 선인이 되지 않는다 하더라도 빨리 죽는 화를 면할 수는 있다.

〈금단金丹〉(제4권)

선인이 되는 단약에 대해 상세히 설명한 글로서 이 책의 중심을 이룬다. 좌자左慈로부터 갈현과 정은을 거쳐 갈홍으로 전승된 비서 『태청단경太淸丹經』, 『구정단경九鼎丹經』, 『금액단경金液丹經』에 의거한 환단還丹과 금액金液의 처방과 복용법을 설명하고 있다. '단丹'이란 단사丹砂를 태워서 화학적으로 변화시킨 물질이 주성분인데, 단화丹華·신부神符·신단神丹·환단還丹·이단餌丹·연단鍊丹·유단柔丹·복단伏丹·한단寒丹의 9종류가 있다. 또 9개의 솥으로 합성하는 태청신단太淸神丹이라는 최상의 단은 사흘만 복용해도 선인이 되어 대낮에 하늘로 올라갈 수 있다고 한다. 이 밖에도 오령단법五靈丹法과 민산단법岷山丹法 등 단약을 만드는 방법만 20여 가지이다. 그리고 금액은 황금에 단사 등의 광물질을 넣은 뒤 밀봉해 액화시킨 것으로, 구단에 버금가는 효능이 있다. 이러한 금액 및 구단을 제조하려면 명산에 틀어박혀 오랜 시간 몸을 청결히 하고 각종 금기를 지켜야 한다.

〈지리至理〉(제5권)

궁극의 진리는 너무도 미묘해 이해하기 어렵기 때문에 그것을 의심하는 사람이 많다. 그래서 편작^{扁鵲}, 화타^{華陀}, 장량^{張良}, 장창^{張蒼}과 같은 옛사람의 예를 들어 실증하고, 호흡법이나 금주법^{禁呪法}에 대해 논하고 있다.

〈미지^{微旨}〉(제6권)

금단 외에 선도 수행자가 배우는 각종 술법(호흡법, 방중술 등)을 들고, 경계해야 할 여러 가지 나쁜 행동에 대해 설명한다. 사람의 몸속에 있는 삼시^{三尸●}라는 벌레가 경신^{庚申} 날에 하늘로 올라가 그 죄를 보고한다는 내용과, 연말에는 부엌의 신이 하늘에 보고해 사람의 수명을 줄인다는 내용이 있다.

〈새난^{塞難}〉(제7권)

하늘은 인간에게 똑같은 수명을 주어야 당연한 일인데, 왕교^{王喬}나 적송자^{赤松子} 같은 범인이 불사의 수명을 얻은 반면에 주공이나 공자와 같은 성인이 오래 살지 못하는 것은 모순되지 않느냐는 비난에 대해 대답하고 있다. 수명의 길고 짧음은 그 사람이 타고난 운명의 별에 의한 것으로, 천지의 책임이 아니라고 말하면서 공자와 노자의 삶, 유가와 도가의 목적이 어떻게 다른지를 설명하고 있다.

〈석체^{釋滯}〉(제8권)

선도 수행과 정치·사회·문예 등의 일들을 병행하는 것이 어렵다는 의견에 대해 재능이 뛰어난 사람은 양자를 겸할 수 있으며, 그 요령은 정기를 소중히 하고(寶精), 기를 운행하고(行氣), 대약^{大藥}(금단)을 복용하는 3가지인데, 특히 호흡법과 방중술이 필요하다고 말하고 있다.

〈도의^{道意}〉(제9권)

도는 원래 이름이 없으며, 없다고 하면 있고, 있다고 하면 없다. 사람이 무욕으로 마음을 다스리면 복은 부르지 않아도 찾아온다. 복은 무릇 꿇고 사정한다고 얻을 수 있는 것이 아니며, 화 또한 기도로 피할 수 있는 것이 아니다. 역사에 나타나는 음사사교^{淫祀邪敎}의 예로 후한의 장각^{張角}, 오나라의 이아^{李阿}와 이관^{李寬}의 술법이나 미신의 어리석음을 비판하고 있다.

〈명본^{明本}〉(제10권)

유가와 도가를 비교해 도야말로 유가의 근본이며, 유가는 도의 끝자락이라 하고, 노자는 예의 수행도 게을리하지 않아 불로불사의 존재가 되었으므로 주공이나 공자에 미치지 못하는 것은 아니라고 말한다.

나머지 각 권의 요지

〈선약〉(제11권)에서는 상·중·하로 나누어 약의 효능을 설명했다. 〈변문^{辨問}〉(제12권)은 성인의 의미를 설명했다. 〈극언^{極言}〉(제13권)은 선인^{仙人}에 대해, 〈근구^{勤求}〉(제14권)는 장생법이 도가의 비전이라는 사실을 설명했다. 〈잡응^{雜應}〉(제15권)에서는 곡단법^{穀斷法}, 병기를 피하는 방법, 은신법, 미래 예지법, 고치법^{叩齒法} 등 장생과 양생법을 설명했다.

〈황백^{黃白}〉(제16권)은 연금술에 대해, 〈등섭^{登涉}〉(제17권)은 명산에 들어가 수행하는 데 필요한 물건이나 마음가짐에 대해, 〈지진^{地眞}〉(제18권)은 장생을 추구하려면 진일^{眞一}(정^精·기^氣·신^神을 하나로 함)을 지키고 신부^{神府}를 가질 필요가 있다고 말했다. 〈하람^{遐覽}〉(제19권)은 스승에게 전수받은 도가 경전을 기록하고 있다. 마지막으로 〈거혹^{祛惑}〉(제20권)은 선인이라는 사람

가운데 가짜가 있으니 주의하라는 내용이다.

태평도太平道 : 후한 말기에 생겨난 최초의 도교적 교단을 말하는데, 오두미교와 함께 도교의 원류이다. 2세기 전반 우길于吉이 창시하고, 후에 그 가르침을 계승한 장각이 우길의 저서인 『태평청령서太平淸領書』(170권)를 소의所依 경전으로 삼았으며, 교접의 중심은 병의 치유와 태평세太平世의 초래에 있었다.

오두미교五斗米敎 : 도교道敎. 후한 때 장도릉張道陵이 처음 창건하여 포교하면서 도를 배운 사람에게 쌀 다섯 말을 내게 했으므로 이런 이름이 붙게 되었다고 한다. 노자를 교조로 받들고 『노자』를 주요 경전으로 삼았다. 초기에는 주술적인 것에 불과하던 교법이 장로張魯에 와서는 점차 정비되었고 독자적인 교단 조직을 기반으로 하여 점차 강력한 세력을 구축하였다.

금단金丹 : 선단仙丹이라고도 함. 신선이 만든다고 전해지는 불로장생의 명약이다.

삼시三尸 : 도교에서 말하는 것으로, 사람 몸 안에 있으면서 수명과 질병, 욕망 따위를 좌우한다고 하는 3마리 벌레.

산해경
(山海經)

BC 6년경에 만들어진 책으로, 각지의 산악에 사는 인면수신人面獸身의 신들과 제사법 및 산물을 기록한 고대의 지리서이다. 구성은 하남성 낙양洛陽을 중심으로 하는 「오장산경五藏山經」에서 출발해 「해외경海外經」, 「대황경大荒經」으로 넓어져 간다. 마지막이 「해내경海內經」이다. 기술하는 순서도 남서북동 또는 동남서북으로 오른쪽 방향으로 돌아간다. 오늘날에 전하는 것은 진晉나라의 곽박郭璞이 주注와 서序를 덧붙인 것이며, 전 18편으로 이루어져 있다.

INTRO

이 책의 18편 가운데 처음 5편을 「오장산경」이라 하고, 분량도 반을 차지한다. 기술하는 방식에는 일정한 틀이 있는데, 예를 들면 「남산경南山經」의 첫머리는 작산鵲山이라고 한다, '「남차이경南次二經」의 첫머리는 거산柜山이라고 한다', '「남차삼경南次三經」의 첫머리는 천우산天虞山이라고 한다'라는 식으로 산맥과 산의 이름을 들고, 거기에 사는 동물과 광물의 이름이나 형상을 소개하고 있다.

그 한 구절의 말미에는 산악의 수와 산맥 전체의 길이, 산신의 형태, 공물 및 제사 방식을 덧붙였다. 산지山志와 신기지神祇志, 물산지物産志의 구성 형식을 띠고 있다.

그런데 제6편인 「해외남경」 이하로는 기술 방식이 바뀌어, 가슴이 툭 튀어나온 사람들이 사는 결흉국結匈國과 가슴에 구멍이 뚫린 사람들이 사는 관흉국貫匈國과 같은 기괴한 나라들을 열거하고 있다. 또 「대황동경大荒東經」 이하의 5편에서는 많은 인면수신의 신들과 그들에 관한 신화를 기록하고 있다.

이러한 기술 방식과 문체의 차이로 보아 이 책은 한 사람이 지은 것이 아닐뿐더러 저작 연대도 차이가 있음을 알 수 있다. 작자는 하나라의 우왕禹王과 그의 신하인 익益이라는 설이 있는데, 연구에 따르면 「오장산경」이 주나라 전국시대 이전의 것으로 가장 오래된 것이고, 「해외경」 이하는 그 뒤의 전국시대와 춘추시대에 나온 것으로 추정된다.

도연명의 시에 '『산해경』의 그림을 본다'라는 구절이 있는 것으로 보아 이 책에는 원래 그림이 삽입되어 있었음을 알 수 있다. 다만, 오늘날 전해지는 판본의 그림은 후세 사람이 그린 것인데, 흉칙한 귀신과 이인異人, 조수, 어류의 그림에 나타난 기괴성이야말로 고대 종교 그 자체의 모습을 보여 주는 것이다. 최근에 장사長沙의 마왕퇴馬王堆에서 발견된 한나라 초기의 그림에서도 이런 성격을 찾아볼 수 있다. 이 책은 중국 고대 신화의 보고寶庫이다.

소요산에서는 금과 옥이 많이 난다

「남산경」의 첫머리는 작산鵲山이다. 작산의 첫머리는 소요산招搖山인데, 서해변에 접해 있고, 계수나무가 많이 자라며, 금과 옥이 많이 난다. 이곳에 사는 어떤 풀은 생김새가 부추 같고 푸른 꽃이 핀다. 그 이름은 축여祝餘이고, 이 풀을 먹으면 배가 고프지 않다.

이곳에 어떤 나무가 있는데, 생김새가 닥나무 같으며 결이 검고 빛이 사방을 비춘다. 그 이름은 미곡迷穀이며, 이것을 몸에 지니면 길을 잃지 않는다. 이곳에 사는 짐승 가운데 꼬리가 길고 귀가 희며 사람처럼 달리기도 하는 성성이라는 것이 있다. (제1권 「남산경」)

단혈산에 사는 오색 봉황

「남차삼경」의 첫머리는 천우산이다. (……) 또한 동쪽으로 500리를 가면 단혈산丹穴山이 나오는데, 산 위에서는 금과 옥이 많이 난다. 단수丹水는 여기서 시작해 남쪽으로 흘러서 발해에 이른다. 이곳에 사는 어떤 새는 닭처럼 생겼는데, 오색 무늬가 있다. 그 이름을 봉황鳳凰이라 한다. 머리 무늬는 덕德을, 날개 무늬는 의義를, 등 무늬는 예禮를, 가슴 무늬는 인仁을, 배 무늬는 신信을 나타낸다. 이 새는 먹고 마시는 것도 자유롭고, 스스로 노래하며 춤을 추는데, 이 새가 나타나면 천하가 평안해진다. (제1권 「남산경」)

모든 산의 근원인 화산은 제사의 중심이다

「서경」의 첫머리인 전래산錢來山에서 괴산까지는 모두 19개의 산이 있는데, 그 거리는 2,957리나 된다. 화산華山은 모든 산의 근원으로, 제사를 지내는 중심이며, 제물은 소·양·돼지를 이용한다.

유산楡山은 신령이 영험을 보이는 곳이므로, 제사를 지낼 때는 횃불을 100개 밝히고 100일 동안 재계하며, 100마리의 희생을 바치고, 100개의 유옥瑜玉을 땅에 묻고, 100동이의 술을 데우고, 100개의 규옥珪玉과 100개의 벽옥璧玉을 바친다. 나머지 17개의 산에는 털빛이 좋고 건강한 양 1마리를 제물로 바친다. 횃불은 온갖 풀로 만들었기 때문에 쉽게 재로 변하지 않는다. 오색 돗자리를 마련하고, 가장자리는 흰색으로 두른다. (제2권 「서산경」)

바다를 메우는 새

다시 북쪽으로 200리를 가면 발구산發鳩山이 나오는데, 산 위에는 뽕나무가 많다. 이곳에 사는 어떤 새는 생김새는 까마귀 같고, 머리에 무늬가 있으며, 부리는 희고 발은 붉다. 이름은 정위精衛라고 하는데, 그 울음소리가 "정위, 정위" 하고 마치 자신의 이름을 부르는 것 같아 붙여진 이름이다. 이 새는 본래 염제炎帝의 딸로, 이름은 여왜女娃이다. 여왜는 동해에서 놀다가 물에 빠져 돌아오지 못해 정위가 되었는데, 늘 서쪽 산의 나무와 돌을 물어다 동해를 메운다. (제3권 「북산경」)

몸빛이 푸르고 붉은 비익조

결흉국은 해외海外의 서남쪽 귀퉁이에서 동남쪽 귀퉁이에 이르는 지역에서 그 서남쪽에 있는데, 그곳 사람들은 가슴이 튀어나왔다. 남산은 그 동쪽에 있고, 이 산에서는 벌레를 뱀이라 하고 뱀을 물고기라 부른다. 또는 남산은 결흉국의 동남쪽에 있다고도 한다.

비익조比翼鳥는 그 동쪽에 있는 새로, 몸빛이 푸르고 붉으며 2마리가 날개를 나란히 하고 난다. 또는 남산의 동쪽에 있다고도 한다. (제6권 「해외

남경」)

머리가 없는 형천의 춤

기굉국奇肱國은 그 북쪽에 있다. 그곳 사람들은 팔이 하나에 눈이 셋이며, 암수가 한몸이고, 무늬가 있는 말을 탄다. 그 곁에는 머리가 둘이고 적황색을 띤 새가 있다. 형천形夭(염제의 신하로, 천제와 염제가 싸웠다는 신화가 전해짐)이 천제와 신의 지위를 두고 이곳에서 다투었는데, 천제가 그 머리를 잘라 상양산常洋山에 묻자, 젖으로 눈을 삼고, 배꼽을 입으로 삼아 방패와 도끼를 들고 춤을 추었다. (제7권 「해외서경」)

해의 그림자를 따라 달리는 과보

과보흫父(염제의 후예. 과는 크다는 뜻이고, 보父는 보甫와 같으며 남자의 미칭이다)는 해의 그림자를 따라 달렸다. 해 질 무렵이 되어 목이 마르자 황하와 위수의 물을 마셨는데, 그것만으로는 부족해 북쪽에 있는 대택大澤의 물을 마시러 가다가 도착하기도 전에 목이 말라 죽었다. 그때 지팡이를 버렸는데, 그것이 변하여 등림鄧林이 되었다. (제8권 「해외북경」)

부상扶桑과 10개의 태양

북쪽에 흑치국黑齒國이 있다. 그곳 사람들은 이가 검고, 벼와 뱀을 먹는다. 붉은 뱀 한 마리와 푸른 뱀 한 마리가 늘 그 곁에 있다. 그 아래 탕곡湯谷(해가 돋는 곳)이 있고, 탕곡 위에는 부상●이 있는데, 그곳은 10개의 태양이 목욕을 하는 곳으로, 흑치국의 북쪽에 있다. 물 한가운데에 큰 나무가 있는데, 9개의 태양이 아래가지에 있고 1개의 태양이 윗가지에 있다. (제9권 「해외동경」)

곤륜昆侖 언덕은 천제가 하계에 둔 도읍

해내海內의 곤륜 언덕(昆侖虛)이 서북쪽에 있는데, 이는 천제가 하계에 둔 도읍이다. 곤륜 언덕은 사방이 800리이고, 높이는 1만 길이다.

산 위에는 높이가 5심尋, 둘레가 다섯 아름이나 되는 목화木禾가 자란다. 위에 옥으로 된 난간을 두른 9개의 우물이 있고, 그 위에는 9개의 문이 있는데, 그 문을 개명수開明獸라는 신이 지킨다. 이곳이야말로 많은 신들이 사는 곳이다. (제11권 「해내서경」)

왜·조선·열고야·봉래산

개국蓋國은 거연鉅燕의 남쪽, 왜倭(일본)의 북쪽에 있고, 왜는 연燕에 속한다. 조선朝鮮은 열양列陽의 동해 북산의 남쪽에 있다. 열양은 연에 속한다. 열고야列姑射는 바다 한가운데에 섬처럼 자리하고 있다. 야고국射姑國은 바다에 있어 열고야에 속하며, 산이 서남쪽을 에워싸고 있다. (……) 봉래산蓬萊山은 바다에 있고, 거인들의 시장(해시海市, 즉 신기루)이 바다에 있다. (제12권 「해내북경」)

황제와 겨룬 치우와 가뭄의 여신 발

계곤산係昆山이라는 곳이 있다. 이곳에는 공공대共工臺가 있어서 활을 쏘는 사람은 감히 북쪽으로 향하지 못한다. 여기에는 푸른 옷을 입은 사람이 있는데, 황제黃帝의 딸로, 이름은 발魃이라 한다.

치우蚩尤가 무기를 만들어 황제를 치자, 황제는 응룡應龍에게 명해 기주冀州(중원)에서 치우와 싸우게 했다. 치우는 풍백風伯과 우사雨師에게 부탁해 응룡이 물을 모아 둔 곳에 폭풍이 몰아치게 했다. 그러자 황제는 발을 내려보내 비를 멈추게 하고 치우를 죽였다. 결국 발은 다시 하늘로 돌아가지 못하게 되었고, 그녀가 있는 곳에는 비가 내리지 않게 되었다.

숙균叔均이 그런 사실을 천제에게 알리자, 천제는 그녀를 적수赤水 북쪽에서 살도록 했고, 숙균은 밭농사를 책임지게 되었다. 사람들은 때로 그곳에서 도망치려는 발을 막으려 할 때면 "신이여, 북쪽으로 가시오!" 하고 외쳤다. 그렇게 하여 먼저 물길을 깨끗이 하고 도랑을 터서 물이 잘 흐르게 했다. (제17권 「대황북경大荒北經」)

NOTES

부상扶桑 : 잎은 뽕잎처럼 생겼고, 키가 수천 장, 둘레는 스무 아름이나 된다. 한 뿌리에서 2그루씩 나와 서로 기대고 있어서 부상이라고 한다.

한비자
(韓非子)

BC 230년경에 만들어진 책으로, 법가 사상法家思想을 진秦나라의 시황제에게 제공한 반反유가의 선봉이자 법가의 최고봉으로 꼽힌다. 한韓나라의 귀족이었던 한비의 저작으로, 그는 순자荀子의 문하에서 배운 뒤 조국 한나라의 번영을 위해 법가 사상을 대성했다. 원래는 본명이나 책 이름이 모두 '한자韓子'였으나, 후세에 당唐나라의 한유韓愈도 한자韓子로 불리게 되자 혼동을 피하기 위해 한비자라 부르게 되었다.

INTRO

『사기』의 「한비전韓非傳」에 따르면, 한비(?~BC 233)는 소국인 한나라 귀족의 서자로 태어났다. 한나라는 전국칠웅戰國七雄●의 하나였지만, 국토가 좁고 진나라와 초나라라는 강대국의 압박을 받아 국가의 존망이 위태로웠다. 한비는 부국강병을 위한 학문을 배우기 위해 그 무렵의 대표적 학자였던 순자의 문하에 들어갔다. 동문으로는 훗날 진나라의 재상이 된 이사李斯가 있었다. 한비는 순자의 '성악설'과 노자의 '무위無爲'에서 철학적 계시를 받고, 상앙商鞅의 '법'과 신불해申不害의 '술術'을 종합해 독특한 통치 이론인 '법술法術●'을 이끌어 냈다.

한비는 이 '법술'이야말로 부국강병의 유일한 길이라고 한나라 왕에게 진언했으나 받아들여지지 않았다. 한나라에는 벌써 천하통일을 지향하는 기개가 사라져 버리고 없었던 것이다. 그의 '법술'을 채용한 것은 진나라 왕인 정政(뒷날의 시황제)이었다. 어느 날 정은 한비의 저작을 읽고 감탄했다. 그래서 저자를 만나고 싶어 했다. 그러자 이사가 꾀를 썼다. 진나라가 한나라를 공략하자, 한나라는 한비를 사자로 보내 화친을 요청했다.

진나라 왕은 한비를 만났지만 그를 바로 등용하지는 않았다. 한편, 이사는 옛날에 동문수학한 한비의 천재적인 능력을 잘 알고 있었기에, 그가 등용되면 자신의 입지가 흔들릴 것을 두려워해 경계했다. 결국 그는 동료의 도움을 받아 한비를 참언해 옥에 가두었다. 이사는 옥중에 독을 넣어 보냈고, 한비는 어쩔 수 없이 그 독을 마셨다고 한다(BC 233).

그 뒤 3년이 지나 한나라는 멸망했고, 10년 뒤 진나라가 천하를 통일하자 정은 스스로 시황제라 칭했다. 시황제의 정책은 모두 한비의 법가 사상에 따라 세워졌다. 그래서 시황제를 한비의 제자라고 하는 것이다.

『한비자』는 55편으로 이루어져 있는데, 그 모두를 한비가 직접 집필했는지는 확실하지 않으나, 전체가 법가 사상으로 통일성을 갖추었으며, 한비의 사상을 잘 전한 글로 평가받는다. 최근 중국에서는 법가가 시대의 사상으로 재평가되어 『한비자』와 관련된 주석서와 연구서가 많이 출판되고 있다.

군주는 법法과 술術로 통치한다

약육강식의 전국시대에서 나라를 잃지 않기 위해서는 부국강병을 이루어 다른 나라와 싸워 이겨야 한다. 그러기 위해서는 먼저 군주가 강력한 통치력을 가져야 한다. 군주가 힘에 의존하지 않고 개인적인 감화력(덕)으로 통치를 해야 한다는 사고방식은 난세에 맞지 않다. 군주 자신이 견고한 국가 체제를 만들어 요소요소를 완벽하게 장악하고 파악해야 한다. 그렇게 하면 아무리 평범한 군주라도, 그 자신이 아무것도 안 하더라도 나라를 잘 다스릴 수 있다. 이러한 체계적인 방법이 바로 '법술'이다.

법술의 '법'이란, 명문화하여 백성에게 제시하는 것, 곧 법률이다. 법은 철저하게 널리 알려야 한다. 그리고 거기에 '술'을 도입한다. 이것은 군주가 가슴에 새겨 두고 아무도 모르게 은밀히 사용하는 것이 중요하다. 속내를 들켜 버리면 아무런 효과도 없다.

'술'이란 한마디로 신하에 대한 군주의 통치 기술이다. 이 경우에 신하란 군주를 모시는 모든 사람의 총칭으로 보아야 한다. 위로는 대신에서 아래로는 일반 관리, 때로는 백성까지도 포괄하는 개념이다. 군주는 신하들이 경애심을 가지고 자신을 받들어 모신다는 생각은 추호도 해서는 안 된다. 신하라는 존재는 자신의 이익밖에 모른다. 그들은 군주가 권력을 쥐고 있기 때문에 어쩔 수 없이 신하 노릇을 할 따름이다. 따라서 군주의 힘이 약해지면 군주의 지배권을 배제하려고 한다. 그것이 그들의 이익을 극대화해 줄 수 있기 때문이다.

이렇게 볼 때 군주가 가장 경계해야 할 것은 바로 자신의 아내와 자식이다. 그들은 군주에게 인정받는 후^{后}일 수도 있고 후계자일 수도 있다. 왜냐하면 만일 군주가 총애를 거두어 버리면 그들은 하루아침에 다른 신하와 똑같은 신분이 되고 말기 때문이다. 그러므로 그들은 늘 불안에 사로잡혀 있고, 군주의 마음이 바뀌기 전에 빨리 자신의 지위를 확보해 두려 한다. 그런 욕망이 강해지면 독이나 자객을 써서 군주를 죽이려 할 것이다. 역사에서 찾아볼 수 있는 수많은 집안 싸움은 모두 이렇게 해서 일어난 것이다.

그렇다면 이러한 군신 관계를 염두에 두었을 때 과연 신하를 어떻게 통제해야 할까? 먼저 신하의 실태를 파악해야 한다. 그들은 자신이 유능하고 뛰어난 실적을 올리고 있는 것처럼 위장하며, 나아가 서로의 허물을 감싸 주면서 군주의 눈을 가리려 한다. 군주는 여기에 대한 대책을 마련해 두어야 한다. 밀고를 장려하고, 밀정을 활용해 수시로 정보를 모으는 한편, 개별적인 능력을 시험해 보아야 한다. 불시에 질문을 던져 그 반응을 살펴보는 시험이 필요하다.

그런 식으로 실태를 파악한 다음, 2개의 손잡이로 신하를 마음껏 조종해야 한다. 2개의 손잡이란 무엇인가? 바로 상과 벌이다. 군주는 상벌의 집행권을 절대로 남에게 넘겨주어서는 안 된다. 호랑이는 날카로운 이빨을 가지고 있기에 백수의 왕이 될 수 있는 것이다. 호랑이가 그 이빨을 개에게 준다면, 개가 백수의 왕이 될 것이다. 이와 마찬가지로 상과 벌이라는 2개의 손잡이를 가져야만 군주일 수 있다. 이것이 없다면, 군주는 이름뿐인 존재가 되어 그 자리를 위협받을 것이다.

그러나 그러한 상벌도 그저 기분에 따라 주어서는 아무런 의미가 없다. 명확한 기준을 정하고 그 기준에 따라 엄격하게 운용할 때만이 비로소 상벌의 효과가 발생한다. 그러기 위해서 군주는 '형명참동形名参同'의 방법을 구사해야 한다. '형명'이란 무엇인가? 형形은 곧 형刑으로, 사물의 실체를 말한다. 명名이란 그 '형'에 따르는 명칭(말)이다.

'형명참동'의 구체적 운용법은 다음과 같다. 신하에게 어떤 일을 시킬 때, 미리 무엇을 하려는지 신고하게 한다. 그 말이 바로 '명'이다. 그리고 일이 끝날 단계에서 그 성과를 조사한다. 이것이 명(신고)에 대한 형(실제의 성과)이 된다. '형'과 '명'을 '참동(서로 비추어 보다)'하는 것이 바로 '형명참동'의 뜻이다.

'형명참동'의 좋은 예로 한나라 소후昭侯의 일화를 들 수 있을 것이다. 어느 날, 소후는 술에 취해 그 자리에 꼬꾸라져 잠들어 버렸다. 주군이 감기가 걸리면 큰일이라며 곁에 있던 관冠 담당 관리가 옷을 덮어 주었다. 눈을 뜬 소후는 자신을 덮고 있던 옷을 보고 기쁘게 생각했지만, 이내 옷을 걸쳐 준 자가 관 담당자라는 것을 알고는 미간을 찌푸렸다. 이윽고 소후는 거기에 대해 두 가지 처분을 발표했다.

첫째, 옷 담당자에게 벌을 내렸다. 그가 자신의 직분(곧, 이러한 일을 할 것이라는 약속으로, 명에 해당함)을 다하지 않았기 때문이다.

둘째, 관 담당자에게도 벌을 내렸다. 그가 자신의 직분을 넘어선 행동('형'이 '명'을 넘어선 행동)을 했기 때문이다.

첫 번째의 경우는 그냥 두더라도 두 번째의 경우, 곧 신고 이상의 성과를 올린 경우에는 벌을 주기는커녕 오히려 상을 주는 경우가 많다. 그러나 이런 경우의 해악은 첫 번째의 경우에 결코 뒤지지 않는다. '명'과 '형'이 일치하지 않는다는 점에서는 둘 다 같은 죄를 범했고, 월권 행위의 해악은 약간의 성과로 상쇄되는 것이 아니다.

이처럼 '형'과 '명'의 완전한 일치를 추구하는 것이 '형명참동'의 요점이다. 중요한 것은 성과가 많고 적음이 아니라, 신하를 잘 통제하는 것이다. 이것이 철저하게 이루어져야 군주의 권위가 서고, 불패의 강국을 실현할 수 있다. 「이병편二柄篇」, 「비내편備內篇」 외

법을 기반으로 군주의 권위를 확립

유가는 요堯·순舜·탕湯·무왕武王 등 고대의 성인聖人들을 높이 찬양하고, 그들의 행위를 본받는 것이 위정자의 길이라고 주장한다. 그러나 과연 그럴까?

예를 들면, 유가는 고대의 성인이 자리에 연연하지 않았음을 칭송한다. 그러나 고대에는 위정자도 거친 음식을 먹고 초라한 옷을 입었으며 스스로 백성들보다 열심히 일했다고 하지 않는가. 설령 왕이라 하더라도 문지기와 같은 생활을 하고 노예처럼 일했다. 그러나 지금은 왕은 물론이고 현의 지사급만 되어도 자신은 물론이고 자식들까지 마차를 타고 다닌다.

이렇게 옛날의 왕이 자리에 연연하지 않고, 지금의 지사가 자리에 매달리는 것은 그 실익이 다르기 때문이다. 그와 마찬가지로 옛날에는 재물을 가벼이 여기고 지금은 재물을 모으려 하는 것은 딱히 유가에서 말하는 것처럼 도덕이 땅에 떨어져서가 아니다. 옛날에는 재물이 남아돌았고, 지금은 재물이 부족하기 때문이다. 따라서 지금 새로운 시대의 정치는 양量이나 이익의 많고 적음을 기준으로 삼아야 하는바, 고대의 성인을 본받는다는 것은 시대착오적인 행동에 지나지 않는다.

또한 유가는 전쟁도 정치도 힘에 의존하지 말고, '인仁'으로 수행해야 한다고 말한다. 과연 그럴까?

전쟁에 대해 살펴보면, 순이나 문왕이 무력을 사용하지 않고 적을 회

유한 적은 있다. 그러나 시대가 내려오면서 무력은 점점 확대되었고, 입으로 '인의仁義'를 주장하는 자들은 한결같이 멸망의 길을 걸었다. 역사를 돌이켜 보면, 옛날에는 도덕을 다투고 이어서 지략을 다투다가, 지금은 힘의 우위를 다투고 있다. 아무리 '인의'를 외쳐 본들, 상대가 힘을 구사하면 꼼짝도 할 수 없다. 이쪽에서도 힘으로 대항하는 것밖에는 다른 방법이 없다.

정치에 대해서도 똑같은 말을 할 수 있다. 유가가 주장하는 '인의'에 의한 정치란, 다른 말로 사랑과 정의에 따른 정치라고 할 수 있을 것이다. 사랑의 근원은 부모와 자식의 사랑이다. 그러나 현실을 보면 알 수 있듯이 부모와 자식 사이에서조차 반드시 관계가 원만한 것만은 아니다. 그것이 아무리 깊고 넓다 한들 사랑으로는 정치를 할 수 없다. 또한 백성은 정의에 따라 움직이지 않는다. 공자가 자신의 사상을 설파하며 천하를 유세하던 시절조차도 그의 사상에 감복하여 따른 제자는 고작 70명에 지나지 않았다.

한편, 노魯나라 애공哀公은 평범한 군주였지만, 일단 군주의 자리에 오르자 모든 백성이 그의 지배를 받아들였고 권위에 복종했으며, 공자도 그 신하가 되었다. '인의'라는 점에서 보자면 애공은 공자의 발바닥에도 못 미친다. 그러나 군주가 되어 권위의 힘을 갖게 되자, 모든 백성을 복종시키고 공자도 신하로 삼을 수 있었다.

그런데 유가는 군주에게 권위의 힘을 사용하라고 권하지 않고, '인의'를 펼쳐 천하의 왕이 되라고 한다. 이것은 모든 군주에게 공자와 똑같이 되라는 말과 같고, 백성 모두에게 공자의 제자가 되라는 말과 같은데, 이는 실현될 수 없는 잠꼬대에 지나지 않는다.

법을 기반으로 군주의 권위를 확립하는 것 이외에 난세를 살아갈 방법은 없다. 그런데도 유가의 학자들은 잘못된 미사여구美辭麗句를 늘어놓으며 세상을 현혹하고 있다. 그 결과 입으로만 말하고 실천을 등한시하는 풍조가 생겼다. 온통 책을 읽으며 논쟁을 벌이는 자들뿐이고, 실제로 호미와 쟁기를 들고 일을 하거나 무기를 드는 자가 없다. 이 같은 상황에서 나라가 혼란에 빠지고 힘이 약해질 것은 뻔한 일이다.

이러한 풍조를 근절하기 위해서는 책이 아니라 법을 기준으로 삼아야 한다. '성인'이 아니라 관리를 선생으로 삼아야 한다. 이렇게 할 때 비로소 왕업의 기초가 완성될 수 있다. 「오두편五蠹篇」 외

군주의 신뢰를 얻은 다음에 간언하라

법술사法術士, 곧 법술을 주장하는 개혁가는 끊임없이 반대 세력의 방해를 받는다. 반대 세력이란 군주를 둘러싼 중신이다. 그들 중신은 한통속이 되어 군주를 구석으로 몰아넣고 실권을 장악해 버린다. 법술을 도입해 군주의 권위를 세운 뒤에는 맨 먼저 이 같은 중신들을 몰아내야 한다. 그들은 법술사를 눈엣가시처럼 여긴다.

이리하여 법술사와 중신 사이에는 숨 막히는 투쟁이 전개된다. 과연 법술사에게 승리의 가능성은 있을까? 법술사는 군주와 멀리 떨어져 있고, 상대는 군주의 총애를 받고 있다. 이쪽은 신참이요, 상대는 고참이다. 이쪽은 군주에게 직언을 서슴지 않고, 상대는 군주의 비위를 맞춘다. 이쪽은 보잘것없는 직위이고, 상대는 유력자이다. 이쪽의 무기는 혀 하나뿐이지만, 상대는 나라를 움직일 정도의 힘을 가지고 있다.

그런 상대와 직접 부딪쳐서는 승산이 없다. 법술사는 군주에게 직소하는 것밖에는 방법이 없다. 그러나 이는 정말 어려운 일이다. 상대가 평범한 사람이 아니라 '군주'이기 때문에 더욱 그렇다. 군주는 절대 권력을

가지고 모든 신하의 생살여탈권生殺與奪權을 쥐고 있다. 게다가 권력의 정점에 있기에 늘 불안해하며, 소심하면서 잔인하기도 하다.

이런 상대에게 진언하려면 많은 주의를 기울여야 한다. 직언을 서슴지 않는 용기도 있어야 한다. 그러나 무엇보다 중요한 것은 상대의 마음을 읽고 거기에 대응해 이쪽의 의견을 정리해 알리는 일이다.

상대가 명성을 중시하는지 또는 실리를 중시하는지, 아니면 본심은 따로 숨기고 있는 것은 아닌지 등을 잘 알아보고 진언해야 한다. 상대가 비밀 계획을 가지고 있다면, 절대로 그것을 건드려서는 안 되며, 이쪽의 지식을 전부 드러내서도 안 된다. 또한 상대의 능력 이상을 실행하도록 권해서도 안 된다. 상대의 자존심을 건드리지 않고 자신감을 가질 수 있도록 때로는 완곡하게, 때로는 직접적으로, 때로는 예를 들어 가면서 임기응변으로 진언해야 한다. 「고분편孤憤篇」, 「세난편說難篇」 외

| 책 속의 명문장 |

逆鱗 역린

용이라는 동물은 성질이 온순해 잘 길들이면 타고 다닐 수도 있다. 그러나 이 용의 목 밑에는 지름이 한 자나 되는 거꾸로 박힌 비늘(逆鱗)이 있어, 만일 그것을 잘못 건드리면 그 사람을 죽이고 만다. 이처럼 군주에게도 거꾸로 박힌 비늘 같은 것이 있으니, 진언하는 사람은 그 비늘을 건드리지 않기만 해도 잘한 것이라고 할 수 있다.

한비는 신하의 입장에서 진언을 할 때 군주의 약점이나 아픈 부분을 건드리지 않는다는 것이 얼마나 어려운 일인가를 강조하고 있다. 일반적으로 윗사람의 기분을 상하게 하는 것을 '역린을 건드린다'라는 말로 표현한다.   「세난편」

守株 수주

송나라의 한 농부가 밭을 갈고 있는데, 토끼가 달려가다가 밭 가운데 있는 그루터기에 부딪혀 목이 부러져 죽고 말았다. 그것을 본 농부는 쟁기를 버리고 그 나무를 지키며(守株) 다시 토끼가 걸려들기를 기다렸지만 결국 토끼는 얻지 못하고 사람들의 웃음거리만 되고 말았다.

한비는 이 비유를 들어 고대 성인의 방법을 고집하는 유가의 어리석음을 비판했다. 즉, 옛것이라고 해서 무조건 좋은 것이 아니므로 그 시대에 맞는 통치법을 배우고 구사해야 한다는 말이다. 그래서 '수주'는 고루하게 옛것을 고집하며 새로운 상황에 적응하지 못함을 가리키는 말이 되었다. 수주대토守株待兔라고도 한다. 「오두편」

矛盾 모순

초나라에 방패와 창을 파는 사람이 있었다. 그는 방패를 팔 때는 "내 방패는 단단해서 어떤 무기로도 뚫을 수 없다" 하고, 창을 팔 때는 "내 창은 날카로워 어떤 물건도 꿰뚫는다"라고 했다. 어떤 사람이 "그러면 당신의 창으로 당신의 방패를 찌르면 어떻게 되오?"라고 묻자 무기 장수는 그만 할 말을 잃고 말았다.

한비는 유가의 주장을 비판하기 위해 이런 비유를 들었다. 유가는 고대의 성왕인 순을 찬양해 "요가 천자일 때 순은 스스로 각지로 나아가 노동을 실천해 모범을 보임으로써 백성들이 다투지 않게 했다. 이것이야말로 성인의 덕이다"라고 했다. 이에 대해 한비는 "요가 성인이라면 천하가 잘 다스려지고 있을 것이니 순이 나설 여지가 없다. 만일 순이 나아가 세상의 잘못을 고쳤다고 한다면, 요의 정치에 잘못이 있었음을 나타내므로 요는 성인이 아니다"라고 했다. 이 비유를 통해 '요와 순이 모두 성인이라는 것은 모순'이라고 주장한 것이다. 「난편難篇」

餘桃 여도

미자하彌子瑕라는 아름다운 소년이 위衛나라 영공靈公의 총애를 받고 있었다. 어느 날 둘이서 같이 복숭아밭을 거닐다가 미자하가 복숭아 하나를 따 먹었는데 너무 달고 맛있어서 먹던 복숭아를 영공에게 주면서 먹어 보라고 했다. 영공은 먹는 것도 잊은 채 미자하가 자신에게 복숭아를 주었다며 기뻐했다. 세월이 지나 미자하의 용모가 추해지자 영공의 사랑도 식었다. 그러던 차에 미자하가 죄를 지었다. 그러자 영공은 "이놈은 예전에 먹다 만 복숭아를 나에게 먹인 적이 있다"라고 비난했다. 미자하의 행동은 예나 지금이나 변함없었지만, 영공의 사랑이 증오심으로 바뀌었기 때문에 그 행위에 대한 평가도 정반대가 되어 버린 것이다.

군주를 설득하기 위해서는, 군주가 자신을 어떻게 생각하고 있는지를 알아야 한다. 또한 군주라는 권력자가 얼마나 제멋대로인가를 고려해야 한다는 것을 강조하기 위해 한비는 이런 비유를 들었던 것이다.　　　　　　　　　　　　　　　「세난편」

전국칠웅戰國七雄 : 전국시대 때 중국의 패권을 놓고 대립한 7대 강국. 동방의 제齊, 남방의 초楚, 서방의 진秦, 북방의 연燕, 그리고 중앙의 위魏·한韓·조趙 나라를 가리키는 말이다. 각국은 부강한 국가로 발전하려고 내정의 충실과 군비의 확장에 진력했는데, 이 중 진나라는 상앙商鞅의 변법變法 이후 국력이 신장해 BC 221년 천하를 통일하는 데 성공했다.

법술法術 : 법률로써 나라를 다스리는 기술.

관자
(管子)

BC 600년경에 만들어진 책으로, 공자가 태어나기 100년 전인 춘추시대에 제나라 환공
桓公을 모셨던 재상 관중管仲과 그 계열에 속하는 학자들의 언행록이다. 한나라의 유향이
그때까지 전하던 기록에서 중복된 부분을 제외하고 86편으로 정리했으나, 지금은 그 가
운데 76편만이 전한다. 직접 정치에 관여한 사람만이 체득할 수 있는 현실주의적 경제 정
책과 지배 정책을 많이 담고 있다.

INTRO

춘추시대(BC 722~BC 481)에 제나라는 지금의 산동성 일대에 자리 잡고 있었다.

제나라는 환공(BC 685~BC 643 재위)이 다스릴 때 가장 융성했는데, 그 힘을 지탱해 준 재상
이 바로 관중이고 그의 언행을 중심으로 모아 엮은 책이 『관자』이다.

관중의 이름은 이오夷吾, 자는 중仲이다. 출생과 사망 연대는 명확하지 않으나, 영상潁上(지금
의 안휘성安徽省)에서 태어났다고 한다. 청년 시절에는 친구 포숙鮑叔에게 많은 도움을 받았는
데, 두 사람의 우정은 '관포지교管鮑之交'●라는 고사로 남을 만큼 유명하다.

『관자』의 내용은 잡다하다. 관자(관중의 존칭) 자신이 쓴 것으로 보이는 9편을 제외하면, 한나
라 초기까지 수백 년에 걸쳐 서서히 집대성된 것으로 보인다.

한나라의 유향이 조사한 바에 따르면, 관중의 저작은 564편이나 되는데 구성이 난잡한 데다
중복되는 부분이 많았다고 한다. 그래서 그가 86편으로 정리했다. 그러나 그 뒤에 10편이 없
어져 현재는 76편만이 남아 있다. 『관자』의 사상은 『한서漢書』「예문지藝文志」에서는 도가로,
그 뒤에 나온 『수서隋書』「경적지經籍志」에서는 법가로 분류됐다. 이때부터 일반적으로 법가로
분류되는데, 그 어느 범주에도 속하지 않는 성격도 가지고 있다.

잘살아야 예절을 알고, 영욕을 가린다

한 나라를 지배하는 군주는 한 해의 생산 계획을 세우고 이를 빈틈없
이 밀고 나가 경제를 풍족하게 해야 한다. 나라가 풍족하면 먼 나라에서
도 백성이 모여들고, 토지가 잘 정비되어 있으면 백성들은 그 땅에서 도

망치지 않고 편안히 살 수 있다. 백성은 살림이 안정되어야 비로소 예절을 알고, 의식주가 해결되어야 비로소 영욕을 가리게 된다.

군주가 재물을 소비할 때 법도를 지키는 것이 민생 안정의 기본이다. 생활이 안정되면, 백성은 예禮·의義·염廉·치恥의 덕을 잘 지킨다. 이렇게 되면 군주의 명령이 나라 구석구석까지 미칠 것이다.

군주는 무엇보다 먼저 경제를 일으켜야 한다. 형벌은 이차적인 문제이다. 먼저 민생을 안정시키고 도덕의식을 고양시킬 것, 그것이 바로 나라의 기반이다. 그런 뒤에 신령과 종묘, 조상을 모셔야 한다. 이는 종교심을 길러 백성을 교화하는 것이다.「목민편牧民篇」

시장의 형편을 보고 정치의 득실을 판단한다

물가 시세는 물자의 수요 상황을 나타낸다. 물가를 내리면 상인의 이익이 적어지고, 이익이 적어지면 농업 생산에 힘을 쏟을 것이다. 백성의 대부분이 농업을 본업으로 삼아 노력하면, 사회의 기풍이 튼튼해지고 나라의 재정이 안정된다. 무릇 나라의 재정이란 계획에 따라 짜이고 노력에 따라 안정되는 것이며, 방심하면 파탄에 빠진다. 계획이 없으면 재정이 성립할 수 없고, 노력하지 않으면 안정도 없다. 하나 방심하지만 않으면 파탄은 일어나지 않는다.

그러므로 시장의 형편을 잘 살펴보면 그 나라가 행하고 있는 정치의 득실을 알 수 있다. 물품이 검소하면 정치가 안정된 것이고, 사치가 만연하면 민심이 들떠 있다고 보아야 한다. 또한 시장에 나도는 물품의 양은 나라의 형편을 반영하는 것인즉, 누가 그것을 조작하는 것이 아니다. 이처럼 시장의 형편을 보고 사회의 상황을 판단하는 것은 도에 부합하는 일이다.「승마편乘馬篇」

군주는 군주답게, 신하는 신하답게

게으른 자는 무슨 일을 하든 실패한다. 인간을 초월한 것처럼 보이는 대단한 능력도 따지고 보면 노력의 결과이다. 이러한 능력은 안으로 기르고 쌓은 힘에서 나온다. 그러나 노력하지 않는 사람은 자신의 힘을 믿지 못하므로 늘 바깥의 힘에 의지하려 한다. 안으로 힘을 갖추어 두면 도움이 되지만, 바깥의 도움만을 구하면 늘 불안하다.

아침에 눈을 뜰 때마다 혹시 내가 게으름을 피우고 있지는 않은지 늘 반성해야 한다. 머뭇거리다가는 때를 놓쳐 재난을 맞게 된다. 아침에 해야 할 일을 하지 않고 넘어가면, 저녁에 돌이킬 수 없는 사태가 벌어지고 만다. 나쁜 병에 걸리면 저절로 안색이 나빠지듯이 마음이 잘못되면 태도나 행동을 통해 나타나게 마련이다.

군주가 군주의 책임을 다하지 못하면 신하도 그 직분을 잊고 만다. 아버지가 아버지의 책임을 다하지 못하면 자식도 그 본분을 잊고 만다. 윗사람이 그 지위에 어울리지 않는 행동을 하면, 아랫사람도 제 분수를 잊고 만다. 위아래가 화목하지 못한데 어떻게 명령이 지켜지겠는가? 주인이 의관을 똑바로 갖추지 않으면 손님이 경의를 표할 리 없고, 군주의 몸가짐이 법도에 어긋나면 그 정령政令은 아래로 내려갈 수 없다.

은혜를 베풀어 백성의 마음을 사로잡고, 위엄으로 백성을 다스릴 때 비로소 군주의 지위가 안정된다. 생활을 즐겁게 해 주지 않으면, 백성은 군주를 걱정하지 않는다. 백성을 살게 해 주지 않으면 아무도 군주를 위해 목숨을 바치려 하지 않는다. 군주가 군주의 책임을 다하지 못하면서 백성이 충성을 바치기를 바란다면 그것은 결코 이루어질 수 없는 일이다.「형세편形勢篇」

귀족·백성·부자를 신중하게 다루기

군주는 귀족과 백성, 부자를 신중하게 다루어야 한다. 귀족을 신중히 다룬다는 것은, 가문에 대한 선입견을 버리고 현자를 발탁함을 말한다. 백성을 신중하게 다룬다는 것은, 관리를 두어 감시해야 함을 말한다. 부자를 신중하게 다룬다는 것은, 생산을 장려하면서도 그들이 부를 독점하지 못하도록 함을 말한다.

군주가 신하에게 존경받느냐 경멸받느냐는 이 3가지를 어떻게 다루느냐에 달려 있다. 「추언편樞言篇」

외교는 이익 추구, 백성은 덕으로 다스린다

옛날의 명군은 이익을 따져 다른 나라와 손을 잡고, 덕으로 백성을 끌어들였다. 이익과 덕, 이 두 가지를 갖지 못한다면 나라와 나라, 사람과 사람의 교류가 원만하지 못하다. 「추언편」

신상필벌信賞必罰

정당한 보상은 낭비가 아니다. 정당한 형벌은 포학함이 아니다. 신상필벌이야말로 최고의 덕이다. 「추언편」

NOTES

관포지교管鮑之交 : 관중管仲과 포숙鮑叔의 사귐이라는 뜻으로, 서로 이해하고 믿고 정답게 지내는 깊은 우정을 나타내는 고사성어이다.

손자
(孫子)

BC 480년경에 만들어진 책으로, '싸우지 않고 이긴다', '약한 것으로 강한 것을 이긴다'를 이상으로 하는 병법의 원류이다. '손자'란 '손 선생'이라는 뜻으로, 중국의 여러 고전과 마찬가지로 저자의 이름이 책 제목이 되었다. 현존하는 『손자』는 6천 수백 자로 구성되어 있다. 「시계편始計篇」에서 시작해 「용간편用間篇」까지 13편으로 나눠지고, 모든 편은 '손자가 말하기를'로 시작된다. 곧, 손자의 말을 간단히 집약해 표현한 것이다.

INTRO

『손자』는 고대 중국에서 만들어진 병법의 원전으로, 약 2,500년 전인 춘추시대 말기에 만들어진 것으로 추정된다. 병기와 전쟁의 형태가 지금과는 완전히 다른 옛날의 병법서가 오늘날까지 읽히는 것은 이 책이 단순히 전쟁 기술을 논한 것이 아니라 인간의 본성에 대한 날카로운 통찰을 갖추고 있고, 승부와 관련된 행동 법칙을 잘 다루고 있기 때문이다.

저자는 그 무렵 강남 지방에서 번성했던 오吳나라의 장수 손무로 추정된다. 그 연대는 확실하지 않지만, 『사기』에 오나라 왕 합려闔閭●가 손무의 전략 덕택에 초나라에 이겼다(BC 6세기)는 사실이 기록되어 있다. 『손자』의 저자에 대해서는 이론이 있다. 손무로부터 약 150년 뒤에 제나라 장수로 활약한 손빈孫贖도 뛰어난 전략가였기에, 그가 바로 『손자』의 저자라는 설도 있었다. 그런데 1972년 산동성 임기현臨沂懸 은작산銀雀山에서 『손빈병법』이 발견됨으로써 『손자』의 저자가 손무라는 사실이 밝혀졌다.

『손자』의 근저에는, 만물은 고정된 것이 아니라 변화하고 발전하는 것이라는 사고방식이 깔려 있다. 그런 관점에서 약한 것이 강한 것을 이기고, 힘이 약한 쪽이 주도권을 쥐고 우위에 설 수 있다는 독특한 병법을 이끌어 냈다.

『손자』에서 말하는 '궤도詭道'는 트릭을 뜻하는 것이 아니라, 상대의 힘과 욕망을 역이용해 무리 없이 이겨야 한다는 뜻을 품고 있다. 심리적인 동기 부여에 따라 인간을 움직인다는 점은 오늘날의 행동과학에서 말하는 '모티베이션 이론'과 비슷하다.

마오쩌둥은 『손자』를 중시해 그가 발표한 논문 가운데서 『손자』를 인용한 부분이 5군데나 된다. 특히 『손자』의 말 가운데 유명한 '지피지기知彼知己 백전불태百戰不殆'라는 말은 마오쩌둥의 『모순론矛盾論』, 『중국혁명전쟁의 전략문제』, 『지구전론持久戰論』에 인용되어 있다.

「시계편始計篇」

『손자』가 시작되는 편으로, 전쟁을 시작하는 데 필요한 원칙을 제시한 총론이라 할 수 있다. '병兵●(전쟁)은 나라의 대사大事'라는 유명한 구절로 시작해, 전략과 전술에 관한 기본적인 사고방식을 논하고 있다.

병兵(전쟁)은 나라의 대사

전쟁은 국가의 가장 중요한 일이다. 그것은 백성의 생사와 국가의 존망에 관련된 것이므로 모든 면에서 신중한 검토가 필요하다.

그리고 전쟁에는 다음과 같은 5가지 기본 조건이 있다.

첫째인 '도道'는 방침을 말한다. 올바른 방침이 설 때 비로소 백성의 의지와 위정자의 의지가 일치해, 백성은 어떤 위험도 두려워하지 않고 군주와 생사를 함께하게 된다.

둘째인 '천天'은 날씨와 계절, 시기 등을 말한다.

셋째인 '지地'는 거리와 길의 험함, 넓고 좁음, 높고 낮음 등 그 군대가 놓인 상황을 말한다.

넷째인 '장將'은 지략과 신의, 인의, 용기, 위엄 등의 덕성을 가진 지휘관을 말한다.

다섯째인 '법法'은 군대의 편성과 규율, 장비 등을 말한다.

이 5가지는 장수가 반드시 마음에 새겨 두어야 할 기본 조건이다. 이것을 명백하게 밝히는 것이 승리의 첫걸음이다.

다음으로 적과 아군의 전력을 비교해 그 우열을 판단하는 7가지 기준이 있다.

첫째, 적과 아군의 군주 가운데 누구의 방침이 올바른가.

둘째, 장수의 능력은 어느 쪽이 더 뛰어난가.

셋째, 시기와 지리가 어느 쪽에 유리한가.

넷째, 어느 쪽이 법을 더 잘 지키는가.

다섯째, 어느 쪽의 병사가 더 강한가.

여섯째, 어느 쪽의 부대가 훈련이 더 잘되어 있는가.

일곱째, 상벌은 어느 쪽이 더 엄격한가.

병법이란 적을 속이는 일이다 兵者詭道也

예를 들면, 할 수 있는데도 할 수 없는 척하고, 필요한데도 필요 없는 척하는 것이다. 멀어지는 척하다가 가까이 다가가고, 다가가는 척하다가 멀어진다. 아군이 불리한 척하여 적을 유인하면, 적을 혼란에 빠뜨려 물리칠 수 있다. 적의 군세가 충실할 때는 물러나서 태세를 정비하고, 적이 강할 때는 정면 대결을 피한다. 또한 적을 격앙시켜 힘을 소모하게 하고, 저자세로 나가 적의 도발을 조장한다. 적이 안정되어 있으면 열심히 도발해 피곤하게 만들어서 적의 단결력에 흠집을 낸다. 적의 약점을 찾아서 불의의 공격을 가한다. 이러한 것들이 전술의 요체인데, 상황의 변화에 따라 운용하는 것이 중요하므로 미리 고정된 생각을 가지고 대적해서는 안 된다.

승산이 많으면 이기고, 승산이 적으면 진다 多算勝 少算不勝

전술은 상황에 따라 변해야 하는데, 전쟁 전반의 대국적인 조망(전략)은 사전에 해 두어야 한다. 사전에 승산이 많을 때는 이기고, 승산이 적을 때는 이기기 어려우므로 사전 조사를 거치지 않고 싸워선 안 된다. 이러한 관점을 가지고 있으면 싸우지 않아도 승패를 미리 알 수 있다.

「군형편軍形篇」

군형이란 군대의 배치와 형태를 말한다. 적의 힘이 아무리 강하다 해도 이쪽에서 태세를 잘 갖추면 우위에 설 수 있다.

적이 먼저 이기지 못하도록 한다先爲不可勝

잘 싸우는 자는 적이 이길 수 없는 태세를 갖추고 나서 적이 혼란에 빠지기를 기다린다. 이쪽이 만전을 기하고 있으면 적은 공격을 하고 싶어도 하지 못하고, 오히려 적이 빈틈을 보일 때 이쪽이 공세로 전환할 수 있다. 따라서 잘 싸우는 자는 적의 태세가 완벽해 비집고 들어갈 틈이 보이지 않을 때는 아군의 태세를 완벽하게 갖추면서 무리하게 공격하지 않는다. 아군의 태세가 유리하다고 해서 그것만으로는 이길 수 없다.

공격과 방어는 표리를 이루고 있다. 방어는 적이 파고들 여지를 주지 않는 일이고, 공격은 적의 빈틈을 파고드는 일이다. 방어 체제를 취하는 것은 이쪽이 약할 때이고, 공세로 나설 때는 이쪽이 강할 때이다. 잘 싸우는 자는 열세일 때는 교묘하게 몸을 숨겨 적이 파고들 틈을 주지 않으며, 이쪽이 강할 때는 거침없이 공세를 취해 적을 쳐부순다. 이렇게 하면 상처 하나 없이 완전한 승리를 얻을 수 있다.

진정한 승리는 쉽게 이긴다勝於易勝者也

누가 보아도 이길 만한 방법으로 이기는 것은 뛰어난 승리라 할 수 없다. 세상 사람들이 잘 싸워 이겼다고 하는 승리는 최선이 아니다. 잘 싸우는 자는 먼저 이길 수 있는 태세를 갖추고, 그런 다음에 간단히 이긴다. 따라서 이겨도 그 지략이 남의 눈에 띄지 않으므로 그 용맹은 칭송받지 못한다. 그만큼 확실한 방법으로 이긴다.

무엇보다 중요한 것은 이길 수 있는 태세를 갖추는 것이다. 이는 곧 싸우기 전부터 벌써 지고 있는 적을 상대하는 것이므로 이기는 것은 지극히 당연하다. 불패의 태세를 갖추고 나서 적의 빈틈을 파고드는 것이 뛰어난 싸움이다. 곧, 이기는 자는 먼저 이길 수 있는 태세를 갖추어 둔 연후에 싸움을 시작하고, 지는 자는 싸움이 시작된 뒤에야 이기려 한다.

고인 물이 천 길 낭떠러지를 떨어져 내리는 것과 같다

若決積水於千仞之谿者形也

잘 싸우는 자는 방침을 명확히 하고 태세를 갖춘다. 태세를 갖추려면, 첫째로 나라의 크기, 둘째로 자원, 셋째로 인구, 넷째로 군사력, 다섯째로 승패를 가늠해 보아야 한다. 국토가 자원을 낳고, 자원이 인구의 과다를 결정하고, 인구가 군사력의 기초가 되며, 군사력에 따라 승패가 결정난다. 아군과 적의 전력이 일鎰(중량의 단위. 24냥 또는 20냥)에 대해 수銖(일鎰의 500분의 1)이면 반드시 이기고, 그 반대로 수로써 일에 대항하면 반드시 진다. 그러나 이 전력도 반드시 고정된 것은 아니다. 가득 찬 물이 깊은 계곡으로 떨어지듯이 축적된 힘을 최대한 발휘할 수 있게 해야 한다. 태세를 갖춘다는 것은 이런 뜻이다.

「병세편兵勢篇」

태세를 갖춘 것만으로는 아무 소용이 없다. 그것을 움직이려면 어떻게 해야 할까? 이것이 「병세편」의 주안점이다. '정靜'을 '동動'으로, '형形'을 '세勢'로 변화시키는 방책을 논한다.

무릇 싸움이란 정으로 합하고, 기로 이기는 것이다

凡戰者, 以正合, 以奇勝

많은 병사를 잘 관리하려면 작은 집단으로 나누어야 한다. 많은 병사를 마치 몇 안 되는 적은 인원이 하나로 뭉쳐 싸우듯 일체가 되어 싸우게 하려면 지휘 계통을 확립해야 한다. 또한 적이 어떤 방법으로 나오든 지지 않으려면 전술을 자유자재로 활용할 수 있어야 한다. 돌로 달걀을 치듯이 간단히 이기려면 충실한 전력으로 적의 약한 부분을 공략해야 한다. 이처럼 기본과 운용, 정공법과 기책奇策, 실實과 허虛를 조합해 생각하지 않으면 안 된다. 기본은 정공법이고 실이지만, 그 운용에 있어서는 기책이나 허실의 대응을 염두에 두어야 한다. 자유자재한 전술은 천지처럼 그 끝이 없고, 큰 강의 흐름처럼 마르지 않는다. 해와 달처럼 지면 다시 떠오르고 사계절처럼 갔다가는 돌아오는 것이다.

응용하기에 따라서는 전술의 변화는 무한하다. 예를 들면, 색채의 기본은 청·적·황·백·흑의 5가지에 지나지 않지만, 이것을 다양하게 조합하면 헤아릴 수 없이 많은 색깔이 나타난다. 또한 맛의 기본은 신辛·산酸·함鹹·감甘·고苦의 5가지에 지나지 않지만, 이것을 여러 가지로 조합하면 헤아릴 수 없이 많은 맛이 나온다. 그와 마찬가지로 싸움의 기본은 정공법과 기책뿐이지만, 그 변화는 무한하다. 정은 기를 낳고, 기는 다시 정이 되며, 끝없이 순환한다.

승리는 기세에서 구하고, 병사에게서 구하지 않는다

求之於勢, 不責之於人

돌은 물에 가라앉지만, 격류가 돌을 휩쓸고 갈 수 있는 것은 그 흐름에 기세가 있기 때문이다. 맹수가 큰 먹잇감을 일격에 쓰러뜨릴 수 있는 것은 응축된 힘을 한꺼번에 발출하기 때문이다. 잘 싸우는 자의 싸움도 이와 같다. 격한 기세로 단시간에 힘을 집중한다. 팽팽하게 끌어당긴 시위에는 기세가 있고, 시위를 떠난 화살은 그 힘을 한곳에 집중시킨다.

전투의 경과는 늘 혼란스럽고 예측할 수 없는 것이다. 그런 상황 속에서는 용맹한 자도 겁을 먹게 되고, 겁쟁이가 용사로 변하며, 강과 약이 바뀔 수 있다.

그런 경우에 용기와 비겁함, 강함과 약함을 좌우하는 것은 기세이며, 그 힘을 한곳에 집중시킬 수 있느냐 없느냐에 승패가 달려 있다. 잘 싸우는 자는 승패의 요인을 기세의 작용에서 구하며, 병사 개개인의 능력에서 구하지 않는다. 곧, 개개의 병사보다도 오히려 군 전체의 기세를 중시한다. 기세를 타면, 언덕길을 구르는 통나무나 돌처럼 걷잡을 수 없는 힘을 발휘한다. 이것이 기세라는 것이다.

「작전편作戰篇」

이 편에서는 단기전을 이상적인 전투라고 강조한다. 전쟁에서 발생할 희생을 감안한다면 장기전을 피하고 '졸속拙速'(빠름)을 원칙으로 삼아야 한다. 그러기 위해서는 사전에 충분한 준비를 갖추고, 적의 보급품을 탈취하는 작전을 구사하며, 전의를 높이는 방법을 강구하여 최소한의 출혈로 최대의 효과를 올려야 한다.

「모공편謀攻篇」

최고의 승리는 싸우지 않고 이기는 것이다. 그러기 위해서는 모략을 쓰라고 한다. 모략이란 단순한 잔꾀가 아니다. 그 기본은 적과 아군의 실태를 정확하게 파악하는 것이다.

「허실편虛實篇」

아군의 충실한 힘으로 적의 허를 찌르면 아무리 강력한 적이라도 무너뜨릴 수 있다. 그러기 위해서는 첫째, 상대의 힘을 역이용해 주도권을 잡아야 하고, 둘째, 아군의 힘은 집중시키면서 적의 힘은 분산시켜야 하며, 셋째, 물처럼 변하는 유연성과 기동성을 가져야 한다.

「군쟁편軍爭篇」

전투의 요령을 다루고 있다. 「시계편」에서 말한 '궤도'와 함께 넓은 의미에서 적과 밀고 당기는 요령을 설명하고 있다. 정正과 기奇, 정靜과 동動의 운용법, 무형의 전력을 활용하는 방법을 다루고 있다.

「구변편九變篇」

공격을 할 때 주의해야 할 9가지 '변법變法'(변칙)이다. 예를 들면, '적이 도망치면 무조건 쫓아가고 싶어지지만 깊이 추격해서는 안 된다', '적을 포위할 때는 반드시 도망칠 구멍을 만들어 두어야 한다' 등이다.

「행군편行軍篇」

좁은 의미의 행군이 아니라, 군대를 이끌고 전장에 나아갈 때의 마음가짐을 말한다. 부대 배치의 원칙과 적의 상황을 관찰하는 방법 등을 구체적으로 다루고 있다.

「지형편地形篇」

이 편은 이름과 내용이 일치하지 않는다. 지형의 분류로 시작하지만, 주로 장수의 마음가짐을 다루고 있다.

「구지편九地篇」

적과 아군의 상황을 9가지 경우로 분류하고, 각각에 대응하는 법(구지九地의 법)을 열거하고 있다. 특히, 자진해서 '사지死地'에 몸을 둠으로써 모든 잠재력을 발휘할 수 있는 숨은 비법을 강조하고 있다.

「화공편火攻篇」

화공의 원칙과 방법을 논하고 있다. 후반부는 독립된 장으로, 명군과 명장의 길에 대한 이야기이다.

「용간편用間篇」

'간間'이란 간첩이나 첩보원을 말한다. 간첩을 활용하는 방법, 곧 정보 활동에 관한 내용이다. 병법의 기본이라 할 수 있는 '적을 알기' 위해 비용을 아끼지 않고 투입해야 할 것을 강조하고, 용간의 조직과 기본 원칙, 마음가짐 등을 다루고 있다.

| 책 속의 명문장 |

知彼知己, 百戰不殆 지피지기, 백전불태

적을 알고 나를 알면, 백 번 싸워도 위태롭지 않다. 적을 모르고 나를 알면, 한 번 이기고 한 번 진다. 적을 모르고 나도 모르면, 싸울 때마다 진다.　　　　　「모공편」

疾如風, 徐如林 질여풍, 서여림

달리는 바람風처럼 움직이는가 싶더니 숲林처럼 고요해진다. 성난 불길火처럼 쳐들어 가는가 싶더니 산山처럼 움직이지 않는다. 그늘처럼 눈에 띄지 않다가도 천둥처럼 움직인다. 즉, 하나의 상태로 고정되지 않고 정과 동, 정상적인 것과 기이한 것 등, 상황에 따라 자유자재로 변할 수 있어야 함을 이르는 말이다. 　　　　　　　　「군쟁편」

無恃其不來, 恃吾有以待也 무시기불래, 시오유이대야

'적이 오지 않으리라 생각하지 않고, 준비를 갖추고 기다리는 나를 믿는다.'
인간은 자신의 형편에 맞추어 생각하는 경향이 있다. 손자는 그 위험을 지적하면서 불확정적인 것을 믿지 말고, 어떤 사태가 일어나도 대응할 수 있도록 미리 준비해 두어야 한다고 말한다. 　　　　　　　　「구변편」

吳越同舟 오월동주

'오나라 사람과 월나라 사람은 서로 미워하지만, 같은 배를 타고 가다가 풍랑을 만나면 손을 마주 잡고 서로 돕는다.' 원래 내용은 이렇지만 요즈음에는 적과 아군이 같은 자리에 있는 것을 '오월동주'라고 한다. 　　　　　　　　「구지편」

始如處女, 終如脫兎 시여처녀 종여탈토

적을 상대할 때 처음에 처녀처럼 주저주저하면 적은 방심한다. 그때 달아나는 토끼 같이 무서운 기세로 부딪치면 적은 그 기세에 눌려 달아난다. 　　　　　　　　「구지편」

糧於敵 양어적

뛰어난 장수는 적의 군수물자를 빼앗아 아군의 군량으로 삼는다. 이렇게 하는 것이 멀리 있는 자기 나라에서 군수품을 보급받는 것보다 훨씬 효율적이다. 또한 이러한 관점에서 보면, 적이 장비를 잘 갖추고 있는 것이 아군에게는 오히려 유리할 수 있다. 　　　　　　　　「작전편」

百戰百勝 非善之善者也 백전백승 비선지선자야

'백전백승은 최선의 승리가 아니다.'

전쟁은 싸우지 않고 이기는 것이 최고의 승리이다. 곧, 전쟁을 벌이지 않고 외교적 수
단이나 모략으로 적을 굴복시키는 것이 가장 이상적이다.　　　　　　　　「모공편」

善戰者 致人而不致於人 선전자 치인이불치어인

'잘 싸우는 자는 다른 사람을 조종하지, 다른 사람에게 조종당하지 않는다.'

곧, 잘 싸우는 자는 절대로 상대에게 주도권을 빼앗기지 않는다는 뜻이다. 설령 아군
이 열세에 놓여 있다 하더라도, 상대의 약점을 노리고 주도권을 잡을 수 있도록 해야
한다. 이것은 게릴라전의 기본이기도 하다.　　　　　　　　　　　　　　「허실편」

反間 반간

'적의 상황을 살피는 첩보 활동에는 5가지가 있다. 곧, 향간鄕間, 내간內間, 반간反間,
사간死間, 생간生間이다.' 이 중 '반간'은 적의 간첩을 역이용하는 것으로, 이중간첩을
말한다. '사간'은 적의 간첩에게 허위 정보를 주어 적에게 팔아넘기게 하는 방법이다.
그 정보가 허위임이 밝혀지면 간첩은 자연히 적의 손에 죽을 것이다. 그래서 사간이
다. '생간'은 적에 관한 정보를 조사한 뒤 살아 돌아와서 아군에게 보고하게 하는 간
첩을 말한다. '향간'은 적국의 농촌 사람을 이용하는 방법이다.　　　　　　「용간편」

NOTES

합려闔閭 : BC 515~BC 496. 춘추시대 오나라의 제24대 왕. 이름은 광光이다. 본래 초楚나라의 신하였던
오자서伍子胥를 재상으로 삼고, 중국에서 가장 오래된 병서인『손자』의 저자 손무에게 군대를 조직하게
하여 초나라를 위협하고, 결국 그 수도를 공략해 오나라의 세력을 중원中原까지 넓혔다.

병兵 : 전쟁, 병법, 군대 등 다양한 의미로 사용된다.

오자
(吳子)

BC 380년경에 만들어진 책으로, 『손자』와 나란히 평가받으며 정치가로서도 선구적인 역할을 한 오기의 병법서이다. 전국시대 초기에 초나라의 재상으로 눈부신 업적을 남긴 오기가 초나라의 신하가 되기 전, 곧 위魏나라의 장군이었을 때 섬기던 문후文侯와 그의 아들 무후武侯에게 병법을 설명한 내용을 기록한 것이다. 원래는 48편이었다고 하나 지금은 「도국圖國」, 「요적料敵」, 「치병治兵」, 「논장論將」, 「응변應變」, 「여사勵士」 등 6편만 전한다.

INTRO

『손자』가 노자의 영향을 받은 병법서라고 한다면, 『오자』는 법가 사상의 흐름에 속하는 병법서이다.

『오자』는 내용이나 사상적인 무게로 보아서는 『손자』에 비해 떨어지는 편이지만, 저자인 오기의 행적은 손자보다 화려하다.

오기는 젊은 시절 공자의 수제자인 증자曾子의 문하에서 배웠는데, 점차로 법치주의에 기초한 부국강병을 꾀하는 법가 사상으로 기울어져 실천적인 정치에 몸을 담게 되었다.

처음에는 공자의 출신지인 노나라에서 일을 했는데, 노나라와 제나라 사이에 전쟁이 벌어지자 그의 아내가 제나라 출신이 아닌가 하는 의심을 받았다. 그러자 오기는 아내를 죽였다고 한다. 그 때문에 평판이 나빠져 노나라에서 쫓겨난 뒤 위나라로 도망쳐 문후(BC 445~BC 396 재위)에게 등용되었고, 전선 기지인 서하西河의 태수가 되어 공을 세웠다. 그러나 무후가 집권한 뒤 정적政敵들의 모함으로 실각하고 초나라로 망명했다.

초나라 도왕悼王(BC 401~BC 381 재위)의 눈에 들어 재상이 된 오기는 스스로 병사를 이끌고 나가 많은 전공을 세웠고, 왕족들의 사적인 권한을 제한하는 중앙집권 정책을 강행해 초나라를 강하게 만드는 공을 세웠다. 그러나 그 때문에 왕족들의 미움을 받게 되었고, 결국 도왕이 세상을 떠난 후 암살되고 말았다.

「도국편圖國篇」

『오자』의 첫머리에는 오기가 문후와 처음 만났을 때의 경위를 밝히고, 이어서 국정의 기본을 설명하는 내용이 나온다.

먼저 나라를 화합한 뒤에 대사를 도모한다

옛날, 나라를 잘 다스렸던 군주들은 반드시 먼저 백성을 교화하고 만민과 친화를 이루는 데 역점을 두었다. 인화 단결이 그만큼 중요하기 때문이다. 군주가 각별히 유념하고 있어야 할, 단결을 해치는 4가지 불화不和가 있으니, 바로 '나라의 불화', '군대의 불화', '부대의 불화', '전투의 불화'이다. 국내가 평온하지 못할 때 군대를 내보내서는 안 된다. 군대가 화목하지 못할 때 출전시켜서는 안 되고, 부대가 화목하지 못할 때 전투를 시작해서도 안 된다. 전투에 임해서 아군이 일사불란하지 못하면 절대로 이길 수 없다. 그래서 영명한 군주는 먼저 나라의 화합을 이룬 뒤에 대사를 도모했던 것이다.

또한 대사를 도모하기 전에는 반드시 조상의 영전에 고하고, 귀갑점龜甲占●으로 천시天時를 살펴 길한 징후가 나타나면 실행에 옮겼다. 이렇게 함으로써 백성은 군주가 자신들의 목숨을 소중히 여기며 희생을 아낀다고 생각하게 된다. 이렇게 한 뒤에 전쟁에 임한다면 병사들은 용감히 싸우다 죽는 것을 자랑스럽게 생각하고, 결코 물러서지 않을 것이다.

인재가 없으니 나라의 앞날이 어둡다

하루는 위나라 무후가 국사를 논의하다가 신하들의 생각이 자기만 못한 것을 알고 득의양양했다. 그것을 보고 오기가 말했다.

"옛날 초나라의 장왕莊王이 국사를 논하는데, 신하들의 생각이 모두 왕에게 미치지 못했습니다. 조회가 끝난 뒤 장왕의 얼굴에 근심이 가득한지라 신공^{申公}이라는 사람이 무슨 일로 심사가 불편한 것이냐고 물었습니다. 이에 장왕이 말하기를, '성인이나 현자를 곁에 두어야 패자가 될 수 있다고 하는데, 지금 내 곁에는 인재가 없으니 우리나라의 앞날이 어두워서 그런다'라고 했습니다. 이처럼 장왕은 신하의 무능함을 탄식했는데, 왕께서는 오히려 기뻐하고 계시니 소신은 걱정을 하지 않을 수가 없습니다."

그러자 무후는 무안해했다.

이 편에는 이 밖에도 국정의 기본과 내정의 강화, 전쟁의 분류, 민심의 파악에 관한 문답이 들어 있다.

「응변편^{應變篇}」

임기응변이라는 말로 변화에 대응하는 구체적인 전술을 설명하고 있다.

소수로 다수를 이기려면

"아군의 전력이 약할 때는 어떻게 대응하면 좋은가?"

무후의 물음에 오기는 이렇게 대답했다.

"지형을 활용해야 합니다. 평탄한 장소는 큰 부대에 유리하고, 좁은 곳은 작은 부대에 유리합니다. 예부터 이르기를 자신보다 열 배 강한 적과 싸우려면 좁은 길이나 험악한 산악 지형, 좁은 계곡에서 싸우라는 말이 있습니다. 적은 병력이라도 좁은 지형을 선택해 기습 작전을 펴면 제아무리 강한 적이라도 당황하게 될 것입니다."

불리한 지형에서 강한 적을 만났을 때

"불리한 지형에서 강한 적을 만나면 어떻게 해야 하는가?"

무후의 물음에 오기는 이렇게 대답했다.

"망설일 것도 없이 퇴각해야 합니다. 그러나 갑작스럽게 맞닥뜨려 피할 수 없을 때는 우선 시끄러운 소리로 적을 놀라게 한 뒤, 적이 당황하는 틈을 타서 공격을 가해 적이 혼란에 빠지면 총공격을 감행해야 합니다."

이 밖에 「요적편料敵篇」에서는 적의 실태를 분석하는 마음가짐에 대해 다루었고, 「치병편治兵篇」에서는 통솔의 원칙, 「논장편論將篇」에서는 지도자론에 관해 논했으며, 「여사편勵士篇」에서는 오기가 어떻게 병사들의 마음을 사로잡았는지에 관한 일화를 기록했다.

| 책 속의 명문장 |

人輕戰 인경전

사람이 싸움을 가벼이 여기도록 하라는 말이다. 오기는 '사경四輕'을 용병의 기본이라고 했다. '사경'이란 '땅이 말을 가벼이 여기게 하고, 말이 수레를 가벼이 여기게 하며 수레가 사람을 가벼이 여기게 하고, 사람이 싸움을 가벼이 여기게 해야 한다'라는 것이다. 이 말은 자발적으로 싸울 수 있는 동기 부여가 필요하다는 뜻이다.　　　「치병편」

一死賊伏於曠野 千人追之 莫不梟視狼顧

일사적복어광야 천인추지 막불효시랑고

죽음을 각오한 도적 1명이 들판에 숨어 있으면 1,000명이 그를 두려워한다는 뜻이다. 비록 적은 1명뿐이지만 그가 죽음을 두려워하지 않는다면, 그를 쫓는 1,000명이 두려움에 떨게 된다. 오자는 아무런 전공을 세우지 못한 병사 5만으로 부대를 편성해 큰 공을 세웠다. 이 말은 죽음을 두려워하지 않는 한 사람의 힘이 얼마나 대단한지를 강조한 것이다.　　　　　　　　　　　　　　　　　　　　　　　　　「여사편」

人有長短 氣有盛衰 인유장단 기유성쇠

사람에게는 저마다 장점과 단점이 있고, 원기가 왕성할 때와 약할 때가 있다. 따라서 한 사람을 늘 고정된 잣대로 평가하지 않는 것이 그 힘을 효과적으로 활용할 수 있는 길이다.　　　　　　　　　　　　　　　　　　　　　　　　　　「여사편」

NOTES

귀갑점龜甲占:고대 중국에서는 거북의 등딱지를 태워서 갈라지는 모양을 보고 길흉을 점쳤다. 오늘날에는 미신이라고 보지만 군주의 독단을 배제하는 데 의미가 있었다.

육도
(六韜)

『태공망비전太公望秘傳』이라고도 한다. '태공망의 비전'이라는 말은 후세 사람들이 지어낸 것으로, 적어도 위魏나라(3세기) 이후의 책으로 추정하고 있었으나, 최근 한漢나라 때의 묘에서 『손빈병법』과 함께 『육도』의 죽간竹簡이 발견됨에 따라 새로운 해석이 이루어지고 있다. 내용 면에서는 사상적으로 일관성이 없기는 하나, 그 무렵의 실전에서는 꽤 유용했을 실용 군사서라 할 수 있다.

태공망(주나라 건국의 공신 여상呂尙)이 전한 병법서라는 『육도』는 「문도文韜」, 「무도武韜」, 「용도龍韜」, 「호도虎韜」, 「표도豹韜」, 「견도犬韜」의 6편으로 되어 있다. '도韜'란 '비결'을 뜻한다. 편의 명칭은 하나의 형식으로, 별다른 뜻은 없다. 「무도」와 「용도」에 나오는 대표적인 3절을 소개하기로 한다.

문벌법文伐法─무력을 쓰지 않고 이기는 법
문벌에는 여러 가지 방법이 있다.

첫째, 상대를 방심하게 만든 다음 그 빈틈을 친다.

둘째, 보물과 미녀를 보내 적의 군주의 얼을 빼놓는다.

셋째, 적의 군주가 신뢰하는 신하에게 접근하거나 그를 매수해 군주와 대립하게 만든다.

넷째, 적의 중신에게 물건을 보낼 때, 군주에게 보내는 것보다 더 좋은 물건을 보내거나, 사자로 온 적의 중신을 오래 붙들어 두어 군주가 그를 의심하게 만드는 등의 모략으로 적의 군신 간에 갈등을 조장한다.

다섯째, 적의 군주에게 어떤 정보도 들어가지 않게 한다.

여섯째, 상대에게 일부러 협상을 제기하고, 그 결과가 상대에게 이익이 되도록 하여 신용을 얻은 다음 그것을 이용한다.「무도편」

팔징법八徵法

인물의 본성을 꿰뚫어 보려면, 8가지 징후를 살펴야 한다.

첫째, 질문을 던져 이해력을 관찰한다.

둘째, 말을 계속해 임기응변의 능력을 관찰한다.

셋째, 첩자를 보내 내통을 꾀하여 성실한지 관찰한다.

넷째, 비밀을 드러내게 하여 그 인덕을 관찰한다.

다섯째, 재정을 다루게 하여 정직한지 관찰한다.

여섯째, 여자를 접근시켜 인물의 견실함을 관찰한다.

일곱째, 곤란한 임무를 주어 용기가 있는지 관찰한다.

여덟째, 술에 취하게 하여 그 태도를 관찰한다.「용도편」

싸움에서 이기는 장수

승리하는 장수에는 3가지 타입이 있다. '예장禮將', '역장力將', '지욕장止欲將'이 그것이다. '예장'이란 예를 아는 장수로, 겨울이 와도 자기만 두꺼운 옷을 입지 않고 병사들과 추위를 함께하고, 비가 내려도 병사와 함께 그 비를 맞는 인물이다. '역장'이란 힘든 일을 마다하지 않아 험한 길에 들어서면 먼저 마차에서 내려 걸어가는 인물이다. '지욕장'이란 병사의 숙사가 정해진 다음에야 자신의 숙사로 들어가고, 병사의 식사가 마련된 뒤에야 자신도 식사를 하는 인물이다. 이러한 장수라야 부하들이 스스로 나가 최선을 다해 싸운다.「용도편」

삼략
(三略)

한나라 고조를 모셨던 군사 장량張良이 활용했다는 병법서이다. 장량이 다리에서 만난 노인에게 받았다는 신비로운 전설이 전해지나, 실제로 제작된 시기는 수隋나라 때인 6세기로 보인다. 「상략上略」, 「중략中略」, 「하략下略」으로 구성되어 있다.

부드러움으로 단단함을 이긴다(柔能制剛)

『군참軍讖』이라는 고대의 병법서에 '부드러움(柔)으로 단단함(剛)을 이기고, 약한 것으로 강한 것을 이긴다'라는 구절이 있다.

부드러움이란 다른 사람을 기르는 덕이고, 단단함이란 다른 사람을 해치는 사악함이다. 상대가 약하면 누구든 보호하려 하지만, 강하면 공격하려 한다. 그러나 부드러움과 약함만을 소중히 여겨서는 안 된다. 부드러움과 단단함, 약함과 강함의 4가지를 모두 갖추고, 그것을 자유자재로 활용하는 것이 중요하다.

하늘과 땅처럼 변화가 많은 것은 그 전모를 간단히 파악하기 힘들다. 만물과 함께 변화하기 때문이다. 용병도 그와 같아서 정세에 따라 늘 바뀌어야 한다. 그렇게 할 때 비로소 군대의 움직임이 무한한 자유를 얻어 전국을 유리하게 이끌 수 있으며, 나아가 천하의 질서를 회복하고 오랑캐 땅을 평정할 수 있다. 하나 사람들은 이 도리를 모른다. 이 점을 두고 옛사람은 다음과 같이 말했다.

"사람들은 강함만을 추구하고, 자연의 법칙을 살펴보려 하지 않는다."

자연의 법칙에 따르기만 하면 몸은 늘 평안하다. 그러므로 성인은 자연의 법칙에 따라 때에 맞추어 움직였다. 자연의 법칙이란 펼치면 온 세상에 미치지 않는 곳이 없으나, 거두어들이면 술잔에도 숨길 수 있다. 그것을 숨길 창고도 필요 없고, 지키기 위해 성을 지을 필요도 없다. 그저 가슴속에 품고 있으면 적은 저절로 무릎을 꿇게 된다.

『군참』에 이런 말이 있다.

"부드러움과 단단함을 겸비하면 국운은 강성해진다. 그러나 부드러움과 약함만을 갖추면 나라는 망하고, 단단함과 강함만을 갖추어도 나라는 망한다."

본성에 따라 부린다

고대의 병법서『군세軍勢』에 이런 말이 있다.

"지략에 뛰어난 사람이 있고, 용기 있는 사람이 있다. 탐욕스러운 사람이 있는가 하면 우둔한 사람도 있다. 지략이 뛰어난 사람은 공을 세우려 하고, 용기 있는 사람은 그 뜻을 이루려 하며, 탐욕스러운 사람은 이익을 구하고, 우둔한 사람은 죽음을 두려워하지 않는다. 그 사람이 가진 본성에 따라 부리는 것이 군대를 통솔하는 비결이다."

군사는 하늘의 뜻에 따라야 한다

정의로 불의를 치는 것은 가두어 둔 큰 강의 물이 한꺼번에 횃불을 향해 쏟아지고, 계곡으로 뛰어드는 남자를 뒤에서 미는 것과 같아서 절대로 실패하지 않는다.

왕자王붸의 군대가 아무 일도 없는 듯이 조용히 진격하는 것은 인명의 희생을 최소화하기 위해서이다. 원래 무력을 행사하는 일은 하늘의 뜻을 거스르는 것이라 절대로 칭찬할 수 없다. 어쩔 수 없는 경우에만 무력을 구사해야 하늘의 뜻에 따를 수 있다.

인간과 하늘의 뜻은 마치 물고기와 물의 관계와 비슷하다. 물고기는 물을 얻어야 생명을 유지할 수 있다. 물을 잃은 물고기는 죽은 것이나 다름없다. 군자가 늘 하늘의 뜻에 따르도록 노력하는 것은 그 때문이다.

손빈병법
(孫臏兵法)

BC 320년경에 만들어진 책으로, 한漢나라 때의 묘에서 발굴된 병법서이다. 『손자』의 저자 손무의 자손으로 알려진 손빈의 언행을 모은 것이다. 중국에서 책 이름에 '자子'가 붙은 것은 'ㅇ선생의 저서'라는 뜻이다. 따라서 손빈의 병법서도 『손자』가 되지만, 이 병법서는 『손자병법』과 구별하기 위해 『손빈병법』이라 했다.

INTRO

근래 발굴되어 해독된 『손빈병법』은 1만 1,000자로, 『손자병법』의 약 2배에 달한다. 30편으로 나누어져 있는데, 그 가운데 편명이 밝혀진 것은 「금방연擒龐涓」과 「위왕문威王問」, 「진기간루陳忌問壘」, 「찬졸纂卒」, 「월성月城」, 「팔진八陳」, 「지보地葆」, 「세비勢備」, 「행찬行篡」, 「살사殺士」, 「연기延氣」, 「관일官一」, 「십진十陳」, 「사간士間」, 「약갑略甲」, 「객주인분客主人分」, 「선자善者」, 「오명오공五名五恭」, 「장의將義」, 「장패將敗」, 「기정奇正」으로, 모두 21편이다.

1편인 「금방연」(방연을 잡다)은 『사기』에도 기록되어 있고 마오쩌둥의 논문에도 인용되어 있는데, 특히 '위나라를 포위해 조나라를 돕다'(위위구조圍魏求趙)라는 전략을 기술한 것으로 주목받고 있다. 손빈의 병법에서 유명한 아궁이에 대한 일화는 기록되어 있지 않지만, 적을 속이기 위해 아군의 나약한 부장을 희생양으로 삼은 과정 등 처참한 내용이 들어 있다. 또한 『사기』에는 방연이 자결한 것으로 기록되어 있으나 이 책은 "포로로 잡았다"라고 적고 있는 점, 제나라와 위나라의 전투 연대 등 전국시대의 역사에 대해 종래의 사료와 차이를 드러낸다는 점에서도 많은 문제를 제기하고 있다. 『손빈병법』의 내용은 앞으로도 많은 연구가 필요하겠지만, 『손자』가 오랜 세월에 걸쳐 정리되어 오늘날과 같은 정치한 고전으로 완성된 데 비해, 이 책은 고대 병법을 소박한 모습 그대로 간직하고 있다. '소수로 다수를 이기고, 약한 것이 강한 것을 이기는 방법'은 『손자』와 다를 바 없지만, 공격을 중시한다는 점이나 진지전陣地戰을 논하고 있는 점 등은 이 책의 특징이라 하겠다. 예를 들면, 『손자』도 공성攻城을 논하고 있으나 그것은 어쩔 수 없는 경우에 택할 수밖에 없는 하책下策이라고 한 데 비해, 『손빈병법』은 적진의 성격에 대응하는 공격법도 상세히 기술하고 있다. 이것은 도시의 발달과 철제 병기의 진보를 반영한 것으로 보인다.

이 밖에 승패의 원인과 작전 지도 요령, 지형과의 관계, 사기의 고무, 장수의 조건 등을 논하고 있는데, 여기에는 '대립물의 상호 전환'이라는 변증법적 사고가 일관되게 흐르고 있다.

'두 명의 손자'는 사실이었다

1972년 4월, 산동성 임기현 은작산銀雀山에 있는 전한前漢 시대 초기의 묘에서 다량의 죽간이 발견되었다. 그 죽간 더미에서 오늘날 전해지고 있는 『손자병법』 외에 『손빈병법』이라는 새로운 문헌이 거의 완전한 형태로 나왔다. 그와 함께 발굴된 도기의 형태나 동전의 종류로 보아, 이 묘는 BC 140~BC 118년에 만들어진 것으로 추정되었다. 이 시기는 진秦나라가 망하고 한나라가 성립한 직후이다.

이 발견은 중국의 군사 사상사에서 획기적인 사건일 뿐 아니라 전국사戰國史에 대한 해명과 진시황제의 '분서갱유焚書坑儒'의 실상, 나아가 오늘날 중국에서 크게 주목받고 있는 유교 비판에 이르기까지 큰 역할을 했다. 특히, 과거 천몇백 년에 걸쳐 여러 가지 억측을 낳았던 『손자병법』의 저자에 대한 수수께끼에도 종지부를 찍게 했다.

그 수수께끼는 춘추전국시대에 '손자'라는 전략가가 2명 있었다는 데서 비롯된 것이었다. 한 사람은 춘추시대 말기에 오나라 장군이었던 손무이고, 다른 한 사람은 그의 손자로서 약 150년 뒤에 제나라의 장군이 된 손빈이다. 그래서 『손자』의 저자를 둘러싸고 손자가 아니라는 설과 손무는 가공의 인물이라는 설, 손무와 손빈은 동일 인물이라는 설, 『손자』는 손무의 병법을 손빈이 완성시킨 것이라는 설 등 예로부터 많은 견해가 있었다. 그런데 이 문헌의 발굴로 인해 『손자』의 저자는 손무이고, 손빈에게는 다른 저작, 곧 『손빈병법』이 있다는 사실이 밝혀졌다.

손빈과 방연의 악연

『사기』가 전하는 손빈의 생애는 다음과 같다.

손빈은 젊어서 병법을 배웠는데, 그와 동문 수학했던 사람 가운데 방연龐涓이라는 자가 있었다. 방연은 위魏나라 혜왕惠王을 모시는 장수가 되었는데, 아무리 보아도 자신보다는 손빈이 더 뛰어나다는 생각이 들었다. 그래서 계략을 꾸며 손빈을 위나라로 불러들이고는 죄를 덮어씌워 두 발을 자르는 형벌을 내린 뒤 감금해 버렸다.

그러나 손빈은 우연히 제나라 사자가 위나라를 방문했을 때, 그의 수레에 숨어 탈출했다. 제나라 장군 전기田忌는 손빈을 군사로 맞이했다.

이윽고 위나라가 조나라를 공략했다. 조나라는 위태로운 지경에 빠지자 제나라에 도움을 요청했고, 제나라 왕의 명을 받은 장군 전기는 곧바로 군대를 이끌고 조나라를 돕기 위해 달려가려 했다. 그때 손빈이 말렸다.

"무작정 싸움에 뛰어들어서는 안 됩니다. 그보다는 적의 허점을 찌르고 들어가는 것이 좋을 것입니다. 지금 위나라는 정예 부대를 조나라에 파견했기 때문에 나라 안이 텅 비어 있을 것입니다. 이 틈을 타서 위나라의 수도 대량大梁을 치면 자연히 조나라를 돕는 일이 될 것입니다."

이 작전을 실행한 결과, 과연 위나라 군대는 조나라 수도의 포위망을 풀고 귀국을 서둘렀다. 제나라 군대는 계릉桂陵에서 귀환하는 위나라 군대를 공격해 대승을 거두었다.

13년 뒤, 이번에는 위나라가 한韓나라를 쳤다. 이에 한나라는 제나라에 구원을 요청했고, 장군 전기는 이번에도 위나라의 수도 대량을 공격하려 했다. 그 소식을 접한 위나라 장군 방연은 급히 군대를 돌려 제나라 군대를 추격했다.

손빈은 전기에게 계책을 일러 주었다.

"위나라 군대는 용맹하여 우리 군대를 깔보고 있습니다. 우리는 이러한 적의 기세를 역이용해야 합니다. 우리 군대의 숙영지에서 아궁이의 수를 오늘은 10만, 내일은 5만, 이틀 뒤에는 3만으로 점점 줄이는 것입니다."

추격하던 위나라 장군 방연은 아궁이의 수가 점점 줄어드는 것을 보고 기뻐했다.

"제나라 병사들이 나약하다는 말을 듣기는 했지만, 우리 땅에 들어온 지 사흘밖에 안 됐는데 반 이상이 도망을 치다니……."

그래서 방연은 본진을 남겨 둔 채 기병부대만 거느리고 제나라 군대를 추격했다.

저녁이 되어 방연의 부대가 마릉곡馬陵谷에 접어들었는데 커다란 나뭇가지에 무슨 글자가 적혀 있었다. 손빈이 적어 놓은 것이었다.

'방연, 이 나무 아래서 죽다.'

방연이 무슨 글자인지 궁금해 햇불을 밝혀 읽으려고 했을 때, 매복하고 있는 제나라 병사들이 일제히 노弩●를 발사했다. 갑작스러운 공격에 위나라 군대는 혼란에 빠지고 말았다. 방연은 "기어이 그놈에게 당하고 말았구나"라고 탄식하며 자결했다. 이렇게 하여 제나라 군대는 대승을 거두고, 위나라의 태자 신申을 포로로 잡아 귀환했다.

이때부터 손빈의 이름이 천하에 알려졌고, 그 병법도 뒷날까지 전해지게 되었다. 『사기』「손자오기열전孫子吳起列傳」

NOTES

노弩 : 쇠뇌. 여러 개의 화살이 잇달아 나가게 만든 활이다. 노포弩砲라고도 한다.

울요자
(蔚繚子)

BC 220년경에 만들어진 책으로, 진나라 시황제를 섬기던 전략가 울요의 정치와 전쟁에 관한 정공법을 다룬 논문집이다. 『한서』「예문지」에는 『울요 31편』으로 기록되어 있는데, 지금은 24편만 전한다. 『손자』, 『오자』를 제외하고 이른바 '병법 7서' 가운데 내용적으로 앞뒤가 가장 잘 맞아떨어진다.

울요는 진나라가 천하를 통일하기 16년 전(BC 237)에 진왕 정政(훗날의 시황제)을 찾아가 진나라가 국제적으로 고립되지 않을 수 있는 정책에 대해 설명했다. 진왕은 그를 발탁하려 했으나 울요는 왕의 사람됨을 보고 경계하는 마음이 생겨 떠나려 했다. 그러나 진왕은 그를 강제로 붙들어 등용한 뒤 그 정책을 실시했다고 『사기』의 「시황제본기」는 전하고 있다.

그가 주장한 이론은 정치와 전쟁에 관한 기본 원칙이고, 이른바 정공법적인 전쟁론이다.

전쟁 자체보다도 전쟁에 이기기 위해서 정치를 어떻게 해야 하는지, 통수권자는 무엇을 해야 하는지 등을 논의의 중점으로 삼았다.

현존하는 것은 「천관天官」, 「병담兵談」, 「제담制談」, 「전위戰威」, 「공권攻權」, 「수권守權」, 「십이릉十二陵」, 「무의武議」, 「장리將理」, 「원관原官」, 「치본治本」, 「전권戰權」, 「중형령重刑令」, 「오제령伍制令」, 「분새령分塞令」, 「동오령東伍令」, 「경졸령經卒令」, 「근졸령勤卒令」, 「장령將令」, 「종군령踵軍令」, 「병교兵敎」 상·하, 「병령兵令」 상·하 등 24편이다. 그 가운데는 『손자』, 『오자』, 『맹자』, 『한비자』 등의 문장을 그대로 인용한 곳도 있기 때문에 『울요자』는 후세의 위서라는 설도 유력하다. 어쨌든 그 내용이나 문장이 잘 정리되어 있어 명쾌하다.

길흉을 좌우하는 것은 인간의 힘이다

초나라 장군 공자심公子心이 제나라와 싸울 때 하늘에 혜성이 나타났는데, 꼬리 부분이 제나라 군대의 진영을 가리켰다. 방위점을 쳐 보니 혜성의 꼬리가 가리키는 쪽이 승리한다는 점괘가 나왔다. 그러나 공자심은 이를 염두에 두지 않고 말했다.

"그 빗자루 같은 혜성의 꼬리가 대체 무엇이라고 그리 호들갑을 떠느냐? 혜성으로 다투겠다면, 그 빗자루 끝을 잡고 마구 휘둘러 버리면 되지 않느냐?"

공자심은 그렇게 말하며 점괘를 무시하고 제나라 군대를 단숨에 격파해버렸다.「천관편」

장수의 자격

장수는 늘 주체성을 가지고 운명에 지배당하지 않고, 환경에 지배당하지 않고, 타인의 의견에 지배되지 않아야 한다. 또 관대하여 감정에 휘둘리지 않으며, 청렴하여 욕심에 사로잡히지 않아야 한다. 마음은 평정함을 잃고, 눈은 통찰력을 잃고, 귀로는 남의 의견을 하나도 듣지 않으려 하는 3가지 결함을 가진 자는 장수가 될 자격이 없다.「병담편」

원군을 기대하기보다는 자력을 갖추어라

나라가 침략의 위기에 처했을 때는 다른 나라의 원조를 구하기 위해 공물을 올리거나 인질을 보내기도 하고, 영토를 바치기도 한다. 그러나 그렇게 한다고 해서 과연 그럴듯한 원조를 받을 수 있을까? 명목상으로는 원군 10만이라고 해도, 사실은 몇만도 안 되는 경우가 많다. 게다가 그 원군들은 자신들이 선진先陳을 맡았다고 큰소리만 칠 뿐, 실제로는 싸우려 하지도 않는다.

그보다는 자국의 힘을 살펴보아야 한다. 국력을 충분히 발휘할 수 있는 정치가 행해지고 있는지를 살펴야 하는 것이다. 싸워서 이기지 못하고, 지켜서 지탱하지 못하는 것은 백성의 탓이 아니라 군주의 책임이다.

승패의 요인은 자기 자신에게 있다. 군수·법제·통수·상벌을 잘 정비하고, 농사와 전투에 온 힘을 기울이면 천하에 적이 없을 것이다. 「제담편」

명령을 아무렇게나 바꾸면 안 된다

명령은 부하의 마음을 하나로 하기 위한 것이다. 부하의 심리를 생각하지 않는 지휘관은 자주 그 명령을 바꾸는데 그럴수록 부하는 따르지 않게 된다.

따라서 일단 명령을 내렸으면 큰 문제가 없는 한 절대로 바꾸지 말고, 약간 의심되는 부분이 있더라도 그냥 밀고 나가야 한다. 지휘관이 확신을 가지고 명령을 내리면, 부하는 의구심을 품지 않을 것이다. 지휘관이 확신을 가지고 행동하면, 부하는 다른 마음을 품지 않을 것이다. 「전위편」

먼저 싸우지 말라

정의를 위한 전쟁이라면 적의 기선을 먼저 제압하기 위해 선수를 치는 것이 좋다. 그러나 서로의 이해가 얽힌 적대 관계라면 어쩔 수 없이 응전한다는 태도를 취해야 하며, 설령 싸워야 한다는 판단을 내렸을 때라도 적이 먼저 싸움을 걸어오기를 기다려야 한다. 후수를 취하는 것이 전쟁의 대의명분에 유리하기 때문이다. 「공권편」

수비의 요체

성을 지킬 경우, 시종일관 소극적인 전술을 취해 외성을 세우지 않고 본성 하나로 방어전을 펼치는 것은 옳은 책략이 아니다. 아무리 용맹한 부하를 거느리고 우수한 무기를 갖추고 있더라도 성안에만 틀어박혀 있으

면, 적의 사기는 열 배, 백 배로 높아지고 아군의 사기는 땅으로 떨어지고
만다.「수권편」

적대하지 않는 나라를 공격하지 말라

전쟁은 어쩔 수 없이 치르는 것이다. 그러므로 적대하지 않는 나라를
공격해서는 안 되고, 무고한 백성을 죽여서도 안 된다. 자식을 거느린 부
모를 죽이고, 남의 재산을 빼앗으며, 남의 자식을 노예로 만드는 것은 도
적의 소행과도 같다. 전쟁이란 포악한 자를 벌하고, 부정을 억지하기 위
한 어쩔 수 없는 방책에 지나지 않는다.「무담편」

이정(李靖)

이위공문대
(李衛公問對)

600년대에 만들어진 책으로, 당나라의 명장 이정이 태종의 질문에 답해 병법을 설명하면서 제왕학을 진언한 것이다. '문대問對'란 '문답問答'이라는 뜻이므로 이 책은 '이위공문답집'이라고 할 수 있다. 상·중·하 3권으로 이루어져 있으며, '병법 7서' 가운데 가장 늦게 만들어졌다.

INTRO

당나라는 7세기에서 10세기 초에 걸쳐 300년 동안 번영했다. 제2대 황제인 태종(598~649)의 정치를 '정관貞觀의 치治'라고 하여, 중국 역사상 최고의 황금시대로 평한다. 그 평가에는 약간의 문제가 있지만, 당나라 왕조의 기초가 이 시대에 갖추어졌다는 것만은 분명하다.

이위공, 곧 이정(571~649)은 태종을 모시고 당나라의 판도를 넓힌 명장이다. 그는 원래 수隋나라의 신하였으나 태종의 지혜에 감복해 당나라로 귀순해 수나라의 잔당 토벌에 힘을 썼고, 당나라가 천하통일을 이룬 뒤에는 서역을 공략해 이름을 날렸다.

『이위공문대』는 태종과 이위공 사이의 문답을 기록한 것이다. 다만, 이 책 이름이 당연히 기록되어 있어야 할 『당서唐書』「예문지藝文志」에 보이지 않기 때문에 당나라 말기나 송나라 초기에 만들어진 위서라는 설이 유력하다. 그러나 이 책은 황제를 위한 것이어서 일반에게 널리 알려지지 않았기 때문에 진짜라는 설도 있다.

그렇다면 이 책은 600년대에 만들어진 것으로 보아야 할 것이다. 또한, 설령 위서라고 하더라도 그 내용이 충실한 것으로 보아 상당한 인물이 지었을 것으로 보인다.

중국의 고대 병법이 성립한 지 오랜 세월이 지난 만큼 다른 병법서와는 형식이나 내용이 다르기는 하지만, 『손자』와 『오자』를 비롯한 고대 병법서와 역사적 고사 등을 많이 인용했으며, 다양한 분야에 걸쳐 논하고 있다.

권위가 애정에 좌우되면 실패한다

태종이 물었다.

"옛날의 병법서를 보면, 관리 체제를 엄하게 하면 병사들이 군주를 두려워해 명령에 잘 따르며, 적을 두려워하지 않고 잘 싸운다고 되어 있는데, 맞는 말인가?"

이위공이 대답했다.

"승패의 형세는 천차만별이라서 법률과 형벌만 가지고 병사들을 싸우게 해서는 이길 수 없습니다. 손자는 '부하들과 친숙하지 않을 때 조금의 잘못이 있다고 해서 벌을 내리면 부하들이 따르지 않으며, 오히려 너무 친숙해져서 과실이 있어도 벌을 내리지 않으면 질서가 무너진다'고 했습니다. 소신의 생각으로는, 손자의 말은 애정으로 부하들과 인간관계를 맺되 잘못을 저지르면 엄하게 벌해야 한다는 뜻이 아닐까 합니다. 만일 애정도 없이 엄하게 다스리기만 한다면, 절대로 잘되지 않습니다."

태종이 되물었다.

"그러나 『서경』에는 '권위가 애정에 의해 좌우되지 않는다면 일이 잘되고, 권위가 애정에 좌우되면 실패한다'라고 말하지 않았던가?"

이위공이 대답했다.

"우선 애정으로 신뢰할 수 있는 인간관계를 만들고, 그 위에 잘못이 있으면 엄하게 벌하십시오. 이 순서를 절대로 바꾸어서는 안 됩니다. 먼저 엄하게 다루고 나중에 애정으로 접하려 해서는 아무런 효과가 없습니다."「중권」

묶인 조직, 흩어진 조직

태종이 물었다.

"병력을 분산해서 싸울 때도 있고, 집중해서 싸울 때도 있다. 각각 상황에 따르겠지만, 과거의 예를 설명해 보아라."

이위공이 대답했다.

"저족氐族의 부견符堅은 100만 대군을 거느리고 진晉나라와 싸웠지만 비수淝水에서 패하고 말았습니다. 이것은 대군을 집중하는 것만 알고, 분산하는 법을 몰랐기 때문입니다.

이와는 정반대의 예가 촉蜀나라의 공손술公孫述을 친 한漢나라 장군 오한吳漢의 경우입니다. 오한은 부장 유상劉尙과 군대를 두 편으로 나누어 20리 정도 떨어진 곳에 진을 쳤습니다.

거기에 공손술의 군대가 쳐들어왔습니다. 이에 오한과 유상 양군은 곧바로 합류해 적을 물리쳤습니다. 이처럼 분산해 있어도 언제든 집중할 수 있도록 해야 합니다.

병법의 원조라 할 수 있는 태공망은 분산하고 싶어도 분산할 수 없는 군대는 '묶인 조직'이고, 집중하려 해도 집중할 수 없는 군대는 '흩어진 조직'이라고 했습니다." 「하권」

부하의 사기를 살펴 전쟁에 임한다

태종이 물었다.

"손자는 적군의 사기를 떨어뜨리는 법에 대해 논하면서 '인간의 기분은 아침에는 좋고, 점심때는 약간 늘어지며, 저녁이면 휴식을 원하듯이 상황에 따라 변한다. 전투를 잘하는 자는 이 변화를 잘 읽어서, 적의 힘이 오를 때를 피하고 풀어져 있을 때를 노려서 파고든다'라고 했다. 이 말을 어떻게 생각하느냐?"

이위공이 대답했다.

"살아서 피가 흐르는 인간이라면 늘 기氣에 좌우되기 마련입니다. 그 예로, 분기하면 죽음을 무릅쓰고 싸울 것입니다. 이것도 기가 그렇게 하는 것입니다. 손자는 그것을 잘 활용해야 한다고 말한 것입니다. 이것은 적뿐만 아니라 아군에게도 적용됩니다. 부하들의 사기를 잘 살펴보고, 그 기를 일으켜서 싸움에 임하게 만드는 것이 중요하다고 생각합니다. 손자가 말하는 아침·점심·저녁은 반드시 시간을 말하는 것이 아니라, 하루의 상태에 비유해서 말하는 것입니다. 이 점을 이해하지 못하고 책의 문장을 표면적으로 이해하고 해석해서는 아무런 의미가 없습니다."
「하권」

심려원모深慮遠謀

태종이 물었다.

"그대는 예전에 이적李勣(이위공에 필적하는 당나라 초기의 명장)이 병법에 뛰어나다고 말했는데, 그자를 이대로 중용해야 할지 말아야 할지 의견을 듣고 싶다. 나라면 그자를 마음대로 부릴 수 있겠지만, 내 자식 대에 이르면 오히려 그자에게 휘둘릴지도 모른다는 생각이 들기 때문이다."

이위공이 대답했다.

"좋은 생각이 있습니다. 이번에 이적을 좌천시키는 것입니다. 그리고 나중에 태자가 황위를 이어 새로운 황제가 되었을 때 그를 다시 발탁하는 것입니다. 그렇게 하면 그는 새로운 황제에게 은혜를 느끼고 보답하려 할 것입니다."

"아, 그거 정말 좋은 생각이로다."「하권」

제갈량집
(諸葛亮集)

7배나 강한 위魏나라를 상대로 치른 5차례의 전쟁에서 호각으로 싸운 천재 군사 제갈공명諸葛孔明의 병법서이다. 제갈공명은 중국 역사에서 가장 인기 있는 인물이다. 유비 현덕이 '삼고초려三顧草廬'의 예로 초빙하고, '내 아들 유선은 능력이 없으니 자네가 황제에 올라야 한다'라고 유언했을 정도로 신뢰를 받았다. 이 책은 산실된 제갈공명의 저서를 훗날 재편집한 것이다.

INTRO

정사 『삼국지』의 「제갈량전諸葛亮傳」에 따르면, 공명의 저서로는 약 14만 5,200자로 이루어진 『제갈씨집諸葛氏集』 24편이 있었다고 한다. 그러나 모두 산실되어 오늘날 전하는 것은 없다.

후대에 제갈공명의 저작이나 그에 관한 기록을 편집한 '제갈량집'이라는 이름의 책이 가끔 세상에 나타났다. 특히 명나라 때와 청나라 때에 걸쳐서는 왕사기王士騏의 『무후전서武侯全書』 20권, 양시위楊時偉의 『제갈충무전서諸葛忠武全書』 10권, 주린朱璘의 『제갈무후집』 20권 등을 비롯해 이런 종류의 책이 10여 종이나 편집되었다.

그 가운데 내용 면에서 비교적 뛰어난 것이 청대의 장주張澍라는 사람이 편찬한 『제갈충무후문집諸葛忠武侯文集』이다. 이 책의 내용을 거의 그대로 담아서 제목만 바꾼 것이 바로 『제갈량집』이다.

『제갈량집』은 문집 4권, 부록 2권, 고사故事 5권으로 이루어져 있다. 문집은 공명의 저술이고, 부록은 공명에 관한 관계자의 문서이며, 고사는 공명에 관련된 기록으로서 공명의 인물됨과 활동의 전모를 알 수 있게 편집되어 있다.

여기서는 『제갈량집』의 문집에 수록된 것 가운데서 비교적 체계적인 내용을 갖추고 있는 「편의16책便宜十六策」과 「장원將苑」의 내용을 토대로 하여 제갈공명의 용병론과 장수론, 정치론을 중심으로 소개해 보기로 한다.

위나라와 5차례나 싸운 공명의 용병술

제갈공명은 촉나라의 유비를 모신 승상이자 신들린 듯한 전략을 세워 적을 궁지에 몰아넣은 군사^{軍師}로 알려져 있다. 그러나 이것은 『삼국지연의^{三國志演義}』가 만들어 낸 이미지일 뿐, 실제 모습과는 상당한 거리가 있다. 공명은 오히려 돌다리도 두드려 보고 건너는 신중한 전략으로 일관했던 사람이다.

공명은 유비가 세상을 떠난 뒤 그의 유지를 받들어 촉나라의 전권을 장악했으며, 원정군을 이끌고 위나라와 5차례나 싸웠다. 그러나 5차례 모두 작전 목적을 달성하지 못하고 물러나야 했으며, 설상가상으로 원정 도중에 병으로 쓰러져 오장원^{五丈原}에서 숨을 거두었다. 결과론이 되겠지만 그는 실패한 전술가였다.

정사 『삼국지』를 저술한 역사가 진수^{陳壽}는 그런 공명의 용병술에 대해 다음과 같은 유명한 비판을 가한 바 있다.

"해마다 군대를 일으켰지만 한 번도 성공하지 못했다. 어쩌면 응변의 전략에 능한 사람이 아니었을지도 모른다."

이 비판은 전투의 경과를 더듬어 보면 타당하다고 할 것이다. 그러나 공명에게는 동정할 만한 점도 많다.

첫째, 그가 전권을 위임받은 촉이라는 나라는 건국한 지 얼마 되지 않은 데다 국력도 약했다. 상대국인 위나라에 비하면 국토와 인구, 병력, 생산력을 비롯한 종합적인 전력에서 1 대 7 정도의 차이가 있었다.

둘째, 촉나라로부터 위나라를 공략하려면 험준한 산을 넘어야 하므로 식량과 물자를 보급하기 힘들었다.

그 밖의 여러 가지 조건을 고려해 보더라도 이 원정은 애당초 이기기 힘든 싸움이었다. 손자는 승산 없는 싸움은 하지 말아야 한다고 말했다.

공명도 가능하다면 그런 싸움은 하고 싶지 않았을 것이다. 그러나 선왕 유비의 유지를 지키기 위해서는 어쩔 수 없는 선택이었을 것이다.

그런 딜레마 속에서 공명이 생각한 작전은, 이기지 못할 바에는 최악의 경우에도 지지 않을 싸움을 하자는 것이 아니었을까? 결과를 보면 분명 이긴 싸움은 아니었지만 그렇다고 진 것도 아니었다. 어떤 의미에서 이것은 공명이 바라던 결과였을 것이다. 다시 말해, '모 아니면 도'라는 위험한 승부수를 피하고 견실한 작전으로 일관한 것이 공명의 용병술이었다.

나아가 공명의 위대한 점은 10년 가까이 총력전을 펼치면서도 국정의 혼란이 없었다는 것이다. 이것은 평범한 리더십으로는 불가능한 일이다. 공명의 정치에서 그 특징을 살펴보면, 엄격한 신상필벌 원칙을 실행했는데도 백성들에게서는 불평불만이 거의 나오지 않았다. 왜냐하면 공평무사한 태도로 일관했기 때문이다. 그러므로 엄한 처벌을 받아도 처벌받은 쪽에서 자신의 잘못을 인정할 수밖에 없었다. 제갈공명은 승상으로서 뛰어난 설득력을 발휘한 인물이었다.

〈용병론〉

용병의 극의

작전 계획은 반드시 비밀로 해야 한다. 적을 공격할 때는 질풍처럼 나아가고, 매가 먹이를 낚아채듯이 해야 한다. 그리고 전투는 아래로 흘러내리는 급류처럼 단번에 결판을 내야 한다. 이렇게 해야 아군의 피해를 줄이고 적을 격파할 수 있다.

잘 싸우는 자는 감정의 동요가 없다. 완벽한 작전 계획을 세운 자는 적을 두려워하지 않는다. 원래 지혜로운 자는 싸움을 걸기 전에 완벽한 작전 계획을 세우고 승리를 확실하게 만든다. 그에 비해 어리석은 자는 승리할 전망도 없이 무작정 싸움을 걸고, 싸움이 벌어진 뒤에야 활로를 찾아내려 한다.

승자는 길에 맞추어 나아가려 하지만, 패자는 빠른 길을 택하다가 결국은 길을 잃고 만다. 패자가 하는 일은 이도 저도 아니어서 진퇴가 확실치 않다. 장수는 마땅히 위엄을 갖추어야 하고, 병졸은 제각기 자신의 위치에서 죽을힘을 다해야 한다. 그래야 비로소 군대는 본래의 힘을 발휘할 수 있다. 그것은 마치 둥근 돌을 언덕 위에서 굴리는 것과 같아서 어디에도 무리가 없고, 앞을 막는 것은 무엇이든 무너뜨릴 수 있다. 이렇게 함으로써 군대는 무적의 힘을 발휘하는 것이다. 이것이 바로 용병의 극의이다. 「편의16책」

작전 지도^{指導}의 비결

공격에 뛰어난 적을 상대할 때는 자신을 어떻게 지켜야 할지 가늠하기 힘들다. 그 반대로 수비가 강한 자를 공격할 때는 상대를 칠 단서조차 찾아내기 힘들다. 왜냐하면 공격에 뛰어난 자는 무기에 의지하려 하지 않고, 수비에 뛰어난 자는 성城에 의지하려 하지 않기 때문이다. 이것으로 알 수 있듯이 높은 성을 쌓고 깊은 해자를 판다고 해서 그것만으로 수비 태세를 갖추었다고 할 수는 없다. 마찬가지로 견고한 갑옷을 입고 예리한 무기를 들었다고 해서 그것만으로 정예의 군대를 갖추었다고 할 수는 없는 것이다.

적이 수비를 견고하게 하고 있을 때는 어떻게 해야 할까? 약한 부분을 공략하면 된다.

적이 진을 풀고 움직이기 시작했을 때는 어떻게 해야 할까? 기습 공격을 하면 된다.

적과 아군이 맞부딪쳤을 때는 어떻게 해야 할까? 지리적 이점을 이용하여 진을 치면 된다.

아군이 출동했는데 적이 움츠러들 때는 어떻게 하면 좋을까? 좌우 양 날개를 공격하면 된다.

적이 여러 나라의 연합군일 때는 어떻게 하면 좋을까? 먼저 그 주력을 쳐부수어야 한다.

지리적인 이점을 모르고, 때의 이점도 모른 채 적의 공격을 맞이하면 전력이 흐트러지고 만다. 「편의16책」

교묘한 용병과 졸렬한 용병

한마디로 용병이라고는 하지만, 그 교졸巧拙에 따라 다음과 같은 3단계로 나누어 볼 수 있다.

1. 최고의 용병

곤란을 미리 방지하고 결정적인 사태가 일어나기 전에 해결한다. 곧, 미리 앞일을 읽고 손을 쓴다. 형벌의 규정은 있으나 그것을 실제로 적용할 필요가 없도록 일을 이끌어 간다. 이러한 용병이 최선이다.

2. 보통 용병

적을 앞에 두고 포진하고, 말을 달리고, 강궁을 쏘고, 한 걸음씩 적진을 압박해 들어간다. 이 단계에서 적은 그 기세에 겁을 먹고 허둥대기 시작한다. 이것이 보통 용병이다.

3. 최악의 용병

장수가 스스로 선두에 서서 적진에 화살을 날리고, 눈앞의 승부에 집착하는 것이다. 적과 아군 모두에게 많은 사상자가 나면서도 승패가 갈리지 않는다. 이것이 최악의 용병이다. 「장원」

〈장수론〉

장수의 그릇

같은 장수라도 그 기량에는 많은 차이가 난다. 속이 음험한 인간을 구별해서 위기를 미리 알아차리고 부하를 잘 통솔할 수 있는 장수는 10명을 거느리기에 적합하다.

아침 일찍부터 밤늦게까지 군무에 힘을 쏟고, 말도 신중하게 하는 장수는 100명을 거느리기에 적합하다.

굽은 것을 싫어하고 사려 깊으며 용감하게 싸울 수 있는 장수는 1,000명을 거느리기에 적합하다.

보기에도 위엄이 있고, 안으로는 강렬한 투지를 감추고 있으며, 또한 부하 장병의 노고와 기아, 추위 등을 잘 살피는 장수는 1만 명을 거느리기에 적합하다.

유능한 인재를 등용하고, 스스로 매일 게으름피우지 않고 수양하며, 신의가 두텁고 관용이 있어 어떤 일에도 마음이 흔들리지 않는 장수는 10만 명을 거느리기에 적합하다.

백성을 사랑하고, 신의로써 이웃의 여러 나라를 굴복시키며, 천문과 지리, 인사人事에 만전을 기하고, 모든 백성에게 존경을 받는 장수는 천하 만민을 거느리기에 적합하다.「장원」

장수의 마음가짐 15개조

패배의 원인은 모두 적을 깔보는 데서 비롯한다. 따라서 장수가 군사행동을 일으킬 때는 다음의 15개조를 마음에 간직해야 한다.

1. 려慮 – 간첩을 활용한다.
2. 힐詰 – 적의 동정을 파악한다.

3. 용勇 - 적이 아무리 강해도 기죽지 않는다.

4. 염廉 - 이익에 마음이 흔들리지 않는다.

5. 평平 - 상벌을 공평하게 한다.

6. 인忍 - 치욕을 잘 견딘다.

7. 관寬 - 배짱이 두둑하다.

8. 신信 - 거짓을 말하지 않는다.

9. 경敬 - 인재를 등용한다.

10. 명明 - 참언에 귀를 기울이지 않는다.

11. 근謹 - 겸허하게 행동한다.

12. 인仁 - 부하를 사랑한다.

13. 충忠 - 나라를 위해 몸을 바친다.

14. 분分 - 한계를 안다.

15. 모謀 - 나를 알고 적을 안다.

이 15개조를 마음에 담고 있으면 지지 않는다. 「장원」

장수의 결격 사유

장수에게는 8가지 결격 사유가 있다.

1. 탐욕에 눈이 어둡다.

2. 유능한 인물을 질투한다.

3. 참언을 받아들이고 아첨꾼을 가까이한다.

4. 적은 알지만 자기 자신은 모른다.

5. 우물쭈물하면서 결단을 못 내린다.

6. 주색을 밝힌다.

7. 사술을 즐기면서도 겁이 많다.

8. 말은 그럴듯하지만 태도에 진실성이 드러나지 않는다.「장원」

〈정치론〉

심모원려 深謨遠廬

정치를 하는 자는 먼저 가까운 곳과 때를 잘 살피고, 그다음에 앞날을 내다본 대책을 생각해야 한다. 먼 곳까지 내다보고 대책을 세우지 않으면 가까운 곳에서 발목이 잡히고 만다.

그러므로 군자는 상사의 직분까지 신경을 쓰지는 않고, 남에 대해 말하기 전에 먼저 자신의 직분을 충실히 하며, 먼 미래의 계획을 세우기 전에 먼저 당면 문제를 해결하려 한다.

중대한 문제는 원래 해결하기가 어렵고, 사소한 문제는 해결하기 쉽다. 그러나 어느 쪽이든 문제를 해결하기 위해서는 일면적인 태도를 버려야 한다. 곧, 이익을 얻으려면 손해도 계산에 넣어야 하는 것이다. 성공을 꿈꿀 때는 실패할 경우도 고려해야 한다.

9층 탑은 높기는 하나 탑을 지탱하는 토대를 흔들면 반드시 무너지고 만다. 따라서 높은 곳을 올려다보는 자는 아래의 토대를 잘 살펴야 한다. 그와 마찬가지로 앞으로 나아가는 자는 앞에만 정신을 빼앗겨 후방에는 주의를 기울이지 않는다. 너무 지나치게 높은 곳을 지향하며 앞만 바라보면 실패하기 쉽다.「편의16책」

신상필벌 信賞必罰

정치를 잘 해 나가려면 반드시 신상필벌의 원칙으로써 아랫사람을 대해야 한다.

왜 상이라는 제도를 두었을까? 공을 세우게 하기 위함이다. 왜 벌을 주는가? 그것은 법령 위반을 근절하기 위함이다.

상은 공평하게 주어져야 한다. 벌은 모든 사람에게 공정하게 적용되어야 한다.

어떻게 하면 상을 탈 수 있는지를 알면, 병사는 죽을힘을 다해 싸워야 할 때와 장소를 알게 된다. 어떤 경우에 벌이 주어진다는 것을 알면, 악인은 무엇을 하지 말아야 할지를 알게 된다. 공도 세우지 않은 사람에게 상을 주어서는 안 된다. 자칫 그런 사람에게 상을 주면, 공을 세운 사람은 불만을 품게 될 것이다. 죄 없는 사람에게는 절대로 벌을 주어서는 안 된다. 그런 사람에게 벌을 주면, 성실하게 법을 지키는 사람의 원한을 사게 된다.

그렇다면 위에 서는 자가 실태失態를 범하지 않기 위해서는 어떻게 해야 할까?

올바른 정치를 행하고 법을 지키지 않는 사람이 생기지 않도록 해야 하며, 절제하고 검약하며 사치를 멀리해야 한다. 또한 충직한 인물을 가려 재판관으로 삼아야 하고, 공평한 인물을 가려 상벌의 권한을 주어야 한다. 상벌의 규정과 실천을 명확히 하면 부하들은 기꺼이 명령에 따를 것이다.

길가에는 배고픈 사람들이 뒹굴고 있는데, 왕이란 자의 마굿간에는 살이 뒤룩뒤룩 찐 말이 묶여 있다고 하자. 이는 자신의 백성을 벌레처럼 취급하는 것과 같다. 사람 위에 서는 자는 부하를 이렇게 다루어서는 안 된다.

먼저 상벌의 기준을 명확히 하고, 공을 세운 자에게는 그 기준에 맞추어 상을 주어야 한다. 먼저 명령을 내리고, 그 명령에 반한 자에게 벌을 준다. 이렇게 하면 부하들은 진심으로 굴복하고, 두려워하면서도 사랑을 느끼며, 명령하지 않아도 스스로 실천하게 된다.「편의16책」

36계
(三十六計)

언제 만들어진 책인지는 알 수 없다. 고대 병법의 핵심을 모은 책으로, 지도자의 필독서로 여겨져 왔다. 이 책은 '도망치는 것이 최상'이라는 말을 유행시킨 병법서이다. 36계는 병법 가운데서 최상이지만, 그중에서도 도망치는 것이 최선책이라고 한다. 그러나 도망치고 싶어도 도망칠 수 없는 경우도 있으므로 다른 책략도 알아 두어야 할 것이다.

INTRO

『36계』는 중국인이 자랑하는 지략을 집대성한 것으로, 이 책이 어느 시대에 누구에 의해 제작되었는가는 아직까지 수수께끼이다. 그러나 '36계'라는 말은 오래전부터 사용되고 있었다. 약 1,500년 전에 쓰인 『남제서南齊書』라는 역사서에 '단공檀公의 36책策은 도망치는 것을 최상으로 삼았다'라는 말이 나온다. '책策'은 '계計'와 같은 말이다.

원래 이 말은 제나라의 단도제檀道濟라는 장군이 북방의 강국인 위나라 군대와 대치했을 때, 결전을 피해 오로지 도망친 일을 비판하는 것이었다.

그러나 그러한 비판 중에는 군대를 온전히 보전해 무사히 귀국한 것을 높이 평가하는 목소리도 있었다고 하니, 비판하는 말로만 보아서는 안 될 것이다.

어쨌든 『36계』라는 책은 후세 사람이 단도제에 얽힌 이야기를 힌트로 하여 정리한 것으로 보인다. 책이 만들어진 계기를 보면 '비서秘書'라는 말이 딱 맞지만 사실 그 내용은 결코 신비로운 것이 아니며, 지극히 합리적이고 유연한 사고방식에 기초해 있다. 지금도 크게 주목고 있다.

도망치는 것을 최선책으로 삼은 36계모計謀

36계모는 6부로 나누어진다. 먼저 그 명칭을 살펴보자.

제1부 승전계勝戰計-아군의 형세가 충분히 승리할 수 있는 조건을 갖추고 있을 때 말을 타고 적을 압도하는 작전이다.

1계 만천과해瞞天過海 : 하늘을 가리고 바다를 건넌다.

2계 위위구조圍魏救趙 : 위나라를 포위해 조나라를 구한다.

3계 차도살인借刀殺人 : 남의 칼로 사람을 해친다.

4계 이일대로以逸待勞 : 쉬다가 피로에 지친 적과 싸운다.

5계 진화타겁趁火打劫 : 상대의 위기를 틈타 공격한다.

6계 성동격서聲東擊西 : 동쪽에서 소리 지르고 서쪽으로 공격한다.

제2부 적전계敵戰計 - 아군과 적군의 세력이 비슷할 때 기묘한 계략으로 적군을 미혹하여 승리를 이끄는 작전이다.

7계 무중생유無中生有 : 지혜로운 자는 무에서 유를 창조한다.

8계 암도진창暗渡陳倉 : 기습과 정면공격을 함께 구사한다.

9계 격안관화隔岸觀火 : 적의 위기는 강 건너 불 보듯 한다.

10계 소리장도笑裏藏刀 : 웃음 속에 칼이 있다.

11계 이대도강李代桃僵 : 오얏나무가 복숭아나무 대신 죽는다.

12계 순수견양順手牽羊 : 기회를 틈타 양을 슬쩍 끌고 간다.

제3부 공전계攻戰計 - 자신을 알고 적을 안 다음 계책을 모의하여 적을 공격하는 전략이다.

13계 타초경사打草驚蛇 : 풀을 헤쳐 뱀을 놀라게 한다.

14계 차시환혼借屍還魂 : 죽은 영혼이 다른 시체를 빌려 부활한다.

15계 조호리산調虎離山 : 호랑이를 달래어 산을 떠나게 한다.

16계 욕금고종欲擒故縱 : 큰 것을 얻기 위해 작은 것을 풀어 준다.

17계 포전인옥抛磚引玉 : 돌을 던져서 구슬을 얻는다.

18계 금적금왕擒賊擒王 : 적을 잡을 때 우두머리부터 잡는다.

제4부 혼전계混戰計 – 적이 혼란한 와중을 틈타 승기勝機를 잡는 전략이다.

19계 부저추신釜低抽薪 : 가마솥 밑에서 장작을 꺼낸다.

20계 혼수모어混水摸魚 : 물을 흐려 놓고 고기를 잡는다.

21계 금선탈각金蟬脫殼 : 매미가 허물을 벗듯이 위기를 모면한다.

22계 관문착적關門捉賊 : 문을 잠그고 도둑을 잡는다.

23계 원교근공遠交近攻 : 먼 나라와 사귀고 이웃 나라를 공격한다.

24계 가도벌괵假途伐虢 : 기회를 빌미로 세력을 확장한다.

제5부 병전계併戰計 – 상황의 추이에 따라 언제든지 적이 될 수 있는 우군을 배반, 이용하는 전략이다.

25계 투량환주偸梁換柱 : 대들보를 훔치고 기둥을 빼낸다.

26계 지상매괴指桑罵槐 : 뽕나무를 가리키며 회화나무를 욕한다.

27계 가치부전假痴不癲 : 어리석은 척하되 미친 척하지 마라.

28계 상옥추제上屋抽梯 : 지붕에 올라가도록 유인한 뒤 사다리를 치운다.

29계 수상개화樹上開花 : 나무에 꽃이 피게 한다.

30계 반객위주反客爲主 : 손님이 도리어 주인 노릇을 한다.

제6부 패전계敗戰計 – 상황이 가장 불리할 때 열세를 우세로 바꾸어 패배를 승리로 이끄는 전략이다.

31계 미인계美人計 : 미녀를 이용하여 적을 대한다.

32계 공성계空城計 : 빈 성으로 유인해 미궁에 빠뜨린다.

33계 반간계反間計 : 적의 첩자를 역이용한다.

34계 고육계苦肉計 : 자신을 희생해 적을 안심시킨다.

35계 연환계連環計 : 여러 가지 계책을 연결한다.

36계 주위상走爲上 : 때로는 전략상 후퇴도 필요하다.

만천과해 – 하늘을 가리고 바다를 건너다

위장 수단으로 상대를 속이고 그 틈을 이용해 승리를 얻는 계모計謀. 공격할 듯 말 듯 하면 상대도 경계를 게을리하지 않는다. 그러나 당장이라도 행동을 벌일 듯 하면서 벌이지 않는 상태를 계속 유지하면, 상대는 점점 경계심을 풀게 된다. 그렇게 빈틈이 생겼을 때 갑자기 쳐들어간다.

실례–오나라 손권의 휘하에 지장智將 태사자太史慈라는 사람이 있었다. 도창都昌이라는 도시가 황건적의 대군에게 포위되어 위험에 빠지자 태사자가 구원 요청을 하기 위해 나섰는데 물샐틈없는 포위망 때문에 빠져나갈 수 없었다. 그래서 태사자는 먼저 배를 든든히 채운 다음 새벽을 기다렸다가 채찍과 활을 들고 말에 오른 뒤 과녁을 든 병사 둘을 데리고 성문 밖으로 나갔다. 그것을 본 황건적 병사들은 깜짝 놀라 서둘러 말에 올라타고는 탈출을 저지할 태세를 갖추었다. 그러나 태사자는 유유히 말에서 내려 성 쪽 참호 안으로 들어가 과녁을 지면에 세운 다음, 가지고 있던 화살을 모두 쏘고 나서 다시 성안으로 돌아갔다.

태사자는 다음 날 아침도 그렇게 활쏘기 연습을 했다. 황건적 병사들 가운데는 여전히 일어서서 경계 태세를 취하는 자가 있는가 하면, 드러누운 채 꼼짝도 안 하는 자도 있었다. 태사자는 그런 황건적 병사들의 움직임에는 아랑곳없이 유유히 과녁을 세우고 화살을 다 쏜 다음에 다시 성안으로 돌아갔다.

사흘째 아침, 태사자가 여느 때와 같이 성 밖으로 나왔으나 황건적 병사들 중 그의 움직임을 주시하는 자는 아무도 없었다. 태사자는 그 틈을 타 말을 달려 포위망을 돌파했다. 그로부터 얼마 뒤 구원군이 달려왔다.

성동격서 – 동쪽에서 소리치고 서쪽에서 공격한다

먼저 동쪽을 치는 척하면서 양동 작전●을 구사하는 것이다. 적이 동쪽으로 옮겨 수비를 강화하면 서쪽이 약해진다. 이때 약해진 서쪽으로 공격을 가한다. 『통전通典』이라는 책에 '성언격동聲言擊東 기실격서其實擊西'(동쪽을 친다고 말하고는 서쪽을 친다)라는 말이 있는데, 이것이 출전인 듯하다.

실례–『삼국지』 전반의 클라이맥스는 조조와 원소가 중국 북부의 패권을 두고 격돌한 '관도官渡의 전투●'이다. 이때 원소는 10만 대군을 이끌고 조조의 본거지인 허창許昌을 향해 돌격하면서, 먼저 조조 측의 전진 기지라 할 수 있는 백마白馬에 선봉대를 보내 포위하게 했다. 백마를 간단히 적에게 넘겨주었다가는 전군의 사기에 큰 영향을 끼치게 되므로 조조는 스스로 주력 부대를 이끌고 구원에 나서려 했다. 이때 참모 하나가 다음과 같이 진언했다.

"힘으로는 도저히 맞설 수 없습니다. 무엇보다 적의 병력을 분산시킬 필요가 있습니다. 제 생각으로는 먼저 서쪽으로 향하면서 적군의 배후로 돌아가는 척해야 합니다. 그러면 원소는 분명 서쪽으로 군대를 이동시켜 맞서 싸울 준비를 할 것이니, 그 틈에 경기병輕騎兵을 이끌고 백마로 달려가 적의 허점을 찌르는 것입니다. 이렇게 하면 적을 물리칠 수 있을 것입니다."

조조가 그 제안을 받아들여 서쪽으로 향하는 척하자, 과연 원소의 주력군도 서쪽으로 이동했다. 그것을 확인한 뒤 조조는 말머리를 돌려 백마로 달려가서 적의 포위망을 뚫어 버렸다.

격안관화 – 강 건너 불 보듯 하다

설령 병력이 우세하다 하더라도 무작정 공격을 감행해서는 안 된다. 그 경우 승리했다 하더라도 아군의 출혈이 심할 것이므로 바람직한 승리라고 할 수 없다.

특히 적의 내부에 분쟁이 일어날 징후가 있을 때는 가만히 지켜보면서 상대가 자멸하기를 기다리는 것이 현명하다. 상대가 내분을 일으켰을 때, 그 기회를 틈타 공격을 가하는 것도 하나의 방법이지만, 그것이 오히려 상대의 단결을 부추길 수 있으므로 좋은 방법이라고 할 수 없다. 그럴 때에는 높은 곳에서 지켜보며 상대방이 스스로 무너지기를 기다리는 것이 이 계략의 특징이다.

실례 – '관도의 전투'에서 대승을 거둔 조조는 중국 북부 일대를 지배하게 되었다. 그러나 원소의 아들 원상袁尙과 원희袁熙 일당이 북방의 이민족 오환烏丸에게 도망쳐서 저항할 태세를 보이고 있었다. 그래서 조조는 북방의 위협을 제거하기 위해 오환 토벌군을 일으켜 격파했고 원상과 원희 일당은 다시 요동의 공손강公孫康에게로 도망쳤다.

이때 조조의 막료들은 즉각 군대를 요동으로 보내 공손강을 토벌하여 원상 형제의 싹을 잘라야 한다고 말했다. 그러자 조조는 이렇게 말했다.

"아니다. 나는 지금 공손강의 손으로 원상 형제를 처리하게 하려고 한다. 일부러 군대를 움직일 필요는 없다."

조조가 도성으로 돌아온 지 얼마 되지 않아 공손강이 원상 형제의 목을 보내왔다. 왜 그렇게 되었는지 막료들은 이해하지 못했다. 그 이유를 묻는 막료들에게 조조는 이렇게 말했다.

"원래 공손강은 원상 형제의 세력을 두려워했다. 만일 내가 군대를 동원해 성급하게 공격을 가하면 그들은 힘을 모아 저항할 테지만, 내버려 두면 서로 다투게 될 것이다. 이것이 자연스럽게 적을 처리하는 방법이다."

이런 조조의 전략이야말로 바로 '격안관화'의 전형이다.

차시환혼 – 죽은 사람의 영혼이 다른 시체를 빌려 부활하다

이용할 수 있으면 무엇이든 이용해 세력을 확대하는 계략이다. 물론 이용하는 방법도 일률적이지 않다. 자기방어를 위한 방파제로 이용하고, 세력 확대를 위한 은밀한 수단으로 이용하며, 지반을 견고히 하고 확대하기 위한 발판으로 삼기도 한다. 이용의 전제 조건은 상대의 세력이 약하고 이용 가치가 있어야 한다는 것이다. 상대에게 이용 가치가 없으면 그냥 삼켜버린다.

실례–『삼국지』에서 유비가 촉 지방에 자립의 기반을 세운 방식도 이런 계략에 기초한 것이다.

유비는 예전부터 촉 지방에 욕심이 있지만 유장劉璋이라는 자가 그런대로 잘 다스리고 있었기에 군대를 움직일 대의명분이 없었다. 그러던 차에, 유장이 북방의 수비에 불안을 느끼고 유비에게 도움을 요청한 것이다. 유비는 기뻐하며 스스로 군대를 이끌고 가서 구실을 만들어 유장을 공격한 뒤 촉 지방을 빼앗아 버렸다. 초대받은 자가 주인을 물리치고 그 자리를 꿰차고 앉은 것이다.

욕금고종 - 큰 것을 얻기 위해 작은 것을 풀어주다

도망칠 구멍을 막고 공격하면 상대는 반드시 반격해 온다. 그냥 도망 치게 내버려 두면 상대의 기세는 자연히 약해진다. 추격할 때도 너무 심하게 몰아붙여서는 안 된다. 서서히 체력을 소모시키고 투지를 잃게 만들어 모래알처럼 흩어지기를 기다리면 피를 흘리지 않고도 이길 수 있다. 요컨대 가만히 때를 기다리면 좋은 결과를 기대할 수 있다는 것이 이 계략의 요체이다.

실례-『삼국지』에서 제갈공명이 남방 이민족의 반란군을 진압하기 위해 군사를 일으킨 뒤, 전군을 향해 명령을 내렸다.

"적의 대장 맹획孟獲은 절대로 죽여서는 안 된다. 반드시 살려 두어라."

맹획은 반란군의 주모자였다. 격전을 거친 뒤 맹획이 공명 앞에 잡혀왔다. 그러자 공명은 자기 군대의 진영을 손수 안내하면서 물었다.

"우리 군의 포진이 어떤가?"

그러자 맹획이 대답했다.

"아까는 우리가 이런 포진을 몰라서 지고 말았다. 이제 알게 된 이상 다시 한 번 싸우면 반드시 이길 것이다."

공명은 웃으며 말했다.

"그것 참 재미있는 말을 하는구나. 좋아, 이자를 풀어 주어라."

이렇게 하여 맹획은 7차례나 석방되었다가 7차례 모두 다시 사로잡혔다(이 고사에서 칠종칠금七縱七擒●이라는 말이 생겼다). 일곱 번째 사로잡혔을 때는 맹획도 내심 공명에게 감복하고 말았다. 공명이 다시 풀어 주려 하자 맹획이 말했다.

"당신은 신과 같은 사람이오. 다시는 반란을 일으키지 않겠소."

공명은 무력 토벌을 병행하면서 '욕금고종'의 계략으로 이민족의 마음을 사로잡은 것이다.

투량환주 – 대들보를 훔쳐 내고 기둥을 바꾸어 넣다

상대의 알맹이를 쏙 빼내는 계략이다. 대들보와 기둥은 집의 구조를 지탱하는 뼈대이다. 그것을 바꾸어 버리면 형태는 똑같지만 내용이 변한다. 상대가 이 방법을 사용하면 전력이 약해지고 저항 의욕을 잃고 만다. 이 계략은 적국에도 동맹국에도 사용할 수 있다. 동맹국에 이 수법을 사용하면, 상대를 마음먹은 대로 조종할 수 있다.

실례–진나라의 시황제가 천하를 통일한 것은 압도적인 군사력 때문이지만, 그와 동시에 모략 활동으로 상대의 전의를 꺾었다는 사실도 잊어서는 안 된다.

진나라가 제나라를 치려 했을 때의 일이다.

그 무렵 제나라에서는 후승后勝이라는 사람이 재상 자리에 앉아 국정의 실권을 쥐고 있었는데, 시황제는 그에게 많은 재물을 보내 매수해 버렸다. 후승은 시황제의 요청을 받아들여 자신의 부하나 빈객들을 진나라로 보냈다. 진나라는 그들을 첩보 요원으로 양성한 뒤 많은 돈을 주어 제나라로 돌려보냈다.

진나라의 뜻을 받아들인 그들은 귀국한 뒤, 진나라의 강대한 군사력에 대해 열심히 선전하고, 입을 맞추어 전쟁을 중지해야 한다고 제나라 왕을 설득했다. 뒷날 진나라가 제나라의 수도로 쳐들어갔을 때, 제나라에서는 단 한 사람도 저항하지 않았다고 한다. 첩보원의 활동으로 나라의 뼈대가 무너져 저항할 의욕도 사라지고 만 것이다.

주위상-도망치는 것도 뛰어난 전략이다

싸움을 피하는 것이 최선의 전략이라는 사고방식이다.

원래 중국의 병법에는 무작정 정면충돌해 자폭하는 전법은 없다. 승산이 없을 때는 싸우지 않는다는 것이 기본적인 인식이다. 손자도 병력이 적을 때는 퇴각하고, 승산이 없을 때는 싸우지 말아야 한다고 했다. 『오자』에도 이런 말이 있다.

"유리할 때에는 공격하고, 불리할 때에는 물러나는 것이 중요하다."

도망치는 데는 어떤 이점이 있을까? 첫째, 이기지는 못하지만 지지도 않는다. 둘째, 전력을 보전해야 다음 전투에 대비할 수 있다.

NOTES

양동 작전陽動作戰 : 적의 경계를 분산시키기 위해, 실제로 전투를 하는 것은 아니나 병력이나 장비를 기동함으로써 마치 공격할 것처럼 보이게 하여 적을 속이는 작전.

관도官渡**의 전투** : 『삼국지』에 나오는 몇 차례의 전쟁 가운데 역사 전개 과정에서 가장 결정적인 의미를 갖는 전투로, 승리를 위해 인간이 생각해 낼 수 있는 모든 지혜를 다 동원한 싸움으로 유명하다. 이 전투에서 조조는 고작 2만의 병력으로 원소의 10만 대군을 격파했고, 이 전투의 승리로 조조는 화북華北의 패자가 되어 후일 위나라를 세우는 데 결정적인 기반을 마련했다.

칠종칠금七縱七擒 : 일곱 번 잡았다가 일곱 번 풀어 준다는 뜻으로, 상대를 마음대로 다룸을 비유하거나 인내를 가지고 상대가 머리를 숙이고 들어오기를 기다린다는 말.

묵자
(墨子)

BC 390년경에 만들어진 책으로, 난세에 겸애兼愛와 비공非攻을 주장하며 천하를 누빈 묵가의 실천 강령이다. 전국시대에 유가에 대항한 묵자의 언행을 모은 것으로, 모두 71편으로 묶였다. 그러나 오늘날 전하는 것은 「상현尙賢」, 「상동尙同」, 「겸애兼愛」, 「비공非攻」, 「절용節用」, 「절장節葬」, 「천지天志」, 「명귀明鬼」, 「비악非樂」, 「비명非命」의 10대 주장과 묵자의 인물 상을 전하는 「공륜公輸」, 후기 묵가의 윤리적 사유인 「경經」, 「경설經說」, 「수비 방법」 등 53편이다.

INTRO

묵자는 전국시대 초기의 사상가로서, 이름이 적翟이며, BC 5세기 중반에 태어나 BC 4세기 전반에 세상을 떠났다. '묵墨'은 얼굴이나 이마에 문신을 새기는 형벌로 죄수를 의미하는데, 일설에 따르면 세상 사람들이 이 형벌을 당한 그를 멸시해 '묵'이라 했고, 그것이 학파의 이름이 되었다고 한다.

그는 노魯나라에서 태어났다고 한다. 처음에는 유학을 배웠지만, 이윽고 유가의 예악지상주의에 혐오감을 느껴 독자적인 사상 체계를 세우기에 이르렀다. 그의 사상은 겸애주의로 요약할 수 있다. 유가가 주장하는 인仁은 먼저 자신의 부모를 사랑하고 그 사랑을 가족이나 다른 사람에게 미치게 하면 사회 질서가 유지된다는 것인데, 그는 이것을 별애別愛(차별애)라고 하여 배척하고, 평등하면서도 무차별적인 사랑(겸애)을 주장했다. 인류의 행동을 감시하고 상벌과 화복을 주는 천제天帝와 귀신의 존재를 믿으며 천지天志(하늘의 뜻)를 받드는 일종의 종교적 계급 정치를 이상으로 삼았다.

혈통에 의한 공족·귀족의 정치 지배를 인정하지 않았고, 빈부 귀천에 관계없이 도덕적이고 재능이 뛰어난 사람이 사회의 지배적인 지위에 앉아야 한다고 주장했다. 또한 이익을 중시해 인류 전체의 이익이 되지 않는 것은 모두 유해하다고 했으며, 근로와 절약을 강조하고, 호화로운 장례식이나 화려한 음악을 부정했다.

이에 대해 유가에서는 '묵자는 실용성을 중시한 나머지 장식성을 망각했다'느니 '겸애설은 아버지를 무시하는 금수와도 같은 사상'이라고 비난했다. 그러나 이 같은 비난에도 불구하고 귀족의 부패 정치나 세습제에 대한 비판과 함께 유가의 예악 존중이나 비행동성에 대한 비판이 사회 하층의 지지를 받아 묵자 신봉자가 급격히 늘었고, 이들은 유가에 대항하는 유력한 세력으로 성장했다.

묵자는 단순히 이상을 설파하는 데 그치지 않고 철저한 실천을 중시했다. 때로는 제자 300명을 거느리고 대국의 침략 저지를 위해 일어서기도 했다. 그 전투적인 평화주의는 오늘날까지도 중국에서 높이 평가받고 있다.

묵가의 활동은 전국시대의 종말과 함께 급격히 쇠퇴하고, 한나라에 이르러 유교가 국교로 확립되자 사상계에서 완전히 말살되고 말았다.

작은 도리는 알고 큰 도리는 모른다

오늘날 군자라는 사람들은 입만 열면 능력 있는 사람을 등용해야 한다고 말한다. 그러나 입으로만 그렇게 말할 뿐, 정작 자신이 정치 지도자의 입장에 서면 능력 있는 인물을 발탁하지 않는다. 내가 보기에 그들은 작은 도리는 잘 알지만 큰 도리는 모르고 있다. 왜 그런가?

예를 들면, 위정자는 가축을 죽여 음식을 만들 때 자신의 손으로는 가축을 죽일 수 없으므로 반드시 솜씨 좋은 요리사를 고용한다. 또 옷을 만들어 입을 때도 반드시 솜씨 좋은 재봉사를 고용한다. 곧, 위정자는 가축을 죽이거나 옷을 만들어 입을 때는 연고나 재산, 신분, 용모 등에 사로잡혀 능력 없는 자를 기용하는 우는 범하지 않는다. 맛이 없는 요리는 먹고 싶지 않기 때문이다. 이러한 경우에 위정자는 능력 있는 자를 발탁하려는 자세를 결코 잊지 않는다.

그런데 국가를 다스리는 일에서는 사정이 완전히 다르다. 연고와 재산, 신분, 용모가 중시되고, 그 조건에 맞는 사람만을 등용한다. 위정자에게 국가 따위는 활이나 말, 옷이나 가축에 비하면 사소한 것에 지나지 않는 것일까? 작은 도리는 알면서도 큰 도리는 모른다는 나의 비판은 이런 뜻이다. 이러한 위정자의 태도는 벙어리를 외교 사절로 보내고, 귀머거리를 악사로 삼는 일과 같다. 「상현」 하편

겸애인가, 별애인가

'천하의 해악'을 제거하고 '천하의 이익'을 추구하는 것이 바로 인자仁者의 사명이다. 천하의 해악 가운데 묵과할 수 없는 것은 무엇인가?

대국이 소국을 공격하고, 큰 씨족이 작은 씨족을 괴롭히고, 강자가 약자를 치고, 다수가 소수를 무시하고, 가짜 군주가 백성을 속이고, 귀족이 평민을 경멸하는 일 등이 거기에 속한다. 군주가 횡포를 부리고, 신하가 충성하지 아니하며, 부모가 애정이 없고, 자식이 효도하지 않는 것 등도 '천하의 해악'이다. 무기를 손에 들고, 독약을 뿌리고, 물과 불로 공격하고, 수단을 가리지 않고 살육하는 일도 '천하의 해악'이다.

이렇게 수많은 '해악'은 어디서 비롯되는가? 그것은 우리가 사람을 사랑하고, 사람에게 이익을 주었기 때문에 생긴 것일까? 아니다. 사람을 미워하고 사람에게 불이익을 주었기 때문에 생겨난 것이다.

사람을 미워하고 사람에게 해악을 주는 행위, 그것은 '모든 사람을 평등하게 보아야 한다'라는 겸애에서 생기는 것인가? 아니면 '사람을 차별해야 한다'라는 별애에서 생기는 것인가? 말할 것도 없이 후자 때문이다.

그렇다면 별애야말로 '천하의 해악'이며 그 원천이다. 내가 별애를 대신해 겸애를 주장하는 것은 왜일까?

만일 제후가 자기 나라처럼 다른 나라를 위해 힘을 쓴다면, 전쟁은 일어나지 않을 것이다. 왜냐하면 상대를 내 몸과 같이 여기기 때문이다.

만일 경대부卿大夫가 자신의 일족을 대하는 것과 마찬가지로 다른 씨족을 위해서 힘을 쓴다면 분쟁은 일어나지 않을 것이다. 그것은 곧 상대가 내 몸과 같은 존재이기 때문이다.

전쟁이나 내분이 일어나지 않는 상태, 그것은 천하의 '이익'인가, '해악'인가? 말할 것도 없이 그것은 '천하의 이익'이다.

이렇게 수많은 '이익'은 어디서 생기는가? 그것은 사람을 미워하고 사람에게 해악을 주기 때문에 생기는 것인가? 물론 아니다. 사람을 사랑하고 사람에게 이익을 주기 때문에 생기는 것이다. 그렇다면 겸애야말로 '천하의 이익'을 가져다주는 원천이다. 그럼에도 여전히 겸애에 반대하는 의견은 끊이지를 않는다. 그들은 이렇게 주장한다.

"겸애의 입장은 우리 부모의 이익에 반하는 것이며, 효도를 방해하는 것이다."

도대체 부모를 소중히 여기는 사람은 다른 사람이 자기 부모를 소중히 여겨 주기를 바라는 것일까, 아니면 무례하게 대해 주기를 바라는 것일까? 당연히 그는 전자가 옳다고 할 것이다.

남에게 소중한 취급을 받으려면 어떻게 해야 할까? 먼저 나 자신이 다른 사람의 부모를 소중히 여겨야 하지 않겠는가? 남의 부모라고 아무렇게나 대해도 좋은가? 아니다. 먼저 자기 자신이 다른 사람의 부모를 소중히 여길 때 비로소 다른 사람에게도 똑같은 태도를 기대할 수 있을 것이다. 그러므로 자기 부모에게 정성을 다하려면, 무엇보다 먼저 다른 사람의 부모를 소중히 여겨야 한다.

『시경』의 「대아편大雅篇」에 실린 〈억抑〉이라는 노래에 이런 구절이 있다.

말에는 말을, 덕에는 덕을
남이 복숭아를 준다면, 나는 자두를 줄 것이다

사람을 사랑하면 반드시 사람에게 사랑받으며, 사람을 미워하면 반드시 사람에게 미움을 받는다. 천하의 선비가 겸애라는 말만 하면 금방 반대하는 것은 도무지 앞뒤가 안 맞는 이야기가 아닌가. 「겸애」하편

도둑질은 나쁘고, 침략은 정의인가?

여기 한 남자가 있다. 이 남자가 남의 과수원에 몰래 숨어들어 복숭아와 자두를 훔쳤다고 하자. 만일 누군가가 이 사실을 알았다면 그를 도둑이라고 비난할 것이고, 관리가 그 사실을 알았다면 이 남자를 잡아서 벌을 주었을 것이다. 왜냐하면 이 남자는 자신의 이익을 위해 남에게 해를 끼쳤기 때문이다.

만일 이 남자가 남의 개나 양, 닭이나 돼지를 훔쳤다면 어떤가? 그 불의는 과수원에 숨어들어 복숭아나 자두를 훔친 것보다 더 심하다. 왜냐하면 남자는 다른 사람에게 더 심각한 해를 끼쳤기 때문이다. 그 행위는 불인^{不仁}이다. 따라서 그 죄는 더 무겁다.

만일 이 남자가 죄 없는 사람을 죽이고 옷이나 칼을 빼앗았다면 어떠한가? 그 죄는 남의 집에 들어가 말이나 소를 훔친 것보다 더 크다. 왜냐하면 사람에게 돌이킬 수 없는 해를 끼쳤기 때문이다. 그 행위는 심한 불인이며, 따라서 그 죄는 더 무겁다.

이처럼 천하의 군자는 모두가 다 이 남자를 비난하고, 그것이 불의임을 인정할 것이다.

그러나 그런 군자라 하더라도 다른 나라를 침략하는 커다란 불의에 대해서는 비난하려 하지 않는다. 오히려 그 행위를 찬양하고, 다른 나라를 침략하는 그 자체를 '정의'라고 한다. 대체 그들은 정의와 불의를 구분할 능력이나 있는 것일까?

사람 하나를 죽이면 불의라 하여 반드시 사형에 처한다. 만일 이 논리에 따른다면, 사람을 10명 죽이면 10번, 100명을 죽이면 100번 사형에 처해야 할 것이다. 이런 범죄에 대해 천하의 군자들은 한결같이 그 행위를 비난하고 그것이 불의임을 인정한다. 그런데 다른 나라를 침략하는 행위에 대해서는 불의라고 하지 않는다. 오히려 '정의'라고 말한다. 그들은 침략 행위가 불의라는 도리를 모르고 있다. 그렇기 때문에 전쟁의 공적을 기록하여 후세에 전하려 하는 것이다. 만일 그것이 불의라는 사실을 안다면, 전쟁이나 그 업적을 기록해 후세에 전하려 하지 않을 것이다. 작은 불의에 대해서는 비난하면서도 다른 나라를 침략하는 큰 불의에 대해서는 비난하지 않고 오히려 그것을 '정의'라고 하는 자, 그는 정의와 불의를 구별하지 못하고 있다. 이것이 지금의 군주의 모습이다. 그들은 정의와 불의의 구별을 얼버무리고 있다. 「비공」 상편

유가의 '예악禮樂'에 반대한다

고대의 성왕이 세상을 떠나고 천하에 정의가 사라지자, 후세의 군자들 사이에서는 죽은 사람을 성대히 보내고 오래도록 복상하는 것이 인仁과 의義의 도리에 맞으며, 효자가 할 일이라는 주장이 나왔다. 오늘날, 사회 지배층의 대부분은 후장구상厚葬久喪● 풍습을 지키고 있다.

그 풍습의 내용은 이렇다. 관곽棺槨은 반드시 이중 구조로 만들어야 하며, 매장할 때는 반드시 땅을 깊이 파야 한다. 죽은 자에게는 반드시 여러 벌의 옷을 입히고, 아름다운 문양이나 자수를 한 복식품을 함께 넣어야 하며, 무덤은 반드시 흙을 높이 쌓아 구릉처럼 만들어야 한다.

신분이 높은 사람이 이러하므로 평민이나 천민도 그것을 따라 해 장례를 치르고 나면 재산을 모두 탕진하고 만다. 사정이 이러니 제후가 죽으면 국고가 텅 비어 버린다. 곧, 국고를 모두 죽은 자를 장식하는 금은 주옥을 구입하는 데 쏟아붓고, 나아가 막이나 휘장, 솥과 곡식 그릇, 책상, 방석, 항아리, 물그릇, 창, 검, 새의 깃털, 쇠꼬리로 장식한 깃발, 상아나 코뿔소 가죽 등을 죽은 자와 함께 묻는다.

더 나아가 죽은 자를 보낼 때는 거대한 희생도 따른다. 천자가 서거했을 경우, 순장자가 많을 때는 수백 명에서 적을 때는 수십 명에 이른다. 장군이나 대부의 경우는 많을 때는 수십 명, 적을 때도 여러 명이 희생된다. 이것이 어떤 결과를 낳는가?

위정자는 조정에서 소송과 정치를 담당할 수 없게 되고, 사대부는 오관육부五官六府에서 보아야 할 나라의 행정을 돌보지 못하는 것은 물론이고, 간척 사업으로 국고를 가득 채울 수 없게 된다. 농부는 이른 아침부터 밤까지 농사를 지을 수 없게 되고, 장인은 배나 수레, 기구 등을 제조할 수 없게 된다. 부인도 이른 아침부터 잠자리에 들 때까지 베를 짤 수 없게 된다.

요컨대, 후장구상의 풍습이 정치에 파고들면 나라는 가난해지고, 인구는 줄어들며, 질서가 무너진다. 이러한 풍습은 성왕이 걷는 길이 아니다.「절장」하편

유가의 본질을 폭로한다

유학자는 숙명론을 주장한다. 장수와 단명, 가난과 부, 안정과 혼란 등은 모두 하늘이 결정하는 일이라 사람의 힘으로는 바꿀 수 없고, 곤궁과 영달, 상과 벌, 행복과 불행 등도 모두 정해져 있어서 사람의 힘으로는 어쩔 수 없다고 말한다.

만일 이런 숙명론을 받아들인다면 어떤 결과가 나타날까? 무슨 일을 하든 아무 소용이 없으므로 관리는 직무에 태만하고, 농민은 일을 하지 않게 된다. 관리가 제대로 일하지 않으면 나라는 혼란에 빠지고, 농민이 농사일을 하지 않으면 농업이 쇠퇴해 나라가 가난해진다. 가난과 무질서는 나라의 근간을 뒤흔드는 일이다. 유학자는 이러한 숙명론을 '도道', '성

현의 가르침'이라고 하는데, 이보다 천하에 해를 끼치는 것은 없다.

그뿐만이 아니다. 유학자는 예를 번잡하게 만들고, 악樂을 화려하게 하여 사람을 타락시킨다. 오랜 시간 복상하고 슬픈 척하는 것은 죽은 자의 영혼을 모독하는 일이다. 사람의 운명은 하늘이 결정하는 것이라며 가난에서 탈출하려 하지 않고 오히려 그것을 고결하다고 믿는다. 해야 할 일은 하지 않으면서 거만한 태도를 취한다. 배 터지게 먹고 마시는 주제에 노동을 천시하니, 이 세상에 배고픔과 추위가 끊일 날이 없다. 이것은 마치 거지가 쥐새끼처럼 음식을 향해 달려들고, 양처럼 눈치를 보며, 거세된 돼지처럼 촐싹맞은 것과 같다. 다른 사람이 그런 태도를 경멸하면 유학자들은 삐기면서 이렇게 말했다.

"너 같은 놈들이 뭘 안다고."

그러나 실제로 그들은 여름에는 곡식을 구걸하며 다니다, 추수가 끝나면 재빨리 장의사로 변신한다. 그것으로 일족이 모여 마음껏 먹고 마신다. 그런 식으로 몇 군데 장례식만 맡아도 충분히 살아간다. 곧, 그들은 남에게 기생해 배를 채우고, 남의 밭을 믿고 어깨에 힘을 주고 다니는 자이다.

또한 유학자는 이런 말도 한다.

"군자는 종鍾과도 같다. 때리면 울지만, 안 때리면 울지 않는다."

이 말은 알아도 가르쳐 주지 않고, 힘이 있어도 드러내지 않으며, 알고도 모른 척하면서 상대가 질문하기를 기다린다는 뜻이다. 군주나 부모에게 이익이 되는 일이라 해도 묻지 않으면 말하지 않는다는 것이다.

당장 반란이 일어나려 한다, 도적이 들어오려 한다. 촌각을 다투는 순간들이다. 그런 사실을 아는 사람은 오로지 자신뿐이다. 그런 경우에도 군주나 부모가 묻지 않으면 말을 않겠다는 것인가? 그것은 신하로서는 불충이고, 자식으로서는 불효이며, 형제에게는 부제不悌이고, 대인 관계에서는 부정不貞이다.

모든 일에서 한 발짝 물러나 있는 것을 미덕이라면서 적극적으로 발언하지 않는 주제에 자신의 이익과 관련된 일이라면 거침없이 말을 한다. 군주가 뭐라고 물어도 자신에게 득이 되지 않으면 손을 모으고 고개를 숙인 채 목에 뭐가 걸리기라도 한 듯 이렇게 말한다.

"아직 그것에 대해서는 배운 것이 없습니다."

국가의 중대사를 모른 척하며 시치미떼고, 몸을 뒤로 뺀다. 이것이 유학자의 상투적인 수단이다. 「비유」하편

| 책 속의 명문장 |

治於神者 衆人不知其功, 爭於明者 衆人知之

치어신자 중인부지기공, 쟁어명자 중인지지

현명하고 성스럽게 다스리면 사람들은 그 공을 알지 못하고, 드러내고 다투면 사람들은 그것을 알아준다. 성인의 다스림은 사람들의 눈에 잘 드러나지 않게 행해진다. 그래서 그 공을 모른다. 그러나 명예심에 사로잡힌 자는 자신이야말로 구국의 영웅이라며 그 공적을 떠들고 다니므로 나라 사람이 모두 알게 된다는, 말없이 실천한 묵자의 가슴 저미는 말이다. 초나라의 침략을 막아 낸 묵자가 송나라의 성으로 돌아왔을 때, 성을 지키던 병사들이 문도 열어 주지 않았다는 고사에서 나온 말이다.

「공수편公輸篇」

有力者疾以助人, 有財者勉以分人, 有道者勸以教人

유력자질이조인, 유재자면이분인, 유도자근이교인

'힘 있는 사람은 재빨리 남을 돕고, 돈 있는 사람은 힘써 나누어 주고, 도를 깨우친 사람은 남에게 가르쳐 주어야 한다.' 「상현」 하편

官無常貴, 而民無終賤 관무상귀, 이민무종천
'관리라고 해서 언제까지고 고귀하지 않고, 백성이라고 해서 끝까지 비천하라는 법은 없다.'
귀족이라고 해서 영원히 귀족이 아니고, 백성이라고 해서 영원히 백성이 아니다. 사람에게는 귀천이 없다. 세습적인 정치귀족에 대한 비판의 글이다. 「상현」 하편

功利於人, 謂之巧, 不利於人, 謂之拙
공리어인, 위지교, 불리어인, 위지졸
공수자公輸子가 대나무와 나무를 깎아서 까치를 만들어 사흘 동안 하늘에 날렸는데 떨어지지 않았다. 공수자가 그것을 자랑하자 묵자가 이렇게 말했다.
"당신이 까치를 만든 것은 공인이 수레 빗장을 만든 것만 못하오. 공인은 잠깐 사이에 세 치의 나무를 깎아 50석石(무게 단위)을 지탱하는 수레의 부품을 만들었소."
그다음에 이런 말을 했다.
"사람에게 이로운 기술을 '교'라고 하고, 사람에게 이롭지 않은 기술을 '졸'이라 한다.'
「노문편魯問篇」

NOTES

후장구상厚葬久喪 : 장례를 후하게 치르고 오래도록 복상服喪하는 풍습.

공손룡자
(公孫龍子)

BC 320~250년경에 만들어진 책으로, '궤변가詭辯家'를 대표하지만 사실은 뛰어난 논리적 사고를 보여 주는 명가名家●의 첫째가는 저서이다. 저자는 성이 공손이고, 이름은 용龍이며, 자는 자병子秉이다. 『사기』의 「맹자열전孟子列傳」, 「평원군열전平原君列傳」, 『장자』, 『전국책』, 『회남자淮南子』, 『열자』 등에 이름이 보인다. 또한 『사기』의 「중니제자열전仲尼弟子列傳」에 공손룡, 자는 자석子石이라는 인물이 나오는데, 이는 다른 사람이다.

공손룡은 BC 4~BC 3세기 때 사람으로, BC 320~BC 250년경에 살았던 것으로 추정된다. 여러 자료에 따르면, 그는 조趙나라 사람으로서 연燕나라의 소왕昭王과 조나라의 혜문왕惠文王에게 군비 축소를 설파하고, 또한 조나라 평원군平原君의 식객으로 우대받았으나 신참 추연鄒衍이 중용되자 물러났다. 그의 저서 『공손룡자』는 『한서漢書』 「예문지藝文志」에 따르면 14권인데, 현재는 6편만이 남아 있다.

그는 상대를 논쟁의 덫에 걸려들게 함으로써 굴복시키는 궤변가로 알려져 있다. 물론 궤변의 측면도 있으나 그보다는 오히려 뜨거운 논쟁 속에서 자칫 안이하게 처리해 버릴 수 있는 논리에 대한 자각을 중시한 인물로 보아야 할 것이다. '명가名家'는 그런 경향을 지닌 사람들에게 주어진 명칭이다. 공손룡 자신이 '명가'라는 말을 사용한 것은 아니다.

이 '명가'의 흐름은 유가의 '정명正名'이라는 사고에서 시작해 순자 또는 후기 묵가의 논리학적 고찰로 발전했다. 공손룡은 아마도 묵가의 영향 아래 활동을 시작한 인물일 것이다.

그러나 『공손룡자』는 일부분만 전해지기 때문에 그의 본래적 사고를 얼마나 담고 있는지는 확실하지 않다. 그뿐만 아니라 그 내용도 지극히 난해해 윤곽을 파악하기가 힘들다. 여기에 소개하는 내용은 중국의 현대어 번역에서 차용한 것이다.

백마는 말이 아니다白馬非馬

주인 : 백마는 말이 아니다.

손님 : 왜 그렇게 말하는가?

주인 : '말馬'이란 사물을 가리키는 이름이고, '백白'이란 색깔을 나타내는 말이다. 따라서 백마는 말이 아니다.

손님 : 그러나 백마를 앞에 두고 말이 아니라고 하는 것은 이상하지 않은가? 왜 '백' 자가 붙은 말은 말이 아닌가?

주인 : 말을 가지고 싶다'고 했을 때는 검은 말이건 노란 말이건 상관없다. 그러나 '백마를 가지고 싶다'고 했을 때는 검은 말이나 노란 말은 해당이 안 된다. 백마가 말이 아닌 까닭은 그것으로 확실히 드러난다.

손님 : 색깔이 있는 말은 말이 아니라는 말인가? 그러나 세상에 색깔 없는 말은 없으니, 그렇다면 말 그 자체가 존재하지 않는 것이 아닌가?

주인 : 말에게 색깔이 있기 때문에 백마가 존재한다. 말에 색깔이 없다면, 곧 그냥 '말'이라면 '백마'를 원할 수가 없다. 한편, '백'이 말일 리가 없다. '백마'란 '백'과 '마'가 결합한 것이므로 '백마는 말이 아니다'는 것이다. 가령 백마가 말이라고 해 보자. 그렇다면 '백마는 노란 말이다'라고 할 수 있겠는가?

손님 : 할 수 없다.

주인 : 노란 말은 백마가 아니다. 그리고 백마는 말이다. 그렇다면 노란 말은 말이 아니다. 왜 노란 말이 말이 아닌데, 백마는 말인가? 또한 여기서 무엇과도 결합할 수 없는 '백'을 문제 삼고 있는 것은 아니다. '백마'라고 했을 때, 이 '백'은 다른 것과 결합된 것으

로서 벌써 본래의 '백'이 아니다. '말'에는 색깔에 대한 아무런 규정이 없다. 그러나 '백마'에는 그런 것이 있어서 '황마', '흑마'를 배척한다. 곧, 색깔 규정이 없는 '말'은 색깔 규정이 있는 '백마'와는 다른 존재이다. 그래서 나는 '백마는 말이 아니다'라고 말하는 것이다.

보이지 않고 느낄 수 없다면 존재하지 않는다

주인 : '딱딱하고 하얀 돌(堅白石)'은 '견堅', '백白', '석石' 세 글자의 결합이 아니라, 2가지의 결합이다.

손님 : 왜 그런가?

주인 : 눈으로 볼 때, '견'은 안 보인다. 곧, 보이는 것은 '백'과 '석' 2가지뿐이다. 손으로 만져 보았을 때, '백'은 느낄 수 없다. 따라서 만져서 느낄 수 있는 것은 '견'과 '석' 2가지뿐이다.

손님 : 그러나 '백'이 보이므로 '백'이 없다고 할 수 없고, '견'을 느끼므로 '견'이 없다고 할 수 없다. 그러므로 '견', '백', '석' 3가지라고 해야 한다.

주인 : 아니다. 보이지 않고, 느낄 수 없다는 것은 '백'과 '견'이 없다는 것이다.

손님 : '백'이 원래부터 존재하지 않는다면, 석이 보일 리가 없다. '견'이 존재하지 않는다면, 그 물체를 돌이라 할 수 없다. 3가지는 불가분의 관계인데도 불구하고 당신은 1가지를 숨기려 하고 있다.

주인 : 아니다. 누군가가 숨기는 게 아니다. 저 스스로 숨는 것이다. 눈으로 볼 때 '견'이 숨고, 손으로 만질 때는 '백'이 숨는다. '견'과 '백'은 분리되어 있다.

손님 : 손으로 만져서 '견'이 아니라면, '백석'을 구할 수 없다. '견', '백', '석' 3가지는 절대로 분리할 수 없는 것이다.

주인 : 석(돌)은 석이다. 석의 '견'과 '백'은 각기 다른 것이다. 그러므로 분리되어 모습을 숨기는 것이다.

손님 : '견'이 보이지 않고, '백'이 만져지지 않는다고 해서 '견'이나 '백'이 존재하지 않는다고 할 수 없다. 둘 다 돌 가운데 존재하고 있다. 그런데 왜 분리하는가?

주인 : '견'이나 '백'은 돌에만 붙는 것이 아니라, 다른 물체에도 붙어 그 성질을 드러낸다. 그러나 돌이나 물체에서 독립된 '견', '백'은 파악할 수 없다. 곧, 숨어 있는 것이다. 만일 그런 독립된 '견'이나 '백'이 존재하지 않는다면, 석 외의 물체가 공통적으로 '견', '백'이 될 리가 없다. 따라서 '견', '백', '석'은 분리되어 있는 것이다.

올바른 명칭이 치세의 근본

이 밖에도 『공손룡자』에는 다음 4편이 포함되어 있다.

「적부跡府」 공손룡의 사적을 담고 있다.

「지물指物」 실체(物)와 명칭(指)의 관계를 분석하고 있다.

「통변通變」 '일一', '이二', '좌左', '우右' 등을 예로 들어 개념의 동일성과 차이를 논하고, 세상의 잡다한 논의는 배척했다.

「명실名實」 올바른 명칭이야말로 치세의 근본이라 주장하고 있다.

또 『열자列子』의 「중니편仲尼篇」에는 공손룡이 펼친 학설의 극단적인 예로서 '목표에는 이를 수 없다. 도달할 수 있으면 그것은 목표가 아니다', '물질은 없어지면 물질이 아니다. 또는 물질은 분할하면 끝이 없다', '그림자는 물질에 붙어 움직인다. 또는 운동을 무한히 분할하면 운동은 존재하지 않는다'와 같은 명제가 소개되어 있다.

명가名家 : 중국의 제자백가 중 궤변학파詭辯學派를 지칭하는 말. 전국시대에는 변자찰사辯者察士로 불렸고, 전한 시대에 사마담司馬談이 모든 학파를 분류할 때 6가家 중의 하나로 명가라는 이름을 사용했다. 명가라는 명칭은, 이 학파가 명名(개념·표현·명목)과 실實(내용·실체)의 일치·불일치 관계를 중시하여, 세상이 혼란한 것은 명과 실의 불일치에 그 원인이 있으므로 명실합일名實合一해야 한다고 주장한 데서 연유했다.

논형
(論衡)

AD 90년경에 만들어진 책으로, 한漢나라 시대의 자연관과 사회관, 인간론, 지식론에 관한 과학적이고 실증적인 비판서이다. '논형'이라는 책 제목은 저자 자신이 이 책에서 "논형이란 논論을 저울에 단다", "말의 경중을 따져 그 진위를 저울에 달아ㅍ본다"라고 말하고 있듯이, 한나라 때 유행하던 여러 가지 논의들을 유물론적인 태도로 검토, 비판한다는 뜻이다.

INTRO

왕충은 AD 27년에 태어나 영원永元 연간(89~104)에 병사한 후한 시대의 사상가이다. 하급 사士 출신으로 평생 지방 관리로 살았다. 그 무렵은 하늘의 의지에서 왕권이 비롯한다는 왕권신수설王權神授說이 지배하던 시대였는데, 왕충은 이것을 비판해 하늘은 의지를 갖지 않고 저절로 그러할(自然) 따름이라고 했다. 곧, 하늘의 인격성을 부정한 것이다. 본문에 발췌된 내용에서도 그의 소박한 유물론적 태도가 전해질 것이다. 전 38권 85편으로 이루어진 이 책을 통해 왕충은 자신이 사유한 결과를 마음껏 드러내고 있다.

하늘에는 의지가 있는가?

하늘과 땅의 기가 합하면 만물은 저절로 생겨난다. 이것은 부부가 기를 합하면 저절로 자식이 생기는 것과 같다. 이렇게 발생한 만물 가운데 혈액을 가진 종류는 배고픔과 추위를 느낀다. 인간은 오곡이 배를 불린다는 것을 알고 그것을 먹으며, 비단과 마가 옷이 된다는 것을 알고 그것을 입는다. 그러나 어떤 사람은 하늘이 오곡을 만들어 인간을 먹이고, 비단과 마를 만들어 입게 했다고 말한다. 이 논법에 따르면, 하늘이 인간을 위해서 스스로 농부가 되고, 누에 따는 여자가 되었다는 것과 다름이 없다. 이것은 자연 현상에 어긋나니 이 설에는 따를 수 없다. 이 논의를 도가의 입장에서 말해 보기로 하자.

하늘은 만물 사이에 기를 움직이게 한다. 그 결과 오곡은 배고픔을, 비단과 마는 추위를 막아 주는 역할을 하게 되었다. 그러므로 인간은 오곡을 먹고, 비단과 마를 입는다. 다시 말해 하늘은 의식적으로 오곡과 비단, 마를 만들어 인간에게 준 것이 아니다. 그것은 재난을 일으키는 것이 인간을 나무라기 위함이 아닌 것과 같다. 저절로 생긴 물질을 인간은 먹고 입으며, 저절로 변하는 기를 인간은 두려워한다. 이렇게 설명하지 않으면 자연 현상을 이해할 수 없다. 만일 하늘에서 비롯하는 좋은 일들이 의도적인 것이라면 자연은 어디에 있고, 무위는 어디에 있단 말인가?

하늘이 자연이라 함은 무엇으로 알 수 있는가? 하늘에는 입도 눈도 없는 것에서 알 수 있다. 생각컨대, 뭔가 작용을 할 수 있는 것은 입과 눈 같은 것들이다. 입은 식욕과 관련되고, 눈은 시각을 관장한다. 욕망이 안에 있고, 그 작용이 바깥으로 드러난다. 입과 눈이 갈구하고, 그것을 얻으면 만족한다. 이것은 욕망의 작용이다. 입과 눈의 욕망이 없고 갈구하는 것이 없다면, 거기에서는 어떤 작용도 일어나지 않는다.

그렇다면 하늘에 입과 눈이 없다는 것을 어떻게 알 수 있는가? 땅의 경우를 보면 알 수 있다. 땅의 본체는 흙이고, 흙에는 입과 눈이 없다. 하늘과 땅은 부부이므로, 땅의 몸에 입과 눈이 없으니 하늘에도 입과 눈이 없다는 것을 알 수 있다. 만일 하늘에 몸이 있다고 한다면, 그것은 땅과 같아야 한다. 또한 만일 하늘이 기라고 한다면, 기는 연기와 같은 것이어야 한다. 연기 같은 것에 입과 눈이 붙어 있을 리 없다.

어떤 사람은 이렇게 말한다.

"모든 운동은 유위有爲이다. 욕망이 있으므로 움직인다. 움직인다면 그

것이 바로 유위가 아닌가? 그런데 하늘의 운동은 인간의 운동과 비슷하니, 어떻게 무위無爲라는 말을 할 수 있겠는가?"

대답은 이렇다. 하늘의 운동이란 기를 작용시키는 것이다. 몸이 움직이면 기가 일어나고, 물질이 생긴다. 그것은 인간이 기를 움직이는 것과 같으니, 즉 몸이 움직이면 기도 일어나고, 자식도 생기는 것이다. 무릇 인간이 기를 작용시키는 것은 그것으로 인해 자식을 생산하기 위함이 아니다. 기가 작용하면 저절로 자식이 생겨나는 것이다.

이렇듯 하늘이 움직이는 것은 그것으로 인해 물질을 만들어 내기 위함이 아니다. 물질은 저절로 생기는 것이다. 이것이 '저절로 그러하다(自然)'의 뜻이다. 기를 작용시키는 것은 물질을 만들기 위함이 아니다. 물질은 저절로 생겨나는 것이다. 이것이 무위의 뜻이다. 「자연편自然篇」

천둥 번개는 하늘의 노여움인가?

천둥 번개는 활발한 양기에 음기가 부딪쳐서 일어나는 것이다. 어떻게 이것을 알 수 있는가? 정월에 양기가 움직이면 천둥 번개가 발생한다. 5월에는 양기가 활발해지므로 5월의 천둥 번개는 특히 드세다. 가을과 겨울에는 양기가 움츠러들기에 천둥 번개가 일어나지 않는다. 한여름은 양기가 우세하기 때문에 거기에 음기가 따라간다. 이렇게 하여 음양이 다투고 엉키다가, 산지벌판으로 격렬하게 흩날린다. 흩날리면 독으로 변해 사람이 맞으면 죽고, 나무에 떨어지면 부러지고, 집에 떨어지면 부서진다. 사람이 나무 아래나 집 안에 있다가도 어쩌다가 벼락을 맞으면 죽는다. 이것은 어떻게 증명되는가?

가령 한 되의 물을 대장간 아궁이에 넣어 보라. 그러면 수증기가 피어오르면서 벼락 같은 소리가 들릴 것이다. 곁에 있다가는 화상을 입고 만다. 천지는 거대한 용광로와 같으니, 양기는 불이고, 비구름은 물이다. 불과 물이 부딪치면 굉장한 속도가 일어나고 그것이 사람 몸에 맞으면 목숨을 부지할 수 없게 된다.

주물사는 쇠를 녹이고 그 쇳물을 부어 넣을 주형을 뜬다. 주형이 말랐을 때는 쇳물이 제자리를 잡지만, 습기가 차면 넘쳐흘러 사방으로 튄다. 그것이 몸에 닿으면 화상을 입는다. 양기의 열은 녹은 쇳물보다도 격렬하고, 음기의 격렬함은 습기 찬 진흙을 넘어선다. 격렬한 기가 사람 몸에 닿으면 화상 정도와는 비교도 안 되는 아픔을 느끼게 될 것이다.

이렇게 해서 천둥 번개가 불이라는 것을 알게 되었는데, 덧붙여 다음과 같은 다른 증거도 들 수 있다. 벼락을 맞고 죽은 사람의 사체를 조사해 보면, 머리에 맞은 경우에는 머리카락이 타 버렸고, 몸에 맞은 경우에는 피부가 타서 냄새가 난다. 이것이 첫 번째 증거이다. 연금술사는 돌이 발갛게 달아오를 때까지 불에 넣었다가 우물에 던져 넣는다. 돌은 차가운 우물 속에서 '슛' 하는 소리를 내면서 천둥 벼락과 비슷한 상황을 만들어낸다. 이것이 두 번째 증거이다. 추운 곳에 오래 나가 있으면 그 한기가 배 속으로 스며든다. 배 속은 따뜻하므로 따뜻함과 차가움이 서로 다투면서 꾸르륵거리는 소리를 낸다. 이것이 세 번째 증거이다. 천둥 벼락이 발생할 때는 번개가 일어나기도 하는데, 이것은 불과 비슷할 정도로 밝다. 이것이 네 번째 증거이다. 천둥 벼락이 떨어지면 사람의 집이나 지상의 초목을 불태울 수 있다. 이것이 다섯 번째 증거이다.

지금까지 천둥 벼락이 불이라는 5가지 증거를 살펴보았는데, 그것이 하늘의 분노라는 증거는 어디서도 발견할 수 없다. 그렇다면 천둥 벼락이 하늘의 분노라는 말은 거짓임이 분명하다. 「뇌허편雷虛篇」

분서
(焚書)

1590년에 만들어진 책으로, 이지의 편지를 포함한 시문집이다. 진지한 구도 정신을 바탕으로, 기성 유교의 질서와 윤리를 깨뜨리는 사상을 주장해 이단시되었다. '분서'란 '태워 없애야 할 책'이라는 뜻이다. 그의 생전에 몇 차례 간행된 『이씨분서李氏焚書』는 지나치게 과격한 내용 때문에 금서가 되었다. 오늘날 전하는 『분서』 6권은 이지의 사후에 편집 증보된 것이다. 같은 체제로 이루어진 전 6권의 『속 분서』도 있다.

INTRO

저자인 이지(1527~1602)는 호가 탁오卓吾이며, 복건성福建省 천주泉州 출신이다. 그의 가문은 대대로 해외무역상이었고, 조상들은 유·불·선에서 천주교와 이슬람교에 이르기까지 다양한 종교를 가졌다고 한다.

그는 인생의 태반을 유학과 노장을 연구하면서 관리로 살다가 50대 중반에 관직을 그만두고 산으로 은거해 불전을 탐독하고, 유·불·선의 교의에 사로잡히지 않는 경지에 도달했다. 괴팍하고 거침없는 필설 때문에 명나라 말기의 유학자들에게는 물론이고 관헌들로부터도 미움을 받아 이단으로 탄압을 받았고, 76세에 옥중에서 자결했다.

『분서』를 비롯해 『장서藏書』, 『초담집初潭集』 등 적잖은 이지의 저서에 일관되게 흐르는 의식은 시공을 초월한 '구도求道 정신'이다. 유교이건 노장이건 불교이건, 이지가 추구한 것은 '인간인 내가 가야 할 길'이었고, 끊임없는 그 '길'의 추구가 모든 적들에 대한 진지한 투쟁으로 표출되었다고 할 수 있다.

식견에 남녀의 구분이 있다는 것이 옳은가?

일전에 편지로 말한 여자는 식견이 짧아서 도를 배울 수 없다고 한 가르침이 과연 옳은가? 사람에게는 남녀의 구분이 있는데, 식견에도 남녀의 구분이 있다는 것은 옳은가? 식견에는 길고 짧음이 있는데, 남자의 식견이 길고 여자의 식견이 짧다는 것 또한 과연 옳은가? 설령 여자라고 하더라도 바른말 듣기를 즐기고 속된 말은 멀리할 줄 알며, 배우기를 즐기고 뜬구름 같은 세상사에 연연하지 않는다면, 세상의 남자들도 그 여자 앞에서는 부끄러워하며 식은땀을 흘리고 아무 말도 못 할 것이네. 바로 이런 사람이 성인 공자가 천하를 두루 다니면서 단 한 번이라도 만나고 싶어 했지만 결국 만나지 못한 사람이 아니겠는가? 그럼에도 불구하고 여자라는 이유 하나만으로 식견이 짧다고 하다니, 그것은 지나친 편견이라고 생각하네. 그 당사자인 여자는 또 얼마나 억울하겠는가? 그리고 당사자와 아무 관계도 없는 말을 주변 사람들이 이러쿵저러쿵하는 것이야말로 추한 일이 아니겠는가? 「2권」

단맛보다는 쓴맛이 몸에 좋다

초횡焦竑 형님께. 남들은 사람들이 저를 미워한다는 것만 알지, 그것이 바로 저를 사람으로 만들어 주는 기반이라는 사실은 모르는 것 같습니다. 단맛보다는 쓴맛이 몸에 좋다는 옛사람의 비유가 절절이 가슴에 와 닿습니다. 형님 덕에 저를 죽이려던 사람이 참았다고 합니다. 고마운 일입니다. 그러나 저는 이 나라에서 태어났음에도 불구하고 이 나라에는 진실로 나를 알아주는 사람이 거의 없습니다. 그렇다면 차라리 변경의 이민족 땅을 거닐다가 백골로 변하는 것이 더 낫지 않겠습니까? 형님은 저더러 용호龍湖로 돌아가라고 합니다. 그러나 용호는 제가 죽을 자리가 아닙니다. 저보다 뛰어나고 또한 진실로 저를 이해해 주는 사람이 있는 곳, 그곳이야말로 바로 제가 죽을 자리입니다.

요즘 사람들은 스승이 하루라도 관직에서 벗어나면 배우려 하지 않습니다. 마음으로 기뻐하며 존경하고 고개 숙이는 사람이 과연 있을까요? 아니, 마음으로 기뻐하며 기꺼이 존경하고 고개 숙이는 사람이 없는 것이 아니라, 마음으로 기뻐하며 존경하고 고개 숙이도록 만드는 스승이 없는 것입니다. 만일 그런 사람이 있다면, 저는 그 사람을 위해 기꺼이 죽을 것입니다. 「2권」

아이는 사람의 처음이요, 동심은 마음의 처음이다

동심이란 참된 마음(眞心)을 말한다. 만일 동심을 좋아하지 않는다면, 그것은 참된 마음을 미워하는 것과 같다. 동심이란 거짓 없고 순수하고 참된 것으로, 최초의 마음이 일어나는 본심이다. 동심을 잃으면 참된 마음을 잃고, 참된 마음을 잃으면 참된 사람을 잃는다. 사람이 참되지 않으면 최초의 본심도 사라지고 만다.

아이는 사람의 처음이요, 동심은 마음의 처음이다. 마음의 처음을 어찌 잃을 수 있겠는가. 그런데 왜 사람들은 갑자기 동심을 잃게 되는 것일까? 귀와 눈을 통해 듣고 보는 것이 마음의 주인을 차지함으로써 동심을 잃게 된다. 자라면서 관습이라는 것을 알게 되고, 그것이 마음을 차지함으로써 동심을 잃게 된다. 나이가 들수록 듣고 보는 것이 나날이 늘어나 지식과 지각의 범위가 넓어진다. 공명을 떨치는 것이 중요하다는 것을 알게 되면서 동심이 사라지고, 나쁜 명성이 좋지 않음을 알게 되면서 무엇인가를 감추려고 애쓰다 보니 동심을 잃게 되는 것이다.

이미 도리와 견문이 마음을 차지했다면, 입에서 나오는 것은 모두 견문과 관습이지, 동심에서 우러나오는 말이 아니다. 그 말이 아무리 아름답다 한들 그 자신과 무슨 상관이 있는가? 이것은 거짓 사람이 거짓 이야기를 하고, 거짓 일을 하며 거짓 글을 쓰는 것과 다름없다. 그 사람이 거짓 자체이면, 그 사람에게서 나오는 모든 것은 거짓이다. 거짓 사람이 거짓말을 하면 거짓 사람이 좋아하고, 거짓 사람이 거짓 일을 하면 거짓 사람이 좋아한다. 모든 것이 거짓이고, 모든 사람이 그것을 좋아한다. 「3권」

고결함에 대하여

나는 천성이 '높은 것(高)'을 좋아한다. 그래서 거만하고, 남에게 머리를 숙이지 못한다. 그러나 내가 낮추지 못하는 대상은 부귀와 권세를 좋아하는 그런 사람들만이다. 조금이라도 훌륭한 점이나 선한 점이 있는 사람이라면, 설령 그가 하찮은 노예나 하인이라 하더라도 머리를 숙이지 않을 때가 없다.

나는 천성이 '깨끗함'을 좋아한다. 그래서 도량이 좁고 관용을 베풀지 못한다. 그러나 내가 관용을 베풀지 못하는 것은 권세에 빌붙고 부귀에 아첨하는 그런 사람들에 대해서일 뿐이다. 조금이라도 훌륭한 점이나 선함이 있는 사람이라면, 설령 그가 왕공대인王公大人이라 할지라도 경복하지 않을 수 없다.

남에게 자신을 낮출 수 있기에 그 마음이 '허虛'하고, 그럼으로써 생각이 더욱 넓고 높아질 수 있다. 내가 높은 것을 좋아하는 것도 당연하지 않은가. 「3권」

회남자
(淮南子)

BC 120년경인 한나라 초기에 편찬된 백과전서로, 신화 전설에 관한 연구 자료의 보고이다. 회남왕淮南王 유안(BC 179~BC 122)이 편찬한 것으로 알려져 있다. 회남은 회하淮河의 남쪽 지방을 가리키는 지명이다. 원래 내편 21권과 외편 33권으로 이루어졌다고 하는데, 이 가운데 내편만이 오늘날까지 전해진다. 『한서漢書』 본전에 이와 관련된 내용이 있다.

INTRO

회남왕 유안은 한나라 고조 유방劉邦의 손자로, 아버지 유장劉長은 모반에 연루되어 형 문제文帝에 의해 사천四川으로 유배를 당하던 도중 절식絶食으로 죽었다. 유안은 그 한으로 반역의 뜻을 가슴에 품고 무제武帝 때 반란을 획책했으나 발각되어 체포되기 전에 자살했다.

일류 문화인이었던 유안은 많은 학자들을 신하로 두었다. 그 무렵 중앙에서는 유교를 중심으로 사상을 통일하려는 움직임이 강해지고 있었기 때문에 유안 밑으로는 도가 계통의 학자가 많이 모여들었다.

이러한 학자들의 협력으로 여러 대가의 학설을 통일하고, 자연 질서와 인간 세상을 일관된 질서로 파악하려는 야심적인 의도 아래 편집된 것이 바로 『회남자』이다.

한나라 때의 중앙과 지방의 대립을 반영한 유가와 도가의 사상 투쟁을 잘 표현한 자료로서 앞으로도 재평가받을 가능성이 많은 책이지만, 현재까지는 그 사상적 가치는 평가받지 못하고 신화와 전설을 중심으로 한 민속학의 연구 자료로 중시되고 있을 따름이다.

이 책의 제목은 '회남홍렬淮南鴻烈'이라고도 한다. '홍렬鴻烈'이란 크고 밝다는 뜻으로, 크게 길을 밝힌다는 의미를 내포하고 있다.

『회남자』의 내용은 도가의 '무위자연無爲自然'을 포함해 천문·지리 등의 자연 현상과 정치·군사·처세를 포함한 인간 세상을 통일적으로 설명하려는 것인데, 유가·법가·음양가 등의 학설이 혼재해 사상적으로는 신선한 맛이 없다. 그러나 설명의 근거로서 많은 전설과 사화史話, 우화를 인용한 문장이 재미있고, 그중에는 산실된 신화의 단편이나 민중의 건강한 지혜를 이야기하는 설화도 많다.

1) 신화 전설

천지개벽天地開闢

아직 하늘과 땅이 없었을 때, 세계는 그냥 혼돈 상태로서 아무런 형태도 없었다. 그 혼돈은 이윽고 우주가 되고, 우주에서 기가 생겼다. 그 기는 이윽고 둘로 나누어져서 맑고 가벼운 것은 위로 올라가 하늘이 되었고, 탁하고 무거운 것은 아래로 내려가 땅이 되었다.

가벼운 것이 하나로 뭉치는 것은 빠르나, 무거운 것이 뭉치는 것은 늦다. 이렇게 하여 하늘이 먼저 만들어지고, 그 뒤에 땅이 만들어졌다(하늘과 땅이 둘로 나누어져 생성되었다는 사고방식을 천지부판설天地剖判說이라고 한다).

그 뒤 공공共工(전설상의 추장으로 홍수를 일으키는 신)이 전욱顓頊(중국 최초의 제왕인 황제黃帝의 손자)과 제위를 다투다가 패배하자, 화가 나서 곤륜산崑崙山에 머리를 박아 하늘을 지탱하는 기둥을 부러뜨리고, 땅을 하나로 묶어 두었던 밧줄을 끊어 버렸다.

그러자 하늘은 북서쪽으로 기울어지고, 태양과 달, 별도 모두 북서쪽으로 이동하게 되었으며, 남동쪽이 텅 비어 모든 강물이 남동쪽으로 흘러가게 되었다(중국의 지형은 북서쪽이 높고 남동쪽은 바다에 접해 있다. 이 신화는 그런 중국의 지형에 대한 고대인의 해석이다).「천문훈天文訓」

여왜, 인류를 구하다

옛날에 공공이라는 홍수의 신이 하늘을 지탱하는 기둥을 부러뜨리는 바람에 땅이 갈라지고 하늘 한복판이 무너져 내렸으며, 대지는 크게 기울고 말았다. 산림에는 큰불이 나고, 땅바닥에서는 물이 솟구쳐 사방에서 홍수가 일어났다. 산림에서 도망쳐 나온 맹수와 흉조들은 인간을 습격했다.

여왜^{女媧}(인류를 만들어 낸 여신, 여와라고도 함)는 오색^{五色}의 돌을 녹여 하늘에 뚫린 구멍들을 일일이 막고, 큰 거북의 다리를 잘라 기둥 대신 땅의 네 구석에 세웠으며, 홍수를 일으키는 검은 용^(黑龍)을 죽이고, 초목의 재를 쌓아 올려 범람하는 물을 막고, 맹수와 흉조를 물리쳐 인류를 구했다.「남명훈^{覽冥訓}」

이 밖의 신화로는 10개의 태양 가운데 9개를 활로 떨어뜨려 인류를 구한 명궁 예^羿(하^夏나라의 제후)에 관한 이야기와, 예의 아내가 남편이 서왕모^{西王母}에게서 받은 불로불사의 영약을 훔쳐 달로 도망친 뒤 고독한 여신이 되었다는 항아^{嫦娥}(달의 별칭)의 이야기 등이 있다.

2) 설화 우화

새옹지마^{塞翁之馬}

국경을 지키는 성 근처에 점을 잘 치는 사람이 있었다. 그런데 어느 날 그가 기르는 말이 이유도 없이 흉노의 땅으로 도망쳐 버렸다. 사람들이 위로하자 그는 이것이 오히려 복이 될지도 모른다고 말했다. 몇 달 뒤, 그 말이 흉노의 멋진 말을 데리고 돌아왔다. 사람들이 축하하자 그는 이것이 오히려 화가 될지도 모른다고 말했다.

집에 말이 2마리나 되자, 그의 아들이 승마를 하다가 말에서 떨어져 뼈가 부러졌다. 사람들이 위로하자 그는 이것이 오히려 복이 될지도 모른다고 말했다. 1년 뒤, 흉노가 쳐들어와 장정들은 모두 무기를 들고 싸움터로 나갔다. 그 결과 부족 가운데 열에 아홉은 죽었지만, 아들은 다리를 절어 싸움터에 나가지 않았기 때문에 무사했다. 「인간훈人間訓」

설득술

공자가 천하를 주유할 때의 일이다. 어느 날 말이 도망쳐서 남의 밭에 들어가 작물을 뜯어 먹는 게 아닌가. 화가 난 밭 주인은 말을 잡고서는 놓아주려 하지 않았다. 웅변가로 유명한 제자 자공子貢이 조리 있게 사과해도 듣지 않았다. 그때 마부가 나섰다.

"어르신은 정말 땅을 많이도 가지고 계십니다. 온 사방이 어르신의 땅이라 우리 말이 다른 밭에 들어가려 해도 들어갈 수가 있어야지요."

그 말에 상대는 우쭐해져서 말을 돌려주었다. 「인간훈」

| 책 속의 명문장 |

음덕陰德이 있으면 반드시 양보陽報가 있다

남 모르게 좋은 일을 하면 반드시 보답을 받는다는 뜻이다.

그물도 없이 연못을 엿보지 말라

노력하지 않고 결과를 바라는 얄팍한 마음을 경계하는 말이다.

南船北馬 남선북마

중국 대륙의 남부는 강이 많아 배가 주요 교통수단이며, 북부는 말이 주요한 교통수단이다. 곧, 각지를 바쁘게 여행한다는 뜻이다.

설원
(說苑)

BC 6년경에 만들어진 책으로, 구체적인 사례를 들어 사회인의 마음가짐을 흥미롭게 설명한 중국 고대 처세술의 집대성이라 할 수 있다. 책 제목은 사람을 설득하기 위한 이야기(說)를 모았다(苑)는 뜻이다. 「군도君道」, 「신술臣術」, 「건본建本」, 「입절立節」, 「귀덕貴德」, 「복은復恩」, 「정리政理」, 「존현尊賢」 등 주제별로 20권으로 구성되었으며, 각 권 뒤에 그 요지를 설명하고 예를 들었다. 현행본에 수록된 이야기와 잠언은 약 700편이다.

INTRO

편자인 유향(BC 77~BC 6)은 전한 말기의 문헌학자이다. 『전국책』을 정리하고 교정하기도 한 사람으로서 현존하는 중국 최고의 서지학書誌學 문헌인 『한서』 「예문지」(저자는 반고班固)의 기초를 닦았다고 한다. 그는 세상이 점점 혼란스러워지고 외척의 횡포가 심해지는 정치 상황을 우려해 천자에게 간언하기 위한 목적으로 『열녀전』을 지었다. 『설원』도 같은 의도로 만들어진 책인데, 유향이 편찬했다는 설도 있고 이전에 있던 원서를 그가 교정해 재편집했다는 설도 있다. 당나라 말기 오대의 혼란기에 산실되어 5권만 남아 있었는데, 송나라 때 증공曾鞏●(당송팔대가의 한 사람)이 노력하여 20권으로 복원했으나 많은 부분이 산실된 것으로 추정된다. 기사의 대부분은 고서에서 발췌한 일화와 언설이지만, 원전이 사라졌기 때문에 이 책으로만 접할 수 있는 내용도 꽤 있다. 항간에 떠도는 설화도 포함되어 있어 자료적으로도 가치가 높다.

이 책은 천자에게 간언하기 위한 목적으로 모은 일화집으로, 군자의 올바른 자세와 신하의 마음가짐, 일반적인 처세훈의 3가지로 그 내용을 나누어 볼 수 있다.

내가 왕이 된 뒤로 백성들이 죄를 짓게 되어 슬프다

우禹(홍수를 다스려 하나라 왕조를 일으켰다는 전설적인 성왕)는 밖에 나갔다가 죄인을 만나게 되면 꼭 수레에서 내려 그 사정을 물어보고 눈물을 흘렸다. 신하들이 물었다.

"저들은 모두 법을 어긴 무뢰한입니다. 왜 그렇게 우십니까?"

그러자 우는 대답했다.

"요堯·순舜 때의 백성들은 모두 요·순의 마음을 자신의 마음으로 삼아 누구 하나 불의를 일으키지 않았다. 그런데 지금 내가 왕이 된 뒤로, 백성들은 모두 자기중심적인 마음으로 살아가고 있다. 나는 그것이 슬퍼서 운다."「군도」

술자리 일로 신하에게 부끄러움을 줄 수는 없다

초楚나라 장왕莊王이 신하들에게 술을 내리고 잔치를 벌였다. 날이 저물어 술기운이 거나하게 올랐을 때 공교롭게도 등불이 꺼지고 말았다. 그 틈을 타 어떤 자가 아름다운 한 후궁에게 수작을 걸었다. 그러자 그 후궁은 그자의 관 끈을 끊어서 왕에게 보여 주며 말했다.

"불이 꺼진 틈에 어떤 자가 제 옷을 잡아당겼습니다. 제가 그자의 관 끈을 가지고 있으니 불이 켜지면 그자를 잡아 주십시오."

그러자 왕은 이렇게 말했다.

"아니다. 술자리에서 일어난 일로 여자를 아껴 신하에게 부끄러움을 줄 수는 없다."

그러고는 모든 신하에게 관 끈을 끊어 버리라고 명했다. 그러자 100명이 넘는 신하가 모두 자신의 관 끈을 끊었고, 그러고 난 다음에야 불을 밝혔다.

3년 뒤, 초나라와 진晉나라 사이에 전쟁이 벌어졌다. 그 전투에서 늘 선봉에 서서 용감하게 싸우는 신하가 있었다. 초나라는 그의 활약으로 진나라를 물리치고 승리를 얻었다. 왕은 그 신하를 불렀다.

"내가 덕이 부족해서 그대처럼 훌륭한 신하를 알아보지 못했네. 무슨 사연으로 목숨을 돌보지 않고 그렇게 열심히 싸웠는가?"

신하는 엎드려 대답했다.

"저는 마땅히 죽을 목숨이었습니다. 지난날 술에 취해 무례를 범한 이후 그때 베풀어 주신 왕의 은혜에 보답하기 위해 목숨을 걸고 싸웠습니다. 그날 밤 관 끈을 잘린 자가 바로 소신이었습니다." 「복은」

신하는 사사로이 덕을 베풀지 말라

자로子路(공자가 가장 아끼던 제자. 굳세고 용감한 인물로 알려져 있다)가 포浦 땅의 수령이 되어 수해에 대비하고자 백성들과 함께 수로를 정비하고 있었다. 사람들이 힘들어하자 자로는 자신의 돈으로 한 사람당 도시락 한 개와 국 한 그릇을 제공했다. 이 소식을 들은 공자는 자공子貢을 시켜 음식을 거두어들이도록 했다. 이에 자로는 화를 내며 불쾌한 표정을 짓고는 곧바로 공자에게 달려갔다.

"저는 앞으로 폭우가 쏟아지면 홍수가 날까 염려해 사람들과 함께 수로를 정비하고 있습니다. 일하는 도중에 사람들이 배고파하기에 제가 먹을 것을 제공한 것입니다. 그런데 선생님께서는 왜 그만두라고 하십니까? 늘 인仁을 베풀라고 하시던 선생님께서 어찌하여 저더러는 인을 베풀지 말라고 하십니까?"

자로의 항의에 공자는 이렇게 말했다.

"너는 백성들이 굶주린다는 사실을 알면서도 왜 왕에게 고해 나라의 창고를 열어 그들을 구하려 하지 않느냐? 이것은 왕의 은혜를 밝히지 않고 네가 사사로이 덕을 베풀려 하는 일이다. 빨리 그만두지 않으면 머지않아 네가 죄를 뒤집어쓰게 될 것이다."

공자의 말에 자로는 탄복하며 물러났다.「신술」

여자들이 누에를 치고, 어부들이 뱀장어를 잡는 이유

올빼미가 비둘기를 만났다. 비둘기가 물었다.

"너, 어디 가니?"

"동쪽 마을로 이사를 가려고 해."

"왜?"

"마을 사람들이 내 울음소리가 마음에 안 드는 모양이야. 그래서 이사를 가려는 거야."

"그럼 이사를 가지 말고 울음소리를 좀 바꾸어 봐. 그렇지 않으면 이사를 간들 또 미움을 받게 될 거야."「담총談叢」

나비 애벌레는 누에처럼 생겼고, 뱀장어는 뱀처럼 생겼다. 뱀이나 나비 애벌레를 보고 섬뜩하게 느끼지 않는 사람이 없다. 그런데 여자들이 누에를 치고, 어부들이 뱀장어를 잡으면서도 싫어하지 않는 까닭은 무엇일까? 그것은 돈을 벌 수 있기 때문이다.「담총」

NOTES

증공曾鞏: 1019~1083. 자는 자고子固, 남풍선생南豊先生이라 불린다. 당송팔대가의 한 사람이다. 노력형으로 객관적인 서술에 뛰어난 문장이 특색이다.

안씨가훈
(顔氏家訓)

590년경에 만들어진 책으로, 동란 속을 살아가던 한 지식인이 자손에게 남긴 인생과 생활의 지침서이다. 책 제목은 '안씨顔氏 집안의 가훈家訓'이라는 뜻이다. 구성은 「서序」에서 「유언」까지 모두 20편으로 나누어져 있고, 각 편은 제각기 몇 가지 짧은 절로 이루어져 있다. 여기서는 「서」, 「교자敎子」, 「치가治家」, 「풍조風操」의 일부를 소개한다.

INTRO

가훈이라면 『안씨가훈』이라 할 정도로 1,400년 동안 읽혀 왔고, 유교적 교양인의 삶과 일상 생활에 영향을 끼쳤다. 이 책은 원래 「서」에 밝혔듯이 남북조시대의 귀족 안지추(531~602?)가 자손을 위해 쓴 가훈과 여러 가지 감상을 정리한 것이다.

5~6세기의 중국은 북방 민족인 북조와 한족인 남조가 대립한 이후로 수隋나라가 통일을 이루기까지 난세가 이어지고 있었는데, 안지추는 이 남북의 틈에 끼어 일생을 살았다.

그는 남조의 양梁나라에서 관직에 올랐으나 서위西魏의 군대에 의해 북방으로 납치되었고, 북제北齊에서 중용되어 황문시랑黃門侍郎이라는 고위직에 올랐다. 그러나 북제는 북주北周에게 멸망당하고, 마침내 수나라의 천하가 되었다. 이렇게 급변하는 정세 속에서 그는 유교적 교양인으로 보수적인 성향과 성실함을 지키며 살아갔다.

전 20편 가운데 앞에서 든 4편 외에 나머지는 「형제兄弟」, 「후취後娶」(재혼), 「모현慕賢」(좋은 친구), 「면학勉學」, 「문장文章」, 「명실名實」(명성), 「섭무涉務」, 「성사省事」, 「지족止足」(출세욕의 억제), 「계병誡兵」(군사에는 관여하지 말 것), 「양생養生」, 「귀심歸心」(불법), 「서증書證」(고전의 고증), 「음사音辭」(음운론), 「잡예雜藝」(서화·궁술·음악 등), 「종제終制」(유언)이다.

1) 서序 – 서문

가풍을 올바르게 하고 자손을 가르친다

성인의 글에는 말과 행동을 신중하게 하고 세상에 이름을 떨칠 수 있게 하는 가르침이 많다.

그러나 위진魏晉 시대(3세기) 이후의 글들은 성인의 글을 흉내 낸 것에 지나지 않는다. 그럼에도 불구하고 내가 이 책을 내는 것은 결코 이것만이 진실이라고 주장하기 위해서가 아니다. 우리 가족의 가풍을 올바르게 하고 자손을 깨우쳐 주고 싶을 따름이다.

우리 가문의 가정교육은 잘 다듬어져 있다. 나는 7~8세 때 두 형을 따라 아침저녁으로 부모님께 문안 인사를 올리는 등의 절도 있는 생활 태도를 배웠다. 그러나 내가 9세 때 아버지께서 돌아가시는 바람에 우리 가족은 뿔뿔이 흩어지고 말았다. 형은 고생하면서 나를 키워 주었는데, 어린 내가 가련해서인지 엄하게 가르치지 않아 그런대로 책은 읽었지만 나쁜 친구들과 어울려 제멋대로 행동하게 되었다. 18~19세가 되어 학문을 해야겠다는 마음은 먹었지만 몸이 따라 주지 않았다.

30세가 넘어서야 겨우 큰 과오를 범하지 않게는 되었으나 마음과 말, 이성과 감정이 일치하지 않았다. 밤에 문득 눈을 뜨고 나의 잘못을 깨치며 과거의 실패를 가슴 아파하는 지경이었다. 그래서 여기에 20편의 문장을 남겨 자손들이 조상의 전철을 밟지 않게 하려 한다.

2) 교자敎子 – 자식 교육

예법 교육은 어릴 적부터

아기가 사람의 얼굴을 알아보고 감정을 구별할 줄 알게 되면 예법을 가르쳐서 반드시 해야 할 일은 하게 하고, 해서는 안 될 일은 하지 않도록 해야 한다. 2~3세가 되면 매를 드는 것도 생각해 보아야 한다. 세상을 가만히 살펴보면, 어린아이에게 식사 예절도 제대로 가르치지 않고 제멋대로 하게 내버려 두어 응석받이로 키우는데, 이런 아이가 세상 물정을 알게 될 때쯤에는 적당히 해도 통용된다는 생각을 가지게 되어 교만해진다. 그제서야 부모는 자식을 감시하고 가르치려 하는데, 이래서는 아무 효과가 없다.

바람직한 부자 관계

아버지와 자식은 엄격한 관계로서 너무 허물이 없어도 안 되고, 그렇다고 피를 나눈 사이에 지나치게 격식을 따져 쌀쌀맞게 대해서도 안 된다. 너무 쌀쌀맞으면 애정이 서로 소통되지 않으며, 반대로 너무 허물이 없으면 예도가 무너진다.

자식을 편애하지 마라

옛날부터 특정 자식을 편애하는 폐해는 너무도 많았다. 영특한 자식을 귀여워하는 것은 괜찮지만, 재주가 부족한 자식도 똑같이 귀여워해야 한다. 자식에 대한 사랑이 한쪽으로 기울어지면 아무리 좋은 의도를 가졌다 하더라도 결국 화를 불러오게 된다. 정鄭나라의 공숙단共叔段이 반란을 획책하다가 죽임을 당한 것은 그의 어머니 무강武姜이 어릴 때부터 그를 너무 편애해 인격이 잘못 형성되었기 때문이다. 또 한나라 고조는 만년에 측실인 척戚 부인을 편애해 그녀가 낳은 아들 여의如意를 후계자로 삼으려 했다. 그것을 한스럽게 생각하고 있던 정부인 여후呂后는 고조가 죽자 척 부인을 죽이고, 어린 여의마저 죽이고 말았다.

3) 치가治家 – 가족을 다스린다

감화는 위에서 아래로 내려간다

감화는 위에서 아래로 내려가는 것이다. 따라서 아버지가 자애롭지 못하면 자식은 불효자가 된다. 형이 관대하지 못하면 동생은 형을 존경하지 않는다. 남편이 올바르지 못하면 아내는 순종하지 않게 된다. 만일 아버지가 자애로운데도 자식이 반항하고, 형이 관대한데도 동생이 대들고, 남편이 훌륭한데도 아내가 잔소리만 늘어놓는다면, 그것은 형벌로 다스릴 수밖에 없는 것으로, 가르쳐서 될 일이 아니다.

베푸는 자는 오만하고, 검약하는 자는 인색하다

공자는 『논어』「술이편」에서 "사람이 사치하면 겸손할 줄 모르고, 검소하면 매우 고루해진다. 나는 겸손하지 못한 자와 있을 바에야 차라리 고루한 자와 있겠다"라고 했다. 또 「태백편」에서는 "설령 주공과 같은 뛰어난 재주가 있다고 해도, 그가 교만하고 인색하다면 그 나머지는 볼 것이 없다"라고 했다. 이는 곧 검약한 것은 좋으나 인색해서는 안 된다는 말이다. 검약이란 쓸데없는 낭비를 줄이면서도 써야 할 데는 써야 한다는 말이다. 인색하다는 것은 필요할 때에도 물질을 아끼고, 어려운 사람을 돌보려 하지 않는 것을 말한다. 요즈음 세상을 보면 베푸는 자는 오만하고, 검약하는 자는 인색하다. 남에게 베풀 때는 뻐기지 말고 검약하면서도 인색하지 않은 사람이 되어야 한다.

사위는 예뻐하고, 며느리는 미워한다

보통 여성은 사위는 귀여워하고, 며느리는 미워하는 경향이 있다. 어머니가 사위만 귀여워하면 아들들의 마음이 불편해진다. 며느리를 괴롭히면, 그 집 딸들도 따라서 며느리를 구박하게 된다. 그래서 여자란 집에 있건 시집을 가건 죄인이 되어 버린다. 모두가 어머니 탓이다.

결혼은 상거래가 아니다

우리 가문의 조상들은 결혼은 엇비슷한 청빈한 가문과 맺어야 한다는 규범을 세워 두었다. 요즈음에는 딸을 팔아 재물을 끌어들이거나 재물로 여자를 사들이기도 한다. 부모의 지위나 재산을 가늠해 보고, 유리한 쪽과 인연을 맺으려는 것은 상거래와 다름없다. 사정이 이렇다 보니 버릇없는 며느리와 사위가 생기는 것이다. 욕심 때문에 수치를 당하지 않도록 반드시 마음을 다잡아야 할 것이다.

빌린 책은 소중하게 다루어라

다른 사람에게 빌린 책은 소중하게 다루어야 한다. 혹시 원래부터 파손된 곳이 있으면 수리해서 돌려주는 것이 교양 있는 사대부의 태도이다.

강록江祿이라는 사람은 아무리 다급한 일이 생겨도 읽고 있던 책을 반드시 잘 말아서(그 무렵에는 두루마리 책이었다) 간수한 다음에야 자리에서 일어섰다고 한다. 그래서 그가 읽은 책은 늘 깨끗했고, 빌려 준 사람이 인상을 찌푸리는 일 따위는 결코 없었다고 한다.

4) 풍조風操 – 마음가짐

이별할 때가 중요하다

이별은 쉬워도 다시 만나기는 어렵다. 그래서 옛사람은 이별을 소중히 여겼다. 강남 지방에는 이별의 선물로 눈물을 흘리며 인사를 하는 풍습이 있다. 양梁나라 무제武帝의 동생이 동부에 있는 군에 부임하게 되어 왕에게 인사를 하러 갔다. 무제는 울었지만 동생은 눈물이 나오지 않았다. 이에 화가 난 왕은 동생을 임지로 보내지 않았다.

북방에서는 이별할 때 웃는다. 이렇듯 사람 가운데는 눈물이 적은 사람도 있다. 속으로는 슬퍼하면서도 눈물이 나오지 않는 경우도 있을 것이다. 억지로 형식적인 눈물을 강요하는 것은 좋지 않다.

예의의 참뜻을 모르면 방중하기 쉽다

『예기禮記』에 "부모가 돌아가신 날에는 즐기지 않는다"라는 말이 있다. 이것은 고인의 덕을 생각하고 슬퍼하다 보니 손님을 맞이할 기분이 나지 않는다는 말이다. 그런 마음가짐이 중요한 것이지, 반드시 집 안에 틀어박혀 있어야 한다는 뜻은 아니다.

그런데 세상 사람들은 부모의 기일이 오면 바깥출입은 삼가면서도 집 안에서 웃고 떠들며 맛있는 음식을 먹는다. 그러면서 급한 일로 찾아온 사람이 있어도 만나려 하지 않는다. 이는 예의의 참뜻을 모르는 행동이다.

찾아온 손님을 문 앞에서 쫓지 마라

옛날에 주공周公은 머리를 감다가도 손님이 찾아오면 몇 번이고 멈추어 허둥지둥 머리카락을 손으로 움켜쥔 채 나와서 맞이했고, 또 먹던 밥을 마저 넘기지도 않고 손님을 맞이하는 것이 다반사였다고도 한다. 그만큼 인재를 소중히 여겨 이름 없는 선비라도 하루에 70명이 넘게 만났다고 한다. 그런데 진晉나라 문공文公은 과거에 자신에게 은혜를 베푼 두수라는 아전이 찾아왔을 때 머리를 감는 중이라고 하면서 만나 주지 않았다. 그러자 두수는 이렇게 말했다.

"머리를 감으려고 머리를 숙이다 보면 마음도 뒤집어지는 모양이군. 마음이 뒤집어지니 생각도 바뀔 테지. 그러니 문공이 나를 만날 리가 없지."

그 말을 전해 들은 문공은 그를 다시 불러 만났다고 한다. 찾아온 손님을 문 앞에서 쫓아내지 않도록 집안사람들을 잘 교육해야 할 것이다.

| 책 속의 명문장 |

一沐三握, 一飯三吐 일목삼악, 일반삼토

한 번 머리를 감는 도중에 세 번이나 젖은 머리채를 붙들고 손님을 맞았고, 한 끼의 밥을 먹는 도중에 세 번이나 입 안의 밥을 뱉어 내고 사람을 만났다는 말로서 주공의 고사에서 유래되었다. 토포악발吐哺握髮이라는 고사성어도 여기서 생긴 것이다.

채근담
(菜根譚)

1644년경에 만들어진 책으로, 간소한 삶 속에 진정한 인생이 있음을 힘주어 말한 잠언집이다. '채근담'이라는 제목은 '감자나 무처럼 맛있는 이야기'라는 뜻으로 붙여진 것이다. 이 책은 처세 잠언집으로서 359개의 단문으로 구성되어 있다. 전집前集(상권) 225개, 후집後集(하권) 134개로 나누어져 있는데, 후집은 특히 한거閑居의 즐거움에 대해 말하고 있다.

INTRO

홍자성에 대해서는 어떤 기록도 남아 있지 않아, 그의 출생과 삶에 대해서는 알려진 바가 없다. 다만, '친구 홍자성이 서문을 요청했다'라는 글에서 서명한 사람이 명明나라의 유학자로 만력萬曆 8년(1580)에 진사가 되었던 우공겸于孔兼이라는 것이 밝혀져, 저자도 그 무렵 사람으로 추정할 따름이다.

청대에 이르러 『속 채근담』, 『오가五家 채근담』 등에 영향을 끼친 흔적이 보이지만, 중국에서는 그다지 주목받지 못했던 것으로 보인다. 학자나 사상가들에게는 거의 평가받지 못했고, 일반인이나 사업가, 정치가들이 주로 읽고 세상을 살아가는 좌우명으로 삼았다.

그것은 이 책이 생활인에게 공감을 얻을 수 있는 내용과 처세에 신경을 써야 할 사람에게 해결책을 제시하는 내용을 담고 있기 때문일 것이다.

간단히 말해 이 책은 유교와 노장, 불교를 섞은 대중적인 처세서라 할 수 있다. 덧붙여 말하자면 제목의 '채근菜根'이라는 말은 송나라 때의 유학자 왕신민汪信民이 "사람은 채소 뿌리를 씹는 맛을 알아야 무언가를 이룰 수 있다"라고 한 말에서 나왔다고 한다. 그야말로 인생의 고락을 아는 사람이 다듬어 낸 글이다.

1) 전집前集

권세나 명리를 가까이하려 하지 않는 사람은 훌륭하다. 그러나 그것을 가까이하면서도 물들지 않는 사람은 더 훌륭하다. 권모술수를 모르는 사람은 인격자이다. 그러나 그것을 알면서도 악용하지 않는 사람은 더 훌륭한 인격자이다.

귀에 거슬리는 말을 듣고 마음속에 거리낌을 품고 있는 사람은 그것이 숫돌이 되어 인격을 수양하고 행동을 제어할 수 있을 것이다. 말마다 귀에 즐겁고, 일마다 마음에 흡족하면 그것은 스스로 독주 속에 자기 자신을 빠뜨리는 것과 같다.

양념을 많이 한 요리에는 진정한 맛이 없다. 진짜 맛은 담백한 것이다. 두드러져 보이는 사람은 인격자라고 할 수 없다. 인격자는 결코 두드러져 보이지 않는다.

배가 부르면 맛의 구별이 사라지고, 여자와 자고 난 남자는 여자에게 흥미를 잃는다. 무슨 일이든 시작하기 전에 나중 일을 마음에 담아 두면 흔들림도 없고 망상도 일어나지 않아 실체를 뚜렷하게 볼 수 있게 되고 잘못을 저지르지 않게 된다.

남에게 도움을 준 일은 빨리 잊어라. 그러나 남에게 피해를 준 일은 절대로 잊어서는 안 된다. 남에게 은혜를 입은 일은 결코 잊지 말라. 남에게 피해를 입은 일은 빨리 잊어라.

사치스러운 사람은 아무리 재물이 많아도 결코 만족할 줄 모른다. 가난하면서도 편안하고 여유로운 사람이 더 낫다. 재주를 자랑하는 사람은 실컷 고생하고도 남의 원한까지 산다. 어설퍼도 마음 편하게 자신에게 주어진 본연의 삶을 사는 것이 더 낫다.

고생 속에서 즐거움을 얻을 수 있다. 성취감을 누리는 순간 슬픔과 고뇌의 싹이 돋는다.

부귀나 명예도 여러 가지이다. 사람됨이나 인덕으로 그것을 얻은 사람은 자연히 피어나는 꽃처럼 내버려 두어도 잘 자란다. 노력으로 그것을 얻은 사람은 화분 속의 꽃처럼 잘 자라기도 하고 말라 죽기도 한다. 권력으로 그것을 얻은 사람은 꽃병에 꽂아 둔 꽃과 같이 뿌리가 없기 때문에 금방 말라 죽는다.

나쁜 일을 하고 다른 사람이 모르기를 바라는 것은 그 마음속에 양심이 있기 때문이다. 좋은 일을 하고 남이 알아주기를 바라는 것은 그 마음속에 욕심이 있기 때문이다.

가난한 집이라도 청소를 자주 하고, 못생긴 여자라도 단장을 잘하면, 화사함은 없을지라도 무엇인지 모를 기품이 생기는 법이다. 사나이는 아무리 곤궁에 처해 있어도 스스로 무너져 품격을 잃어서는 안 된다.

조용한 환경 속에서 조용한 마음을 가지는 것만으로는 진정한 평정이라고 할 수 없다. 진정으로 조용한 평정은 격렬한 움직임 속에서도 조용한 마음을 얻는 것이다. 즐거운 곳에서 즐거운 마음을 가지는 것은 진정한 즐거움이 아니다. 진정한 즐거움이란 괴로움 속에 있으면서도 즐거움을 느낄 수 있는 것이다.

가난한 사람보다는 부자나 지위가 높은 사람이 더 불안해한다. 모르는 남들끼리보다는 가까운 사람끼리 더욱 서로를 미워한다. 인간의 마음이란 이렇게 미묘한 것이라 무슨 일을 하든 냉철한 마음을 놓아서는 안 된다. 그렇지 않으면 늘 쓸데없는 일로 고뇌하게 될 것이다.

2) 후집後集

산림에 은거하는 즐거움을 말했다고 해서 그 사람이 그 진정한 맛을 안다고 할 수 없듯, 명리에 관한 이야기를 싫어하는 사람이라고 해서 명리를 버렸다고는 할 수 없다.

자신이 세상의 다툼에 관여하지 않는다고 해서 다른 사람의 다툼을 경멸하지 말라. 스스로의 마음이 고요하고 담백하다고 해서 혼자 깨달은 사람인 양 티를 내지 말라. 이것이야말로 불교에서 말하는, 법에도 얽매이지 않고 공空에도 얽매이지 않는 자유의 경지이다.

길이란 서로 앞을 다투면 좁아지지만, 한 걸음 물러나면 넓어진다. 짙은 맛에는 금방 질리고 말지만, 담백한 맛은 오래오래 즐길 수 있다.

속세를 떠난다고 해서 반드시 인간관계를 끊거나 산림에 은거하는 것을 말하지는 않는다. 그것은 언제나 일상 속에 있는 것이다.

깨달음이란 욕망과 인연을 모두 끊고 마음을 재로 만들어 버리는 것이 아니다. 그것은 고뇌의 끝에서 얻게 되는 것이다.

병이 들어서야 비로소 건강의 고마움을 알게 되고, 전쟁이 일어나고 나서야 비로소 평화의 소중함을 생각하게 된다. 그러나 그때는 이미 늦다. 행복하기를 서두르면 오히려 화를 부르고, 삶에 집착하면 오히려 죽음을 자초한다. 이러한 진리를 빨리 깨닫는 것을 탁견이라 한다.

이십사효
(二十四孝)

1300년대에 만들어진 서민의 도덕 교과서로, 중국과 한국, 일본에 큰 영향을 끼쳤다. 원나라의 곽거경이 중국의 대표적인 효자 24명의 예를 들었다. 다양한 판본이 있는데, 『전상이십사효시선全相二十四孝詩選』에는 한 사람씩 찬양하는 시와 짧은 설명이 붙어 있다. 여기서는 그 가운데 11명을 소개하기로 한다.

INTRO

루쉰魯迅●은 그의 풍자적인 소설 『이십사효도二十四孝圖』에서 소년 시절에 '곽거가 자식을 묻으려 했다'라는 이야기를 읽었을 때의 충격을 다음과 같이 적고 있다.

"나는 처음에 그 아이가 불쌍해서 손에 땀을 쥐었다. 그리고 황금 한 솥을 파내는 데 이르러 비로소 가슴을 쓸어내렸다. 그러나 나는 다시는 효자가 되라는 가르침을 따르지 않게 되었고, 혹시 아버지가 효자가 되려는 것은 아닌가 하고 가슴을 졸였다."

봉건 사상과 싸웠던 노신으로서는 이 봉건 도덕 교과서의 세계를 결코 받아들일 수 없었을 것이다. 이 책이 편찬된 것은 원나라 때이다. 문인 곽거경이 한나라 유향이 편찬한 『효자전孝子傳』을 비롯해 역대의 『효자전』에서 24명을 가려낸 것이다. 오늘날의 눈으로 보면 뻔한 사상이지만, 수백 년에 걸쳐 사람들의 뇌리에 깊이 박혀 온 사상이라 그 영향력은 매우 컸다. 얇은 소책자이지만 그림도 곁들여 있어 민중에게는 『논어』보다 많이 보급되었을 것이다. 여기에 소개하는 11명 외에 한나라 문제文帝, 민손閔損, 중유仲由, 강혁江革, 육적陸績, 당부인唐夫人, 왕상王祥, 양향楊香, 주수창朱壽昌, 채순蔡順, 황향黃香, 왕포王褒, 황정견黃庭堅 등이 24명의 효자에 속한다.

맹종의 효심이 죽순을 나게 하다

진晉나라의 맹종孟宗은 자가 공무恭武이다. 병들고 연로한 그의 어머니가 한겨울에 죽순이 먹고 싶다고 했다. 맹종은 대나무 숲으로 가 보았지만 죽순이 있을 리 없었다. 맹종은 슬피 울었다. 그러자 갑자기 땅에서 죽순이 솟아나는 것이 아닌가. 맹종은 그것을 캐다가 죽을 끓여 어머니에게 드렸다. 그러자 어머니의 병이 씻은 듯이 나았다.

오맹, 모기를 쫓지 않다

진나라의 오맹吳猛은 아직 여덟 살밖에 안된 소년이었지만 효자였다. 집이 가난해 모기장을 칠 수 없었는데, 오맹은 자신의 몸에 앉은 모기를 쫓으려 하지 않았다. 모기가 부모 몸에 앉지 못하도록 하기 위해서였다.

곽거가 자식을 묻으려 하다

한漢나라의 곽거郭居는 자가 문거文擧이다. 그의 자식이 태어나 세 살이 되었다. 곽거의 어머니는 자신의 식사를 줄여서 손자에게 먹이려 했다.

곽거는 아내에게 말했다.

"우리는 가난해서 어머니께 음식을 배불리 드시게 할 수 없으니 차라리 자식을 묻어 버리기로 하세. 자식은 다시 낳을 수 있지만, 부모는 다시 얻을 수 없지 않은가."

아내는 울면서 남편의 뜻을 받아들였다. 그리하여 자식을 묻으려고 구덩이를 파자, 거기서 황금이 한 솥이나 나왔다.

동영과 직녀

한나라의 동영董永은 자가 연년延年이다. 집이 가난해 아버지가 세상을 떠났는데도 장례식을 치를 비용이 없자 몸을 팔아 1만 전의 거금을 빌려 장례식을 성대하게 치렀다. 얼마 뒤에 길가에서 우연히 한 여자를 만났다. 그 여자는 스스로 동영의 아내가 되어 열심히 일했다. 여자는 한 달

만에 비단 300필을 짜서 동영의 빚을 모두 갚고 다음과 같이 말했다.

"저는 하늘나라에 사는 직녀織女입니다. 당신의 효심에 감동한 천제의 명령으로 당신을 도우러 온 것입니다."

그러고는 하늘 높이 날아가 버렸다.

강시 집 마당에 샘물이 솟다

한나라 강시姜詩는 어머니를 잘 모셨다. 어머니가 강물을 마시고 싶어 했으므로 강시의 아내는 늘 멀리 있는 강까지 가서 물을 길어 왔다. 또 어머니가 생선회를 좋아했기 때문에 부부는 늘 물고기를 구해 와 이웃집 노인도 불러 함께 즐겨 잡수시도록 했다.

그러던 어느 날 그의 집 마당에 갑자기 물이 솟아오르더니, 그 샘물에서 매일 잉어 두 마리가 튀어나왔다.

증삼의 예감

공자의 제자인 증자曾子는 이름이 삼參이다. 어느 날, 증삼이 산에 나무를 하러 간 사이 집에 손님이 찾아왔다. 홀로 집을 지키고 있던 어머니는 증삼이 빨리 돌아오기를 기다렸다.

그때 증삼은 이상한 예감이 들기 시작했다. 증삼은 어머니가 자신을 부른다는 것을 알고 바로 집으로 돌아왔다. 어머니와 서로 마음이 통했던 것이다.

아버지의 똥을 핥아 그 병상을 알다

남제南齊의 유검루庾黔婁는 어느 현의 현령으로 부임한 지 열흘도 안 된 어느 날, 갑자기 가슴이 답답하고 불안하며 땀이 흘러내리기 시작했다.

아버지의 몸에 이변이 생긴 것 같아 사직한 뒤 집으로 돌아가니 과연 아버지가 병상에 누워 계셨다.

그러나 의원도 아버지의 병의 원인을 알아내지 못했고 그저 똥을 핥아서 그 맛이 쓰면 걱정할 것 없다고만 말했다. 유검루는 아버지의 똥을 핥았다. 달콤한 맛이 났다. 유검루는 아버지가 회복될 가능성이 없다는 것을 알고 아버지의 병을 자신이 대신할 수 있게 해 달라고 천지신명에게 기도를 올렸다. 그러나 아버지는 곧 세상을 떠나고 말았다.

그 밖의 효자들

그 밖의 대표적인 효자를 살펴보자.

순舜-요堯임금은 순이 효자임을 알고 자신의 딸과 천하를 그에게 주었다.

정란丁蘭-돌아가신 부모님의 목상을 깎아서 마치 부모가 살아 있는 것처럼 그 목상을 모셨다.

노래자老萊子-부모를 기쁘게 해 드리기 위해 70세가 되어서도 어린애처럼 행동했다.

염자剡子-아버지의 눈병에 잘 듣는다는 사슴의 젖을 구하기 위해 사슴 가죽을 덮어쓰고 사슴의 무리에 섞여 들었다가, 사냥꾼이 쏜 화살에 죽을 뻔하기도 했다.

NOTES

루쉰魯迅 : 1881~1936. 중국의 문학가이자 사상가. 1918년 문학혁명을 계기로 『광인일기狂人日記』를 발표해 가족 제도와 예교禮敎의 폐해를 폭로했다. 이어 『공을기孔乙己』, 『고향』, 『축복』 등의 단편 소설과 산문시집 『야초野草』를 발표해 중국 근대문학을 확립했다. 대표작인 『아큐정전阿Q正傳』은 세계적 수준의 작품이다.

열녀전
(列女傳)

BC 6년경에 만들어진 책으로, 정절을 지키는 여자와 현명한 여자, 요사스러운 여자, 악한 여자 등 중국 고대의 여성 100여 명에 관한 일화를 담고 있다. 현존하는 『열녀전』은 「모의전母儀傳」, 「현명전賢明傳」, 「인지전仁智傳」, 「정순전貞順傳」, 「절의전節義傳」, 「변통전辨通傳」, 「얼폐전孼嬖傳」(악녀) 그리고 뒤에 첨가된 「속 열녀전」을 포함한 8권이다.

이 책의 제목에 대해 사람들은 흔히 '열烈' 자를 써서 '열녀烈女'로 착각하기도 한다. 그러나 『열녀전』의 '열녀列女'는 여러 여자들의 모습을 전한다는 뜻임을 알아 두자.

다만, 좋은 의미이건 나쁜 의미이건 여기에 등장하는 여자들은 매우 개성적이고 열정적인 성격을 가졌다는 뜻에서는 모두 열녀烈女일 수도 있다.

편자인 유향(BC 77~BC 6)은 한나라 선제宣帝부터 원제元帝와 성제成帝까지 3대를 모시면서 궁정에 전해 내려오는 문헌을 교정하는 일을 했다. 오늘날 전해지는 중국 고대의 서적은 대부분 그의 손을 거쳤다고 해도 좋을 정도이다. 『열녀전』 외에 『신서新序』, 『설원說苑』 등의 저술도 있다. 『열녀전』에 등장하는 여자는 전설 속 요임금의 딸을 시작으로 한나라에 이르기까지 모의母儀, 현명賢明, 인지仁智, 정순貞順 등의 덕목으로 분류되어 있다.

이 책의 전체적인 관점은 유가적인 색채가 강하지만, 그중에는 '현인의 아내'와 같은 노장적인 인물도 있다.

전 8권 가운데 「속 열녀전」은 『한서漢書』의 저자 반고班固의 여동생인 반소班昭가 편찬한 것이라고 하여, 이것을 제외한 7권을 『고古 열녀전』으로 구별하기도 한다.

나아가 후세에 『여계女誡』, 『여논어女論語』, 『내훈內訓』 등 이른바 부덕婦德을 찬양하는 교과서가 뒤를 이었는데, 그 모두가 이 『열녀전』을 원점으로 했을 만큼 여성 예속의 역사에 큰 영향을 끼쳤다.

맹자를 가르친 어머니의 지혜

맹가孟軻, 곧 맹자의 어머니를 맹모孟母라 한다. 처음에 맹가의 집은 공동묘지 옆에 있었다. 그러자 어린 맹가는 장례식 흉내를 내며 놀았다. 이에 맹모는 어린 자식을 키울 데가 못 된다고 생각해 시장 부근으로 이사를 했다. 그러자 이번에는 장사 놀이를 하며 놀았다. 맹모는 여기도 자식을 키울 데가 못 된다고 생각하고 다시 학교 옆으로 옮겼다. 그로부터 맹가는 제사나 예법을 흉내 내며 놀게 되었고, 커서는 육예六藝에 능통해 대유학자로 칭송받게 되었다.

맹가가 어릴 때 학교에 갔다가 도중에 돌아온 적이 있었다. 그때 맹모는 베를 짜고 있었다.

"학문에 진척이 좀 있느냐?"

"그저 그렇습니다."

그러자 맹모는 갑자기 작은 칼로 베를 끊었다. 맹가가 놀라서 이유를 묻자 맹모는 이렇게 대답했다.

"네가 학문을 그만두는 것은 이와 같으니, 너의 앞날이 어찌 될지는 안 봐도 훤하구나."

그 말에 크게 깨달은 맹가는 학문에 크게 정진함으로써 천하의 유학자가 되었다.

맹가가 아내를 맞이한 뒤의 일이다. 어느 날, 맹가가 아내의 방에 들어가려 하는데 마침 아내가 상반신을 드러낸 채 쉬고 있었다. 그것을 본 맹가는 기분이 나빠져 도로 나오고 말았다. 그러자 맹가의 아내는 시어머니에게 가서 친정으로 돌려보내 달라고 말했다.

"부부란 서로 거리감을 두지 않는다고 알고 있습니다. 한데 제가 방에서 편히 쉬고 있을 때 방에 들어왔다가 그 모습을 본 남편은 불쾌한 표정을 지었습니다. 이것은 저를 남처럼 취급한다는 뜻입니다. 시집와서 남 같은 대우를 받는다는 것은 참을 수 없는 일이니 저를 친정으로 돌려보내 주십시오."

그리하여 맹모는 맹가를 불러 말했다.

"문을 열고 들어갈 때는 실례한다는 말을 해야 한다는 예법이 있는데, 그것은 남의 입장을 존중하기 위해서가 아닌가. 집에 들어갈 때는 소리를 내라고 하는 것은 그 안에 있는 사람의 주의를 끌기 위함이다. 또한 방에 들어갈 때는 눈을 아래로 내리깔아야 한다는 것은 행여 방 안에 있는 사람의 부주의한 상태를 보지 않기 위함이다. 그런데 너는 말없이 아내의 방으로 들어갔다. 자신이 예를 지키지 않고 어찌 아내의 무례를 나무라려 하느냐?"

맹가는 고개를 숙여 사죄하고 아내를 붙들었다. 「모의전母儀傳」

남의 술과 고기를 먹다가 화를 자초한다

초나라의 현자 노래자老萊子는 세상을 피해 몽산蒙山 남쪽에서 농사를 짓고 살았다. 초나라 왕은 스스로 그 누옥陋屋을 찾아가 의논 상대가 되어 달라고 청했다.

"나는 재능도 없고 의논 상대도 없다오. 선생께서 좀 도와주시오."

"저 같은 촌놈이 어찌 정치를 알 수 있겠습니까?"

노래자는 여러 차례 거절하다가 왕의 간청에 못 이겨 할 수 없이 왕의 의논 상대가 되어 주기로 했다. 왕이 돌아간 뒤 노래자의 아내가 들판에서 돌아왔다.

"수레바퀴 자국이 보이는데 무슨 일이 있었나요?"

"초나라 왕이 왔다 갔소. 나더러 정치를 좀 도와 달라고 그러더군."

"그래서 승낙하셨습니까?"

"그렇게 됐소."

"이런 말을 들은 적이 있습니다. 술이나 고기를 주는 사람은 때에 따라 채찍도 주고, 관직이나 봉록을 주는 사람은 때에 따라 벌도 준다고. 지금 당신은 남의 술과 고기를 먹고, 남에게 관록을 받다가 마침내 남의 손에 꽁꽁 묶이고 말 것입니다. 그런 재난을 당하고 싶지 않습니다."

그래서 부부는 그 땅을 떠났다. 「현명전賢明傳」

몸을 던져 인仁을 이루다

어떤 남자가 장안에 사는 한 사람에게 원한을 사게 되었다.

장안 사람은 그 남자에게 복수하기 위해 그의 아내를 이용하려고, 그녀의 아버지를 협박했다.

아버지에게 그러한 사정을 전해 들은 원수의 아내는 고민했다. 협박을 받아들이면 남편이 목숨을 잃게 될 것이고, 받아들이지 않으면 아버지가 죽임을 당하여 불효자식이 되고 말 것이기 때문이었다.

고민 끝에 아내는 장안 사람에게 말했다.

"2층에서 동쪽으로 베개를 베고 자는 사람이 제 남편입니다. 창을 열어 두겠습니다."

아내는 집으로 돌아가 남편을 다른 방에서 자게 하고 창을 열어 놓은 뒤 그 자리에 자신이 누웠다. 밤중에 원수의 집으로 숨어든 장안 사람은 동쪽에 머리를 두고 자는 사람의 목을 잘랐다. 날이 샌 뒤 그 목을 보니 원수의 아내가 아닌가. 이 장안 사람은 크게 슬퍼하며 그 남편을 용서해 주었다. 몸을 던져 인을 이룬다는 것은 바로 이 절녀節女를 두고 하는 말이다. 「절의전節義傳」

임제록
(臨濟錄)

867년경에 만들어진 책으로, 간명하고 직접적인 언어로 불교의 극의를 드러낸 당나라 선승의 언행록이다. 정식 명칭은 『진주임제혜조선사어록鎭州臨濟慧照禪師語錄』이고, 작자는 임제의현이라는 승려이다. 임제라는 법호는 그가 몸담고 있던 진주鎭州(지금의 하북성 호타강滹陀江 부근)의 작은 절 임제원臨濟院에서 유래한 것으로, 그의 종지宗旨를 임제종이라 한다.

INTRO

『임제록』은 당나라 때의 선승이자 임제종의 개조인 임제의현(?~866)의 언행록이다. 의현은 조주曹州의 남화南華(지금의 산동성 연주兗州) 사람으로 태어난 해는 확실하지 않다. 어릴 적부터 불교를 좋아해 출가하여 계율戒律과 유가瑜伽●, 유식唯識● 등의 전통적인 불교 학문을 배웠으나 거기에 만족하지 못하고 강서江西 지방으로 가서 황벽희운黃檗希運●에게 배움을 청했다. 황벽의 소개로 대우大愚를 만나 그의 밑에서 10년을 수행했다. 그러나 대우의 유언에 따라 다시 황벽에게 돌아가 법통을 이어받았다.

뒷날 하북 지방의 임제원에 머물면서 독특한 선학의 지식을 펼쳤다. 그는 후세 사람들에게 '임제장군臨濟將軍'이라는 평을 들을 만큼 하북 지방의 신흥 무인 계층과 어울려 종래의 가치관에 대한 투철한 비판적 태도를 견지하는 자유로운 선풍禪風을 만들어 냈다. 또한 제자를 받아들이고 다루는 자세가 신랄하고 엄격했는데, 제자를 가르칠 때 몽둥이를 사용한 덕산의 감덕山宜鑑과 함께 '덕산의 몽둥이, 임제의 호통'이라는 말이 생겨날 정도였다.

한국에 임제종이 처음 전래된 것은 고려 말기(1348)의 승려 태고보우太古普愚●(1301~1381)가 원나라 승려 석옥청공石屋淸珙(1272~1352)에게서 임제의 법통을 이어받은 데서 비롯한다. 원래 선종이 처음 들어온 것은 신라의 승려 도의道義가 마조馬祖의 바로 전 제자인 서당지장西堂地藏에게서 법을 얻어 귀국한 뒤(821)부터이지만, 보우대사 이래의 선종이 오늘날의 조계종으로 이어져 내려왔다고 보아야 할 것이다.

이 책은 그의 제자 혜연慧然이 편집했으며, 상하 2권에 「상당上堂」, 「시중示衆」, 「감변勘辨」, 「행록行錄」, 「탑기塔記」의 5편으로 이루어져 있다. 오늘날 우리가 접하는 판본의 초판본은 1120년에 간행되었지만 지금은 전하지 않고, 1267년의 송나라 판본의 현존하는 가장 오래된 것이다. 마조, 백장百丈, 황벽의 어록과 함께 '사가어록四家語錄'의 하나로 꼽히며 고래로 선종 어록의 제왕적인 위치를 차지하는 고전이다.

이 책은「상당」,「시중」,「감변」,「행록」,「탑기」의 5편으로 이루어져 있다. '상당上堂'이란 주지가 일정한 날에 법당에 올라 설법을 하고 제자의 질문에 답하는 것을 말한다. 그래서 '상당하여 말씀하시기를'이라는 형식으로 시작되는 경우가 많다. 이 책의「상당」은 모두 9절의 설법으로 이루어져 있다. '시중示衆'이란 제자나 대중에게 불법의 핵심을 설명하는 것으로, '대중에게 말씀하시기를', '스승께서 말씀하시기를'이라는 형식으로 시작되는 경우가 많다.「시중」은 이 어록의 중심 부분으로, 임제가 도를 배우는 사람들에게 행한 접득接得(지도교화)의 방법이 마음껏 발휘되고 있는데, 총 14절로 많은 분량을 차지한다.

'감변勘辨'이란 생각을 정리한다는 뜻으로, 선자禪者가 서로의 깨달음에 대한 진위나 사고의 옳고 그름 등 수행상의 다양한 문제에 대한 생각의 정리를 목적으로 하는 문답이다. 이 책의「감변」은 비교적 짧은 25절의 문답으로 이루어져 있다. '행록行錄'이란 '행장行狀의 실록'이라는 뜻으로, 임제 일대一代의 행장기이며, 21절로 나누어져 있다.「탑기」는「임제혜조선사탑기」라고도 하는데, 임제의 전기를 기록한 묘비명이다. 임제의 제자인 보수연소保壽延沼가 쓰고, 홍화존장興化存奬이 교감한 것으로서 후세에 덧붙여졌다.

이 책은 어록이라는 체제를 갖추고 있기 때문에 체계적으로 기술되어 있지는 않지만, 하나하나의 설법이나 문답 속에 임제의 선자적인 면모가 뚜렷이 드러나 있다.

아래는「탑기」를 제외한 각 편에서 한둘씩 뽑아 개요를 정리한 것이다.

「상당」

자리 없는 참사람無位眞人

스승께서 상당하여 말씀하셨다.

"우리의 신체 안에 자리 없는 참사람 하나가 있어 항상 감각 기관으로 드나드니 아직 그것을 깨닫지 못한 사람은 살펴보아라."

그때 한 승려가 나와 여쭈었다.

"자리 없는 참사람이 무엇입니까?"

스승께서는 자리에서 내려오셔서 그의 멱살을 잡고 말씀하셨다.

"말해라, 말해!"

그 승려가 머뭇거리자 스승께서는 그를 탁 놓으며 이렇게 말씀하셨다.

"모처럼 자리 없는 참사람이 보였는데, 무슨 개똥 같은 소리를 하느냐!"

스승께서는 그렇게 말씀하시고 방장方丈(주지가 기거하는 방)으로 돌아가 버리셨다.

「시중」

올바른 안목真正見解

스승께서 말씀하셨다.

"오늘날 불교를 배우는 사람은 반드시 올바른 안목을 가져야 한다. 바른 앎을 얻으면 생사에 구애되지 않고, 가고 머무름에 자유로워 신묘함을 구하려 하지 않아도 신묘함이 저절로 온다. 수행자들이여, 옛 큰스님들은 모두 사람을 구하는 방법을 알고 계셨다. 내가 가르치는 것은 그저 그대들이 남에게 현혹되지 않도록 하기 위함일 따름이다. 현혹되는 것은 자기 스스로를 믿지 못하기 때문이다. 스스로를 믿지 못하면 온갖 경계에 휩쓸려 자유로울 수 없다.

수행자들이여, 우리는 석가세존과 하나도 다를 바가 없다. 지금 우리의 이 많은 작용에 어디 부족함이라도 있는가? 안이후설신의眼耳嗅舌身意라는 6개 감각 기관의 영묘한 작용(六道神光)은 단 한 순간도 끊어진 적이 없으니, 만약 그대들이 이것을 깨달을 수만 있다면 바로 본래의 자기 자신으로 돌아간 사람(一生無事人)이 된 것이다."

「감변」

정상좌定上座의 깨달음

정상좌라는 사람이 스승을 찾아뵙고 물었다.

"무엇이 불법의 큰 뜻입니까?"

스승께서는 의자에서 내려와 정상좌의 멱살을 잡고 뺨을 한 대 후려갈기면서 밀쳐 버리셨다. 정상좌가 멍하니 서 있자 곁에 있던 다른 스님이 말했다.

"정상좌여, 왜 절을 올리지 않는가?"

정상좌는 절을 하려는 순간 홀연히 깨쳤다.

임제의 호통

스승께서 다른 한 승려에게 질문하셨다.

"어떤 때의 호통은 금강왕의 보검 같고, 어떤 때의 호통은 땅에 웅크리고 앉아 먹이를 노리는 금빛 털의 사자와 같고, 어떤 때의 호통은 풀을 매단 어부의 고기 찾는 장대 같고, 어떤 때의 호통은 호통으로서 작용하지 못하는데, 그대는 이것을 어떻게 이해하고 있는가?"

그 승려가 대답을 하려는데 스승께서 호통을 치셨다.

「행록」

덕산德山과의 문답

스승께서 덕산 스님을 모시고 서 계셨는데, 덕산 스님께서 이렇게 말씀하셨다.

"오늘은 피곤하구나."

스승께서 말씀하셨다.

"이 늙은이가 무슨 잠꼬대를 하고 있어!"

그러자 덕산 스님께서 몽둥이로 내리치셨다.

유가瑜伽 : 요가의 음사音寫이다. 요가를 불교적 선행법과 수행에 따라 행한 수행법이다. 이를 통해 분별하는 마음, 들뜬 마음을 안정시켜 바른 지혜를 갖게 하여 진실로 모든 것을 볼 수 있게 하는 것을 말한다.

유식唯識 : 부처가 여러 경전에서 설파한 마음(心性)에 대하여 선대 식자들이 후대를 위해 해설하여 체계적인 학문으로 구성해 놓은 것이다.

황벽희운黃檗希雲 : ?~850. 시호는 단제斷際이며, 황벽黃檗 단제선사斷際禪師라고도 알려져 있다. 당나라의 선승으로 백장선사百丈禪師 회해懷海의 지도를 받고 현지玄旨에 통달했다. 『황벽산단제선사전심법요黃檗山斷際禪師傳心法要』를 남겼다.

태고보우太古普愚 : 고려 말의 승려. 이름은 보허普虛, 호는 태고太古이다. 선종禪宗의 주류를 이루었고 공민왕恭愍王의 신임을 받아 왕사王師가 되었으나 신돈辛旽의 시기와 횡포 때문에 물러났다가 신돈이 죽은 뒤 국사國師가 되었다. 선문구산禪門九山의 폐해를 없앴다. 탑호는 보월승공寶月昇空이다.

벽암록
(碧巖錄)

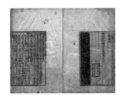

1135년경에 만들어진 책으로, 고전적인 선학의 문답 공안집이다. '벽암碧巖'이란 편저자인 환오가 주지로 있던 협산夾山 영천원靈泉院의 방장에 걸려 있던 액자에 적혀 있는 글로, 협산의 개조 선회善會가 그 깨달음의 경지에 대해 "원숭이가 새끼를 안고 푸른 산 그림자로 사라지고, 작은 새는 꽃을 물어 푸른 바위 앞에 떨어뜨린다"라고 말한 고사에서 유래한다.

INTRO

이 책은 『벽암집碧巖集』이라고도 하며, 자세한 명칭은 『불과환오선사벽암록(집)佛果圓悟禪師碧巖錄(集)』이다. 임제종臨濟宗 양기파楊岐派●의 환오극근圓悟克勤(1063~1135)이 평석評釋한 대표적인 선학의 문답 공안집이다. 이전에 운문종雲門宗의 설두중현雪竇重顯●(980~1052)이 당나라의 고전적 선학의 공안 1,700칙 가운데서 가장 뛰어난 100칙을 가린 뒤, 그 하나하나에 대해 운문으로 된 송고頌古를 덧붙여 『백칙송고百則頌古』를 저술했다. 여기에 대해 임제종의 환오가 각 칙마다 수시垂示(서술적 수훈)와 저어著語(부분적인 짧막한 평), 평창評唱(전체적인 평석)을 가한 것이 바로 이 책이다.

설두는 사천성 수녕逐寧 사람으로, 운문종의 개종조 문언文偃●의 적손인 지문광조智門光祚에게 깨달음의 법통을 이었다. 5년 동안 문언에게 가르침을 받고 종지를 수행하면서 시가 문학에 뛰어난 재능을 발휘해 한림의 문사로 칭송받았다. 설두산에 들어가서 선풍禪風을 크게 일으키고, 운문종 중흥의 조사로 추앙받았다. 환오 역시 사천성 성도 사람으로, 임제종 5대 조사 법연法演의 제자가 되어 법통을 이어받았다. 원래는 유가 출신으로, 그 무렵의 유학자들에게 경론을 배웠지만, 큰 병에 걸린 뒤 학문의 무력함을 깨닫고 선禪으로 전환했다. 뒷날 호남湖南의 협산 영천원에 안주해 참선자들에게 『설두송고』를 강의한 것이 이 책의 발단이다.

이 책은 환오의 제자들이 간행한 것인데, 제자 대혜종고大慧宗杲가 이 책이 선을 형식화할 위험이 있다고 판단해 간본을 회수해 불태웠다. 그러나 오늘날에는 종문宗門의 제일가는 책으로 평가받고 '안개 낀 바다의 나침반, 밤길의 북두'로 찬양받는 책이 되었다. 전 10권에 100편을 수록하고 있다.

이 책 10권은 본칙本則, 송頌, 수시垂示, 저어著語(착어著語라고도 함), 평창評唱의 다섯 부분으로 이루어져 있다. 〈본칙〉은 설두가 가려낸 100칙으로 이루어진 것으로, 고전적 선자禪者의 문답공안問答公案이다. 〈송〉은 100칙의 문답에 대한 뜻과 거기에 관련된 선승의 태도 등을 시로 평가하고 감상한 것이다. 이 두 부분은 설두가 편저한 것으로, 『설두송고雪竇頌古』라고 한다.

〈수시〉는 본칙 하나하나에 환오가 그 요지를 설명한 것으로, 각 칙의 뜻을 나타내는 간결한 서문이다. 그러나 반드시 모든 칙에 수시가 붙어 있는 것은 아니다. 그 가운데는 수시가 없는 것도 있다. 〈저어〉는 본칙 및 송의 장구 아래에 환오가 단 짤막한 평으로, 일종의 경구警句 같은 것이다. 욕설 같은 것도 있고, 조롱하는 것도 있으며, 혐오감을 드러내는 말도 있다. 그 무렵에 쓰이던 비어와 속어를 자유자재로 구사해 선학 문답의 묘미를 한껏 드러낸 부분이다. 〈평창〉은 본칙과 송에 대한 환오의 강평講評으로, 비교적 장문이다.

저어나 평창은 환오가 『설두송고』를 법단 위에서 강설할 때 제자가 필기한 것을 나중에 정리, 보충한 것으로 추정된다. 한편 수시는 환오가 설두의 송고를 들면서 머리말을 단 것으로서 서론에 해당된다. 수시는 환오가 직접 붓을 들어 적은 것으로 보인다.

이상의 내용이 100칙 하나하나에 수시·본칙·본칙평창·송·송평창의 순서로 배열되고, 본칙과 송의 각 장구 아래 저어가 편의적으로 삽입되어 전 10권을 구성하고 있다.

여기서는 장문의 평창은 생략하고, 설두의 본칙과 송, 거기에 대한 환오의 수시와 저어가 구체적으로 어떤 모습을 하고 있는지 예를 들어 보기로 하겠다. 다음의 칙은 설두의 스승인 지문광조(1013~1063)와 수행승의 문답으로, 연꽃은 물 위에서 피는 것, 연잎은 물속에 있는 것이라는 상식적인 분별을 타파하는 선학의 문답이다.

제21칙 지문연화하엽^{智門蓮華荷葉}

〈수시〉

법당法幢(설법의 깃발)을 세우고, 종지宗旨(근본이 되는 뜻)를 밝힌다. 이것은 본래 비단 위에 꽃을 장식하는 일이다. 그러나 그것으로 수행자가 지적인 편협을 벗어던지고 분별의 무거운 짐을 내려놓을 수 있다면, 그는 태평무사한 사람이 될 것이다. 만일 수행자가 한순간에 모든 언어의 굴레에서 벗어나 진리의 근원을 깨닫는다면, 그는 하나를 듣고 셋을 아는 사람이 될 것이며, 만일 그렇지 못하다면 모든 것을 버리고 머리를 조아려 스승의 조치를 구하도록 하라. 아래에 나와 있는 ( ) 안의 내용은 환오가 덧붙인 저어이다.

〈본칙〉

어떤 승려가 지문에게 물었다.
"연꽃이 아직 물에서 나오지 않을 때는 어떠합니까?"
(뻔한 일에 골몰하고 있구나. 진흙에 진흙을 부어 섞는 꼴이군. 어디서 그런 말을 듣고 왔나 보군.)
지문이 대답했다.
"연꽃이다."
(하나, 둘, 셋, 넷, 다섯, 여섯, 일곱이로구나. 온 세상 사람이 품고 있는 큰 문제로다.)

승려가 물었다.

"물 위에 나온 뒤에는 어떠합니까?"

(혼란스럽게 머리를 굴리지 마라. 이래도 아직 모르겠느냐?)

지문이 대답했다.

"연잎마저 나왔도다."

(북쪽 지방은 춥지만 평화롭다. 따뜻한 강남은 전란이 끊이지 않아 고생이 많을 것이다. 또 이런 질문을 받는다면 난감하다. 지문이 세상 사람을 웃기는구나.)

〈송〉

연꽃과 연잎, 이 거짓조차 없는 구체적 현상을 지금 그대에게 알려 주노라.

(정말 노파심이 대단하시군. 연꽃과 연잎의 어디에 이중성이 있는가? 그대로이지 않은가? 말로 내뱉으면 금세 더럽혀져 버리는구나.)

물 위에 나타났을 때와 물 아래 있을 때가 어떻게 다른가?

(진흙으로 진흙을 씻는 꼴이다. 물 위와 아래를 나누어 보는 건 그래도 낫다. 흐리멍텅하지는 않으니까.)

강북과 강남의 지식인들에게 물어보아라.

(자기 자신은 어디로 갔느냐? 지식인들에게 물어 뭘 얻을 수 있겠느냐? 스스로 고생하지 않으면 안 된다.)

어디를 가나 의심 많은 여우뿐이로구나.

(의심 많은 여우는 구덩이를 파서 한꺼번에 묻어 버려라. 스스로 자신을 의심해라. 아직도 모르겠느냐? 지팡이를 내려치면서 말한다. "알겠느냐!")

양기파楊岐派: 임제종 제8조를 지낸 송나라의 선승 방회方會(996~1049)가 시조로, 그의 별칭 '양기 방회'에서 딴 이름이다. 방회는 중국 선종禪宗의 5가7종五家七宗의 하나로 꼽힌다. 저서로는 『어록語錄』이 전해진다.

설두중현雪竇重顯: 중국 선종의 일파인 운문종의 승려로 시문詩文이 뛰어났다. 저서로는 『설두칠부집雪竇七部集』이 있다.

문언文偃: 중국 선종5가禪宗五家의 하나이자 운문종의 개조이다. 저서는 따로 없고 그의 말을 기록한 『운문광진선사광록雲門匡眞禪師廣錄』이 전해진다.

무문관
(無門關)

1228년경에 만들어진 책으로, 유무有無의 분별을 넘어선 절대적 '무無'를 탐구한 송나라 때 선승의 공안公案 해설집. '무문관'이란 '무' 자의 정확한 탐구만이 선문禪門의 종지宗旨로 들어서는 제일의 관문이라는 뜻으로, 이 책의 총론에 해당하는 제1칙의 '오로지 이 하나의 무無 자가 종문의 일관一關이다. 이것을 선종禪宗 무문관無門關이라 한다'는 한 구절에서 비롯한다. 전 1권이며, 48칙의 공안에 대한 평석과 송頌으로 이루어진다.

INTRO

이 책의 정확한 명칭은 '선종무문관禪宗無門關'이며, 중국 남송의 선승 무문혜개(1183~1260)가 옛 선인의 공안 48칙을 선별해 평창評唱과 송을 덧붙인 것이다. 저자 혜개는 절강성浙江省 전당錢塘 사람으로, 처음에는 천룡광天龍曠에게 가르침을 받고 출가했다가 뒷날 만수사萬壽寺 월림사관月林師觀의 제자가 되었다. 월림사관 아래서 「조주무자趙州無字●」 공안을 6년 동안 수행했다. 잠이 오면 절의 기둥에 머리를 부딪치는 등의 수행으로 마침내 깨달음을 얻었다. 1218년 안길산安吉山 보국사報國寺에 머물렀고, 여러 절을 편력한 뒤 1246년 호국인왕사護國仁王寺의 개조가 되었다.

이 책은 1228년에 혜개가 용상사龍翔寺에 있을 때 도를 깨닫기 위해 돌아다니는 운수雲水●들의 요청에 응해 저술한 것이다. 편자는 혜개의 제자 가운데 한 사람인 미연종소彌衍宗紹라고 하는데, 그에 대하여 알려진 바가 없다. 이 책은 1245년에 맹공孟珙이 다시 간행하여 남송 때 널리 유포되었다.

선인의 공안 48칙을 무문혜개가 풀이

이 책의 구성은 선인의 공안 48칙을 '본칙本則'으로 하고, 각 칙마다 저자인 무문혜개가 선禪에 대해 풀이한 '평창'이 따르며, 이어서 그 요지를 간결한 시구로 표현한 '송'이 뒤따르는 3단 형식을 취하고 있다. 그 가운데 가장 짧은 '제4칙 「호자무수胡子無鬚」'를 예로 들어 보자.

혹암或庵 스님이 말했다.

"서천西天의 호자胡子(석가)는 왜 수염이 없는가?"〈본칙〉

무문 스님이 말했다.

"참參(실천)은 모름지기 실참實參하고, 오悟(깨달음)는 모름지기 실오實悟해야 한다. 이 호자는 누구일까? 모름지기 친견일회親見一回하면 비로소 얻을 것이니, 친견을 설명하면 벌써 2개가 되리라."〈평창〉

멍청이 앞에서 꿈 이야기를 하지 말라. 석가가 수염이 없는 것은 성성惺惺에 몽을 덧붙인 것이다.〈송〉

이와 같은 방식으로 구성되어 있다. 이 제4칙을 해설하면 다음과 같다.

혹암이 말했다.

"(인도인은 수염이 많이 나는데) 인도의 석가는 왜 수염이 없을까?"

무문이 말했다.

"선을 실천하려면 오로지 진실한 실천을 해야 하고, 깨달음은 진정한 깨달음을 체험해야 이루어진다. 이 공안에 나오는 수염 없는 석가를 알고자 한다면, 직접 석가의 얼굴을 보아야 한다. 그러나 직접 보려고 하는 순간, 보는 자와 보이는 자, 곧 자신과 석가라는 둘로 분리되고 만다."

멍청이 앞에서는 꿈 이야기를 해서는 안 된다. 그에게 수염이 없는 석가 따위의 말을 하는 것은 본래는 선명하고 밝은 마음의 세계를 흩뜨려서 어둡게 하는 것과 같다.

이러한 체재와 내용을 가진 48칙의 공안은 딱히 조직적으로 배열된 것이 아니고, 48칙이라는 숫자에 특별한 의미가 있는 것도 아니다. 또 소재가 되는 공안도 다른 선록禪錄 속에 나오는 유명한 것도 많지만, 혜개와 같은 시대 사람의 문답도 예로 들고 있어, 다른 공안집에 비하면 그 무렵의 것으로는 참신한 공안집이었다. 그러나 『벽암록』 등에 비한다면 단독 저자에 의한 것이어서 구성이 단조롭고 산문도 많으며, 시적인 요소가 적어 묘미가 떨어진다.

『무문관』의 48칙 가운데서 가장 많이 등장하는 인물은 조주趙州인데, 제19칙의 '평상심시도平常心是道'를 비롯해 7개의 칙이 조주의 공안이라는 것만 보아도 이 책이 조주의 선학사상에서 많은 영향을 받았다는 것을 알 수 있다. 그 가운데서도 제1칙 '조주구자趙州狗子'에 나오는 '조주무자趙州無字' 공안은 이 책 제목의 유래이기도 하고 전편을 관통하는 주제이다. 따라서 『무문관』 48칙은 '조주무자' 1칙의 전개이며, 48칙이 모두 제1칙으로 귀결된다고 해도 좋을 것이다.

제1칙 조주구자

조주에게 한 승려가 물었다.

"모든 중생에게는 불성佛性이 있다고 들었는데, 그렇다면 개에게도 불성이 있습니까?"

조주가 대답했다.

"없다."

무문은 이에 대해 이렇게 평했다.

"참선이란, 먼저 고승들이 세워 놓은 관문을 통과해야 한다. 지극히 묘한 깨달음은 마음의 작용을 끝까지 밝혀 보통의 의식을 지워 버려야 가능하다. 고승들의 관문을 통과하지 않고 마음의 움직임을 끊지 못한다면, 그것은 모두 짚으로 만든 허수아비와 같다. 자, 말해 보아라. 고승들의 관문이란 과연 무엇인지. 그것은 별다른 것이 아니다. 본칙에 나오는 조주의 '무無' 한 글자가 선종 제일의 관문이다. 그래서 이것을 '선종 무문관'이라 한다.

이 관문을 통과할 수 있는 자는 가까이서 직접 조주를 볼 수 있을 뿐 아니라 역대 고승들의 손을 잡고 함께 걸으며, 서로의 눈썹을 맞대고 고승들과 같은 눈으로 모든 것을 볼 수 있고, 같은 귀로 모든 소리를 들을 수 있다. 이 얼마나 경쾌한 일인가! (……) 그러나 이것을 허무의 무로 이해해서는 안 되며, 있고 없음의 무로 해석해서도 안 된다. 이 무를 문제 삼기 시작하면 뜨거운 쇠공을 삼킨 것처럼 뱉어 낼 수도 없고, 넘길 수도 없다. 이렇게 해서 지금까지 배웠던 잘못된 지식이나 잘못된 앎을 모두 씻어 버리도록 하라. (……) 이러한 체험이 갑자기 움직이기 시작하면 하늘이 놀라고 땅이 흔들릴 것이며, 마치 관우●의 칼을 빼앗아 든 것처럼 부처를 만나면 부처를 베어 버리고, 달마를 만나면 달마를 죽이며, 생사관두인 현실에서도 대자유를 얻고, 윤회전생의 어지러운 세계에 살면서도 유희를 즐길 수 있을 것이다.

그렇다면 어떻게 온몸을 바쳐 '무'에 빠져들 수 있을까? 그 길은 그대의 생명력을 오로지 '무' 한 글자에 집중하는 것이다. 만일 한순간의 쉼도 없이 집중한다면, 마치 등불이 켜지듯이 법의 등불이 '팟' 하고 켜질 것이다."

NOTES

조주무자趙州無字 : 구자불성狗子佛性이라고도 함. 불교의 선문에서 전하는 화두이다.

운수雲水 : 운수승雲水僧의 준말.

관우關羽 : ?~219. 삼국시대 촉나라의 무장. 후한 말의 동란기에 탁현涿縣(하북성 소재)에서 유비劉備를 만나 장비張飛와 함께 의형제를 맺고, 평생 그 의를 저버리지 않았다. 소설 『삼국지연의三國志演義』에서 충신의 전형으로 등장하며, 송나라 이후 관제묘關帝廟를 세워 그를 무신武神 또는 재신으로 모시는 등 중국 민중의 신앙의 대상이 되었다.

3장

소설과 희곡이 걸어온 길

소설小說이란 '보잘것없는 사소한 이야기'라는 뜻이다. 현존하는 최고의 도서 목록인 『한서』 「예문지」에는 소설 15종의 책 제목이 실려 있는데, 모두 산실되어 그 내용은 알 수 없다. 자연의 은혜가 부족한 황허黃河 유역에 정착한 한민족漢民族은 옛날부터 현실을 중시하고 공상을 가벼이 여기는 경향이 강했다. 그런 경향은 합리주의에 입각한 유가 사상의 지배 아래에서 더욱 강화되어, 역사와 논설이 정통 문학으로서 산문의 영역을 지배했다. 그러나 이것은 어디까지나 표면적인 현상에 지나지 않았다. 유교 논리의 담당자였던 지식 계급도 사적인 생활에서는 노장이나 신선 세계에 흥미를 가졌고, 속박된 현실에서 벗어나기 위해 노력했으며, 서민은 현세에서 충족되지 못한 욕망을 이야기에 가탁하지 않을 수 없었던 것이다.

이러한 소설류는 유교의 통제력이 약해진 한나라 말기에서 육조시대에 걸쳐 크게 성행했고, 괴이담과 신선담 등이 지괴서志怪書라는 이름으로 정리되었다. 이 시기에는 귀족의 살롱을 중심으로 일화逸話와 소화笑話 등의 '지인志人' 소설류도 탄생했다.

당나라 때에는 시가 꽃을 피우고 고문부흥운동古文復興運動으로 산문 표현의 다양한 가능성이 열렸다. 이로부터 앞선 시대의 지괴와 지인 소설의 흐름을 융합해 의식적으로 이야기를

소설과 희곡

제조하기에 이르러, 비로소 전기문傳奇文이 성립되었다. 그 소재는 연애와 무용, 신선, 요괴 등 다채로웠고, 개중에는 윤리적 또는 종교적인 우의寓意를 내포한 것도 있었는데, 전체적으로는 착상의 기묘함, 문장의 아름다움을 다투는 의식이 높아졌다. 이것이 지식인이 제조한 문어체 소설이며, 명나라의 『전등신화剪燈新話』, 청나라의 『요재지이聊齋志異』가 그 대표작이다. 당나라 말기에 이르러 상인 사회의 발전과 함께 각지에 무대가 생겼고, 거기에서 경연되는 평화平話(일상어)를 토대로 구어체의 백화소설白話小說과 희곡이 발달하게 되었다. 평화 가운데서도 가장 큰 인기를 누린 것은 인정에 얽힌 이야기였다. 이러한 인정 이야기는 후일의 『삼언이박三言二拍』에서 볼 수 있듯이 백화단편소설白話短篇小說의 선구 역할을 하게 되며, 역사 이야기와 함께 장편 연속 이야기, 곧 장회체章回體 형태로 발전한다. 명나라의 '사대기서四大奇書'(『금병매金瓶梅』, 『삼국지연의三國志演義』, 『수호전水滸傳』, 『서유기西遊記』), 청나라의 『홍루몽紅樓夢』, 『유림외사儒林外史』 등과 같은 걸작을 낳고, 청나라 말기의 정치소설로 이어져 현대까지도 그 영향력을 발휘하고 있다.

원나라 때 들어온 광담狂談은 송나라 때 잡극雜劇이라 불렀다. 당시의 대본이 사라져서 어떤 형태를 띠고 있었는지 알 길이 없지만, 오늘날의 연극보다는 폭이 넓은 가무음곡까지 포함한 장르였을 것이다. 그 후 광담은 대사를 포함한 가극인 원곡元曲과 경극京劇으로 이어진다.

수신기
(搜神記)

350년경에 만들어진 책으로, 유령과 요괴의 존재에 대한 이야기를 기록한 고대 설화문학의 보고이다. 수신기搜神記란 '신을 찾아다닌 이야기'라는 뜻이며, 신이란 초자연적인 힘을 말한다. 기록에 따르면 원래는 30권이었으나, 산실되어 후일에 재구성되었다. 현존하는 『수신기』에는 20권본과 8권본 2종류가 있다. 전자는 464화, 후자는 40화를 수록했으며, 일부는 중복된다.

INTRO | 지괴소설

저자 간보는 4세기 때 사람이다. 진晉나라의 고관을 지냈고, 『진기晉紀』20권을 저술했다.

『수신기』를 저술한 것은 자기 주변 인물을 통해 2차례나 기이한 체험을 했기 때문이라고 한다. 첫 번째는 하녀가 13년 동안이나 무덤 속에서 갇혀 있다가 구조되어 되살아난 뒤로 길흉을 예언하는 능력을 가지게 되었다는 것이고, 두 번째는 형이 죽었다가 되살아나 죽어 있는 동안 보았던 귀신 세계의 이야기를 해 주었다는 것이다.

3세기에서 5세기에 걸쳐 유교가 지배력을 잃으면서 도교와 새로이 전파된 불교가 널리 사람들의 마음을 사로잡았다.

사람들은 사후 세계와 사자死者와의 교류, 신과 요괴, 초능력을 믿어 그것을 이야기하고 기록했다. 그런 과정에서 이른바 '지괴소설志怪小說'(괴이한 일을 기록한 것)이라는 설화집이 생겨났다.

목적은 어디까지나 기록하는 것이었을 뿐, 딱히 이야기를 재미있게 만들 의도는 없었다. 이책은 그런 기록의 대표적인 것으로, 후세의 소설에 많은 재료가 되었다.

현존하는 『수신기』는 20권본과 8권본이 있는데, 20권본이 보다 원본에 가까운 것으로 추정된다. 설화의 성격에 따라 권을 구성했고, 신선이나 토지신, 몽조夢兆(꿈 예언), 효자, 환생, 보은, 요괴 등 각 권마다 성격이 다른 설화가 모여 있다.

천일주千日酒

적희狄希라는 사람이 있었다. 그는 한 번 마시면 1,000일 동안 취하는 술을 만들 줄 알았다. 그 고을에 유현석劉玄石이라는 사람이 살았는데, 술을 몹시 좋아했다. 그는 적희에게 가서 술을 한 잔만 마시게 해 달라고 했다. 그러나 적희는 말렸다.

"아직 안 익어서 권하지 못하겠네."

"다 안 익어도 좋으니 한 잔만 주게."

적희의 만류에도 불구하고 유현석은 억지로 한 잔을 얻어 마셨다. 그러고는 술에 취해 죽고 말았다. 가족들은 아무런 의심도 없이 그를 묻었다. 그로부터 3년 뒤, 적희는 이제 슬슬 유현석이 깨어날 때가 되었다면서 그 집을 찾아갔다. 그러자 가족은 그가 벌써 3년 전에 죽었다고 했다. 깜짝 놀란 적희가 가족들의 안내로 유현석이 묻힌 곳을 찾아가 무덤을 파고 관을 열었더니, 유현석이 눈을 번쩍 뜨며 말했다.

"아, 기분 좋게 취했어."

그러고는 적희에게 말했다.

"대체 술을 어떻게 만들었기에 한 잔에 이렇게 취한단 말인가. 도대체 지금이 몇 시인가?"

지켜보던 사람들이 모두 웃었다. 그러다가 유현석의 입에서 나는 술 냄새를 맡고는 취해서 석 달이나 누워 있어야 했다.

은혜를 갚은 개미 왕

동소지董昭之가 배를 타고 전당강錢塘江을 건너는데, 개미 한 마리가 갈대 잎에 달라붙어서 어쩔 줄 몰라 하고 있었다. 동소지는 그 개미를 살려 주었다. 그날 밤 꿈에 검은 옷을 입은 사람이 100명이나 되는 시종을 거느리고 나타나 말했다.

"저는 개미 왕입니다. 발을 잘못 디며 강물에 빠진 저를 구해 주셔서 감사합니다. 뒷날 당신께 위급한 일이 닥치면 반드시 저에게 알려 주십시오."

그로부터 10년이 지나 그 지방에 도적 떼가 들끓었는데, 동소지는 관청의 횡포로 인해 도적의 우두머리로 지목되어 감옥에 갇히고 말았다. 그때 동소지는 옛일을 떠올리고, 개미 두세 마리를 잡아 손바닥에 올려 놓은 뒤 자신의 다급한 처지를 말했다. 그러자 그날 밤 꿈에 검은 옷을 입은 개미 왕이 나타나 말했다.

"빨리 여항산^{餘杭山}으로 도망가십시오. 곧 천하에 대란이 일어나 모든 죄인이 사면을 받을 것입니다."

깜짝 놀라 꿈에서 깨어 보니 벌써 개미들이 자신의 형틀을 다 물어뜯어 풀어 놓은 상태였다. 그렇게 하여 동소지는 감옥을 벗어나 여항산으로 숨어들었고, 그 뒤 사면을 받아 자유로운 몸이 되었다.

화정의 큰 뱀

진갑이라는 선비가 화정^{華亭}이라고 불리는 숲으로 사냥을 나갔다가 큰 뱀을 발견했다. 길이가 6~7장이나 되고, 몸통은 강 위의 배만큼이나 컸다. 그 뱀은 검고 누런 오색의 무늬를 띤 채 산 아래 누워 있었다. 진갑은 활을 쏘아 그 뱀을 죽였지만, 그 뱀이 너무도 엄청난 놈인지라 감히 남에게 말도 하지 못했다. 그로부터 3년 뒤, 진갑은 마을 사람들과 사냥에 나섰다가 예전에 그 뱀을 죽인 장소에 이르자, 비로소 동행들에게 자랑 삼아 이야기했다.

"내가 예전에 이곳에서 커다란 뱀을 죽였다네."

그리고 그날 밤 꿈에 검은 옷에 검은 머리띠를 두른 사람이 나타나 진갑에게 말했다.

"내가 예전에 크게 취해 자고 있었는데, 너는 아무런 이유도 없이 나를 죽였다. 그때는 너무 취해서 너를 알아보지 못했는데, 오늘 네 스스로 그 사실을 나에게 알려 주었다. 이제 네가 죽어야 할 때가 왔다."

진갑은 깜짝 놀라 잠에서 깨어났다. 그리고 이튿날 복통을 앓다 죽었다.

한우가 귀신을 쫓아내다

한우韓友는 점술이 뛰어났고, 압승지술壓勝之術(귀신을 제압할 수 있는 술법)을 부릴 줄 알았다. 그 무렵 유세착이라는 사람이 있었는데, 그의 딸이 귀신이 들려 여러 해 동안 고생을 하고 있었다. 무당이 그 딸의 사악한 기운을 쫓아낸다며 기도를 하면서 옛 성터 사이의 빈 무덤을 파서 살쾡이와 뱀 같은 짐승 수십 마리를 잡아냈지만 차도가 없었다.

한우는 점을 쳐 본 뒤 유세착에게 딸이 발작을 일으키면 삼베로 만든 자루로 창문과 문틈을 덮어씌우라고 했다. 그리고 한우는 문으로 들어오는 모든 기를 차단했다. 그러자 뭔가가 쫓기기라도 하는 듯 삼베 자루가 부풀어오르기 시작했는데, 결국 터져 버려 실패로 끝나고 말았다. 딸의 발작은 여전히 멈추지 않았다. 한우가 다시 가죽 자루 2개를 만들어 그 자루를 벌리자, 그 자루도 부풀어오르기 시작했다. 그러자 한우는 서둘러 그 자루의 주둥이를 묶어 나무에 매달아 놓았다. 그렇게 20여 일이 흐르자 자루가 점점 줄어들었다. 얼마 뒤 그 자루를 열어 보니 여우 털이 2근이나 들어 있었다. 그리하여 딸의 병이 다 나았다.

화타가 창병을 고치다

화타華陀는 하내태수河內太守 유훈에게 불려 갔다. 그의 딸이 무릎에 난 창병瘡病 때문에 오래도록 고생을 하고 있었기 때문이다. 그 병은 가렵기만 하고 통증은 없었는데, 나은 것 같다가도 달포가 지나면 다시 발병하곤 했다.

화타는 환부를 살펴보고 이렇게 말했다.

"이 정도는 쉽게 고칠 수 있지요. 누런 개 한 마리와 말 두 필을 구해 오십시오."

그러고는 개의 목을 끈으로 매고 말에 매달아 끌고 다니게 했다. 말이 지치면 다른 말로 바꾸어 다시 끌게 했다. 그렇게 30리도 넘게 달리게 하자 말도 개도 모두 다 지쳐 더 걸을 수 없게 되었다. 그러자 이번에는 사람을 시켜 도합 50여 리나 더 끌고 다니게 했다.

그런 다음 화타는 약을 지어 그 딸에게 마시게 했다. 딸은 편안히 누워 사람을 못 알아볼 정도가 되었다.

화타는 큰 칼을 들고 개의 배 근처, 뒷다리 앞부분을 갈랐다. 그리고 그 가른 부분을 창병과 마주하게 했는데, 그 간격이 2~3촌 정도였다.

잠시 후 환부에서 뱀 같은 것이 기어나왔다. 화타는 즉시 쇠망치로 뱀의 머리를 내리쳤다. 그러자 뱀은 환부의 피부 속에서 한참이나 요동을 치더니 잠시 후 축 늘어졌다. 화타가 그 뱀을 끄집어내서 길이를 재어 보니 3척이나 되었는데, 눈이 붙어 있던 자리는 있으나 눈동자가 없었고, 비늘도 거꾸로 나 있었다. 고약을 환부에 바르자 이레 뒤 병이 나았다.

서광

오吳나라의 서광徐光이라는 사람은 거리에서 자신의 신비로운 기술을 보여 주곤 했다.

어느 날, 옆에 있는 참외 장수에게 참외를 하나만 달라고 했으나 참외 장수는 주지 않았다. 그러자 서광은 막대기로 땅에 구멍을 뚫고는 주워 온 참외 씨를 그곳에 심었다. 그 씨는 금방 싹을 틔워 꽃을 피우더니 열매를 맺었다. 서광은 그 참외를 구경하는 사람들에게 나누어 주었다. 참외 장수가 자신이 팔던 참외를 보았더니 모두 사라지고 없었다.

어느 날, 그는 대장군 손침孫綝의 집 앞을 지나다가 갑자기 옷을 걷어 붙이고 마구 달려가면서 좌우로 침을 뱉었다. 누군가 그 까닭을 묻자 이렇게 말했다.

"이 집에서는 피비린내가 진동을 해서 도저히 견딜 수가 없답니다."

이 말을 전해 들은 손침이 그를 잡아 목을 베었다. 그런데 잘린 목에서는 피가 나지 않았다.

얼마 뒤, 손침이 전대의 왕을 폐하고 새로운 왕을 세운 다음 수레에 오르는데 큰 바람이 불어와 수레를 넘어뜨렸다. 문득 위를 보니 서광이 소나무 위에서 손뼉을 치며 비웃고 있는 게 아닌가. 그러나 다른 시종들은 서광의 모습을 보지 못했다. 얼마 뒤 손침은 새로운 왕에게 처단당했다.

낙양가람기
(洛陽伽藍記)

547년경에 만들어진 책으로, 6세기 중국 북위北魏의 수도 낙양을 무대로 인간 파노라마가 펼쳐진다. 제목 그대로 북위의 수도인 낙양의 사찰 연혁을 조사하면서 정치 풍속에서 전설에 이르기까지 그 무렵 사람들이 살아가는 모습을 섬세하고 장대하게 기록했다. 전 5권을 성내城内·성동城東·성남城南·성서城西·성북城北으로 나누고, 북위의 전성기로 거슬러 올라가 각 사원의 모습과 그 사원에 얽힌 암투와 인물, 풍속 등을 소박한 문장으로 간결하게 기술했다.

INTRO

저자 양현지는 어떤 인물인지 알려진 것이 별로 없다. 그가 쓴 이 책의 서문에 따르면, 동위東魏 무제武帝 5년(547)에 공적인 일로 여행을 하다가 다시 낙양에 들렀는데, 성벽은 무너지고 궁전은 기울었으며, 사원은 재로 변하고 묘탑은 폐허가 된 광경을 보고 이를 후세에 전해야겠다는 생각으로 붓을 들었다고 한다. 이로 미루어 북위의 전성기에서 멸망에 이르는 6세기 전반에, 그리 높지 않은 관직에 있었던 사람으로 짐작된다.

이 책은 사료로서도 귀중하며, 문학적으로도 높이 평가받는 글이다. 기록 문학 가운데서도 지리 분야에 속하며, 『수경주水經注』와 함께 문학적으로 뛰어난 자료로 꼽힌다.

폐허가 된 낙양의 옛 영화를 기록

북위는 3세기 말부터 5세기 초에 걸쳐 약 150년 동안 낙양을 도읍으로 삼았다. 북위는 투르크족의 한 부족이었던 것으로 추정되는 유목민족 선비鮮卑의 탁발부拓跋部●가 화북 지방에 세운 왕조이다. 북위의 지배자들은 한화정책漢化政策●을 적극적으로 추진해 문화적으로는 크게 발전했으나, 상무 정신이 쇠퇴해 사치와 향락에 빠지고 말았다. 그런 실상을 이 책은 다음과 같이 전한다.

"총령葱嶺(파미르 고원)의 서쪽 대진大秦(로마 제국)에 이르는 100개의 나라와 1,000개의 성은 한결같이 중국을 흠모한다. 매일같이 오랑캐의 상인 무리들과 행상인들이 우리나라의 국경을 향해 몰려오고 있다. 중국을 흠모해 거주지를 옮기는 사람이 헤아릴 수 없이 많고, 그래서 귀화하는 외국인이 1만 호 이상이나 된다. 도시는 질서정연하게 세워지고, 집들의 문은 한 줄로 나란히 정렬했으며, 회화나무는 길가에 그늘을 드리우고, 마당에는 녹색 버들이 가지를 늘어뜨리고 있었다. 또한, 천하의 귀한 물자라는 물자는 모두 갖추어져 있었다." (3권, 용화사龍華寺 조)

이렇게 번성한 도시에서 영화를 누린 사람은 물론 황족들이었고, 사원은 그들과 밀접한 관련을 맺고 있었다. 낙양에 사원이 많이 건설된 시기는 어린 나이에 즉위한 제8대 효명孝明 황제 때부터이다. 그때 실권을 잡고 있던 황태후인 영태후靈太后●는 불교에 심취해 전국에 사탑을 세웠고, 그것 때문에 재정이 궁핍해져 민심을 잃었다. 그것이 결국 북위가 멸망하는 한 원인이 되었는데, 황족들은 그저 권력 투쟁과 사치와 향락에만 몰두했다. 제5대 헌문獻文 황제의 아들이며 영태후 섭정 때 승상을 지냈던 고양왕高陽王 옹雍은 영태후의 정적이었던 황족 원예元乂를 죽인 공으로 호화로운 저택을 선물받았다. 그 저택에서 6,000명의 종과 500명의 가기家妓를 거느리며 생활했던 옹은 먹는 걸 밝히는 사람이었다.

"입이 까다롭고 산해진미에 탐닉해 한 끼에 수만 전을 소비했다. 산해진미를 사방 1장丈에 늘어놓고 먹었다." (3권, 고양왕사高陽王寺 조)

뒷날 산서山西에 사는 유목민족의 우두머리인 이주영爾朱榮은 반란을 일으켜 낙양을 함락시킨 뒤 영태후를 황하에 빠뜨려 죽이고, 옹 또한 죽이고는 그 저택을 절로 삼았다. 어쨌든 영태후 시절은 북위의 전성기이자 동시에 파국으로 나아가던 시기였다.

"그즈음 나라는 풍요로워 창고는 물자로 넘쳐 났고, 복도에 쌓인 동전과 비단은 헤아릴 수도 없었다. 태후는 백관에게 비단을 하사하면서 가지고 싶은 만큼 가져가라 했고, 신하들은 힘이 닿는 대로 비단을 끌어안고 돌아갔다. 그런데 장무왕章武王 융融(장군으로서 싸움에서는 매번 졌지만 욕심이 많았다)과 진류후陳留侯 이숭李崇(뛰어난 전략가이자 구두쇠로 유명했다)은 비단을 너무 많이 지고 가는 바람에 그만 넘어져 발목을 삐고 말았다."

(4권, 황족의 거주 지역이었던 수구리壽丘里 조)

구두쇠 이숭에 대한 이야기는 3권의 고양왕 조항에도 나온다. 식사 때는 늘 부추 조각과 부추절임만을 반찬으로 먹었다. 그런 그를 사람들은 한 끼에 18가지 반찬으로 식사를 한다고 놀렸다. 왜냐하면 2구韭는 18(중국어에서 부추를 뜻하는 韭는 숫자 아홉을 뜻하는 구九와 발음이 같음)이기 때문이다. 그 자신도 고양왕의 한 끼는 자신의 1,000일 치 식사에 해당한다고 말할 정도였다.

북조와 남조의 생활 풍습을 비교

그러나 저자 양현지가 보았던 낙양의 번영도 이주영의 반란으로 하루아침에 무너져 버린다. 그 뒤 북위는 업鄴을 수도로 하는 동위東魏와 장안을 수도로 하는 서위西魏로 분열됐다.

양현지는 전란 뒤의 황폐한 낙양을 보고 옛날을 그리워하며 붓을 들었다고 했다. 그러나 그는 자신의 개인적인 감회나 의견은 결코 드러내지 않고, 영태후 시대의 낙양을 있는 그대로 재현하는 데만 힘을 쏟았다. 그 1권의 서두를 장식한 것이 바로 영태후가 세운 대사원으로, 낙양의 영광을 상징하는 영령사永寧寺 조이다.

영령사에는 "바람 부는 가을밤에는 화사한 금방울 소리가 10리까지

울려퍼졌다"고 할 정도로 그 시대의 첨단 건축 기술을 구사한 9층탑이 있었는데, 영태후는 그 탑에 올라가 도시를 조망했다고 한다. 반란을 일으킨 이주영은 이 절에 군대를 집결시키고 영태후의 세력을 무너뜨린 다음, 제9대 효장孝莊 황제를 옹립했다. 그러나 결국 효장 황제도 이주영의 부하에게 사로잡혀 진양晉陽으로 이송되었다가 교살당하고 만다.

"황제는 임종 때 부처에게 절을 올리고 다음 생에는 국왕으로 태어나지 않게 해 달라고 기원했다"고 한다. 그 뒤 영령사 9층탑은 화재로 무너졌는데, 1년이나 지난 뒤에도 연기가 모락모락 피어올랐다고 한다.

이주영의 난을 중심으로 한 권력 투쟁의 양상 외에, 북조北朝 사람과 남조南朝 사람의 생활 방식에 관한 차이를 알려 주는 시정市井의 이야기도 흥미롭다.

북위가 융성했을 때, 북조의 사족士族은 남조의 사족에 대해 거만하게 굴었다. 양원신楊元慎이라는 화북 출신의 사족이 강남 사람은 차만 마셔 대는 땅딸보라고 비난했다는 이야기도 있다(2권, 경령사景寧寺 조). 실제로 강남 사람들은 화북 사람을 대접할 때도 자신들의 생활 양식을 버리지 않았다고 한다.

강남에서 온 상서령尚書令 왕숙王肅은 북조 사람이 늘 먹는 양고기나 유제 음료(낙酪. 우유·양젖 등을 정제한 끈적한 음료)를 좋아하지 않아 늘 생선 죽을 먹고 차를 마셨으며, 차를 유제 음료의 종으로 삼아서는 안 된다고 말했다. 그래서 북위에서는 차를 낙노酪奴라고도 부르게 되었다. (3권, 왕숙이 세운 정각사正覺寺 조)

항간에 떠도는 이야기의 한 예로, 15세 때 죽었다가 무덤 속에서 12년을 산 다음에 다시 살아났다는 최함崔涵이란 남자 이야기를 들어 보자.

무덤에서 나온 이 남자는 자신이 성의 서쪽 부재리阜財里(부자들이 사는 동네)에 사는 최창崔暢의 아들이라 자칭했다. 그러나 최창은 문 앞에 불을 피운 뒤 칼을 들고 그를 막았으며, 그 아내 위魏씨는 복숭아 나뭇가지(귀신을 쫓는 효험이 있다고 한다)를 흔들며 최함을 쫓아냈다.

"너는 절대로 여기에 와서는 안 돼. 너는 우리 자식이 아니다. 빨리 돌아가지 못할까! 재앙은 싫다."

최함은 하는 수 없이 도성을 떠돌다가 절 문 앞에서 잠을 잤다. 낙양대시洛陽大市라는 시장의 북쪽에 있는 봉종리奉終里는 장례식 도구나 관을 파는 사람들이 사는 곳인데, 최함이 거기에 나타나서 이렇게 말했다.

"노송나무로 관을 짤 때는 뽕나무를 바닥에 대서는 안 된다."

사람들이 그 이유를 묻자 이렇게 대답했다.

"내가 지하에 있을 때 죽은 사람이 병사로 징병되는 장면을 본 적이 있는데, 죽은 사람 하나가 '나는 노송나무 관이니까 나가지 않아도 된다'고 했더니, 징병관이 '분명 노송나무 관이기는 하지만 바닥을 뽕나무로 만들었기 때문에 소용없다'고 하더군."

그 이야기가 전해지자 노송나무 가격이 폭등했다. 사람들은 관을 파는 상인이 최함에게 뇌물을 주어 그런 말을 하게 했다고 의심했다. (권3, 보리사菩提寺 조)

그대는 해 뜨는 나라에서 왔는가?

덧붙여 5권에 나오는 송운宋雲과 혜생惠生의 서역 여행에 관한 기록(「송운기행宋雲紀行」)도 그 무렵 서역과의 교통을 알려 주는 중요한 자료이다.

12월 초에 오장국烏場國(인도의 우디야나Uddiyana 지방)에 들어섰다. 북쪽은 파미르 고원과 접하고, 남쪽은 천축(인도)으로 이어지며, 기후는 온화하고 영토는 사방 수천 리이다. 인구도 많고 물자도 풍부해 임치臨淄의 신주神州에 비길 만하다. 전답은 비옥하고 아름다워 함양咸陽의 일등지와 어깨를 나란히 한다. 이곳은 비라毗羅(불교 13대 조사祖師)가 자식을 바치고 살타薩埵(보살)가 몸을 던진 곳이다. 그런 관습은 먼 옛날의 일이기는 하나, 지금도 그런 분위기는 그대로 남아 있다. 국왕은 수행을 게을리하지 않으며, 채식으로 몸을 청결히 하고, 아침저녁으로 부처에게 절을 올릴 때는 북을 치고 나팔을 불며, 비파·공후·생황笙簧·소簫를 연주한다. 점심때가 지나면 업무가 시작되는데, 설령 죽을죄를 지은 사람이라도 죽이지 않고 산속으로 추방해 살 수 있게 한다. 흑백을 명확히 구별할 수 없을 때는 약을 먹인다. 그러면 흑백이 금방 가려진다. 모든 것은 경중을 따져 그 자리에서 곧바로 결정한다. 토지는 비옥하고, 인구도 많으며, 물자도 풍부하다. 오곡은 풍성하게 맺히고 과일은 가지가 부러질 정도로 달린다. 밤에는 범종 소리가 멀리까지 은은히 울려퍼진다. 땅에는 희귀한 꽃이 많은데, 겨울에서 봄에 걸쳐 핀다. 승려와 서민들은 그 꽃을 따다 불전에 바쳤다.

국왕은 송운이 "대위大魏의 사자로 왔습니다"라고 하자, 동쪽을 향해 합장하고 최고의 예절로 맞이했다. 중국어를 아는 사람을 내세워 송운에게 "그대는 해 뜨는 나라에서 왔는가? 하고 물었다. 송운은 "우리나라의 동쪽에는 바다가 있고, 해는 거기서 뜹니다. 말씀하신 대로 그 나라에서 왔습니다" 하고 대답했다. 왕은 "그 나라에서도 성인이 나왔는가?" 하고 물었다. 송운은 주공周公·공자孔子·노자老子·장자莊子의 덕에 대해 자세히 이야기하고, 다음으로 봉래산蓬萊山 위의 은궁銀宮과 금당金堂에 대한 이야기, 신선과 성인이 함께 그곳에 산다는 이야기, 그 밖에 점성술의 대가 관로管輅와 명의 화타華陀, 방술의 달인 좌자左慈에 대해 이야기를 나누었다. 그러자 왕은 이렇게 말했다. "만일 그 말이 사실이라면, 그대가 사는 그 나라야말로 불국토佛國土가 아닌가. 다음 생에는 그 나라에 태어나 살고 싶구나." 그런 다음, 송운은 혜생과 함께 여래의 흔적을 찾아 성 밖으로 나갔다. (5권, 오장국 조)

유선굴
(遊仙窟)

740년경에 만들어진 책으로, 여행길에 미인들과 지낸 꿈 같은 하룻밤을 묘사한 환상적인 연애 이야기이다. 유선굴이란 '선인이나 선녀가 살고 있는 선굴仙窟에서 놀았다'는 뜻이다. 8,000~9,000자로 이루어진 이 책은 당나라 시대의 소설로서는 긴 편이다. 이 책은 중국 최초의 연애소설로서 1인칭 관찰자 시점으로 쓰였다. 지어진 시기는 당나라 초기이고, 작자는 장작이다. 그의 작품들은 그가 살았던 시기부터 많은 사람들의 사랑을 받았으며, 당나라를 방문한 신라나 일본의 사신들도 반드시 구입해서 돌아갔다고 한다.

INTRO

이 이야기는 소설이기는 하나 작자 자신과 측천무후則天武后(624~705, 당나라 고종의 황후)와의 연애 체험에 기초한 것이라는 설도 있고, 유곽에서 노닐던 체험을 기반으로 기녀의 생활을 미화한 것이라는 설도 있다. 유곽에서 노니는 것을 '유선遊仙'이라고 표현했다고도 볼 수 있다. 하룻밤의 정사가 화려한 문어체의 표현 속에 아름답게 그려져 있다.

형식적인 면에서도 두드러진 특징을 가지고 있다. 변려체駢儷體●라는 화려한 문체 사이사이에 시가를 삽입하여 대화를 대신했으며, 아름다운 문어체이면서도 그 무렵의 속어와 속담을 구사해 효과적으로 분위기를 만들어 냈다. 지은이의 학식을 과시하기 위해 수많은 고전을 인용한 것도 특징이다.

화려한 문어체로 그린 하룻밤의 정사

나는 명을 받아 저 멀리 하원河源으로 가는 사신이 되어 적석산積石山을 지나게 되었다. 날이 저물어 사람도 말도 모두 지칠 대로 지쳤는데, 길마저 절벽에 가로막혔다. 그때 저 아래서 물소리가 들려왔다. 자세히 들어 보니 그곳은 신선이 사는 곳이라고 한다. 나는 사흘 동안 몸을 깨끗이 하고, 칡넝쿨을 부여잡고 계곡으로 내려가 배를 타고 계곡을 따라 위로 올라갔다. 녹음 속에 듬성듬성 바위가 놓여 있는 곳을 지나고 복숭아꽃이 만발한 연못을 지나자, 빛이 찬란한 곳이 나타났다. 건너편에서는 젊은 여자가 빨래를 하고 있었다. 그 여자에게 잘 곳을 청하니 어느 저택으로 나를 안내했다. 여자가 말하기를, 이곳은 최십낭崔十娘의 저택인데, 십낭은 얼굴이 아름답고 몸매는 나긋나긋하며 허리는 버드나무 가지처럼 가늘어 껴안으면 꺾일 정도라는 등 도저히 이 세상의 말로는 미처 다 표현할 수 없다고 했다.

안쪽에서 거문고 소리가 들려와, 나는 시를 읊어 화답했다. 이윽고 답시가 돌아왔고, 문틈으로 십낭이 얼굴을 조금 내밀었다. 나는 두근거리는 가슴으로 마음을 담아 시를 지었다. 당신 앞에서는 저 서시西施(춘추시대 월나라의 미녀)도 얼굴을 가리고, 한수漢水의 여신조차 몸을 숨길 것이라는 말로 십낭의 아름다움을 찬양했다.

그리하여 마침내 나는 십낭을 대면할 수 있었다.

"여태까지 시녀가 당신을 칭찬하는 말을 듣고 거짓인 줄로 알았는데, 이렇게 만나고 보니 그 아름다움은 도저히 이 세상에서 찾아볼 수 없을 듯하오."

"당신의 시를 들어 보고 평범한 분이 아닌 줄은 알았으나, 실제로 만나뵈니 문장보다 더 훌륭한 장부이시군요."

십낭의 나이는 17세. 한 번 결혼했으나 남편이 전장에서 목숨을 잃어, 같은 과부이며 형님뻘인 오수五嫂와 함께 이곳에서 살고 있었다. 안으로 들어가자 오수가 나와 금은보화로 장식한 방에 상을 차려 주었다. 오수는 나와 십낭을 맺어 주려고 빼어난 말솜씨로 멋지게 분위기를 잡았다. 우리는 술을 마시고 음식을 먹고, 비파를 즐기고 피리를 불고, 시를 주고받으며 품위 있는 대화를 나누었다. 두 사람의 화려한 춤에 이끌려 마침내 나도 함께 춤을 추었다. 정원으로 나가니 푸른 나무와 만발한 꽃, 지저귀는 작은 새, 연못의 물고기 등 마치 별천지에서 노니는 듯했다.

이윽고 날이 저물자 나는 십낭의 처소로 안내를 받았다. 십낭의 처소에서는 향이 피어오르고, 비단 주렴이 늘어져 있었다. 침대는 세공한 옥으로 장식했으며, 모든 곳에서 그녀의 세심한 손길을 느낄 수 있었다.

십낭과 마주 앉자 마음이 더욱 애절해져 나는 시를 읊었다.

"당신 곁으로 다가가면 갈수록 내 마음은 견디기 힘들다오. 그 손을 잡게 해 준다면, 지금 내 목이 잘려도 한이 없을 것이오."

망설이는 십낭에게 오수가 용기를 주었다. 이렇게 하여 나는 마침내 십낭의 몸을 잡고 끌어안으며 다시 시를 읊었다.

"당신의 허리를 끌어안으니 내 가슴이 천 갈래로 찢어지는구려. 만일 그 입술을 주신다면, 이 세상에서 무엇을 더 이상 바라겠소."

십낭은 맑은 눈으로 나를 바라보며 노래했다.

"손도 빼앗기고 허리도 당신의 팔 속에 들어 있으니 당신은 정말 나쁜 사람이에요."

십낭의 입술은 향기롭고 달콤했다. 나는 마침내 또 하나의 바람을 말했다. 오수는 우리 둘을 남기고 방을 나갔다.

밤이 깊어 가면서 나의 바람은 더욱 간절해졌다. 등불이 방 안을 밝히고, 등잔불의 불꽃이 하늘거렸다. 십낭은 시녀를 불러들였다. 시녀는 먼저 나의 신발을 벗기고, 옷을 접었다. 그러고는 두건을 벗기고, 허리띠를 풀었다. 이어서 십낭의 비단옷을 벗기고, 얇은 비단 치마도 벗겼다. 불타는 듯한 붉은색 장의長衣를 벗기고, 버선도 벗겼다. 눈부신 그 모습, 정신을 혼미하게 하는 향기…….

나는 터질 듯한 가슴을 억누를 길 없었다. 붉은 속옷 안으로 손을 밀어 넣고, 녹색 이불 속으로 발을 뻗었다. 이어 입술을 맞춘 채 한 손으로 십낭의 머리를 떠받치고, 유방을, 허벅지를 쓰다듬었다. 혀가 얽히면 마음은 구름 위를 떠돌고, 끌어안으면 사랑에 벅찬 가슴은 터질 듯했다. 눈길은 아득해지고, 귀는 멍멍했으며, 뜨거운 피는 몸 구석구석으로 미친 듯이 치달렸다. 이 세상에 태어나 기이한 인연으로 이렇게 만났으니 소중한 이 순간을 놓치고 싶지 않았다. 그렇게 우리 둘은 짧은 시간 동안 몇 번이나 뜨거운 사랑을 나누었다. 그러나 야속한 수탉은 아침을 알리고 두 사람은 눈물 어린 눈으로 서로를 바라보았다. 헤어지기는 쉬우나 다시 만나기는 어려운 법. 나는 주군의 명을 받드는 몸, 더 이상 시간을 지체할 수 없었다. 눈물을 머금은 나를 향해 십낭은 아직 사랑의 쾌락이 가시지도 않았는데 헤어져야 하는 무정한 세상을 원망이라도 하는 듯 맑은 눈물만 흘리고 있었다. 시녀들도 흐느껴 울며 얼굴을 들지 못했다.

　나는 십낭과 이별의 시와 선물을 주고받고 오수와 시녀들에게도 선물을 건넨 뒤 찢어지는 가슴을 끌어안은 채 그곳을 떠났다.

NOTES

변려체騈儷體 : 중국 고대의 한문체로, 변문騈文·사륙문四六文·사륙변려문四六騈儷文이라고도 한다. 4자와 6자를 기본으로 한 대구對句로 이루어진 문장이다. 후한의 중기와 말기에 시작되어 위魏·진晉·남북조南北朝를 거쳐 당나라 중기까지 유행했다.

전등신화
(剪燈新話)

1397년경에 만들어진 책으로, 명나라의 독서계를 풍미한 낭만적 괴담집이다. 작자 구우는 『전등록剪燈錄』 40권을 다시 구성해 '신화新話'를 썼다고 한다. 현존하는 판본은 4권 20편이지만, 그 밖에 1편 또는 2편이 덧붙여진 것도 있다. '전등剪燈'이란 '등잔불의 심지를 잘라 불을 더 밝게 하면서 밤이 새도록 읽는다'는 뜻이다.

INTRO

작자 구우(1341~1427)는 절강성浙江省 전당錢塘 사람으로 자는 종길宗吉, 호는 존재存齋이며, 시인으로 이름을 알렸다. 『전등신화』의 각 편에 시가 많이 나오고, 시를 짓는 이야기와 시인을 둘러싼 이야기가 많고, 소설 문체에도 4·6변려체의 미문이 구사된 점도 지은이가 시인이기 때문일 것이다. 『전등신화』 외에도 많은 저작이 있었으나 태반은 산실되었고, 현재 전하는 것은 『귀전시화歸田詩話』와 『영물시詠物詩』뿐이다. 『전등신화』가 출판되자 많은 모작이 나타났는데, 대표적인 것이 이정李禎(1376~1452)의 『전등여화剪燈餘話』이다.

『전등신화』와 『전등여화』는 동아시아 각국의 괴담소설에 큰 영향을 끼쳤다. 조선에서 최초로 이 책을 언급한 사람은 김시습(1435~1493)인데, 그의 『금오신화金鰲新話』 창작과 연관지어 볼 수도 있다. 또한 『전등여화』가 1443년에 주석된 「용비어천가」에 언급된 것으로 보아 그보다 훨씬 전에 유입된 것으로 짐작된다.

육조시대의 지괴志怪와 당나라의 전기傳奇 같은 문언소설의 흐름은 송·원·명으로 이어지지만, 새로이 일어난 백화소설●(구어체 소설)에 가려 큰 빛을 발하지 못했다. 그때 혜성처럼 나타난 문언소설이 바로 『전등신화』였다. 이 소설집은 지괴와 전기의 전통을 이어받아 괴담의 형식을 취하고 있기는 하지만, 낭만적인 요소를 갖추고 있는 것이 그 특징이다. 그런 점에서 당나라 전기의 정통을 이어받았다고 할 수 있겠다.

모란등롱牧丹燈籠

원나라 말기의 이야기이다. 방국진方國珍이 절강성 동부를 점령했을 즈음, 명주明州에서는 매년 5월 15일 밤부터 다섯 밤에 걸쳐 등불 축제를 열었는데, 성안의 모든 사람이 구경했다.

지정至正 20년(1360), 진명령鎭明嶺 기슭에 교생喬生이라는 사람이 있었는데, 그는 일찍이 아내를 잃고 홀로 살고 있었다. 외로움에 빠진 그는 등불 축제가 한창인데 구경도 가지 않고 멍하니 문 옆에 웅크리고 앉아 있었다.

보름밤도 깊어 자정이 지난 거리에는 사람 그림자도 거의 사라지고 없는데, 문득 고개를 들어 보니 모란등 2개를 든 쪽 찐 머리의 여자아이 하나를 앞장세우고, 그 뒤로 17~18세나 됨 직한 절세미인이 붉은 치마에 비취색 저고리로 단장한 채 간드러진 걸음걸이로 느릿느릿 서쪽으로 걸어가고 있었다. 교생은 저도 모르게 그 뒤를 따라갔다. 잠시 뒤, 여자는 웃음 띤 얼굴로 교생을 돌아보며 말했다.

"우리는 약속도 하지 않았는데 이렇게 달빛 아래 만났으니 무슨 인연이라도 있는 모양입니다."

교생은 앞으로 나아가 인사를 하고 말했다.

"제 집이 바로 저기인데 잠깐 들렀다 가시지 않겠습니까?"

그러자 여자는 등을 든 시녀에게 말했다.

"금련아, 등을 들고 이분 집으로 가 보자."

교생은 여자의 손을 잡고 집으로 돌아가 황홀한 사랑을 나누었다. 교생은 여자에게 사는 곳과 이름을 물었다. 그러자 여자는 이렇게 대답했다.

"성은 부符요, 자는 여경麗卿, 이름은 숙방淑芳입니다. 저희 집은 옛 봉화주奉化州의 주판州判 집안이었는데, 아버님이 일찍 돌아가시는 바람에 가세가 기울어 지금은 금련이를 데리고 호수 서쪽에 임시로 살고 있지요."

교생은 그녀를 가지 못하게 붙들고 같이 잤다. 요염한 몸매에 교태가 넘치는 말씨가 교생의 욕망을 더욱 자극했다. 두 사람은 마음껏 사랑을 나누었다. 그 뒤로 두 사람은 밤이면 사랑을 나누고 날이 밝으면 헤어졌다.

이런 생활이 보름쯤 되었을 때, 밤마다 속삭이는 소리가 나는 것을 이상하게 생각한 이웃집 노인이 벽에 구멍을 뚫어 엿보았더니, 교생이 등불 아래 해골과 나란히 앉아 있는 것이 아닌가. 깜짝 놀란 노인은 다음 날 아침 교생에게 따져 물었지만 그는 아무 말도 하지 않았다. 노인이 말했다.

"자네 정말 큰일일세. 인간은 정기가 넘치는 양의 세계에 살고, 유령은 요사하고 더러운 음의 세계에 사는 법이지. 자네는 음의 세계에 사는 부정한 유령과 동침하면서도 그런 사실을 모르고 아무렇지 않게 생각했는데, 그러다가는 정기가 고갈되어 그 젊은 나이에 목숨을 잃고 말 게야. 정말 애통한 일이야."

교생은 그 말을 듣고 깜짝 놀라 노인에게 그 여자를 만난 경위를 이야기했다. 이야기를 다 듣고 노인이 말했다.

"여자가 호수 서쪽에 임시로 머물고 있다고 했으니, 그 부근을 찾아보면 될 걸세. 사연을 알 수 있지 않겠나."

교생은 노인의 말대로 월호月湖 서쪽으로 가서 사람들에게 물어보았으나 하나같이 그런 여자는 본 적이 없다는 것이었다. 이윽고 해가 저물자 교생은 호심사湖心寺로 가서 잠시 쉰 다음 복도를 어슬렁거리다가 서쪽 복도 끝에 어두운 방 하나가 있는 것이 보였다. 거기에 관이 하나 놓여 있었는데, 그 관에는 하얀 종이가 붙어 있었고 '전 봉화주 주판의 딸 여경의 관'이라 적혀 있었다. 그 앞에는 모란꽃 두 송이 형태의 등이 걸려 있고, 그 아래에는 죽은 자에게 바쳐진 종이로 만든 시녀가 서 있었는데, 그 등에는 '금련金蓮'이라는 글자가 적혀 있었다. 그것을 보는 순간 교생은 모골이 송연해져서 걸음아 나 살려라 하고 절 밖으로 도망쳐 나와 집으로 돌아갔다.

그날 밤은 이웃의 노인 집에 머물렀다. 노인은 벌벌 떨고 있는 교생에게 비법을 알려 주었다.

"현묘관玄妙觀의 위魏 법사가 만든 부적이 당대 최고라고 하니, 당장 가서 그것을 구해 오게."

다음 날 아침 교생은 현묘관으로 갔다. 위 법사는 교생을 보자마자 놀라며 물었다.

"엄청난 요기가 감돌고 있군. 무슨 일로 찾아왔는가?"

교생이 사연을 이야기하자, 위 법사는 붉은 부적 2장을 그려 주었다.

"한 장은 문에 붙이고, 한 장은 침상에 붙이게. 그리고 다시는 호심사에 가지 않도록 하게."

교생은 부적을 들고 집으로 돌아와 위 법사가 시킨 대로 문과 침상에 붙였다. 그러자 여자는 나타나지 않았다.

한 달 정도 지난 뒤, 교생은 친구 집에서 술을 마시고 집으로 돌아가다가 취기에 그만 위 법사의 주의를 잊고 호심사 앞을 지나고 말았다. 그 문 앞에서는 금련이 기다리고 있었다.

"아가씨께서 기다리고 계세요."

그러면서 금련은 교생의 손을 이끌고 서쪽 복도 끝 어두운 방으로 데리고 갔다. 방에는 여경이 기다리고 있었다. 그녀는 교생에게 따지고 들었다.

"당신과 나는 등불 축제일에 우연히 만났고, 나는 당신의 따뜻한 마음에 감동해 온몸을 바쳐 당신을 받들고 밤낮으로 오가며 정성을 다했습니다. 그런데 어찌 요사스러운 도사의 말만 믿고 나를 이렇게 박정하게 대하십니까? 당신이 원망스러워 견딜 수가 없습니다. 오늘 이렇게 만났으니 절대로 당신을 놓아주지 않을 겁니다."

그러고는 교생의 손을 잡고 관 앞으로 갔다. 그러자 관 뚜껑이 저절로 열리더니, 여경이 교생을 안고 관 속으로 들어가자 다시 저절로 닫혔다. 교생은 관 속에서 숨이 끊어지고 말았다.

이웃집 노인은 교생이 돌아오지 않자 사방을 찾아 헤맨 끝에 호심사에 이르러 관이 있는 방으로 들어가 보았다. 아니나 다를까 교생의 옷이 관 뚜껑 밖으로 살짝 비어져 나와 있는 것이 아닌가. 노인은 승려에게 부탁해 관 뚜껑을 열게 했다. 관 속에서 교생은 여자의 사체를 끌어안은 채 죽어 있었다. 여자의 얼굴은 마치 살아 있는 것 같았다. 승려는 탄식하며 말했다.

"이 여자는 봉화주 주판의 딸인데, 열일곱 살 때 세상을 떠났지요. 가족들은 그 관을 우리에게 맡기고 북쪽으로 떠나 버렸습니다. 그 뒤로 소식이 끊어진 지 벌써 12년이나 되었습니다. 설마 이런 일이 일어나리라고는 상상도 하지 못했습니다."

그렇게 하여 여자의 시신과 교생을 서문 밖에 묻었다.

그 뒤로 어두운 밤이나 달이 없는 밤이면 모란등을 든 금련을 앞세우고 교생과 여자가 손을 잡고 걸어가는 모습이 자주 보였는데, 그 모습을 본 사람들은 오한과 신열로 고생했고, 공덕을 드리고 제사를 지내야 병이 나았다. 사람들은 앞을 다투어 현묘관의 위 법사를 찾아가 부적을 그려 달라고 부탁했다. 그러자 위 법사는 이렇게 말했다.

"나의 부적은 나쁜 일을 미연에 방지할 수는 있으나, 귀신의 화기를 입

은 다음에는 아무 소용이 없소이다. 소문에 사명산四明山의 철관도인鐵冠道
사이 유령을 물리치는 술법에 밝다 하니 그 사람을 찾아가 보시오."

그래서 사람들은 사명산으로 갔다. 등나무 줄기와 칡덩굴을 잡고 험
한 산을 기어올라 정상에 이르니 과연 초암草庵 하나가 있었다. 도인은 동
자가 학을 길들이는 모습을 바라보며 책상에 기대앉아 있었다.

"나는 산림에 숨어 사는 일개 서생에 지나지 않으니 그런 술법을 어찌
알겠소. 당신들은 잘못된 소문을 들은 게요."

도인은 사람들을 상대하려 하지도 않았다. 사람들은 위 법사의 소개
로 왔다고 했다.

"그 말 많은 놈이 결국 사람을 귀찮게 만드는구먼."

도인은 동자를 데리고 바람처럼 산을 내려와 서문 바깥에 이르
렀다. 그러고는 방장方丈(사방 열 자) 넓이의 단을 세우고 앉아 부적을
태웠다. 그러자 누런 두건에 비단 도포를 입고, 무쇠 갑옷에 날카로
운 창을 든 저승사자가 나타났다. 그는 단 아래 우뚝 서더니, 허리
를 굽히며 명령이 떨어지기를 기다렸다.

"이 부근에 요사스러운 잡귀들이 나타나 사람들을 괴롭히는데, 너희
들은 어찌 모르고 있었더냐? 당장 그놈들을 잡아오도록 해라!"

명령이 떨어지자마자 저승사자들은 여경과 금련 그리고 교생을 쇠고
랑을 채워 잡아 왔다. 채찍으로 맞았는지 그들의 몸에서는 붉은 피가 뚝
뚝 떨어지고 있었다.

도인은 심문을 한 다음 세 사람에게 진술서를 쓰도록 했다. 세 사람이
각자의 사연을 몇백 자로 적어 자신의 죄를 인정하자, 도인은 판결문을
작성해 세 사람 모두 구유九幽 지옥에 넣기로 결정했다. 세 사람이 슬피
울며 가지 않으려 하자, 도인은 빨리 끌고 가라고 호통을 쳤다. 이튿날,

사람들이 사례를 하려 했으나 도인은 사라지고 암자에는 잡초만 무성했다. 뒤이어 급히 현묘관으로 달려가 위 법사를 찾았더니 그는 벌써 벙어리가 되어 있었다.

애경전愛卿傳

절강성 가흥嘉興에 나애애羅愛愛라는 명기가 있었다. 재색을 겸비하고 시에도 능해 모든 사람들이 사모하여 애경愛卿이라 불렀다. 어느 해 여름, 더위도 끝날 무렵인 15일에 그 지방의 명사들이 원호鴛湖에 있는 능허각凌虛閣에서 달구경을 하며 시를 짓는 모임을 가졌는데, 애경이 먼저 4수의 시를 읊자 다른 사람들은 시를 지을 생각도 잊고 말았다고 한다.

같은 고을에 사는 조씨라는 부잣집 아들이 예를 갖추어 애경을 아내로 삼으려 했다. 그의 아버지는 벌써 세상을 떠났고, 홀어머니를 모시고 살았다. 애경은 조씨 집으로 시집을 간 뒤로는 여자의 길을 걸으며 남편과 시어머니를 잘 모셨다. 얼마 뒤, 친척 가운데 이부상서吏部尙書의 벼슬을 하는 사람이 조씨를 강남 땅의 관리로 발탁하겠다는 편지를 보내왔다. 조씨는 자신이 강남 땅으로 가 버리면 어머니와 아내가 슬퍼할 것이고, 만일 가지 않는다면 어렵게 찾아온 출세의 기회를 놓치게 될 판이라 어느 쪽으로도 결정을 내리지 못하고 망설였다. 그러자 애경이 말했다.

"대장부는 입신양명하여 부모의 이름을 드날리는 것이 올바른 길이라고 들었습니다. 사사로운 정에 사로잡혀 출세의 기회를 놓쳐서는 안 됩니다. 어머니는 제가 잘 모시겠습니다. 다만, 연세가 많으시고 병이 잦으니, 왕을 섬기는 날은 많아도 부모의 은덕에 보답할 날은 많지 않다는 옛사람의 말을 명심하시어, 서산에 지는 해를 쫓듯이 빨리 돌아오도록 하십시오."

조씨가 애경의 말을 듣고 마음을 정하자, 애경은 안채에 술상을 차려 이별을 고했다. 애경은 그때 남편에게 술을 따르고 어머니의 장수를 비는 시를 지어 읊었다. 이별을 슬퍼하는 시를 듣고, 그 자리에 모여 있던 사람들 모두 눈물을 흘렸다.

조씨는 그 술기운을 빌려 과감히 여행길에 나섰는데, 도성에 도착해 보니 믿고 의지해야 할 이부상서가 병이 들어 관직에서 물러난 뒤여서 어디 의탁할 곳도 구하지 못한 채 그냥 여관에 머물러 있어야 했다. 한편, 고향의 어머니는 아들 걱정으로 병이 더욱 깊어져 마침내 자리에 눕고 말았다. 애경이 정성껏 간병했지만, 그런 보람도 없이 어머니는 반년 뒤에 세상을 떠나고 말았다. 숨을 거두기 전에 어머니는 애경에게 말했다.

"아들은 출세하려고 서울로 가서 소식이 끊어지고, 나 또한 병이 들어 네가 나를 섬기느라고 정말 고생이 많았다. 너에게 보답도 못 하고 이렇게 죽게 되다니, 정말 애통하구나. 내가 오로지 바라는 것이 있다면, 뒷날 너희들이 자식들을 거느리고 행복하게 잘 사는 것뿐이다. 하늘도 네 효심을 알 것이니 결코 저버리지 않을 것이다."

애경은 슬피 울면서 관을 마련해 어머니를 백저촌白苧村에 묻었다. 그 뒤로 애경은 매일 영전에 절을 올리고 어머니의 명복을 빌었다. 그러다 보니 애경의 몸도 점점 여위어 갔다.

원나라 지정 16년, 장사성張士誠이 난을 일으켜 소주蘇州를 점령했다. 그 이듬해, 원나라의 승상은 묘족苗族의 우두머리 양완楊完을 강소성과 절강성의 참정參政으로 임명하고, 가흥에서 반란군을 막도록 했다. 그 군대는 양민의 재산을 약탈하고 잔학한 것으로 유명했다. 조씨 집은 유만호劉萬戶라는 자가 덮쳤는데, 그는 애경의 미모에 반해 억지로 범하려 했다. 이에 애경은 목욕을 하고 오겠다고 속이고는 비단으로 목을 매 죽고 말았다.

수상히 여긴 유만호가 달려갔지만 때는 이미 늦은 뒤였다. 유만호는 시신을 이불로 싼 뒤 뒤뜰에 있는 은행나무 아래 묻었다.

그로부터 얼마 뒤 장사성은 원나라와 화해했고, 양완은 죽임을 당했으며, 그의 부하들은 뿔뿔이 흩어졌다.

조씨는 고생 끝에 가흥으로 돌아왔지만, 성곽이며 주민들은 옛날 그대로가 아니었다. 옛집도 폐허나 다름없이 변해 들보에는 쥐가 들락거리고, 나무 위에서는 올빼미가 울어 대고 있었으며, 푸른 이끼와 무성한 잡초만이 섬돌과 뜨락을 뒤덮고 있었다. 어머니와 아내는 간곳없고 그저 집만 덩그러니 우뚝 서 있었다. 조씨는 한참을 멍하니 서 있다가 이윽고 힘을 내 간단히 청소한 다음 잠을 청했다. 다음 날, 동문 밖에서 옛날에 부리던 노복을 만나, 어머니와 아내가 죽었다는 사실을 알게 되었다. 노복은 조씨를 백저촌에 있는 어머니의 묘로 안내하고, 소나무와 잣나무을 가리키며 말했다.

"이 나무들은 모두 부인께서 심으신 겁니다. 이 묘도 부인께서 만드신 겁니다."

그리고 아내가 어떻게 죽었는지에 대해서도 알려 주었다.

조씨가 집으로 돌아와 뒤뜰의 은행나무 아래를 파 보니 애경은 얼굴도 피부도 아직 살아 있는 듯한 모습으로 누워 있었다. 그 모습이 더욱 사무친 조씨는 시신을 쓰다듬으며 통곡했다. 조씨는 애경의 시신을 향탕香湯으로 깨끗하게 씻기고 깨끗한 옷을 입혔다. 그러고는 관을 사다가 어머니 무덤 곁에 묻고 울면서 말했다.

"부인, 그대는 평소 총명하고 재주가 뛰어났으니 설령 죽었다 한들 보통 사람들처럼 소식을 끊어서는 안 되오. 당신의 영혼이라도 한번 보고 싶구려. 이 세상과 저세상이 달라 영혼 보기를 두려워하는 사람도 있으나, 난 당신을 절대로 피하지 않을 것이오. 보고 싶소. 나는 당신이 내 앞에 나타나리라 믿소."

그로부터 열흘 뒤 달도 없는 어두운 밤, 잠을 이루지 못한 조씨가 홀로 방에 앉아 있는데 칠흑 같은 어둠 속에서 갑자기 곡소리가 들렸다. 그 소리는 멀리서 들려오다 점점 가까워졌다. 조씨는 황망히 일어나 말했다.

"만일 애경의 영혼이라면 모습을 드러내 이야기를 나누어 봅시다."

그러자 말소리가 들렸다.

"저예요. 당신이 저를 그리는 마음에 감동해 비록 저승에 있는 몸이지만 너무 슬퍼 이렇게 왔습니다. 오늘 밤 당신을 만나려고요."

그러더니 발자국 소리와 함께 점점 가까이 다가와 모습을 드러냈다. 과연 애경이었다. 엷은 화장도 하얀 옷도 이전과 똑같았지만, 다만 목에 얇은 비단을 감고 있는 것이 다를 뿐이었다. 애경은 조씨에게 가볍게 고개를 숙이고는 흐느껴 울며 자작시를 읊었는데, 그 소리가 너무도 처량해서 제대로 알아들을 수 없을 정도였다.

조씨는 애경을 방으로 들이고는 어머니를 잘 모시고 묘를 지켜 준 일, 정절을 지키다 죽은 일에 대해 고마워했다. 그러자 애경은 부끄러워하는 표정으로 눈물을 닦으며 말했다.

"저는 기생 집안에서 태어났습니다. 꿩이나 들오리는 집에서 길들일 수 없고, 길가의 버들이나 울타리에 핀 꽃은 누구든 꺾을 수 있지요. 저는 문가에 서서 웃음을 팔 줄은 알았어도 좋은 아내로 살아가는 일에 대해서는 잘 몰랐습니다. 마음에도 없는 말을 하고, 오는 손님은 모두 맞이해 여기서도 자고 저기서도 자고, 그렇게 살아온 몸입니다. 그런데 당신이 그런 저를 아내로 맞아 주셨기에 지난날의 과거는 모두 씻어 버리고, 잘못을 고치며 가사에 전념해 왔습니다. 그리하여 조상을 모시는 예에 따라 시어머니를 정성껏 모시고 예를 갖추어 장사를 지냈으니 마음에 부끄러움이 없답니다. 간혹 노래도 하고 울기도 하면서 세월을 보내며 일찍이 문 밖을 내다본 적도 없었는데, 하늘이 저를 이렇게 버릴 줄이야 어찌 알았겠습니까. 큰 난리가 일어나 악당들이 서로 다투어 집을 빼앗고 남의 아내를 범하려 했습니다. 저는 홀몸으로 그런 치욕을 겪으며 살 수 없어 정조를 지키며 죽기로 결심했지요."

조씨는 애경을 상냥하게 어루만지며 위로하고, 어머니가 지금 어디 계시는지를 물었다.

"어머니는 생전에 나쁜 일을 하지 않아 벌써 이 세상에 다시 태어나셨습니다."

"그런데 당신은 왜 아직도 저세상에 있는 게요?"

"제가 죽어서 저승에 갔더니, 그곳 사자가 저를 열녀라고 칭찬하며 그 길로 무석無錫 지방에 있는 송씨 집안의 아들로 태어나게 해 주었지만, 저는 당신을 단 한 번이라도 만나 마음속의 회포를 풀고자 세월을 늦추고 있었습니다. 이제 당신을 뵈었으니 내일이면 바로 그 집안으로 가야 합니다. 만약 당신이 옛정을 잊지 않으시고 그 집을 찾아가셨을 때 그 애가 당신을 보고 웃으면 저인 줄 아십시오."

그런 다음 조씨와 애경은 사랑을 나누었다. 닭이 울자 애경은 서둘러 자리에서 일어나 방을 나섰으나 몇 걸음도 못 가 계단에서 돌아보며 울었다.

"서방님! 몸조심하세요. 이제 영영 이별이군요."

애경은 차마 떠나지 못하고 한참을 서 있다가 해가 뜨자 홀연히 사라졌다.

조씨는 서둘러 짐을 챙겨 무석 지방으로 달려갔다. 그곳에서 송씨 집안에 대해 물어보니 과연 아들이 태어났다고 했다. 그 아들은 어머니의 배 속에 20개월이나 들어 있었는데, 겨우 태어나서는 여태 울음을 그치지 않는다는 것이었다. 조씨가 사연을 이야기하고 그 아이를 만나자, 아이는 방긋 웃으며 울음을 그쳤다. 송씨는 애경의 성을 따서 그 아이의 이름을 나생羅生이라 지었다. 조씨는 송씨와 친척이 되기를 원했고, 그 이후로 두 집안은 선물을 주고받으며 서로 소식을 끊지 않고 살았다.

녹의인전綠衣人傳

천수天水에 사는 조원趙源은 일찍이 부모를 여의고 독신으로 지냈다. 원나라 연우延祐 연간에 공부를 하러 전당錢塘으로 가서 서호 북쪽의 갈령葛嶺에 거처를 정했는데, 그 이웃에 송나라의 재상을 지낸 가추학賈秋壑의 옛집이 있었다. 혼자 지내기가 무료했던 조원은 날이 저물면 문 밖으로 나와 우두커니 서 있곤 했다. 그때 어떤 여자가 동쪽에서 다가오는 것이 보였다. 녹색 옷을 입고 쪽 찐 머리를 했는데, 나이는 열대여섯쯤으로 보였고, 화장은 하지 않았지만 꽤 미인이었다. 조원은 여자에게 마음이 끌렸다. 그 뒤로도 여러 번이나 그 여자를 보게 된 조원은 어느 날 밤, 조심스레 여자에게 말을 걸었다.

"댁이 어디신데 저녁마다 이곳에 오십니까?"

여자는 가볍게 고개를 숙이고 웃으며 말했다.

"제 집은 바로 이웃인데, 모르고 계셨나요?"

조원이 은근히 마음을 떠보았더니 여자는 흔쾌히 응했다. 조원은 여자를 집으로 데리고 가서 사랑을 나누었다. 아침이 되자 여자는 돌아가고, 다시 저녁이 되면 찾아왔다. 이렇게 달포를 지내다 보니 서로 정이 깊어졌다.

조원은 여자가 사는 곳과 이름을 물었다.

"예쁜 여자를 얻었으면 됐지, 왜 억지로 알려 하세요?"

그래도 조원이 계속 묻자, 여자는 이렇게 대답했다.

"제가 늘 녹색 옷을 입고 있으니, 저를 부를 때 '녹의인'이라 하면 될 테지요."

그리하여 조원은 아마도 이 여자는 어느 대갓집의 시녀인데, 밤마다 마을 다니는 것을 숨기고 싶어 하는 것이라고 생각했다. 그래서 더욱 여자에게 마음이 끌렸다.

어느 날 밤, 조원이 술에 취해 녹색 옷은 첩의 복장이라고 놀리자 여자는 그 뒤로 한참이나 찾아오지 않았다. 다시 나타난 날 사연을 묻자 여자는 다음과 같이 말했다.

"당신이 저를 첩이라고 놀리는 바람에 너무 창피해서 오지 않았던 거예요. 사실, 당신과 저는 옛날부터 서로 인연이 있었는데, 그 옛정에 이끌려 이렇게 오게 된 거랍니다."

조원이 이상하게 생각하여 다시 캐묻자, 여자는 슬픈 표정을 지으며 대답했다.

"저는 이 세상 사람이 아닙니다. 그렇지만 당신에게 절대로 피해를 주지는 않을 거예요. 저는 원래 가사도賈似道(송나라의 정승 가추학) 님의 시녀였습니다. 당신은 그때 그 댁의 하인으로 차를 달이는 일을 하고 있었지요. 저는 당신을 사모하게 되었고, 그러다 우리는 서로 사랑하는 사이가 되었습니다. 그렇지만 내외의 구별이 엄격해 어찌할 도리가 없었고, 결국 다른 사람들이 우리 사이를 추학 어른께 고자질해 우리는 서호西湖의 단교斷橋 부근에서 같이 목이 잘리고 말았지요. 당신은 벌써 이 세상에 다시 태어났는데, 저는 아직도 저세상을 헤매고 있답니다."

그 뒤로 여자는 조원의 집에 머물며 돌아가지 않았다. 여자는 옛날에 추학의 집에 머물고 있었을 때의 일을 조원에게 이야기해 주었다. 이야기를 듣고 나서 조원이 물었다.

"우리는 언제까지 이렇게 같이 지낼 수 있소?"

"앞으로 3년입니다."

조원은 믿지 않았지만, 어느덧 3년이 지나자 여자는 병상에 누웠다. 조원이 의원을 부르려 하자 여자가 말했다.

"예전에 말했던 대로 우리의 인연은 이것으로 끝이에요."

여자는 조원의 팔에 매달리며 말을 이었다.

"저는 저세상의 망령인데도 당신에게 오래오래 사랑을 받았으니 무슨 미련이 더 있겠습니까. 이제 헤어질 때가 되었어요. 다시는 저를 생각하지 마세요."

여자는 그렇게 이별을 고하고는 벽 쪽으로 돌아누웠고, 그 뒤로는 불러도 대답이 없었다.

조원이 울면서 유해를 관 속에 넣고 매장하려 하다가 관이 너무 가벼워 뚜껑을 열어 보니 그 안에는 이불과 녹색 옷, 비녀와 귀고리만 들어 있었다. 조원은 그길로 그 관을 북산 기슭에 묻었다. 그녀의 사랑에 감동한 조원은 장가를 들지 않고 영은사靈隱寺에 들어가 승려로서 일생을 마쳤다고 한다.

NOTES

백화소설白話小說 : 중국에서 구어체로 쓰인 소설을 일컫는 말로, 고문古文으로 쓰인 문언소설의 대칭이다.

요재지이
(聊齋志異)

1697년에 만들어진 책으로, 초현실적인 요괴와 자연을 융합한 괴담 단편소설집의 백미이다. '요재聊齋'는 작자 포송령의 서재 이름이고, '지이志異'는 괴이하고 기이한 것을 기록했다는 뜻이다. 전 16권, 431편으로 이루어져 있는데, 그중에는 훌륭한 재판에 관한 이야기도 들어 있으나 대부분은 괴담이다.

INTRO

저자 포송령(1640~1715)은 명나라의 국운이 기울어 가던 시절에 태어나 청나라 초기에 활동한 문인이다. 자는 유선留仙 또는 검신劍臣이고, 별호는 유천거사柳泉居士이다. 고향은 산동山東의 치천현淄川縣에서 동쪽으로 7리 떨어진 만정장滿井莊이다. 어릴 적부터 글재주가 뛰어났고, 출세를 꿈꾸며 살았다.

19세 때, 동자시童子詩(과거科擧의 예비 시험 3단계)를 수석으로 합격했으나, 그 뒤의 본시험에서는 여러 번 떨어진 끝에 결국 합격하지 못했다. 30세가 넘어서부터 고향의 유력자인 필제유畢際有의 보호 아래 훈장 노릇을 했다. 그러면서 생활고는 해소할 수 있었으나 자신의 재능을 인정하지 않는 세상에 대한 분노가 거의 숙명론적인 체념과 맞물려 치유할 길 없는 울분으로 가슴에 쌓였다. 그런 가운데 그는 창작의 열정을 불태우며 『요재지이』를 써 나갔다.

그의 작품에 나오는 요괴는 약간의 예외를 제외하면, 인간보다 더 인간적인 성격을 띠고 있다. 작자는 직접 쓴 서문의 말미에서 다음과 같이 말했다.

"달빛 받으며 울어 대는 가을밤 풀벌레는 차가운 난간에 기대선 내 몸을 따뜻하게 감싸 주려 하는구나. 진정 나를 알아줄 이는 꿈속에서나 볼 수 있는 귀신들뿐이더란 말인가."

이 책은 만년 과거 낙제생의 절망이 낳은 슬프고 아름다운 꿈의 세계라 할 수 있는데, 이 책의 운명 또한 주인과 같이 불우함 그 자체였다.

『요재지이』는 그가 살아 있는 동안에 벌써 세상에 널리 알려져 필사하려는 사람이 앞을 다투었는데, 출판하겠다는 후원자가 나타나지 않아 인쇄·간행된 것은 그가 세상을 떠난 지 50년이 지난 1766년의 일이다. 그런데 중화인민공화국이 성립된 뒤인 1950년에 작자의 자필 원고 237편이 요녕성遼寧省에서 발견되었다. 그리하여 이 원고를 바탕으로 필사본으로만 전하던 작품의 오류를 수정한 판본이 1962년에 '회교본會校本'이라는 이름으로 중화서국中華書局에서 발간되었다. 『회교본』은 전 12권으로, 수록된 작품 수는 널리 알려진 판본보다

60편이 많은 491편이다. 원고를 다른 판본과 비교하면 황제의 이름에 쓰이는 글자를 사용하는 불경을 범하고 있고, 정치 비판적인 표현도 곳곳에 나타나는데, 이를 통해 청나라 왕조에 대한 작가의 반항의식을 느낄 수 있다.

이 책에 수록된 작품은 형식 면에서 크게 2종류의 계열로 나눌 수 있다. 하나는 괴이와 기문奇聞의 간단한 기록인 설화풍의 짧은 작품들로, 편수는 전체의 약 3분의 1에 달한다. 나머지는 비교적 긴 이야기의 작품들로, 환상과 현실이 얽힌 이야기의 이면에서 현세에서는 충족할 수 없는 인간의 꿈을 풍부한 시적 정취로 노래했고, 부패한 세계에 대한 신랄하고 날카로운 비판의식을 담았다.

작품을 주제별로 분류하면, 여우와 유령에 관한 이야기가 가장 많으며 편 수로는 전체의 약 40퍼센트에 달한다. 그리고 선인과 이인異人(보통과 다른 인간), 동식물, 물건, 꿈 등과 그 밖의 기이한 소재가 그 뒤를 잇는다. 야차夜叉(산속에 사는 요괴)와 같은 공포나 혐오감을 불러일으키는 괴물 이야기는 고작 10여 편에 지나지 않는다.

〈여우와 관련된 이야기〉

영녕

왕자복王子服이 산책을 하다가 귀엽게 활짝 웃는 매력적인 아가씨를 보았다. 자복은 그 아가씨의 모습을 잊을 수 없어 그만 상사병에 걸리고 말았다. 이에 외사촌 오생이 찾아와 무슨 이유로 몸져누웠는지 물어보았다. 자복이 눈물을 흘리며 이러저러한 사연이니 방법을 생각해 봐 달라고 부탁했다. 오생은 웃으면서 말했다.

"참 딱하기도 하네그려. 그까짓 일로 뭘 그리 고민을 해? 탈것도 없이 걸어다녔다면 필시 지체 높은 집안의 규수는 아닐 터, 돈만 아끼지 말고 뿌린다면 일은 성사된 것이나 다름없으니, 내게 맡겨 두게."

자복은 그 말을 듣고 서서히 건강을 회복했다. 오생은 자복으로부터 들은 이야기를 자복의 어머니에게 전하고 사방으로 그 여자의 행방을 찾아보았으나 도무지 알 수가 없었다. 이러지도 저러지도 못한 오생은 결국 거짓말을 했다.

"그 여자는 우리 친척의 딸이었어. 친척이긴 하지만 그쪽도 아직 혼담이 없으니 말하면 안 될 것도 없지."

그러고는 자복에게 거짓 주소를 가르쳐 주었다. 자복은 거짓 주소를 들고 서남쪽 산속으로 들어가 조그만 마을에서 그 여자를 찾아냈다. 여자의 이름은 영녕嬰寧이고, 16세였다. 그 어머니의 성은 진秦이고, 자복 어머니의 언니뻘 되는 사람이라고 했다. 영녕은 자복을 보고서 그냥 깔깔거리고 웃을 따름이었다. 자복은 기회를 보아 사모의 정을 밝혔지만 영녕은 알아들었는지 못 알아들었는지 반응이 신통치 않았고, 이에 자복은 머리가 좀 모자라는 아가씨가 아닌가 하고 생각했다. 그리고 자복은 이모뻘인 영녕의 어머니에게서 좋은 혼처를 찾아 달라는 부탁을 받았다. 그래서 영녕을 데리고 집으로 돌아왔다. 자복의 어머니는 아들로부터 일련의 사연을 듣고 말했다.

"진씨 집에 시집을 간 언니는 옛날에 죽었는데……"

오생이 다시 그 마을을 찾아가 보자 집이라고는 한 채도 없이 사라지고 황량한 묘지만 남아 있었다. 그러나 영녕은 어머니의 집이 사라졌다는 말을 듣고도 슬퍼하지 않았고, 그저 킥킥거리며 웃을 따름이었다.

자복의 어머니는 영녕에게 여종 하나를 붙여 같은 방에서 생활하도록 했다. 영녕은 아침이면 맨 먼저 일어나 예의 바르게 어른께 문안 인사를 드렸고, 바느질도 잘했다. 너무 잘 웃는 것이 흠이라면 흠이었지만, 그 웃음 때문에 집 안에 즐거움이 넘쳐 났다. 이웃 사람들도 그녀를 귀여워하고 사랑하게 되었고, 어떤 걱정거리가 있을 때 영녕이 와서 웃으면 모든 사람의 마음이 환하게 밝아졌다.

이윽고 영녕은 자복의 아내가 되었지만, 누구에게나 웃음을 보이는 그 모습은 여전했다. 그러다 일이 터졌다. 이웃집 남자 하나가 영녕이 자기를 보고 웃자 자신에게 마음이 있는 것으로 착각하고는 그녀를 유혹한 것이다. 둘은 밤에 만나기로 은밀히 약속을 했고, 남자는 약속된 장소로 가서 영녕을 보자마자 끌어안았다. 그런데 그것은 영녕이 아니라 메마른 고목이었고, 남자는 고목에 숨어 있던 전갈에게 치명적인 급소를 물리고 말았다. 남자는 그날 밤으로 죽었다. 이웃 사람들은 영녕이 요사스럽다고 호소했지만, 현 지사는 평소 자복의 사람됨을 높이 평가하고 있었던 터라 오히려 무고죄를 적용해 이웃을 처벌했다. 그 때문에 시어머니에게 야단을 맞은 영녕은 앞으로는 절대로 웃지 않겠다고 약속했다.

영녕이 웃음을 거두어 버린 어느 날 밤, 그녀는 갑자기 남편을 바라보며 눈물을 뚝뚝 흘렸다. 자복이 이상하게 생각해 이유를 물으니, 이렇게 말하는 것이었다.

"제가 이야기하면 깜짝 놀라실 것 같아 입을 다물고 있었습니다만 어머니와 당신이 저를 이렇게 사랑해 주시니 진실을 밝히는 것이 좋을 것 같아 말씀드리겠어요. 저는 당신의 큰이모부님과 여우 사이에서 태어난 자식이에요. 무덤 속의 큰이모님 품에서 십수 년 동안 보살핌을 받아 이렇게 성장할 수 있었답니다. 제가 의지할 데라고는 이 세상에 당신밖에 없어요. 저를 길러 주신 큰이모님은 지금도 외롭게 산에 묻혀 계십니다.

이제 제 어머니의 시신을 아버지와 합장해 주세요."

자복은 당장 그 묘지를 찾아가서 예를 올리고 두 사람의 묘를 합장해 주었다. 그날 밤 꿈에 큰이모님이 나타나 자복에게 고맙다는 인사를 했다. 영녕은 다음 해 아들을 낳았는데, 낯을 가리지 않고 누구에게든 잘 웃는 것이 그 어미를 쏙 빼닮았다고 한다.

주우酒友

술을 좋아하는 남자가 자신이 아끼는 술을 훔쳐 간 여우를 간호해 준다. 그러자 여우가 그 보답으로 남자를 부자로 만들어 준다는 이야기이다.

청봉靑鳳

구미호의 자손으로 자부심이 강한 여우 일족을 두 번이나 구해 준 남자와 미녀 여우 청봉이 맺어지는 이야기이다.

항낭恒娘

여우 여자 항낭에게 남자의 마음을 사로잡을 수 있는 비결을 전수받은 본처가 첩에게서 남편을 되찾는 이야기이다.

소취小翠

새끼 여우 소취가 어미의 목숨을 구해 준 은인의 백치 아들과 결혼해 아들을 정상으로 돌려놓은 뒤에 조용히 떠난다는 이야기이다.

〈유령에 관련된 이야기〉

공손구낭公孫九娘

어떤 수재(관리임용시험에 응시 자격이 있는 사람)가 우칠于七의 난(1648년에 일어난 반청 반란) 때 죽은 친구들의 영혼을 위로하기 위해 그들이 죽은 들판에 술을 뿌리고 제사를 지냈다. 그런 다음 근처의 암자로 가서 방을 빌려 지냈다. 다음 날 그가 성안으로 들어가 일을 보고 있는데, 한 남자가 그 암자를 찾아와 방의 주인을 만나고자 했다. 어두워진 뒤에 수재가 돌아와 그 사람을 만나 보니, 바로 우칠의 난에 연루되어 죽었던 친구 주생朱生이었다. 깜짝 놀라 뒷걸음질 치는 수재를 붙잡고 주생은 부탁할 일이 있다고 말했다. 그 부탁이란, 난리에 휘말려 죽은 수재의 조카딸과 결혼하고 싶으니 도와 달라는 것이었다. 저세상에서도 연장자의 한마디가 결혼에 큰 역할을 한다는 것이었다. 수재는 주생을 데리고 조카딸의 집으로 가서 자초지종을 말해 혼담을 성사시켰다.

그 집에는 조카딸의 친구인 공손구낭이라는 귀신도 같이 살고 있었다. 수재는 조카딸의 소개로 알게 된 공손구낭의 아름다움에 반하고 말았다. 마침내 조카딸의 도움으로 두 사람은 5월에 부부가 되었다. 공손구낭은 여자이면서도 글재주가 뛰어나 일찍 세상을 떠난 자신의 처지를 슬퍼하며 시를 읊었다. 그러고는 수재에게 말했다.

"명계에 오래 머물러서는 안 됩니다. 이 하룻밤의 정을 잊지 않으시려거든, 제 뼈를 가지고 돌아가 당신 집안의 묘지에 묻어 늘 당신 곁에 머물 수 있게 해 주십시오."

수재는 사랑의 징표로 공손구낭의 비단 버선을 받아 들고 눈물을 흘리며 이별을 고했다. 그런데 너무 슬퍼만 하다가 구낭의 뼈가 묻힌 장소를 듣지 못해 곤란에 처하고 말았다. 그로부터 반년의 세월이 흘렀다. 수재는 다시 한 번 구낭을 보고 싶어 공동묘지를 찾아갔다. 그때 저 멀리서 홀로 무덤가를 거니는 여자가 보였다. 급히 달려가 보니 과연 구낭이었다. 수재가 구낭에게 말을 걸었지만 그녀는 마치 낯선 사람을 대하듯 대꾸도 하지 않았다. 수재가 다시 그녀에게 다가가려 하자, 여자는 화를 내며 소맷자락으로 얼굴을 가려 버렸다. 수재가 "구낭!" 하고 불렀지만 여자는 연기처럼 사라져 버렸다.

섭생葉生

섭생은 학문에 뛰어난 자질을 지녔고 시도 잘 지었으나, 운이 없어 과거시험만 봤다 하면 떨어졌다. 그러다 몸과 마음에 병을 얻어 시름시름 앓다 그만 세상을 떠나고 말았다. 살아서 이루지 못한 한을 풀기 위해 섭생은 정 공자를 가르쳐 과거에 합격하게 만들었다.

정 공자는 자신을 가르친 섭생이 귀신인 것을 알고, 그의 집을 찾아가 방치된 유해를 고이 묻어 주고는 그의 아들을 잘 돌봐 주었다.

교낭巧娘

부렴傅廉은 어려서부터 영특했으나 생식기가 자라지 않아 고자가 되고 말았다. 늙어서 겨우 아들 하나를 본 그의 아버지는 대가 끊어질까 봐 걱정이 태산 같았다. 그러던 어느 날, 길을 가던 부렴은 한 여인에게 편지 심부름을 부탁받고, 그 편지를 들고 낯선 고을로 가게 되었다. 거기서 만난 여자에게 편지를 전해 주자, 그 여자는 딸에게 온 편지라면서 그 은혜를 갚겠다고 했다. 여자는 부렴이 고자라는 사실을 알고 남자로 만들어 주었다. 그 여자와 딸들은 여우이면서 귀신이었던 것이다. 부렴은 그 여자의 두 딸인 삼낭, 교낭과 번갈아 관계를 맺은 뒤 둘을 모두 아내로 맞이했다.

섭소천聶小倩

요절한 미인인 섭소천은 나쁜 요괴의 부림을 받아, 밤마다 남자를 홀려 그 피를 요괴에게 바치며 살고 있었다. 그러나 영채신寧采臣이라는, 심성이 곧고 품행이 단정한 청년만은 그 유혹에 넘어가지 않았다. 섭소천은 그의 인격에 감동해 사연을 이야기하고 자신을 구해 달라고 부탁했다. 영채신은 같이 머물고 있던 검객에게 부탁해 요괴를 물리친 뒤 섭소천의 무덤에서 옷가지와 유골을 추스려 고향으로 돌아가는데, 섭소천이 환생해 그를 따라갔다. 두 사람은 부부가 되어 아들을 낳고 행복하게 살았다.

오추월伍秋月

주역에 정통한 학자의 딸인 오추월은 열다섯 나이에 요절했다. 그 아버지는 딸을 묻은 뒤에도 무덤을 만들지 않고, '30년 뒤 왕정에게 시집을 갈 것이다'라는 글귀를 돌비석에 새겨 함께 묻어 놓았다. 30년 뒤, 과연 왕정이라는 젊은이가 그곳의 여관에 머물렀는데, 어떤 아리따운 여인이 밤마다 꿈속에 찾아와 관계를 맺었다. 두 사람은 뜨거운 사랑을 나누었고, 마침내 오추월은 명계에서 도망쳐 나와 왕정과 결혼했다.

〈신선과 관련된 이야기〉

죽청竹靑

어용魚容은 과거시험에 낙방하고 고향으로 돌아가는 길에 노자가 떨어져 잠시 오왕吳王의 사당 안으로 들어가 쉬다가 신상神像에 기도를 했다.

그러자 누군가가 나타나 어용을 오왕 직속의 흑의黑衣 부대에 들어가게 해 주었다. 어용은 그 부대에서 지급하는 검은 옷을 입자 까마귀로 변해 마음껏 하늘을 날 수 있게 되었다. 오왕은 그가 아직도 배필이 없는 것을 불쌍히 여겨 죽청이라는 암컷 까마귀와 짝을 지어 주었고, 둘은 서로를 사랑했다.

어용은 순진해서 먹이를 찾을 때 경계할 줄을 몰랐다. 그러던 어느 날, 어용은 만주족 군대가 지나가며 쏜 총탄에 맞아 하루 만에 죽고 말았다. 그 순간, 어용은 꿈에서 깨어났다. 굶주림과 피로에 지쳐 오왕의 사당에 쓰러져 있던 어용을 동네 사람들이 보살펴 주었던 것이다. 어용이 정신을 차리자 동네 사람들은 그에게 내력을 물어본 다음, 돈을 거두어 고향으로 돌아갈 수 있게 해주었다.

3년 뒤, 어용은 향시에 합격해 고향으로 돌아가는 길에 사당을 찾아가 제물로 돼지와 양을 잡아 신령께 고하고, 따로 까마귀를 위한 음식도 차려 놓았다.

그날 밤, 어용이 촛불을 밝히고 배 위에서 쉬고 있는데, 갑자기 새의 그림자 같은 것이 뚝 떨어졌다. 고개를 들어 보니 스무 살가량 되어 보이는 예쁜 여자가 활짝 웃으며 그에게 말을 거는 것이 아닌가.

"당신이 이 죽청을 잊으신 건 아니겠지요?"

죽청은 한수漢水의 여신이 되어 있었던 것이다. 그날 밤 두 사람은 배에서 지냈는데, 날이 밝은 뒤 주위를 둘러보니 그곳은 수백 리나 떨어진 한양에 있는 죽청의 저택이었다. 2개월 정도가 지난 뒤, 어용은 고향의 가족이 걱정스러워 돌아가려고 했다. 그러자 죽청은 예전에 어용이 입었던 검은 옷을 꺼내 주면서 자신을 만나고 싶으면 이 옷을 입고 날아오라고 했다.

고향으로 돌아간 지 몇 달 뒤, 어용은 그 검은 옷을 입고 까마귀로 변신해 죽청의 집에 도착했다. 그때는 마침 죽청의 산달이었다. 죽청은 곧 아이를 낳았는데, 두꺼운 태포胎胞가 아이를 알처럼 감싸고 있었다. 그 껍질을 벗기니 사내아이였다. 어용은 기뻐하며 아이 이름을 '한산漢産'이라고 지었다. 그 이후로 어용은 빈번하게 죽청의 집을 드나들었다.

본처 화和씨는 자식을 못 낳는 처지라 그 아이를 단 한 번이라도 보고 싶어 했다. 그리하여 죽청은 3개월 기한으로 한산을 본처에게 보냈는데, 화씨는 한산을 귀여워해 기한이 지나도 돌려보내려 하지 않았다. 그러다 한산이 병을 앓아 죽고 말았다.

어용이 그 비보를 전하러 한양으로 날아갔더니, 죽었다고 생각했던 한산이 거기에 있는 것이 아닌가. 알고 보니 죽청이 아이를 데리고 온 것이었다. 죽청은 말했다.

"아이가 하나 더 태어나면 한산을 본처에게 보내겠습니다."

이윽고 남녀 쌍둥이가 태어나 남자아이의 이름은 한생漢生이라 짓고, 여자아이는 옥패玉佩라 지었다. 한산은 12세에 수재가 되었다. 죽청은 인간 세상에는 좋은 여자가 없다고 생각해 한산을 선계仙界로 불러들여 혼인을 시킨 뒤 다시 돌려보냈다. 그 처녀 역시 신녀神女의 소생이었다.

훗날 화씨가 세상을 떠나자 한생의 여동생이 와서 마치 친어머니가 죽은 것처럼 슬퍼했고, 장례를 치른 다음 한생은 그곳에 남았다. 하지만 어용은 옥패를 데리고 집을 나간 뒤 다시는 돌아오지 않았다.

화벽畵壁

한 남자가 절의 벽화에 그려진 선녀와 관계를 맺었다. 그런 다음 벽화를 바라보니 그림 속의 선녀가 머리를 올린 결혼한 여자로 변해 있었다는 이야기이다.

노산도사勞山道士

고생을 싫어하는 젊은이가 노산에 선인들이 모여 산다는 말을 듣고 도술을 배우러 갔다. 그러나 너무 고생이 심해 견디지 못하고 고향으로 돌아가는 길에 자만하면서 도사가 가르쳐 준 '벽 통과 술법'을 시험하다가 벽에 부딪쳐 머리에 커다란 혹을 만들어 웃음거리가 되고 말았다는 이야기이다.

육판陸判

한 젊은이가 사당 안에 모셔 놓은 신상에 술을 대접했는데, 그 신이 고마움에 보답하기 위해 그의 아둔한 머리를 총명하게 바꿔 주고, 그 아내도 미녀로 바꿔 주었다는 이야기이다.

석방평席方平

귀신이 아버지를 살해하자 아들 석방평이 저승의 염라대왕과 대결해 온갖 괴롭힘과 회유책을 모두 이겨 낸 끝에 염라대왕을 실각시키고 아버지의 생명을 되찾아온다는 이야기이다.

〈이인異人과 관련된 이야기〉

상고向杲

상고는 이복형 상성向晟과 사이가 좋았다. 상성은 파사라는 기생을 좋아해 돈을 주어 낙적시키고 그녀를 아내로 삼았다. 그러나 예전부터 기생들을 관리하고 있던 공자 장莊씨가 그 사실을 알고 부하를 시켜 상성을 죽여 버렸다. 동생 상고는 비분을 참지 못해 장씨를 고발했으나, 장씨가 뇌물을 써서 관헌을 매수한 탓에 억울한 죽음의 진상은 밝혀지지 않았다. 그렇다면 상고는 자신의 손으로 직접 복수하는 수밖에 없다고 마음먹고 비수를 품고 장씨를 노렸다.

상고가 잠복하고 있던 어느 날, 갑자기 폭우가 쏟아지고 매서운 바람과 함께 우박까지 떨어져 온몸이 얼어붙을 지경이었다. 상고는 절반은 의식불명인 상태에서 산신을 모시는 사당으로 찾아갔다. 사당 안으로 들어서자 평소 면식이 있던 도사가 그를 반겨 주었다. 상고는 그 도사가 마을로 구걸하러 올 때마다 밥을 배불리 먹여 주곤 했었다. 도사는 상고가 흠뻑 젖은 것을 보고는 무명 두루마기 한 벌을 꺼내 주었다. 상고는 새 옷으로 갈아입은 뒤에도 너무 추워 짐승처럼 웅크리고 앉아 벌벌 떨고 있었다. 그러다가 잠시 뒤 자신의 몸을 내려다보니 털이 부숭부숭 난 호랑이로 변해 있었고, 도사는 어디 갔는지 보이지 않았다. 상고가 놀라고 슬퍼하며 산을 내려와 원래 있던 장소에 가 보니, 거기에는 자신이 죽어 널브러져 있는 것이 아닌가. 상고는 너무도 슬픈 나머지 그 자리를 떠나지 못하고 자신의 시신을 지켰다. 다음 날, 공자 장씨가 그 길을 지나갔다. 상고는 벌떡 일어나 장씨를 말 위에서 끌어내린 뒤 그 목을 물어뜯었다. 그러자 곁에 있던 장씨의 부하가 활을 쏘아 호랑이 모습을 한 상고는 죽고 말았다. 바로 그 순간, 풀밭에 널브러져 죽어 있던 상고가 눈을 번쩍 떴다. 상고는 거기서 하루를 보내고 겨우 기력을 회복해 집으로 돌아왔다. 며칠 동안 기력이 없어 꼼짝도 못하고 있는데, 장씨가 호랑이에게 목을 물어뜯겨 죽었다는 소문이 들려왔다. 상고는 그 호랑이가 바로 자신이라고 말했다. 그러면서 상고는 자신이 겪었던 신기한 일을 자세히 이야기했다. 그 소문은 빠르게 퍼져 나갔고, 그 소문을 들은 장씨의 아들이 상고를 관가에 고발했다. 그러나 관리들은 그 이야기가 너무나 황당해서 받아들이지 않았다.

고아賈兒

어느 장사꾼의 아들이 어머니에게 붙은 여우를 퇴치하기 위해 일부러 바보처럼 굴어서 가족과 여우를 속이고, 마침내 여우를 퇴치하는 데 성공했다는 이야기이다.

나찰해시羅刹海市

장삿길에 나선 마준馬駿이라는 남자가 큰 바람에 떠밀려 추악할수록 아름답다고 평가받는 나찰국羅刹國과 신기루가 만들어내는 바다 위의 시장을 들르게 되었다. 그러고는 다시 바닷속 용궁을 방문해 용왕의 딸을 아내로 삼았다. 그러나 고향 생각이 나서 귀국한 뒤에 다시는 그 신비한 나라로 되돌아갈 수 없게 되었다.

마개보馬介甫

아내에게 꼼짝도 못하는 양만석楊萬石이라는 남자가 있었는데, 어느 날 마개보라는 사람을 친구로 사귀었다. 마개보가 양만석의 집으로 놀러 가 보니, 그의 아내는 밥도 안 해 주고 술상도 제대로 차려 주지 않았다. 마개보는 신선술과 영약으로 양만석을 도와주었지만, 끝내 그는 공처가 기질을 벗어나지 못했다.

제성모갑諸城某甲

도적에게 목이 잘린 남자가 목을 제자리에 도로 붙여서 되살아났는데, 10여 년 뒤 크게 웃으며 박수를 치다가 그만 목이 떨어져 죽고 말았다는 이야기이다.

〈동식물과 관련된 이야기〉

녹의녀綠衣女

우경于璟이라는 서생이 산속에 틀어박혀 공부를 하고 있는데, 갑자기 녹색 옷을 입은 절세의 미녀가 방문을 열고 웃으면서 들어왔다. 우경은 귀신이 분명하다는 생각을 하면서도 너무도 아름다운 여자의 자태에 그만 푹 빠져들고 말았다. 여자의 허리는 버들가지처럼 가늘어 손바닥 안에 쏙 들어올 정도였다. 매일 밤마다 황홀한 만남을 거듭하던 어느 날 밤, 여자의 매혹적인 목소리에 반한 우경은 노래를 한 곡 불러 달라고 청했다. 여자는 무척이나 주저하다가 마침내 노래를 불렀다. 노랫소리는 마치 파리의 날갯짓처럼 가늘어서 귀를 기울여야 들을 수 있을 정도였지만, 간드러지면서 매끄러운 그 음성은 사람의 혼을 빼놓을 만큼 감미로웠다. 노래가 끝나자 여자는 자꾸만 밖을 신경 쓰며 무척 불안해했다. 우경이 왜 그러냐고 물어보니 "저는 속이 음흉한 여자예요" 하고 대답하며 웃어넘겼다.

이윽고 잠자리에 들었는데, 여자는 바들바들 떨면서 하나도 즐겁지 않은 기색이었다. 그러면서 여자는 우리의 인연도 오늘 밤으로 끝이라고 말하는 것이었다. 우경은 불안해하지 말라고 달래 주었고, 두 사람은 같이 잠자리에 들었다.

날이 새자 우경은 집을 나서는 여자를 배웅하고 방으로 돌아왔다. 그때, 찢어지는 듯한 비명 소리가 들려왔다. 우경이 급히 주위를 둘러보았으나 아무것도 보이지 않았는데, 다만 그 소리가 처마 밑에서 새어 나온다는 것만은 알 수 있었다. 고개를 돌려 자세히 살펴보니 거미 한 마리가 조그만 생물을 막 낚아채려 하고 있었다. 우경이 급히 거미줄을 벗겨 구해 주고 보니 조그만 녹색 벌이 축 처져 기절해 있는 것이 아닌가. 우경은 벌을 조심스럽게 받쳐 들고 방으로 돌아와 책상 위에 올려놓았다. 한참이 지나자 벌은 정신을 차렸는지 먹물 속에 온몸을 풍덩 담그고는 책상 위에 고맙다는 뜻의 '사謝' 자를 쓴 다음 날아올라 창문 너머로 멀리 가 버렸다. 그 뒤로 녹색 옷을 입은 여자는 더 이상 나타나지 않았다.

황영黃英

마자재馬子才는 국화를 좋아했다. 어느 날 길을 가다가 국화에 조예가 깊은 도생陶生과 황영黃英이라는 남매를 만나 집으로 데리고 와서 보살펴 주었다. 남매는 국화를 키워 팔아서 가난한 마자재의 살림을 윤택하게 해 주었다. 세월이 흘러 마자재의 아내가 세상을 떠나자 황영은 그와 결혼했고, 동생 도생은 술에 취해 국화로 변신한 뒤 숨을 거두고 말았다. 황영은 그 국화를 화분에 고이 심어 정성껏 돌보았다. 9월이 되자 그 국화가 꽃을 피웠는데, 냄새를 맡아 보니 꽃에서 술 냄새가 나 이름을 '취도醉陶'라 지어 주었다.

왕성王成

왕성이라는 게으름뱅이가 옛날에 할아버지의 첩이었던 할머니 여우를 만나 그 도움으로 장사를 하러 수도로 올라갔다. 그러나 삼베 장사를 해서 손해를 보아 돌아갈 길이 막막하던 차에 여관 주인의 말을 듣고 적은 돈으로 메추리 한 광주리를 사서 길렀다. 그런데 그 많던 메추리가 다 죽어 버리고 한 마리만 남았다. 왕성은 그 한 마리로 메추리 싸움을 시켜 연전연승했고, 이것으로 상당한 돈을 벌었다. 그때, 대친왕ᄎ親ᅳ(황족 최고직)이 메추리 싸움을 걸어왔다. 왕성은 대친왕과의 메추리 싸움에서 이긴 뒤 여관 주인의 도움으로 그 메추리를 비싼 값에 대친왕에게 팔아 부자가 되어서 금의환향했다.

화피畫皮

여자를 꽤 밝히는 왕ᅳ이라는 사람이 이른 아침에 길을 가다가 가출한 소녀를 보고 눈독을 들이고는, 소녀를 살살 꾀어 집으로 데리고 가 첩으로 삼았다. 아무래도 그 소녀의 출신 성분이 의심스러웠던 본처는 당장 그 첩을 내쫓으라고 했지만, 왕은 도무지 말을 듣지 않았다.

어느 날, 길거리에서 우연히 만난 도사가 왕의 몸에 사악한 기운이 돌고 있다는 경고를 해 주었지만 그는 들은 척도 하지 않고 집으로 돌아왔다. 그런데 집에 자물쇠가 걸려 있어 안으로 들어갈 수가 없었다. 이상하게 생각한 왕이 창으로 안을 들여다보니 무서운 이빨을 드러낸 귀신이 인간의 가죽을 펼쳐 놓고 거기에 그림을 그리고 있는 것이 아닌가. 그리고 그 가죽을 덮어쓰니 요염한 첩의 모습으로 변신했다. 왕은 벌벌 떨면서 사방으로 수소문해 그 도사를 찾아가 도와 달라고 빌었다. 도사는 왕에게 승불蠅拂(말꼬리로 만든 총채. 옛날 도사들이 늘 손에 들고 다녔다)을 주었고, 왕은 그것을 침실 자물쇠에 걸어 놓고 숨어 있었다. 그러자 여자는 가까이 오지 못하고 이를 갈면서 떠나 버렸다. 그리고 시간이 조금 흐른 뒤 다시 나타나 마구 욕설을 퍼부었다.

"도사 놈이 감히 나에게 겁을 줘! 흥, 그렇다고 입속에 들어온 먹이를 다시 뱉어 낼 줄 알아?"

그러더니 여자는 승불을 갈가리 찢어 버리고 방 안으로 들어가서는 왕의 침상 위로 올라가 그의 뱃가죽을 찢어 심장을 끄집어낸 뒤 곧바로 사라져 버렸다.

소식을 들은 도사는 당장 귀신을 잡으려고 헐레벌떡 달려왔다. 그것을 눈치챈 여자는 노파로 변신해 왕의 동생 집에 숨어들어 있었다. 도사가 나무칼을 휘두르자 인간의 가죽이 벗겨지고 귀신이 나타났다. 도사가 다시 나무칼로 귀신의 머리를 내려치자 귀신은 연기로 변해 땅으로 꺼졌다. 남겨진 귀신의 가죽에는 눈썹과 눈동자, 손발까지 모두 갖추어져 있었다. 도사는 그 가죽을 족자처럼 말아 품에 넣고는 그곳을 떠났다.

왕의 아내가 도사로부터 남편의 심장을 건네받아 남편의 배 속에 넣었더니 곧바로 온기가 돌아왔고, 한밤중이 되자 남편은 되살아났다.

〈그 밖의 기이한 이야기들〉

주충酒蟲

유劉씨는 술을 마셨다 하면 한 동이는 마셔야 하는 사람이었다. 집이 부자라서 매일 그렇게 마셔도 형편이 나빠질 염려는 없었다. 어느 날, 외국에서 온 승려가 그를 보더니 해괴한 병이 있다고 진단했다. 유씨가 자신은 아무 병이 없다고 하자, 그 승려는 술벌레가 몸속에 들어 있기 때문에 아무리 마셔도 취하지 않을 것이라고 했다. 그렇게 하여 치료에 들어갔는데, 그 방법이 묘했다.

한낮의 햇볕 아래 유씨의 손발을 꽁꽁 묶어 놓고, 한 자쯤 떨어진 곳에 잘 익은 술 한 동이를 놓아두는 것이었다. 목이 말라 더 이상 참을 수 없게 되자, 목구멍이 간질간질하더니 구역질이 났다. "왝" 하고 뱉어 내자 어떤 물건이 술 양동이 속으로 쏙 들어가는 것이 아닌가. 그러자 승려는 유씨의 손발을 풀어 주었다. 양동이 안을 들여다보니 서너 치쯤 되는 길다랗고 검붉은 살덩이가 술독에서 꿈틀거리며 헤엄을 치고 있었는데, 눈과 입까지 달려 있었다. 유씨가 사례비를 건네려 하자 승려는 사양하면서 벌레를 가져가게 해 달라고 했다. 그 벌레는 술의 정령으로, 술에 넣고 휘저으면 금방 좋은 술로 변한다는 것이었다. 그 뒤로 유씨는 술 냄새조차 싫어하게 되었다. 그러나 그 뒤로 풍채가 좋던 유씨의 몸은 점점 야위어 갔고, 재산도 점점 줄어들어 마침내 가난뱅이가 되고 말았다.

석청허石淸虛

형운비刑雲飛는 수석을 좋아해서 좋은 돌만 있으면 아무리 비싼 값을 치르더라도 구입했다. 한번은 강가에서 고기를 잡다가 그물에 걸린 돌이 있어 건져 내 보니 무척이나 아름다운 수석이었다. 그것을 집에 고이 간직했는데, 비가 올 때면 돌에 난 구멍에서 구름이 피어올랐다. 그 소문을 들은 그 지방의 세력가가 돌을 강제로 빼앗아 가 버렸다. 그러나 돌은 다시 형운비의 손으로 돌아왔다. 어느 날 밤, 꿈에 석청허라는 사람이 나타나 돌은 늘 당신에게 돌아올 것이라고 말했다. 그 말대로 돌은 그 뒤 아무리 여러 차례 잃어버려도 형운비의 품으로 반드시 되돌아왔다.

삼국지연의
(三國志演義)

1494년경에 만들어진 책으로, 후한 말기에 조조曹操, 손권孫權, 유비劉備가 건국한 위魏, 오吳, 촉蜀의 흥망에 관한 이야기이다. 각 장으로 나누어 사건을 서술한 구어체 소설로, 진晉나라의 진수陳壽가 편찬한 정사正史『삼국지三國志』를 평이하게 다시 쓴 것이다. 정사가 위나라를 정통 왕조로 기술한 데 반해, 이 책은 촉나라의 유비가 한나라의 정통을 계승한 것으로 보고 유비를 중심으로 서술했다.

INTRO

작자 나관중의 이름은 본本, 자는 관중貫中이다. 호는 호해산인湖海散人이며, 태원太原 사람이라고 한다. 원나라 말기에 태어나 명나라 초기에 세상을 떠났다는 것 외에 알려진 바가 없다. 『삼국지연의』 외에 현재 알려진 것은 『수당지전隋唐志傳』, 『잔당오대사연의殘唐五代史演義』, 『삼수평요전三遂平妖傳』 등의 작품이 있고, 『수호전水滸傳』 집필에도 참가했다고 한다. 또한 잡극 『풍운회風雲會』, 『비호자蜚虎子』, 『연환주連環珠』 3편의 작가이기도 하다.

그런데 『삼국지연의』는 나관중 혼자만의 작품이 아니다. 당나라 때에 벌써 삼국의 역사 이야기가 강석講釋(알기 쉽게 풀이한 이야기)의 재료로 사용되었다는 기록이 있고, 송나라 때에는 강담講談(강연식 이야기극) 속에서 『삼국지』 이야기는 '설삼분說三分●'이라 하여 민중이 가장 즐기는 이야기로 정착되었다. 그리고 원나라에 이르러서는 그림과 글로 구성된 『전상삼국지평화全相三國志平話』가 간행되었는데, 여기서 비로소 삼국의 이야기는 '이야깃거리'에서 '읽을거리'로 변화했다. 나관중은 이 『전상삼국지평화』와 정사 『삼국지』를 토대로 하여 『삼국지통속연의三國志通俗演義』(줄여서 『삼국지연의』 또는 『삼국연의』)를 쓴 것이다.

현존하는 『삼국지연의』의 판본 가운데 가장 오래된 것은 명나라 홍치弘治 연간의 갑인년(1494)과 가정嘉靖 연간의 임오년(1522)에 출판된 판본으로, 서문이 달린 24권, 240절로 이루어져 있다. 이것을 '홍치본弘治本'이라 한다. 그 뒤로도 다양한 판본이 나왔는데, 청나라 초기 사람인 모륜毛綸과 모종강毛宗岡 부자가 교정한 판본이 청나라 강희康熙 18년 전후에 출판되자, 그 이전의 판본은 자취를 감추었다. 이것을 '모본毛本'이라 하는데, 종전에 간행된 판본의 2절을 1회로 하여 240절을 120회로 고치고 거기에 상세한 평을 달았다. 이후 '모본'만이 널리 읽히게 되었다.

도원결의桃園結義

후한 말기, 환관이 권력을 장악해 기강이 흐트러지고, 흉작으로 각지에서 반란이 일어났다. 특히 황건黃巾(노란 두건)을 두르고 장각張角을 '천공장군天公將軍'이라 칭송하며 모시는 무리가 각지에서 일어나 관군도 손을 댈 수 없는 형편이었다.

그러던 어느 날, 중산정왕中山靖王 유승劉勝의 후예인 유현덕劉玄德(유비)이 관병을 모집한다는 방문榜文을 보며 한숨을 내쉬었다. 그때 뒤에서 누가 큰 소리로 불렀다.

"대장부가 나라를 위해 일할 생각은 않고 한숨만 쉬다니!"

현덕이 뒤돌아보니, 키는 8척이나 되고, 표범 같은 머리에 고리처럼 생긴 둥그런 눈, 두툼한 뺨에 호랑이 수염, 천둥 같은 목소리에 달리는 말처럼 기세가 당당한 사람이 서 있었다. 그 모습이 하도 기이해서 현덕은 그의 성과 이름을 물었다.

"내 성은 장張이고, 이름은 비飛, 자는 익덕翼德이오. 대대로 이 고장에 살고 있소이다. 나라에서 준 토지가 있고, 술과 돼지를 팔아 생계를 꾸리며 천하의 호걸들과 사귄다오. 마침 당신이 이 방문을 보고 한숨을 내쉬기에 무슨 영문인가 물어보고 싶었던 참이오."

"나는 한나라 왕실의 후손으로 성은 유, 이름은 비라 하오. 황건적이 난리를 일으키고 있으니 도적 떼를 물리치고 백성을 도탄에서 구하고 싶으나 힘이 미치지 못해 탄식한 것이라오."

"내게 약간의 재산이 있으니, 이 고장의 젊은이들을 모아 군사를 일으키는 것이 어떻겠소?"

현덕은 크게 기뻐하며 술집으로 가서 장비와 술잔을 주고받았다. 그때 한 거한이 수레를 끌고 다가오다가 가게 앞에서 걸음을 멈추더니 사람을 불렀다.

"냉큼 술 한 잔 갖다 주게. 관병에 들어가려면 빨리 성으로 가야 해."

그 사람을 보니, 키는 9척에 수염은 2척이나 되고, 얼굴빛은 붉은 대추와 같으며, 입술은 연지를 바른 듯 붉고, 봉황의 눈에 누에 같은 눈썹을 하고 있었다. 현덕은 그 사람을 자리로 불러 이름을 물었다.

"성은 관關, 이름은 우羽라 하오. 자는 장생長生이라 하다가 지금은 운장雲長으로 바꾸었소이다. 하동河東의 해량解良 출신인데, 호족 놈이 위세를 떨기에 내 그놈을 죽이고, 5~6년을 이렇게 떠돌며 살고 있다오. 그러던 중에 도적을 물리치기 위해 군사를 모은다고 해서 이렇게 응모하러 온 것이오."

현덕이 자기의 뜻을 이야기하자 운장도 크게 기뻐했다. 그리하여 세 사람은 장비의 집으로 가서 거병에 대해 의논했다. 장비가 말했다.

"우리 집 뒤에 복숭아 밭이 있소이다. 지금 꽃이 만발하니, 내일 거기서 천지신명께 제사를 올린 뒤 우리 셋이 형제의 의를 맺고, 마음과 힘을 하나로 모아 거병하는 게 좋을 것 같소."

이에 현덕과 운장도 찬성했다. 다음 날, 세 사람은 복숭아 밭에 검은 소와 흰 말 등 제물들을 차려 놓고 향을 피운 뒤 2번 절을 하고 다음과 같이 맹세했다.

"유비, 관우, 장비는 성은 다르나 마음과 몸을 하나로 하는 형제가 되어 어려운 사람을 돕고, 위로는 나라에 보답하고 아래로는 백성을 구하고자 합니다. 태어난 날은 서로 다르나 죽는 날은 같기를 바랍니다. 천지신명이시여, 우리의 뜻을 굽어살피소서. 의리를 버리고 은혜를 저버리는 자는 하늘과 사람의 저주로 죽게 하소서."

맹세를 한 다음, 유비가 맏형, 관우가 둘째, 장비가 셋째가 되었다. 이렇게 하여 인근의 장정 300여 명을 모아 의용군을 일으킨 세 사람은 여러 곳을 전전하며 도적 떼를 물리쳐 큰 공을 세웠다. 그러나 권력자의 배경을 갖지 못한 그들은 변변한 대가도 받지 못했는데, 간신 동탁董卓을 치기 위한 낙양洛陽 공략에서 여포呂布 군대를 물리쳐 천하에 용맹을 떨쳤고, 그 뒤 평원현平原縣을 다스리게 되었다.

한편, 헌제獻帝를 데리고 장안長安으로 도망친 동탁은 장안 서쪽의 미郿라는 곳에 황궁을 세우고 예전과 다름없는 생활을 보내고 있다가 왕윤王允의 계략으로 여포에게 목이 달아나고 말았다. 동탁이 죽임을 당했다는 말이 전해지자 동탁의 부하들이 장안으로 밀고 들어가 여포를 내쫓고 왕윤을 죽인 뒤 일시적으로 권력을 장악했다. 그러나 신하들의 이간질로 자기들끼리 싸움을 벌였고, 그 혼란을 틈타 헌제는 낙양으로 천도를 결행하고, 동군東郡의 태수로 있는 조조에게 수비를 명했다.

천하삼분天下三分의 계책

조조는 칙명을 받자, 대군을 거느리고 낙양으로 입성하여 폐허로 변한 낙양에서 헌제를 허창許昌으로 모시고 가 천하를 호령하는 직위를 얻었다. 지난날 조조와 함께 황건적을 물리쳤던 유비는 날이 갈수록 심해지는 조조의 전횡을 참다못해 조조를 칠 계략을 꾸몄다. 그리고 연금 상태에 놓여 있던 허창에서 도주한 뒤 바로 서주徐州를 탈환했다. 그러나 조조의 대군에게 공격을 당하고 참패해 형주荊州의 유표劉表에게로 도망쳤다. 그곳에서 서서徐庶라는 책사에게 남양南陽의 와룡강臥龍岡에 제갈공명諸葛孔明이라는, 천하에 둘도 없는 책사가 은거하고 있으니 찾아가 보라는 조언을 들었다. 유비는 그 말에 따라 두 번이나 공명을 찾아갔으나 헛걸음만 하고 돌아왔다. 그러고는 삼세번이라는 말에 따라 세 번째 와룡강으로 향했다. 공명은 집에 있기는 했지만 낮잠을 자고 있었다. 유비는 공명이 일어날 때까지 기다리는데, 참다못한 장비가 불을 질러 공명을 깨우려 했다. 관우가 이를 겨우 말리고 또 잠시 기다렸다. 그때 노랫소리가 들려왔다.

큰 꿈을 누가 먼저 깨우는가?
나는 내 삶을 아노라.
사랑채에서 봄 낮잠을 잤는데도
창밖의 해는 길기도 하여라.

노래가 끝나자 그 사람은 기지개를 켜고 동자에게 말했다.
"누가 왔느냐?"
"유 황숙(황제의 숙부)께서 오셔서 오래도록 기다리고 계십니다."
"왜 빨리 알리지 않았느냐. 우선 옷을 좀 갈아입어야겠다."
공명은 안으로 들어가 한참이 지나서야 의관을 갖추고 나왔다. 유비가 보니 공명의 키는 8척이요, 얼굴은 흰 옥과 같고 머리에는 굵은 실로 짠 푸른 두건을 두르고 있었으며, 몸에는 학의 깃털로 짠 도사복을 걸쳐 마치 신선처럼 보였다. 유비는 인사를 하며 말했다.
"한나라의 황실 족보 끝자락에 올라 있는 탁군涿郡의 어리석은 장부가 오래전부터 선생의 고명을 익히 들어 왔습니다. 두 번 찾아왔으나 공교롭게도 안 계셔서 이름만 적어 두고 갔는데 보셨는지요?"
"남양의 야인이 게으른 탓에 장군께 여러 차례 수고를 끼치고 말았습니다. 정말 부끄럽기 짝이 없습니다."
두 사람은 인사를 마치고 제각기 자리에 앉아 동자가 내주는 차를 마셨다. 공명이 입을 열었다.

"어제 편지를 보고 백성을 걱정하시는 장군의 마음을 알게 되었습니다. 다만, 제가 미숙하고 재주가 없어서 장군께 도움이 되지 못함이 안타까울 따름입니다."

"사마덕조司馬德操(사마휘)와 서원직徐元直(서서) 님이 어찌 공연한 말을 하셨겠습니까? 청하건대 저를 내치지 마시고 가르침을 주시기 바랍니다."

"덕조와 원직 두 분은 천하에서 찾기 힘든 인재이십니다. 저는 일개 농부로 어찌 천하의 일을 논할 수 있겠습니까? 그 두 분이 잘못 추천하신 게지요. 장군께서는 어찌 아름다운 옥을 버리고 돌멩이를 구하려 하십니까?"

"대장부가 천하를 구제할 재주를 갖추고 있으면서 어찌 초야에 묻혀 헛되이 늙어 가야 한단 말입니까. 천하의 백성을 생각하시어 이 유비의 어리석음을 깨우쳐 주시기 바랍니다."

유비의 말에 공명은 웃었다.

"그렇다면 장군께서는 어떤 뜻을 품고 계신지요?"

유비는 주위 사람을 물리고 몸을 앞으로 내밀며 말했다.

"한나라 황실은 무너지고 간신들이 권세를 마음대로 휘두르고 있는 이때, 부족하나마 천하를 구하고자 노력하고 있으나 재주가 부족해 뜻을 펴지 못하고 있소이다. 선생께서 저를 지도해 주신다면 천하를 구하는 데 큰 도움이 될 것입니다."

"동탁이 반란을 일으킨 이후 천하의 영웅호걸들이 한꺼번에 일어나고 있습니다. 그 가운데, 원소袁紹의 힘에 못 미치는 조조가 원소를 이길 수 있었던 것은 하늘의 뜻도 있었지만 책략이 뛰어났기 때문입니다. 지금 조조는 100만 대군에다 황제를 등에 업고 제후를 다스리고 있으니,

여기에 대항할 자가 없습니다. 손권은 강동江東 지방에서 벌써 3대째 권력을 장악하고 있고, 천연의 요새를 갖춘 데다 백성의 지지까지 받고 있으므로 함부로 그를 칠 수 없습니다. 그런데 형주는 북으로는 한수漢水와 면수沔水에 접해 있고, 남으로는 자원이 풍부한 남해南海에 닿아 있으며, 동으로는 오吳와 회계會稽로 이어지고, 서로는 파巴와 촉蜀으로 통하니 이보다 더 좋은 땅은 없을 것입니다. 이것은 하늘이 장군에게 주신 기회입니다. 익주益州는 요새이면서도 기름진 평야가 1,000리나 뻗어 있는 좋은 땅입니다. 그래서 한나라 고조께서 그곳을 도읍으로 삼으신 것입니다. 백성이 많고 부유한 그곳을 지금 유장劉璋이 다스리고는 있으나, 원래가 음험하고 줏대가 없어 백성을 품을 줄 모릅니다. 뛰어난 선비들은 좋은 군주를 갈구하고 있습니다. 장군은 황실의 후예로 그 신의는 천하에 알려져 있을 뿐 아니라 호걸을 부하로 거느리고 계십니다. 장차 형주와 익주를 차지해 그 요새를 지키면서 서융西戎(서쪽 오랑캐)과 화친하는 한편, 서남의 오랑캐와 손을 잡고, 밖으로는 손권과 협력하며, 안으로는 백성을 잘 다스리면서 천하에 변화가 일어나기를 기다리십시오. 그러다 장수 하나에게 형주의 병사를 주어 낙양을 치게 하고, 장군 스스로 익주의 병사를 거느리고 진천秦川으로 나아가시면 백성들은 기쁜 마음으로 장군을 맞이할 것입니다. 이렇게 되면 장군께서는 대업을 이루시어 한나라 황실을 다시 일으킬 수 있을 것입니다. 제가 장군께 권하는 계책은 이와 같은 것입니다."

공명은 그렇게 말하면서 동자에게 지도를 벽에 걸라고 하고는 손으로 가리키며 말했다.

"이것은 서촉西蜀 54개 주의 지도입니다. 장군이 패업을 이루시려면 북쪽은 천시天時를 얻은 조조에게 양보하고, 남쪽은 지리적인 강점을 가진 손권에게 양보한 다음, 장군은 인화人和를 꾀하셔야 합니다. 그러기 위해서는 먼저 형주를 장악해 발판으로 삼고, 그다음 서촉을 손에 넣고 기반을 다져서 3개의 솥발 형세를 이룬다면 나중에 중원까지 손에 넣을 수 있을 것입니다."

이렇게 공명에게서 '천하삼분의 계'를 얻은 유비는 공명의 출마를 간청했다. 공명도 유비의 성의에 감복해 마침내 군사軍師로서 출마하게 되었다.

적벽赤壁의 전투

유비는 병력 증강을 위해 민병을 모집하고 공명의 지도를 받아 들판에서 군사 훈련을 실시했다.

한편, 여포와 원소를 격파하고 중원의 패권을 쥔 조조는 그 소식을 듣고 유비를 단숨에 무찌르기 위해 대군을 파견했다. 유비는 공명의 계략을 활용해 2차례에 걸쳐 승리했지만, 중과부적이라 강동(오나라)의 손권과 손을 잡았다. 이렇게 하여 조조와 유비·손권 양군은 적벽에서 장강을 사이에 두고 대치하게 되었다.

강동군의 대도독大都督 주유周瑜●는 조조 군을 격파하기 위해서는 화공 외에는 방법이 없다는 결론을 내렸다. 그래서 우선 노장 황개黃蓋에게 '고육책苦肉策'을 펴도록 했다. 황개는 미리 약속한 대로, 적과 내통하는 자가 보는 앞에서 주유에게 창피를 당하는 장면을 연출해 그를 속인 다음 조조에게 편지를 보내, 주유에게 원한을 갚고 싶으니 협조하겠다는 뜻을 전했다. 이어서 강동에서 천재적 두뇌로 널리 알려진 책사 방통龐統●을 조조의 군대로 보내 '연환계連環計'를 헌책하게 했다. 조조의 군대는 익숙지 않은 배 위의 생활 때문에 병에 걸리는 병사가 많았는데, 쇠사슬로 배를 연결하고 그 위에 판자를 올리면 육지와 별다를 바가 없으므로 병사들의 건강에 좋을 뿐 아니라 그 같은 거대한 선단을 거느리고 다시 남쪽을 치면 승리를 얻을 수 있다는 계책이었다. 이 '연환계'에 대해 조조의 참모들 가운데서는 화공을 당할 위험이 있다고 해서 반대하는 목소리도 나왔으나, 조조는 이런 엄동설한에 남풍이 불어올 리 없다고 일소하고 방통의 헌책을 받아들였다. 이렇게 하여 '고육책'과 '연환계'를 완성하기는 했으나 동남풍만은 사람의 힘으로 어찌할 수 없었다. 그런 주유의 고뇌를 안 공명은 하늘에 제사를 올려 동남풍을 일으켜 보겠다고 약속했다. 공명은 남쪽 기슭으로 가서 단을 세운 뒤, 목욕재계를 하고 하늘에 기도를 올리기 시작했다.

조조는 진중에서 장수들과 작전 회의를 열고, 오로지 황개의 연락만을 기다리고 있었는데, 이날 세찬 동남풍이 불기 시작했다. 책사 정욱程昱이 진언했다.

"오늘은 동남풍이 불고 있으니 각별히 경계를 해야 할 것 같습니다."

조조는 그 말을 웃어넘겼다.

"동짓날에 동남풍이 부는 건 당연하지 않은가. 걱정할 필요 없다."

그때 한 병사가 강동에서 한 척의 거룻배를 타고 황개의 밀서를 가지고 왔다. 조조는 황급히 그 병사를 불러들여 밀서를 읽었다.

"주유의 감시가 엄해 탈출할 기회가 없었는데, 파양호鄱陽湖에서 새로 온 군량미가 있어 주유가 나에게 호송하라 하므로 비로소 기회를 얻게 되었습니다. 강동의 명장을 죽여 그 수급을 가지고 가서 항복하려 합니다. 오늘 밤 2시경 갑판에 청룡이 그려진 깃발을 꽂고 가는 배가 바로 군량 운송선입니다."

조조는 크게 기뻐하고, 장수들과 함께 진에 있는 큰 배에 올라 그 배가 오기만을 기다렸다.

한편, 세 번째 화선火船에 올라탄 황개는 가슴을 가리는 갑옷만 걸치고 예리한 칼을 든 채 '선봉 황개'라고 쓴 깃발 아래 서 있었다. 황개는 순풍을 타고 적벽으로 나아갔다.

그때 동풍이 크게 일어나 파도가 넘실거렸다.

조조는 본진에서 장강을 바라보고 있는데, 마침 달이 훤히 떠올라 강물은 마치 1만 마리의 황금 뱀이 물결 위를 미끄러져 가는 것 같았다. 조조는 온몸으로 바람을 받으며 호탕하게 웃었다. 그때 병사 하나가 와서 말했다.

"강남 쪽에서 선단이 바람을 타고 접근하고 있습니다."

조조가 망대 위에서 강 쪽을 살펴보고 있는데 다시 보고가 들어왔다.

"모든 배에는 청룡의 깃발이 꽂혀 있고, 그중 큰 깃발에는 '선봉 황개'라는 글자가 크게 쓰여 있습니다."

조조는 웃으며 중얼거렸다.

"황개가 항복을 하러 오는구나. 하늘이 나를 도왔다."

정욱은 점점 다가오는 배를 살펴보고 있다가 말했다.

"저 배는 수상합니다. 진 가까이 들어오게 해서는 안 됩니다."

"왜 그러느냐?"

"군량이 실렸다면 무거워서 느려야 마땅한데, 저 배는 물 위에 가뿐히 떠 있습니다. 지금 동풍이 불어오고 있는데, 만일 그게 계략이라면 무슨 수로 막겠습니까?"

조조는 그제서야 깨닫고 크게 외쳤다.

"저 배를 막아라!"

문빙文聘이 즉시 작은 배에 올라타고 순시선 10척을 따르게 했다. 문빙이 뱃머리에서 외쳤다.

그러나 그 외침이 끝나기도 전에 문빙은 날아온 화살에 왼쪽 어깨를 맞고 배 위에 쓰러졌다. 이를 본 다른 병사들이 깜짝 놀라 앞을 다투어 도망치기 시작했다. 강동군의 배는 적진의 2리 앞까지 다가왔다. 그때 황개가 큰 칼을 휘두르자, 앞에 있던 배에서 일제히 불길이 치솟았다. 불은 바람을 타고, 바람은 불길을 도와 화살처럼 돌진하니, 불길이 하늘을 덮었다. 불타는 20척의 배가 북군의 진으로 돌진했다. 조조의 수군은 도망치려 하였으나 배들이 쇠사슬에 묶여 있어 꼼짝도 할 수 없었다. 사방에서 불화살이 날아오고 화선이 밀고 들어와 장강은 화염으로 붉게 물들었다.

조조는 육지의 진을 돌아보았다. 거기서도 불길이 치솟고 있었다. 황개는 화염 속에서도 조조를 찾으려 했다. 조조는 모든 것을 포기하고 기슭으로 도망치려 하는데 장요張遼가 거룻배를 타고 와 그를 구출했다. 조조는 10여 명의 병사들의 호위를 받으며 기슭으로 향했다.

이렇게 하여 조조는 자신을 따르던 병사를 잃고, 구사일생으로 허창을 향해 도망쳤다.

죽은 제갈공명이 산 사마중달을 달아나게 하다

강동에서 돌아온 공명은 형주를 빼앗아 촉나라로 진격할 발판을 마련했다. 현덕은 촉나라의 지도를 입수하고, 형주 수비를 관우에게 맡긴 다음 촉나라로 들어가 주인이 되었다. 이렇게 하여 완전한 위·촉·오 삼국의 정립 시대로 들어섰다.

한편, 조조는 신하로서는 최고의 지위인 위공魏公의 신분이었으나 마침내 위왕魏王으로 호칭을 바꿈으로써 제위 찬탈의 의도를 노골적으로 드러냈다. 그 소식을 전해 들은 유비도 한나라의 정통성을 지키기 위해 스스로 한중왕漢中王이 되었다. 다음 해, 조조가 죽고 아들 조비曹조가 그 뒤를 이었다. 조비는 그해 말에 헌제에게 퇴위를 강요하고, 선양의 의식을 행한 뒤 스스로 위나라의 제위에 올랐다. 그 순간, 한나라는 망하고 말았다.

이듬해 제위에 오른 유비는 한나라 왕실의 뒤를 이음과 동시에, 관우를 죽인 손권에게 복수전을 감행했다. 그러나 장비는 자는 동안에 부하의 손에 목이 잘리고, 출진한 유비의 군대도 화공으로 참패하고 말았다. 223년 유비는 겨우 백제성白帝城까지 물러났지만, 거기서 병으로 쓰러져 모든 것을 공명에게 맡기고 숨을 거두었다.

공명은 후방의 안정을 도모하기 위해 몇 번이나 남쪽 오랑캐를 정벌하고, 마침내 북정의 길에 올랐다. 한때는 장안을 위협하는 태세를 갖추기도 했으나, 마속馬謖●의 실책으로 허무하게 물러나야 했다. 그 뒤로 거의 해마다 위나라와 전투를 벌였고, 234년 오장원五丈原에서 사마의司馬懿(자는 중달仲達)와 대치하는 동안 병으로 세상을 떠났다.

사마의는 공명이 죽고 촉군이 물러간다는 소식을 듣고 추격했다. 어느 산기슭을 돌아가는데, 저쪽에 촉군이 보여 말을 달렸다. 그런데 갑자기 화살이 날아오고 함성이 들려왔다. 어느새 촉군이 전열을 가다듬고, 깃발을 올리는 것이 아닌가. 그 깃발에는 '한승상무향후제갈량漢丞相武鄕侯諸葛亮'이라고 적혀 있었다. 깜짝 놀라 눈을 크게 뜨니, 수십 명의 장수가 사륜 수레 한 대를 호위하며 나타났다. 그런데 그 수레에 앉은 사람은 흰 도포에 깃털 부채를 든 공명, 바로 그가 아닌가.

"공명, 아직 살아 있었구나. 내가 너무 깊이 추격하다 이렇게 당하고 마는구나."

그렇게 말하고는 황급히 말머리를 돌려 도망치는데, 뒤에서 강유^{姜維}가 큰 소리로 외쳤다.

"적장을 놓치지 마라! 승상의 계책에 걸려들었다!"

이틀 뒤, 사마의는 그 지역 사람에게 이런 말을 듣는다.

"촉군은 계곡으로 들어서자 슬피 울었습니다. 공명이 죽은 것입니다. 지난번 수레에 앉아 있던 것은 사람이 아니라 목상이었던 것입니다."

그 말을 듣고 사마의는 탄식했다. 그때부터 촉나라 사람들은 '죽은 제갈공명이 산 사마중달을 달아나게 했다'라는 말을 하게 되었다.

이리하여 촉군은 본국으로 돌아갈 수 있었지만, 어리석은 황제 유선^{劉禪} 때문에 세력은 점점 약해져 갔다.

사마의의 아들 사마소^{司馬昭}가 대군을 이끌고 촉나라를 침략해 마침내 촉나라는 망하고 만다. 그 뒤 사마소의 아들 사마염^{司馬炎}이 위나라 황제 조환^{曹奐}을 퇴위시키고, 위나라를 대신해 진^晉나라를 세웠다. 얼마 뒤, 오나라도 진나라에 항복함으로써 삼국 정립 시대는 진나라의 통일로 막을 내리게 되었다.

NOTES

설삼분^{說三分} : 강담사들이 세간에 떠돌던 이야기 중 『삼국지』와 야사만을 모아 이야기로 만든 것.

주유^{周瑜} : 삼국의 하나인 오나라의 명신. 손견^{孫堅}을 섬기다가 손견이 죽은 후 손책^{孫策}을 섬겨 양자강 하류 지방을 평정했다. 손책이 죽은 후에는 그의 동생 손권^{孫權}을 섬겼다. 위나라의 조조가 화북^{華北}을 평정하고 강릉^{江陵}을 향해 진격해 오자 오나라의 강화론자^{講和論者}들을 누르고 촉^蜀의 제갈공명과 함께 적벽대전^{赤壁大戰}에서 위나라 군대를 대파했다. 그 후 촉나라의 유비가 형주^{荊州}에 세력을 확대할 것을 염려하여 사천^{四川} 지방을 공략하자는 계획을 진언했으나 그 계획이 실행되기 전에 병사했다.

방통^{龐統} : 유비의 주요 모사였다. 자는 사원^{士元}이며, 호는 봉추^{鳳雛}이다. 제갈공명과 더불어 유비의 두터운 신임을 얻었다.

마속^{馬謖} : 190~220. 촉한^{蜀漢}의 장령이다. 백미로 잘 알려진 마량^{馬良}의 동생이며, 형과 함께 재주와 명망이 있었다. 적벽대전 후 유비에게 귀속했는데, 유비는 임종 전에 제갈량에게 "마속은 말이 사실보다 과장되니 크게 쓰지 말라"라고 했다. 훗날 제1차 북벌 때 제갈량에 의해 참수당했다.

수호전
(水滸傳)

1510년경에 만들어진 책으로, 통쾌한 무용담과 함께 비극으로 끝나는 영웅들의 모습을 그린 이야기이다. 『수호전』은 크게 100회본과 120회본, 김성탄金聖歎의 70회본의 3종류로 나누어진다. 100회본과 120회본의 차이는 전호田虎, 왕경王慶을 토벌하는 내용의 유무와 삽입된 시나 사詞●가 많이 다르다는 점이다. 70회본은 108명이 양산박에 모이는 장면에서 끝난다.

INTRO

송나라 선화宣和 연간(1119~1125)에 송강宋江●을 비롯한 36명이 산동에서 반란을 일으켜 한때 관군을 격파했으나 나중에 항복했다는 간단한 기술이 『송사宋史』에 3차례 언급된다. 송강 일당의 반란 사건은 그 일화가 눈덩이처럼 불어나 얼마 뒤 영웅설화로 전설화되어 민중들 사이에서 많은 인기를 누렸던 점으로 미루어 민중들이 송강의 반란에 얼마나 공감했었는지를 알 수 있다. 민중은 그 행동을 영웅시하고, 그 활약에 갈채를 보냄으로써 갈증을 해소했다. 즉, 이 이야기의 배후에는 부패한 관료 정치에 대한 민중의 증오심이 깔려 있음을 알 수 있다.

수호 설화가 발생한 것은 북송 말년에서 남송(1127)이 시작될 무렵이다. 이 설화는 강담으로 유포되고 연극으로 공연되는 사이에 이야기가 이야기를 낳아, 처음에는 36명이었던 영웅이 점점 불어나 마침내 108명이 되었다. 거기에 다른 설화들이 삽입되어 지금의 형태로 정리된 것은 명나라(1368)가 시작되면서이다. 『수호전』의 편자는 시내암으로 알려져 있으나, 일설에는 편자가 나관중羅貫中이라고도 하고, 시내암의 작품을 나관중이 개작했다고도 하는데, 오늘날에는 시내암으로 보는 것이 정설이다. 시내암은 강소성江蘇省 흥화현興化縣 사람으로, 군웅의 한 사람인 장사성張士誠(1321~1367)의 난●에 참가했다고 한다.

현대 중국의 문화대혁명 시절에는 계급 투쟁과 노동 인민의 반착취, 반압박에 대한 희망과 요구를 반영한 혁명 소설로 높이 평가되었다. 통치 계급이 귀순 권고와 토벌이라는 비열한 수단을 이용한 심각한 현실을 반영했고, 농민 혁명이 실패할 수밖에 없는 필연성을 반영한 것으로 해석되었다. 그러나 일각에서는 우두머리 송강에 대해 비열한 항복주의자라고 격렬하게 비판하는 경향을 보이는데, 그것은 『수호전』을 빌린 간접적인 현실 정치의 비판이라 할 것이다.

민중의 꿈과 슬픔을 반영한 영웅 비극

송나라의 휘종徽宗 선화宣和 연간(1119~1125)에 채경蔡京과 동관童貫, 고구高俅, 양전楊戩이라는 4명의 고관이 나라의 정치를 좌지우지하며 악정을 일삼았다. 그런 사회적 분위기 속에서 죄를 범하거나 억울하게 누명을 써 갈 곳 없는 죄인과 무뢰한들이 관권에 반항해 천하를 휘젓고 다니다가 이윽고 양산박梁山泊에 모여들게 된다. 모두 108명인 그들은 송강宋江과 노준의盧俊義를 두령으로, 오용吳用과 공손승公孫勝을 군사로 삼아, 각자 나름대로의 직분을 가지고 '체천행도替天行道'(하늘의 뜻을 받들어 도를 행한다)의 깃발 아래 기세를 올려, 동관이 이끄는 관군을 2차례, 고구가 이끄는 관군을 3차례 격파한다. 그러나 그 뒤 천자의 귀순 권유를 받아 양산박을 버리고, 칙명을 받아 북방의 요遼나라로 원정해 항복시킨 데 이어서 전호田虎, 왕경王慶, 방랍方臘의 반란을 평정한다. 그런 악전고투를 거듭하는 사이 108명 가운데 태반은 전사하거나 병사해 점차 숫자가 줄어들었다. 방랍을 토벌하고 수도로 개선한 자는 고작 27명에 지나지 않았다. 그들은 그 공으로 제각기 관직과 작위를 받았는데, 그 가운데 절반은 각자의 임지로 갔고, 나머지 절반은 관직을 버리고 야인이 되었다. 이렇게 하여 마지막까지 남은 27명도 뿔뿔이 흩어지고 말았지만, 고구와 양전은 여전히 송강을 두려워했다. 결국 그들은 채경, 동관과 일을 꾸며서 먼저 송강의 오른팔인 노준의를 독살한 뒤 이규李逵를 없애고, 마지막으로 송강을 독살했다.

이상이 『수호전』의 줄거리이다. 전반부에는 영웅호걸들의 용감한 반항이 그려지고, 귀순을 한 후반부에는 그 비극적인 말로가 묘사된다. 용감한 반항에 대한 민중의 공감과 비통한 말로에 대한 민중의 동정심과 슬픔 등은 봉건사회의 민중이 만들어 내는 영웅상의 전형적인 성격이다.

이것을 전체적으로 바라보면, 전반부에 묘사되는 개개의 영웅전은 『수호전』이라는 큰 강의 지류와 같고, 그 크고 작은 108개의 지류가 모여 큰 강을 이룬 다음 사라진다. 『수호전』은 그 흐름의 전체를 그린 것으로, 민중의 꿈과 슬픔을 반영한 영웅 비극이다.

『수호전』의 판본은 다양한데, 크게 나누면 100회본과 120회본, 김성탄이 첨삭한 70회본의 3종류라 할 수 있다. 여기서는 120회본을 바탕으로 이 이야기의 발원지에서 하류까지 그 구성을 살펴보기로 하자.

1. 1회.

2. 2회부터 71회까지.

3. 72회부터 82회까지.

4. 83회부터 90회까지.

5. 91회부터 110회까지.

6. 111회부터 119회까지.

7. 120회.

100회본에는 5의 '91회부터 110회까지'가 없다. 이것은 100회본에 20회분을 증보해 120회본을 만들었기 때문이다. 따라서 100회본에는 120회본의 '110회부터 119회까지'가 '91회부터 99회까지'가 되고, '120회'가 '100회'가 된다. 또한 김성탄이 개작한 70회본은 다른 본의 '1회'를 '결자楔子'라 하고, '2회부터 71회까지'를 '1회부터 70회까지'로 하여 그 뒷부분은 삭제해 버렸다. 그 대신 108명이 모두 참수형을 당한다는 노준의의 꿈 이야기를 덧붙여 그것을 결론으로 삼았다.

1. 1회 – 복마전이 열리고 바깥세상으로 나온 108인의 마왕

송나라의 인종仁宗 가우嘉祐 3년(1058)에, 천하에 전염병이 돌자 조정에서는 전염병 퇴치를 위한 기도를 올리기로 하고, 태위太尉 홍신洪信을 칙사로 삼아 강서江西 신주信州의 용호산龍虎山(도교의 본산)으로 보내 장천사張天師를 초빙하게 했다. 홍신은 험한 산을 오르내리고 호랑이와 뱀에게 괴롭힘을 당하며 고생고생한 끝에 겨우 목적지에 도착했다. 그런데 장천사는 벌써 구름을 타고 도성으로 출발한 다음이었다. 홍신은 하는 수 없이 다른 도사들의 안내로 경내를 둘러보다가 마왕이 갇혀 있는 복마전伏魔殿을 보고 흥미를 느껴 도사들의 만류에도 불구하고 그 문을 열었다. 거기서 홍신은 '우홍이개遇洪而開'(홍씨를 만나 열린다)라는 글이 새겨진 비석을 발견하고 더욱 흥미를 느껴 그 비석 아래를 파게 하니, 깊은 구멍 바닥에서 구릉구릉 하는 소리가 들려오다가 이윽고 검은 연기가 피어올라 복마전 일각을 날려 버렸다. 솟아오른 검은 연기는 이윽고 무수한 금빛으로 변하더니 사방으로 흩어졌다. 그것은 그곳에 봉인되어 있던 36개의 천강성天罡星과 72개의 지살성地煞星으로 이루어진 108인의 마왕이었다.

2. 2회~71회 – 노지심을 비롯한 영웅들이 펼치는 활약상

홍신이 복마전을 연 지 40여 년 뒤인 철종哲宗 말년에 도성에 고이高二라는 무뢰한이 있었는데, 축국蹴鞠(공을 발로 차는 놀이)을 잘해서 철종의 동생인 단왕端王과 교류했다. 이 사람이 바로 고구이다. 이윽고 철종이 죽고 단왕(휘종徽宗)이 즉위하자, 고구는 일약 전수부태위殿帥府太尉(근위장관)가 되었다.

한편, 왕진王進이라는 근위군의 무예사범이 있었는데, 그의 돌아가신 아버지가 고구와 봉술 시합을 한 적이 있었다. 고구가 그 원한을 자신에게 갚으려 한다는 사실을 안 왕진은 어머니와 함께 집을 버리고 연안延安으로 도망쳤다. 이윽고 화음현華陰縣에 이르렀을 때, 우연히 그곳 대지주의 집에서 하룻밤을 신세지다가 그 집 아들을 만났다. 온몸에 용 9마리를 새겼다 하여 구문룡九紋龍 사진史進이라 불리는, 무예에 미쳐 있는 젊은이였다. 왕진은 그 집에 반년을 머물면서 사진에게 무예 18반을 가르쳤다.

이 구문룡 사진이야말로 후일 양산박에 모인 108명의 영웅 가운데 최초의 등장인물이다. 사진은 왕진이 연안부延安府로 떠난 뒤, 가까운 소화산少華山에 본거지를 둔 도적의 수령 신기군사 주무神幾軍師朱武, 도간호 진달跳澗虎陳達, 백화사 양춘白花蛇楊春—이들 3명도 뒷날 양산박에 모인다—과 싸워 사로잡았으나, 그들의 의협심에 감동해 오랏줄을 풀어 주고 술잔을 나눈 뒤 산으로 돌려보냈다. 이후 그들은 친구가 되었다. 어느 날 밤, 사진이 세 사람을 초대해 잔치를 벌이고 있는데, 밀고를 받은 화음현 현위가 400명의 병사를 풀어 사진의 집을 포위했다. 사진은 집에 불을 지르고 세 두령과 함께 빠져나와 소화산으로 도망쳤다. 세 사람은 사진에게 산채山寨의 두령이 되어 주기를 청했으나, 사진은 도적이 되기를 거부하고 연안의 경략부經略府에 머물고 있을 왕진을 찾아 홀로 산을 떠났다. 이윽고 당도한 위주渭州의 찻집에서 왕진의 소식을 묻고 있노라니, 무인차림을 한 뚱뚱한 남자가 다가왔다. 그가 바로 제할提轄(지방군의 지휘관) 노달魯達, 뒷날의 화화상 노지심花和尚魯智深이다.

이상은 2회에서 3회 전반까지의 줄거리이다. 3회에서 9회까지는 노지심의 활약상이 그려진다. 6회에서 노지심은 사진과 재회했다 다시 헤어지며, 7회부터는 표자두 임충豹子頭林冲이, 9회에는 소선풍 시진小旋風柴進이 등장한다. 9회 이후 노지심은 퇴장해 17회까지 등장하지 않고, 그 대신 7회에 등장한 임충이 이야기의 중심이 되어 12회까지 활약한다. 그리고

12회부터는 청면수 양지靑面獸楊志가 등장한다. 급시우 송강及時雨宋江의 등장은 18회부터이다. 이야기는 주요 등장인물과 다른 인물과의 관계가 얽히면서 진행된다. 크고 작은 108개의 실을 교묘히 조종하여 그들을 양산박으로 이끌어 가는 치밀한 구성이 돋보인다.

양산박에 모인 108명은 지하에서 파낸 비석을 보고, 자신들이 108개별의 환생이라는 사실을 깨닫는다. 이 108명 가운데 무관 출신이 24명으로 가장 많고, 이어서 산채의 두령에서 좀도둑까지 포함해 도적이 19명이다. 이하, 상인이나 장사꾼이 12명, 관리가 10명, 농업 종사자(지주 계급)가 6명, 도선공·대장장이·석공·은세공사 등 기술자가 6명, 한량과 건달 5명, 지식인·부자·어부 각 3명, 도사·사냥꾼·나무꾼·머슴 각 2명, 왕족·신상紳商·의사·노름꾼·마부·병사·씨름꾼·농부(소작인) 각 1명으로, 그들 대부분은 무법자이다.

3. 72회~82회 – 황제에게 귀순한 송강 일당의 요나라 정벌

양산박에 모인 송강 일당이 처음에는 동관, 다음에는 고구가 이끄는 관군을 격파하고 마침내 황제로부터 귀순 권고를 받기에 이르는 과정이 전개된다. 먼저 휘종에게 총애를 받는 동경東京(개봉開封) 최고의 명기 이사사李師師와 송강, 시진, 신행태보 대종神行太保戴宗, 낭자 연청浪子燕靑, 이렇게 4명의 만남으로 이야기의 단서를 열고, 다시 이사사를 등장시켜 연청이 이사사를 매개로 하여 휘종을 만나 귀순하는 내용으로 이어지도록 구성했다.

귀순 권고를 받은 송강을 비롯한 108명의 처우에 대해, 고구는 도성 안으로 불러들여 몰살하는 것이 국가를 위한 상책이라고 건의하지만, 태위 숙원경宿元景은 그들에게 요나라를 정벌케 하는 편이 국가를 위한 득

책得策이라고 주장했다. 이로써 송강 일당은 요나라 정벌에 나서게 되고, 여기서부터 시작되는 통쾌한 무용담은 서서히 비극적인 결말로 돌아선다.

4. 83회~90회-요나라 땅을 돌려주고 개선의 길에 올라

요나라를 정벌하는 이야기이다. 송강을 선봉으로 하고 옥기린 노준의玉麒麟盧俊義를 부선봉으로 하는 요나라 정벌군은 단주檀州·계주薊州·패주覇州에서 요나라 군대를 물리치고, 유주幽州에 이르러 요나라 최고의 장수 올안광兀顔光을 쳐부순 뒤, 국왕 야율휘耶律輝를 연경성燕京城으로 몰아넣고 포위했다. 그런데 요나라의 우승상 저견褚堅이 채경·동관·고구·양전에게 뇌물을 보내 화해를 요청함으로써 결국 정전의 조칙이 하달되었다. 송강은 어쩔 수 없이 점령한 땅을 요나라에 돌려주고 개선의 길에 올랐다.

귀환하는 길에 송강과 함께 오대산을 방문한 노지심이 옛 은사인 지진장로智眞長老를 만나 각자의 운명을 암시하는 게송偈頌을 받는다는 삽화나, 연청이 옛 친구 허관충許貫忠을 만나 그가 사는 산속의 초가집을 방문한 자리에서 공을 이룬 다음에는 물러날 준비를 하는 것이 좋다는 충고를 듣는 삽화 등은 전투 장면과 다르게 애수의 분위기를 자아낸다.

휘종은 동경으로 개선한 송강 일행의 공을 치하하여 관직과 작위를 주도록 채경과 동관 등에게 명령했으나, 채경 일당은 일부러 시간만 끌고 있었다. 바로 그때, 하북河北에서 전호의 반란이 일어났다.

5. 91~110회-시시각각 다가오는 108인의 불행한 운명

100회까지는 전호의 반란군을 진압하는 이야기이고, 101회 이후는 왕경 토벌을 다루고 있다. 전호 토벌에서는 전호가 가장 믿는 부하인 교도

청교도청淸과 입운룡 공손승入雲龍公孫勝의 법술 싸움과 전호의 처남 오리鄔梨의 양녀 경영瓊英의 활약이 재미있다. 교도청은 나중에 송강의 군대에 항복하고 공손승을 스승으로 모신다. 경영은 꽃처럼 아름다운 16세 처녀로, 돌팔매질의 명수이다. 왜각호 왕영矮脚虎王英은 경영과 대결을 벌이다가 허벅지에 상처를 입고, 일장청 호삼랑一丈青扈三娘과 소위지 손신少尉遲孫新, 표자두 임충, 흑선풍 이규黑旋風李逵, 양두사 해진兩頭蛇解珍과 같은 호걸들도 경영의 돌에 맞아 부상을 입었다. 사실 경영은 오리의 친딸이 아니다. 열 살 때 부모가 누군가에게 살해당한 뒤 집사였던 섭청葉淸 부부의 손에 자라다가 전호가 반란을 일으켰을 때 섭청 부부와 함께 군대에 사로잡힌 것을 오리가 양녀로 삼은 것이다. 섭청은 그 뒤 경영의 부모를 죽인 자가 전호라는 사실을 알고 옛 주인의 원수를 갚기 위해 송강과 내통하다 오리가 독화살에 맞아 의사를 찾는 것을 기회로 삼아, 오리를 속이고 돌팔매질의 달인인 몰우전 장청沒羽箭張淸과 신의 안도전神醫安道全 두 사람을 데리고 갔다. 경영이 자신처럼 돌팔매질을 잘하는 사내가 있다면 결혼할 생각이 있음을 아는 섭청은 경영과 장청의 돌팔매질 시합을 주선해 부부의 연을 맺게 한 다음, 넷이서 오리를 독살하고 송강의 군대와 계략을 세워 전호를 사로잡았다.

전호의 반란을 평정하고 동경으로 개선하는 송강 일행을 기다린 것은 채경 일당의 음모였다. 채경 일당은 송강을 실각시키기 위해 이전부터 회서淮西 일대에서 세력을 형성하고 있던 왕경을 토벌하라고 명령했다.

101회의 후반부부터 105회의 전반부까지는 왕경이 반란을 일으키기까지의 과정이 서술된다. 왕경을 토벌하러 간 송강의 군대는 연전연승을 하고 마침내 왕경의 본거지인 남풍성南豊城을 함락시켰다. 오도 가도 못하게 된 왕경은 장강을 건너 도망치려고 어선을 탔다가 뱃사공으로 변장한 수군 장수 혼강룡 이준混江龍李俊에게 붙잡혔다.

송강이 왕경 일당을 토벌하고 동경으로 개선하는 도중에 완주宛州의 추림도秋林渡라는 나루터에서 기러기 떼가 대열을 흐트리며 날아가는 것을 보고 수상쩍게 여겨 그 사연을 물으니, 연청이 화살을 쏘아 기러기 십여 마리를 잡았다는 것이었다. 송강은 그 말을 듣고 연청을 불러 타일렀다.

"기러기 떼가 질서 있게 대열을 지어 하늘을 날아가는 것이 우리 형제의 모습과 같지 않으냐. 네가 그 가운데 몇 마리를 쏘아 떨어뜨린 것은 우리 형제 가운데 몇 사람을 잃는 것과도 같다. 앞으로는 꼭 인의예지신仁義禮智信 다섯 글자를 가슴에 새기고 새를 죽이지 말아야 할 것이다."

연청은 그 자리에서 자신의 죄를 뉘우쳤다. 송강은 영문 모를 슬픔에 사로잡혀 눈에 보이는 모든 것에 연민의 정을 일으켰다. 이 일화 또한 전투 장면 뒤에 놓여 슬픈 분위기를 은근히 조성해 그 운명을 암시하는 복선 역할을 하고 있다.

동경으로 개선한 송강과 노준의 두 사람에게는 제각기 보의랑保義郎과 선무랑宣武郎이라는 낮은 무임소 관직이 내려졌지만, 다른 장수들에게는 아무런 포상도 없었다. 오히려 채경 일당의 획책으로 일행은 성 밖에 머물 수밖에 없었다. 이러한 처사에 송강이 의기소침해 있는 것을 보고 이규가 말했다.

"형님, 그리 마음에 두지 마세요. 양산박에 있을 때 우리는 누구에게도 짓밟히지 않았습니다. 결국 황제의 귀순 권고 때문에 이런 꼴을 당하고 있는 겁니다. 형님, 우리 다시 양산박으로 돌아갑시다. 그러면 얼마나 속이 편하겠습니까?"

다른 장수들도 모두 이규와 같은 생각이었지만, 송강을 배려해서 입을 다물고 있었던 것이다. 마침 그때 강남의 도적 방랍이 윤주潤州를 침략하고 양주揚州를 장악하려 한다는 소식이 전해져 송강 일행은 다시 토벌 명령을 받게 되었다.

6. 111회~119회 — 영웅들 사라지다

송강의 군대는 악전고투하면서 윤주·상주常州·소주蘇州·선주宣州·호주湖州·목주睦州·수주秀州·항주杭州·흡주歙州로 나아가 마침내 방랍의 본거지 청계성淸溪城을 함락시켰다. 방랍은 깊은 산속으로 도망쳤으나 노지심의 손에 붙잡혔다.

송강의 군대는 방랍 일당을 평정하고 개선했다. 이때 살아남은 자는 고작 36명으로, 3분의 2가 목숨을 잃고 말았다. 게다가 돌아가는 길에 항주의 육화사六和寺에서 노지심이 숨을 거두고, 목주의 전투 때 한쪽 팔을 잃은 행자 무송行者武松은 거기서 출가했고, 임충도 중풍에 걸려 절에 남았으며, 병관색 양웅病關索楊雄은 부스럼으로 죽고, 고상조 시천鼓上蚤時遷은 곽란(급성 위장병)으로 숨을 거두고 말았다. 연청은 한 장의 편지를 남기고 사라졌다. 소주까지 왔을 때, 혼강룡 이준이 중풍에 걸리자 출동교 동위出洞蛟童威와 번강신 동맹翻江蜃童猛 형제가 남게 되는데, 그들은 후일 섬라暹羅(태국) 지역으로 떠났다. 이렇게 9명이 죽거나 길을 떠나 동경으로 돌아온 사람은 27명이었다. 일행은 휘종의 치하를 받고 제각기 관직과 작위를 받는다.

7. 120회 — 송강과 이규는 독주를 마시고 숨을 거둔다

이 이야기의 결말이다. 27명의 영웅은 관직과 작위를 받았지만 아무도 기뻐하지 않았다. 그 가운데 사령을 받고 일단 임지로 갔다가 병을 핑계로 반납하거나 사령을 박탈당한 자가 15명이었고, 나머지 12명은 각자의 임지로 부임했다. 그 12명 가운데 5명, 곧 노준의·이규·송강·화영·오용의 마지막 모습과 휘종이 꿈속에서 송강과 더불어 노니는 장면에서 이야기는 끝을 맺는다.

채경·동관·고구·양전에게는 송강 일행이 은상을 받고 지방관이 되는 것 자체가 재미없는 일이었다. 네 사람은 계략을 꾸며, 먼저 여주廬州의 안무按撫가 된 노준의를 조정으로 불러들인 뒤 음식에 수은을 넣어 취하게 했다. 돌아가는 길에 노준의는 몸을 제대로 가누지 못해 결국 강에 빠져 죽었다. 이어서 네 사람은 초주楚州의 안무로 있는 송강에게 칙사를 보내 독주를 마시게 했다. 칙사가 돌아간 다음 송강은 윤주의 도통제都統制로 있는 이규에게 급히 사자를 보냈다. 이규가 서둘러 달려오자 송강은 그에게 술을 마시게 하고, 술기운이 돌자 물었다.

"조정에서 독주를 든 사자를 내게 보낼 모양인데 어떡하면 좋겠는가?"

이규가 대답했다.

"모반을 일으켜야지요."

"그 문제는 천천히 생각해 보도록 하세."

그리고 다음 날 이규가 떠날 즈음에야 비로소 어제 마신 술이 바로 칙사가 가져온 독주임을 알렸다.

"내가 죽으면 동생이 모반을 일으켜 우리의 충의를 깰까 두려워 어제 마신 술에 독을 넣었다네. 자네도 윤주로 돌아가면 독이 퍼져 곧 죽게 될 걸세."

두 사람은 눈물을 흘리며 이별을 고하고, 곧 숨을 거두었다.

한편, 무승군武勝軍의 승선사承宣使로 있던 오용와 응천부應天府의 병마도 통제^{兵馬都統制}로 있던 화영은 똑같은 꿈을 꾸게 되는데, 그 꿈으로 송강과 이규가 독살되어 초주의 남문 바깥에 있는 요아와^{蓼兒洼}라는 곳에 묻혀 있다는 것을 알고, 그곳으로 달려가 슬픔을 이기지 못하고 괴로워하다가 나무에 목을 매어 죽었다.

휘종은 이 모든 것이 채경을 비롯한 4명의 간계에 의한 것임을 알았지만 손을 쓸 방법이 없었다. 어느 날 휘종이 이사사의 집에 갔을 때, 꿈에서 양산박으로 건너가 송강을 만난 뒤 그 충성심을 확인하고 깊은 감동을 받았다.

뒷날, 휘종은 태위 숙원경의 주청을 받아 송강을 충렬의제영응후^{忠烈義濟靈應侯}로 추봉하고, 양산박에 사당을 세웠다.

"후일, 송공명^{宋公明}은 영험이 뛰어나다 하여 사철 공물이 끊이지 않았다. 양산박에 와서 비를 빌면 비를 얻고, 바람을 빌면 바람을 얻었다. 그뿐 아니라 초주의 요아와에서도 영험이 잘 나타나, 그 지방 사람들이 다시 거대한 전각을 세우고 2채의 긴 회랑을 덧붙였다. 천자께 상주해 폐액을 하사받는 한편으로 정전^{正殿}에는 신상^{神像} 36체를 모시고, 회랑에는 72장수의 상을 안치해 해마다 제사를 올렸는데, 지금도 그대로 남아 있다."

긴 이야기는 이렇게 끝을 맺는다.

NOTES

사^詞 : 중국 운문의 한 형식. 민간 가곡에서 발달하여 당나라 이후 오대^{五代}를 거쳐 송나라에서 크게 성행했다. 시형에 장단구가 섞여 장단구라고도 하며, 시여^{詩餘}·의성^{倚聲}·전사^{塡詞}라고도 한다.

송강^{宋江} : 『수호전』의 주인공으로, 실존 인물이다. 1121년 회남^{淮南}에서 농민 반란을 일으켜 35명의 부하를 이끌고 한때 상당한 기세를 올렸으나, 그 후 항복한 사실이 『송사^{宋史}』에 기록되어 있다. 남송 시대 이후 원나라 때에 걸쳐 이야깃거리로 채택되었다.

장사성^{張士誠}의 난 : 본래 태주^{泰州}(강소성^{江蘇省} 태현^{泰縣})의 염전인 백구장^{白駒場}에 적을 둔 소금 중개인이었던 장사성이 1353년 염장^{鹽場} 관리와 염정^{鹽丁} 사이에 일어난 분쟁을 틈타 염정을 모아 일으킨 난.

서유기
(西遊記)

1570년경에 만들어진 책이다. 중국 4대 기서 가운데 하나로, 오승은이 지은 구어 소설이다. 100회본으로, 내용상 4부로 나눌 수 있다. 1부는 손오공孫悟空의 출생 내력, 2부는 현장삼장玄奘三藏의 내력, 3부는 당나라 태종의 지옥 순례, 4부는 서천취경西天取經의 여행으로 이루어져 있다. 손 오공의 대활약으로 삼장법사 일행이 요괴들을 무찌르고, 서천에서 경전 을 가지고 돌아오는 기상천외한 이야기로, 신마소설神魔小說에 속한다.

INTRO

작자 오승은(1500~1582)은 자가 여충汝忠이고, 호는 사양산인射陽山人으로, 강소성江蘇省 회안 淮安 사람이다. 뛰어난 시재詩才를 지녔음을 알려 주는 『사양선생존고射陽先生存稿』 등의 저서 가 있는데, 과거에는 운이 없었던 듯 45세에 공생貢生이 되었을 뿐, 향시에도 합격하지 못했 다. 60세경에 절강성浙江省 장흥현長興縣의 현승縣丞이라는 말단 관직을 지냈다. 세속적인 성공 과 거리가 먼 불우한 일생을 보냈으며, 『서유기』는 그가 만년에 저술한 작품인 것으로 추정 된다.

『서유기』는 당나라 고승 현장(600~664)의 고난스러웠던 서천취경(서천으로 불교 경전을 구하러 감)의 여행을 줄기로 삼고 있다. 현장의 체험은 견문록 『대당서역기大唐西域記』 12권, 제자 혜 립慧立이 지은 『대자은사삼장법사전大慈恩寺三藏法師傳』 10권 등에 정리되어 있다. 그의 역사적 장거長擧는 민간에서 전설화되고 기상천외한 공상이 덧붙여져 1,000년 뒤, 오승은의 소설로 결실을 맺었다. 그 사이의 발전 과정은 『대당삼장취경시화大唐三藏取經詩話』 3권(남송 때의 소설) 과 『영락대전永樂大典』(명나라 초기의 백과사전), 『박통사언해朴通事諺解』(조선의 중국어 회화책), 양 경언楊景言의 잡극 『서유기』 6권(명나라 초기)을 통해 알 수 있다.

『대당삼장취경시화』에 등장하는 후행자猴行者는 손오공의 전신으로, 온순한 종자에 지나지 않았지만 원나라 때 비약적으로 성장해 맹활약하기 시작했고, 전체적인 모습도 현재의 『서 유기』와 비슷한 분위기를 띠게 되었다. 주인공 손오공은 난폭하기는 하지만 솔직하고 용감 하며, 그 성격은 『수호전』의 노지심과 이규, 『삼국지연의』의 장비와도 통하는 타입으로, 아 마도 강창講唱(노래를 섞어서 연출한 이야기극)의 과정에서 서민들이 가장 사랑하는 영웅으로 형상화되었던 것 같다. 황당무계한 설정과 기상천외한 재미, 유머와 골계 등은 다양한 설화 를 흡수해 발전시켜 온 서민들의 유산일 것이다. 오승은은 그런 전승들을 기반으로 하여 유머와 골계로 가득한 독자적인 문학 작품을 창작했다. 현대 중국에서는 삼장법사를 무능 한 자로 치부하고, 손오공을 영웅시하는 경향이 있다.

손오공, 천계天界에서 대소동을 일으키다

아주 먼 옛날, 동승신주東勝神州 바다 저편에 있는 오래국傲來國의 화과산花果山 꼭대기에 신기한 바윗돌이 하나 있었다. 이곳은 천지개벽 이래의 정수가 모인 곳인데, 어느 날 그 돌이 열리면서 돌원숭이 한 마리가 태어났다. 돌원숭이는 수렴동水簾洞에 모여 사는 원숭이들의 우두머리인 미후왕美猴王이 되어 세월 모르고 살아갔다. 그러던 어느 날, 돌원숭이는 불로장생의 신선술을 배우기 위해 여행을 떠났다. 그 여행길에서 만난 선인 수보리須菩提(석가모니의 10대 제자 가운데 한 사람)에게서 손오공이라는 이름을 얻고 수행에 전념한 끝에 72반般의 둔갑술을 비롯해 자신의 털을 작은 원숭이로 바꿀 수 있는 신외신법身外身法, 한 번 공중제비돌기를 하면 10만 8,000리를 날아갈 수 있는 근두운觔頭雲을 불러오는 술법도 배웠다.

화과산으로 돌아온 손오공은 동해의 용왕으로부터 자유자재로 늘어났다 줄어드는 여의금고봉如意金箍棒을 얻고, 300여 년의 수명이 다해 유명부幽冥府(저승 세계)에 잡혀가서는 여의봉을 휘두르며 한바탕 소란을 피웠다. 그런 다음, 염마장閻魔帳을 가져오게 하여 거기에 적힌 자신의 이름을 먹으로 지워 버리게 했다. 이런 사실을 상주문上奏文을 통해 알게 된 천상계의 옥황상제는 장수들을 보내 손오공을 체포하려 했으나, 태백장경성太白長庚星의 진언을 받아들여 그를 천계로 불러들인 뒤 필마온弼馬溫으로 삼았다. 그러나 손오공은 필마온이 말을 담당하는 자리로 직급이 낮다는 것을 알고 천계를 떠나 수렴동으로 돌아온 다음 스스로 제천대성齊天大聖이라 칭했다. 그러자 옥황상제는 탁탑이천왕托塔李天王과 나타삼태자哪吒三太子를 지상에 파견해 손오공을 체포해 오라고 명령했으나, 이들은 오히려 손오공에게 흠씬 두들겨맞고 도망쳐 버렸다. 결국 태백장경성의 진언 으로 옥황상제는 손오공을 아무 직함도 아닌 제천대성으로 천계에 머물도록 허락했다. 그리하여 천계에서 노닐던 손오공은 어느 날 반도원蟠桃園의 관리로 임명받아 불로장수의 복숭아를 훔쳐 먹고, 반도蟠桃 연회에서 맛있는 음식을 모두 먹어 치운 뒤 태상노군太上老君의 금단金丹까지 훔쳐서 하계로 도망쳐 버렸다. 손오공의 거듭되는 횡포에 화가 치민 옥황상제는 10만의 천병天兵을 파견해 화과산을 포위했다. 구요성九曜星과 사대천왕四大天王이 번갈아 싸웠으나 손오공이 한 줌의 털을 뽑아 입김으로 불어서 만든 수많은 병사들로 대항했기 때문에 도무지 승부가 나지 않았다. 상황이 이렇게 되자 관세음보살의 추천으로 현성이랑진군顯聖二郎眞君이 등장하게 되었다. 둘은 새로 변하고, 물고기로 변하는 변신술을 구사하다가 심지어 토지신의 사당으로 변신하는 등 온갖 술법을 다 동원해 싸웠다. 그러다가 마침내 손오공은 태상노군의 금강탁金鋼琢에 얻어맞고는 현성이랑진군에게 사로잡히고 말았다. 그러나 손오공을 처형하려 해도 칼이나 창이 소용없으니 어쩔 도리가 없었다. 그래서 태상노군은 손오공을 금단을 끓이는 팔괘로八卦爐에 가두었다. 손오공의 두 눈은 매운 연기에 쏘여 눈병을 앓는 사람처럼 흰자위는 시뻘겋게 핏발이 서고 눈동자는 샛노랗게 변색되고 말았다. 이 때문에 훗날 손오공은 '화안금정火眼金睛'이라는 별명을 얻게 되었다. 그러나 손오공은 팔괘로에서 탈출했고 다시 천계를 혼란에 빠뜨렸다. 이에 옥황상제는 할 수 없이 석가여래를 불러들였다. 석가여래는 웃으면서 손오공에게 말했다.

"나랑 내기를 해 보자. 네가 그럴 재주가 있다면 근두운을 타고 내 오른손을 빠져나가 보아라. 그렇게 하면 네가 이긴 것으로 쳐 더 이상 싸울 필요도 없이 옥황상제를 서방세계로 옮겨 사시게 하고, 이 천궁을 너에게 넘겨주마."

그 말을 들은 손오공은 속으로 '내가 공중제비돌기를 한 번만 하면 10만 8,000리를 날아간다' 하고 쾌재를 부르면서 그 제안을 받아들였다.

"자, 간다!"

한 줄기 구름이 달리는가 싶더니 손오공은 벌써 사라지고 없었다. 석가여래가 혜안을 똑바로 뜨고 지그시 바라보니, 손오공은 풍차처럼 오로지 앞을 향해 내달리고 있었다. 그런데 손오공의 눈앞에 고깃덩어리처럼 불그스레한 기둥 5개가 하늘처럼 푸른 기운을 떠받치고 가지런히 서 있는 게 아닌가.

'옳아, 저기가 끝이로구나. 석가여래가 제 입으로 약속을 했으니, 이제 돌아가면 옥좌는 내 것이다!'

그렇게 속으로 외치면서 빠져나가려 하다가 문득 생각해 보았다.

'가만! 이대로 돌아가면 증거가 없지. 그러니까 저기다 무슨 표시라도 해 두어야겠어. 그러면 석가여래도 할 말이 없을 거야.'

그래서 손오공은 털 한 줌을 뽑아 '훅' 하고 불면서 외쳤다.

"변해라!"

그러자 그 털은 먹물을 듬뿍 머금은 붓 한 자루로 변했다. 손오공은 그 붓으로 가장 높은 기둥 한가운데에 이렇게 썼다.

'제천대성, 여기서 노닐고 가노라.'

그런 다음, 첫 번째 기둥 아래에 오줌을 시원하게 갈겨 놓았다. 손오공은 근두운의 방향을 틀고는, 여래의 손바닥에 서서 외쳤다.

"어떠냐! 약속한 대로 옥황상제더러 천궁을 넘기라 일러라!"

석가여래가 버럭 호통을 쳤다.

"이런 버르장머리 없는 원숭이 놈아! 네놈은 내 손바닥에서 한 발자국도 벗어나지 못했다! 고개를 숙여 아래를 보아라!"

손오공이 눈을 깜빡거리며 아래를 내려다보니, 이게 어찌 된 일인가. 석가여래의 오른손 가운뎃손가락에 기막힌 글씨가 한 줄 적혀 있는 게 아닌가.

'제천대성, 여기서 노닐고 가노라.'

엄지와 검지의 갈라진 밑뿌리에서는 아직도 원숭이 오줌 지린내가 풍겨 나고 있었다. 깜짝 놀란 손오공은 잔뜩 긴장을 하고 다시 날아올랐지만, 석가여래가 손바닥을 홱 뒤집으면서 오공의 몸을 치자 몸이 서천문^{西天門} 밖으로 나가떨어졌고, 다시 다섯 손가락이 금·목·수·화·토의 '오행산^{五行山}'으로 바뀌어 그 몸을 짓눌러 버리는 것이었다.

삼장법사, 서천으로 길을 떠나다

손오공이 오행산에 갇힌 지 500년이 지나 당나라 태종의 시대가 되었다. 석가모니는 중생을 구제하기 위해 중국에 삼장의 진경^{眞經}을 전하리라 마음먹고, 관음보살에게 긴고아^{緊箍兒}(머리에 조여들게 만든 금으로 된 둥근 테)를 주어 여행을 떠나게 했다. 당나라 장안에 도착한 관음보살은 태종이 연 수륙재^{水陸齋}(수륙의 잡귀에게 재를 올리고 음식을 공양하는 법회)에서 회주^{會主}로 뽑힌 덕 있는 승려 현장^{玄奘} 선사를 만났다. 현장은 태종의 칙명으로 삼장법사라는 호를 받아, 서역으로 경전을 구하러 떠났다.

종자 둘을 데리고 국경을 넘어 쌍차령^{雙叉嶺}에 들어선 삼장법사는 웅산군^{熊山君}과 인장군^{寅將軍}에게 두 종자를 잡아먹히고 홀로 오행산에 이르렀다. 오행산 바위 아래 갇혀 있던 손오공이 삼장을 보고 빌며 말했다.

"스님, 제발 저를 구해 주십시오. 스님을 서역까지 모시겠습니다."

삼장은 산꼭대기에 붙어 있던 봉인을 떼어내 손오공을 풀어 주고 제자로 삼았다. 노상강도를 죽이고 삼장법사를 위기에서 구해 내기는 했지만, 살생을 범했기 때문에 삼장법사는 손오공의 머리에 긴고아를 씌웠다.

이윽고 둘은 사반산蛇盤山의 응수간鷹愁澗이라는 계곡에 이르렀는데, 용한 마리가 나타나 말을 삼켜 버렸다. 이 용은 관음보살의 명을 받고 기다리고 있었던 것이다. 용은 백마로 변신해 삼장을 태우고 서천으로 향했다. 다음으로 오사장국烏斯藏國(티베트)의 고로장高老莊에 이르렀는데, 요괴를 사위로 맞아 곤란에 빠진 집에 머물게 되었다. 이야기를 들어 보니 그 요괴는 귀가 길고 코가 긴 데다, 뭐든지 먹어 치우는 돼지 같은 놈이었다. 전생에는 천하天河의 천봉원수天蓬元帥였으나 벌을 받아 하계에 떨어졌을 때 그만 돼지의 배에서 태어나게 된 저팔계豬八戒였다. 저팔계는 손오공을 상대로 쇠스랑을 휘두르며 싸웠으나 패하고, 삼장의 두 번째 제자가 되었다. 이윽고 유사하流沙河에 이르자 목에 9개의 해골을 걸고 더벅머리를 한 요괴가 나타났다. 그가 바로 사오정沙悟淨으로, 영소보전靈霄寶殿(옥황상제가 사는 궁전)의 권렴대장捲簾大將이었다가 죄를 지어 유사하에 귀양을 온 것이었다. 사오정은 저팔계를 상대로 수중에서 크게 싸웠으나 승부를 내지 못하고, 보살의 명령으로 불법에 귀의해 삼장의 세 번째 제자가 되었다. 이렇게 하여 삼장 일행이 모두 갖추어져 고난의 여행길에 올랐다.

살생의 누명을 쓰고 파문당한 손오공

여행을 계속하던 일행은 백호령白虎嶺이라는 높은 산에 이르렀다. 손오공이 아침 식사를 구하러 자리를 비운 사이 미녀로 변신한 요괴가 달콤한 말로 삼장 일행을 꼬드겼다. 근두운을 타고 돌아온 손오공은 한눈에 그 요괴의 정체를 알아차리고 가차 없이 공격을 가했다. 요괴는 해시법解屍法으로 가짜 시체를 남겨 두고 도망쳤다. 삼장은 그 장면을 보고 몸을 부르르 떨며 사람을 죽였다고 나무라고, 저팔계는 옆에서 맞장구를 치며 부추겼다. 그래서 삼장은 주문을 외워 긴고아를 쓴 손오공에게 고통을 주었다. 손오공이 사죄하고 잠깐 화해를 했으나 다시 요괴가 노파의 모습으로 나타났다. 이에 다시 손오공이 일격을 가하자 이번에도 요괴는 노파의 시체를 남기고 도망쳤다. 이에 손오공이 토지신을 불러내 망을 보게 한 다음 마침내 요괴를 쓰러뜨리자, 요괴의 혼백은 흩어지고 한 줌 백골만 남았는데, 그 백골 위에는 '백골부인'이라는 이름이 적혀 있었다. 사태를 파악한 삼장은 요마였다고 마음을 놓았는데, 저팔계가 또 중상했다.

"형님이 사람을 죽였습니다. 스승님의 눈을 속이려고 시체를 이렇게 바꾸어 놓은 것입니다."

삼장은 저팔계의 말을 듣고 손오공을 파문했다. 변명도 소용없다는 사실을 깨닫고 손오공은 삼장에게 절을 하고는 화과산으로 돌아갔다.

한편, 길을 재촉하던 삼장 일행은 숲 속에서 길을 잃고, 보탑寶塔의 요마 황포괴黃袍怪에게 삼장이 사로잡히고 말았다. 삼장은 요마에게 사로잡혀 그의 부인이 되어 있던 보상국寶象國 공주의 도움으로 도망쳐서 보상국의 왕을 알현하고 공주의 편지를 왕에게 전했다. 사정을 알게 된 국왕은 저팔계와 사오정에게 요마 퇴치를 의뢰했으나 오히려 사오정이 사로잡히는 신세가 되고 말았다. 또한 요마는 서생으로 변신해서 보상국으로 잠입한 다음, 국왕에게 삼장이야말로 공주를 납치하고 당나라 승려를 잡아먹은 호랑이의 화신이라고 고하고는 물을 뿌려 삼장을 호랑이로 바꾸어 놓았다.

삼장이 곤경에 처했다는 소식을 접한 백마는 원래의 용으로 돌아가 요마와 싸웠으나 부상을 입고 도망칠 수밖에 없었다. 그때 저팔계가 나타났다. 백마는 스승을 버리고 도망치려는 저팔계에게 눈물로 하소연하며 설득했다. 저팔계는 어쩔 수 없이 손오공을 찾아 화과산으로 갔다.

저팔계는 교묘한 언설로 손오공을 설득해 함께 보탑으로 돌아왔다. 손오공은 먼저 사오정을 구출한 뒤 공주로 변신해 요마 황포괴를 기다렸다. 보탑으로 돌아온 요마는 눈물을 흘리는 공주, 곧 손오공에게 소중한 내단內丹을 빼앗겼다. 원래의 모습으로 돌아온 손오공은 여의봉을 휘둘러 부하 요괴들을 모두 때려죽였다. 그제서야 속은 걸 알고 달려든 요마와 50~60합을 싸우다가 마침내 엽저투도葉底偷桃라는 주문을 외우더니 거인으로 변신해 요마의 머리를 여의봉으로 내리쳐 제압했다. 그리고 축지법縮地法을 구사해 공주를 궁전까지 데려다 주고 호랑이로 변한 삼장에게 물을 끼얹었다. 제 모습을 되찾은 삼장은 고맙다고 인사를 했다.

"오공아, 역시 너는 좋은 제자였구나. 이제 빨리 서천으로 떠나도록 하자. 공을 이루고 다시 동녘 땅으로 돌아가면 내 반드시 폐하께 네가 으뜸 공을 세웠다고 아뢰겠다."

이렇게 하여 손오공은 다시 일행에 가담해 서천으로 향했다.

관음보살이 홍해아를 잡은 뒤 제자로 삼아

서쪽으로 여행을 계속하는데, 소나무 꼭대기에 어린아이가 매달려 있었다. 손오공은 한눈에 요괴임을 알아차렸다. 그러나 삼장은 가엽게 여겨 아이를 구해 주었다. 이 요괴는 옛날에 손오공과 의형제를 맺은 우마왕牛魔王의 아들 홍해아紅孩兒였다. 홍해아는 삼장의 살점을 먹으면 불로장생할 수 있다는 것을 알고 기다리고 있었던 것이다. 그러나 자신의 뜻대로 되지 않자 공중에서 선풍을 일으켜 삼장을 화운동火雲洞으로 납치해 가고 말았다. 한편 손오공은 스승이 자신의 말은 듣지도 않고, 이런 일만 자초한다고 화를 내며 일행을 해산할 것을 선언했다. 처음에는 저팔계도 찬성했지만 사오정의 중재로 생각을 바꾸었다. 손오공은 저팔계와 함께 화운동으로 향했다. 그러나 홍해아가 설치한 바퀴가 5개 달린 수레에서 뿜어져 나오는 화염 때문에 접근할 수 없었다. 이에 손오공은 동해의 용왕에게 원군을 요청해 다시 맞섰다. 손오공의 신호로 용왕 휘하의 수병들이 요화妖火에 물을 끼얹었지만, 이 요화는 보통 불이 아니어서 물로는 끌 수 없었다. 마침내 손오공은 연기에 휩싸여 질식했고, 사오정과 저팔계의 간호로 겨우 제정신을 차렸으나 만신창이가 되어 꼼짝도 할 수 없었다. 할 수 없이 관음보살의 도움을 청하러 저팔계를 파견했으나 어리석은 저팔계는 그만 홍해아의 계략에 넘어가 사로잡히고 말았다. 이렇게 하여 손오공은 아픔을 참고 관음보살의 도움을 청하려 근두운을 탔다. 관음보살은 대해의 물을 모두 가둘 수 있는 호리병으로 홍해아를 굴복시킨 뒤 삼장과 저팔계를 구해 주었다. 그리고 홍해아는 관음보살의 제자로 들어가 선재동자善財童子●가 되었다.

다시 길을 떠난 일행은 강 건너편까지 800리나 되어 사람이 한 번도 건넌 적이 없다는 통천하通天河에 이르렀다. 하룻밤 신세를 지려고 들어간 진씨 집이 영감대왕靈感大王 묘당의 제례에 자식을 희생으로 바쳐야 할 처지임을 알고 손오공과 저팔계가 어린 남녀 아이로 변신해 괴물 앞으로 나아갔으나 결국 괴물을 놓치고 말았다.

다음 날 일행이 눈을 떠 보니 날씨가 갑자기 추워진 탓에 통천하는 꽁꽁 얼어붙어 있었다. 삼장은 만류하는 진씨를 겨우 뿌리치고 길을 서둘러 얼어붙은 통천하를 건너기 시작했다. 그러나 삼장 일행이 강 중간쯤 이르렀을 때 갑자기 얼음이 깨지는 바람에 강물에 빠져 괴물에게 사로잡히고 말았다. 괴물이 일부러 강을 얼어붙게 한 뒤 심장 일행이 건너가기를 기다리고 있었던 것이다.

수중전에 약한 손오공은 저팔계와 사오정을 전면에 내세워 괴물을 뭍으로 끌어 올리는 책략을 구사해 성공할 단계에 이르렀으나, 성질이 급한 나머지 괴물이 뭍으로 올라오기도 전에 여의봉을 휘두르는 바람에 그만 놓쳐 버리고 말았다. 저팔계와 사오정만으로는 괴물을 이길 수 없어, 마침내 손오공은 관음보살의 법력에 의지하기로 했다. 관음보살은 옷깃에 동여매고 있던 실끈을 하나 풀더니 대바구니에 묶어 강물 속으로 내려보냈다. 대바구니를 건져 올리자 금붕어 한 마리가 들어 있었으니, 바로 괴물의 정체였다. 이때의 풍경을 묘사한 것이 바로 후세에 전하는 어람관음상魚籃觀音像이다. 이렇게 하여 삼장 일행은 통천하의 원래 주인이었던 늙은 거북의 등을 타고 무사히 강을 건넜다.

파초선을 놓고 벌이는 손오공과 우마왕의 변신술 대결

시간이 화살처럼 빨리 흘러 일행은 화염산火焰山이라는 험난한 곳에 이르렀는데, 그곳은 불길을 끄지 못하면 지나갈 수 없는 곳이었다. 손오공은 마을의 노인에게서 파초선芭蕉扇을 부치면 불을 끌 수 있다는 말을 듣고 철선공주鐵扇公主에게 파초선을 빌리러 갔다. 그런데 철선공주는 바로 다름 아닌 우마왕의 부인이자 홍해아의 어머니였다. 공주는 파초선으로 바람을 일으켜 손오공을 소수미산小須彌山까지 날려 보내 버렸다. 손오공은 영광보살靈光菩薩에게서 얻은 정풍단定風丹으로 바람을 견뎌 낼 수 있게 되자 작은 벌레로 변신해 공주가 마시는 차 속으로 들어갔다. 그래서 공주의 배 속에서 소란을 피워 파초선을 빼앗는 데 성공했지만 그것은 가짜였다. 속은 것이 분해 발을 동동 구르던 손오공은 이번에는 우마왕으로 변신해 공주를 속이고 진짜 파초선을 빼앗았다. 그러나 우마왕도 이에 질세라 저팔계로 둔갑해 파초선을 다시 되찾았다.

우마왕이 황새가 되어 하늘로 날아오르면, 손오공은 보라매로 변신해 발톱으로 황새의 눈알을 찍으려 했다. 우마왕은 손오공이 보라매로 변신한 것을 알고 재빨리 참매로 둔갑해 보라매를 공격했고, 그러면 손오공은 다시 오봉^{烏鳳}으로 변신해 참매 꽁무니에 바짝 따라붙었다. 그러자 우마왕은 백학으로 둔갑해 길게 울더니 재빨리 남쪽으로 날아갔다. 손오공은 그 뒤를 따라가지 않고 날갯짓을 한 번 하더니 새 중의 왕 단봉^{丹鳳}이 되어 길게 울었다. 새의 왕 앞에서 다른 새들은 감히 고개조차 들지 못하는 법이어서 우마왕은 단번에 기가 죽어 산비탈 아래로 곤두박질치고는 한 마리 사향노루가 되어 천연덕스럽게 풀을 뜯어 먹기 시작했다. 그것을 눈치챈 손오공은 재빨리 호랑이로 변신해 사향노루를 덮쳤다. 깜짝 놀란 우마왕은 커다란 얼룩무늬 표범으로 변신해 호랑이를 덮쳤다. 그러자 손오공은 사자로 변신하고, 우마왕은 다시 곰으로 변신했다. 손오공은 거대한 코끼리가 되어 긴 코로 곰을 휘감았다.

그러자 우마왕은 실성한 듯 히죽히죽 웃더니 본래의 모습인 흰 소로 돌아갔다. 흰 소의 머리통은 험산준령과 같고, 두 눈알은 번갯불처럼 번득거렸으며, 2개의 뿔은 철탑처럼 솟았고, 이빨은 예리한 칼날과 같았다. 머리에서 꼬리까지 길이가 1,000장^丈(1장은 10척)이나 되고, 발굽에서 등까지의 높이만 해도 800장이나 되는 거대한 흰 소가 우마왕의 본래 모습이었던 것이다.

"이 못된 원숭이 놈아! 한번 붙어 볼 테냐!"

우마왕이 고함을 지르자, 손오공은 여의봉을 꺼내 "늘어나라!" 하고 외쳤다. 그러자 키가 1만 장에 머리는 태산과 같고, 눈은 해와 달 같으며, 입은 핏빛 연못 같고, 이빨은 대문짝만한 모습으로 변신했다. 주인과 함께 늘어난 여의봉이 우마왕의 머리통을 노리자 우마왕은 뿔을 흔들며 공격했다. 하늘이 놀라고 땅이 요동치는 대격전이 벌어지자 천계의 신들이 모여들어, 우마왕은 사방팔방으로 부처님의 군사들에게 포위당한 꼴이 되었다. 게다가 옥황상제의 명령을 받은 탁탑이천왕과 나타삼태자가 신장神將들을 거느리고 달려왔다. 삼두육비三頭六臂(머리 셋에 팔이 여섯 달린 괴물)로 변신한 나타삼태자는 우마왕의 등에 올라타 참요검斬妖劍으로 머리를 잘라 버렸다. 그러나 우마왕의 몸체에서는 머리가 다시 났고, 입으로는 연기를 토해 냈으며, 눈으로는 황금색 빛을 쏘아 댔다. 나타삼태자가 다시 검으로 머리를 자르니 또 머리가 자랐다. 그러기를 10여 차례, 마침내 나타삼태자가 화륜아火輪兒를 꺼내 소뿔에 걸치고 진화眞火를 일으키자, 불이 활활 타올랐다. 그 열기를 견디지 못한 우마왕은 다시 둔갑해 위기에서 벗어나려 했지만, 탁탑이천왕이 조요경照妖鏡으로 우마왕을 비추자 더 이상 움직이지 못하고 마침내 항복했다.

공주로 변신한 요괴와 결혼할 위기에 빠진 삼장

서방으로 여행을 계속하던 삼장 일행은 반사령盤絲嶺에서 여자 요괴를 물리치고, 사타령獅駝嶺에서는 청사자·흰코끼리·대붕이라는 삼대마왕을 퇴치하고, 비구국比丘國에서는 원로로 둔갑한 요괴를 무찔러 난관을 극복하고 마침내 천축국天竺國에 도착했다. 삼장 일행은 포금선사布金禪寺에 도착해 하룻밤 신세를 청했다. 그러자 주지는 자기 절에 천축국의 공주를 숨겨 주고 있는데 성안에도 공주가 있으니, 과연 어느 쪽이 진짜 공주인지 법력으로 진상을 밝혀 달라고 요청했다.

다음 날, 일행은 성안으로 들어가 회동관역會同館驛에 숙소를 정하고 삼장과 손오공이 국왕을 만나러 가는데, 사거리에 화려한 누각이 높이 설치되어 있었다. 공주가 누각에서 실로 짠 공을 던져 맞는 사람을 남편으로 삼는 당천혼撞天婚 행사를 하기 위한 것이었다. 그런데 우연히 그 아래를 지나던 삼장이 그 공에 맞는 바람에 공주와 결혼해야 할 지경에 처하고 말았다. 사실 그 공주는 요괴였다. 진짜 공주는 납치해 숨겨 두고서 공주로 변신해 삼장과 결혼한 다음, 그 정기를 빼앗아 태을상선太乙上仙이 되려고 오래전부터 준비하고 있었던 것이다. 요괴는 잔꾀를 써서 삼장의 세 제자를 성 바깥으로 쫓아내고 혼례를 치르려 했다. 그러자 손오공은 삼장이 걱정스러워 한 마리 꿀벌로 변신해 궁중으로 날아들었다. 한눈에 공주가 요괴임을 알아차린 손오공이 공격을 가하자, 요괴는 옷과 장식을 모두 벗어 던지고 절구 방아처럼 생긴 봉을 들고 손오공에게 덤벼들었다. 반나절이나 공중전을 벌이다가 손오공이 여의봉을 100개로 늘려서 공격하자 그제야 마침내 요괴는 도망쳐 모영산毛穎山의 굴로 숨어들었다. 그러자 손오공은 토지신을 불러내 토끼 굴을 살펴보게 했고, 마침내 요괴가 숨어든 굴을 발견한 손오공이 그곳을 부수자 요괴는 공중으로 날아올랐다. 다시 공중전이 벌어지자 태음성군太陰星君이 오색구름을 타고 나타났다.

"이 요괴는 월궁月宮의 옥토끼였다오. 월궁에 살 때 공주에게 매를 한 번 맞은 적이 있는데 그 앙갚음을 하려고 이런 죄를 저질렀다오. 이 늙은이의 낯을 봐서라도 용서해 주시구려."

그렇게 하여 옥토끼는 태음성군과 함께 월궁으로 돌아가고, 포금선사에 있던 공주는 국왕과 상봉했다.

숙원 성취, 진경眞經을 손에 넣다

겨우 영취산靈鷲山에 도착한 일행은 목욕을 한 뒤, 바닥이 없는 배를 타고 능운도凌雲渡를 건너 마침내 뇌음사雷音寺에 도착해 석가모니를 배알했다. 석가모니에게 위로의 말을 듣고 경전을 하사받은 일행은 기쁨에 넘쳐 귀로에 올랐으나, 도중에 그것이 백지 경전임을 알고 황망히 영취산으로 되돌아갔다. 영문을 알아보니 삼장 일행이 선물을 바치지 않았다고 석가모니의 제자인 아난다阿難陀와 가섭迦葉이 심술을 부린 것이었다. 그래서 이번에는 자금발우紫金鉢盂를 헌상하고 진경 5,048권을 받았다.

그러고 나서 삼장 일행은 팔대금강八大金剛의 도움으로 구름을 타고 날아갔다. 한편, 오방게체五方揭諦 등 삼장 일행을 은밀히 보호해 온 신령들이 관음보살에게 삼장 일행이 여정 중에 겪은 80번의 재난을 기록한 재난부災難簿를 올렸다. 관음보살이 그것을 훑어보고 말했다.

"아뿔싸! 우리 불문에서는 구구 팔십일이라고, 재난도 81번을 겪어야 하는데 1번이 부족하지 않으냐!"

그래서 팔대금강은 삼장 일행을 통천하의 서쪽 기슭에 떨어뜨렸다. 그 난을 무사히 극복한 삼장 일행은 다시 구름을 타고 장안長安 상공에 이르러 망경루望經樓에서 태종을 배알하고, 경전 5,048권을 헌상했다. 그리고 여태까지 거쳤던 나라들의 통관 증명서를 보이자 태종은 대전에서 내려와 삼장의 손을 잡고 그 노고를 치하했다.

이어서 일행은 팔대금강과 더불어 구름을 타고 영취산으로 돌아가 석가모니 앞에 엎드렸다. 이렇게 하여 삼장법사는 석가모니의 은덕으로 전단공덕불旃檀功德佛, 손오공은 투전승불鬪戰勝佛, 저팔계는 정단사자淨檀使者, 사오정은 금신나한金身羅漢, 백마는 팔부천룡八部天龍이 되어 성불했다.

NOTES

선재동자善財童子 : 『화엄경華嚴經』 중 「입법계품入法界品」에 나오는 불교 신앙의 모범적 구도자이다. 일체의 진상을 알고자 하여 천하를 돌아다니며 선지식을 두루 만나다가 마지막으로 십대원十大願을 들은 뒤 입법계入法界의 큰 뜻을 이루었다고 전해진다.

금병매
(金瓶梅)

 1600년경에 성립한 책으로, 호색한 서문경西門慶과 그 처첩들의 애욕을 축으로 당시의 세태를 그린 소설. '금병매'라는 제목은 주인공 서문경의 다섯 번째 부인 반금련潘金蓮과 여섯 번째 부인 이병아李瓶兒, 그리고 금련을 모시는 하녀 춘매春梅의 이름에서 각각 한 글자씩 딴 것이다. 중국의 대표적인 사실소설로, 장회소설 100회로 구성되어 있다.

INTRO

명나라 만력萬曆(1573∼1620) 연간 중기인 16세기 말에 쓰인 소설로, 처음에는 필사본으로 읽히다가 17세기 들어 판본으로 출판되어 널리 읽히게 되었다.

판본에는 크게 두 종류가 있는데, 하나는 가장 일찍 출판되었던 것으로 추정되는 『금병매사화金瓶梅詞話』로 이것을 보통 '사화본'이라 한다. 또 하나는 보통 '제일기서본第一奇書本'이라 부르는 '개정본'이다. 이것은 '사화본'을 개정한 것인데, 이 계통에 속하는 것으로서 청대 강희康熙 연간에 장죽파張竹坡●가 그 본문에 새로이 비평을 가한 신판이 가장 유행했다. '사화본'은 '개정본'에 눌려 모습을 감추어 버렸으나, 근대에 들어 그 존재가 확인되어 영인본으로 출판되었다.

'사화본'과 '개정본'은, 첫째, 각 회의 표제 및 모두의 시가 다르고 둘째, '사화본'에 나오는 산동 방언이 '개정본'에서는 지워졌으며 셋째, 제53∼제54회의 대부분이 다르다. 총체적으로 보아 읽기에는 '개정본'이 편리하고, 문학적 가치로 보아서는 '사화본'이 뛰어나다.

작자는 모른다. 『금병매사화』에는 흔흔자欣欣子라는 사람의 서문이 나오는데, 그 가운데 '난릉蘭陵의 소소생笑笑生, 『금병매전』을 지어…라는 내용에서 필자의 이름이 나온다. 그러나 흔흔자이건 소소생이건 그 본명은 아직도 모른다. 다만, 난릉은 지금의 산동성 역현嶧縣이고, 본문에 산동의 방언이 나오는 것으로 보아, 필자는 산동 사람임이 분명하다.

『금병매』의 무대는 송나라 휘종 시대인데, 실제로 묘사되는 정황은 작자와 동시대인 명나라의 만력 연간이다. 대신에서 거지에 이르기까지 모든 계층의 인물이 등장한다. 호색문학의 최고봉으로 알려져 있으나 노골적인 성 묘사 때문에 금서가 되었다. 그러나 이 작품의 진정한 가치는 당대 사회의 현실을 폭넓게 사실적으로 묘사했다는 데 있다.

서문경과 반금련의 운명적인 조우

송나라 왕조의 휘종 때, 수도 동경東京에서 그리 멀지 않은 산동성 청하현淸河縣의 어느 여염집에서 뜨거운 정사를 나누는 한 쌍의 남녀가 있었다. 남자는 서문경으로, 나이는 25~26세에 현청 앞에서 약을 팔고 있었다. 부자였던 그는 그 일대에서 놈팡이에다 호색한으로 더 유명했다. 여자의 이름은 반금련. 무대武大라는 떡장수의 아내였다.

금련의 용모, 정말 아름답고 빼어나다네.
웃으며 찡그리니 눈썹이 팔자로 그려지네.
멋진 풍류의 남자 만나면
사랑 무르익기를 기다려 은밀히 만날 약속을 한다네.

이 여자 또한 멋진 남자만 보면 참지 못하는 색골이다. 반금련이 남편의 눈을 속이고 바람둥이 서문경과 불륜의 관계를 맺게 되는 경위는 이러하다.

반금련은 얼굴도 못생긴 데다 재미도 없는 남편이 마음에 들지 않았다. 그래서 그 동생인 무송武松에게 눈독을 들였다. 무송은 형과는 달리 힘이 장사인 데다 호랑이를 물리칠 정도로 용맹하여 청하현 지사가 그 능력을 높이 사 청하현의 포도대장으로 발탁할 정도였다. 어느 날, 반금련은 남편이 집을 비운 틈을 타 무송을 유혹했다. 그러나 무송은 어떻게 형수와 정을 나눌 수 있느냐며 매정하게 뿌리쳤다. 이윽고 무송은 지사의 지시를 받아 수도 동경으로 출장을 떠났고 그 탓에 반금련은 무료한 나날을 보내게 되었다. 그러던 어느 날, 금련의 집 앞을 웬 미남이 지나가는 것이 아닌가. 그가 바로 서문경이다. 두 사람은 한눈에 서로를 알아보고는 이윽고 금련의 이웃에 사는 왕 노파의 중개로 정을 통하게 되었다.

그런데 이렇게 되고 보니 반금련에게 남편 무대는 너무나 귀찮은 존재가 아닐 수 없었다. 그러는 사이 어느새 두 사람의 관계를 눈치챈 무대가 어느 날 용기를 내어 정사 현장을 덮쳤으나, 오히려 서문경에게 당하고 병석에 눕고 만다. 그러자 두 사람은 무대에게 은밀히 독약을 먹인다.

그렇게 하여 귀찮은 존재를 처리한 두 사람은 자유롭게 서로를 탐닉하고, 그러다 반금련은 서문경의 다섯 번째 부인으로 들어갔다. 궁합이 너무 잘 맞는 두 사람이다 보니 시도 때도 없이 정사를 나누었다.

이윽고 무송이 동경에서 일을 마치고 청하현으로 돌아오니 형 무대가 죽어 버린 게 아닌가. 사정을 안 무송은 형의 원수를 갚기 위해 서문경을 노리고 어느 요정으로 치고 들어갔지만, 서문경이 재빨리 눈치를 채고 도망쳐 버린 탓에 그만 다른 사람을 죽이고 말았다. 서문경이 관리에게 은밀히 고자질을 하고 부추기는 바람에 무송은 그만 2,000리 머나먼 맹주孟州로 유배를 떠나게 됐다.

서문경에게는 모든 여자가 탐욕의 대상

이렇게 하여 서문경은 반금련을 첩으로 맞이하게 되었는데, 사실 그에게는 금련 외에도 이미 4명의 부인이 있었다. 오월랑吳月娘이라는 정부인과 기생 출신인 이교아李嬌兒라는 둘째 부인, 맹옥루孟玉樓라는 셋째 부인, 몸종 출신의 넷째 부인 손설아孫雪娥이다. 여기에 다섯째 부인으로 금련이 들어가니 어느 게 붓꽃이고 제비꽃인지 구별하기 힘든 지경이었다.

그러나 마를 날 없는 서문경의 애욕은 이 다섯 명의 부인만으로는 충족되지 않았다. 몸종과 하인의 아내, 친구의 아내 할 것 없이 눈에 띄는 대로 탐욕의 대상으로 삼았다. 여자들 또한 서문경의 욕망에 덩달아 춤을 추어 애욕이 뒤엉킨 한 편의 두루마리 그림을 펼치고 있었던 것이다.

서문경은 먼저 금련의 몸종인 춘매春梅에게 손을 대더니, 이윽고 이웃에 사는 친구 화자허花子虛의 아내 이병아李甁兒에게 마음을 빼앗겼다. 이병아도 그리 싫지만은 않은 것 같았다. 어느 날 밤, 두 사람은 화자허의 눈을 피해 그래서는 안 될 관계를 맺고 말았다.

그런 일은 꿈에도 모르는 화자허는 가족의 유산 상속 문제에 얽혀 열병을 앓다가 그만 24세의 젊은 나이로 세상을 떠나게 되었고, 서문경은 손가락 하나 까딱하지 않고 한창 물이 오른 이병아와 막대한 유산을 손에 넣었다. 이병아는 서문경의 여섯 번째 부인이 된 것이다.

이렇게 하여 이야기는 서문경과 여섯 부인들과의 얽힘, 부인들의 화려하고 음탕한 사랑 놀이를 축으로 펼쳐진다.

다음으로 서문경이 눈독을 들인 상대는 종 내왕來旺의 아내였다. 이 부인의 이름은 송혜련宋惠蓮으로, "금련보다는 두 살 아래인 방년 24세, 새하얀 피부에 적당히 살이 오른 몸매, 금련보다 작은 발, 영리하고 재치가 있으며 멋을 잘 부릴 뿐 아니라 남자를 잘 홀리는" 여자였다. 서문경은 내왕에게 500냥을 주어 항주까지 심부름을 보냈다. 항주까지는 반년이나 걸리는 장거리 여행이므로, 그 사이에 송혜련을 손에 넣어 마음껏 즐기겠다는 심산이었다. 혜련도 그리 싫지만은 않은 것 같았다. 두 사람은 마침내 축산의 굴에서 밀회하게 되었다. 그런데 그 현장을 금련이 목격하고 말았다. 금련은 이렇게 서문경을 닦달했다.

"이런 염치도 모르는 양반! 그 음탕한 계집과 이런 시뻘건 대낮에 대체 무슨 짓을 한 거야! 이럴 줄 알았더라면 그 음탕한 계집을 뺨이라도 한 대 후려치는 건데! 그렇게 재빨리 도망칠 줄이야. 어디 솔직히 털어놔 보시지. 그년이랑 대체 몇 번이나 만나서 그 짓을 했는지. 사실대로 말하지 않으면 큰언니에게 다 일러바칠 테니까 알아서 해."

서문경은 쓴웃음을 지을 따름이었다. 이렇게 하여 서문경과 송혜련이 불륜의 관계를 맺고 있다는 사실이 온 집안에 알려지게 되었지만, 송혜련은 되려 득의양양한 표정이었다.

그런데 이 사건은 이윽고 비극으로 발전하게 된다. 항주에서 돌아온 내왕이 손설아에게서 자신의 아내가 서문경과 바람을 피웠다는 사실을 듣게 된 것이다. 송혜련은 욕을 하는 남편 내왕에게 오히려 더 세게 맞서 남편의 기세를 꺾고 사태를 적당히 얼버무리는 데 성공한다. 그러나 내왕의 분이 다 풀린 것은 아니었다. 술에 취한 내왕은 서문경을 욕했다.

"내가 집을 비운 사이에 마누라랑 놀아나다니. 몸종 계집을 시켜 남색 비단 한 필로 꾀어 집 안으로 불러들여 화원에서 그 짓을 했단 말이지. 그 이후로 눈이 맞아 온갖 짓을 다 했다니, 죽일 놈!"

하인에게 그런 욕을 들어서야 서문경의 체면도 말이 아니었다. 서문경은 관리에게 뇌물을 먹이고 죄를 날조하여 내왕을 원적지인 서주徐州로 보내 버렸다. 송혜련은 그제서야 남편을 비호했지만 방법이 없었다. 나중에 그녀는 남편이 서주로 쫓겨난 것을 알고는 목을 매어 죽고 만다.

이렇게 서문경은 끊임없이 새로운 여자에게 손을 대는 한편, 금련을 비롯한 5명의 부인과도 음탕하게 놀아나고 있었다.

여자, 돈, 벼슬을 거머쥔 호색한의 세상

서문경은 여자를 탐하는 한편 사업도 점점 확장해 갔다. 아버지에게 물려받은 약방 경영 외에도 전당포에 포목점까지 열어 지방 재계의 기린아가 되었다. 그리고 남아도는 재력으로 중앙정부의 재상 채경蔡京에게 뇌물을 뿌려 산동 제형원提刑院의 이형理刑(경찰청 부청장) 관직에 올랐다. 이렇게 하여 권력까지 손에 넣은 서문경은 그야말로 두려울 게 없었다. 게다가 그즈음 이병아와의 사이에 옥동자까지 얻었으니 서문경의 가문은 봄날이었다.

일가친척들은 서문경이 여섯째 부인에게서 아들을 얻고 벼슬도 하게 되었다는 소식을 듣고 앞을 다투어 선물을 가지고 와서 축하했다. 서문경의 집에는 아침부터 축하객들의 발길이 끊이지 않았다. 관리가 된 서문경은 그 지위를 이용하여 돈을 긁어 들이기 시작했다. 그 일화 하나를 소개하기로 하자.

그즈음 강남에 묘천수苗天秀라는 재력가가 있었는데, 어느 날 동경에 있는 친척의 연줄을 이용해 관직을 얻으려고 상경했다. 자금을 잔뜩 짊어지고 두 명의 하인과 함께 길을 떠났다. 그런데 두 하인 중에 묘청苗靑이란 하인은 예전부터 주인에게 원한을 품고 있었다. 그는 뱃사공 두 사람에게 이렇게 말했다.

"우리 주인의 상자에는 1,000냥의 금은과 3,000냥의 물건이 있어. 어때, 주인을 죽이고 우리 셋이서 나눠 가지는 게?"

그렇게 하여 묘청은 사공과 함께 주인을 죽였다. 그리고 묘청은 자신의 몫으로 2,000냥가량의 물건을 손에 넣고, 태연한 얼굴로 청하현으로 와서 물건을 팔려고 했다.

또 다른 하인 안동安童은 주인이 살해당했을 때 몽둥이 찜질을 당하고 강가에 쓰러져 있었는데, 친절한 노인의 도움으로 살아나 사건의 전말을 제형원에 알렸다. 이윽고 뱃사공 둘이 사로잡히고, 묘청에게도 수사의 손길이 뻗었다.

묘청은 다급해졌다. 물건을 판 1,700냥 가운데 1,000냥을 들고 제형원의 이형 서문경을 찾아가 울며 매달렸다. 서문경은 제형(장관) 하룡계夏龍

溪에게 그 돈의 절반인 500냥을 주고 묘청의 죄를 눈감아 주었다. 그러나 사건은 그것으로 끝나지 않았다. 안동이 사건을 상급 관청에 고발하자, 서문경 일당의 불법행위가 지방관을 감찰하는 순안어사巡按御使에게 알려져 두 사람은 탄핵의 대상이 되었다. 꽁지에 불이 붙은 듯 다급해진 서문경과 하룡계는 둘이서 500냥의 은자를 모아 재상 채경에게 보내고, 사건을 무마해 달라고 부탁한다. 채경은 그 순안어사를 좌천시켜 서문경 일당을 구해 주었다.

이처럼 서문경은 사업으로 돈을 벌 뿐만 아니라, 관리의 지위를 이용해 악한 짓을 했고, 불법행위가 들통나려 하면 정부의 고관에게 막대한 뇌물을 보내 적당히 처리해 버렸다.

그런 한편으로, 서문경의 여자 사냥은 지칠 줄 몰랐다. 다음 상대는 포목점의 점장 한도국韓道國의 아내인 왕육아ㅈ六兒였다. 이 왕육아와 관계를 맺게 된 계기는 이러하다.

어느 날, 서문경이 오래전부터 중앙 정계의 공작을 위한 창구로 이용하던 채경 가문의 집사 적겸翟謙이 첩을 하나 구해 달라고 의뢰했다. 서문경은 방년 15세의 한도국의 딸을 점찍어 적겸에게 보낸다. 이때 처음으로 한도국의 아내를 만난 서문경은 한눈에 그녀에게 반하고 만다. 왕육아도 색욕에는 눈이 없는 여자라 덩달아 꼬리를 쳐 댔다. 남편이 딸을 데리고 동경으로 간 틈에 그녀도 서문경과 놀아났다.

동경에서 돌아온 한도국은 어렴풋이 아내의 부정을 눈치채기는 했지만, 괜히 평지풍파를 일으켰다가는 자신에게 오히려 좋지 않다고 생각해 알면서도 모른 척했다. 왕육아는 그런 남편의 눈을 피해 서문경과 밀회를 즐겼다. 서른이 넘은 서문경은 이즈음부터 체력이 떨어져 약과 성기구를 사용하게 되었다.

서문경은 일을 시작하기 전에 범승梵僧이 가지고 온 약을 소주와 함께 한 알 먹고 옷을 벗은 다음, 침상으로 올라가 침대 곁에 둔 일곱 가지 도구가 든 비단 꾸러미를 푼다. 그러고는 먼저 자신의 물건 끝에 은탁자銀托子를 묶고, 유황권硫黃圈을 입힌 다음 범승에게 받은 약을 은쟁반에 부어 그것을 둥글게 말아 물건 끝에 밀어넣는다. 그러면 물건이 점점 화를 내더니 자색으로 터질 듯 부풀어올라 그 길이가 6~7촌이나 되어 험상궂기 그지없었다. 그것을 보고 서문경은 역시 약이 잘 듣는다며 크게 기뻐했고, 왕육아는 몸을 뒤로 돌린 자세로 그 물건을 자신의 비경 속으로 받아들이고는 황홀경에 빠져들었다.

33세로 마감한 호색한의 장엄한 최후

순풍에 돛을 단 배처럼 모든 일이 순조롭게만 풀려 가던 서문경의 인생에도 어두운 그림자가 드리우기 시작한다. 이병아가 낳은 아들 관가官哥가 반금련이 키우는 고양이에게 할퀴어 경질을 일으켰는데, 그것이 원인이 되어 죽고 만 것이다. 사실 이 사건의 뒤에는 이병아와 반금련의 알력이 깔려 있었다. "아름다운 꽃에도 가시가 있고, 사람 마음에는 독이 있다"라는 반금련은 평소부터 이병아가 관가를 낳았다고 해서 서문경이 뭐든 원하는 대로 다 해 주는 것에 질투와 불만을 품고 있었다. 그래서 관가를 없애 버리면 이병아에 대한 서문경의 총애가 시들어 다시 자신의 품으로 돌아올 것이라 생각하고는 흰 고양이 한 마리를 키워 특별히 훈련을 시키고 있었던 것이다.

사랑하는 자식을 잃은 이병아의 시름은 점점 깊어 갔다. 반금련의 음험한 계책 때문이라는 것을 알고 더더욱 화가 치밀었다. 슬픔과 분노를 못 이긴 이병아는 마침내 아들의 뒤를 따라 숨을 거두고 말았다.

사랑하는 자식과 여자를 잃은 서문경의 슬픔은 컸다. 그러나 그의 행운은 아직 멈추지 않았다. 거금 5만 냥을 투자해 포목점을 열었더니 개점 첫날의 매상고가 500냥이나 되었고, 관직도 이형에서 제형(장관)으로 승진해 지방 재계와 정계의 거물로 더욱 굳건히 자리를 잡게 된 것이다.

여자와의 사랑 행각도 여전했다. 이번에는 고급 관료의 미망인으로, 35세인 임태태林太太에게 접근했는데, 임태태도 지방의 재력가와 인연을 맺어 나쁠 게 없다는 계산으로 서문경을 받아들였다.

서문경은 임태태 외에도 관가의 유모였던 여의如意에게도 손을 대고, 유곽에서 노는 등 여전히 호색한의 기질을 마음껏 발휘하고 있었는데, 그런 서문경도 마침내 정력이 고갈되어 병석에 누워 앓다가 숨을 거두고 말았다. 당년 33세. 호색한의 장엄한 최후였다. 주인을 잃은 서문가는 그 후 급속히 무너지기 시작했다.

우선, 기생 출신인 둘째 부인 이교아는 옛날에 놀던 유곽으로 돌아갔다. 세 번째 부인 맹옥루는 현지사 아들의 눈에 들어 그곳으로 시집을 갔다. 네 번째 부인 손설아는 재회한 내왕과 재물을 훔쳐 도망쳤다가 붙잡혀 공매에 붙여졌다. 다섯 번째 부인 반금련은 진경제와 밀통하다 오월랑에게 발각되어 쫓겨났다가, 대사면으로 풀려난 무송의 손에 걸려 죽임을 당했다. 금련을 모시던 몸종 춘매도 다른 집에 팔려 갔다. 그리고, 본처인 오월랑은 인과응보의 진리를 깨닫고, 유복자 효가孝哥를 불문에 맡겼다.

NOTES

장죽파張竹坡 : 『삼국지연의』, 『수호전』, 『금병매』 등 유명한 명나라·청나라 소설의 평점가 중 한 사람.

홍루몽
(紅樓夢)

1791년에 출판된 책으로, 호화로운 귀족 가정을 배경으로 꿈과 현실을 오가며 펼쳐지는 비련의 이야기이다. 원제는 '석두기石頭記'이며, 『풍월보감風月寶鑑』, 『정승록情僧錄』, 『금릉십이차金陵十二釵』, 『금옥록金玉錄』이라고도 한다. 전 120회.

작자 조설근(1715~1763)은 이름이 점霑이고, 설근이 호이다. 청나라 강희건륭시대康熙乾隆時代● 의 소설가로 남경南京의 명가에 태어나 유복한 소년 시절을 보냈다. 조부 조인曹寅은 통정사사通政使司의 장관을 지냈는데 강희제가 강남 지방을 순시할 때 그의 집을 4번이나 임시 행궁으로 정했을 만큼 신임이 두터웠다고 한다. 조설근이 13~14세 때, 아버지가 죄를 지어 가산을 몰수당하고 일가는 북경으로 이사해 어렵게 살다가, 다시 서교西郊의 산중으로 옮겨 살았다. 그때 그는 학교에서 조교 일을 하기도 하고 강남 지방으로 돈을 벌러 다니기도 했다. 만년에는 더욱 곤궁해져서 그림을 그려 주고 받은 돈으로 술을 마셨다. 그는 만년 10년을 『홍루몽』 집필에 몰두했으나 완성하지 못했고, 그의 사후에는 원고의 일부가 산실되었다.

현재 전해지는 120회본 『홍루몽』은 그의 사후 30년이 지난 1791년에 비로소 출판되었는데, 전반 80회만이 그의 원작이고 나머지 40회는 다른 사람이 지은 것이다. 후속작의 저자는 120회본 출판을 도운 고란서高蘭墅라고 하는데, 지금은 의문시되고 있다. 조설근 스스로 반평생에 걸쳐 보고 들은 멋진 여자들을 이야기하려고 이 소설을 지었다고 말한 대로, 이 소설은 그의 자전 소설이자 절대 권력을 쥔 음험한 남자의 가련한 희생자가 되고 만 여자를 위한 눈물의 기록이다. 400~500명에 달하는 등장인물을 자세히 묘사하고 있는데, 특히 여성에 대한 묘사가 절묘하며, 중국의 봉건 제도에 대한 통렬한 비판 정신을 발견할 수 있는 위대한 문학 작품이다.

옥돌에 새겨진 인간 세상의 경험

천지개벽 때, 여왜女媧(중국 창세기의 여신)는 하늘의 갈라진 틈을 수리하기 위해 대황산大荒山의 무계애無稽崖라는 곳에 큰 바위 3만 6,501개를 만들었는데, 그 가운데 하나가 남아 청경봉靑埂峰 기슭에 버렸다. 그 돌은 너무 억울하고 한스러워 울며 지냈다. 그러던 어느 날 그 앞을 지나가던 한 승려와 도사가 그 사정을 딱하게 여겨 불법의 힘으로 그 바위를 작은 옥으로 바꾸어 주고, 그 위에 글자를 새겨 경환선녀警幻仙女가 다스리고 있는 태허환경太虛幻境으로 데리고 갔다. 옥은 여기서 적하궁赤瑕宮의 신영사자神瑛使者가 되었다.

한편, 서방의 영하靈河 기슭 삼생석三生石 언저리에 강주초絳珠草라는 신선초가 있었다. 신영사자는 그 아름다운 풀을 사랑하여 매일 감로甘露를 뿌려 길렀고, 그 풀이 마침내 아름다운 여인으로 변신하자 강주선녀絳珠仙女라는 이름을 붙여 주었다. 그 후에 신영사자는 문득 하계로 내려와 인간으로 태어났다. 그러자 강주선녀는 자신에게 베풀어 준 감로의 은혜를 평생 눈물로 갚겠다며 그 뒤를 따라 하계로 내려왔다. 그것을 계기로 다른 선녀들도 앞을 다투어 인간 세계로 내려왔다. 과연 그 선녀들은 어느 집안에 태어났을까?

그로부터 수많은 세월이 흐른 뒤, 공공도인空空道人이라는 사람이 청경봉 아래를 지나가다 우연히 큰 돌에 글자가 새겨진 것을 보고, 그것이 바로 여왜가 하늘의 갈라진 틈을 수리하려고 만들었다가 남긴 돌로, 후에 망망대사茫茫大士와 묘묘진인渺渺眞人의 손에 의해 인간 세상에 내려와 온갖 경험을 다한 기록이라는 것을 알고 그것을 베껴 세상에 전했다. 그 후 조설근 선생이 그 글을 5번에 걸쳐 정정과 보완을 거듭하고, 10년에 걸쳐 고심한 결과 이 「석두기」(돌 이야기)라는 글이 완성되었다.

귀족 가정을 배경으로 펼쳐지는 비련의 이야기

경사京師(수도) 석두성石頭城에 가씨賈氏 귀족의 대저택이 있다. 녕영가寧榮街의 동쪽이 녕국저寧國邸, 서쪽이 영국저榮國邸이다. 그 조상은 개국 때 공을 세운 녕국공寧國公과 영국공榮國公이고, 지금의 당주는 그 손자뻘이다.

녕국저의 당주 가경賈敬은 도교에 심취하여 번잡한 세상일은 큰아들 가진賈珍에게 맡기고, 자신은 교외의 절에서 도사들과 함께 장생불사의 단약丹藥 제조에 몰두하고 있다. 그래서 가진도 손자 가용賈蓉도 어른들이 없는 틈을 타서 방탕한 생활에 빠져 있다. 윗사람이 이런 형편이니 집안의 분위기가 어지러운 것은 당연하고 언젠가는 이 두 자식 때문에 집안이 망할 것이라고 사람들은 수군대고 있다. 가진에게는 석춘惜春이라는 여동생이 있는데 아직 어리다.

녕국저에 비한다면 영국저 쪽은 그래도 나은 편이다. 영국저의 당주인 형 가사賈赦와 동생 가정賈政은 모두 관직에 올라 있고, 특히 가정에도 성실했다. 그리고 어머니 사태군史太君이 건재해, 그 앞에만 서면 두 아들은 꼼짝도 못했다. 가사의 아들 가련賈璉은 학문을 싫어하고 놀기를 좋아하는데 그나마 잔재주가 조금 있었다. 그 아내 왕희봉王熙鳳은 학식은 없지만 재주가 뛰어나 남편 가련과 함께 영국저의 살림을 잘 꾸려 시어머니 사태군도 높이 평가한다. 가련에게는 영춘迎春이라는 이복 여동생이 있다.

가정은 아내 왕씨와의 사이에 1남 1녀를 두었는데, 큰아들 가주賈珠는 애석하게도 20년 전에 죽고, 미망인 이환李紈이 유복자 가란賈蘭을 데리고 소박하게 살아가고 있었다. 큰딸 원춘元春은 기이하게도 설날에 태어났고, 지금은 궁중에서 천자의 총애를 받고 있다.

그다음에 태어난 것이 바로 이 책의 주인공으로, 신기하게도 태어날 때 입에 아름다운 오색 구슬을 머금고 있었다. 그래서 이름도 보옥寶玉이라 지었는데, 현재 일고여덟 살로 한창 재롱을 떤다. 얼굴이 희고 애교가 있을 뿐만 아니라, 여자아이로 착각할 정도로 아름다운 얼굴 때문에 보는 사람 모두 귀여워했다. 그 가운데서도 할머니 사태군은 품속의 구슬처럼 무릎에 품고 지냈다. 이 아이는 장난질도 심하지만, 매우 영특하여 말도 잘했다. "여자의 몸은 물로 되어 있고, 남자의 몸은 진흙으로 되어 있다. 나는 여자애를 보면 마음이 두근거리지만, 남자애를 보면 속이 메슥거린다"라는 말을 했다. 그리고 매일 여자아이들과 놀면서 입술연지를 찍어 먹는다. 아버지 가정은 그런 자식의 모습을 보고 어떻게든 엄하게 키우려 해 보지만, 할머니가 있어서 함부로 할 수도 없었다.

가정에게는 또 첩인 조씨趙氏가 낳은 자식으로, 가보옥과는 배가 다른 여동생 탐춘探春이 있었다. 그녀는 머리가 영특하여 정실인 왕씨도 귀여워했는데, 탐춘의 남동생 가환賈環은 어머니 조씨를 닮아 성격이 비뚤어졌다.

하녀와 머슴까지 합해 영국저만 해도 위아래로 300~400명이나 되니, 언뜻 보아서도 부자이고 예의 바른 대가이지만, 실상 그 내실을 보면 의외로 집 기둥이 썩어 가고 있었다. 다만 속담에서 말하듯이, 다리가 100개나 달린 벌레는 죽어도 쓰러지지 않을 따름이다.

가정의 여동생 가민賈敏은 양주揚州의 관리 임여해林如海의 부인이었다. 그녀는 별것도 아닌 병으로 그만 세상을 떠나고, 임대옥林黛玉이라는 딸을 남겼다. 사태군은 어머니를 잃은 병약한 손녀를 불쌍히 여겨 곁에서 키우려 했다. 그래서 임대옥은 아버지 곁을 떠나 저 멀리 강남에서 상경해 영국저에 살게 되었다. 가보옥은 이 한 살 연하의 아름다운 사촌 여동생을 보고 깜짝 놀랐다. 어디서 본 듯한 느낌이 든 것이다. 임대옥도 마찬가지였다. 두 사람이 전세의 인연을 알 리가 없었다. 두 사람은 할머니 곁에서 침식을 같이하며 사이좋게 자랐다. 너무 사이가 좋아 다른 사람의 눈총을 받기도 했는데, 그 때문에 두 사람의 사이는 더욱 견고해졌다.

임대옥의 뒤를 이어 또 한 명의 아름다운 여자아이가 영국저에 들어왔다. 설보채薛寶釵라는 아이로, 가보옥보다 두 살 위의 사촌 누나이다. 설보채의 어머니는 남경의 대부호로 유명한 설씨 가문의 미망인으로, 가보옥의 어머니 왕 부인의 여동생이다. 설보채의 오빠 설반薛蟠은 방탕한 아들로, 사람을 죽이고 재판을 받게 될 지경에 처하자 어머니와 여동생과 함께 경사로 도망 온 것이다.

주인공 가보옥을 사랑하는 임대옥과 설보채

임대옥과 설보채는 용모와 재능 양면에서 너무도 대조적이다. 임대옥은 잔병치레가 많아 몸이 말랐고, 우수에 찬 얼굴이 너무도 아름답다. 그에 비해 설보채는 단정하고 풍성한 몸매에 매끈한 피부를 가진 건강 미인이다. 꽃에 비유하면 한쪽이 난이라면 다른 한쪽은 모란이다. 임대옥은 신경질적이고 흥분하기 쉬운 성격이라 쉽게 사람을 용서하지 못하고, 늘 자신의 고독을 슬퍼하며 울었다. 그와 달리 설보채는 단정한 기품에 사람을 대하는 태도도 부드럽기 짝이 없어서 아랫사람들이 잘 따랐다. 특히 설보채는 어릴 때 신비로운 승려에게서 받은 금쇄金鎖(자물쇠 모양의 구슬을 꿴 장식품)를 가지고 있는데, 거기에 새겨진 문자가 가보옥이 가지고 있는 '통령보옥通靈寶玉'(태어날 때 입에 머금고 있던 구슬)에 새겨진 문자와 이상하게도 짝을 이루고 있다. 그래서 사람들 사이에서는 '금와 옥의 인연'이라 하여 후일 두 사람이 맺어질 것이라는 소문이 나돌았다. 사람들의 그런 말이 임대옥의 신경을 자극했다. 그녀가 질투심 때문에 가보옥과 문제를 일으킨 것이 한두 번이 아니다. 어릴 때부터 같이 자란 임대옥을 너무나도 사랑하는 가보옥은 그때마다 맹세를 하고, 낮잠의 꿈속에서조차 "'금과 옥의 인연'은 허튼소리이고, '나무와 돌의 인연'이야말로 내가 바라는 바이다"라고 중얼거릴 정도이다. 한편, 설보채는 그런 일에는 조금도 신경 쓰지 않는다. 사람들이 수군대는 소리를 모르는 건 아니지만, 늘 유유자적한 태도를 취하고 있다.

어느 날 가보옥은 녕국저의 매화꽃 구경 연회에 할머니 사태군과 함께 가게 되었는데, 피로해서 잠을 자겠다고 한다. 가보옥에게는 조카며느리뻘인 가용의 아내 진가경秦可卿은 상냥한 누나와도 같은 젊은 색시로, 친절하게 가보옥을 자신의 방으로 안내하여 쉬게 해 준다. 가보옥은 꿈속에서 태허환경太虛幻境으로 나아가 경환선녀를 만나고는 운명을 예언하는 『금릉십이채金陵十二釵』라는 책을 몇 권 보며, 가녀가 노래하는 「홍루몽12곡」을 듣게 되는데, 무슨 의미인지 알지 못한다. 그러는 가운데 경환선녀는 가보옥에게 "그대는 천하 고금 제일의 방탕아로, 태어날 때부터 음욕을 알고 있다"라고 말하고, 그것을 고치기 위한 역료법逆療法으로서 자신의 여동생 겸미兼美를 가보옥에게 소개해 남녀의 길을 가르치고 두 사람을 규방에 들게 한 다음 가 버린다. 가보옥은 꿈속에서 여자와 관계를 가지지만, 그 여자가 임대옥인 것 같기도 하고 설보채인 것 같기도 하고, 또는 진가경인 것 같은 느낌까지 들었다. 꿈에서 깨어난 가보옥은 자신의 방으로 돌아가 시녀 습인襲人이 묻는 대로 꿈에서 본 이야기를 하고, 마침내 습인과 처음으로 교접하게 된다. 습인은 상냥한 여자로 가보옥보다 두 살 연상인데, 이때 가보옥의 나이는 12세였다.

진가경에게는 진종秦鐘이라는 미소년 동생이 있었다. 가보옥과 같은 나이로 둘은 만나자마자 친구가 되었다. 학문을 싫어하던 가보옥이 진종을 만난 뒤로는 같이 서당에 가게 되었다. 그러나 서당에서는 공부보다는 놀이에 더 열중한다. 또한 훈장의 아들 가서賈瑞가 유부녀 왕희봉王熙鳳을 연모하다가 미인국美人局(남녀가 짜고 남자를 유혹하여 금품을 뜯는 사기)에 걸려들어 그만 목숨을 잃고 만다.

한편, 임대옥은 아버지 임여해가 위독하다는 연락을 받고 강남으로 돌아갔다. 그런데 임대옥이 없는 사이에 갑자기 진가경이 세상을 떠나자 집안사람들은 놀람과 동시에 의심을 품었다. 사실 진가경은 이전부터 시아버지 가진賈珍과 불륜 관계를 맺고 있었는데, 밀회 장면이 하녀에게 발각되자 너무 수치스러워 목을 매고 만 것이다. 가진은 깊은 슬픔에 젖어 진가경을 위해 성대한 장례식을 직접 치러 주려다가, 아내 우씨尤氏가 병상에 누워 있는 바람에 왕희봉에게 모든 절차를 의뢰한다. 왕희봉은 멋지게 일을 처리하여 사람들의 찬사를 받았는데, 그 기회를 놓치지 않고 막대한 뇌물을 챙긴다.

가보옥은 진종과 함께 들판으로 나가 처음으로 농촌을 보고 신기해한다. 비구니들이 있는 만두암饅頭庵이라는 절에 머물 때, 진종은 예전부터 사이가 좋았던 젊은 비구니와 진득한 정을 나누고, 나중에 그 사실을 안 진종의 아버지는 아들을 심하게 나무라다가 그만 화기가 뻗쳐 급사한다. 이윽고 진종도 건강을 해쳐 그 뒤를 이어 죽고 만다. 일련의 일로 가보옥은 어린 나이에 인생의 무상함을 깨닫게 된다.

이윽고 임여해가 죽고, 이제는 완전히 고아가 된 임대옥은 어느덧 요염한 처녀가 되어 돌아와 영원히 영국저 사람이 된다. 그리고 가정의 큰딸 원춘은 귀비貴妃로 책봉되었는데, 귀비의 고향 방문 때를 위해 1년에 걸쳐 저택의 뒤뜰에 커다란 정원을 완성하고 대관원大觀園이라 이름 지었다. 이윽고 정월 보름, 귀비의 고향 방문에 사태군을 비롯한 일족이 대면

하고 연회가 열렸다. 가보옥은 물론 누나, 여동생 모두가 귀비 앞에서 시를 짓게 되었는데, 특히 임대옥과 설보채의 시재가 귀비를 감탄하게 만들었다. 궁으로 돌아간 귀비는 대관원에 가보옥과 모든 자매들이 살 수 있게 하라는 지시를 내렸다. 그렇게 하여 가보옥은 이홍원怡紅院에, 임대옥은 소상관瀟湘館에, 설보채는 형무원蘅蕪院에, 영춘은 철금각綴錦閣에, 탐춘은 추상재秋爽齋에, 석춘은 요풍헌蓼風軒에, 이환은 도향촌稻香村에 거주를 정했다. 대관원은 지금까지 시중을 들던 사람 외에 노파 둘, 시녀 넷, 그리고 그 밖의 많은 하인이 늘어나 갑자기 사람들로 북적거리게 되었다. 이환은 그 가운데 가장 연장자로 돌부처라 불릴 정도로 정숙한 미망인인데, 모두의 후견 역할을 맡게 되었다. 그녀와 같은 연배의 왕희봉은 가장 활달한 젊은 부인으로 성격이 거칠어서 대조적이었다. 사태군은 그 둘을 모두 좋아하고 신뢰했다.

정원에 자주 놀러 오는 손님을 들자면 사상운史湘雲이 있다. 사태군의 친정 손녀로 웃을 때는 의자에 앉았다가 뒤로 뒹굴기도 하고, 술에 취하면 정원의 돌 위에서 그냥 자 버리는 쾌활한 처녀였다. 말이 많고 거침이 없는 성격이라 가보옥을 부를 때 '이가가二哥哥'(오라버니)라 해야 할 것을 '애가가愛哥哥'라 불렀다. 설보채의 오빠 설반이 사람을 죽이면서까지 데리고 온 첩 향릉香菱도 있었다. 어릴 적에 가족과 헤어져 부모 형제를 모르고 자란 가련한 여자였다. 조금 늦게 설보채의 사촌 여동생 설보금薛寶琴도 자주 방문하는 손님의 일원이 되었다. 또한 가까운 농취암에는 머리를 기른 비구니 묘옥妙玉이 있었다. 하나같이 시재가 뛰어난 묘령의 미녀들이었다. 나아가 그들을 둘러싼 수많은 시녀들과 뒤섞여 마치 온갖 색깔의 꽃이 만발한 듯한 풍경이었다. 그리고 가보옥은 그 꽃들 사이를 나비처럼 날아다녔다.

아버지의 지방 부임으로 더욱 문란해진 가보옥의 생활

봄도 무르익은 어느 날, 가보옥은 복숭아나무 아래 돌에 걸터앉아 떨어지는 꽃에 묻혀 희곡『서상기西廂記』의 좋은 문구를 정신없이 읽고 있었다. 임대옥은 떨어진 꽃잎들이 진흙으로 더러워지는 걸 보다 못해, 꽃잎을 모두 모아서 묻으면서 시를 지었다.

임대옥이 읊는 시를 듣고, 그녀가 병약한 몸에 고독한 처지라는 것을 안쓰러워한 가보옥은 저도 모르게 슬피 울고 말았다.

가보옥의 배다른 동생 가환은 가보옥이 사람들에게 너무 사랑받는 것을 질투해 실수한 척하면서 가보옥의 얼굴에 화상을 입힌다. 이어서 가환의 어머니 조씨는 평소 미워하던 가보옥과 왕희봉 두 사람을 주술로 죽이려 했다. 두 사람은 정체를 알 수 없는 병에 걸려 위독한 상태에 빠져들지만, 신비로운 승려와 도사가 나타나 고쳐준다. 이어서 가보옥은 어머니 왕 부인의 시녀 금천아金釧兒에게 농을 걸었는데, 이에 크게 노한 왕 부인이 금천아를 저택에서 추방해 버렸다. 이에 금천아는 우물에 몸을 던져 죽고 말았다. 그 사건을 가환이 아버지 가정에게 일러바치는 바람에 가보옥은 아버지에게 심하게 매를 맞았다. 설보채와 습인은 평소 가보옥의 그런 제멋대로인 행동을 걱정해 학문에 정진하라고 나무랐지만, 가보옥은 말을 들으려 하지 않았다. 가보옥은 입신출세를 위한 학문을 싫어하여 학문을 권하지 않는 임대옥을 더 좋아했다.

어느 날, 저택에 놀러 온 사상운이 대관원에서 금으로 만든 기린을 줍는다. 그것은 가보옥이 떨어뜨린 것이었다. 임대옥은 마음이 편치 않았다. 재자才子와 가인佳人이 맺어질 때는 이런 사소한 일이 계기가 되기 때문이다. 금과 옥이 맺어진다는 말도 가슴을 맺히게 하는데, 또 다른 골칫거리가 나타난 것이 아닌가. 그녀는 자신의 잔병치레와 짧은 수명을 생각하며 슬피 울었다. 가보옥은 그 모습을 보고 급히 그녀에게 달려갔다.

"대옥, 왜 우시오? 좋지 않은 일이라도 있었소?"

임대옥은 억지로 웃음을 띠며 말했다.

"내가 언제 울었다고 그래요?"

"여기, 이건 눈물이 아니고 무엇이오? 숨기려 하지 마시오."

그러면서 가보옥은 손을 내밀어 임대옥의 눈물을 닦아 주었다. 임대옥은 깜짝 놀라며 뒤로 물러났다.

"이게 무슨 짓이에요! 죽든 살든 내 마음이라고요!"

임대옥은 그렇게 말하면서도 가보옥이 당황해하며 얼굴에서 땀을 흘리는 것을 보고 그 땀을 닦아 주었다. 가만히 그녀를 보고 있던 가보옥은 갑자기 이렇게 말했다.

"대옥, 걱정하지 마시오!"

임대옥은 무슨 말인지 몰라 멍하니 있었다.

"내 말을 못 알아듣겠다는 말이오? 그대는 마음을 놓지 못하기 때문에 건강을 해친 것이오."

두 사람은 수많은 말을 가슴에 품은 채 말없이 서로를 바라보며 한참이나 그렇게 서 있었다.

아버지 가정이 지방으로 부임하게 되자 가보옥은 더 마음 놓고 놀 수 있게 되었다. 그리고 계절마다 열리는 축제는 물론이고, 누군가의 생일이네 또는 꽃놀이네 눈 구경이네 하며 구실을 만들어서는 술을 마시고 시를 지으며 즐겨 놀았다. 임대옥의 장시 「추창풍우秋窓風雨의 밤」, 「도화행桃花行」은 특히 걸작이었다.

가련은 아내 왕희봉의 눈을 피해 하인의 아내와 밀통하다가 발각되어 한바탕 소동을 벌였고, 하인의 아내는 목을 매어 죽었다. 그 일로 왕희봉은 자신의 심복 하녀인 평아平兒를 의심해 때렸다.

가사는 나잇값도 못 하고 사태군의 시녀인 원앙鴛鴦에게 눈독을 들여 첩으로 삼고 싶다고 했다가 이에 화가 난 사태군이 가사 부부를 나무라자, 모자는 절교 상태에 들어간다.

설반은 배우 유상련柳湘蓮에게 두들겨맞고 창피해서 사람들의 눈을 피해 여행을 떠난다. 그래서 그 첩인 향릉은 대관원의 설보채와 동거하게 되고, 임대옥에게 열심히 시작을 배워 곧 그럴듯한 시인이 된다.

가보옥은 사태군에게서 러시아산 털옷 '작금구雀金裘'를 받았는데, 그만 불에 대어 구멍을 내고 만다. 그것을 시녀 청문晴雯이 밤을 새워 고쳤다. 청문은 불같은 성격을 가진 여자로 마음에 품은 말을 거침없이 하는데 용모까지 임대옥과 닮아 가보옥의 사랑을 받고 있다. 설보채와 닮은 데다 사람을 잘 대하는 습인과는 대조적이다. 어느 날 청문이 그만 가보옥의 부채를 밟아 부러뜨렸다. 이에 가보옥이 화를 내며 나무라자, 자신은 부채가 부러지는 소리를 좋아한다면서 다른 부채를 마구 부러뜨리며 웃어 대는 것이었다. 그런 청문의 요염한 웃음이 너무 아름다웠다. 가보옥은 천금보다 더 귀한 웃음이라고 하면서 청문의 잘못을 나무라지 않았다.

지기 싫어하는 왕희봉은 몸이 아픈데도 참고 집안일을 보다가 그만 무리해 유산하고 만다. 그래서 왕 부인은 집안일을 이환과 탐춘, 설보채 세 사람에게 맡긴다. 지금까지 왕희봉의 전제 아래 벌벌 떨던 아랫사람들은 제 세상을 만난 듯 기뻐했지만, 그것은 착각에 지나지 않았다. 부처같이 자비로운 이환은 그렇다 치고, 탐춘과 설보채 두 사람은 귀하게 자란 여자답지 않게 사람을 다루고 일을 처리하는 솜씨가 혀를 내두르게 할 정도였다. 왕희봉도 탐춘의 솜씨에 놀라 눈을 동그랗게 떴다.

'대황으로 돌아간다'라는 노랫소리와 함께 가보옥은 사라져

한편, 예전부터 교외의 도교 사원에서 금단金丹 제조에 열중하고 있던 영국저의 가경이 약을 잘못 복용해 죽고 만다. 그 장례식에 일손을 보태려고 가진의 아내 우씨의 배다른 여동생인 우이저尤二姐와 우삼저尤三姐 자매가 왔다. 이들이 또한 대단한 미녀이어서 가진 부자와 가련은 그 색기에 정신을 잃고, 아버지의 상중임에도 불구하고 두 여인에게 정신을 판다. 그러다 가련은 아내 왕희봉의 눈을 피해 우이저를 첩으로 삼아 살림을 차린다.

한편 우삼저는 세 남자를 가지고 놀다가 예전부터 연정을 품어왔던 유상련과 약혼을 하게 되지만, 녕국저 사람이 음란하다는 소문을 익히 들어 왔던 상련은 혼약을 파기한다. 분개한 우삼저는 검으로 스스로 목을 베어 열녀임을 증명한다. 한편, 우이저는 사정을 알아차린 왕희봉에 의해 가련이 집을 비운 사이 영국저로 유인되어 죽임을 당한다.

대관원 안에 춘화春畵가 떨어져 있던 것이 문제가 되어 왕 부인이 대관원의 총 점검을 명했는데, 마침 우연히 병에 걸려 단정하지 못한 차림으로 있던 청문이 왕부인의 노여움을 사 저택에서 쫓겨난다. 가보옥은 은밀히 청문의 병상을 방문하고, 그 사후에는 비통한 애도문을 짓는다.

석춘은 우씨와 충돌하고, 녕국저와 절교한다. 가련한 향릉은 설반이 새 아내로 맞이한 하금계夏金桂에게 학대를 받고, 영춘 또한 손소조孫紹祖에게 시집을 가서 서러움을 당한다. 가씨 가문은 기울어지고 좋지 않은 사건이 연속적으로 일어난다. 가보옥은 평소에 이런 소원이 있었다.

"내가 사랑하는 여인들이 모두 보는 앞에서 죽어, 그 눈물의 강에 몸을 누이고, 새도 이르지 못할 쓸쓸한 곳으로 흘러가 바람처럼 사라져 다시는 인간으로 태어나지 않겠다."

그러나 사랑하는 여자가 하나둘 그 곁을 떠나는 것을 어찌할 길이 없었다.(제80회까지)

마침내 가보옥은 통령보옥을 잃고 실신해 의욕을 상실해 버린다. 이전부터 가정이 다시 지방으로 부임하게 되어 있었으므로, 서둘러 가보옥을 결혼시키자는 결론을 내렸다. 임대옥은 병약한 탓에 후보에서 제외되고, 예전부터 입소문으로 떠돌던 '금과 옥의 인연' 이야기를 받아들여 설보채를 맞이하게 되었다. 이 결혼은 왕희봉의 책략으로 비밀리에 진행되었는데, 우연히 임대옥의 귀에 그 사실이 들어갔고, 임대옥은 실망한 나머지 피를 토했다. 그 뒤로 병은 하루가 다르게 깊어져 갔고, 그러다가 가보옥과 설보채의 결혼식 날에 쓸쓸히 눈을 감았다. 한편, 자신이 결혼한다는 사실을 알게 된 가보옥은 그 상대를 당연히 임대옥이라 생각했다. 그러자 자신의 병도 다 나은 듯 기쁜 마음으로 혼례식에 임했으나, 임대옥이 아닌 설보채가 신부였다. 가보옥은 실망해 다시 병들고 말았다.

이제 대관원은 쇠락해 귀신이 나온다는 소문이 돌 정도였다. 게다가 가씨 가문의 영화를 상징하는 존재였던 황제의 귀비 원춘도 세상을 떠났다. 그뿐 아니라 가사와 가진은 죄를 범해 관직에서 쫓겨나고 가산마저 몰수당한 채 유배를 떠나게 되었다. 그 화는 영국저에도 미쳤다. 탐춘은 멀리 남해의 관리 아들에게 시집을 갔고, 영춘은 무자비한 남편에게 죽임을 당하고 말았다. 사상운은 좋은 사람을 만나 행복한 결혼 생활을 하고 있었지만, 남편이 폐병으로 쓰러져 그만 과부가 되고 말았다.

그렇게 꼬리를 물고 이어지는 불운 속에서 사태군은 83세를 일기로 세상을 떠났고, 시녀 원앙은 주인의 뒤를 따라 순사했다. 사태군의 장례식 준비에 여념이 없는 그때, 집에 강도가 들어 비구니 묘옥을 납치해 갔다. 석춘은 인생의 무상함을 깨닫고 삭발을 한 다음, 묘옥의 뒤를 이어 농취

암의 주지가 되었다. 임대옥의 시녀 자견紫鵑도 머리를 깎고 그 제자가 되었다. 왕희봉은 그 찬란했던 과거의 위엄도 잃고, 실의 속에 숨을 거두고 말았다. 그 외동딸 교저巧姐는 어머니의 사후에 나쁜 삼촌들 때문에 몸을 파는 신세가 될 뻔했는데, 평아의 도움을 받아 탈출해 시골 지주에게 시집을 갔다.

가보옥의 병은 점점 무거워져 숨을 거둘 지경에 처했는데, 어느 날 한 승려가 옥을 가지고 나타나 소생했다. 그러나 승려의 모습을 보고는 다시 기절해 악몽을 꾼 다음 제정신을 차렸다. 이렇게 하여 그는 어릴 때 보았던 태허환경의 꿈이 지닌 뜻을 깨닫고, 이후 행실을 바꾸어 가문을 다시 일으키기 위해 학문에 정진하더니, 다음 해 이환의 아들 가란과 함께 과거를 보아 급제했다. 설보채는 임신했지만 가보옥은 시험을 마친 후 집으로 돌아오지 않았다. 가보옥의 나이 19세였다.

가정이 어머니 사태군의 유해를 고향 남경에 매장하고 경사로 돌아오는 길의 눈 내리는 밤, 강을 건너기 위해 나루터에 배를 대고 있는데 빨간 승복을 입은 사람이 자신을 향해 절을 하는 것이었다. 자세히 보니 그 사람은 다름 아닌 가보옥이었다. 놀라서 이름을 부르려 하는데 한 승려와 한 도사가 가보옥을 데리고 갔다. 그때 어디선가 '대황大荒으로 돌아간다'라는 노랫소리가 들려왔다. 서둘러 뒤를 따라갔지만 이미 세 사람의 모습은 보이지 않았고 망망한 들판만이 눈앞에 펼쳐질 따름이었다.

강희건륭시대康熙乾隆時代 : 청나라 제4~6대 황제인 강희제康熙帝·옹정제雍正帝·건륭제乾隆帝가 통치하던 시대(1662~1795)로, 건륭제의 조부 강희제가 쌓은 풍족한 재정을 계승해 사회가 안정되고 문화적으로도 난숙했던 청나라의 전성기였다.

세설신어
(世說新語)

444년의 책으로, 위魏나라와 진晉나라의 정권 교체기에 강렬한 개성과 다양한 '연기演技'로 살아간 인간 군상을 담고 있다. 지금 전하는 판본은 남조 송나라의 유의경이 편찬하고, 남조 양梁나라의 유효표劉孝標가 내용을 보충해 주를 단 것이다. 위·진 시대의 대표적 인물에 관한 일화를 모은 것으로, 옛날에는 『세설世說』 또는 『세설신서世說新書』라고 했다. 덕행·언어·정사政事·방정方正·아량雅量·식감識鑑 등 36편이다.

INTRO

이 책의 시대적 배경인 위진 시대(220~420)는 그 무렵 사대부 계급에게는 수난의 시대였다. 내부에서는 제위 찬탈 투쟁이 이어지고, 외부에서는 북방 이민족이 침입해 강남 땅으로 민족 이동이 일어나는 등 그 혼란은 춘추전국시대의 전란과 다를 바 없었다. 새로 권력을 잡은 지배자는 여론 형성에 영향력을 발휘할 지식인을 자기편으로 만들기 위해 여러 수단을 구사하는 한편, 자신에게 반대하는 지식인을 철저히 감시했다. 일부 지식인들은 이런 억압에 굴하지 않고 늠름하게 살면서 때로는 직접 반항하기도 하고, 때로는 예법을 무시한 기이한 행동을 하기도 했다. '죽림칠현竹林七賢●'으로 대표되는 탈속의 삶은 흔들리는 세상의 위험에서 벗어나기 위한 일종의 '연기'였다. 물론, 형태는 다르지만 권력자들도 연기력을 발휘해 지배권을 확립하려 했다. 『세설신어』는 이러한 혼란의 시대에 생존권을 확보하기 위해 강렬한 개성을 발휘했던 대표적 인물들의 에피소드를 모은 것으로, 위진 시대의 풍격을 구체적으로 전해 준다. 이 책에 실린 에피소드가 반드시 사실만은 아니겠지만, 많은 진실을 전하고 있다. 사료적 가치는 물론이고 문학 작품으로서도 완성도가 뛰어나다. 세련된 단문 형식으로 다양한 뉘앙스를 함축한 에피소드를 이야기로 만들었기 때문에 읽으면 읽을수록 깊은 맛이 우러나는 작품이다. 또한 여기에 묘사된 굴절되고 복잡한 인간 심리는 현대인의 흥미를 끌기에 충분할 뿐 아니라 삶의 지혜를 전해 주기도 한다. 이 책이 후대 중국 사대부의 인격 형성에 영향을 끼친 것도 이 때문이다.

둥지가 뒤집어졌는데 어찌 알이 무사할까?

공융孔融이 체포되었다는 소식이 전해지자 조정의 안팎이 술렁거렸다. 그러나 공융의 아홉 살, 여덟 살 난 두 자식만은 아무 일 없다는 듯이 태연하게 놀기만 했다.

"죄는 내가 지은 것이니 자식들의 목숨은 살려 주시겠지요?"

포리捕吏에게 공융이 그렇게 사정하는 말을 듣고 자식들이 앞으로 나서며 말했다.

"아버지, 둥지가 뒤집어졌는데 알이 무사할 수 있겠습니까?"

이윽고 포리가 다시 찾아와서 두 아이를 잡아갔다. 「언어」〈제2〉

친해지고 싶으면 제 발로 오겠지요

장현張玄과 왕건무王建武는 면식이 없는 사이였으나 범여장范予章을 찾아갔다가 우연히 서로 만나게 되었다. 장현은 옷매무새를 고치고 인사를 했지만, 왕건무는 잠시 쳐다봤을 뿐 상대하지 않았다. 장현은 불쾌해하며 금방 그 자리를 떴다. 범여장이 가지 말라고 말렸지만, 장현은 뜻을 굽히지 않았다. 범여장은 왕건무의 숙부였기 때문에, 나중에 조카를 엄하게 나무랐다.

"장현은 이 오吳나라 땅의 명사 중의 명사가 아니더냐. 세상이 높이 평가하는 사람인데, 너는 왜 그렇게 무례하게 대했느냐?"

왕건무는 빙긋 웃으면서 말했다.

"장현이 저와 친하게 지내고 싶다면 제 발로 인사를 하러 오겠지요."

범여장이 하인을 보내 그 말을 전하자, 장현은 그길로 선물을 들고 왕건무를 만나러 갔다. 그래서 두 사람은 술잔을 주고받으며 담소를 나누었는데, 아무런 거리낌도 없어 보였다. 「방정」〈제5〉

기량의 우열

환온桓溫●은 사안謝安과 왕탄지王坦之를 죽이기 위해 무장한 병사를 숨겨 놓고 많은 선비를 초청해 연회를 열었다. 당황한 왕탄지는 어떻게 하면 좋으냐고 사안에게 물었다. 사안은 얼굴색 하나 바꾸지 않고 느긋하게 웃으며 왕탄지를 달랬다.

"겁먹지 말게. 진나라의 존망은 우리의 행동에 달렸다네."

두 사람은 환온 앞으로 나아갔다.

왕탄지의 얼굴에는 겁먹은 기색이 역력했다. 한편, 사안은 너무도 태연자약하게 앞으로 나아가더니 병사들이 숨어 있는 돌계단 쪽을 보고, 「낙하洛下 서생의 노래」를 부르고, 「도도하게 흐르는 홍류洪流」를 노래했다. 환온은 그 기개에 감탄하여 병사들을 물리쳤다. 그때까지 왕탄지는 사안과 비슷한 명성을 누렸으나, 그 뒤로 우열이 명확히 가려졌다. 「아량」〈제6〉

간하기는 어렵고, 통솔하기는 쉽다

사람들이 여남汝南의 진중거陳仲擧와 영천潁川의 이원례李元禮를 두고 어느 쪽이 더 훌륭한지, 두 사람의 공적과 덕행에 관해 논했지만 결론을 내리지 못했다. 거기에 채백개蔡伯喈가 나타나 결론을 내려 주었다.

"진중거는 윗사람을 간하는 데 뛰어나고, 이원례는 아랫사람을 통솔하는 데 뛰어나다. 윗사람을 간하기는 어렵고, 아랫사람을 통솔하기는 쉽다."

그래서 진중거는 3군君 아래에 들었고, 이원례는 8준俊 위에 놓였다. 「품조品操」〈제9〉

흉노의 사자를 시험한 조조

위나라 무제武帝(조조曹操)는 흉노의 사자가 찾아왔을 때, 자신의 풍채가 보잘것없어서 오랑캐에게 체면을 세우기 힘들 것이라 생각하고 신하 최계 규崔季珪를 대신 내세운 뒤, 자신은 칼을 차고 어상御床의 기둥 옆에 섰다. 그리고 예식이 끝난 다음에 사람을 시켜 흉노의 사자에게 물어보게 했다.

"위왕의 느낌이 어떠시오?"

"위왕의 풍채는 정말 당당했소이다. 그러나 어상의 기둥 옆에 칼을 차고 서 있던 그 사람이야말로 진짜 영웅일 것이오."

그 말을 전해 들은 무제는 추격대를 보내 그 사자를 죽여 버렸다. 「용지容止」〈제14〉

진인眞人의 휘파람

죽림칠현의 한 사람인 완적阮籍●이 입을 오므리고 '휫' 휘파람을 불면 수백 보 떨어진 곳까지 그 소리가 들릴 정도였다.

어느 날, 나무꾼들 사이로 소문산蘇門山 깊은 곳에 진인(선인仙人)이 나타났다는 소문이 퍼져 나갔다. 그 말을 듣고 완적이 가 보니 과연 한 남자가 무릎을 끌어안고 바위 옆에 웅크리고 있었다. 완적은 바위를 타고 올라가 그 사람과 마주 보고 앉았다. 그런 다음 위로는 황제黃帝와 신농神農의 유현한 가르침에서 아래로는 하夏·은殷·주周 3대의 성덕과 아름다움에 이르기까지, 태고의 정치를 담담하게 논하고 의견을 구했다. 상대는 손가락 하나 까딱하지 않고, 아무런 반응도 보이지 않았다. 그래서 화제를 바꾸어, 이번에는 방외方外의 세계와 서신도기술棲神導氣術에 대한 의견을 말하고 그 반응을 살폈다. 그러나 상대는 눈길을 허공에 둔 채 아무런 관심도 보이지 않았다. 완적은 문득 깨달은 바가 있어 상대를 바라보면서 입을 오므리고 '휫' 하고 휘파람을 불었다. 그러자 남자는 비로소 빙긋 웃으며 입을 열었다.

"한 번 더 해 보시게."

그래서 다시 한 번 '휫' 하고 휘파람을 불었더니 왠지 마음이 가득 차는 것 같았다.

돌아오는 길에 산 중턱쯤 이르렀을 때, 갑자기 머리 위에서 '휫' 하는 소리가 들려왔다. 마치 피리나 큰북의 음률처럼 숲과 계곡에 메아리치는 휘파람 소리였다. 뒤를 돌아보니 아까 그 남자가 입을 오므리고 숨결을 뿜어내고 있었다. 「서일棲逸」〈제18〉

나라도 잃고 가문도 잃어 껍질만 남은 몸입니다

촉蜀나라를 평정한 환선무桓宣武(환온)는 그때 사로잡은 이세李勢(촉나라 왕)의 여동생을 첩으로 삼아 서재에 살게 하면서 총애했다. 나중에 그 사실을 안 환온의 본처인 공주는 칼을 들고 시녀 10여 명과 함께 이씨를 습격했다.

바로 그때, 이씨는 머리카락을 손질하고 있었다. 풍성한 머리카락이 바닥에 퍼졌는데, 그 색깔이 마치 까만 옥 같았다. 칼을 들고 들어선 공주에게 그녀는 얼굴색 하나 바꾸지 않고 조용히 말했다.

"나라를 잃고 가문도 잃어 껍질만 남은 몸입니다. 여기서 죽을 수 있다면 이보다 더 다행스러운 일은 없을 것입니다."

공주는 얼굴을 붉히며 물러났다. 「현원賢緩」〈제19〉

어머니 상중에 고기와 술을 먹은 완적

완적은 어머니의 상중에 진나라 문왕文王(사마소司馬昭)의 연회에 참석해서 고기도 먹고 술도 마셨다. 사예교위司隷校尉 하증何曾이 그 자리에서 문왕에게 고언을 했다.

"공은 효도를 기본으로 하여 천하를 다스려야 합니다. 그런데 완적이란 자는 상중임에도 불구하고 공공연히 연회석상에 나타나 술을 마시고 고기를 먹고 있습니다. 저런 작자는 마땅히 해외로 추방해 예를 바로 세워야 할 것입니다."

그러자 문왕이 말했다.

"완적을 잘 보아라. 저렇게 여위지 않았느냐. 어찌하여 그대는 불쌍히 여기지 못하느냐? 그리고 병중에는 고기와 술을 먹어도 된다는 것이 예가 아니더냐."

문왕이 그렇게 말하고 있는 동안에도 완적은 태연히 술과 음식을 먹고 있었다. 「임탄任誕」〈제23〉

위나라 무제의 반역자 다스리기

어느 날, 위나라 무제가 신하들에게 이렇게 말했다.

"나는 누가 나를 해치려 하면 늘 이렇게 가슴이 술렁거려."

나중에 무제는 평소 눈여겨봐 두었던 심부름꾼을 불러 이렇게 말했다.

"칼을 품고 내 방에 은밀히 숨어들어라. 나는 가슴이 술렁거린다 하고 준비를 하고 있다가 너를 잡아서 처형하겠다. 너는 입을 다물고 시키는 대로 하면 된다. 네 목숨에는 아무런 지장도 없을 테니까. 나중에 내가 큰 상을 내리마."

그렇게 해서 잡힌 남자는 무제의 말을 믿고 따랐다가 목이 잘리고 말았다.

그 뒤로 반역하려는 자는 아무도 없었다. 「가휼假譎」〈제27〉

登龍門 등용문

용문龍門은 황하 상류에 있는 급류의 이름이다. 그 용문을 거슬러 올라가는 잉어는 용이 된다는 데에서 유래한 말로, 영달의 관문을 비유할 때 주로 쓰인다.

「덕행德行」〈제1〉

蒲柳之質 포류지질

"냇버들은 가을이 오면 맨 먼저 지고, 소나무와 측백나무는 겨울이 오면 더 푸르다 (蒲柳之姿望秋而落, 松栢之質經霜彌茂 포류지자망추이락, 송백지질경상미무)."

포류는 냇버들로, 몸이 약한 사람을 비유하는 말이다. 동진東晉의 간문무簡文武를 모셨던 고열顧悅●이 한 말이다.

「언어言語」〈제2〉

懸河口辯 현하구변

큰 강의 물줄기를 중간에 뚝 잘라서 그냥 흘려보낸 듯이 격렬하고 명쾌한 언설을 형용한 말이다. 서진西晉의 왕연王衍이 곽상郭象의 뛰어난 언설을 두고 한 말이다. 현하웅변懸河雄辯이라고도 한다.

「상예賞譽」〈제8〉

群鷄一鶴 군계일학

사람들 가운데 특히 출중한 사람을 형용하는 말이다.

「용지」〈제14〉

閨房之秀 규방지수

규방은 부인이 기거하는 거실과 침실로, 재색을 겸비한 여인을 뜻한다. 동진의 이부상서吏部尙書 장현지張玄之의 여동생을 비유해 나온 말이다.

「현원」〈제19〉

죽림칠현竹林七賢 : 위나라와 진나라의 정권 교체기에 정치권력에는 등을 돌리고 죽림에 모여 거문고와 술을 즐기며 청담淸談으로 세월을 보낸 7명의 선비들로, 완적阮籍·혜강嵇康·산도山濤·상수向秀·유영劉伶·완함阮咸·왕융王戎 등이다. 이들은 개인주의적·무정부주의적인 노장 사상을 신봉하여, 지배 권력이 강요하는 유가적 질서나 형식적 예교禮敎를 조소하고 그 위선을 폭로하기 위해 상식에서 벗어난 언동을 감행했다.

환온桓溫 : 진나라 용항龍亢 사람(312~373)으로, 자는 원자元子이며, 명제明帝의 사위이다.

완적阮籍 : 210~263. 삼국시대 위나라의 사상가이자 시인, 문인이며, 죽림칠현의 중심인물이다. 위나라 말기의 정치적 위기 속에서 강한 개성과 자아 및 반예교적反禮敎的 사상을 관철하기 위해 술과 기행으로 자신을 위장하고 살았다. 정권을 빼앗으려는 사마씨同馬氏의 막료를 지냈으나, 권력과의 밀착을 싫어했고, 곤란한 처세와 고독한 사상을 시문에 의탁했다.

고열顧悅 : 동진 사람으로 유명한 화가 고개지顧愷之의 아버지이다. 인품이 솔직하고 신의를 중히 여겨 후에 상서좌승尙書左丞으로 발탁되었다.

소림
(笑林)

220년경에 만들어진 책으로, 고대인들의 일상 속의 웃음을 전하는 중국 소화笑話문학의 원조이다. '소림'이란 '웃음의 숲'이라는 뜻으로, 나무가 모여 숲을 이루듯 재미있는 이야기를 모아 두었다는 뜻이다. 원래는 3권이었으나, 나중에 원형이 산실되었다. 청나라 말기에 다시 구성되어, 현재는 23가지 이야기가 전한다.

INTRO

저자 한단순은 2~3세기 때 사람이다. 후한의 조정에서 일한 뛰어난 학자로, 한나라가 멸망한 뒤에도 위나라의 조조曹操와 조비曹조로부터 우대받았다고 한다.

소화笑話(우스운 이야기)나 골계담滑稽談(익살스러운 이야기)은 생활 속에서 끊임없이 탄생한다. 전국시대에 나온 『장자』, 『한비자』, 『열자』 등의 책에도 기록이 남아 있는데, 빨리 자라라고 어린 싹을 잡아당기는 남자, 하늘이 무너지면 어쩌나 늘 걱정하는 남자, 나무둥치 아래서 토끼가 오기만을 기다리는 남자의 이야기 등은 풍자이면서 동시에 어떤 교훈을 전하려는 목적을 가진 것으로, 소화만 따로 독립된 것은 아니다.

웃음만을 목적으로 하는 소화집은 『소림』이 처음으로, 이른바 소화문학의 원조라 할 것이다.

원래 『소림』에는 '어떤 사람', '갑과 을'이라는 식으로 불특정 인물을 주인공으로 하는 일반적 소화가 있는가 하면, 구체적 인명을 든 일화도 있다. 또한 소화의 내용이나 웃음의 성질은 후세에 나온 『소부笑府』보다는 맛이 떨어진다.

이 책은 원래 3권으로 이루어져 있었는데, 원본이 산실되어 원형을 알 수 없다. 산실된 뒤에 『태평광기太平廣記』, 『예문유취藝文類聚』 등 유서類書라 불리는 책들 속에 산재한 이야기를 청나라 말기에 마국한馬國翰이 20화를 모으고, 중화민국에 들어와서 루쉰魯迅이 3화를 모았다. 이로써 오늘날 전하는 『소림』은 총 23화이다.

고기 지키기

갑이라는 남자가 고기를 팔러 갔다가 갑자기 볼일이 보고 싶어서 측간 옆에 고기를 두고 안으로 들어갔다. 그때 을이라는 남자가 그 고기를 훔치려던 차에 갑이 나와서 고기를 찾았다. 당황한 나머지 을은 고기를 입에 물고 말았다.

"바깥에 두면 남이 훔쳐 갈 위험이 있으니까 이렇게 입에 물고 있어야 하는 거야."

입으로 자기 코를 물다

갑과 을 두 남자가 싸움을 하다가 갑이 을의 코를 물어뜯었다. 관리가 벌을 주려 하자, 갑은 을이 자기 입으로 자기 코를 물어뜯었다고 주장했다.

"코는 위에 있고 입은 아래에 있는데, 어떻게 자기 입으로 자기 코를 물어뜯을 수 있느냐?"

관리가 따지자 갑은 이렇게 말했다.

"받침대를 딛고 올라가서 물어뜯었지요."

긴 장대

노나라의 한 남자가 긴 장대를 들고 성안으로 들어가려 했다. 장대가 너무 길어서 세워서는 들어갈 수 없었다. 다시 옆으로 눕혀 보았지만 역시 들어갈 수 없었다. 한참 고민을 하고 있는데 한 노인이 다가왔다.

"나는 성인은 아니지만, 세상사에 대해서는 잘 안다네. 내가 가르쳐 주지. 장대를 자르면 쉽게 들어갈 수 있네."

그래서 남자는 장대를 둘로 잘랐다.

죽순 요리

한 남자가 오吳 지방을 여행하다가 죽순 요리를 대접받았다.

"이게 뭡니까?"

"대나무지요."

집으로 돌아온 남자는 침대의 대나무를 뜯어 삶아 보았지만 도저히 먹을 수가 없었다. 그래서 아내에게 말했다.

"오나라 놈은 거짓말쟁이야. 나를 속였어."

채소밭을 망친 양

늘 채소만 먹는 남자가 우연히 양고기를 먹었는데, 꿈속에 오장五臟의 신이 나타나 말했다.

"양이 채소밭을 엉망으로 만들었어."

불 켜기

한 남자가 있었는데 밤중에 갑자기 몸이 아팠다. 그래서 제자에게 불을 켜라고 했다. 그런데 제자가 좀처럼 불을 밝히지 않는 것이다. 스승이 안달을 하자 제자는 화를 내며 말했다.

"말도 안 되는 소리 좀 하지 마세요. 선생님께서 불이라도 좀 켜 주셔야 제가 빨리 부싯돌을 찾아서 불을 켤 수 있잖아요."

배꼽 속의 자두

조백공趙伯公은 뚱뚱한 사람이었다. 어느 여름날, 술에 취해 있는데 손자가 배 위에서 놀다가 자두 7~8개를 배꼽 안에 넣었다. 그는 너무 취해서 그것도 모르고 있었다.

며칠이 지나 배가 아파 왔다. 자두가 썩어서 즙이 흘러나온 것이다. 배꼽에 구멍이 뚫린 줄 안 조백은 이제 끝장이라 생각하고 가족을 불러 주변을 정리하게 하고는 울면서 말했다.

"나는 내장이 썩어서 곧 죽을 것이다."

다음 날 자두 씨앗이 나오는 것을 보고 그제서야 손자의 소행이라는 것을 알았다.

이혼의 이유

평원平原의 도구陶邱씨가 발해의 묵대墨臺씨의 딸과 결혼했다. 그 딸은 아름답고 재능이 있었으며, 부부 사이도 좋았다. 이윽고 남자아이가 태어났다. 부부는 아내의 고향을 방문했다. 아내의 어머니 정丁씨는 늙은 몸을 이끌고 나와 사위를 맞았다. 그런데 사위가 집으로 돌아오자마자 이혼을 선언하는 것이 아닌가. 헤어지기 전에 아내는 이유를 알려 달라고 했다.

"이번에 당신 어머니를 만나 보니 너무 늙어서 보기가 흉했소. 당신도 늙으면 그렇게 될 텐데, 난 싫소. 그래서 이혼하는 거요."

나뭇잎에 몸 숨기기

초나라에 가난한 남자가 있었다. 어느 날 그가 『회남자淮南子』를 읽다가 '사마귀가 매미를 노릴 때는 잎 뒤에 몸을 숨긴다'라는 구절을 보았다. 그래서 남자는 나무 아래서 사마귀가 매미를 노리는 곳을 찾아 그 잎을 잘라 떨어뜨렸다. 그런데 나무 아래에는 먼저 떨어진 잎이 많아서 방금 떨어진 나뭇잎과 구별이 되지 않았다. 하는 수 없이 몇 분 동안 그 잎을 모두 모아서 한 장 한 장 얼굴에 갖다 대면서 아내에게 물었다.

"어때, 내 모습이 보여?"

"안 보여요."

아내는 짐짓 거짓말로 대답했다.

남자는 뛸 듯이 기뻐하며 그 잎을 들고 시장으로 가서는 물건을 훔치다가 관리에게 붙잡혔다. 현의 관리 앞에 끌려간 남자가 사연을 이야기하자, 관리는 배를 잡고 웃더니 그를 풀어 주었다.

소부
(笑府)

1620년경에 만들어진 책으로, 일상생활에서 자연스럽게 흘러나온 건강한 정신을 전하는 중국 소화문학의 정수이다. '소부'란 '웃음으로 가득한 창고'라는 뜻이다. 저자는 '예나 지금이나 세상은 웃음의 커다란 창고요, 당신과 나는 모두 거기에 화제를 제공하는 사람'이라고 말한다.

INTRO

『소부』의 저자로 기재된 묵감재주인墨憨齋主人은 풍몽룡의 호이다. 명나라 말기에 활동한 풍몽룡은 희곡과 소설의 수집, 편찬 및 개작자로 통속문학 분야에서 방대한 업적을 남겼다. 『유세명언喩世明言』, 『경세통언警世通言』, 『성세항언醒世恒言』의 이른바 『삼언三言』으로 유명하다. 『소부』는 중국 소화문학의 대표작이라 할 만하다. 소화는 옛날 전국시대 때부터 기록되어 왔는데, 이 책도 구전된 많은 이야기들을 경솔한 사람 이야기, 엉터리 유학자 이야기, 돌팔이 의사 이야기, 호색한 이야기 등 내용별로 정리해 편집한 것이다. 따라서 다른 책과 중복되는 내용이 많다. 짐짓 도덕을 내세우는 위선자의 가면을 벗겨 내 권위의 허구성을 폭로하고, 누구든 가지고 있는 호색의 마음을 자극하기도 한다. 웃음을 목적으로 한 순수한 허구로서 진정한 소화라 할 수 있다.

전 13권으로, 「고염부古艶部」, 「부류부腐流部」에서 「일용부日用部」, 「윤어부閏語部」까지 13부로 나뉘어 있으며, 708화를 담고 있다.

관리의 생일

어떤 관리가 생일 축하 잔치를 열었다. 그 관리가 쥐띠여서 부하들은 돈을 갹출해 금으로 된 쥐를 만들어 선물했다. 관리는 크게 기뻐하며 말했다.

"자네들, 우리 집사람 생일도 알고 있겠지? 집사람은 토끼띠라네."

연구가

진晉나라의 차윤車胤은 반딧불이를 모아서 그 빛으로 책을 읽었다. 손강孫康은 눈에서 반사되는 달빛으로 책을 읽었다. 어느 날, 손강이 차윤을 찾아갔는데 마침 집을 비우고 없었다. "어디 갔느냐?" 하고 문지기에게 물었더니, "반딧불이를 잡으러 갔습니다"라고 했다.

그 답례로 차윤이 손강을 찾아갔더니, 손강이 멍하니 마당에 서 있었다.

"왜 공부를 안 하는가?"

"오늘은 눈이 올 것 같지 않아서."

배 속에 든 것

어느 수재秀才(과거시험 응시 자격을 가진 사람)가 시험날이 다가오자 밤낮으로 괴로워하니, 아내가 위로했다.

"문장을 짓는 게 그렇게 어려울 줄 몰랐어요. 마치 제가 아기를 낳는 것 같아요."

"아기를 낳는 게 더 쉽지."

"왜요?"

"자네는 배 속에 있는 걸 끄집어내면 되지만, 나는 배 속에 없는 걸 끄집어내야 하거든."

도끼 두 자루

한 남자가 주색에 빠졌다가 그만 몸져눕고 말았다. 의사가 말했다.

"주색이란 두 자루의 도끼처럼 사람의 몸을 공격한다네. 앞으로는 끊도록 하게."

남자의 아내가 곁에서 눈을 흘겼다. 그것을 눈치챈 의사가 말했다.

"색을 끊는 건 힘들더라도, 술만은 반드시 끊도록 하시게."

"색은 술보다 해가 큰 것 같아요. 역시 색부터 끊도록 해야겠어요."

환자가 말하자, 아내가 간발의 틈도 주지 않고 말했다.

"선생님 말씀대로 하세요. 그래야 병이 낫지요."

공동 사업

갑과 을 두 사람이 재료를 분담해서 술을 빚기로 했다.

갑 : 나는 물을 가지고 올 테니, 자네는 쌀을 가지고 오게.

을 : 쌀을 내가 내면, 나중에 술은 어떻게 나눌 건가?

갑 : 절대로 손해 안 보게 해 줄게. 술이 익으면 난 물만 가지고 갈 테니, 나머지는 모두 자네가 가지게.

복어

복어가 맛있다는 말을 듣고, 어느 부부가 복어를 샀다. 그런데 요리를 하기는 했지만 독이 무서워서 먹을 수가 없었다. 서로 먹으라고 권하다가 결국 아내가 먼저 먹기로 했다. 젓가락을 들면서 아내는 눈물을 흘렸다.

"제가 먹을 테니 두 자식을 부탁해요. 어른이 되면 절대로 복어는 먹지 말라고 하세요."

최앵앵대월서상기
(崔鶯鶯待月西廂記)

1260년경에 만들어진 책으로, 줄여서 『서상기』라 한다. 봉건사회에서 피어난 화사한 연애담으로, 중국 희곡문학의 걸작이다. 제목은 앵앵이 군서君瑞에게 보낸 시의 한 구절인 '달을 기다리는 서상西廂 아래'에서 따온 것이다. 서상은 군서가 머물던 곳이다.

INTRO

저자는 왕실보인데, 전 5본 가운데 제1본부터 제4본까지가 그의 창작이고, 나머지는 관한경關漢卿이 지었다는 설도 있다.

왕실보의 이름은 덕신德信이고, 실보는 자字이다. 대도大都(지금의 북경) 사람으로, 원나라 초기의 작가였다는 것 이외에는 알려진 바가 없다. 작품의 제작 연대는 정확히 알 수 없지만, 대체로 대덕大德 연간(1297~1307)에 제작되었을 것으로 추정된다.

이 작품의 근원은 당나라의 원진元稹이 지은 『회진기會眞記』(『앵앵전鶯鶯傳』이라고도 한다)로 거슬러 올라간다. 이 작품에서 군서는 '그녀처럼 뛰어난 여자는 다른 사람을 불행하게 만들 것이다'라고 하면서 앵앵을 버리고 만다. 작품은 큰 인기를 누렸으나, 그 기만적인 대사가 큰 결점이었다. 이 이야기는 12~13세기의 금金나라 사람으로 알려져 있는 동해원董解元이 '제궁조諸宮調'로 개작할 때, 그런 결점을 보완해 두 사람이 사랑을 이루는 것으로 대단원을 맺었다. 그렇게 하여 오늘날 전하는 『서상기』의 원형이 확립되었고, 왕실보가 그것을 희곡으로 만들었다.

텍스트는 100종 이상이나 되며, 가장 오래되고 귀중한 판본은 '홍치본弘治本'이다. 보통 연극에 사용되는 것은 '즉공관본卽空觀本'이며, 왕계사王季思가 주석을 달았다.

극의 길이는 보통 원나라 잡극의 5편에 해당하고, 모두 21절折(곡을 중심으로 한 단락)로 이루어져 있다.

봉건사회에서 피어난 장군서와 최앵앵의 사랑

서락西洛의 청년 장군서張君瑞는 부모를 잃고 천하를 떠도는 신세였다. 어느 날 과거를 보기 위해 상경하는 도중 보구사普救寺라는 절을 구경하러 갔다가 그곳에서 한 미녀를 보고 한눈에 반하고 말았다.

아름다운 여인을 많이 보았지만, 그렇게 아름다운 사람은 처음이었다. 절에서 선녀를 만나다니 별일이라고 군서는 생각했다.

그 미녀는 세상을 떠난 최상국崔相國의 외동딸 앵앵鶯鶯으로, 아버지의 유해를 모시고 고향으로 돌아가는 길이었다. 군서는 당장 서쪽 별채(서상 西廂)에 방을 얻고는 그녀에게 접근할 기회를 엿보았으나, 앵앵 집안의 가풍이 몹시 엄격해서 빈틈을 찾을 수가 없었다.

그러던 어느 날, 손비호孫飛虎라는 장수가 앵앵의 미모에 대한 소문을 듣고는 아내로 삼으려고 병사 5,000명을 거느리고 절을 포위했다. 깜짝 놀란 앵앵의 어머니는 이 위기에서 구해 주는 사람에게 딸을 주겠다고 약속했다. 그 말을 듣고 군서는 기꺼이 앞으로 나섰다. 먼저 그는 손비호에게 앵앵이 상복을 벗을 때까지 사흘의 말미를 달라 하고, 그 틈을 타서 의형제 두확杜確 장군에게 지원을 요청했다. 바로 달려온 장군은 적을 물리치고, 군서와 앵앵이 결혼 약속을 하는 것을 보고 축복하며 돌아갔다.

다음 날, 한껏 멋을 내고 기다리는 군서를 부르러 시녀 홍랑紅娘이 찾아왔다. 군서는 이제 결혼식을 거행하는 모양이라고 기뻐하며 앵앵 모녀의 거처로 뛰어 들어갔는데, 앵앵의 어머니는 앵앵을 시켜 군서에게 술을 한 잔 따르게 하고는 아무 말도 없었다. 알고 보니 앵앵에게는 어머니의 조카 정항鄭恒이라는 약혼자가 있어서 군서와의 약속을 파기하려 하는 것이었다. 군서는 화가 났지만 물러서지 않을 수 없었다. 결국 군서는 몸져눕고 말았다. 군서가 몸져누웠다는 소식을 들은 앵앵은 내심 어머니의 처사에 불만을 품고 시녀 홍랑을 시켜 문병을 가게 했다. 홍랑의 입을 통해, 앵앵이 자신을 마음에 두고 있다는 사실을 안 군서는 편지를 써서 홍랑에게 건네주었다. 그 글을 읽고 앵앵은 홍랑을 야단쳤지만, 영리한 홍랑은 그런 앵앵의 본심을 잘 알고 있었다. 홍랑 앞에서 시치미를 떼던 앵앵은 답장을 써서 군서에게 전해 주고 오라 했다.

'달을 기다리는 서쪽 별채 아래, 바람을 맞이하려 문이 반쯤 열리고 담장을 넘어 꽃 그림자 움직이네, 혹시 귀인이 오시려나 하고.'

군서는 앵앵의 글을 남몰래 오라는 뜻으로 받아들였다.

그러나 앵앵은 그날 밤 은밀히 찾아온 군서를 엄하게 질책하고는 멍하니 서 있는 군서를 남겨 두고 그냥 가 버렸다. 절망에 빠진 군서의 병은 더욱 깊어졌다. 군서가 위독하다는 소식을 들은 앵앵은 홍랑을 데리고 다음 날 밤 군서를 찾아갔다. 그때부터 두 사람은 관습을 벗어던지고 밀회를 거듭하는 사이가 되었다. 마침내 그 사실을 알게 된 앵앵의 어머니는 우선 홍랑을 불러 엄하게 문책했는데, 홍랑은 있는 힘을 다해 두 사람을 변호했다.

앵앵의 혼례식 날, 고관이 되어 돌아온 군서

홍랑은 말했다.

"신의는 인간의 근본입니다. 그럼에도 불구하고 부인은 약속을 저버리셨으니 두 사람의 관계는 전적으로 부인에게 책임이 있습니다. 만일 진상이 밝혀져 부인이 배신한 것이 알려지면, 가문의 명예에 먹칠을 하게 될 것입니다. 그럴 바에는 차라리 일을 깨끗이 정리하는 것이 좋지 않겠습니까?"

홍랑의 호소는 마침내 부인의 마음을 움직였고, 두 사람의 관계를 허락하게 되었다. 그 대신 대대로 관직이 없는 남자를 사위로 맞이한 적이 없으니 과거에 합격할 때까지는 돌아오지 말라고 군서에게 명했다. 그렇게 하여 두 사람은 눈물을 흘리며 이별을 고하고, 군서는 도성으로 향했다.

그로부터 반년 후, 상심의 나날을 보내고 있는 앵앵 앞으로 군서의 장원 급제 소식이 전해졌다. 앵앵은 기뻐하면서도 혹시 군서가 자신을 버리지는 않을까 조마조마하며 군서에게 온갖 선물을 보냈다.

바로 그때, 어머니의 조카이자 예전에 앵앵과 정혼한 사이였던 정항이 나타나, 군서는 벌써 위상서衛常書의 딸과 혼례를 올렸다고 거짓말을 했다. 화가 난 부인은 군서를 배은망덕한 놈이라 욕하고 원래대로 앵앵을 정항에게 주기로 마음먹었다.

앵앵의 혼례식 날, 고관이 되어 돌아온 군서는 앵앵의 어머니에게 영문을 알 수 없는 일로 혼이 나 어안이 벙벙했다. 황망히 사실을 고했으나 어머니는 그 말을 들으려 하지 않았다. 그때 홍랑과 앵앵이 나타났다. 앵앵은 걱정하던 일이 현실이 되었다고 슬퍼했으나, 냉정한 홍랑은 정항의 말이 좀 이상하다면서, 앵앵의 어머니에게 두 사람을 대결시키는 게 어떻겠냐고 권했다. 이윽고 군서와 정항이 만나 싸우고 있는데, 예전의 은인이자 혼인의 증인인 두확 장군이 나타나, 앵앵의 어머니에게 군서가 옳다는 사실을 증명해 주었다. 거짓말이 탄로 나자 정항은 자살했다. 이렇게 하여 모든 장애를 넘어선 군서와 앵앵은 성대한 혼례를 올리게 되었다.

두아원
(竇娥冤)

1260년경에 만들어진 책으로, 무죄를 주장하는 두아竇娥의 비극을 그린 중국 최고의 희곡 작가 관한경의 대표작이다. 선려仙呂·남려南呂·정궁正宮·쌍조雙調의 4곡을 중심으로 4부분으로 이루어져 있다.

INTRO

관한경은 원나라 때의 가장 유명한 작가이지만, 그의 경력에 대해서는 알려진 바가 없다. 유명한 궁중 의원이었으나, 이원梨園(연극계)을 드나들며 작품을 쓰기도 하고 무대에 서기도 했다고 한다. 제목이 전해지는 작품은 60여 편이고, 현존하는 것은 18편으로, 질과 양에서 원나라 최고의 극작가라 할 수 있다. 그는 여성을 주인공으로 하는 작품을 많이 썼는데, 이 작품도 그 가운데 하나이다.

원나라 희곡에서는 비극을 거의 찾아볼 수 없지만, 이 작품은 주인공이 죽은 뒤에야 그 누명을 벗는 비극이다.

옛날의 일화를 들어 현재의 모순을 그리는 것이 중국 문학의 특징인데, 이 작품은 동해효부東海孝婦 설화에서 모티프를 따왔으나, 이렇게 현실감 넘치는 희곡이 될 수 있었던 것은 오로지 관한경의 뛰어난 창작 능력 때문이다. 후세에도 크게 영향을 끼쳐 많은 민간 예능에 소재를 제공했으며, 민중들에게 굉장히 큰 인기를 누렸다.

중국에서는 지금도 높이 평가되며 1958년에는 관한경 창작 700주년을 기념해 전 작품이 출판되었고, 최근에도 증쇄를 거듭하고 있다고 한다.

원래 제목은 '거울과 저울을 이용한 조사 방법, 하늘을 감동시키고 땅을 뒤흔든 두아의 원한'으로, 누명을 쓴 두아의 원한이 여름에 눈을 내리게 하고 3년 동안 이어진 가뭄을 불러와 아버지 천장天章이 그 원한을 해결했다는 뜻이다.

독살의 누명을 쓴 두아는 형장의 이슬로

장안에서 태어난 두천장寶天章은 과거에도 떨어지고, 아내도 먼저 세상을 떠나 혼자서 일곱 살 난 딸 단운端雲을 키우며 외롭게 살고 있었다. 장안을 떠나 초주楚州까지 흘러왔으나 생활이 어렵기는 마찬가지였다. 어쩔 수 없이 그곳의 채蔡 노파에게서 돈을 빌렸는데, 원금에 이자가 더해져 40냥으로 불어나 갚을 길이 없었다. 한편, 채 노파는 단운을 자기 아들과 결혼시키고 싶어, 딸을 주는 조건으로 빚을 탕감해 주고 거기에다 은자 10냥을 노자로 얹어 주겠다고 했다. 두천장은 찢어지는 가슴으로 사랑하는 딸을 넘겨주고 자신은 과거를 보러 장안으로 향했다.

그로부터 13년의 세월이 흘렀다. 단운은 그 사이 채 노파의 아들과 결혼하고 이름도 두아로 바꾸었다. 그러나 남편이 일찍 세상을 떠나는 바람에 시어머니를 모시고 미망인으로 살고 있었다. 어느 날, 채 노파는 새로의賽盧醫(명의라는 뜻, 여기서는 반어적인 의미)에게 빌려 준 돈을 받으러 갔다가 밧줄에 목이 졸려 오히려 죽을 지경에 처했다. 그때 지나가던 장張 노인과 그 아들 장려아張驢兒의 도움을 받아 살아나게 되었다. 채 노파는 두 사람에게 감사하며 자신은 며느리와 둘이서 외롭게 사는 신세라고 말했다. 그 말을 듣고 흑심을 품은 장려아는 아버지는 채 노파하고, 자신은 그 며느리하고 같이 사는 게 어떻겠느냐고 제안했다. 너무 놀란 채 노파는 거절했지만 말을 안 들으면 죽이겠다는 협박에 못 이겨 두 사람을 데리고 집으로 갔다.

전후 사정을 들은 두아는 화를 내며 두 사람에게 욕을 퍼부었지만, 채 노파는 협박이 무서워 거절하지 못하고 두 남자를 같이 살게 했다. 두아는 계속해서 장려아를 거부했다. 온갖 궁리를 짜내던 장려아는 채 노파만 없으면 두아가 자신의 말을 들어줄 것이라 생각하고는 새로의를 찾아가 독약을 달라고 했다. 기실 새로의는 노파를 죽이려다가 실패한 사람이었다. 처음에는 그 요구를 거절했으나 살인 미수 사실을 알리겠다는 협박에 어쩔 수 없이 장려아에게 독약을 건네주고 자신은 멀리 탁주涿州로 도망쳐 버렸다.

채 노파는 몸이 불편해 며칠 동안 누워 있다가 두아에게 양의 내장으로 국을 끓여 달라고 했다. 두아가 국을 끓여 가지고 가려 하자, 장려아는 국의 간이 안 맞는다고 하면서 두아에게 소금을 가져오게 하고는 그 틈에 독약을 넣었다. 그런데 채 노파가 속이 울렁거린다고 구역질을 하는 바람에 두아는 그 국을 장 노인에게 권했다. 그것을 먹은 장 노인은 그 자리에서 쓰러져 죽고 말았다. 그러자 장려아는 두아가 아버지를 독살했다고 소란을 피우며, 자신의 아내가 되지 않으면 고발하겠다고 협박했다. 두아는 모든 것을 알아차리고 그길로 관가로 갔다. 그러나 그곳의 관리는 두아의 말은 들은 척도 하지 않고 곤장을 마구 쳤다. 기절하자 물을 끼얹고, 정신을 차리면 다시 고문하기를 3번, 그러나 두아는 굴하지 않고 자신의 결백을 주장했다. 하지만 채 노파에게까지 곤장을 치려 하는 바람에 어쩔 수 없이 자신이 독을 탔다는 거짓 증언을 해야 했다. 이렇게 하여 사형수가 되어 목이 잘리려는 순간에, 두아는 관리에게 3가지를 고했다.

"관리 나리, 1장 2척의 하얀 비단으로 깃발을 달아 주세요. 제가 진실로 결백하다면, 목이 달아날 때 내 피는 모두 그 비단으로 튈 것입니다. 지금은 한여름이지만 하늘에서 무릎까지 빠질 정도로 눈이 내릴 것이며, 그 눈이 내 몸을 덮을 것입니다. 마지막으로, 만일 제가 결백하다면 지금부터 3년 동안 초주에는 비가 내리지 않을 것입니다."

그 말이 끝나자마자 갑자기 하늘이 어두워졌고, 두아의 목이 잘리자 하늘에서 눈이 내리기 시작했다. 그리고 두아의 피는 모두 1장 2척의 하얀 비단에 뿌려졌다.

과거에 급제한 아버지가 딸의 결백을 밝히다

한편, 두아의 아버지 천장은 그 뒤 과거에 합격해 고관이 되었다. 그에게 유일한 근심이 있다면, 바로 딸의 행방을 모른다는 것이었다. 사방으로 찾았지만 채 노파가 이사를 하는 바람에 행방을 알 길이 없어, 머리카락이 새하얗게 변할 정도로 상심하고 있었다. 그러던 중 우연히 죄인을 조사하기 위해 초주에 갔는데, 이상하게도 초주는 3년 동안이나 가뭄에 허덕이고 있었다. 그날 밤 서류를 조사하던 천장은 두아의 사건을 보긴 했으나 자신의 딸인 줄도 모르고 처리된 사건으로 제쳐 두었다. 그때, 두아의 망령이 나타나 제쳐 놓은 서류를 책상 위로 올려놓았다. 천장은 깜짝 놀라 그 서류를 다시 아래로 내려놓았다. 3번이나 그렇게 반복한 뒤에야 천장은 유령의 존재를 깨달았다. 두아의 망령은 자신이 바로 단운인데 채 노파의 집에 시집간 뒤 이름을 두아라고 바꾸었으며, 억울한 죄를 뒤집어쓰고 사형을 당했노라고 울면서 말했다. 딸의 억울한 죽음을 알게 된 천장은 다음 날 아침 관계자를 불러모아 재심을 했다. 그러나 장려아는 증거가 어디 있느냐고 하면서 자신은 아무 상관 없다고 주장했다. 바로 그때, 도망쳤던 새로의가 붙잡혀 와 모든 것을 자백하자 장려아도 자신의 죄를 인정하게 되었고, 그로써 마침내 두아의 결백이 판명되었다.

이렇게 하여 장려아는 사형, 새로의는 무기 징역, 그 무렵의 관헌들은 곤장형을 받은 뒤 추방되었다. 채 노파는 두아의 망령이 원하는 대로 천장이 모시게 되었다. 3년에 걸친 두아의 억울한 누명은 이렇게 하여 벗겨졌다.

한궁추
(漢宮秋)

1295년경에 만들어졌으며, 왕소군王昭君의 전설에 기초한 마치원의 대표작이다. 원잡극元雜劇 중에서도 최고의 명작으로 꼽는다. 모연수毛延壽(한나라 원제元帝 때의 화가, 인물화에 능했다)의 계략으로 사랑하는 왕소군을 오랑캐 땅으로 보낼 수밖에 없게 된 한나라 원제의 비극을 그렸다. 원래 제목은 '흑강黑江에 저무는 명비明妃(왕소군) 청총靑塚의 한, 아련한 꿈을 깨우는 고안한 궁孤雁漢宮(외기러기가 우는 궁정)의 가을'이다.

INTRO

마치원은 원곡元曲 4대 작가 가운데 한 사람이다. 대도大都 사람으로, 호는 동리東籬이고, 강절행성무관江浙行省務官이라는 관직을 지냈다. 『태화정음보太和正音譜』의 편찬자인 명나라의 영헌왕寧獻王 주권朱權은 그에 대해 '마동리의 문장은 아침 햇살을 받으며 우는 봉황 같다' 하고, '마땅히 군영群英 위에 자리해야 할 것이다'라고 평했다. 이는 그의 글이 얼마나 우아하고 청려했는지를 말해 준다.

이 작품이 원곡 100선의 첫 번째로 꼽히는 것만 보아도 그 무렵부터 얼마나 높이 평가받았는지를 알 수 있다.

작품의 특징은 왕소군을 이야기의 중심에 두지 않고 한나라 원제를 주인공으로 삼았다는 점이다. 이런 과감한 시도로 인해 사랑하는 사람과 헤어져야 하는 비극적 테마가 선명히 부각되었다.

왕소군이 떠난 뒤, 기러기 울음소리에 놀라 꿈에서 깨어나는 구절의 노래는 그야말로 천고千古의 절창絕唱이라 할 만큼 격조 높다. 줄거리의 흐름상으로는 별다른 극적인 움직임을 보이지 않는 원제가 이 언저리에서 인간의 보편적인 비애를 화려하고 우아하며 애절한 가사로 노래한다.

이야기는 유명한 왕소군 전설을 토대로 한 것이나, 작가는 역사적 사실에서 벗어나 이야기를 재창조했다. 특히 왕소군이 몸을 던지는 장면은 극을 보는 관객을 절정으로 이끌어 가는 효과를 발휘한다.

한나라 원제의 총애로 명비가 된 왕소군

때는 한나라 원제 시대. 흉노의 호한야선우^{呼韓耶單于}(선우는 흉노족의 왕을 일컫는 말)는 할아버지 묵돌선우^{冒頓單于} 때 고제^{高帝}가 공주를 주어 양국이 평화를 유지한 예를 알고, 한나라 황제에게 공주를 달라고 했다가 공주가 아직 어리다는 이유로 거부당한 뒤로 거기에 불만을 품고 있었다.

한편, 원제는 후궁의 적막함을 탄식하고 있었는데, 그것을 눈치챈 영신^{佞臣}(간사한 신하) 모연수가 원제에게 천하의 미녀를 구하는 게 어떻겠느냐고 부추겼다. 그 말에 귀가 솔깃해진 원제는 모연수를 간택 담당자로 파견해 미녀의 모습을 그림으로 그리게 하고 그 가운데서 후궁을 뽑으려 했다. 모연수의 속셈은 오로지 간택된 집에서 바치는 막대한 사례금에 있었다. 그런데 성도^{成都} 자귀현^{秭歸縣}에 사는 왕장자의 딸 왕장^{王嬙}(자는 소군^{昭君})은 집이 가난한 데다 자신의 미모를 믿고 사례금을 내려 하지 않았다. 이에 화가 난 모연수는 소군의 그림을 일부러 추하게 그려 후궁으로 뽑힌 뒤에도 황은을 입기 힘들게 만들어 놓았다.

이렇게 하여 10년 동안이나 궁중에 있으면서도 황제의 눈에 들지 못해 외롭게 지내던 왕소군은 어느 날 밤 외로움을 이기지 못해 비파를 뜯고 있었다.

바로 그날 밤, 원제는 후궁으로 들어온 뒤에도 자신의 총애를 받지 못한 여자를 가련히 여겨, 누군가 인연이 닿는 이를 만나야겠다고 생각하며 후궁을 거닐고 있었다. 그때 비파 소리를 들은 원제는 비파를 연주하는 후궁을 데려오라고 명했다. 왕소군을 본 원제는 그 미모에 놀라고 말았다. 원제는 이런 미모를 지녔는데 지금까지 왜 한 번도 눈에 띄지 않았는지 그 사연을 물었다. 소군은 후궁으로 뽑혔을 때 집이 가난해 모연수가 요구하는 금품을 주지 못하자, 그가 일부러 눈을 사팔뜨기로 그렸기 때문이라고 말했다. 분노한 원제는 당장 모연수를 잡아들여 목을 치라고 명했다. 그때부터 소군은 명비明妃의 신분으로 원제의 총애를 받았다.

한편 모연수는 빈틈을 노려 도망쳐 호한야선우에게로 갔다. 선우는 공주를 달라고 했다가 거절당한 일로 화가 나 있었다. 그것을 안 모연수는 아름다운 왕소군의 그림을 보여 주고는, 선우가 이전에 공주를 달라고 했을 때 왕소군이 자진해서 선우에게 가겠다고 했으나 원제가 허락하지 않았다, 자신은 그것을 간했다가 죽임을 당할 위기에 처해 도망쳤다며 거짓말을 하고는 선우의 마음을 끌었다. 선우는 그림을 보고는 "천하에 이렇게 아름다운 여인이 있다니, 그녀를 얻어 연씨關氏(흉노의 왕비)로 삼을 수만 있다면 소원이 없겠다"라고 하면서, 즉시 한나라 황제에게 사자를 보내 "왕소군을 달라. 그렇지 않으면 군사를 몰고 가겠다"라고 선언했다.

왕소군, 강물에 몸을 던져 정절을 지키다

왕소군에 대한 원제의 총애가 날이 갈수록 깊어지고 있는 때에 선우가 그런 요구를 해 온 것이다. 원제는 크게 노해 절대로 허락할 수 없다고 했다. 그러나 신하들은 주왕紂王이 미인 달기妲己 때문에 나라를 멸망에 빠뜨렸다는 고사를 들어, 왕소군을 선우에게 보내 평화를 유지하는 것이 좋다고 간언했다. 하지만 원제는 왕소군을 오랑캐에게 주기가 죽기보다 싫었다. 원제는 신하들에게 왕소군의 아버지와 무슨 원수라도 졌느냐고 하면서 거부했다. 곁에서 그 모습을 지켜보던 왕소군은 원제의 은혜에 보답하기 위해 스스로 선우에게 가겠노라고 자청했다. 원제는 탄식하며 모연수를 원망했지만, 신하들의 압박으로 더 이상 왕소군에게 집착할 수가 없었다.

"세상에 황제만큼 불쌍한 인간이 어디 있겠는가!"

원제는 이렇게 한탄하며 피를 토하는 심정으로 왕소군을 포기했다.

"황제의 은혜를 입은 몸으로, 이 옷을 입고 다른 사람에게 몸을 허락할 수는 없습니다."

떠나는 날, 왕소군은 이렇게 말하며 담비 가죽옷을 입고 오랑캐식으로 화장을 고친 다음 이별을 고했다. 원제는 슬픔을 억누르며 이별의 술잔을 들어야 했다. 선우가 파견한 병사들은 해가 저물기 전에 빨리 출발해야 한다고 다그치고 있었다. 이에 원제는 "내가 왜 한나라의 황제가 되었던가" 하고 탄식했다. 왕소군과 헤어진 뒤, 원제는 왕소군의 그림을 벽에 걸어 두고 밤낮으로 바라보며 슬퍼했다.

한편, 왕소군을 맞이한 선우는 그 자리에서 그녀를 영호연씨寧胡閼氏로 봉하고 북쪽을 향해 돌아갔다. 가는 도중에 어느 강변에 이르자 왕소군이 그곳이 어디냐고 물었다. 국경의 흑룡강이라는 대답에 왕소군은 그 강만 건너면 오랑캐 땅이라는 것을 알고, 한나라 궁전을 향해 술을 바치고 싶다고 했다. 술이 마련되자 왕소군은 그 술을 황제에게 바치고는 강물에 몸을 던졌다. 깜짝 놀란 선우가 그녀를 구하려 했지만 이미 늦었다. 선우는 왕소군의 정절에 감동하고 후회하면서 그녀를 강변에 정중히 묻어 주고 그 묘를 청총靑塚이라 불렀다. 그리고 이 모든 사태를 불러온 자가 바로 모연수라는 것을 알고, 그와 같은 간신배가 있다는 것은 양국의 평화에 걸림돌이 될 뿐이라 하여, 그를 잡아 한나라로 호송해 단죄토록 했다.

원제는 왕소군이 떠난 뒤 시름 깊은 나날을 보내고 있었다. 그날도 향을 피우고 그림을 바라보다가 그만 잠이 들고 말았다. 그런데 꿈속에 왕소군이 나타났고, 뒤쫓아온 선우의 군대가 왕소군을 붙잡았다. 원제는 깜짝 놀라 꿈에서 깨어났다. 그때 하늘을 날아가는 기러기 울음소리가 들렸다. 원제의 슬픔은 더욱 깊어졌다. 원제는 마음이 편치 않은데 기러기까지 자신의 심사를 뒤흔들어 놓는다고 탄식했다. 그러면서 한나라 궁전의 가을밤은 깊어져 갔다.

다음 날 원제는 모연수를 호송해 온 선우의 사자로부터 왕소군이 강물에 몸을 던졌다는 소식을 전해 들었다. 원제는 모연수의 목을 쳐서 왕소군의 영혼을 위로했다.

모란정환혼기
(牡丹·亭還魂記)

1598년에 만들어진 책으로, 꿈속에서 맺은 약속이 이윽고 현실로 이루어진다는 탕현조의 명작이다. 여주인공 두여랑杜麗娘은 모란정에서 잠깐 졸다 꿈속에서 유몽매柳夢梅와 맺어졌다가, 일단 죽은 뒤 모란정에서 다시 하나가 된다. 제목은 '환혼기'라고도 하며, 55막으로 이루어져 있다.

INTRO

저자 탕현조(1550~1616)는 자가 의잉義仍이고, 호는 약사若士이다. 젊은 시절부터 명성이 높았고, 21세에 향시鄕試(과거의 지방 시험)에 급제했다. 그러나 정치가 장거정張居正과 사이가 나빠 박해를 받았다. 장거정이 죽은 뒤, 34세에야 비로소 진사에 급제해 관직에 올랐다. 이후 남경에서 태상시박사太常寺博士 을 역임했는데, 42세 때는 조정에 비판적인 문서를 제출하는 바람에 반대파에 밀려 광동廣東의 서문徐聞으로 유배당했다. 그 뒤 사면되어 절강성 수창遂昌의 지현知縣이 되었다.

그러나 국가와 백성 사이에서 어느 한 편만을 들 수 없어 괴로워하던 탕현조는 5년 만에 관직을 그만두고 고향으로 돌아간 뒤 더 이상 관직에 나가지 않았다. 그는 수많은 문학 작품을 남겼는데, 희곡으로는 「옥명당사몽玉茗堂四夢」(옥명당은 탕현조의 서재 이름)이 가장 유명하다. '4몽'은 『자차기紫釵記』, 『남가기南柯記』, 『환혼기還魂記』, 『한단기邯鄲記』를 가리키며, 모두 꿈을 소재로 한다. 탕현조는 관직에서 물러난 뒤 희곡 창작에 전념했다. 문사文辭를 중시한 나머지 노래로 부르기 어려웠지만 그래도 음률을 맞추려 하지 않고, 오히려 "천하 사람들의 목이 뒤틀려 버려도 괜찮다"라고 말했다.

만년은 불우했다. 사랑하는 자식을 먼저 떠나보내고 기력도 다해 만사에 소극적인 사람이 되었으며, 부모가 세상을 떠난 이듬해 상심하여 세상을 떠났다고 한다. 그러나 사후에도 그의 작품은 오랫동안 사랑받아 오늘날까지 중국 희곡사에서 최고의 지위를 차지하고 있다. 1962년에 그의 전 작품이 중국에서 출판되었다.

꿈속에서 맺어진 유몽매와 두여랑

유춘경柳春卿은 유종원柳宗元(773~819, 당나라의 시인으로 자는 자후子厚)의 자손으로 명문 출신이지만, 지금은 과일을 팔아 입에 풀칠을 하는 신세였다. 그런데 어느 날 밤, 꿈에 한 미녀가 매화꽃 아래 서서 이렇게 말을 걸어오는 것이 아닌가.

"유 선생님, 우리는 인연이 있습니다. 당신은 꼭 출세할 것입니다."

그러면서 여자는 유춘경에게 이름을 몽매夢梅로 고치라고 했다.

남안南安의 태수 두보杜寶는 당나라 최고의 시인 두보杜甫의 자손이다. 하나뿐인 딸 두여랑에게 신부 수업을 시키기 위해 가정교사 진최량陳最良에게 학문을 배우게 했다. 공부에 지친 두여랑은 어느 날 화원으로 살짝 마을을 나갔다. 한창 봄이 무르익어 백화가 만발해 있었다. 두여랑은 문득 춘정에 젖어들어 좋은 배필이 없는 자신의 신세를 탄식하며, 모란정에서 잠깐 졸았다. 그 사이, 꿈속에 한 청년이 나타나 버들가지를 손에 들고 "이걸로 시를 읊어 보세요"라고 하는 것이었다. 두여랑은 내심 기뻤지만 총각 앞에서 입을 벙긋할 수 없었는데, 청년은 부끄러워하는 두여랑을 끌어안더니 태호석太湖石 부근으로 데리고 가서 연분을 맺었다. 떠나가는 청년을 애타게 부르는 두여랑을 어머니 견甄씨가 깨웠다. 그때부터 두여랑은 그 청년을 그리워하며 하루가 다르게 말라 갔다. 솟구치는 그리움을 이기지 못하고 나날이 여위어 가는 자신을 슬퍼했다. 그런 자신의 모습을 벽걸이 그림으로 그려 시 한 편을 적어 두었다. 그 시는 뒷날 매화나무 아래에서 환생해 장원 급제한 유몽매와 맺어짐을 예견하는 내용이었다. 그로부터 얼마 뒤 두여랑은 숨을 거두었고, 슬픔에 젖은 부모는 딸의 유언에 따라 화원의 매화나무 아래에 묻어 준 뒤, 그 옆에 매화암梅花庵을 세워 석도고石道姑라는 비구니에게 맡겼다. 두여랑의 혼은 명부에 가서 심판을 받게 되었다. 판관은 색정을 이기지 못해 죽었다고 따졌으나 화원의 화신花神이 나타나 꿈속에서 일어난 일이므로 문제 될 것이 없다고 옹호함으로써 결국 환생을 허락받았다.

한편, 유몽매는 과거를 보러 도성으로 향하다가 추운 겨울 날씨에 그만 병에 걸려서 쓰러질 지경에 처했는데, 진최량의 도움으로 매화암에서 요양을 하게 되었다. 어느 날, 화원을 거닐던 유몽매는 태호석 아래 묻힌 벽걸이 그림을 발견했다. 그것은 예전에 두여랑이 그린 자화상으로, 시녀 춘향春香에게 지시해 아무도 모르게 거기에 묻게 했던 것이다. 두여랑의 그림을 본 유몽매는 그 아름다운 모습에 마음을 빼앗겨 그림 속의 여인을 되뇌어 불렀다. 명부에서 돌아온 두여랑이 그 소리를 듣고 눈길을 들어 보니 그토록 꿈에 그리던 사람이 거기 있는 게 아닌가. 두여랑은 기뻐하며 이웃집 여자의 몸을 빌려 매일 밤 유몽매를 찾아갔다.

유몽매가 두여랑의 무덤을 파 소생시켜

얼마 후 두여랑은 유몽매에게 자신이 이 세상에 없는 사람임을 알리고 환생할 수 있도록 도와 달라고 부탁했다. 유몽매는 놀라면서도 두여랑을 아내로 삼을 수만 있다면 무슨 일이든 하겠다는 심정으로 석도고에게 이야기하고 협력을 구했다. 그리하여 두여랑의 말대로 그녀의 무덤을 파 관을 열자 두여랑이 소생했고, 며칠 몸조리를 하고 나자 원기를 되찾았다. 그러나 진최량이 성묘를 온다는 소식을 들은 석도고는 두 사람을 여행을 떠나보냈다. 그 뒤에 성묘를 온 진최량은 무덤이 파헤쳐진 것을 보고는 그것이 유몽매의 소행이라 여기고 서둘러 두보에게 보고하러 갔다.

그때 두보는 회양淮揚에서 이전李全과 전투를 벌였는데, 고전을 면치 못하고 있었으므로 신변의 안전을 위해 부인은 춘향과 함께 도성으로 피난을 간 터였다. 진최량은 도중에 부인이 적에게 사로잡혀 죽었다는 거짓 정보를 듣고 황망히 두보에게로 가서 그 소식을 전했다. 두보는 부인이 죽었다는 소식과 딸 두여랑의 무덤이 파헤쳐졌다는 말을 듣고 슬픔에 젖었지만, 곧 정신을 추스리고 열심히 계략을 짠 다음 진최량을 사자로 보내 이전 부부와 화평을 맺었다. 이렇게 하여 연회를 열게 되었는데, 유몽매가 찾아왔다. 그는 도성에 가서 과거를 보았으나 금나라의 침입으로 발표가 늦어지자 그 짬을 이용해 두여랑의 부탁으로 두보의 근황을 살피러 온 것이다. 그러나 두보는 사위로 자칭하는 유몽매를 사기꾼으로 오인하고 감옥에 가두어 버렸다. 그 때문에 도성에서는 과거에 장원한 유몽매가 행방불명되었다는 소동이 벌어졌고, 조정에서는 각지로 사자를 보냈다. 그 사자 가운데 하나가 두보에게로 왔을 때, 유몽매는 무덤을 파헤친 죄인으로 곤장을 맞고 있었다. 사자는 유몽매를 알아보고 구하려 했으나 두보가 믿으려 하지 않았다. 사자는 곧 천자에게 연락해 재판을 열었다.

한편, 도성에 남은 두여랑은 우연히 피난 온 어머니와 시녀 춘향을 만났다. 딸의 환생을 안 어머니는 놀라면서도 기뻐했고 덧붙여 사위 유몽매의 장원 소식까지 접했다. 그런데 아버지 두보가 몽매를 사위로 인정하지 않고 몽둥이찜질을 했다는 말을 듣고는 셋이서 천자 앞으로 나아갔다. 두여랑은 아버지에게 사정을 이야기했으나, 아버지는 귀신의 말을 어떻게 믿느냐고 하는 것이었다. 슬픔을 참다못한 두여랑이 쓰러지자 두보는 저도 모르게 딸의 이름을 불렀다. 그렇게 하여 아버지의 마음도 풀어지고, 두 사람은 부부가 되었다. 모란정에서 시작한 사랑은 이렇게 하여 대단원의 막을 내렸다.

장생전
(長生殿)

 1688년경에 만들어진 책으로, 수많은 에피소드를 낳은 당나라 현종玄宗과 양귀비楊貴妃의 이야기를 담고 있다. 제목은 백거이白居易(당나라의 시인)가 지은 「장한가長恨歌」의 한 구절인 '7월 7일 장생전'에서 딴 것이다. 작자 스스로 "『태진외전太眞外傳』●을 빌려 이 작품을 만든 것은 인간의 정을 이야기하기 위해서이다"라고 말했듯이, 영원한 사랑을 맹세하는 장면이 이 작품의 하이라이트이다. 50막으로 이루어져 있다.

INTRO

저자 홍승은 자가 방사昉思이고, 호는 패휴稗畦이며, 항주杭州 사람이다. 1645년(또는 1650년)경에 태어나, 1704년 친구 집을 찾아갔다가 돌아오는 도중 배에서 미끄러져 물에 빠져 죽었다고 한다. 많은 희곡을 창작했지만 『장생전』이 가장 유명하고, 최고의 걸작이다. 청나라 초기의 시인 왕어양王漁洋의 제자로서 일찍이 시재詩才로 이름을 날렸고 나중에는 희곡 창작에 힘을 쏟았는데, 시작詩作으로 닦은 솜씨가 큰 힘을 발휘했다.

홍승은 『장생전』의 창작에 10여 년의 세월을 바쳐 공을 들였다고 한다. 초고는 1679년 이전에 만들어졌는데, 제목을 '침향정沈香亭'이라 하고 이백李白을 주인공으로 삼았다. 그 뒤, 숙종肅宗의 중흥中興 고사를 도입해 줄거리를 바꾸고 제목도 '무예상舞霓裳'으로 고쳤다. 그러나 최종적으로는 현종과 양귀비를 중심으로 한 두 사람의 애정을 그리기로 하고 『장생전』을 완성했다. 상연은 대성공이었으나, 생각지도 않게 국기일에 상연되었다는 이유로 불경죄에 걸려 감생監生(귀족의 자제 등으로 구성된 국자감의 학생)에서 제명되고, 친구들까지 연루되어 고초를 당하는 일이 벌어졌다. 그 때문에 『장생전』은 더 유명해졌지만, 그 사건으로 홍승은 관직의 꿈을 버리고 고향으로 돌아가 오로지 창작에 전념했다. 생활은 어려웠지만 자신의 뜻을 굽히지 않았다. 그의 『장생전』에 대한 열정은 대단해서, 죽기 2년 전, 곧 완성된 지 14년이 지난 뒤에도 친구에게 비평을 요구했다고 한다. 예술적 완성도가 높은 이 작품은 『도화선桃花扇』과 함께 청나라 희곡의 쌍벽을 이룬다.

당나라 현종과 양귀비의 사랑을 묘사

당나라 황제 현종은 궁녀 양옥환楊玉環에게 반해 그녀를 귀비貴妃로 삼고, 금비녀와 전합鈿盒(자개 세공을 한 함)을 선물하며 애정을 표현했다. 귀비는 궁중의 3,000명이나 되는 미녀를 물리치고 황제의 총애를 한몸에 누렸다. 귀비의 3명의 언니는 각각 진국秦國, 한국韓國, 곽국虢國의 왕에게 시집가고, 오빠 양국충楊國忠은 우상右相이 되어 일가가 영화를 누렸다.

절도사節度使 안녹산安綠山은 싸움에서 패해 목이 달아날 처지였으나 양국충에게 뇌물을 바쳐 황제의 용서를 받고 도성에 머물고 있었다.

무거武擧 출신의 중신 곽자의郭子儀가 장안의 현실을 개탄하며 술을 마시고 있는데, 그 앞을 안녹산이 부대를 이끌고 지나갔다. 곽자의는 그가 모반의 관상을 지닌 사람임을 알고 언젠가는 반드시 천하를 어지럽힐 것이라고 생각했다.

한편 귀비는 황제의 총애를 믿고 제멋대로 행동하다가 마침내 일을 저질렀으니, 언니 곽국 부인에 대한 질투가 화근이 되어 황제에게 무례를 범해 귀가 조치를 당하고 만 것이다. 실의에 빠져 눈물짓고 있는 귀비에게 현종의 총신寵臣 고력사高力士가 나타나 말했다.

"황제께서는 귀비가 떠난 뒤 우울한 나날을 보내고 계십니다. 저에게 정표라도 하나 주시면 전하도록 하겠습니다."

"내 몸에 지니고 있는 건 모두 황제께서 주신 것이지요."

귀비는 이렇게 말하고 자신의 검은 머리카락을 잘라 건네주었다. 그 머리카락을 본 현종은 그리움을 견디지 못하고 은밀히 귀비를 불러들였다. 그렇게 하여 두 사람의 사랑은 한층 더 깊어졌다. 귀비는 어느 날 밤 꿈에 월궁月宮(달에 있는 궁전)으로 가서 선녀가 연주하는 「예상우의곡霓裳羽衣曲」(월궁의 음악)을 듣고 잠에서 깨어나 그것을 악보로 만들었다. 현종이 보기에 그것은 이 세상에서는 듣기 힘든 곡이었다. 현종은 이구년李龜年에 게 명해 이원梨園의 자제들에게 그 음악을 가르치게 했다. 그렇게 하여 귀 비에 대한 현종의 총애는 더욱 깊어졌다.

안녹산은 권력을 장악하더니 자신을 비호해 준 양국충마저 깔보는 태 도를 보이기 시작했다. 그때 현종은 안녹산을 범양范陽의 절도사로 임명 했으니, 이는 호랑이를 들에 풀어 놓는 꼴이었다. 양국충은 위험하다고 생각했다.

현종은 귀비가 여지荔枝(중국 특산의 과일)를 원하면, 멀리 산지까지라도 말을 보내 가지고 오게 했다. 그 말이 밭을 짓밟건 사람을 다치게 하건 상관하지 않았다. 궁중에서는 오늘도 귀비의 생일 축하연이 열리고 있었 다. 때마침 여지가 도착하고「예상우의곡」이 울려퍼지자 그 음률에 맞추 어 귀비가 춤을 추었는데, 그 모습이 선녀처럼 아름다웠다. 어느 것 하나 부족함이 없는 이 세상의 선경仙境이 펼쳐지고 있었다. 그러나 그런 중에 도 안녹산은 범양에서 반역의 기세를 올리고 있었다.

어느 날 밤, 귀비가 현종이 오지 않는 것을 이상하게 여겨 시녀에게 묻 자 상양궁上陽宮으로 쫓겨난 매비梅妃를 만나러 갔다고 하는 것이었다. 질 투에 불타오른 귀비는 밤새 잠을 이루지 못하다가, 다음 날 아침 현종을 찾아갔다. 문을 지키고 있던 고력사가 놀라서 큰 소리로 귀비가 오셨다 고 외치자, 현종은 황망히 자리에서 일어나 매비를 도망치게 하고는 짐 짓 태연자약한 표정을 짓고 있었다. 그러나 여자의 신발과 장식품을 발 견한 귀비는 현종에게 말했다.

"버림받을 바에는 차라리 고향으로 돌아가겠습니다."

그러고는 금비녀와 전합을 돌려주려 했다. 곤란해진 현종은 자신의 애 정은 평생 변하지 않을 것이라고 귀비 앞에서 맹세했다. 7월 7일 견우와

직녀가 만나는 날 밤, 현종과 귀비는 장생전에 앉아 "하늘에서는 비익조
比翼鳥(한 마리가 눈 하나와 날개 하나만 가지고 있어, 두 마리가 하나가 되어야 비로
소 온전한 몸이 되어 날 수 있는 새), 땅에서는 연리지連理枝(뿌리가 다른 두 나무
의 가지가 합쳐져 하나가 된 나뭇가지)가 되자"라고 맹세하고, "하늘과 땅이
영원히 변하지 않듯, 우리 사랑 또한 아무리 세월이 흘러도 변하지 않는
다"라고 서약을 나누었다. 그것을 본 천상의 직녀는 두 사람의 사랑에
감격해 그 서약을 지켜 주어야겠다고 생각했다.

일대의 홍안, 주군을 위해 다 바쳤네

가을도 깊어 가던 어느 날, 현종과 귀비가 가볍게 술자리를 벌이고 있
는데, 양국충이 헐레벌떡 달려와서 안녹산이 군사를 일으켰으니 촉蜀 땅
으로 피난을 가야 한다고 말했다. 이렇게 하여 피난을 가는 도중에 마외
역馬嵬驛에서 병사들의 불만이 폭발했다. 병사들은 나라를 혼란에 빠뜨린
양국충의 목을 베고, 귀비를 원흉으로 지목하며 목을 내놓으라고 요구
했다. 황제는 나라가 망하고 황가가 몰락하는 한이 있어도 귀비를 버릴
수 없다며 꼭 끌어안았지만, 병사들은 꿈쩍도 하지 않았다. 귀비는 운이
다했음을 깨닫고 스스로 하얀 비단을 배나무 가지에 걸어 목을 맸다.

"백 년의 이별, 한순간이고, 일대의 홍안紅顏, 주군을 위해 다 바쳤네."

현종은 혼이 빠져나갈 듯 흐느껴 울었다. 고력사는 금비녀와 전합을
귀비와 함께 묻어 준 뒤 거부하는 황제를 억지로 이끌고 촉 땅으로 피신
했다. 현종은 촉 땅에서 태자에게 제위를 물려주게 되었다. 생활의 안정
을 찾은 뒤에도 현종은 오로지 양귀비 생각뿐이었다. 귀비의 묘를 세우
고, 상像을 새기게 하고, 밤낮으로 눈물을 흘리고 있자니, 귀비의 상에서
도 눈물이 흘러내렸다.

충신 곽자의는 정예병을 이끌고 일거에 안녹산을 격파하고 장안을 공략했다. 안녹산이 후계자 다툼 때문에 양아들 이저李豬의 칼에 찔려 죽자, 곽자의는 힘들이지 않고 장안을 손에 넣고 황제와 상황上皇(현종)을 맞이했다.

상황은 귀비의 묘를 개장하려 했으나 유해는 사라지고 향낭香囊만이 남아 있었다. 귀비는 직녀의 호의로 신선들이 사는 봉래산蓬萊山으로 올라갔다. 황제는 도사 양통유楊通幽에게 귀비의 혼을 불러내라고 명했다. 양통유는 인간, 지부地府, 천상을 돌아다니며 직녀의 안내를 받아 봉래산으로 찾아갔다. 거기에는 '옥비태진지원玉妃太眞之院'이라는 글이 새겨져 있었다. 안으로 들어가서 귀비를 만나 현종의 말을 전하자 귀비는 눈물을 흘리면서 금비녀와 전합을 깨뜨려 전해 주고, 장생전에서 주고받은 서약을 양통유에게 가르쳐 주어 증거로 삼게 했다. 양통유는 돌아와서 병상에 누워 있는 상황에게 그 말을 전하고, 중추절에 월궁에서 만나자는 귀비의 말도 전했다. 중추절 밤, 선교仙橋를 건너 월궁으로 간 황제는 귀비를 만나 손에 손을 잡고 눈물을 흘렸다. 직녀는 두 사람을 도리천궁忉利天宮에서 부부로 맺어 주고, 선녀가 「예상우의곡」을 연주하는 가운데 두 사람을 천궁으로 이끌었다.

NOTES

『**태진외전太眞外傳**』: 송나라 때 악사樂史가 지은 전기소설 『양태진외전楊太眞外傳』의 약칭. 현종과 양귀비의 비극을 다룬 것으로, 당나라 진홍陳鴻이 지은 『장한가전長恨歌傳』과 같은 내용이다.

도화선
(桃花扇)

1699년에 만들어진 책으로, 정의감에 넘치는 선비 후방 역侯方域과 아름다운 기생 향군香君의 비련과 함께 저물어가는 명나라의 모습을 그린 이야기이다. 전 40막으로 이루어져 있다.

INTRO

저자 공상임(1648∼1718)은 자가 빙지聘之이고, 산동성山東省 곡부현曲阜縣에서 태어났다. 공자의 64세손으로 어릴 적부터 감수성이 풍부했음을 짐작게 하는 일화가 전해진다.

공상임이 아직 강보에 싸여 있을 때, 이웃 사람이 어미 돼지를 장에 내다 팔려고 묶으려 했다. 그런데 어미 돼지는 새끼에게 젖을 물린 채, 주인이 아무리 때려도 떨어지려 하지 않았다. 그것을 본 공상임은 들고 있던 과일을 버리고는 "으앙" 하고 울었다. 그의 울음소리가 이웃 사람의 마음을 움직여 돼지를 그냥 내버려 두었다. 그때 공상임의 아버지는 자식의 등을 어루만지며, 이웃 사람에게 장차 이 애가 크면 천하를 위해 큰일을 할 것이라고 말했다고 한다.

그가 문학가에게 필수적인 뛰어난 감수성의 소유자임에는 분명하지만 그 아버지의 예견은 맞아떨어지지 않은 것 같다.

그가 세상에 나온 것은 36세 때로, 강희康熙 황제가 공자묘에 제사를 올리기 위해 일개 국자감 학생에 지나지 않은 그를 발탁해 국자감 박사로 임명한 데서 시작된다.

그 뒤로 각지를 전전했는데, 그때 명나라의 유민들을 만나 감동을 받은 것이 뒷날 『도화선』을 짓는 계기가 되었다. 그러나 명의 망국을 슬퍼하는 이 희곡을 청나라 황제가 좋아할 리 없었다. 조정의 요구로 작품을 바친 그해, 그는 관직을 사임하고 고향 석문산石門山으로 돌아갔다. 그리고 그길로 시골에 틀어박혀 71세에 세상을 떠났다.

이 작품은 대성공을 거두어 많은 '고신유로故臣遺老'들의 눈물을 자아냈으며, 오늘날에도 현대극이나 소설로 개작될 만큼 인기를 누리고 있다.

명나라가 저물어 갈 무렵, 환관 위충현魏忠賢의 부하 완대월阮大鋮이 제
례에 나갔다가 복사復社(문학결사文學結社)의 오응기吳應箕 일당에게 욕을 얻어
먹었다. 분개한 완대월은 친구인 양문총에게 그런 사실을 전했다. 복사
의 일원이었던 양문총은 문재文才가 뛰어난 후방역에게 미녀를 제공해 그
들을 잘 달래야겠다고 생각했다. 마침 이전에 양문총은 기생 이정려李貞
麗의 양녀에게 향군이라는 이름을 지어 준 적이 있어 향군을 주선키로
했다.

어느 날, 후방역은 유치정柳致亭과 함께 정려의 집에 놀러 갔다가 거기
서 향군을 보고 한눈에 반해 버렸으나, 여행 중인 몸이라 어찌해 볼 도
리가 없었다. 그때 양문총은 필요한 것이 있으면 자신이 모두 제공하겠
다고 나섰고, 후방역은 기꺼이 그 호의를 받아들였다. 후방역은 성대하
게 향군의 머리를 올려 주었고, 그 자리에서 하얀 부채에 정표의 시를
써서 주었다. 다음 날 양문총은 후방역에게 말했다.

"사실 이 비용은 모두 완대월이 제공했습니다. 그는 복사 사람들과 잘
지내기를 바랍니다."

이에 후방역이 그렇게 해 주겠다고 승낙하려 하는데, 향군이 정색을
하고 말했다.

"완대월은 부녀자들조차 경멸하는 소인이 아니던가요? 낭군께서 승
낙하시려는 것도 그 때문인가요?"

그러고는 장식품과 옷을 모두 돌려주려고 했다. 이에 후방역은 양문
총의 요청을 거절하면서 말했다.

"부녀자에게 비웃음을 사고 싶지 않네."

한편, 무창武昌을 지키고 있던 원수元帥 좌량옥左良玉은 군량이 다 떨어
져 병사들이 동요하는 바람에 어쩔 수 없이 철수해야 할 형편이었다. 사

람들은 그 소문을 듣고, 혹시 그가 남경을 빼앗으려 할지 모른다고 겁을 먹고 있었다. 후방역은 곧바로 좌량옥에게 철군해서는 안 된다는 요지의 편지를 써서, 경정敬亭을 사자로 보내 전하게 했다. 경정이 뛰어난 언설로 설득해 좌량옥은 남경으로 올라갈 생각을 거두었다. 그러나 후방역에게 원한을 품은 완대월은 그 편지를 구실로 후방역이 모반을 획책한다는 혐의를 두어 체포하려 했다. 양문총의 연락을 받고 위험을 알아챈 후방역은 사랑하는 향군에게 재회를 약속하고 급히 몸을 숨겼다.

그 무렵 숭정崇禎 황제가 붕어하자, 간신 마사영馬士英은 완대월과 짜고 복왕福王 옹립을 책동해 병권을 쥔 병부상서 사가법史可法에게 협력을 구했다.

후방역은 마침 그때 사가법에게 몸을 의탁하고 있었는데, 복왕의 3가지 대죄大罪와 그를 옹립해서는 안 되는 5가지 이유를 들어 사가법을 설득했다. 이에 사가법은 마사영의 제안을 거절했다. 그러나 마사영 일당은 문서를 날조해 억지로 복왕을 홍광弘光 황제로 옹립했다. 마사영은 그 공으로 재상이 되었고, 사가법은 미움을 받아 강북의 태수로 좌천되었다. 충의로운 사가법은 그래도 불만을 품지 않고 자신의 임무를 다했지만, 그의 부하인 고걸高傑 장군은 반란을 일으켰다가 형세가 불리해지자 협상을 하려 했다. 후방역은 멀리 황하를 지키는 허정국許定國의 원조를 요청하는 것으로 죄를 면하려 했으나, 사가법은 고걸이 포악한 성격의 소유자라는 사실을 염려해 후방역을 감독으로 삼아 같이 가도록 했다.

한편, 도성에서는 마사영 일파가 전횡을 일삼고 있었다. 어느 날, 술자리에서 향군의 소문이 화제로 올랐다. 후방역에게 지조를 지키기 위해 벼락출세한 전앙田仰에게 수청 들기를 거부했다는 말을 듣고 화가 난 마사영은 억지로라도 향군을 전앙에게 데리고 가라고 명령했다. 걱정이 된 양문총은 향군의 집으로 갔다. 억지로 끌려간 향군은 후방역에게 받은 부채로 몸을 지키며 저항하다가 바닥에 내동댕이쳐지는 바람에 피가 부채에 튀었다.

놀란 양문총은 자기 대신 이정려를 내세워 소란을 수습했다. 그리하여 향군은 가까스로 난을 피할 수 있었다. 이렇게 홀로 외롭게 살아가던 향군에게 어느 날 양문총이 찾아왔다. 자세히 보니 부채에 튄 핏자국이 아직도 선명했다. 그림 솜씨가 뛰어난 양문총은 부채에 가지를 그려 넣어 그 핏자국을 복숭아꽃으로 만들었다.

"제 모습을 그려 주셨군요."

향군은 그 그림을 보고 자신의 비운을 탄식했다. 향군의 가련한 처지를 동정한 양문총은 향군의 노래 스승인 소곤생蘇崑生에게 후방역을 찾아 달라고 부탁했다.

"저의 슬픔과 고통은 모두 이 속에 들어 있습니다."

향군은 이렇게 말하고는 소곤생에게 글 대신에 도화선을 맡겼다.

한편, 후방역은 고걸의 포악한 행동을 참지 못해 그 곁을 떠났다. 그날 밤 허정국은 고걸을 죽이고 청나라에 항복함으로써 명나라의 멸망에 힘을 보탰다. 후방역은 돌아오는 길에 소곤생을 만나 도화선을 건네받고 서둘러 남경으로 돌아갔다. 그러나 향군은 사라지고 없었다. 향군은 잡혀가 궁중의 기녀가 되어 있었던 것이다. 후방역은 복사의 친구를 만나 이야기를 나누다가 지나가던 완대월의 눈에 띄는 바람에 체포되어 투옥되었다. 그런 처사를 지켜보던 옥리 장미張薇는 출가해 산으로 들어가 버렸다.

충신 좌량옥은 태자를 모시고 군사를 일으켰으나, 뜻하지 않은 역적의 누명을 쓰고 피를 토하며 죽었다. 도성의 홍광 황제는 도망치다가 역신들에게 잡혀 북조北朝로 호송되었다. 마사영과 완대월 일당은 죽고, 양문총은 겨우 도망쳐 목숨을 부지했다.

사가법은 혼자 양주揚州를 지키다가 "나는 나라를 망하게 내버려 둔 불충한 신하이다. 의관을 지닐 수 없다"라는 말을 남기고 의관을 벗은 뒤 강물에 몸을 던졌다.

많은 사람이 죽었지만, 향군과 후방역은 겨우 목숨을 부지하고 도망쳐 은자로 지내는 장미의 집에서 만나게 되었다. 장미는 기뻐하는 두 사람에게 "나라가 망하고, 가문과 황제도 없는 이 지경에 처했는데도 남녀의 정을 끊지 못하는가? 하고 도화선을 찢으며 나무랐다. 그 순간 깨달음을 얻은 두 사람은 출가해 각자 다른 산으로 들어갔다.

4장

시와 산문의 흐름

중국 고전시의 형식은 당나라 때 확립되었고, 금체시今體詩와 고체시古體詩 둘로 크게 나눌 수 있다.

금체시는 육조 말기부터 음성에 대한 인식이 발달한 것이 계기가 되었고, 당나라 때에 이르러 음률의 조화를 극도로 중시하는 금체시의 형식이 완성되었다.

엄격한 규칙이 요구되는 율시律詩가 그 중심이며, 2구를 1연으로 하는 8구 4연 구성으로 이루어진다. 1구 5자를 오언율시, 7자를 칠언율시라 한다. 첫 연과 끝 연을 제외하고 중간 연은 모두 대구로 구성해야 하고, 평측平仄의 규정에 따라 문자를 배열해야 한다. 압운이 들어가야 할 부분은 5언에서는 짝수 구이고, 7언에서는 제1구를 포함해 마지막까지 같은 운을 사용해야 한다.

배율排律은 율시를 더 길게 늘어뜨린 형태로, 10구 5연에서 300구 50연에 이르는 장편이며, 길어지면 길어질수록 신의 솜씨와도 같은 기교가 필요하다. 율시를 반으로 압축한 4구 형식의 시체를 절구絶句라 하는데, 반드시 대구가 있어야 한다는 것을 제외하면 율시와 같다.

고체시는 당나라 이전에 존재하던 시체를 말한다. 1구가 각각 4자, 5자, 7자를 중심으로

시와 산문

하는 4언, 5언, 7언 및 장단이 정해지지 않은 잡언雜言으로 나뉘고, 평측의 규정은 없으며, 압운의 방법도 자유롭고 한 수에 몇 구를 두어야 한다는 규칙도 없다. 일반적으로 고시古詩라고 하는데, 이 가운데 서사적 요소가 강한 7언이나 잡언을 가행歌行이라 하여 구별하는 경우도 있다.

사시詞詩의 형식이 고정되고 악곡에서 벗어나 그 역할이 낭송에 한정되면서 짧은 가사로 구성되는 시詞가 성립했다. 예전에 존재하던 속곡俗曲에 기초해 그 곡조, 곧 자수나 평측의 약속에 따라 문자를 짜맞춘다고 해서 전시塡詞라고도 하는데, 원칙적으로는 제목이 없고 곡명으로 부른다. 이것은 정통 문학이 아닌 여기餘技로 여겨졌다.

산문은 춘추전국시대에서 한나라에 이르러 간결한 문어체 형식이 완성되었다. 이 문체는 뒤에 고문古文이라 불린다. 그러나 궁정문학이 주류를 이룬 그 무렵에는 운을 밟은 미문인 사부辭賦가 산문의 중심을 이루었고, 그런 흐름은 육조시대에 이르러 변문駢文(4자와 5자를 기본으로 하여 대구를 많이 사용하고 평측을 다듬는 문체)을 낳았다. 여기에 반발하여 일어난 것이 고문부흥운동인데, 그 이후로 고문은 산문의 정통적인 지위를 가지게 된다. 한편, 지식 계급과는 달리 서민 세계에서는 대화체를 그대로 기록하는 백화문이 성행했고, 송원시대 이후 소설·희곡을 통해 점차로 발달했다. 이 언문일치 문장은 20세기 초기의 문학혁명을 거쳐 주류의 자리를 차지하게 된다.

시경
(詩經)

BC 470년경에 만들어진 책이다. 고대 중국의 풍토와 사회를 배경으로, 그 속에서 살아가는 사람들의 생활을 노래한 가장 오래된 시가집이다. '시경'이란 '시의 성전聖典'이라는 뜻이다. 서주西周 초기(BC 11세기)부터 춘추시대 중기(BC 6세기)까지 전승된 많은 시가 실려 있다.

INTRO

『시경』은 원래 3,000여 편이었던 것을 공자가 아악雅樂에 잘 맞게 305편을 가려서 편집하고 정리했다고 하는데 사실인지는 의심스럽다.

한나라 때에 이르러 시편을 해석하는 4명의 학자가 나타났다. 이것을 '사가四家의 시'라고 하며, 『노시魯詩』, 『제시齊詩』, 『한시韓詩』, 『모시毛詩』가 이에 해당한다.

이 가운데 『모시』만이 후세에 전해져 남송의 학자 주희에 의해 『시경』으로 불리게 되었다.

『시경』은 『서경』과 더불어 일찍이 유가의 필독서가 되었고, 지식인들이 자신의 생각을 인용해서 표현할 수 있는 좋은 소재가 되었다. 그래서 시에는 늘 유가적 해석이 뒤따랐다. 곧, 남녀의 연애를 노래하는 것을 '음란한 시'라 평하는 식이다.

송나라 때에 이르러 기존의 해석을 부정하는 기풍이 일어났다. 청나라 때에는 사실을 밝히려는 고증학考證學이 일어났고, 근대 시인 문일다聞一多(1899~1946)나 마르셀 그라네Marcel Granet(1884~1940)와 같은 중국학자가 나타나 시가 언제 어떻게 불렸는지에 대해 연구하기 시작했다.

그것을 계기로 갑골문甲骨文과 금문金文 또는 종교와 민속학 분야의 연구 성과를 도입해 시를 노래했던 시절의 생활 감정이나 삶의 정경을 밝혀내는 작업이 진행되고 있다.

『시경』의 서두에는 「대서大序」라는 서문이 있다. 중국 최고의 시론이기도 한 이 서문은 뒷날 한시와 고대 가요에 큰 영향을 끼쳤다. 여기에는 시의 정의와 효용, 법칙 등이 언급되어 있는데, 이 가운데서 시의 법칙에 나오는 육의六義는 다음과 같다.

시의 양식

풍風 원래 글자는 '범凡' 또는 '풍諷'이며, 신내림(降神)의 종교적 가요(呪謠)를 말한다. 그것이 나중에 지방의 풍습이나 사람들의 생활 감정을 노래하는 민요적 시로 변화한 것이다.

아雅 원래 글자는 '하夏'이며, 가면을 쓰고 춤을 추면서 조상의 공덕을 노래하는 서사적인 시를 말한다. 씨족 집단의 결속을 강화하는 목적으로 만들어졌으나, 나중에 궁정과 귀족사회에서 벌어지던 향연에서 불리게 되었다.

송頌 '송'은 용모를 흉내 낸다는 뜻으로, 원래는 '아'와 동일하게 조상의 공덕을 가무로 재현하는 서사적 시를 말한다. 다만, 나라의 종묘宗廟에서 이루어졌다는 점이 '아'와 다르다.

시의 표현 방식

부賦 직접적인 감정과 정경을 노래한다. 곧, 느낀 것을 있는 그대로 노래하는 방법이다.

비比 비유(직유와 은유 등)를 이용해 어떤 감정이나 정경을 노래하는 방법이다.

흥興 '흥사興詞'로 노래하려는 감정이나 상황을 규정하는 방법을 말한다. 흥사란 고대 신앙을 배경으로 한 주술적 언어에서 발생한 것으로 시간이 지남에 따라 관용화된 시구를 말하는데, 초목조수草木鳥獸와 같은 사물이나 풀을 뜯고 나무를 베는 등의 신성한 행위를 표현하면서 그와 관련된 무언가를 상징하는 것이다.

「국풍편國風篇」

주남周南·소남召南을 정풍正風이라 하고, 패풍邶風·용풍鄘風·위풍衛風·왕풍王風·정풍鄭風·제풍齊風·위풍魏風·당풍唐風·진풍秦風·회풍檜風·조풍曹風·빈풍豳風을 변풍變風이라 한다. 모두 15국풍, 160편이 실려 있다. 15국풍이란 황하 유역에 있는 15개국의 가요라는 뜻인데, 여기에서 사용된 시구에는 방언이 거의 없다. 이것은 『시경』이 성립될 무렵에 공통어로 다시 썼기 때문이다. 그 내용을 크게 나누어 보면 연애와 혼인에 관한 것이 많고, 다음으로 생활고와 전쟁, 농촌 제사, 수렵 등에 관한 것인데 대부분 시구가 단순하게 반복되는 형식을 취하고 있다.

종사螽斯(베짱이)-자손의 번영을 축복하는 시

螽斯羽詵詵兮	베짱이 떼 많기도 하네.
宜爾子孫振振兮	너의 자손 번성하리라.
螽斯羽薨薨兮	베짱이 울음소리 시끄럽기도 하네.
宜爾子孫繩繩兮	너의 자손 번성하리라.
螽斯羽揖揖兮	베짱이 울음소리 끝도 없네.
宜爾子孫蟄蟄兮	너의 자손 번성하리라.

베짱이는 다산의 상징이며 약으로도 쓰는 상서로운 곤충이다. '흥사'를 사용한 것으로, 베짱이가 떼지어 날갯짓을 하면서 날아오르는 모양

을 묘사함으로써 자손의 번영을 축복하는 시이다. 아마도 결혼식 때 춤을 추면서 불렀을 것이다. 이처럼 『시경』에는 노래와 춤이 함께하는 시가 많다.「주남」

작소鵲巢(까치집) - 결혼하는 딸을 축복하는 시

維鵲有巢, 維鳩居之	저 까치 집을 지으니 비둘기 날아와 사네.
之子于歸, 百兩御之	그럼, 이 아가씨 시집갈 때 백 량의 수레가 마중하리.
維鵲有巢, 維鳩方之	저 까치 집을 지으니 비둘기 같이 사네.
之子于歸, 百兩將之	그럼, 이 아가씨 시집갈 때 백 량의 수레로 보내리.
維鵲維巢, 維鳩盈之	저 까치집을 지으니 비둘기 차지하네.
之子于歸, 百兩成之	그럼, 이 아가씨 시집갈 때 백 량의 수레가 성황이네.

까치와 비둘기는 모두 상서로운 새로, 이 시 역시 흥사이다. 까치집에 비둘기를 맞이하는 정경을 빗대어 시집가는 딸이 남성의 집에 받아들여짐을 축복하는 시이다.「소남」

표유매摽有梅(떨어지는 매실) - 매실을 던져 구혼하는 시

摽有梅其實七兮	내던지는 매실 일곱 개
求我庶士迨其吉兮	나를 찾는 사내들아, 이 기회를 놓치지 마라.
摽有梅其實三兮	내던지는 매실 세 개
求我庶士迨其今兮	나를 찾는 사내들아, 지금이 좋은 때잖니.
摽有梅頃筐墍之	내던지는 매실 한 광주리
求我庶士迨其謂之	나를 찾는 사내들아, 빨리 대답하지 못하겠니.

매실은 임산부에게 좋은 약리 작용을 가진 주술적인 열매이다. 그 매실을 마음에 둔 남자를 향해 던져 구혼하는 시이다. 이것을 투과혼投果婚(열매를 던져 구혼하는 것)이라 한다. 노래 마당에서 유희성을 곁들여 부르던 시였을 것이다. 『진서晉書』의 「반악전潘岳傳」에 미소년 반악潘岳이 외출을 하면 여자들이 둘러싸고 마차가 가득 찰 정도로 많은 과일을 던졌다는 이야기가 나온다. 이 또한 투과혼의 풍습이라 할 것이다. 이런 풍습은 다른 시에서도 볼 수 있다. 「소남」

추우騶虞 – 사냥터의 신에게 기도하는 사냥꾼의 노래

彼茁者葭	저 무성한 갈대밭에서
一發五豝	화살 하나에 암돼지 다섯 마리라니
于嗟乎騶虞	아! 진짜 추우(천자의 사냥터를 돌보는 신)로다.
彼茁者蓬	저 무성한 쑥밭에서
一發五豵	화살 하나에 새끼 돼지 다섯 마리라니
于嗟乎騶虞	아! 진짜 추우로다.

사냥을 시작하기 전에 사냥꾼이 사로잡혀 있는 멧돼지를 활로 쏘아 사냥터의 신에게 바치고 사냥이 잘되게 해 달라고 기원하는 주술적 의례의 시이다. 이와 비슷한 것으로 사냥터의 신으로 분장한 젊은이를 찬양하는 시가 있다. 「소남」

웅치雄雉(장끼) – 버림받은 여자의 한

雄雉于飛, 泄泄其羽	장끼가 날아오르네, 천천히 날갯짓하며 가네.
我之懷矣, 自貽伊阻	그리운 임이여! 내 마음에 괴로움만 남았구나.

雄稚于飛, 下上其音	장끼가 날아오르네, 오르락내리락 날갯짓 소리 들리네.
展矣君子, 實勞我心	진짜 내 임이여! 이 괴로움 어이할까?
瞻彼日月, 悠悠我思	저 해와 달 바라보니, 끝없는 이 생각
道之云遠, 曷云能來	길은 멀다 하는데, 어찌 빨리 오려나?
百爾君子, 不知德行	세상의 군자들아! 어찌 덕행을 모르느냐?
不忮不求, 何用不臧	해하고 탐내지 않는데, 이보다 어찌 더 선하란 말이냐?

장끼는 남자를 상징한다. 1~2장은 장끼가 날아가는 모습을 노래하여 남자가 여자로부터 떠남을 상징한다. 3장은 다시 맺어지고 싶어 하는 여자의 간절한 희망과 절망을 노래했다. 4장은 한에 사무쳐 자신을 위로하는, 버림받은 여인의 심정을 그렸다.

이 시는 박정한 남자에 대한 고발이기도 하다. 「국풍편」에는 전쟁으로 남편을 빼앗긴 여자들이 슬픔과 그리움에 몸부림치며 생활고를 한탄한 사회 고발적인 시도 꽤 있다. 「패풍」

「소아편小雅篇」·「대아편大雅篇」

「소아편」과 「대아편」에는 모두 105편의 시가 실려 있다. 여기 실린 시를 시대순으로 살펴보면 오래된 시는 대부분 의례에 관련된 것이고, 새로운 시대의 시는 서주 후기의 정치 사회에서 나타난 혼란과 붕괴를 반영한 것이 많다. 그 가운데는 작자의 입장을 뚜렷이 드러낸 창작시도 있어서 개인의 관념이 등장하는 고대 사상의 일면도 엿볼 수 있다.

육소蓼蕭(큰 다북쑥)-제례에 참석한 손님을 축복하는 시

| 蓼彼蕭斯, 零露瀼兮 | 저 큰 다북쑥, 이슬 촉촉하네. |

既見君子, 我心寫兮	임을 만나 보니, 내 마음 후련하네.
燕笑語兮, 是以有譽處兮	잔치 벌여 웃고 이야기하니, 좋은 말만 들리고 마음 편안하네.
蓼彼蕭斯, 零露瀼瀼	저 큰 다북쑥, 이슬 듬뿍 젖었네.
既見君子, 爲龍爲光	임을 만나 보니, 가없는 영광이네.
其德不爽, 壽考不忘	그 덕 그르치지 않으니, 오래오래 살리라.
蓼彼蕭斯, 零露泥泥	저 큰 다북쑥, 이슬 함빡 젖었네.
既見君子, 孔燕豈樂	임을 만나 보니, 즐겁고 편안하네.
宜兄宜弟, 令德壽豈	그 형에 그 아우라, 착한 덕에 오래하고 즐거우리.
蓼彼蕭斯, 零露濃濃	저 큰 다북쑥, 이슬에 흠뻑 젖었네.
既見君子, 鞗革冲冲	임을 만나 보니, 가죽으로 고삐 장식 드리웠네.
和鸞雝雝, 萬福攸同	방울 소리 딸랑딸랑, 만복이 함께하리라.

쑥과 이슬은 신성한 주술적 힘을 지니고 있다. 그 쑥에 이슬이 맺혔다는 표현으로 손님을 축복하는 시이다. 이것은 외교적인 의례의 시이기도 한데, 손님이 이 노래에 답가를 부를 수 있었다.

『논어』「계씨편季氏篇」에서 공자가 아들 백어伯魚에게 반드시 시를 배우라고 말한 것도 이 때문이다.

제례는 이처럼 외교의 무대가 되기도 했는데, 사회가 어수선한 시절에는 조상의 영전에 부패한 정치를 고발하는 장이 되기도 했다. 「소아」

문왕文王 - 주 왕조의 제전가祭典歌

文王在上, 於昭于天	문왕의 영혼은 위에 계시고, 오! 하늘에서 빛나네.
周雖舊邦, 其命維新	주는 오래된 나라이지만, 그 천명은 늘 새로웠네.

| 有周不顯, 帝命不時 | 주가 밝지 않은가, 천명이 늘 때에 맞으니 |
| 文王陟降, 在帝左右 | 문왕이 오르내려 천제의 곁에 계셨네. |

　모두 7장으로 이루어져 있다. 천명을 받은 문왕의 영혼이 주나라에 강림하는 부분에서 시작해 자손의 번영과 신하의 충성, 은나라의 복속, 신하들의 열성적인 활약을 노래하고, 문왕의 덕에 따라 만방을 아울러야 한다고 가르치는 장엄한 서사시이다.

　한편, 이 시는 씨족 집단의 결속을 강화할 목적으로, 문왕으로 분장한 춤꾼이 이야기에 맞춰 춤을 추는 극시劇詩이기도 하다. 「대아」

「송편頌篇」

　주송周頌과 노송魯頌, 상송商頌을 합해 40편의 시를 수록하고 있다. 주송은 주나라, 노송은 노나라의 종묘에서 불리던 악가樂歌인 데 비해, 상송은 상(은殷)나라의 종묘사직을 계승한 송宋나라의 것이라고 한다.

　3송 모두 조상을 찬양하고 신의 강림과 계시를 찬양하는 것으로, 춤이나 음악이 따른다. 이 가운데 주송의 시들은 1편이 1장으로만 이루어져 짧다.

| 책 속의 명문장 |

殷鑑不遠 은감불원

은나라 사람은 거울을 멀리서 구하지 않아도 된다는 뜻으로, 바로 전 왕조인 하夏나라가 좋은 본보기가 된다는 말이다. 자신의 행위를 비추어 볼 본보기나 거울은 바로 곁에 있으니, 다른 사람의 실패를 보고 경계로 삼아야 한다는 뜻으로 쓰인다.

他山之石, 可以攻玉 타산지석, 가이공옥

남의 산에서 나는 거친 돌도 옥을 가는 숫돌로 쓸 수 있다는 뜻이다.

我心匪席, 不可轉也 아심비석, 불가전야

'내 마음은 돌이 아니라서 굴릴 수 없다'라는 뜻이다. 곧, 자신의 마음은 반석과도 같이 굳건해서 절대로 움직일 수 없음을 나타내는 말로 쓰인다.　「패풍, 백주편柏舟篇」

굴원
(屈原)

기울어 가는 조국의 앞날을 걱정하며 왕에게 인정받지 못한 슬픔을 노래한 시인으로, BC 343년경에 태어나 BC 277년에 세상을 떠났다. 이름은 평平이고, 원原은 자이다. 『사기史記』에서는 그의 일생을 이렇게 평했다. "흙투성이 허물을 벗고 매미가 빠져나오는 듯한 삶이었다. 혼탁한 세상에서 빠져나온 듯 티끌 하나 묻히지 않고 살아간 사람이다."

INTRO

중국 최초의 시집은 『시경』이다. 거기에는 황하 유역, 이른바 중원 땅의 민요가 집성되어 있다. 편집자는 공자로 알려져 있지만, 작품 하나하나의 작자는 알려져 있지 않다. 그런 의미에서 중국 최초의 시인은 양자강 유역, 곧 초나라 땅에서 나타났다고 할 수 있다. 초나라에는 '사辭'라는 독특한 운문이 있었고, 굴원은 그 형식을 빌려 터질 듯한 가슴을 노래했다. 그러나 그것은 개인적인 감정이 아니라, 자신의 정치적 의견이 받아들여지지 않고 조국이 멸망의 길로 걸어가는 데 대한 분노와 슬픔이었다. 굴원이 살았던 시대의 중원은 백가쟁명百家爭鳴의 시기였다. 많은 사상가가 정치적 의견을 표현해 군주를 설득했다. 굴원의 작품은 그런 사상가의 문장과 통하는 면이 있다. 그의 생애를 공자나 한비자의 삶과 비교해 보는 것도 흥미로울 것 같다. 굴원의 작품이 들어 있는 『초사楚辭』의 주석서로는 주희의 『초사집주楚辭集注』와 왕부지王夫之의 『초사통역楚辭通譯』 등이 있다.

기울어 가는 조국의 운명을 노래한 시인

전국시대는 실질적으로 진秦나라·초楚나라·제齊나라의 3파전이었다. 이윽고 진나라의 시황제가 천하를 통일하게 되는데, 진나라를 대신할 만한 나라가 있었다고 한다면 그것은 초나라였을 것이다. 굴원의 시대에는 아직 초나라에도 가능성이 남아 있었고, 굴원은 그런 믿음을 가지고 국내의 친진파親秦派와 싸우다가 패배한 정치가였다. 굴원은 초나라 왕족으로 태어나 회왕懷王을 곁에서 모시며 왕권 확립에 힘을 쏟았다. 그 결과, 그는 귀족 계급의 반발을 사 고난의 길을 걷게 되었다.

어느 날, 회왕은 굴원에게 새로운 법령을 기초하라고 명령했다. 아마도 귀족의 힘을 제한하는 내용이었을 것이다. 굴원의 동료 상관대부上官大夫가 귀족 세력을 대변해 초안의 내용을 알아보러 왔으나 굴원이 거부하자, 그들은 참언으로 회왕을 꼬드겼다. 그 때문에 회왕은 굴원을 멀리하기 시작했다고 한다. 신진 관료인 굴원이 지향하던 개혁 정책이 수구 세력의 반발로 좌절된 사건이라 하겠다.

이러한 대립은 외교에도 나타나 초나라 조정은 두 파로 갈라졌다. 진나라에 대항할 것인가, 양보할 것인가가 두 파벌의 쟁점이었다. 수구 세력은 친진, 개혁파는 반진反秦의 입장을 취했다. 이때 진나라가 제나라를 공격하려 하자, 제나라는 초나라에 지원을 요청했다. 진나라는 제나라와 초나라의 동맹을 저지하기 위해 책사 장의張儀를 초나라로 보냈다. 그 결과, 진나라는 초나라와 제나라를 분리하는 데 성공했다. 뒤늦게 속았음을 안 회왕은 불같이 화를 내며 진나라를 공격했지만 오히려 패배해 영토의 일부마저 잃고 말았다. 여기에 이르러 회왕은 제나라와 손을 잡기 위해 굴원을 파견했다. 이런 움직임을 눈치챈 진나라는 초나라에 영토 반환을 제안했다. 회왕은 영토보다는 장의를 보내라고 요구해 결국 장의가 초나라로 잡혀 왔다. 그러나 친진파의 암약으로 장의는 간단히 석방되고 말았다. 굴원이 귀국했을 때 장의는 벌써 진나라로 돌아간 뒤였다. 진나라는 제멋대로 초나라를 농락했다.

그 후 10여 년 뒤, 진나라는 혼인 관계를 맺자는 말로 회왕을 초청했다. 친진파의 권유로 회왕은 별다른 의심 없이 진나라로 갔다가 인질로

잡혀 병사한 뒤 시체가 되어 초나라로 돌아왔다. 회왕이 죽은 뒤, 큰아들 경양왕頃襄王이 즉위하고 친진파의 자란子蘭은 재상이 되었다. 굴원으로서는 견딜 수 없는 나날이었다. 유일한 지지자였던 회왕이 적의 손에 잡혀 죽고 친진파가 정권을 장악하고 말았던 것이다. 그들의 나약한 타협 정책은 멸망으로 가는 지름길이었다. 자란이 이끄는 신정권에 굴원이라는 존재는 그야말로 눈엣가시였다. 자란은 경양왕을 부추겨 굴원 추방령을 내리게 했다. 이렇게 하여 굴원은 동정호洞庭湖 남쪽으로 쫓겨나 습지대를 방황하다가 결국 멱라수汨羅水● 에 몸을 던졌다. 뒷날, 굴원이 투신한 5월 5일에는 한을 품고 죽은 굴원의 넋을 위로하기 위해 다양한 행사가 열리게 되었다.

굴원의 대표 작품들

시인 굴원의 작품은 『초사』라는 책에 「이소離騷」·「구가九歌」·「천문天問」·「구장九章」·「원유遠遊」·「복거卜居」·「어부漁父」 등이 수록되어 있다. 여기서는 「이소」와 「어부」의 내용을 개략적으로 살펴보기로 하겠다.

「이소」는 굴원의 사상과 삶이 집약된 대표작으로 375구로 이루어져 있다. '이소'란 '걱정거리를 만난다'라는 뜻이다. 작자는 왕족이라는 자신의 출생 신분과 축복받은 삶을 노래한 데 이어 자신의 뛰어난 천부적 자질을 노래했다.

紛吾旣有此內美兮	나의 출생과 이름에는 벌써 아름다운 덕이 갖추어져 있었고,
又重之以脩能	거기에다 뛰어난 재능까지 타고났다네.
扈江離與辟芷兮	강리江離와 벽지辟芷를 걸치고,
紉秋蘭以爲佩	추란秋蘭을 꿰찼다네.

향기로운 풀처럼 내면의 덕과 재주를 겸비한 굴원은 왕을 보좌해 고대의 성왕에 비견될 만한 세상을 만들려고 했다. 그러나 왕은 한 번도 굴원의 의견을 받아들이지 않았고, 간신배의 참언에 눈과 귀를 빼앗기고 말았다. 강리·벽지·추란은 모두 향기로운 풀을 일컫는다. 굴원은 왕의 변절을 남녀 관계에 비유해 노래했다.

初旣與余成言兮　처음에는 나와 결혼을 약속했으면서
後悔遁而有他　후회하며 달아나 다른 이에게 마음을 주었네.

왕이 자신과 굳은 약속을 하고 개혁의 뜻을 실행하려 하다가 간신배들의 참언과 꼬드김에 마음이 날씨처럼 자주 바뀌어 나라의 정치가 어지러워짐을 걱정하고 있다. 이어서 이 지상의 삶을 포기하고 천상으로 올라가 미인(이상적인 군주)을 구하려 하지만, 좀처럼 만날 수 없어 천상을 헤매는 환상적인 장면이 펼쳐진다. 문득 하계를 내려다보니 고향이 너무 그리워진다.

已矣哉國無人兮莫我知兮　아 끝인가? 나라에 인물이 없고 나를 알아주는 사람도 없네.
又何懷乎故都　또 어찌하여 옛 도읍지를 그리워하는가?
旣莫足與爲美政兮　이미 함께 뜻을 펼 사람 없는데
吾將從彭咸之所居　나 이제 팽함彭咸을 좇아가리라.

팽함은 은나라의 현신으로, 왕에게 자신의 뜻을 간했으나 받아들여지지 않자 물속에 몸을 던져 스스로 목숨을 끊었다. 그와 마찬가지로 초나라를 위해 몸을 던질 각오를 드러내며 「이소」의 대미를 장식했다. 굴원은 자신의 뜻대로 팽함의 뒤를 좇아 멱라수에 몸을 던졌다.

다음으로 「어부」를 살펴보자. 글에 나타난 굴원의 모습이 너무도 뚜렷해 후세 사람이 지었다는 설이 유력하지만, 『사기』의 「굴원전」에 소개되어 굴원의 작품으로 널리 알려져 있다.

屈原旣放	굴원이 쫓겨나
游於江潭	강과 늪지에서 노닐 때
行吟澤畔	그곳을 거닐며 시를 읊었네.
顏色憔悴	얼굴은 해쓱하고 그 모습 초라했네.
形容枯槁	벌써 죽음이 다가온 모습이었네.

나이 든 어부가 다가와 말을 걸자 굴원이 대답했다.

擧世皆濁我獨淸像	모든 세상 흐린데 나 홀로 맑고
衆人皆醉我獨醒	모든 사람 취했는데 나 홀로 깨어 있소.
是以見放	그래서 쫓겨난 것이라오.

그 말에 어부는 다른 삶의 방식을 제시하며 그를 비판했다.

世人皆濁	세상 사람 모두 흐리다면
何不淈其泥	어찌 그 흙탕물을 흐리게 하여
而揚其波	파도를 이루지 않으시오?
衆人皆醉	세상 사람 모두 취해 있다면

| 何不餔其糟 | 어찌 그 술지게미 씹고 |
| 而歠其醨 | 그 술을 마시지 않으시오. |

그 말에 대해 굴원은 이렇게 대답한다.

"사람은 누구나 관이나 옷을 걸칠 때는 먼저 먼지를 떨어낸 다음에야 쓰고 입지 않소이까? 이 청결한 몸에 그런 더러운 옷을 입을 바에야, 차라리 이 몸을 던져 상강湘工의 물고기 밥이나 되겠소."

그 말을 듣고 어부는 빙긋 웃고는 다음과 같은 노래를 흥얼거리며 사라졌다.

滄浪之水淸兮	창랑滄浪의 물 맑으면
何以濯吾纓	내 갓끈 빨고
滄浪之水濁兮	창랑의 물 흐리면
何以濯吾足	내 발 씻으리.

어부는 굴원과 대립되는 생각을 가진 사람이다. 굴원은 「어부」의 시를 통해 대립적인 삶의 방식을 있는 그대로 인정하면서 자신의 일생을 돌이켜보았는지도 모른다. 또는 다른 작자가 굴원의 삶을 비판적인 눈으로 부각한 것인지도 모른다. 어찌 되었든 굴원의 일생은 삶의 한 전형으로 후세에 전해 왔다.

NOTES

멱라수汨羅水 : 굴원이 조국의 장래를 근심하고 회왕懷王을 사모해 노심초사한 끝에 투신자살한 강.

조조·조비·조식
(曹操·曹丕·曹植)

강개慷慨와 기골氣骨이 넘치는, 화려하고 장대한 시 세계를 연출한 문인들이다. 육조시대의 시인 사령운謝靈運은 "천하의 시재를 한 섬이라고 한다면, 자건子建(조식의 자)의 시재는 그 가운데 여덟 말은 된다"라고 평했다. 일반적으로 이들의 시문은 '강개'와 '기골'이 넘친다는 평을 받는다.

INTRO

조조를 '횡삭橫槊의 시인'이라고 한다. 전장에서 '삭(창)'을 들고 유유히 시를 읊었기 때문이다. 조조의 큰아들로 위魏나라의 문제文帝가 된 조비는 "무릇 문장이란 경국經國의 대업이며 불후의 업적이다"라는 명구로 잘 알려져 있다. '3조三曹(세 명의 조씨)'의 한 사람으로 조조의 셋째 아들인 조식은 가장 뛰어난 시재詩才를 지녔다.

「단가행短歌行」 –조조

對酒當歌	술에는 노래가 따르는 법
人生幾何	이렇게 짧은 인생
譬如朝露	아침 이슬처럼 덧없는데
去日苦多	하릴없이 보내고 말았으니
慨當以慷	탄식과 후회만 가득하구나.
幽思難忘	이 회한 잊을 길 없고
何以解憂	이 울적함 풀 길 없으니
惟有杜康	술이나 마실 수밖에. (후략)

「연가행燕歌行」 – 조비

秋風蕭瑟天氣涼	가을바람 세차고 하늘은 추워
草木搖落露爲霜	나뭇잎 떨어지고 이슬 아닌 서리 내리는데
群燕辭歸雁南行	제비는 남으로 돌아가고 북녘에서 기러기 날아오네.
念君客遊多思腸	타향의 그대 생각하면 애간장이 타는데
慊慊思歸戀故鄕	아마 그대도 고향 그리워하리니
君何淹留寄他方	그대 어찌 타향에 그리 오래 있는가? (후략)

「야전황작행野田黃雀行」 – 조식

高樹多悲風	높은 나무에는 슬픈 바람 스치고
海水揚其波	바다에는 파도가 일고
利劍不在掌	예리한 검 손에 없으니
結友何須多	어찌 많은 친구 가질 수 있으리.
不見籬間雀	그대 보지 못했는가, 울타리에 앉은 참새가
見鷂自投羅	매를 피하려다 그물에 걸리는 것을.
羅家得雀喜	그물 친 사람은 새 잡고 기뻐하나
少年見雀悲	소년은 새를 보고 슬퍼한다.
拔劍捎羅網	검을 뽑아 그물을 가르니
黃雀得飛飛	참새는 기쁘게 날아간다.
飛飛摩蒼天	날고 날아 푸른 하늘에 닿았다가
來下謝少年	내려와 소년에게 감사한다.

도잠(도연명)
(陶潛(陶淵明))

「귀거래사歸去來辭」로 유명한 도연명(365~427)은 전원으로 돌아가 술과 국화를 사랑하며 살았던 육조시대의 대시인이다. 그의 시문집은 양梁나라의 소명태자昭明太子 소통蕭統, 북제北齊의 양휴지陽休之 이래로 많은 판본과 주석집이 나왔다. 그중에서도 가장 체계적인 판본은 청나라 때 도주陶澍가 편찬한 『정절선생집靖節先生集』 10권이고, 현대에 들어서는 왕요王瑤가 편찬한 『도연명집』이 있다.

INTRO

진晉나라 말기에 강서성江西省 심양현潯陽縣 여산廬山에서 태어났다. 연명淵明은 본명이라고도 하고, 자라고도 한다. 또는 이름이 잠潛, 자는 원량元亮이라고도 한다. 동진東晉의 명장 도간陶侃의 증손이었으나 그가 태어났을 때 가문은 몰락한 상태였다. 소년 시절부터 유가적 교양을 갖추어 경세제민經世濟民의 뜻을 불태웠으나 문벌 사회의 벽에 부딪쳐 뜻을 이루지 못했고, 전란과 자연재해가 이어지는 암담한 청년 시절을 보내다가 29세에 이윽고 강주江州의 좨주좨주祭酒(교육 관련 관리)가 되었다. 그러나 자연을 사랑하는 천성과 관리 세계의 추악한 인간관계에 대한 혐오감으로 출세와 은거를 되풀이하다가 41세 때 팽택현령彭澤懸鈴을 마지막으로 전원으로 돌아갔다.

그때 유명한 일화를 남겼다. 군郡의 감찰관이 온다는 소식에 "내가 쥐꼬리만 한 봉록 때문에 그런 향리鄕里의 소아小兒 앞에서 허리를 굽혀야 한단 말인가!" 하고 탄식하며 「귀거래사」를 노래하고는 임명된 지 고작 80여 일 만에 관직을 버리고 집으로 돌아간 것이다.

도연명이라고 하면 술만 마시는 은둔 시인을 떠올리는 것이 보통이다. 그러나 난세에 태어나 물질적인 어려움 속에서도 정신을 지키려 했던 고뇌하는 지식인의 모습을 놓쳐서는 안 된다. 물론 그의 시에는 술을 노래한 내용이 많고 초월의 경지를 동경한 시도 많다. 그러나 그 사상의 밑바탕에는 농민에 대한 사랑과 노동에 대한 강한 의지가 자리 잡고 있으며, 그 무렵의 어두운 세상을 한탄하는 시도 있다. 그저 자연을 노래하기만 한 시인은 아니었던 것이다. 또한 그는 「오류선생전五柳先生傳」이나 「귀거래사」 같은 명문을 남겼고, 특히 「도화원기桃花源記」는 만년에 경도되었던 노장 사상의 유토피아를 표현한 작품으로 유명하다.

만년의 도연명은 그의 평판을 듣고 찾아온 정치가나 문인들과 교류하며 살았다. 산수시인 안연지顔延之●도 그런 사람 가운데 하나였는데, 그가 2만 전의 돈을 가지고 가자 도연명은 그 돈을 한 푼도 남기지 않고 술을 마시는 데 써 버렸다고 한다. 그 무렵 정계의 거물이었던 강주 자사 단도제檀道濟가 출사를 요청했지만 그것을 거절하면서 "내 성격은 너무도 강직하고, 재주는 미천하다"라고 말했다. 도연명은 그런 자세를 죽을 때까지 지켰다.

「귀조歸鳥」

翼翼歸鳥, 晨去於林	훨훨 날아가는 새, 새벽같이 숲을 떠나네.
遠之八表, 近憩雲岑	멀리 구름 끝까지 갔다가, 가까이 구름 낀 산 봉우리에서 쉬네.
和風弗洽, 飜翩求心	미지근한 바람 불어 흡족하지 못
顧儔相鳴顧相鳴, 景庇清陰	짝을 돌아보고 서로 울며, 서늘한 그늘에 몸을 숨기네.

「귀원전거歸園田居 1」

少無適俗韻	어려서부터 세속과 어울리지 못하고
性本愛邱山	본래의 성품은 산을 사랑했다네.
誤落塵網中	그만 먼지 가득한 그물에 떨어져
一去三十年	어느덧 삼십 년 세월이 흘렀네.
羈鳥戀舊林	갇힌 새는 옛날의 숲을 잊지 못하고
池魚思故淵	물고기는 옛날의 연못을 그리워한다네.
開荒南野際	남쪽 황무지를 개간하여
守拙歸園田	어리석은 마음 간직한 채 전원에서 살아야겠네.
方宅十餘畝	반듯한 집터가 십여 무
草屋八九間	초가집은 여덟, 아홉 칸.
楡柳陰後簷	느릅나무 버드나무 뒤 처마에 그늘 내리고

桃李羅堂前	복숭아, 자두 앞마당에 서 있네.
曖曖遠人村	저 멀리 사람의 마을 아득한데
依依墟里烟	외딴 마을에 밥 짓는 연기.
狗吠深巷中	깊은 골목에서는 개가 짖고
鷄鳴桑樹顚	뽕나무 우듬지에서는 닭이 우노니
戶庭無塵雜	앞뜰에 먼지 하나 없고
虛室有餘閑	텅 빈 방은 한가롭네.
久在樊籠裡	오래도록 새장에 갇혔다가
復得返自然	이제 자연에 돌아왔노라.

「음주飮酒 5」

結盧在人境	사람 사는 마을에 초가지붕 올렸어도
而無車馬喧	수레와 말소리 들리지 않네.
問君何能爾	그대에게 묻노니 어찌 그럴 수 있겠는가?
心遠地自偏	마음이 저절로 먼 땅에 기울었기 때문이라네.
採菊東籬下	동쪽 울타리 아래서 국화꽃 따다가
悠然見南山	아득히 남산을 바라보네.
山氣日夕佳	날 저물어 산 기운 더욱 아름다운데
飛鳥相與還	새들은 사이좋게 돌아가네.
此中有眞意	이 가운데 우주의 참뜻 있으니
欲辨已忘言	잡다한 말들은 다 잊고 말았다오.

「음주飮酒 9」

淸晨聞叩門	푸른 별 문 두드리는 소리 들려

倒裳往自開　바지 거꾸로 입고 나가 문을 여네.

問子爲誰歟　그대 뉘신가? 하고 물으니

田父有好懷　농부가 따스한 마음으로 반겨 주네.

壺漿遠見候　술 단지 들고 멀리까지 인사 와서

疑我與時乖　시대에 어울리지 못하는 나를 괴이쩍게 여기네.

檻褸茅簷下　낡은 초가집에 사는 건

未足爲高栖　그리 고상한 일이 아닌 듯 싶소.

一世皆尙同　온 세상 사람이 함께하니

願君汩其泥　그대도 그 진흙탕에 뛰어듦이 옳을 줄 아오.

深感父老言　노인장 말에 깊이 공감하오나

稟氣寡所諧　내 천성이 그리하기 어렵다오.

紆轡誠可學　고삐 돌리는 법도 배워야 하겠지만

遠己詎非迷　나를 어기는 건 미혹이 아니겠소이까.

且共歡此飮　기꺼이 함께 술은 마시겠으나

吾駕不可回　내 수레는 돌릴 수 없다오.

「책자責子」 – 자식을 나무라며

白髮被兩鬢　백발은 귀밑까지 덮고

肌腐不復實　피부도 늘어지고 말았네.

雖有五男兒　비록 아들 다섯이 있어도

總不好紙筆　한결같이 글을 싫어하네.

阿舒已二八　아서阿舒는 벌써 열여섯이나 되었는데

懶惰故無匹　게으르기 짝이 없고,

阿宣行志學　아선阿宣은 학문에 뜻을 둘 나이(열다섯 살)가 되었지만

而不愛文術	학문을 싫어하네.
雍端年十三	옹雍과 단端은 둘 다 열세 살인데
不識六與七	여섯, 일곱을 헤아리지 못하고,
通子垂九齡	통通은 아홉 살인데
但覓梨與栗	배와 밤만 따려 하네.
天運苟如此	하늘이 이렇게 자식을 내려 주었으니
且進杯中物	술이나 들이컬 수밖에.

「귀거래사歸去來辭」

돌아왔노라! 전원이 황폐해질진대 어찌 돌아가지 않으리.

벌써 내 마음은 몸에 심하게 부대꼈으니 한스럽고 슬픈 일이네.

지난날이야 어쩔 수 없음을 깨달았고, 앞날은 스스로 열어 갈 수 있음을 알았다네.

길을 잃었어도 그리 멀리는 떨어지지 않았으니 지금이 옳고 어제가 그른 것임을 안다네.

배는 가벼이 바람에 흔들리고 바람은 옷을 펄럭이네.

나그네에게 길을 물어보고 밝은 새벽빛 한탄하네.

집 대문과 처마를 보고 기쁜 마음으로 달려가네.

머슴은 나를 기쁘게 맞이하고 아이들은 문 앞에서 기다리누나.

세 오솔길에 풀이 무성해도 소나무 국화는 변함이 없구나.

어린 자식 손잡고 방으로 들어가니 항아리에 술 가득하네.

술 단지 끌어당겨 홀로 따라 마시고 뜰의 나뭇가지 바라보며 웃음 짓네.

남쪽 창에 몸을 기대고 자족하니 무릎 하나 들이면 가득한 집이 얼마나 편안한지.

날마다 정원을 거닐며 멋을 즐기니 문은 그냥 달려 있을 뿐 늘 닫혀 있다네.

지팡이 짚고 가다 발길 멎으면 쉬고, 때로 머리 들어 이리저리 살펴보네.

구름은 아무 생각 없이 골짜기를 나오고 새들은 날다 지치면 돌아올 줄 안다네.

해는 뉘엿뉘엿 서녘으로 저물어 가고 외로운 소나무 어루만지며 서성거리네.

돌아왔노라! 이제 사람을 만나지 않으리.

세상과 나 이렇게 어긋나 있으니 다시 수레를 타고 무엇을 구하리.

친척들과 나누는 정담이 이렇게 즐겁고 거문고와 책을 즐기다 보니 시름이 없구나.

농부가 내게 봄이 왔다 이르면 서쪽 밭을 갈리라.

때로 휘장 달린 수레를 타고 때로 외로운 배 저어

깊은 산골에 들거나 험한 산길 언덕을 지나리.

나무는 즐거이 꽃피우려 하고, 샘물은 졸졸 흘러가리.

만물이 때를 얻어 좋고, 내 삶은 끝을 향해 나아감을 느끼네.

생각을 말라! 이 몸 자연으로 돌아갈 날 얼마나 될지를.

어찌 마음에 맡기고 오고 감을 내버려 두지 못하는가? 그리 바빠 어디로 가려는가?

부귀는 나의 바람이 아니니 신선의 땅은 기약할 수 없다네.

맑은 내일 기약하며 홀로 나아가 지팡이 세워 둔 채 김을 매리니.

봄 언덕에 올라 휘파람 불고 맑은 물결 바라보며 시를 읊으리.

애오라지 자연의 섭리를 따라 죽어 돌아가는 것, 천명을 즐기거늘 무얼 의심하리.

「도화원기桃花源記」

진晉나라 태원太元(동진東晉 효무제孝武帝의 연호, 376~396) 때, 무릉武陵 사람이 고기를 잡다가 그만 길을 잃었는데 갑자기 복숭아꽃이 활짝 피어 있는 숲이 나타났다. 언덕을 끼고 수백 보 앞에는 다른 나무는 없고 향기로운 풀들이 아름답게 깔려 있었고 떨어지는 꽃잎이 어지러이 흩날리고 있었다. 어부는 참으로 이상하다고 생각하면서 앞으로 나아가 숲 끝까지 가 보았다.

시냇물이 시작되는 곳에서 숲이 끝나더니 문득 산 하나가 나타났다. 산에는 작은 입구가 있었는데, 거기에서 마치 희미한 불빛이 새어 나오는 듯했다. 어부는 즉시 배에서 내려 그 안으로 들어갔다. 처음에는 입구가 아주 좁아서 사람 하나가 겨우 들어갈 정도였다. 다시 수십 걸음을 들어가니 확 트인 공간이 나타났다. 넓고 평탄한 땅에 집들이 가지런히 놓여 있고, 기름진 밭과 예쁜 연못, 뽕나무, 대나무가 있었다. 길은 서로 이어져 있고, 닭과 개 짖는 소리가 들려왔다. 그곳을 오가며 씨를 뿌리고 밭을 가는 남녀의 옷은 모두 외지 사람 같았고, 노인 어린아이 할 것 없이 모두 얼굴빛이 밝았다. 그들은 어부를 보고 깜짝 놀라며 어디서 왔느냐고 물었다. 그래서 어부는 상세히 대답해 주었다.

그들은 어부를 집으로 초대해 술상을 차리고, 닭도 잡고, 밥을 지어 대접했다. 마을에 소문이 퍼지자 사람들이 모두 모여 꼬치꼬치 캐물었다. 그들은 진秦나라 때 난을 피해 한 마을 전체가 가족을 거느리고 이 외딴 곳으로 오게 되었다고 했다. 그들은 지금이 어느 세상이냐고 물었다. 그러나 그들은 한漢나라를 알지 못했고 위魏나라와 진晉나라도 몰랐다. 그들에게 세상에 대해 말해 주니 모두 탄식하며 슬퍼했다. 다른 사람들도 그를 초대해 술과 음식을 대접했다.

어부가 며칠 동안 머물다가 인사를 하고 떠나려 하자, 그들은 자신들을 바깥세상에 절대로 알리지 말아 달라고 부탁했다. 어부는 그곳을 나와 배를 타고 왔던 길을 되돌아가며 곳곳에 표시를 해 두었다.

어부는 무릉군 성 아래 이르러 태수를 알현하고 그곳에 대해 알려 주었다. 태수는 즉시 사람을 시켜 어부가 표시한 곳을 찾도록 했으나 끝내 찾지 못했다.

남양南陽의 유자기劉子驥라는 선비가 이 이야기를 듣고 그곳을 찾아 나섰으나 뜻을 이루지 못한 채 곧 병들어 죽고 말았다. 그 뒤로는 아무도 그곳에 대해 묻지 않게 되었다.

「오류선생전五柳先生傳」

선생이 어떤 사람인지 모르고 그 이름도 상세히 알려져 있지 않다.

집 주변에 버드나무 다섯 그루(五柳)가 있다 해서 그것으로 호를 삼았다. 늘 조용하고 말이 없으며 세속의 영리를 구하지 않았다. 책 읽기를 좋아했으나 깊이 해석하려 하지 않았고, 문득 깨달은 바가 있으면 밥 먹는 것도 잊어버리곤 했다. 천성이 술을 좋아했으나 집이 가난해 매일 마시지는 못했다. 친구가 그런 사정을 알고 이따금 술상을 차려 그를 부르곤 했는데, 한번 마셨다 하면 반드시 술독을 다 비워 가며 취하려 했고, 취하면 미련 없이 자리에서 일어나 오고 가는 일을 마음에 두지 않았다.

담장 안은 바람과 햇빛을 가리지 못할 정도로 소박했고, 여기저기 해어져 기운 베옷을 입고 밥그릇과 쌀독이 비어도 늘 마음이 편안했다. 늘 글을 지어 스스로 즐기면서 자신의 뜻을 표현했으며, 잘되고 못됨을 마음에 두지 않고 그렇게 삶을 마치려 했다.

그를 찬하여 말한다. 검루黔婁(춘추시대 노나라 사람)의 아내가 가난을 근심하지 않고 부귀에 급급하지 않았다고 말했는데, 오류 선생이 그 사람과 짝일지도 모르겠다. 술 마시고 시를 읊으며 그 뜻을 즐기니 무회無懷(전설 속의 제왕)씨의 백성인가, 갈천葛天(전설 속의 제왕)씨의 백성인가.

NOTES

안연지顔延之 : 384~456. 육조시대 송나라의 문인. 성질이 과격하고 술을 즐겼으며, 언행에 조심성이 적어 혹평을 받기도 했으나, 매우 검소한 생활을 하고 재물을 가벼이 여겼다. 도연명에게 술과 돈을 준 이야기는 유명하다.

왕유
(王維)

"시 속에 그림이 들어 있다"라는 평가를 받으며, '시불詩佛'이라는 칭호를 얻은 자연시인이다. 현존하는 시는 400여 수인데, 그 가운데 3분의 2는 근체시이고, 나머지는 고체시이다. 전원의 풍경과 한적한 정취를 노래했으며, 인간의 자연스러운 애정을 노래했다.

INTRO

왕유(701?~761)는 당나라의 시인으로, 자는 마힐摩詰이다. 지방 관리의 집안에서 태어나 어릴 때부터 문장과 음악에 재능을 보여 상류사회의 총아로 각광받았다. 과거에 합격한 뒤 지방으로 좌천되어 10년 동안 실의의 시절을 보내고 중앙 정부로 돌아왔다. 736년에 악명 높은 이임보李林甫가 재상이 되어 율령정치가 쇠퇴하기에 이르자 정치에 실망하게 되었다.

그러나 관직을 버리지는 못하고 관료로서 순조롭게 승진하는 한편, 망천輞川 지역에 거대한 별장을 지어 은거했다. 안녹산의 난 때 투항한 것이 문제가 되어 난이 평정된 뒤에 관직 박탈 처분을 받기도 했다.

상서우승尙書右丞의 직위에 있을 때 세상을 떠났기 때문에 '왕우승'이라 부르기도 한다. 그의 시는 도잠陶潛과 사령운謝靈運의 흐름을 계승하여 새로운 자연미를 완성했다는 평가를 받으며, 고담枯淡 속에서도 풍성한 감각을 지닌 작품이 많다. 열성적인 불교 신자이기도 했고, 산수화의 거장으로서 후세에 남화의 시조로 추앙받게 되었다. 그가 시화를 통해 추구한 것은 현세를 누리면서 은둔을 즐기는 이상적인 문인의 경지였다.

1. 전원 산수의 정취를 노래한 시

「위천전가渭川田家」 - 위천의 시골집

斜光照墟落　저녁 햇살 마을을 비추고

窮巷牛羊歸　울퉁불퉁한 길 따라 양 떼 돌아온다.

野老念牧童　노인은 목동이 오나 하고

倚杖候荊扉　지팡이 짚고 문에 기대어 기다린다.

雉雊麥苗秀　꿩 우는 들판에 보리는 잘도 자라는데

蠶眠桑葉稀　누에는 잠들고 뽕잎도 듬성하다.

田夫荷鋤立　농부는 호미를 들고

相見語依依　선 채로 이야기를 나눈다.

卽此羨閒逸　이 얼마나 한가로운 풍경인가

悵然歌式微　노래로 담담한 이 마음 어루만진다.

「녹시鹿柴」

空山不見人　텅 빈 산 사람도 없고

但聞人語響　어디선가 이야기 소리만 들릴 뿐

返景入深林　깊은 숲으로 비쳐 드는 햇살

復照靑苔上　푸른 이끼 위에 눈부시다.

「전원락田園樂」

桃紅復含宿雨　붉은 복숭아꽃 아직 빗물 머금었고

柳綠更帶春烟　버들잎은 봄 안개 감고 있다.

花落家僮未掃　동자는 아직 떨어진 꽃잎 쓸지 않았고

鶯啼山客猶眠　꾀꼬리 울어도 산사람은 아직도 자고 있다.

2. 속세를 벗어난 경지를 노래한 시

「종남별업終南別業」 - 종남의 별장

中歲頗好道	중년에 들어 불도에 이끌리고
晩家南山陸	만년에는 종남산終南山 기슭에 별장을 지었다.
興來每獨往	흥이 일면 혼자 걷는데
勝事空自知	이 즐거움 누가 알까?
行到水窮處	계곡의 수원까지 올라가서
坐看雲起時	망연히 구름 이는 모습을 본다.
偶然値林叟	가끔 나무꾼을 만나면
談笑無還期	담소하느라 돌아가는 것도 잊고 만다.

3. 애정을 노래한 시

「상사相思」

紅豆生南國	붉은 콩은 남쪽 나라에서 난다네
秋來發幾枝	가을이면 가지에 알이 맺히지.
贈君多採擷	그대에게 보내려 이렇게 많이 땄으니
此物最相思	이 콩은 사랑 병에 죽은 여자의 넋이라 하네.

당시의 명가수 이구년李龜年●이 안녹산의 난을 피해 강남 지역을 헤맬 때, 줄곧 이 노래를 불렀다고 한다.

「위성곡渭城曲」

渭城朝雨浥輕塵　위성의 아침 비 흙먼지를 적시고

客舍青青柳色新　여관의 버들잎 더욱 푸르다.

勸君更盡一杯酒　그대 한 잔 더 들게나

西出陽關無故人　서쪽 양관을 나서면 술친구도 없으니.

송별시로 유명하다. 후세 사람들도 이별의 술자리에서는 늘 이 노래를 불렀다고 한다. 이 시는 '양관삼첩陽關三疊●'이라는 가창법을 낳기도 했다.

이 밖에도 자연을 노래한 「산거추명山居秋暝」, 「종남산終南山」, 「죽리관竹里館」, 탈속을 노래한 「남전산석문정사藍田山石門精舍」, 애정을 노래한 「9월 9일, 산동의 형제를 생각하다九月九日山東兄弟」, 「송별送別」 등이 명시로 알려져 있다.

NOTES

이구년李龜年: 당나라 현종 때의 유명한 가수.

양관삼첩陽關三疊: 왕유의 「위성곡」을 이렇게 부르기도 한다. 이별시의 최고봉으로 꼽혀 이별의 자리에서는 꼭 읊게 되었고, 그 읊는 방식을 '양관삼첩'이라고 부르게 되었는데, 사실 그 읊는 방법은 분명치 않다. 구양수歐陽修에 의하면 결구結句를 2번 읊는다고 하고, 소동파蘇東坡는 각 구를 2번씩 읊는 방법과 제2구 이하를 반복하는 방법이라고 한다.

이백
(李白)

당나라 현종玄宗과 양귀비의 시대에 뛰어난 자질을 발휘하며 살아간 천재 시인이다. 성은 이李, 이름은 백白, 자는 태백太白, 호는 청련거사淸蓮居士라고 한다. '시선詩仙'이라 불리며 두보杜甫와 함께 중국 시사의 거성으로 추앙받는다. 자유롭고 장엄한 시풍을 보인 그는 자신의 시와 잘 어울리는 생애를 보냈으나, 중국의 지식인이 그러하듯이 그 또한 정치적 활약을 인생 최고의 목표로 삼았다.

INTRO

이백(701~762)의 시대는 당나라 현종의 치세(712~755)와 거의 겹친다. 이 시기는 당나라가 최고로 번성하던 시대였다. 시사詩史에서도 황금기로 꼽힌다. 율시律詩와 절구絶句 등 우리가 흔히 한시漢詩라 부르는 형식이 완성되었고, 『전당시全唐詩』에는 5만 수에 가까운 시가 집성될 정도로 번성했다. 이백은 두보와 함께 당나라 때의 시인의 정점에 선 사람으로 평가받는다. 그들은 당시唐詩라는 높은 산의 출중한 두 봉우리였다.

이백은 문학사적으로는 한나라와 위나라, 육조시대 이래의 시를 집대성하고, 거기에 새로운 생명을 불어넣어 두보에게 그 전통을 물려주었다고 볼 수 있다. 작품집으로는 송나라 때의 『이태백문집李太白文集』이 있고, 뒷날 각종 주석 연구를 집성한 것을 바탕으로 청나라 때 왕기王琦가 『이태백문집집주李太白文集輯註』를 펴냈다.

살아서는 천재, 죽어서는 전설이 된 시선

李白一斗詩百篇	이백은 술을 마시면 시상詩想이 샘물처럼 솟아올랐고
長安市上眠酒家	늘 장안의 저잣거리 술집에서 취해 있었다.

이백의 후배로 이백과 함께 후세에 '이두李杜'로 불린 두보는 경애하는 선배 시인을 이렇게 노래했다. 또한 장안의 원로 시인이었던 하지장賀知章

은 이백을 '적선인謫仙人'(천상에서 추방당한 신선)이라 평했다. 이렇게 동시대에 형성된 이백의 이미지는 그대로 후세로 이어져 전설화되었다. 이백이라는 이름을 듣고 우리가 술과 여자, 꽃, 달 등을 연상하는 것도 그런 전설 때문이다. 그의 일생 자체가 그런 전설과 혼연일체가 되어 있어 인간 이백의 모습을 추적한다는 것은 불가능한 일이다. 그러나 사실과 전설의 경계선에서 뿌연 그림자만 드러내는 모습이야말로 진정 이백답다 할 것이다.

이백은 701년에 서역의 쇄엽碎葉에서 태어났다. 그가 페르시아인이라는 설도 있는데, 아버지가 서역과의 무역에 종사하는 상인이어서 서역과 중국 본토를 오갔다고 하니 사실일지도 모른다. 5세 때 그의 일가는 촉蜀, 곧 지금의 사천성 성도成都 가까운 곳으로 이주했다. 그 후 25세 때까지 그곳에서 살았다. 이 시기에 이백은 사회적 규범에 얽매이지 않고 자유분방하게 살았다. 한때는 협俠(주먹 조직)의 세계에 몸을 던지기도 했고, 또 어느 때는 도사와 함께 산속에 틀어박혀 수백 마리의 새를 기르며 살기도 했다. 민산岷山과 대천산戴天山, 아미산峨眉山 등 촉의 명산을 오르기도 했다. 그리고 25세 때 이백은 촉을 떠나 양자강을 따라 내려가 넓고 넓은 중국 땅, 그 무렵의 감각으로 보자면 '세계'의 중심지인 수도 장안으로 향했다. 뒷날 그는 그때의 출발을 이렇게 회상했다.

사나이는 세상에 큰 뜻을 품고
칼을 지팡이 삼아 고향을 떠나
부모와 작별하고 먼 곳을 노닌다

그가 말하는 '큰 뜻'이란 간단히 말해 조정에 나아가 입신출세를 하는 일이다. 그러나 그것은 이기적인 목적에서가 아니라 천하를 태평하게 하기 위함이다. 상인이었던 아버지의 지원이 있었던 듯 이백은 경제적 어려움을 겪지 않고 각지로 다니며 사람을 사귀었다. 이렇게 하여 이백이라는 이름이 점점 세상에 알려지게 되었다.

이윽고 수도 장안에서도 수행을 거친 도사의 신분으로, 다른 한편으로는 즉석에서 화려한 시를 읊는 시인으로 유명 인사가 되었다.

현종 황제의 부름을 받은 장안시대

742년, 곧 이백의 나이 42세에 비로소 조정의 부름을 받았다. '큰 뜻'을 펼칠 수 있는 절호의 기회를 얻게 된 것이다. 그에게는 처자가 있었지만 아무런 미련 없이 이별을 고하고 수도로 향했다.

이백은 한림공봉翰林供奉(문서의 초안을 잡는 관리)이라는 직위에 올라 현종 황제를 알현할 수 있었다. 이백은 당연히 자신에게 정치적으로 중요한 직위가 주어지리라 생각하고 있었는데 그 기대는 허망하게 꺾이고 말았다. 만년에 접어든 현종이 정치에 대한 열정을 잃은 상태였기 때문이다.

현종은 도교에 심취해 불로장생을 염원하면서 양귀비를 탐애했다. 간단히 말해 궁정을 한층 향락적인 분위기로 만들기 위한 하나의 장식물로 이백을 등용한 데 지나지 않았던 것이다. 과연 이백은 현종이 바라는 대로 그런 역할도 멋지게 해냈다. 봄의 연회석에서 남긴 유명한 일화가 있다. 이해 현종은 명가수 이구년을 불러 노래를 들으면서 모란꽃의 아름다움을 즐기려 했는데, 노래만으로는 만족할 수 없었다. 그것도 오래된 노래가 아니라 그 자리에 어울리는 새로운 노래를 원했다. 그때 거리에서 술에 취해 노닐고 있는 이백이 불려왔다. 이백은 그 자리에서 단숨에 시를 써 내려갔다. 그 시가 「청평조사淸平調詞」 3수이다.

「청평조사 2」

一枝紅艷露凝香　　붉은 꽃 이슬 젖어 향기 머금었네.

雲雨巫山枉斷腸　　비구름 내리는 무산의 여신은 꿈속의 슬픔이네.

借問漢宮誰得似　　미인 많은 이 궁전에 양귀비 더욱 아름답다네.

可憐飛燕倚新粧　　가련한 조비연이 화장을 하면 그나마 비슷할까.

술에 취해 방금 불려 온 이백이 일필휘지로 작성한 시 한 수가 이 정
도였으니 갈채를 받은 것도 당연한 일이다. 이백은 술에 취해 현종의 총
신이었던 고력사高力士에게 신발을 벗기게 했는데, 그의 시 앞에선 그런 무
례함도 관대하게 받아들여졌다. 그러나 이백의 가슴은 밝지 못했다. 그
럴듯한 정치적 입지를 만들고자 했던 그의 희망은 실현될 것 같지 않았
기 때문이다. 그는 마음이 맞는 친구를 사귀며 수도 장안의 풍물을 즐기
고 술과 여자로 울분을 달랬다.

「소년행少年行」

五陵年少金市東　　장안의 번화가를 노니는 젊은이들

銀鞍白馬度春風　　백마에 은색 안장 봄바람을 가르네.

落花踏盡遊何處　　떨어진 꽃잎 밟으며 어디를 가누

笑入胡姬酒肆中　　웃으며 서역 여인의 술집으로 들어가네.

이때 이백은 벌써 40세의 중년이었다. 이 시의 분위기는 그의 모습을
그대로 전하고 있다.

페르시아 여인과 유리 술잔, 포도주, 친구들과 떠들썩하게 마시는 술
등은 그의 호방하고 자유분방한 기질을 잘 보여 준다. 그러나 이백은 때

로 홀로 술잔을 기울이기도 했다. 술을 마시며 자신의 내면과 마주하고 보다 자유롭고 진지한 삶을 갈구했다.

「월하독작月下獨酌 1」

花間一壺酒	꽃에 묻혀 술 한 병
獨酌無相親	아무도 없이 홀로 마시네.
擧杯邀明月	술잔 들어 밝은 달 맞이하니
對影成三人	그림자와 함께 셋이 되었네.

이백은 달과 그림자와 셋이서 춤을 추고 노닐다가 재회를 약속하고 헤어진다. 이어서 술을 마셔야 하는 이유를 노래한 다음, 이백은 그 속내를 드러낸다.

「월하독작 4」

窮愁千萬端	시름은 천만 가지 쌓였는데
美酒三百杯	좋은 술은 삼백 잔뿐이로구나.
愁多酒雖少	시름은 많고 술은 적으나
酒傾雖不來	술잔 기울이면 시름 오지 않으니
所以知酒聖	술의 위대함을 알게 되고
酒酣心自開	즐겨 마시면 마음은 절로 열린다네.

이어서 이백은 백이伯夷·숙제叔齊와 안회顔回의 삶을 비판한 다음 「월하독작」을 이렇게 끝맺는다.

且須飮美酒　모름지기 좋은 술 마시고

乘月醉高臺　고루에 앉아 달빛 받으며 취해나 보세.

천만 가지 시름은 자신의 재능을 정당하게 평가받고 거기에 걸맞은 정치적 입지를 얻으면 그냥 사라져 버릴 것이다. 하지만 그렇지 못하니 시름이 끝도 없이 솟구쳐 오르는 것이다.

그런 이백의 우울함을 더욱 심화시키는 사건이 일어났다. 이백에게 앙심을 품고 있던 고력사가 일을 꾸민 것이다. 그는 양귀비에게 이백의 「청평조사」가 그녀를 비방한 것이라고 중상했으니, 이백이 시 속에서 양귀비를 한漢나라의 조비연趙飛燕에 비유했다는 것이다. 비연은 미인이기는 했으나 음란하다는 평이 나돌아 결국 자살로 일생을 마감한 여인이었다. 그런 여자에게 양귀비를 비유한 것은 어떤 의도가 있음이 분명하다는 것이 고력사의 변이었다. 양귀비는 그 말을 곧이곧대로 받아들여 현종에게 이백을 쫓아내라고 호소했다. 그 사실 여부를 떠나 이 일화는 궁중에서 이백을 축출하려는 움직임이 있었음을 말해 준다. 이백은 그런 음험한 궁중의 분위기에 환멸을 느꼈다. 결국 744년, 44세가 되던 그해 봄에 이백은 장안을 떠났다. 1년 반의 궁중 생활이었다.

이백, 술과 노래와 달과 함께 지다

다시 방랑 생활로 돌아온 이백은 북으로 남으로 발길 닿는 대로 떠돌았다. 그 사이 천하는 큰 변란의 시대로 접어들었다. 외적의 침입이 이어지더니, 755년에는 안녹산이 반란을 일으켰다. 그 이후 9년에 걸친 전란으로 양귀비는 죽고 현종은 퇴위했다.

이백은 전란을 피해 여산廬山으로 갔다가 현종의 아들인 영왕永王(이름은

린璘)의 군대에 합류했다. 이백은 자신의 뜻을 펼칠 기회일지도 모른다고 생각했지만, 실제로는 종군 시인으로 그 명성을 이용당했을 뿐이다. 게다가 현종이 퇴위한 뒤, 셋째 왕자가 숙종肅宗으로 즉위하자 영왕은 반란자로 몰려 토벌당하고 만다. 이백도 사로잡혀 사형 판결을 받았으나 친구들의 노력으로 감형되어 야랑夜郎으로 유배되었다.

야랑으로 가기 위해 양자강을 거슬러 올라 삼협三峽을 지나 무산巫山에 다다랐을 때, 대사면 소식을 통지받았다.

이백은 안도의 한숨을 내쉬며 기쁜 마음으로 다시 양자강을 내려왔다.

「**조발백제성**早發白帝城」

朝辭白帝彩雲間	아침 햇살에 물든 구름 아래 백제성을 떠나
千里江陵一日還	저녁에는 천 리 강릉에 이르렀네.
西岸猿聲啼不盡	서쪽 강변에 원숭이 울음소리 아직 들리는데
輕舟已過萬重山	날렵한 배는 수많은 산들을 지나왔구나.

20여 년 전, 이백은 청운의 꿈을 품고 그 삼협의 급류를 타고 세상을 향해 화살처럼 내려왔었다. 지금 그의 나이 59세, 기쁨에 넘치는 가슴은 마찬가지였지만 그 기쁨의 차이는 너무도 컸다. 끝없이 펼쳐져 있던 미래가 이제는 사라지고 없었다. 그도 노경에 접어든 것이다.

「**추포가**秋浦歌 15」

| 白髮三千丈 | 흰 머리칼의 길이 삼천 장 |
| 緣愁似箇長 | 수심과 함께 이렇게 길어졌구나. |

不知明鏡裏　　알 수 없어라, 밝은 거울 속

何處得秋霜　　어디서 이런 서리가 내렸는가.

　무언가를 추구하고 꿈꾸던 모습은 사라지고 없다. 그런 의미에서 그의 인생은 벌써 끝난 것이었다. 그러나 이백은 생명력만은 잃지 않았다. 그저 육체적 죽음을 맞이했을 뿐이다.

　이백은 62세로 세상을 떠났다. 병사했다고 하나 다음과 같은 설이 전해진다. 어느 날 이백은 양자강 채석기采石磯에서 뱃놀이를 하고 있었는데, 늘 그랬듯이 술에 취해 있다가 강물에 비친 달을 잡으려고 물속에 뛰어들었다는 것이다.

　이렇게 하여 이백 자신이 만들어 낸 술과 노래와 달의 이미지가 전해지고 중복되면서 늘 새로운 이백의 모습을 만들어 내어 다른 생명으로 숨 쉬며 오늘날까지 전해진다.

두보
(杜甫)

동란의 시대를 직시하고 성실하게 살아온 삶을 작품으로 표현한 시인이다. 자는 자미子美이고, 조상의 출생지를 따서 두소릉杜少陵 또는 두릉杜陵이라고도 불리며, 그가 지낸 관직 명칭을 따서 두습유杜拾遺 또는 두공부杜工部라고도 불린다. 당나라 말기의 시인 두목杜牧을 소두少杜라고 부르는 데 대해 두보는 노두老杜라고 부른다. 이백이 지난 시대의 시를 정리했다고 한다면, 두보는 그것을 한층 발전시켰다는 평가를 받는다.

INTRO

두보(712~770)는 열한 살 위인 이백과 더불어 당나라 때의 시인 가운데 최고봉으로 평가받는다. 자연스러운 평가이기는 하지만 이백과 두보의 시 세계는 서로 너무 대조적이어서 이 점이 두 거봉을 더욱 두드러지게 한다. 지상 세계에 얽매여 삶의 고통을 노래하며 유가적 사상을 가졌던 두보와, 천상적이며 평이하고 도가적인 세계를 노닐었던 이백이 동시대에 살면서 서로 대화를 나누었다는 것이 거의 농담처럼 들릴 정도이다. 인생을 진지하게 바라보고 성실하게 살아가려는 사람에게 두보가 표현한 시는 결코 남의 이야기가 아니다.

현존하는 두보의 시는 1,456수에 달하며 시대순으로 정리되어 있어 그 생애를 살피는 데 매우 편리하다.

동란의 시대를 살아가는 인간의 삶을 직시

양귀비와의 로맨스로 잘 알려진 현종의 치세(712~755)는 당나라 문화가 가장 찬란하게 빛을 발하던 시기이다. 그러나 그 절정에는 동란의 기운이 스며들고 있었다. 안녹산의 난으로 태평성대는 허무하게 무너졌고, 양귀비는 마외馬嵬에게 죽임을 당했으며 현종은 퇴위하게 되었다. 그 이후로도 이어진 전란 때문에 백성들은 도탄에 빠지고 말았다.

두보는 현종이 즉위한 해인 712년에 태어나 44세가 되던 755년에 안녹산의 난을 맞이하고 59세로 세상을 떠났다. 현종의 시대를 살기는 했으나 그 삶의 중심은 전반기보다는 동란이 일어났던 후반기에 있다. 지상에 얽매인 인간 생활을 직시하고 우울과 걱정으로 가득한 두보의 시 세계는 그가 살았던 시대의 운명을 고스란히 짊어지고 있다. 두보는 7세 때부터 시를 짓기 시작해 14~15세 때 문인들과 교류했다. 당나라 초기의 유명한 시인 두심언杜審言의 손자이기도 한 그는 저명한 유학자 가문에 태어나 시인·유학자로서 자부심을 가지고 있었다. 뒷날 그는 청년 시절을 이렇게 회상했다.

「위좌승장韋左丞丈에게 보내는 22운」(일부)

自謂頗挺出 　 내 재주 뛰어난 줄 일찍 알아서

立登要路津 　 당장 주요 관직에 올라

致君堯舜上 　 황제를 보필하여 요·순의 시대처럼 만들고

再使風俗淳 　 세상의 풍속을 바로 세울 수 있으리라 믿었네.

그러나 그에게는 그런 정치적 포부를 실천할 기회가 오지 않았다. 중국 각지를 유람하면서 수양을 쌓고 명사名士들을 만나 글로 이름을 날렸지만 추천을 받아 시험만 봤다 하면 낙방했다. 그 무렵의 재상 이임보가 그런 수험생들을 좋아하지 않았기 때문이다. 그러는 사이에 결혼을 하여 자식이 태어났고, 이윽고 40세가 넘어서 안녹산의 난을 맞이했다. 그는 정통성을 가진 숙종肅宗에게 달려가려 했으나 반란군에게 사로잡혀 장안에 연금되고 말았다. 이 시기에 그는 생이별을 하게 된 처자식을 생각하고 전란으로 황폐해진 세상을 염려하며 많은 시를 지었다. 다음은 그 대표작이다.

「춘망春望」

國破山河在	나라는 무너졌으나 산하는 그대로이네.
城春草木深	장안에 봄이 오니 초목은 무성한데
感時花濺淚	이 시절 생각하니 꽃을 보고도 눈물 흐르네.
恨別鳥驚心	이별이 한스러워 새를 보고도 놀라는 가슴
烽火連三月	전란은 해가 바뀌어 삼월이 되어도 끝나지 않으니
家書抵萬金	만금을 주어서라도 가족 소식 듣고 싶구나.
白頭搔更短	백발이 된 머리를 긁으면 눈에 띄게 빠지니
渾欲不勝簪	이래서야 머리칼에 쪽이라도 꽂을 수 있을까.

여름이 되자 두보는 겨우 기회를 얻어 반란군이 지배하는 장안을 벗어날 수 있었다. 그는 서쪽의 봉상鳳翔으로 나아갔다. 거기에는 현종의 뒤를 이은 숙종의 조정이 있었다. 두보는 목숨을 걸고 탈출한 공을 인정받아 좌습유左拾遺에 임명되었다. 천자의 곁에서 그 과실을 지적하는 직책이었다. 유가적 이상을 불태우고 있던 두보에게는 더 바랄 게 없는 자리였다. 그러나 그는 취임하자마자 어떤 인물을 변호하는 데 힘을 쏟다가 숙종의 비위를 건드리고 말았다. 파면은 면했지만 그 이후로 두보의 마음은 밝지 못했다. 장안이 수복되고 퇴위한 현종도 돌아와 이중의 권력 구조가 성립된 것도 두보의 마음을 무겁게 했으니 현실의 정치에 빠져들면 들수록 자신의 삶에 회의를 느끼지 않을 수 없었다.

「곡강曲江 2수의 2」(후반부)

朝回日日典春衣	근무를 마치면 봄옷을 잡혀 몇 푼을 거머쥐고
每日江頭盡醉歸	매일 곡강曲江에 나가 술에 취해 돌아온다.

酒債尋常行處有　가는 곳마다 외상값뿐이지만

人生七十古來稀　덧없는 이 인생 그 무슨 걱정인가.

천성이 성실하고 진지했던 두보가 퇴폐적인 생활에 얼마나 젖어 지냈는지는 의문이다. 그러나 이대로 숙종 정권에 협력한다 한들 자신이 생각하는 이상을 실현할 수 없다는 것은 알고 있었다. 그때 반대 세력의 책동도 있었던 듯, 두보는 중앙 관리직에서 물러나야 했다. 758년, 47세 때의 일이다.

장안에서 가까운 화주華州의 지방 관리가 된 두보는 현실에 대한 불만을 시로 표현하는 새로운 경지를 개척해 나갔다. 이 시기에 이른바 '삼리삼별三吏三別'을 지었다. 「신안리新安吏」, 「동관리潼關吏」, 「석호리石壕吏」, 「신혼별新婚別」, 「수로별垂老別」, 「무가별無家別」이 그것이다.

「석호리」

暮投石壕村　저녁 어스름에 석호촌의 농가에 머무르니

有吏夜捉人　밤이 되자 관리가 사람을 징발하러 왔다.

老翁踰墻走　노인은 담을 넘어 도망치고

老婦出門看　할머니는 문을 따러 나간다.

吏呼一何怒　관리는 버럭 고함을 지르고

婦啼一何苦　할머니는 훌쩍이며 운다.

시는 계속해서 할머니가 관리에게 애원하는 모습을 묘사한다. 아들 셋은 전장에 끌려갔다. 얼마 전, 한 아들로부터 편지가 왔는데 다른 두 아들은 전사했다는 내용이었다. 살아남은 아들은 어떻게든 당분간은 살아가겠지만 죽은 아들은 영원히 돌아오지 않을 것이다. 집에는 젖을 빠는 손자 외에 남자라고는 없다. 손자의 어머니는 아직 이 집에 있지만 바깥에 나가고 싶어도 제대로 된 옷이 없어 나갈 수도 없는 형편이다.

할머니는 마지막에 이런 말을 한다.

老嫗力雖衰	비록 쇠약한 늙은 몸이지만
請從吏夜歸	원한다면 따라가겠습니다.
急應河陽役	빨리 하양河陽의 전장으로 가면
猶得備晨炊	아침밥을 지을 수 있을 것입니다.

그리하여 할머니는 징발되었다. 결말에서 두보는 이렇게 노래한다.

夜久語聲絶	밤이 깊어 사람 소리도 끊어졌는데
如聞泣幽咽	어디선가 울음소리 들려오는 것만 같구나.
天明登前途	날이 밝아 집을 나서는데
獨與老翁別	노인 홀로 작별 인사를 한다.

분노를 감춘 그 표현이 오히려 효과를 높이고 있다. 울먹이며 애원하는 할머니를 징발한다는 것은 상식적으로 있을 수 없는 일이지만 이 묘사는 아마도 진실일 것이다. 그 뒤 두보가 살아간 방식을 보면 알 수 있다. 전란이 계속되고 먹을 것을 구하기 힘든 세상이었다. 마침내 두보는 관직을 버리고 가족과 함께 친족에게 의지하기 위해 유랑길에 오른다. 저 멀리 감숙甘肅을 지나 촉蜀(지금의 사천四川)으로 가서 두보가 자리 잡은 곳은 성도成都였다. 친구와 친척의 도움을 받아 성도 교외의 완화계浣花溪

에 초가집을 지었다. 그 집을 '완화초당浣花草堂'이라 한다. 한때 촉 지방을 방랑한 적도 있었지만 이후 5년 정도는 비교적 안정된 생활을 했다. 정치적 입신의 꿈은 벌써 접은 뒤였고, 시를 짓는 일에서 삶의 보람을 느끼고 있었다. 그는 다양한 대상을 시의 소재로 삼았다. 다음의 오언절구는 이 시기의 작품이다.

「절구 2수의 2」

江碧鳥逾白	강물 짙어 파랗고 새는 더욱 하얗고
山靑花欲然	산은 푸르고 꽃은 불타는 듯하다.
今春看又過	이렇게 봄은 눈앞에서 지나가는데
何日是歸年	아, 언제나 고향에 돌아갈 수 있을까.

두보의 나이 벌써 쉰을 넘었다. 덧없이 흘러간 세월 속에, 그는 나이가 들면서 지나가는 봄을 애달파한다. 청춘의 감상과는 다른 깊은 애수가 감돈다.

촉에서 그는 친구 엄무嚴武의 간청으로 그의 참모가 되지만, 다른 동료들과 잘 어울리지 못해 하루하루가 고달팠다. 엄무가 세상을 뜨자 두보는 그 직책도 버리고 가족과 함께 성도를 떠나 양자강을 따라 내려간다.

「여야서회旅夜書懷」

細草微風岸	실바람에 살랑대는 가느다란 풀 언덕
危檣獨夜舟	높이 돛 단 외로운 밤배
星垂平野闊	너른 들에 별은 가득한데
月湧大江流	흐르는 강에 달은 샘처럼 솟구쳐 오르고

名豈文章著	나 어찌 문장으로 이름을 날릴 수 있으리.
官應老病休	늙고 병든 이 몸 출세는 끝이어라.
飄飄何所以	바람처럼 떠도는 이 몸
天地一沙鷗	천지간 백사장에 홀로 앉은 갈매기여라.

이윽고 초의 출구라 할 수 있는 삼협에 도착해 삼협의 하나인 구당협 瞿塘峽에 가까운 기주夔州에 2년을 머문다. 보잘것없는 오두막을 지어 닭을 기르고, 채소를 가꾸며 생활을 꾸렸다. 아는 사람도 없는 고독한 생활 속에서 장안을 회상하고 지난날을 추억한다. 생의 마지막에 이르러 그 뜻을 묻는 것이다.

「등고登高」

風急天高猿嘯哀	세찬 바람 하늘 높은데 원숭이 울음소리 구슬프고
渚淸沙白鳥飛回	맑은 흰 모래톱에 새들이 날아든다.
無邊落木蕭蕭下	낙엽은 우수수 떨어져 내리고
不盡長江滾滾來	도도한 장강은 끝없이 흐른다.
萬里悲秋常作客	먼 타향 떠도는 나그네의 슬픈 가을
百年多病獨登臺	아픔 많은 내 인생 홀로 누대에 오른다.
艱難苦恨繁霜鬢	아프고 힘든 인생, 머리에는 찬 서리 내렸는데
潦倒新停濁酒杯	늙고 병든 이 몸 막걸리 사발마저 들 수 없구나.

두보는 수도 장안으로 돌아가리라는 희망을 품고 다시 양자강을 내려왔다. 그리고 동정호 주변에 2년간 머무르다가 770년 59세의 일기로 그 생애를 마감했다. 일설에 따르면, 누가 보내 준 술과 고기를 먹다가 갑자

기 죽었다고도 한다. 어디까지나 전설에 지나지 않겠지만, 달을 잡으려다가 물에 빠져 죽었다는 이백에 비한다면, 너무도 힘든 지상의 삶에서 결코 눈을 떼지 않았던 두보다운 죽음이라 할 것이다.

당시선
(唐詩選)

1570년에 만들어진 책으로, 당시唐詩의 선집 베스트셀러이다. 시인 130명의 작품 465수가 실려 있다. 전 7권으로, 시를 형식별로 분류했다. 제1권 오언고시五言古詩 14수, 제2권 칠언고시七言古詩 32수, 제3권 오언율시五言律詩 67수, 제4권 오언배율五言排律 40수, 제5권 칠언율시七言律詩 73수, 제6권 오언절구五言絕句 74수, 제7권 칠언절구七言絕句 165수로 이루어진다.

INTRO

명나라 시인 이반룡(1514~1570)이 편집한 것으로, 권두에 그의 서문을 곁들여 명나라 말기에 출판되었다.

이반룡은 "시는 성당盛唐(당시唐詩의 전성기인 713~766년)"이라는 말을 내걸고 고전주의 문학운동을 이끌며 명나라 중기 이후의 문단을 주도한 인물이다. 이 책은 편자의 명성과 간략한 요약으로 명나라 말기에서 청나라 초기에 걸쳐 널리 독자를 확보했다. 그런데 이반룡의 문학 이론에 대한 비판이 높아지면서 이 책의 성립에 대한 의혹이 일기 시작했다. 그리고 청나라 건륭乾隆 연간에 발행한 『사고전서四庫全書』의 해제에 위서라는 판정이 내려진 이래로 여러 가지 설이 나왔지만, 위서라는 설이 거의 정설로 굳어졌다.

이러한 설을 모두 종합하면, 이 책은 이반룡이 죽은 뒤 어떤 출판업자가 다른 선집에서 적당히 작품을 가려 뽑은 다음에 이반룡이 쓴 「선당시서選唐詩序」라는 문장을 마음대로 「당시선서唐詩選序」로 바꾸어 권두에 싣고 진짜처럼 꾸며 판매했다는 것이다.

　　당나라는 문학사적으로 초당初唐·성당盛唐·중당中唐·만당晩唐의 4기로 구분되고, 그 시풍은 시기에 따라 뚜렷한 차이를 보인다. 일반적으로 초당은 형식미, 성당은 고아高雅, 중당은 평담平淡, 만당은 정치精緻를 특징으로 한다고 말한다. 그런데 이 책이 편찬된 명나라 말기의 시단에서는 송나라 때의 평담하고 세심한 작풍에 대한 반발로 성당의 웅장한 격조(어휘가 지닌 힘찬 울림)로 돌아가자는 기풍이 일어난다.

이 책에 수록된 작품과 작가의 수를 시기별로 나누어 보면 다음과 같다.

초당 18명 56수

성당 49명 293수

중당 39명 87수

만당 15명 20수

불명 9명 9수

그 수로 보아도 성당이 가장 많음을 알 수 있다.

또한 수록된 작품 수가 많은 시인의 이름을 순서대로 들면, 두보杜甫(성당, 51수), 이백李白(성당, 33수), 왕유王維(성당, 31수), 잠삼岑參(성당, 28수), 왕창령王昌齡(성당, 21수), 고적高適(성당, 18수) 순이다.

이처럼 상위는 모두 성당이 독점하고, 중당과 만당을 대표하는 백거이白居易와 한유韓愈, 두목杜牧의 작품은 단 한 수도 실려 있지 않다. 게다가 작가별 작품 선택에서도 예를 들어, 두보의 경우에는 사회적 비판을 주제로 하는 시는 한 수도 포함시키지 않았다는 점만 보아도 편집 의도가 편향되어 있음을 알 수 있다.

그러나 수록된 작품은 한결같이 수작으로, 격조를 중시하는 관점에서 보자면 높은 수준을 유지하고 있다. 소재 면에서는 초당에서 성당에 걸쳐 확립된 관료 귀족 사회의 생활과 중국의 세력 확대를 반영한 듯 송별送別과 여수旅愁, 회고懷古, 변경邊境 등을 노래한 작품이 많은 것도 특징이다. 수록된 작품 수가 많은 시인의 작품을 중심으로, 시 형식별로 한 수

씩 대표적 작품을 소개하기로 한다.

1. 오언고시

「송중宋中」 고적

梁王昔全盛	그 옛날 양왕이 성했을 때
賓客復多才	수많은 재사들이 노닐던 곳.
悠悠一千年	일천 년이 지난 지금
陳迹惟高臺	남은 건 높은 누각 하나.
寂寞向秋草	쓸쓸한 가을 풀을 바라보니
悲風千里來	천 리 저편에서 슬픈 바람 불어온다.

　작자 고적(700?~765)이 양송梁宋의 땅을 방랑하던 시절에 옛날을 회상하고 자신의 불우한 처지를 탄식하며 읊은 시이다. 작자는 호방한 성격으로 젊은 시절에는 도박에 빠져들었다. 관리의 길에 들어선 뒤로도 강직한 성품 때문에 때로 미움을 받았다.

　50세가 넘어서 비로소 시를 짓기 시작했다고 하는데, 천부적인 자질 때문인지 일약 시단詩壇의 총아로 이름을 날렸고, 두보와도 친했다.

　이 밖에 오언고시의 명작으로 진자앙陳子昻의 「계구람고薊丘覽古」, 이백의 「자야오가子夜吳歌」, 왕유의 「송별送別」, 위응물韋應物 의 「유거幽居」 등이 널리 알려져 있다.

2. 칠언고시

「호가胡筎의 노래」 잠삼

君不聞胡　聲最悲　들어라, 저 슬픈 호가(피리) 소리

紫髯綠眼胡人吹　붉은 수염, 파란 눈의 호인胡人(북서 지방의 이민족)이 부는 소리
　　　　　　　로다.

吹之一曲猶未了　이 곡이 끝나기 전에

愁殺樓蘭征戌兒　누란樓蘭(서역 지방) 원정길 떠나는 그대 슬픔에 젖었구나.

凉秋八月蕭關道　지금은 서늘한 가을, 그대가 가는 소관蕭關 길은

北風吹斷天山草　천산의 풀 위로 불어치는 차가운 북풍 땅.

崑崙山南月欲斜　곤륜산 남쪽에 달이 기울 때

胡人向月吹胡筎　호인은 달을 보며 호가를 불 것이다.

胡筎怨兮將送君　지금 호가를 불어 그대를 보내려는데

泰山遙望隴山雲　저 멀리 농산隴山에 흩어지는 구름 보인다.

邊城夜夜愁夢多　먼 타향의 밤 고향 그리울 터인데

向月胡筎誰喜聞　달 아래 퍼지는 호가 소리 애절하리라.

변경에 부임하는 친구 안진경顏眞卿의 송별회에서 호인이 연주하는 호가의 음색에 맞추어 석별의 정을 표현한 작품이다. 한 번 읽으면 온몸을 죄는 듯한 비장함을 느끼게 하는 시이다.

작자 잠삼(715~770)은 오랫동안 북서쪽 변방에서 관리로 근무해 변방 시인으로 유명하다.

칠언고시에는 이 밖에도 왕발王勃의 「등왕각藤王閣」, 노조린盧照鄰의 「장안고의長安古意」, 유정지劉廷芝의 「백발을 슬퍼하는 노인을 대신해」, 장약허張若

虛의「춘강화월春江花月의 밤」, 두보의「음중팔선가飲中八仙歌」등 제각기 특색 있는 걸작이 많다.

3. 오언율시

「동정호洞庭湖에서」맹호연孟浩然

八月湖水平	팔월의 호수는 잔잔하고
涵虛混太淸	저 멀리 푸른 하늘에 녹아들었다.
氣蒸雲夢澤	운몽雲夢 늪 지대에서 피어나는 안개
波撼岳陽城	악양성岳陽城 삼킬 듯이 넘실대누나.
欲濟無舟楫	이 호수 건너려 하나 나룻배 없고
端居恥聖明	성은을 입은 몸 부끄러이 산다.
坐觀垂釣者	낚싯줄 드리운 사람 망연히 바라보며
徒有羨魚情	괜스레 나도 물고기가 가지고 싶다.

승상 장구령張九齡에게 보내는 시로, 은근히 벼슬을 부탁하는 뜻을 담고 있다. 이 시의 배경인 동정호는 중국에서 가장 큰 호수이다. 전반은 그 장관을 노래한 절창으로, 두보의「악양루岳陽樓에 올라」에 비견된다. 후반은 갑자기 자신의 불우한 처지를 한탄하며 천거를 구하는 내용인데, 한시 특유의 발상법이라 할 수 있다.

맹호연●(689~740)은 유명한「춘효春曉」의 작자로, 벼슬에 인연이 없어 평생 불우하게 살았다.

이 밖에 오언율시의 명작으로는 이백의「친구를 보내다」, 왕유의「종남산」, 두보의「악양루에 올라」등이 있다.

4. 오언배율

「현산회고峴山懷古」 진자앙

秣馬臨荒甸	말에 여물을 먹이고 현산峴山에 올라
登高覽舊都	황야에 펼쳐진 옛 도성을 본다.
猶悲墮淚碣	명장의 눈물 어린 비석에 슬픔이 일고
尚想臥龍圖	제갈공명의 팔진도 회상해 본다.
城邑遙分楚	저 멀리 흩어진 성과 마을은 초의 땅이던가
山川半入吳	산천은 오의 땅으로 이어진다.
丘陵徒自出	구릉은 옛날처럼 자유롭게 내달리고
賢聖幾凋枯	옛 성현의 모습은 찾을 길 없다.
野樹蒼煙斷	나무 사이로 저녁 어스름 내리는데
津樓晚氣孤	나루터의 누대는 홀로 외롭다.
誰知萬里客	만 리 길 나그네, 누가 알리
懷古正踟躕	가 버린 옛날 그리워하는 이 마음을.

진자앙(661~702)은 청소년 시절에는 유협들과 어울려 독서와는 무관한 생활을 했지만, 18세 때 뜻을 세워 공부를 시작하고 24세에 진사가 되었다. 강개와 격정의 작풍으로 초당 시기의 호화로운 시풍에서 벗어난 이백과 두보의 선구로 평가받는다.

배율排律은 형식을 극단적으로 중시하는 시 형식으로 연회석에서나 증답贈答의 시로 널리 활용되었다. 따라서 진자앙처럼 중후한 정감으로 가득한 작품은 드물다.

5. 칠언율시

「황학루黃鶴樓」 최호崔顥

昔人已乘白雲去	옛 선인은 구름 타고 날아가 버리고
此地空餘黃鶴樓	여기 황학루만 외로이 남아 있구나.
黃鶴一去不復返	가 버린 황학은 돌아오지 않고
白雲千載空悠悠	흰 구름은 천 년 동안 유유하다.
晴川歷歷漢陽樹	맑게 갠 강변에 한양의 나무 선명하고
芳草萋萋鸚鵡洲	강의 삼각주에 핀 풀꽃 아름답구나.
日暮鄕關何處是	날은 저무는데 내 고향은 어느 쪽인가
煙波江上使人愁	강 위에 피어나는 그리움이 슬프다.

무창武昌에 있는 황학루는 선인이 황학을 타고 날아갔다는 전설이 전해 오는 경승지이다.

1구와 3구는 전설상의 흰 구름과 황학, 2구와 4구는 지금 남아 있는 황학루와 백운의 대비를 이루며 천지의 유구함을 느끼게 하다가, 갑자기 분위기를 바꾸어 눈앞의 저녁 풍경에서 망향의 정을 일으킨다.

뒷날 이백도 이 누각에 올라 시를 지으려 하다가 최호(?~754)의 경지를 도저히 넘어설 수 없다고 탄식하며 붓을 던졌다는 일화가 전한다.

6. 오언절구

「거울에 비친 백발을 보고」 장구령

宿昔靑雲志	옛날에는 청운의 뜻을 품었지만

蹉跎白髮年　　세파에 시달리다 백발이 되었구나.

誰知明鏡裏　　누가 알았으리, 거울 속의 나와

形影自相憐　　서로 연민할 줄이야.

1구의 '숙석宿昔'과 2구의 '차타蹉跎'를 같은 운율로 배치하고, '청운의 꿈'과 '백발'을 각각 대비해서 실의에 찬 인생을 노래했다. 장구령(673~740)은 현종 시절에 재상을 지냈던 명정치가였는데, 악명 높은 이임보李林甫 때문에 실각해 남강 강릉江陵 땅에 유배되었다. 당나라 왕조는 이 정변을 경계로 하여 급속히 쇠퇴의 길로 들어서게 되었다.

7. 칠언절구

「부용루芙蓉樓에서 신점辛漸을 보내며」 왕창령

寒雨連江夜入吳　　차가운 비가 오는 밤에 강을 타고 오 땅에 왔도다

平明送客楚山孤　　아침에 그대를 보내니 초의 산 하나만 외롭게 서 있네.

洛陽親友如相問　　낙양의 친구가 혹시 안부를 묻는다면

一片氷心在玉壺　　한 조각 얼음 같은 마음으로 백옥의 단지 속에 있다 하겠네.

왕창령(?~756)은 칠언절구의 명수로서 이백과 비견되는데, 관리로서는 언행이 방만해 자주 좌천되었다고 한다. 이 작품은 남경으로 유배되었을 때, 낙양에 가는 친구 신점을 송별하는 시이다. 차갑고 고독하며 불운함이 바닥에 깔려 있어 절구의 애절함이 가슴에 스며든다.

靑雲志 청운지

고고한 뜻을 말하는데, 입신출세를 바라는 공명심이라는 뜻으로 사용하게 되었다.

「거울에 비친 백발을 보고」 장구령

年年歲歲花相似, 歲歲年年人不同 연연세세화상사, 세세연연인부동

꽃은 해마다 똑같이 피어나지만, 그것을 보는 사람은 세월과 함께 바뀌어 간다. 인생의 변화를 탄식하는 말이다.

「백발을 슬퍼하는 노인을 대신해」 유정지

白髮三千丈 백발삼천장

자신의 늙음을 깨닫고 그 놀라움을 유머러스하게 표현한 말이다. 뜻이 전이되어 심하게 허풍을 떨거나 과장한다는 뜻으로 사용된다.

「추포가秋浦歌」 이백

NOTES

맹호연孟浩然 : 호북성湖北省 양양현襄陽縣 출생. 고향에서 공부에 힘쓰다 40세 무렵에 장안長安으로 올라와 진사進士 시험을 쳤으나 낙방하고, 고향에서 은둔 생활을 했다. 만년에 재상宰相 장구령張九齡의 부탁으로 그 밑에서 잠시 일한 것 이외에는 관직에 오르지 못하고 불우한 일생을 마쳤다. 도연명을 존경해, 고독한 전원 생활을 즐기고, 자연의 한적한 정취를 사랑한 작품을 남겼다. 시집詩集으로는 『맹호연집』 4권이 있으며, 약 200수의 시가 전한다.

백거이(백낙천)
(白居易(白樂天))

민중을 위한 문학과 정치를 지향한 최고의 민중파 시인이다. 현존하는 작품은 약 2,800수로, 당나라 때의 시인 가운데 가장 많은 작품을 남겼다. 『백씨문집白氏文集』이 전해지며, 전편에는 풍유諷諭·한적閑適·감상感傷과 관련된 200여 수와 잡률雜律 약 800수, 후편에는 격시格詩(고체시古體詩) 약 200수, 율시(근체시近體詩) 약 1,200수가 분류되어 실려 있다.

INTRO

당나라 중기의 시인(772~846)으로, 자는 낙천樂天이며, 호는 향산거사香山居士이다. 가난한 지방 관리 집안에서 태어났으나 16세 때 시단에 이름을 알렸고, 29세 때 과거에 합격해 순조로운 관료 생활을 시작했다. 당시 그는 정치적 이상에 불타, 문벌 출신의 관료와 궁정을 지배하는 환관 세력의 악에 대항하는 강직한 선비로 알려졌다. 풍유시의 대부분과 「장한가長恨歌」는 이 시기의 작품이다.

그의 거리낌 없는 언행은 권력자의 미움을 샀고 결국 44세 때 월권 행위를 구실로 강주江州 지사고문知事顧問이라는 한직으로 쫓겨났다. 3년에 걸친 그 생활은 그의 내면에 커다란 영향을 끼쳤다. 이때부터 불교와 도교에 접하면서 자신의 내면과 삶을 청정하게 유지하려는 한적閑適의 정을 노래하는 작품이 늘어났다. 뒤에 충주忠州 지사가 되어 백성들로부터 민생을 중시하는 훌륭한 지사로 찬양을 받아 이윽고 중앙 정부로 복귀했는데, 언행이 한층 신중해지고 예전의 전투적 성향은 사라졌다.

그즈음부터 신관료와 구관료의 항쟁으로 유명한 '우이당쟁牛李黨爭'이 격화되기 시작했으나, 그는 그 대립에서 벗어나기 위해 지방으로 전출되어 항주와 소주의 지사를 역임한 뒤, 수도로 돌아와 57세의 나이에 법무차관으로 승진했다. 그러나 자연에 은거하고자 하는 마음이 점점 강해져 병을 구실로 황태자 고문이라는 한직을 얻어 낙양으로 이주한 뒤 다시는 장안으로 돌아가지 않았다. 72세에 법무대신 칭호를 받고 벼슬에서 물러나 세상을 떠날 즈음에는 재상의 지위를 추증追贈받았다.

그의 생애는 천하의 백성을 구하려는 '겸제兼濟'의 뜻과, 물러나 일신을 깨끗이 지키려는 '독선獨善'의 갈등으로 점철된 것이었다. 그는 자신의 시를 겸제의 뜻을 표현한 '풍유시', 독선을 갈구하는 '한적시', 애상을 노래하는 '감상시', 운율과 수사의 미를 중시하는 근체近體의 '잡률시' 등 크게 4가지로 구분한 뒤, 스스로 풍유시를 최상으로 삼고, 한적시와 감상시가 그 다음이며, 잡률시는 취미 정도라고 했다. 그는 『시경』에 나오는 민간 가요의 사회성을 중국 시의 귀중한 전통이라 여기고, 그것을 실제 시작에 응용한 민중파 시인의 최고봉이다. 작품은 평이하고 통속적인 취향을 드러내어 문학을 모르는 서민이라도 들으면 알 수 있게 했다. 속어를 대담하게 사용하고 민간 가요풍의 표현을 근체시의 영역으로 끌어왔다. 형식뿐 아니라 내용에서도 고답적인 문인 냄새를 풍기지 않는다. 그런 점에서 같은 민중시인으로 칭송받는 두보와 크게 다르다.

1. 풍유시諷諭詩

정치나 사회 현상을 풍자한 시로서 악부樂府(한나라 때의 민간 가요로 구절 수와 글자 수에 정해진 규칙이 없다)의 형태에 착안한 「신악부」 50편이 여기에 속한다. 그 가운데서도 궁중의 기관인 물자조달국의 전횡을 비판한 「매탄옹賣炭翁」(숯 파는 늙은이), 침략 전쟁의 비참함을 호소한 「신풍절비옹新豊折臂翁」 등이 걸작으로 평가받는다.

「매탄옹」

賣炭翁	숯 파는 늙은이
伐薪燒炭南山中	남산에서 나무를 베어 숯을 굽는다.
滿面塵灰煙火色	연기와 재로 시커먼 얼굴
兩鬢蒼蒼十指黑	잿가루를 뒤집어쓴 머리와 새카만 열 손가락.
賣炭得錢何所營	숯 팔아 번 돈 어디다 쓰는가 하니
身上衣裳口中食	겨우 옷 한 벌 걸치고 목구멍에 풀칠만 하지.
可憐身上衣正單	입고 있는 옷 고작 홑겹이지만
心憂炭賤願大寒	행여 숯 값이 떨어질까 봐 추워지라고 빌고 있네.
夜來城外一尺雪	어젯밤 성 밖에 눈이 한 자 내려서
曉駕炭車輾氷轍	새벽에 수레 몰고 빙판길 위로 숯을 나른다.

牛困人飢日已高	해는 중천에 떠서 소는 지치고 사람은 허기지네.
市南門外泥中歇	시장 남문 밖 진흙길에 앉아 쉬고 있노라니
翩翩兩騎來是誰	기세등등하게 달려오는 저기 말 두 필.
黃衣使者白衫兒	노란 옷의 사자와 하얀 옷의 젊은이
手把文書口稱勅	손에는 공문서, 입으로는 칙령이라 외치며
廻車叱牛牽向北	수레를 북쪽 궁중으로 돌려 끌고 가 버리네.
一車炭重千余斤	수레 가득 실은 숯은 1천 근
客使驅將惜不得	관리를 상대로 어찌 싸우리.
半匹紅綃一丈綾	고작 붉은 비단 반 필과 무늬비단 한 조각만
繫向牛頭充炭直	소머리에 걸어 놓고 숯 값이라 하는구나.

2. 한적시閑適詩

조용히 즐기는 심경을 노래한 시를 말한다. 백거이 자신이 이 항목으로 분류한 것은 모두 고체古體 작품들인데, 근체近體(잡률) 작품에도 한적의 정을 노래한 시가 많다. 다음에 소개하는 시도 그 가운데 하나이다.

「향려봉하신복산거초당초성우제동벽香爐峰下新卜山居草堂初成偶題東壁」

日高睡足猶慵起	해는 높이 솟고 잠은 깼지만 일어나기 싫다.
小閣重衾不怕寒	이층에 이불을 깔아 두고 따뜻함을 즐기네.
遺愛寺鐘欹枕聽	머리맡에 울리는 유애사 종소리에
香爐峰雪撥簾看	발을 걷으니 눈 덮인 향려봉香爐峰이 눈에 가득하다.
匡廬便是逃名地	여기 여산은 세상과 동떨어진 별천지
司馬仍爲送老官	사마라는 관직도 늙은 몸에는 과분한 사치.
心泰身寧是歸處	마음 고요하고 몸이 편한 곳이 본래 자리이니

故鄕何獨在長安　　장안만이 어찌 고향이라 하리오.

3. 감상시感傷詩

인간의 슬픈 정을 노래한 시이다. 부모와, 친구, 연인을 생각하고 사계절의 풍물에 마음을 태운다. 그리고 명확하게는 말하지 않지만 이상을 이루지 못한 고뇌가 담긴 작품도 많다. 「장한가」長恨歌, 「비파행琵琶行」 2편이 가장 유명하다. 특히 현종 황제와 양귀비의 비극을 각색한 백거이의 「장한가」는 불후의 명작이다. 전편 120구 840자로 이루어진 장편인데, 그 가운데 원문의 일부를 인용하고 개요를 소개하겠다.

「장한가」

漢皇重色思傾國	황제는 여색을 밝혀 아름다운 여인을 구했으나
御宇多年求不得	여러 해가 되도록 얻지를 못했다.
楊家有女初長成	양씨 집안에 딸이 있어 겨우 장성하였는데
養在深閨人未識	규중에 갇힌 몸이라 사람들이 모르는구나.
天生麗質難自棄	천성의 아름다운 자태 그래도 숨길 수 없는 법
一朝選在君王側	궁중으로 뽑혀 가 군왕을 모시게 되었네.
回眸一笑百媚生	눈동자 굴려 한 번 웃으면 백 가지 교태가 나타나니
六宮紛黛無顔色	육궁의 미녀들 모두 빛이 바래 보이네.
春寒賜浴華淸池	추운 봄날 화청궁華淸宮에서 목욕을 하니
溫泉水滑洗凝脂	온천물이 기름 엉긴 살결을 부드럽게 씻어 주네.
侍兒扶起嬌無力	부축해 일으키는 시녀에게 힘없이 몸을 맡기네.
始是新承恩澤時	아, 오늘 밤 처음으로 황제의 은총을 받을 것이니
雲鬢花顔金步搖	구름머리에 꽃 같은 얼굴을 하고 걸을 때마다 금장식이 하

늘거리네.

芙蓉帳暖度春宵　　꽃무늬 장막에 싸여 따스한 봄밤은 깊어 가는데

春宵苦短日高起　　봄밤은 왜 이리 짧은지, 일어나니 해 높이 떠 있네.

從此君王不早朝　　그 후로부터 황제는 나랏일을 돌보지 않네.

황제는 양귀비와 잠시도 떨어지지 않고 밤이고 낮이고 같이 지냈고, 양씨 일족을 모두 제후로 봉했다. 그러자 세상의 부모들은 행여나 하는 마음에 딸만 소중히 여겼다. 그런데 갑자기 안녹산이 반란을 일으켰다.

황제 일행은 촉 땅으로 도망쳤는데, 도중에 근위병의 불만이 폭발해 불쌍한 양귀비는 희생양이 되어 싸늘한 주검으로 변하고 말았다. 슬픔에 빠진 황제는 도성으로 돌아온 뒤에도 그리움을 견디지 못하고 괴로워했다.

그러던 어느 날, 황제의 고통을 보다 못한 한 도사가 법력으로 양귀비의 혼백을 찾다가 마침내 동해의 신선이 사는 섬에서 선녀가 된 그녀를 발견했다. 선녀는 금비녀를 둘로 잘라 하나를 도사에게 주면서 금비녀처럼 지금은 비록 명계에 있지만, 언젠가는 다시 만날 수 있을 것이라고 말했다.

臨別殷勤重寄詞　　헤어질 때 간곡히 말하기를

詞中有誓兩心知　　말 가운데 맹세가 있으니 두 사람만이 알리라.

七月七日長生殿　　7월 7일에 장생전長生殿에서

夜半無人私語時　　깊은 밤 사람이 없을 때 속삭이던 말씀.

在天願作比翼鳥　　하늘에서는 비익조가 되고

在地願爲連理枝　　땅에서는 두 가지가 하나로 붙은 나무 연리지가 되자고.

天長地久有時盡　　영원해 보이는 하늘과 땅도 다할 날 있겠지만

此恨綿綿無絶期　　이 한은 끊일 날 없으리.

4. 잡률시雜律詩

다양한 율시(음악적 규칙을 가진 시, 곧 근체시)라는 뜻이다. 형식미를 중시하는 시체이므로 백거이 자신은 그다지 중요하게 여기지 않았으나, 작품 수가 가장 많고 배율排律처럼 경직되고 난해한 시 형식을 구사해 100～200구에 달하는 걸작을 창작하는 등 경이로운 재능을 보였다.

제재는 한적함과 감상, 증답贈答, 서경敍景 등 여러 가지이며, 애창하기에 적합한 노래가 적지 않다. 가벼운 표현의 이면에 정치적 고뇌가 감추어진 경우가 많다. 다음에 소개하는 시도 그 가운데 하나이다.

「팔월십오일야금중독직대월억원구八月十五日夜禁中獨直對月憶元九」

銀臺金闕夕沈沈　　어전도 월문도 조용한 밤

獨宿想思在翰林　　한림원에 숙직하며 누구를 생각한다.

三五夜中新月色　　오늘은 보름밤, 새로 떠오른 달을 보고

二千里外故人心　　2천 리 먼 땅에 있는 옛 친구의 마음 떠올린다.

渚宮東面煙波冷　　그쪽 물가의 궁전에는 차가운 파도 치겠지

浴殿西頭鐘漏深　　여기 서쪽 궁에는 물시계 소리 들린다.

猶恐清光不同見　　저 달은 여기나 거기나 한결같이 밝을는지

江陵卑濕足秋陰　　강릉은 어둡고 음습한 곳이라 하던데.

백거이는 정치적으로나 문학적으로 가장 절친했던 동지 원진元稹을 그리며 이 시를 썼다. 원진은 그때 좌천되어 강릉에 가 있었다고 한다.

「동중편복」

千年鼠化白蝙蝠　천 년 묵은 쥐는 하얀 박쥐로 변신하여
黑洞深藏避網羅　그물을 피해 깊은 동굴로 숨었다네.
遠害全身誠得計　몸을 지키기 위해서야 좋은 계책이지만
一生幽暗又如何　평생 어둠에 숨어서 어찌 살려 하나.

　70세 무렵에 숭산嵩山에 놀러갔다가 동굴 속의 박쥐를 보고 즉흥적으로 지은 시인데, 여기서 박쥐는 바로 백거이 자신을 비유한다. 관직에서 물러나는 날까지 정치적으로 자신의 뜻을 마음껏 펼치지 못했던 작자의 씁쓸한 마음을 엿볼 수 있다.

이상은
(李商隱)

상징파의 선구자로서 중국문학사에 예술지상주의 작풍을 확립한 시인이다. 현존하는 작품은 500여 수로, 두보의 세계를 이어받았고, 응축된 감정을 표현하기에 적합한 율시 부문에서 뛰어난 자질을 발휘했다. 작품의 내용에 따라 '무제시無題詩'와 '영사시詠史詩', '그 외'의 3종류로 나눌 수 있는데, 그 시풍이 가장 잘 나타난 것이 '무제시'이다.

INTRO

이상은(812~858)의 자는 의산義山이다. 당나라 말기를 대표하는 시인으로 두목杜牧, 온정균溫庭筠과 함께 '이두李杜' 또는 '온이溫李'라 불렸다.

처음에는 신관료파新官僚派(우당牛黨)의 거물인 영호초令狐楚에게 재능을 인정받아 관리 등용시험에 합격했으나, 영호초가 사망한 뒤에는 반대파(이당李黨)인 왕무원王茂元의 비호를 받아 그의 사위가 되었다. 신분이 낮았던 그로서는 어쩔 수 없는 선택이었을 것으로 보이지만 이로 인해 절조가 없다는 평을 받게 되었고, 이당李黨(이덕유李德裕 일파)에 속한 왕무원이 세상을 떠난 뒤에는 영호초가 속했던 우당牛黨(우승유牛僧孺 일파) 사람들에게 배척당해 불행한 삶을 살아야 했다.

그는 당나라 말기의 혼란스러운 시대 분위기 속에서 독자적인 시풍을 창조해냈다. 다정다감한 수사학적 기교와 함께 번잡하게 보일 정도로 고전을 많이 인용하기도 했다. 인용하는 방식도 독특해 문인이 중시하는 정사나 경서류를 훨씬 뛰어넘어 점잖은 선비가 접해서는 안 될 소설과 패사稗史●, 속전俗傳●으로까지 범위가 확대되었다. 그는 스스로 엄선한 언어의 마력으로 현실을 넘어선 환상의 세계를 만들어 냈고, 모호한 언어 속에서 애절하고 어둡고 침울한 정조를 자아냈다. 그의 이러한 시풍은 당나라 말기와 송나라 초기에 걸쳐 많은 아류를 낳고 '서곤체西崑體'●라 불리면서 일세를 풍미하기도 했으나 현실주의를 정통으로 삼는 중국의 문학 풍토에서는 이단시되었다. 그러나 문학혁명 이후 근대시에 눈을 뜬 뒤로 중국 시사에 새로운 한 장을 장식한 존재로 높이 평가받게 되었다.

1. 무제시無題詩

「무제無題」

相見時難別亦難	만나기 어렵다 하나 이별은 더욱 어려워
東風無力百花殘	봄바람 힘이 없고 온갖 꽃 다 시들었네.
春蠶到死絲方盡	봄누에는 죽을 때까지 실을 뽑어내고
蠟炬成灰淚始乾	촛불은 재 되어서야 비로소 눈물 마르네.
曉鏡但愁雲鬢改	아침 거울에 비친 구름 같은 머리칼 애처롭고
夜吟應覺月光寒	밤에 내 시를 읊으며 달빛 서늘하게 느끼겠구나.
蓬山此去無多路	봉래산 여기서 그리 멀지 않으니
靑鳥殷勤爲探看	파랑새야! 나를 위해 그 사람 좀 살펴봐 주려무나.

「금슬錦瑟」

錦瑟無端五十弦	아름다운 저 거문고 어찌 오십 현인가
一弦一柱思華年	한 줄 한 받침대마다 좋았던 시절 어려 있네.
莊生曉夢迷蝴蝶	장주莊周는 새벽 꿈에 나비가 되어 꿈과 현실에서 헤매고
望帝春心托杜鵑	죽은 군주의 혼은 두견새가 되어 지금도 아픈 마음 지저귀고 있네.
滄海月明珠有淚	푸른 바다에 달 뜨면 구슬은 눈물 속에 자라고
藍田日暖玉生烟	남전산에 햇살 따사로우면 옥은 푸른 연기 되어 사라지네.
此情可待成追憶	이러한 정도 때가 되면 아련한 추억이련만
只是當時已惘然	그때는 왜 그리 슬펐는지 모르겠네.

그냥 '무제'라고 부르거나 「금슬」의 예처럼 시의 첫머리 두 글자를 제목으로 삼은 작품들이다. 이상은의 시 중에서도 가장 난해하고 아름답다. 남녀의 사랑을 노래하는 것처럼 보이면서도 다양한 해석이 가능한 함의를 가지고 있는데, 그저 막연히 작자의 아픈 마음을 느낄 수 있을 따름이다.

2. 영사시詠史詩

北湖南埭水漫漫	북호의 남쪽 둑에는 물만 가득한데
一片降旗百尺竿	항복하는 깃발 백 척 장대 끝에서 펄럭였으리.
三百年間同曉夢	삼백 년 남조 시절 새벽 꿈 같으니
鍾山何處有龍盤	종산 어디에 용 웅크린 지세 있더냐.

역사의 현장을 둘러보고 권력자를 비판하면서 권력의 허망함을 노래하는 동시에 시간 속에 매몰되어 버린 인물의 탄식에 공감한다. 고사를 많이 인용하고 있으나 어렵지는 않다.

3. 기타

「낙유원樂游原」

向晚意不適	저녁 무렵 왠지 마음이 울적하여
驅車登古原	수레를 달려 언덕에 올랐네.
夕陽無限好	불타는 석양은 한없이 아름다운데
只是近黃昏	황혼은 바로 저기에 와 있네.

‘낙유원’이란 장안長安의 남동쪽에 있는 높은 언덕으로, 장안의 전경을 한눈에 내려다볼 수 있는 곳이다. 여기서는 ‘고원古原’이라 표기해 오랜 역사를 간직한 곳임을 나타냈다. 저녁 무렵의 아름다운 석양을 바라보며 기울어 가는 당나라의 운명을 슬퍼하면서 늙어 가는 자신을 황혼에 비유해 탄식한 담백한 시이다.

NOTES

패사稗史: 민간에 떠도는 이야기를 모아 기록하는 일을 맡아 하던 임시 벼슬인 패관稗官이 소설과 같은 형식으로 꾸며서 쓴 역사 이야기.

속전俗傳: 민간에 말을 퍼뜨려 전하거나 그렇게 전하여 내려오는 것.

서곤체西崑體: 송나라 초기의 시인 집단을 일컫는 말이다. 송나라 초기에는 주로 당나라 때의 문학을 모방했는데, 특히 감상적이고 미문적이었던 당나라 마지막 시기인 만당晚唐의 시가 사랑을 받았다. 그중에서도 특히 양억楊億·유균劉筠·전유연錢惟演·정위丁謂·장영張詠 등 중앙 정부에서 봉직하던 시인들이 이상은의 시를 모방하였다. 이들은 같은 제목의 시를 짓고 우열을 겨루었고, 15명의 시 247수를 수록한 『서곤수창집西崑酬唱集』 2권을 남겼다.

이욱
(李煜)

남당南唐의 왕으로서 정치적 역량이 부족해 나라를 망하게 했으나, 사詞에 뛰어나 '사詞의 제왕'으로 일컬어진다. 문집은 모두 산실되고, 사 44수와 시 18수, 문장 7편이 남아 있다. 사는 남당南唐 왕조의 멸망을 경계로 하여 전후 2기로 나뉜다. 전기에는 궁정 생활에 관한 내용이 많고, 후기에는 대체로 망국의 비애를 노래했다.

INTRO

이욱(937~978)의 자는 중광重光이다. 5대10국● 시대에 남당의 마지막 왕이었기에 이후주李後 主 또는 남당후주南唐後主라고도 불린다. 서화와 음악을 비롯한 다방면에 재능이 있었고, 특히 사의 영역에서는 당나라 말기와 5대10국 시대를 통틀어 제1인자로 평가받는다.

남당은 양자강 하류의 곡창 지대를 영유한 그 무렵의 문화 중심지였지만, 북방에서 일어난 송나라의 공격을 견디지 못하고 975년에 항복해 멸망하고, 이욱 또한 체포되어 3년 뒤에 세상을 떠났다.

사로잡힌 포로의 몸으로 사를 짓고 음악을 즐겨 송나라의 태종에게 미움을 받아 독살당했다고 한다. 그 직접적인 원인을 제공한 사가 「우미인虞美人」이라고 한다.

그의 사는 크게 전후 2기로 나누어진다. 전기의 작품은 우아하고, 당나라 말기 이후 '화간파花間派'●의 사가 정감을 지나치게 중시한 나머지 허구성이 짙은 느낌을 주는 데 비해 그의 작품은 진실성이 풍부하다. 후기의 억류 시대에 들어서는 침울하고 비장한 취향을 곁들여, 예인藝人의 노래에 지나지 않았던 사를 지식인의 문학으로 고양시켰다. 이욱은 예술성이 풍부하고 진실한 감정 표현으로 '사詞의 제왕'이라 불린다.

1. 전기의 작품

「일곡주一斛珠」

晚粧初過 沈檀輕注些兒個

向人微露丁 香顆 一曲清歌 暫引櫻桃破

羅袖裏殘殷色可 枕深旋被香醪涴

繡牀斜凭嬌無那 爛嚼紅絨 笑向檀郎唾

저녁 화장을 막 끝내고, 향료를 조금 입에 머금을 때

정향丁香 꽃망울 같은 혀끝이 살짝 보인다.

이윽고 흘러나오는 맑은 노랫소리에 살짝 벌어지는 앵두 같은 입술.

엷은 비단 옷자락에 빨간 물이 살짝 배어든다. 술잔에 묻은 입술연지를 닦은 흔적
이다.

자수한 무릎 가리개를 슬쩍 흘트린 채 앉은 그 요염한 모습.

빨간 자수 실을 깨물다 웃으며 남자에게 뱉어 낸다.

「장상사長相思」

雲一緺 玉一梭 澹澹衫兒薄薄羅

輕顰 雙黛螺

秋風多 雨相和 簾外芭蕉三兩窠

夜長人奈何

살짝 흔들리는 허리띠, 옥비녀, 엷은 색 얇은 상의.

아름다운 눈썹에 맴도는 엷은 애수.

세찬 가을바람 빗소리 섞이는데, 창밖에 무성한 파초 두세 그루.

이 가을 긴 밤 어떻게 지새워야 하나.

2. 후기의 작품

「오야제烏夜啼」

無言獨上西樓 月如鉤

寂寞梧桐深院鎖清秋

剪不斷 理還亂 是離愁

別是一般滋味在心頭

말없이 홀로 높은 누각에 오르니 열쇠같이 생긴 초승달

오동나무 무성하고 깊은 정원은 맑은 가을 머금어 적막함이 더해지네.

끊으려 해도 끊을 수 없고 다잡을수록 혼란스러운 이것은 이별을 슬퍼하는 마음의 실.

말로 형용할 수 없는 슬픔의 맛에 가슴이 메어 오네.

「낭도사浪淘沙」

簾外雨潺潺 春意闌珊 羅衾不耐五更寒

夢裏不知身是客 一餉貪歡

獨自莫憑欄 無限江山 別時容易見時難

流水落花春去也 天上人間

창밖에는 비 내리고, 봄기운이 사라져 가네.

얇은 이불을 파고드는 새벽 추위

꿈속에서는 잡혀 있는 처지를 잊고, 한순간 기쁨에 젖었다네.

홀로 난간에 기대서지 말자, 끝없는 저 강산, 이별은 쉽고 다시 만나기는 참으로 어려우니.

물은 흐르고 꽃은 지고 봄은 돌아오지 않으리, 천상과 인간의 한없는 거리를 남겨두고.

「우미인」

春花秋月何時了 往事知多少

小樓昨夜又東風 故國不堪回首月明中

雕闌玉砌應猶在 只是朱顏改

問君能有幾多愁 恰似一江春水向東流

계절마다 풍경은 늘 바뀌고, 지난날 추억은 끝이 없다.

어젯밤 이 누각에는 봄바람이 불었지만, 달빛 아래 내 나라 어찌 바라볼 수 있으리.

화려한 궁전은 옛날과 다르지 않겠지만, 내 청춘은 돌아오지 않으리니

가슴에 무슨 슬픔 있느냐고 물는다면, 동쪽으로 흘러가는 봄날의 장강 같다 하겠네.

NOTES

5대10국五代十國 : 당나라가 멸망한 907년부터, 960년에 나라를 세운 송나라가 중국을 통일한 979년까지 약 70년에 걸쳐 흥망한 여러 나라와 그 시대를 가리킨다. 5대는 화북의 중심 지대를 지배하고 정통 왕조의 계열로 볼 수 있는 후량後梁·후당後唐·후진後晉·후한後漢·후주後周의 5왕조를 말한다. 10국은 화남과 그 밖의 주변 각 지방에서 흥망한 지방 정권으로 오吳·남당南唐·오월吳越·민·형남荊南·초楚·남한南漢·전촉前蜀·후촉後蜀·북한北漢을 말한다.

화간파花間派 : 당나라 말기의 시인 온정균溫庭筠(812? 870)이 만든 사풍詞風으로, 온정균의 부드럽고 화려하며 달콤한 사풍을 그대로 답습했다. 주로 규방閨房에서 일어나는 염정을 노래했다. '화간파'라는 이름은 후촉後蜀의 조승조趙承祚가 편찬한 『화간집花間集』에서 유래되었다.

소식(소동파)
(蘇軾(蘇東坡))

비애를 극복한 낙천적이며 이지적인 시의 세계로 송시宋詩의 작풍을 확립한 시인이다. 시 약 2,400수, 사詞 300수가 현존한다. 그가 추구한 시 세계의 진면목은 형식에 자유로운 고시古詩에서 찾아볼 수 있는데, 송시가 지닌 산문성의 극치를 보여 준다. 또한 절구絕句의 자유분방함은 이백李白에 필적하는 것으로 평가받는다.

소식(1036~1101)의 호는 동파거사東坡居士이며, 소동파蘇東坡라고도 부른다. 문장의 대가로 아버지 소순蘇洵, 동생 소철蘇轍과 함께 당송팔대가唐宋八大家에 속한다. 아버지는 노소老蘇, 동생은 소소小蘇라 칭하고, 소식은 대소大蘇라 불린다.

21세에 과거에 급제한 뒤 문인으로 유명한 재상 구양수歐陽修의 지원을 받아 각지의 지사知事를 지내고 대신의 자리에 올랐지만, 왕안석王安石을 비롯한 신법당新法黨의 급격한 개혁 정책에 시종 반대 입장을 취하다가 필화筆禍 사건을 일으키고 100일 동안 구금되기도 하는 등 좌천과 유배를 거듭했다. 만년에는 6년에 걸쳐 광주廣州와 해남도海南島에서 유배 생활을 하다가 사면되어 돌아오는 도중에 병사했다.

가계는 불분명하지만 아마도 서민 출신이었던 것으로 보이며, 역경에 굴하지 않는 그 생명력도 그런 가계에서 비롯하는 것으로 보인다.

그의 작품은 절묘한 비유와 맑고 시원한 서경敍景, 세속의 질서와 다투지 않는 평정과 낙천적 경지를 특징으로 하는데, 때로는 너무도 평범해 함축미가 부족하다는 평을 받기도 한다. 그러나 그것은 오히려 그의 의도적인 작풍일 것이다.

그에 이르러 송시는 '여유의 문학'이라는 새로운 경지를 열었다고 할 수 있다. 또한 사의 영역에서도 치밀한 정서를 주로 하는 종래의 상식을 뒤엎고 호방하고 준엄한 남성적인 취향을 전개했다.

1. 비유와 서경의 시

「망호루취서望湖樓醉書」

黑雲翻墨未遮山	검은 구름이 먹물처럼 퍼져 산을 다 가리지 못했는데
白雨跳珠亂入船	하얀 빗방울은 진주처럼 갑판 위에 흩어지네.
卷地風來忽吹散	땅을 휘감는 바람, 구름과 비를 몰고 가니
望湖樓下水如天	누각 아래 호수는 푸른 하늘이네.

먹물처럼 번지는 구름과 진주처럼 흩어지는 물방울, 푸른 하늘이 되어 버린 호수 등과 같은 절묘한 비유에다 갑자기 변덕을 부리는 여름 날씨를 묘사하는 호방한 솜씨는 참으로 소식답다.

「춘야春夜」

春宵一刻値千金	봄밤의 일각은 천금과 같은데
花有淸香月有陰	청량한 꽃향기 달빛에 녹아들었네.
歌管樓臺聲細細	누각의 음악 소리 어느새 잦아들고
鞦韆院落夜沈沈	마당의 그네는 어둠 속에 잠겨 있네.

기승전결을 무시한 구성과 화두 같은 첫 구절을 던져 놓고 이어서 그 것을 정치하고 담담하게 묘사한 뛰어난 시이다.

2. 달관의 경지를 노래한 시

吏民莫攀援	관리와 백성이여, 내게 기대지 마라.

歌管莫凄咽	이별의 노래여, 흐느끼지 마라.
吾生如寄耳	우리네 인생 나그네길인 것을.
寧獨爲此別	헤어짐은 이번만이 아니니
別離隨處有	헤어짐은 늘 우리와 함께하지 않더냐.
悲惱緣愛結	슬픔과 고뇌는 사랑의 인연으로 맺어지는 것이거늘
而我本無恩	난 그대들에게 아무런 은혜도 베풀지 못했으니
此涕誰爲設	이 눈물은 대체 누구를 위한 것이더뇨.
紛紛等兒戲	이건 어린아이들 장난이 아니냐.
鞭鞚遭割截	헤어짐이 슬프다고 말고삐와 등자를 끊으려 하다니
道邊雙石人	길가에 선 석상을 보시게.
幾見太守發	그들은 대체 얼마나 많이 떠나는 태수를 보았던가.
有知當解笑	석상에게 지혜가 있었다면 웃었으리
撫掌冠纓絶	손뼉을 치면서 관 끈이 끊어질 때까지.

소식이 서주徐州 지사에서 호주湖州 지사로 옮겨 갈 때 지은 시이다. 오랫동안 친해진 사람들에게 이별의 정을 느끼면서도 일부러 그것을 드러내려 하지 않고 낙천적인 여유를 보이고 있다.

소식에 이르러 확립된 송시의 이지성理知性과 산문화散文化 경향을 말해주는 전형적인 작품이다.

3. 사詞

「염노교念奴嬌-적벽회고赤壁懷古」

大江東去	동쪽으로 흘러가는 장강이여

浪淘盡 千古風流人物　　그 파도에 천고의 영웅들이 쓸려 가누나.

故壘西邊　　　　　　　무너진 서쪽 성벽

人道是 三國周郎赤壁　　이곳이 삼국시대 주유周瑜가 노닐던 적벽이던가.

亂石崩雲 驚濤裂岸　　　폐허의 성벽은 구름을 가르고 놀란 파도 성벽을 치
　　　　　　　　　　　며

捲起千堆雪　　　　　　설산의 눈보라처럼 솟구치네.

江山如畵 一時多少豪傑　그림 같은 이 산하에서 그 옛날 얼마나 많은 호걸
　　　　　　　　　　　들이 싸웠던가.

고청구 (고계)
(高靑邱(高啓))

근대적 정신을 지니고 모순에 가득 찬 사회에서 자유롭게 살고 싶은 바람을 시로 표현한 시인이다. 현존하는 작품은 고시古詩 약 800수, 율시律詩 약 550수, 절구 약 650수이다. 자유분방한 그의 성격과 재능은 고시에 가장 잘 드러나 있고, 「청구자靑邱子의 노래」라는 장시는 그의 시 정신을 집약적으로 표현한 작품이다. 고시에 비해 율시 등은 독창성이 많이 떨어진다.

INTRO

고계(1336~1374)의 자는 계적季迪, 호는 청구자靑邱子이다. 조상은 발해 출신으로 지금의 개봉으로 내려와 살다가 북송이 멸망하자 지금의 항주를 거쳐 원나라 말기의 혼란기에는 오군吳郡으로 옮겨 살았다.

원나라 말기 혼란기에 태어나 명나라가 건국할 때 태조 주원장의 부름을 받아 원사元史 집필에 참여했으나, 요직이 주어지자 그 자리를 고사하고 고향인 소주로 돌아갔다. 자유를 사랑하는 기질에 독재자를 싫어하는 성격 때문이었을 테지만 결국 이것이 화를 불러, 소주의 장관 위관魏觀이 모반 혐의를 받게 되자 그도 연루되어 허리가 잘리는 형벌로 목숨을 잃었고, 그의 작품은 모두 불태워졌다.

지금 전해지는 2,000여 수의 시는 그가 죽은 지 70여 년이 지난 뒤에 수집·간행된 것이다. 그는 한위漢魏에서 당송唐宋에 이르는 시인들의 장점을 모아 놓은 듯한 다채로운 창작 경향을 보인다. 원나라 말기의 지루하고 늘어진 시풍에 새로운 바람을 일으켜 명나라 최고의 시인으로 칭송받았으나, 39세의 젊은 나이로 횡사하는 바람에 그의 시적 스타일은 확고한 형태를 갖추지 못하고 말았다. 그의 맑고 단아한 서정성의 이면에 감추어진 고독과 우울은 근대시의 정신으로 통한다는 평가를 받는다. 그 무렵의 서정성을 회복해 명나라 초기의 새로운 시풍을 연 천재 시인으로, 원나라부터 명나라에 걸친 400년 동안 배출된 시인 가운데 최고봉으로 평가받고 있다.

1. 고시|古詩

「강물에 손 담그고」

盟水愛春水, 水香手應祿

봄 강물에 두 손 담그니, 향기로운 물에 손도 파랗네.

沄沄細浪起, 杳杳驚魚伏

졸졸 흐르며 잔물결 일으키니, 놀란 물고기 흔적도 없네.

怊悵坐水邊, 流花去難掬

슬픔에 젖어 강가에 앉아 있자니, 흘러가는 꽃잎도 잡을 수 없네.

「내 슬픔은 어디서 오는가」

我愁從何來　　내 슬픔은 어디서 오는가

秋至忽見之　　가을 되니 문득 그런 생각이 든다.

欲言竟難名　　아무리 애를 써도 말로는 표현할 길 없고

泯然聊自知　　그저 어렴풋이 마음으로 알 뿐이네.

汲汲豈畏老　　어찌 부귀에 안달하고 늙음을 두려워하겠는가.

棲棲詎嗟卑　　어찌 명예를 뒤쫓는 비굴한 처지를 원망하겠는가.

旣非貧士歎　　가난한 선비의 탄식이 아니며

寧是遷客悲　　외지로 밀려난 관리의 슬픔도 아니라네.

謂在念歸日　　고향으로 돌아갈 날을 기다리는 것도 아니니

故鄕未曾離　　나 일찍이 고향을 떠난 적도 없다네.

謂當送別處　　친구를 떠나보낸 탓인가 하면

親愛元無睽　　애당초 친구와 헤어진 적도 없네.

初將比蔓草　　처음에는 덩굴풀에 견주어 보았으나

夕露不可萎　저녁 이슬이 그 슬픔 시들게 할 수 없고

又將比煙霧　다시 안개에 견주어 보았으나

秋風未能披　가을바람도 그 슬픔 걷어 가지 못하네.

藹然心目間　자욱히 내 마음 뒤덮어 놓고

來速去苦遲　올 때는 거침없이 왔다가 갈 줄 모르네.

借問有此愁　스스로 물어본다

於今幾何時　이 슬픔 찾아온 지 대체 얼마나 되었냐고.

昔宅西澗濱　옛날, 서쪽 시냇가에 살 때는

尙樂山水奇　그래도 산과 물의 아름다움을 즐겼거늘

玆還東園中　이제 동쪽 동산에 돌아와서는

重歎草木衰　시든 초목을 보고 더욱 탄식만 하네.

閒居誰我顧　세상 버리고 사는 이 몸 찾는 이 없고

惟有愁相隨　우수만이 나를 감싸네.

世人多自歡　세상 사람들은 즐거움을 찾아

遊宴方未疲　유람하고 잔치 벌이며 피로한 줄 모르는데

而我獨懷此　어찌 나만 홀로 회한에 젖어

徘徊自何爲　이리저리 헤매고만 있는가.

2. 율시律詩

「매화」

瓊姿只合在瑤臺　옥 같은 그 자태 요대(신선제)에 어울리건만

誰向江南處處栽　어느 누가 강남 땅 곳곳에 심어 놓았는지.

雪滿山中高士臥　눈 덮인 산에 고고한 은자의 모습 비쳐 내고

月明林下美人來	달빛 숲 아래 미인 거니는 옛이야기 생각케 하네.
寒依疎影蕭蕭竹	춥고 외로운 그림자 바람에 흔들리는 대나무에 기대고
春掩殘香漠漠苔	봄날의 향긋한 꽃잎 두꺼운 이끼에 맺히네.
自去何郞無好詠	매화를 사랑하던 하랑何郞●이 떠난 후로 노랫소리 끊기고
東風愁寂幾回開	봄바람에 슬피 몇 번이나 피었던고?

3. 절구絕句

「은자 호胡 선생을 찾아서」

渡水復渡水, 看花還看花

물을 건너고 또 건너, 꽃을 보고 또 보네.

春風江上路, 不覺到君家

봄바람 부는 강 길을 가다 보니, 어느새 선생 집에 이르렀네.

NOTES

하랑何郞 : ?~517. 남조 시대 양나라의 유명한 시인 하손何遜으로, 매화를 몹시 사랑해 뛰어난 매화시를 남겼다.

문선
(文選)

530년경에 만들어진 책으로, 현존하는 최고最古의 시문선집이다. 주周나라에서 양梁나라까지 약 1,000년에 걸친 대표적 문인의 시문을 가려서 모아 놓았다. 모두 30권으로, 130여 명의 작품 약 800편을 시詩·부賦·사辭·논論(논설)·서書(서한) 등 39종의 문체로 나누고, 시와 부에 대해서는 주제별로 분류한 뒤 시대 순으로 배열했다.

남조 양나라의 소명태자昭明太子 소통蕭統(501~531)이 문사들의 협력을 얻어 편찬했다. 이 때문에 '소명문선昭明文選'이라고도 부른다.

소명태자는 4세 때 이미 『서경』과 『시경』을 읽은 영재로 알려져 있다. 그의 아버지 무제武帝도 뛰어난 문화인으로, 50년에 걸친 치세에 학술 문화가 크게 꽃을 피웠다. 문학 중에서도 시는 그 무렵에 이르러서야 완성의 단계에 들었고, 부賦로부터 문학의 주류적인 위치를 빼앗고 후일 '제량체齊梁體'라 불리는 염미부박艶美浮薄한 경향을 나타내기 시작했다. 문장에서는 음률을 중시하는 변문騈文이 형태를 갖추고 성행하기에 이르렀고, 문학은 감각적 미를 추구하는 방향으로 나아가고 있었다. 이러한 흐름 속에서 형식과 내용의 조화를 주장하고 깊은 감정과 아름다운 표현을 동시에 지닌 시문의 정수를 모아 문학의 지표로 삼자는 의도 아래 만들어진 책이 바로 『문선』이다. 편자는 과거의 뛰어난 문장을 선별할 때 '경經'(성인이 지었다는 4서5경), '자子'(장자, 한비자 등 학자의 논설), '사史'(『사기』 등의 역사서)와 같은 글은 "의미 전달에 치중했지, 좋은 표현에 정성을 기울이지 않았다"라고 하여 배제했다. 곧, 문학과 비문학을 명확히 구분하려는 의식을 적용한 최초의 작품집으로서 그야말로 기념비적인 성격을 가진다. 이렇게 하여 『문선』은 후세 문인에게 필독서가 되었다. 특히 당송 시대에는 과거에 시부詩賦가 과제로 주어지기도 하여 '문선란文選爛, 수재반秀才半(문선을 잘 배우면 과거에 반은 급제한 것이나 다름없다)'이라는 말까지 생길 정도였다.

운문韻文

1. 부賦

부란 『초사楚辭』를 모태로 하여 발달한 운문체 서사 장편으로, 오늘날의 눈으로 보면 미사여구를 과다하게 나열한 지루한 작품이라는 느낌이든다. 『문선』은 56편을 15가지 주제로 분류해 싣고 있다. 부는 한나라 때 가장 성행해 운문을 대표하는 형식이 되었지만, 위魏나라 이후부터는 짧은 서정적인 문장이 많아졌다. 왕찬王粲의 「등루부登樓賦」는 그런 형식의 전형이 되었다. 난을 피해 장안에서 형주로 피신한 작가는 누각에 올라 고향을 그리워하며 자신의 신세를 한탄했다. 마지막 부분을 들어 보자.

「등루부」

步淒遲以徙倚兮　白日忽其將匿

비몽사몽간에 걷다 보니, 어느덧 해는 서산에 지려 한다.

風蕭瑟而並興兮　天慘慘而無色

소슬바람 불어오고, 하늘은 맑은 빛을 잃었다.

獸狂顧以求群兮　鳥相鳴而擧翼

짐승은 무리 지어 날뛰고, 새들은 울며 날아간다.

原野闃其無人兮　征夫行而無息

들판에는 인적 없고, 나그네 홀로 걸어간다.

心悽愴以感發兮　意忉怛而憯惻

가슴에 넘치는 감개, 슬픔에 젖어 고개 숙인다.

循堦除而下降兮　氣交憤於胸臆

계단을 밟고 오르지만, 내 마음 갈 곳 없네.

夜參半而不寐兮　悵盤桓以反側

깊은 밤 잠 못 이뤄, 앞날을 생각하며 몸을 뒤척인다.

이 밖에 부의 대표적 작품으로는 낙양의 종이 값을 올려놓았다는 좌사左思의 「삼도부三都賦」를 비롯해 송옥宋玉의 「풍부風賦」, 가의賈誼의 「복조부鵬鳥賦」, 조식曹植의 「낙신부洛神賦」 등이 있다.

2. 시詩

총 435수의 시가 23가지 주제로 나뉘어 수록되어 있다. 5언시가 대부분을 차지하고, 4언시와 7언시, 잡언시는 1할 정도이다. 5언시는 후한 때부터 민간 가요의 영향으로 발달해 육조시대에 와서 완성에 이르고, 부를 대신해 운문이 주류를 형성하기에 이른다. 여기서는 무명의 민간인이 지은 「고시古詩」 19수, 미남으로 알려진 반악潘岳●의 「도망시悼亡詩」 등 서정성이 풍부한 명작에서 한 편씩을 소개하기로 한다.

「고시」 19수의 14

去者日以疏	떠난 사람은 날이 갈수록 더 멀어지고
来者日以親	오는 사람은 나날이 가까워진다.
出郭門直視	우연히 성문을 나가 둘러보니
但見丘與墳	보이는 건 무덤뿐이로구나.
古墳犁爲田	오래된 무덤은 어느새 밭으로 변하고
松柏摧爲薪	주위의 소나무는 땔감이 되고 말았다.
白楊多悲風	백양나무에 슬픈 바람 일고
蕭蕭愁殺人	소소한 그 소리에 외로움 깊어진다.

思還故里閭　　고향으로 돌아가고 싶건만

欲歸道無因　　내 앞에 길이 없으니 어찌할까.

「도망시」 3수의 1

荏苒冬春謝　寒暑忽流易

긴 겨울 지나 봄이 오고, 어느새 춥고 어느덧 덥다.

之子歸窮泉　重壤永幽隔

아내는 저세상 사람이 되어, 무거운 흙이 우리를 갈라놓으니

私懷誰克從　淹留亦何益

언제까지 이 정에 매달리려나, 무슨 이익이 있다고.

僶俛恭朝命　廻心反初役

굳게 마음먹고 조정의 명을 받아, 다시 일을 하기로 했다.

望廬思其人　入室想所歷

내 오두막에 그 사람 온기 남아, 방에 들면 지난날 떠오른다.

帷屏無髣髴　翰墨有余蹟

병풍에는 그대 모습 없지만, 유묵에는 옛 손길 남아 있구나.

流芳未及歇　遺挂猶在壁

향기는 아직 마르지 않아, 벽 언저리에 떠돌고

悵怳如或存　周遑忡驚惕

문득 그대가 여기 있나 착각하여, 나도 모르게 가슴 설렌다.

如彼翰林鳥　雙栖一鳥隻

숲 속을 날던 한 쌍의 새, 어느 날 아침 홀로 남겨지고

如彼遊川魚　比目中路析

사이좋게 헤엄치던 넙치 두 마리, 도중에 떨어져 짝을 잃어버렸다.

春風綠隙來　晨霤承檐滴

봄바람 방 안으로 불어오고, 아침 비 처마를 타고 떨어지니

寢興何時忘　沈憂日盈積

앉으나 서나 그대 생각 떠나지 않고, 슬픔은 나날이 쌓여 간다.

庶幾有時衰　莊岳猶可擊

언제나 이 슬픔 옅어져, 장자처럼 노래할 수 있을까.

게재된 작품 수로 보자면 육기陸機●가 52수, 사령운謝靈運이 38수로 가장 많이 수록된 작가이고, 문학적 가치로 보자면 조조曹操 2수, 조식曹植 25수, 완적阮籍 17수, 도잠陶潛 8수가 가장 뛰어나다 하겠다.

운문의 대표적 작품으로는 부·시 이외에 부와 같은 문체를 구사하는 '사辭'와 '소騷'로 분류되는 것 가운데 한나라 무제가 지은 「추풍사秋風辭」와 도잠의 「귀거래사歸去來辭」 같은 작품이 있다.

산문散文

산문 문학은 당송 고문가古文家의 출현으로 비로소 발달하게 되었으므로, 이 책이 만들어진 시점에서는 아직 뛰어난 작품이 많지 않다. 여기서는 문학비평의 선구라 할 수 있고 최초의 문학 독립 선언이라 할 수 있는 위나라 문제文帝인 조비曹丕의 『전론典論』 가운데서 「문장을 논함」이라는 글의 마지막 부분을 들어 보겠다.

무릇 문학이란 정치에 비견할 만한 큰 사업이며 불후의 가치를 지닌 것이다. 수명은 때가 되면 다하고 번성도 일대一代에 한한다. 이 둘은 반드

시 그 끝이 있어 문학의 영원성과는 비교가 되지 않는다. 그러므로 옛날의 작가들은 자신의 사상을 문장이나 서적 속에 표현했는데, 유명한 사서에 기록되지 않거나 권력과 부귀의 힘에 의지하지 않아도 그 명성을 저절로 후세에 전할 수 있었다.

또한 주나라 문왕은 유폐되어 '역易'을 발전시키고, 주공周公 단旦은 현직에서 '예禮'를 제정했다. 어려움에 처했다고 해서 저술의 뜻이 꺾이고, 안락하다고 해서 저술의 뜻이 사라지는 것은 아니다. 곧, 옛날 사람은 '1척의 아름다운 옥을 가벼이 여기고, 1촌의 광음光陰을 중시한다'라고 했듯이, 시간이 흐르는 것을 두려워했던 것이다. 게다가 일반 사람은 노력도 하지 않고 가난하면 오로지 먹거리와 추위만을 걱정하고, 부귀하면 안락만을 일삼는다. 곧, 눈앞의 일에만 사로잡혀 불후의 업적을 잊어버리고 마는 것이다.

해와 달은 하늘에서 변하고, 우리 몸은 땅에서 쇠하며, 홀연히 죽음을 맞이한다. 이것이야말로 뜻을 가진 사람에게 가장 가슴 아픈 일이다.

| 책 속의 명문장 |

金科玉條 금과옥조

금과 옥처럼 귀중한 법률이라는 뜻으로, 소중한 가르침을 비유하는 말이다.

「극진미신론劇秦美新論」 양웅揚雄

千載一遇 천재일우

천 년에 한 번 만난다는 뜻으로, 참으로 희귀한 기회를 가리킨다.

「삼국명신서찬三國名臣序贊」 원굉袁宏

水至淸則無魚 수지청즉무어

물이 지나치게 맑으면 물고기가 살지 않는다는 뜻이다.

「답객난答客難」 동방삭東方朔

渴不飮盜泉 갈불음도천

아무리 목이 말라도 '도천'이라는 나쁜 이름의 샘물은 마시지 않는다는 뜻으로, 아무리 어려워도 나쁜 일에는 손을 대지 않음을 비유하는 말이다.　　「맹호행猛虎行」 육기

NOTES

반악潘岳: 247~300. 서진西晉 때의 시인이자 문인. 어릴 때부터 신동神童이라 불렸고, 용모가 뛰어났다고 한다. 문학적 재능이 뛰어나 당시의 권세가 가밀賈謐의 문객들 '24우友' 가운데 제1인자였으며, 육기陸機 (261 303)와 함께 서진문학의 대표적 작가로 병칭되었다.

육기陸機: 서진 때의 시인. 수사修辭에 중점을 두고 미사여구와 대구對句의 기교를 살려 육조시대의 화려한 시풍의 선구자가 되었다.

당송팔대가문
(唐宋八大家文)

1769년경에 만들어진 책으로, 당나라와 송나라를 대표하는 8명의 고문가古文家들이 지은 고전 산문문학의 정수이다. 정확한 명칭은 '당송팔대가문독본唐宋八大家文讀本'이다. 전 30권이며, 한유韓愈 6권 94편, 유종원柳宗元 3권 49편, 구양수歐陽修 5권 61편, 소순蘇洵 3권 30편, 소식蘇軾 7권 72편, 소철蘇轍 2권 22편, 증공曾鞏 2권 20편, 왕안석王安石 2권 23편이 실려 있다.

한문의 문체는 당나라 중기에 이르러 큰 변화를 겪는다. 이른바 '고문부흥운동'이 시작된 것이다. 한나라 때 이후로 문장이라고 하면 시와 산문 중간에 위치하는 '변문騈文'이라는 미문체美文體를 구사하는 것이 보통이었다. 따라서 그 내용도 공소空疎해질 수밖에 없었다. 그 폐해를 없애고 내용을 중시하는 실질적이고 자유로운 산문체를 주장하며 실천한 사람이 한유韓愈와 유종원柳宗元이다. 그들은 문장의 모범을 변문 발생 이전의 고대 문장에서 구했기 때문에 '고문古文'이라는 이름을 얻었는데, 사실은 속어를 많이 쓰고 숫자를 갖추어 문장의 맺고 끊음을 명확히 하는 등 새로운 산문체의 창출을 지향했다. 한유의 문장은 중후함과 웅건함, 명쾌함을 특색으로 하고, 유종원은 청신함에서 한유를 넘어선다는 평가를 받는다.

이 문체개혁운동이 완전한 승리를 거둔 시기는 송나라에 들어서이다. 북송 중기의 진보파 정치가이자 학자로 알려진 구양수는 한유에게 배워 더욱 평이하고 유창하며 치밀한 명문을 남겼다. 그는 정치적 지위를 이용해 과거시험 응시자에게 고문으로 작문하게 했고, 내용이 뛰어나면서 평이한 문장에 높은 점수를 주었다. 그 문하에서 소순·소식·소철·왕안석·증공과 같은 뛰어난 문장가가 배출되어 고문은 문장의 주류적 지위를 확보하기에 이르렀다. 한유와 유종원, 구양수에서 증공에 이르는 8명의 문장가를 후세에 '당송팔대가唐宋八大家'라 불렀다. 팔대가의 문장을 선별해 편집한 최초의 책은 명나라 모곤茅坤이 저술한 『당송팔대가문초唐宋八大家文』 164권이다. 『당송팔대가문독본』은 청나라의 심덕잠沈德潛(1673~1769)이 모곤의 저술을 줄여 30권으로 엮은 것이다. 다만 선택의 기준에서 도학道學의 냄새가 짙고, 문학적으로 뛰어난 문장이 많이 빠져 있다는 점이 아쉽다.

팔대가에서도 특히 걸출한 4명(한유·유종원·구양수·소식)의 작품 한 편 씩과 대표적 작품명을 들고, 다른 4명(소순·소철·증공·왕안석)에 대해서는 대표적인 작품명만 소개하겠다.

1) 한유

「사설師說」-합리주의에 기초한 사제론

옛날에는 반드시 스승을 찾아 배웠다. 스승이란 존재는 도道를 전하고, 업業을 주며, 의문을 풀어 주었다. 사람이란 태어날 때부터 지식을 갖추고 있는 것이 아니다. 그래서 인간에게는 늘 의문이 따라다니는 것이다. 그런데도 스승을 찾지 않는다면 평생 그 의문을 풀 수 없다.

나보다 먼저 태어나 학문을 갖춘 사람을 좇아 스승으로 삼아야 하고, 설령 나보다 어리다 하더라도 도를 아는 사람이라면 스승으로 삼아야 한다. 나는 도 자체를 스승으로 삼는다. 어찌 먼저 태어나고 뒤에 태어남이 문제가 되겠는가. 신분이나 나이에 관계없이 도(진리)가 있는 곳에 바로 스승이 있다.

아, 슬프게도 스승의 길이 끊긴 지 오래이다. 의문을 풀고 싶어도 풀 길이 없다. 옛 성인들은 지금 사람보다 훨씬 더 뛰어났다. 그럼에도 스승을 찾아 배웠다. 요즈음 사람들은 그 성인보다 더 뒤떨어짐에도 불구하고 배우는 것을 부끄러워한다. 그러므로 성인은 더욱 성인이 되고, 어리석은 자는 더욱 어리석어진다. 성인과 어리석은 자가 구별되는 까닭이 바로 여기에 있다. 자식에게는 뛰어난 스승을 찾아 가르침을 주려 하면서도 정작 자신은 스승을 찾아 나서기를 부끄러워하니 이상한 일이다. 어린아이를 가르치는 스승은 단순히 읽고 쓰기의 스승일 뿐, 내가 말하는 도에 관한 의문을 풀어 주는 스승은 아니다. 읽기나 쓰기와 같이 작은 것은 배우면서 큰 것을 배우려 하지 않다니, 앞뒤가 바뀌어도 너무 바뀌었다.

무당이나 의사, 악사, 장인들은 스승에게 배우기를 부끄러워하지 않는데, 사대부 족속들은 스승과 제자의 관계를 한결같이 비웃는다. "이 사람과 저 사람은 나이나 교양이 비슷하다. 스승이 지위가 낮으면 부끄럽고 지위가 높으면 아첨이다"라고 말한다. 스승의 길이 황폐해지는 이유를 알 만도 하다. 무당이나 의사, 악사, 장인을 경멸하면서, 지혜는 그들에게 미치지 못하니 참으로 괴이한 일이다.

성인에게는 정해진 스승이 없었다. 공자는 담자郯子(춘추시대 담나라의 왕)와 장홍萇弘(음악에 뛰어났던 사람), 사양師襄(거문고의 명수), 노담老聃(노자)을 스승으로 삼았다. 그러나 그들은 공자보다 덕이 뛰어나지는 않았다. 공자는 "세 사람이 같이 가면 반드시 그 가운데 스승이 있다"라고 말했다. 이처럼 제자라고 해서 스승보다 반드시 못하지 않고, 스승이라고 해서 반드시 제자보다 뛰어난 것은 아니다. 도를 구하는 데 선배이고, 전문 기술이나 학업이 뛰어나면 스승이 될 자격이 있는 것이다. (……)

「원도原道」

유가적 이념에 따라 '도'의 본래 모습을 밝히려는 논문이다.

「잡설사雜說四」

백락伯樂(말馬의 감정에 뛰어났던 주나라 사람)을 만나지 못한 천리마의 불운을 말하고, 인사를 담당하는 자의 불공평한 자세를 풍자한 수필이다.

「논불골표論佛骨表」

부처의 사리를 궁중에 맞이하는 것을 금하라는 상소문이다. 이로 인해 한유는 황제의 노여움을 사 귀양을 갔다.

「모영전毛穎傳」

『사기』의 문체를 흉내 내어 붓을 의인화한 전기로, 유머가 가득하다.

「제십이랑문祭十二郎文」

조카의 죽음을 애도하며 쓴 글이다. 제문에는 이례적인 산문체를 구사했는데, 비통한 정을 솔직하게 표현한 명문으로 널리 알려져 있다.

2) 유종원

「종수곽탁타전種樹郭駝傳」

서민의 전기 형식을 빌려 위정자의 지나친 간섭을 비판한 글이다. 교육론으로, 오늘날에도 통용될 날카로운 통찰이 엿보인다.

곽탁타의 본명은 모른다. 구루병(척추가 고부라지는 병)으로 등에 혹이 생겨 걸어가는 모습이 낙타와 비슷하다 하여 탁타橐駝(낙타의 다른 말)라는 별명이 붙었다. 곽은 그 별명을 듣고 감탄했다.

"정말 이름도 잘 짓네."

그래서 곽은 자신의 본명을 버리고 스스로 탁타라 불렀다. (……) 그는 나무를 잘 심어서 인기가 높았다. 그가 심은 나무는 뿌리를 잘 내릴 뿐 아니라 잎도 무성했다. 다른 사람들이 아무리 그 기술을 흉내 내려 해도 그의 발바닥에도 못 미쳤다. 나무를 어떻게 하면 잘 자라게 할 수 있느냐고 물으면, 그는 이렇게 대답했다.

"저라고 해서 나무를 오래 살게 하거나 빨리 자라게 할 수는 없습니다. 다만, 나무의 본성을 소중히 여겨 그렇게 살 수 있게 할 따름입니다. 나무는 뿌리를 똑바로 뻗는 것을 좋아합니다. 위의 흙은 평평함을 좋아하고, 토양이 바뀌는 것을 싫어하며, 뿌리 아래가 안정된 것을 좋아합니다. 그렇게만 해 주면 더 이상 손을 댈 필요가 없습니다. 자식을 다루듯이 정성껏 심은 다음 내버려 두면 그 본성을 펼칠 수 있습니다. 곧, 저는 나무의 성장을 방해하지 않을 뿐, 잘 자라게 하는 비책을 알고 있는 것은 아닙니다. 열매를 맺도록 내버려 둘 뿐, 그것을 재촉할 기술을 가진 것은 아니라는 말입니다. 그러나 다른 사람들은 그렇게 생각하지 않습니다. 뿌리는 둥글게 감싼 채 흙을 바꾸고, 위에 흙을 너무 많이 덮든지 아니면 부족하게 덮든지 둘 중 하나입니다. 때로 올바르게 심는 사람도 보았지만, 그런 사람은 너무 신경을 많이 써서 낮이고 밤이고 그 곁에서 안 떨어지고 쓰다듬곤 합니다. 좀 더 극단적인 사람은 껍질을 손톱으로 긁어 보고 나무가 건강한지 알려 하며, 뿌리가 잘 내렸는지 알기 위해 둥치를 흔들어 보곤 합니다. 그것은 나무의 본성에 맞지 않는 행동입니다. 귀여워한다는 것이 사실은 상처를 입힐 뿐이고, 배려한다는 것이 오히려 피해를 줄 따름입니다. 제가 부족한 부분을 나무가 제 힘으로 채우는 것일 뿐, 딱히 저에게 특별한 기술이 있는 것은 아닙니다."

그래서 다시 물어보았다.

"그대의 방식을 정치에 응용할 수는 없을까?"

"저처럼 나무나 심는 사람이 어찌 정치에 대해 말할 수 있겠습니까. 그러나 마을에 살고 있는 지위 높으신 분들을 보면 이것저것 지시하기를 좋아합니다. 여러 가지 걱정을 많이들 해 주시는데 그것은 결국 화근이 될 따름입니다. 관의 명령이라고 하면서 관리들이 바쁘게 찾아옵니다. 어서 밭을 갈아라, 씨를 뿌릴 때가 됐다, 왜 빨리 추수를 하지 않느냐, 빨리 실을 뽑아 베를 짜라, 나아가서는 어린애를 소중히 여겨라, 가축에게 먹이를 많이 주어라 등 그런 말을 전하려고 북을 쳐서 사람을 모읍니다. 우리 같은 서민은 먹을 것도 제때 못 먹으며 관리를 접대하느라 정신이 없습니다. 이래서야 어찌 풍족하게 생활하고, 편안히 지낼 수 있겠습니까? 서민들이 안정되게 일을 못 하는 것은 다 그것 때문입니다. 그렇다면 저의 일은 무엇과 비슷한 것 같습니까?"

질문한 사람은 감탄한 듯 한숨을 내쉬었다.

"정말 옳은 말이야. 나무 심는 법을 물었다가 백성을 구하는 요체를 알게 되었네. 그대 말을 기록해 관리들의 좌우명으로 삼도록 하겠네."

「포사자설捕蛇者說」

독사가 무거운 세금을 대신할 수 있는 수단이 되었기에 목숨을 걸고 독사를 잡는 남자의 말을 통해 가렴주구에 고통받는 민중의 생활 실태를 날카롭게 드러냈다. 전투적 투지에 가득 찬 어투로 악정을 고발한 문장이다.

「영주팔기永州八記」

맑고 푸른 풍경에 울분을 달래며 산수를 유람한 기록이다.

「송설존의서送薛存義序」

동향인 설존의가 임지를 옮겨 갈 즈음에 송별의 뜻을 담아 쓴 관료론이다.

3) 구양수

「붕당론朋黨論」

개혁파 관료가 당파를 결성했다는 이유로 보수파에게 공격을 당하자, 이에 대한 반론으로 황제에게 올린 상소문이다.

신이 알기로는, 당파에 대한 논의는 예부터 있어 왔습니다. 다만, 인군人君께서는 그것이 군자의 입장에 선 것인지, 소인의 입장에 선 것인지를 잘 분별하셔야 합니다.

무릇 군자는 뜻을 같이하는 벗과 모여 당파를 형성하고, 소인은 이익을 위해 당파를 만드니, 그것은 자연스러운 일이라 할 것입니다. 그러나 신이 생각하기에 진정한 의미의 당파를 만드는 사람은 군자뿐이며, 소인은 절대로 진정한 당파를 만들지 못합니다. 왜냐하면 소인은 녹리재화祿利財貨만을 탐하기 때문입니다. 따라서 공통의 이익이 있을 때까지는 당분간 손을 잡고 당파를 형성하지만 이익의 배분을 둘러싸고 서로 싸우다가 기대하는 이익이 생기지 않을 때는 오히려 서로에게 상처를 입히고, 설령 육친이라 하더라도 이익 앞에서는 양보하지 않습니다. 이것이 바로 소인에게는 진정한 벗이 없으며, 있다 하더라도 잠시 벗인 척하는 거짓 벗일 따름이라고 말하는 이유입니다.

이와는 반대로 군자는 도의를 지키고 진실과 믿음을 중시하며 명예와 절조를 지킵니다. 개인의 수양을 쌓기 위해 각자 절차탁마하고, 나라를 위하는 일 앞에서는 힘을 합하며, 그 뜻의 처음과 끝이 한결같습니다. 이것이 바로 군자의 당파라 하는 것입니다.

군주가 소인의 당파를 물리치고 군자의 당파를 신임한다면 천하는 자연히 잘 다스려질 것입니다. 요堯임금 때 소인배 공공共工과 환두驩兜 등 4

명이 한 당파가 되고, 군자인 팔원팔개八元八愷●와 같은 16명이 한 당파가 되었습니다. 순舜이 요임금을 보좌해 사흉소인四凶小人●으로 이루어진 당파를 물리치고, 팔원팔개 같은 군자의 당파를 발탁했기에 요임금의 치세에는 태평성대를 누렸습니다. 순이 스스로 제위에 올랐을 때, 고요皐陶와 기夔·직稷·설契을 비롯한 22명이 조정에서 당을 이루어 서로를 칭찬하고 존경했고, 이들을 신뢰한 순임금이 그들을 모두 기용하여 천하를 조화롭게 다스릴 수 있었던 것입니다. 『서경書經』에 이르기를, '주紂는 신하가 억만 명이었으나 그들은 억만 마음이었고, 주周나라는 신하가 3,000명이었으나 그 마음이 오직 하나였다'라고 했습니다.

은나라의 주왕 때는 억만의 마음이 모두 갈라져 붕당을 이루지 못했기에 결국 망하고 만 것이며, 주나라 무왕武王 때에는 3,000명의 신하가 오직 한마음으로 붕당을 이루었기에 나라가 융성할 수 있었던 것입니다.

후한의 헌제獻帝 때, 당파를 결성했다는 죄명으로 천하의 명사를 모두 잡아들여 가둔 적이 있었습니다. 나중에 황건적黃巾賊의 난이 일어나 한나라의 위령威令이 쇠약해지자, 그 일을 후회하고 당인들을 석방했지만 이미 때는 늦고 말았습니다.

당나라 말기에 다시 당파에 대한 논란이 일어나 소종昭宗 때 조정의 명사들이 모두 죽임을 당하는 일이 벌어졌습니다. 어떤 이는 그들을 두고 이렇게 말했습니다.

"그들은 모두 청류淸流라 자부했다. 황하의 탁류에 던져 넣어 다시는 청류라고 말하지 못하게 해 주겠다."

그렇게 하여 당나라는 멸망의 길을 걸었습니다.

과거의 군주들 중에서 사람들끼리 서로 반목하게 함으로써 붕당을 만들지 못하게 하는 데 가장 뛰어났던 사람은 바로 은나라 주왕이었습니다. 또한 군자의 당파를 금지한 점에서는 한나라 무제를 따를 사람은 없습니다. 나아가, 청류의 당파를 말살하는 데 당나라 소종보다 뛰어났던 사람은 없습니다. 하지만 그 결과는 한결같이 나라의 멸망으로 귀착되었음을 잊지 말아야 할 것입니다. 서로의 재능을 인정하고 서로 존중하며 신뢰로 뭉치는 데에는 순임금을 모신 22명의 신하가 으뜸입니다. 순임금은 그들을 경계하지 않고 발탁했습니다. 순임금이 당파에 휘둘리기는커녕 오히려 성현의 대열에 든 것은 오로지 군자와 소인을 구별할 수 있었기 때문입니다.

주나라 무왕 때는 가신 3,000명이 하나의 당파를 이루었습니다. 그것은 고금을 통틀어 최고 최대의 당파였습니다. 게다가 주나라가 그 당파로 천하를 장악할 수 있었다는 사실은 선인善人이 많아서 나쁠 게 전혀 없다는 점을 말해 줍니다.

과거의 이러한 흥망치란興亡治亂을 군주는 반드시 거울로 삼아야 할 것입니다.

「매성유시집서梅聖俞詩集序」

매요신梅堯臣의 시집을 위해 쓴 서문이다. 우정이 넘치는 명문으로, 문학론으로도 유명하다.

「영관전서론伶官傳敍論」

「신오대사령관전新五代史伶官傳」의 서론으로, 합리주의적 역사관을 긴밀한 문체에 담은 명문이다.

4) 소식

「일유日喻」

추상적 이념을 배척한 학문론이다. 교묘한 비유로 유명하다.

선천적인 맹인은 태양을 볼 수 없다. 그래서 눈뜬 사람에게 물었더니 "놋쇠로 만든 대야와 비슷하다"라고 말했다. 맹인은 대야를 두들겨 그 소리를 기억한 뒤, 종소리를 듣고는 그것이 태양이라고 생각했다. 그러자 다른 남자가 "햇빛은 촛불과 비슷하다"라고 했다. 맹인은 초를 만져 보고 그 형태를 기억했는데, 뒷날 피리가 손에 닿자 그것이 태양이라고 생각했다. 태양과 종과 피리는 전혀 다르다. 그러나 맹인은 그 차이를 알 수 없다. 스스로 경험해 보지 않고 남에게 설명을 들었기 때문이다.

그런데 도를 찾는 어려움은 태양에 비할 바도 아니고, 인간의 미숙한 이해력은 맹인과 별다를 바 없다. 따라서 도를 체득한 자가 얼마나 교묘한 비유를 사용하고 얼마나 멋지게 가르치든, 앞에서 말한 놋쇠로 만든 대야나 초의 경우에서 벗어나지 못한다. 대야에서 종으로, 초에서 피리로, 비유에서 비유로 전전할 뿐, 끝이 없다. 이렇게 세상의 도를 말하는 자들은 자신의 일면적인 견식으로 진리를 말하거나 주관적인 억측에 기초해 진리를 말한다. 둘 다 성급하게 도를 구하기 때문에 빠져들고 마는 함정이다. 도는 찾을 수 없는 것일까? 나는 도란 이룩해야 하는 것이지, 찾아야 하는 것이 아니라고 생각한다.

손자는 "잘 싸우는 자는 사람을 조종할 뿐, 사람에게 조종당하지 않는다"라고 말했다. 또한 공자는 "장인들은 일터에서 자신의 일을 이룩하고, 군자는 배워서 도를 터득한다"라고 말했다. 곧, 일부러 구하지 않아도 저절로 도가 그런 경지에 이른다는 말이다.

남쪽 지방에는 잠수의 달인이 많다. 매일 물과 더불어 생활하고, 7세가 되면 강을 걸어서 건너고, 10세에는 자유롭게 헤엄을 치고, 15세에는 깊이 잠수할 수 있게 된다. 잠수라는 것은 참으로 힘든 기술이어서 물의 도에 이른 사람이라야 비로소 가능하다. 매일 물에 익숙한 생활을 해야만 15세가 되어서 도에 이를 수 있는 것이다. 태어나면서부터 물을 모르는 자는 어른이 되어서도 배만 보면 겁을 낸다. 북쪽 지방에서 자란 사람이 잠수의 달인에게 가르침을 구해 그 말만 듣고 잠수를 하다가는 물에 빠져 죽고 말 것이다. 무릇 학습은 하지 않고 오로지 도를 추구하는 자는 잠수를 시도하는 북쪽 지방 사람과 같다.

옛날에는 문학으로 선비를 가렸다. 선비는 오로지 널리 학문을 배울뿐, '도' 자체에 목표를 두지 않았다. 그런데 지금은 경학으로 선비를 가리니, 선비는 오로지 도의 추구에 전념할 뿐, 학문을 배우려 하지 않는다. 발해의 오언률吳彦律은 학문에 뜻을 둔 사람이다. 이번 과거에 즈음하여 이 글로 길 떠나는 그를 격려하려 한다.

「유후론留侯論」

한나라 고조 유방을 모셨던 유후 장량張良을 논하며 인내의 덕을 설명한 글이다.

「석종산기石鐘山記」

정리情理를 겸한 개성적인 유람기이다.

5) 소순

「육국론六國論」

육국의 군웅이 진秦나라에 멸망당한 원인을 파헤치고, 연약한 외교를 비판한 글이다. 기개 넘치는 의론문의 전형이다.

6) 소철

「추밀한태위상서枢密韓太衛上書**」**

작가가 19세 때, 군사와 정치의 양면에서 뛰어난 실력을 보였던 한기韓琦에게 보내 알현과 지도를 구한 서한이다. 배움에 대한 진솔한 태도와 상대에 대한 존경심이 넘치는 명문으로 알려져 있다.

7) 증공

「전국책목록서戰國策目錄序**」**

전국시대에 활동한 책사의 언행을 유가의 입장에서 비판한 글이다. 비판의 내용 자체는 오늘날의 관점에서 보면 진부하지만, 설득력이 넘치는 우아하고 평이한 문체는 명문이다.

8) 왕안석

「포선산유기褒禪山遊記**」**

고증이나 논의가 유람의 기록과 융합한 이색적인 작품이다.

| 책 속의 명문장 |

一視同仁 일시동인

모든 사람을 차별 없이 사랑하는 것을 말한다.　　　　　　　　「원인原人」한유

弱肉强食 약육강식

강자가 약자를 학대한다는 뜻이다.　　　　　　「송부도문창사서送浮屠文暢師序」 한유

千里馬常有, 伯樂不常有 천리마상유, 백락불상유

천리마는 어느 시대에나 있지만, 그것을 알아줄 백락伯樂(말 감정의 명인)은 늘 있는
것이 아니라는 뜻이다. 곧, 인재는 넘치지만 그것을 알아줄 사람은 적음을 비유하는
말이다.　　　　　　　　　　　　　　　　　　　　　　　　　　　　「잡설4」 한유

席不暇暖 석불가난

자리가 따뜻해질 틈이 없다는 말이다. 곧, 너무 바빠서 한곳에 머물 수 없다는 뜻으
로 쓰인다.　　　　　　　　　　　　　　　　　　　　　　　　「쟁신론爭臣論」 한유

蜀犬吠日 촉견폐일

촉나라는 비가 많이 내리는 지방이라 오랜만에 해가 나면 개가 이상히 여겨 짖는다
는 뜻으로, 식견이 얕은 자가 성인의 언행을 이상히 여겨 비웃음을 산다는 말이다.

「답위중립론사도서答韋中立論師道書」 유종원

君子以同道爲朋, 小人以同利爲朋 군자이동도위붕, 소인이동리위붕

군자는 진리와 함께 벗이 되고, 소인은 이익과 함께 벗이 된다.　　　　「붕당론」 구양수

NOTES

팔원팔개八元八愷:8명의 얌전한 사람과 8명의 선량한 사람을 아울러 이르는 말. 고대 중국의 전설에 나
오는 전욱顓頊 고양씨高陽氏의 여덟 재자才子와 제곡帝嚳 고신씨高辛氏의 여덟 재자를 이르던 말에서 유
래한다. 요순堯舜 때의 사람이라는 설도 있다.
사흉소인四凶小人:순임금 때 활동한 4사람의 악인惡人인 공공共工·환두驩兜·삼묘三苗·곤縣을 가리키
는 말.

고문진보
(古文眞寶)

1275년경에 만들어진 책으로, 한시문을 배우는 초학자들의 필독서였다. 고문古文(고체의 시와 고아한 문체의 산문 작품을 가리키는 말) 가운데 보석과도 같이 훌륭한 작품을 가려서 모았으며, 「전집前集」과 「후집後集」 각 10권으로 이루어져 있다. 전집은 시 217수를 10체로 분류하고, 후집은 문장 64편을 17체로 분류했다.

시와 산문

이 책이 만들어진 연대는 명확하지 않다. 원나라 말기에 세상에 널리 읽혔던 것으로 추정되므로, 남송 말기에서 원나라 중기 사이에 만들어진 것으로 보인다. 편자의 이름은 황견이라고 하는데 어떤 인물인지는 알 수 없다. 왕안석王安石의 「독맹상군전讀孟嘗君傳」이라는 독서감상문을 전기傳記로 분류하는 등 초보적인 오류가 빈번하게 나타나는 것으로 보아 이 분야에 뛰어난 학자의 작품은 아닌 듯싶다. 전집과 후집이 각 10권으로 구성되어 있는데, 권수와 수록 작품이 다른 이본異本이 많아 문헌으로서는 조잡하다는 느낌을 준다. 그러나 수록된 작품의 시대적 범위가 넓어 각 시대의 시문을 접하기에 좋다.

시詩 – 한나라에서 남송까지 고체시 209수를 수록

한나라에서 남송에 이르기까지 발표된 고체시의 명작 209수를 오언고풍단편五言古風短篇, 오언고풍장편五言古風長篇 등 10가지 시체로 분류하고, 권두에 「권학문勸學文」을 두어 학문을 권하는 시구 8수를 곁들였다. 수록된 주요 작가를 살펴보면, 이백의 「촉도난蜀道難」과 「자야오가子夜吳歌」 등 39수, 두보의 「병거행兵車行」, 「음중팔선가飮中八仙歌」 등 34수, 소식의 「적벽부赤壁賦」를 비롯한 16수, 도연명의 「책자責子」를 비롯한 14수, 한유의 14수, 황정견黃庭堅의 9수, 백거이의 7수가 실려 있다. 이 7명의 대가의 작품이 전체의 절반 이상을 차지한다. 특히 서두의 「권학문」이 이색적인데, 이것으로 책의 편찬 의도가 명확하게 드러난다. 그 가운데서도 첫머리에 나오는 송나라 3대 황제 진종眞宗의 작품은 『요재지이聊齋志異』에도 인용될 정도로 입신출세를 지향한 학문 장려의 시로 유명하다.

「진종 황제의 권학문」

富家不用買良田	부자가 되고 싶다고 좋은 밭을 사지 말라
書中自有千鍾粟	글 가운데 오곡이 들어 있느니.
安居不用架高堂	편히 살고 싶다고 높은 집을 짓지 말라
書中自有黃金屋	글 가운데 황금 집이 들어 있느니.
山門莫恨無人隨	길을 나설 때 따르는 종이 없다 한탄하지 말라
書中車馬多知簇	글 가운데 수레가 수없이 많지 않으냐.
娶妻莫恨無良媒	좋은 중매 들어오지 않는다 한탄하지 말라
書中有女顏如玉	글 가운데 여자의 얼굴이 옥처럼 아름답지 않으냐.
男兒欲遂平生志	사나이 평생의 뜻 이루고자 하거든
六經勤向窓前讀	창가에 육경六經을 펼쳐 놓고 부지런히 읽어라.

문文─전국시대부터 북송 시대까지의 운문과 산문 64편 수록

전국시대부터 북송北宋 시대까지의 운문과 산문 64편을 사辭, 부賦, 서序(서문), 기記(유래기) 등 17가지 양식으로 분류했다. 시대별로는 육조시대 이전 작품은 13편에 지나지 않고 당송 시대 것이 많다. 육조시대 이전의 작품은 대부분 『문선』에 포함되고, 당송 시대의 작품 가운데 순수한 산문은 『당송팔가문』에 들어 있는 것뿐이어서, 이 책에 독자적으로 실린 문은 주로 당송 시대의 부 또는 변문에 속하는 미문조 작품들이다. 그

가운데서도 이백의 「춘야연도리원서春夜宴桃李園序」, 이화李華의 「조고전장문弔古戰場文」, 두목杜牧의 「아방궁부阿房宮賦」, 범중엄范仲淹의 「악양루기岳陽樓記」, 소식의 「적벽부」 등은 명작으로 널리 알려져 있다. 여기에서는 진나라 시황제가 세웠던 아방궁의 장엄하고 아름다운 모습을 노래하면서 나라를 멸망으로 이끈 폭정을 비판한 「아방궁부」의 끝부분을 소개하기로 한다.

아아, 연燕·조趙·한韓·위魏·제齊·초楚의 육국을 망하게 한 것은 육국 자신들이지, 진秦나라가 아니었다. 진나라를 망하게 한 것 또한 진나라 자신이지, 천하가 아니다. 아아, 육국이 스스로 그 백성을 사랑했더라면 진나라를 물리칠 수 있었으리. 진나라 또한 육국의 백성을 사랑했더라면 3세를 넘어 만세에 번영했으리. 누가 그들의 멸족을 불렀던가? 진나라 사람 스스로 슬퍼할 겨를도 없이 망해 버렸으니 후세 사람이 이를 슬퍼하노라. 이것을 거울로 삼지 않으면 후세 사람들은 다시 그 후세 사람들을 슬프게 하리니.

| 책 속의 명문장 |

天地萬物逆旅, 光陰者百代之過客 천지만물역려, 광음자백대지과객

천지 만물은 잠깐 머물다 가는 것이며, 시간은 영원한 나그네라는 뜻이다. 인생의 덧없음을 노래한 말이다. 　　　　　　　　　　　　　　「춘야연도리원서」 이백

先天下之憂, 後天下之樂 선천하지우, 후천하지락

천하에 걱정거리가 가득하기 전에 먼저 걱정하고, 천하에 즐거움이 가득한 다음에 즐거워한다는 뜻이다. 정치가의 마음가짐을 나타내는 명언이다. 　　「악양루기」 범중엄

5장

과학기술에 대하여

모두 수준 높은 과학적 내용을 가지고 있는데, 그 내용이 전문 문헌으로 어느 정도 고전화되었는가를 살펴보면 서로 상당한 차이를 드러낸다는 것을 알 수 있다. 역사적으로 볼 때 중국의 과학기술은 주로 다음과 같이 구별된다.

1. 천문·점성·역법 계열

천문학은 역법으로 이어지는 과학적인 측면과 점성술과 결합된 비과학적 측면이 뒤섞여 있다. 특히 중국에서는 '하늘(天)'의 개념이 최고의 가치를 가진 것으로 여겨졌고, 이 계열의 학문과 제례, 정치는 깊은 관련성이 있다. 따라서 천문학과 관련된 저술은 역대 왕조의 '정사' 속에 포함되어 남게 되었다.

2. 본초·약학·의학 계열

고대 이래 전문적인 문헌 형태로 정리되어 남아 있다. 옛날의 전통적인 지식을 그대로 남겨두면서 시대에 따라 변화 발전하는 모습을 보여준다.

3. 농업·수공업과 그 밖의 사업에 관한 지식과 기술 계열

과학과 예술

응용실학적 색채가 짙은 만큼 다방면에 걸쳐 체계적인 정리를 기대할 수는 없으나, 수준 높은 내용이 남아 있다. 전통적으로 인문학 지식을 중시하는 중국의 풍토 속에서도 자연과학을 연구하는 소수의 학자가 있었다는 사실을 알 수 있다.

예도禮道에 대하여

3세기(육조시대 이전)에 악공이나 화공이라 불리는 하층 계급의 전문 기술자가 왕후귀족의 미덕을 찬양하고, 그것을 상징화하기 위해서 만든 음악이나 그림 등의 작품이 있었는데, 육조시대 이후에는 그 경향이 달라진다.

원래 중국에서는 '기技', '도道', '예藝', '덕德'을 구별하는 사상이 있었으나, 실제로 예도를 담당하는 전문 기술자는 3세기 이후 서서히 그 무렵의 지식인이자 교양인인 사인士人들에게 자리를 빼앗기고 만다. 그 결과 예(기)와 덕(도)의 통합이 일어나 예술로 승화되는 결과를 낳았다.

이러한 움직임은 11세기 북송 시대 이후에 왕성해져 많은 지식인들이 예술의 가치를 정착시키고, 이른바 전문 직업인이었던 악공과 화공은 모습을 감춘 뒤 비전문가들이 음악이나 회화 등을 창조하는 이른바 중국적 예술철학이 형성되어 14세기 원나라 이후에 난숙의 경지에 들어섰다.

본초강목
(本草綱目)

1596년에 쓰인 책으로, 의약에 사용되는 모든 자연물을 망라한 자연과학서이다. 약으로 사용하는 자연물 가운데 식물이 가장 많기 때문에 '본초'라는 용어를 썼다. '강목'은 크고 작게 분류하고 나열해 상세히 기술한다는 뜻이다.

INTRO

편저자인 이시진(1518~1593)은 명나라 후기의 호북성湖北省 기주蘄州 사람이다. 집안은 대대로 유의儒醫였다.

어린 시절부터 허약했으나, 가업을 이어받아 본초의학 공부에 열중했다. 임상의臨床醫로서도 꽤 이름을 날렸고, 오랜 세월 동안 여러 의학서를 읽고 연구해 학식을 갖추는 한편, 산과 들을 다니며 약물을 채집하고 연구하면서 민간에 떠도는 처방법을 수집하고 정리했다.

그 집적적 성과가 바로 『본초강목』이다. 30대부터 시작한 편찬 작업은 완성하기까지 30년이 걸렸다. 초판(금릉본金陵本)이 간행되었을 때 저자는 이미 세상을 떠난 뒤였다. 아들 이건원李建元이 유표遺表를 붙여 조정에 헌상한 것은 1596년의 일이었다. 전 52권, 약 9,500종류를 16부 60류로 나누어 설명했고, 처방도 많이 곁들였다. 금원의학류金元醫學流의 이론 전개도 보인다. 이 책은 한 민간인의 업적이지만, 중국 본초학 분야의 가장 위대하고 방대한 집대성이다. 편자의 방법론과 내용에서 볼 수 있는 합리성·과학성 때문에 자연과학 연구사에서도 세계적인 가치를 인정받아 한국을 비롯한 일본·영국·독일·프랑스·베트남 등 각국에서 발췌·번역되었다. 중국사의 자연과학적 업적 가운데서도 최고봉으로 꼽힌다.

본초서本草書란 의학에 사용되는 자연물을 기술한 책이라는 뜻이다. 식물과 동물, 광물이 주를 이루는데, 그 가운데서도 식물이 가장 많다.

중국에서 본초학의 역사는 아주 오래되었다. 새로운 본초서를 지을 때는 반드시 옛날의 본초서를 참고해 재편집하거나 증보하는 방식을 취했다. 『본초강목』도 기본적으로는 그와 같은 방식으로 저 먼 고대에서 명나라 때에 이르는 방대한 분량의 본초 지식을 집대성했다.

본초학은 긴 세월에 걸쳐 인간과 더불어 발전해 왔기 때문에 그 내용은 단순한 의학적 전문 지식에만 머물지 않고 생물학·화학·지학 등 자연과학 전반은 물론, 문학·사상·예술 등 인문과학 분야까지 망라한다. 특히 이 책은 편저자 이시진이 평생에 걸쳐 모든 분야의 책을 독파하고 오랜 세월의 연구 과정을 거쳐 편찬한 것이므로, 내용의 다채로움으로 본다면 세계의 어떤 자연과학서나 백과사전도 이 책을 따르지 못할 것이다. 내용을 살펴보면 다음과 같다.

제1~2권 서례序例

역대 제가의 본초를 해설하는 것으로 시작한다. 전설상의 책 『신농본초경神農本草經』부터 연대순으로 40여 권의 책을 소개하고, 마지막으로 자신이 쓴 『본초강목』을 소개한다.

"기주의 이시진, 호는 동벽東壁이라 지었다. 고금 제가의 학설을 망라하고 전국 각지를 두루 다니며 채록해 가정嘉靖 연간 임오년壬午年에 착수, 만력萬曆 연간 무인년戊寅年에 완성했다. 3번의 교정을 거쳐 52권 16부로 엮었다. 각 부는 60류로 나누어 강綱이라 하고, 내용을 열거해 목目으로 삼았다. 약은 374종, 처방은 8,160가지를 수록했다."

다음으로 인용한 도서명을 열거하고 약물 약학 이론과 의술 의학 이론으로 옮겨 간다.

이러한 이론은 뒤에서 품목 하나하나를 다룰 때도 등장하는데, 이 『서례』에서는 기초적이고 일반적인 지식 이론이 15장에 걸쳐 자세히 설명되어 있다. 중국 특유의 음양오행 사상과 얽혀 난해한 부분도 많지만,

약의 양을 측정할 때 쓰는 도량형에 대한 설명 등은 구체적이다.

제2권 『서례』 하에서는 약 이름의 같고 다름에 대하여 설명한다. 다른 품목에 똑같은 이름이 붙어 있는 경우를 정리해 열거하고, 한 품목에 2가지 이상의 이름이 붙은 것에 대해서도 품목 각론에서 '석명釋名'이라는 항목을 두어 설명한다. 본초의 역사가 오래되고, 중국 영토가 광활하여 이름 관계가 복잡하므로 그것을 알기 쉽게 정리한 것이다. 그런 다음에 약물 상호 간의 관계를 하나하나 설명하고 있다. 모든 설명이 오랜 경험을 바탕으로 한 지식과 의학 이론에 근거하고 있는데, 그 가운데는 '달팽이와 민달팽이는 소금을 싫어한다'라는 재미있는 내용도 있다.

제3~4권 백병주치百病主治

흔한 질병 수십 가지를 예로 들어 약물의 관계와 용법, 효과까지 자세히 적고 있다. 임상의에게 무척 유익한 내용이다.

제5~52권

약 1,000종류의 약물 품목을 하나하나 설명하고 있다. 분량으로는 책 내용의 대부분을 차지하고 있는데, 이렇게 많은 품목을 각 권으로 분류·배치하고 각 품목을 기술하는 데 독창적이며 과학적인 방식을 취하고 있다는 점이 특징이다. 이 책 이전의 고전 본초서는 '삼품분류三品分類'라는 중국 특유의 분류 방식을 중시했다. 이는 실재했는지 의심스럽기도 한 『신농본초경』의 약물 이론에 기초한 분류법으로, 간단히 말하면 군君(황제)의 역할을 하는 약이 상품, 신하 역할을 하는 약이 중품, 좌사佐使 역할을 하는 약이 하품이다. 질병에 따라 군·신·좌사의 각 약을 조합해 치료하는 것이다. 이러한 삼품분류는 과학적 근거가 부족할 뿐 아니라 실질적인 치료에도 적합하지 않다는 점을 서서히 인식하게 되었다. 그리하여 이 시대에 이르러 비로소 그와 같은 분류법을 폐지하고, 그 대신 생태학적 요소를 포함한 자연 분류에 가까운 방식을 취하게 되었다. 그에 대한 것은 제5권 이후 각 권의 제목과 간단한 내용 소개를 보면 잘 알 수 있다.

석명釋名 : 명칭이나 별명의 열거와 그 유래에 대한 고찰.

집해集解 : 산지, 형태, 품질 및 유사품과의 감별.

정오正誤 : 약으로 사용되어온 유래의 옳고 그름.

수치修治 : 원료를 약으로 만드는 방법.

주치主治 : 주요 효능과 그 출전.

발명發明 : 약에 관한 이론적 고찰.

부방附方 : 주요 서적 이외에 나오는 자세한 처방.

이렇게 일정한 항목을 설정한 방식 때문에 과학서로서의 가치를 지닌다. 특히 '집해' 항목은 약이라는 한정된 사고방식에서 벗어나 대상이 되는 자연물을 합리적으로 관찰하고 연구했다는 점에서 더욱 과학적 가치가 있다.

제5권 수부水部 : 빗물과 이슬, 흐르는 물 등 33종을 다룬다.

제6권 화부火部 : 숯불과 쑥뜸불 등 11종을 싣고 있다.

제7권 토부土部 : 백아白堊와 적토赤土 등 61종을 싣고 있다.

제8권 금석부金石部 : 금과 은을 비롯한 금속과 마노瑪瑙●와 수정 등 옥을 포함한 42종을 싣고 있다. 동청銅靑(구리 표면에 슨 푸른 빛깔의 녹) 등도 약으로 삼았다.

제9~11권 석부石部 : 81종을 다루고 있다. 단사丹砂(유화수은)와 수은 등 주술적인 물질을 비롯해 석유와 석탄, 노석류鹵石類(무기염)도 포함되어 있다.

제12~13권 산초류山草類: 산과 들에 야생하는 식물 71종을 기재했다. 사삼沙蔘(더덕), 길경桔梗(도라지), 음양곽淫羊藿, 백모白茅 등이 실려 있고, 한반도 원산의 인삼人蔘에 대해서도 다루고 있다.

인삼

〈석명釋名〉: (……) 이시진이 말하기를, 인삼은 오랜 시간에 걸쳐 조금씩 성장하는데, 그 뿌리가 사람처럼 생겼고 효능이 신비해 인삼 또는 신초神草라고 한다. (……) 『광오행기廣五行記』에 "수나라 문제 때 어느 인가의 뒤뜰에서 매일 밤 사람 부르는 소리가 들렸다. 누군가 하고 찾아보았지만 아무도 없었다. 그런데 그 집에서 조금 떨어진 곳에서 가지와 잎이 이상하게 생긴 식물을 발견하고 땅을 5척 정도 파 보니 사지가 사람과 똑같이 생긴 인삼이 나왔다. 그 이후로 사람 부르는 소리가 들리지 않았다"라는 구절이 있다. 이것은 인삼이 땅의 정기에서 유래함을 나타내는 증거이다.

〈집해集解〉: (……) 이 풀은 봄에 싹을 틔우고, 깊은 산속 그늘진 곳 가운데서도 가나무(유자나무의 일종)와 옻나무가 많은 습한 땅에서 많이 자란다. 어린 것은 길이가 3~4촌에 지나지 않고, 일아오엽一椏五葉(한 가지에 다섯 잎)이다. 4~5년 자라면 가지가 2개로 늘어나는데, 꽃과 줄기는 없다. 10년이 지나면 가지가 3개로 늘어나고, 그보다 오랜 세월이 지나면 4개로 늘어나는데, 각 가지에 모두 다섯 잎이 열리고, 중심에 줄기 하나가 있다. (……) 3, 4월에는 밤꽃 같은 작은 꽃이 핀다. 꽃술은 실처럼 생겼으며 자백색紫白色을 띤다. 가을이 지나면 콩 같은 씨방이 7~8개 맺히는데, 처음에는 파랗다가 익으면 빨갛게 변해 저절로 떨어진다. 뿌리는 사람의 몸처럼 생겼고, 신묘한 효능이 있다.

제14~21권: 순서대로 방초류芳草類 56종, 습초류濕草類 상 53종과 하 73종,

독초류毒草類 47종, 만초류蔓草類 73종, 수초류水草類 23종, 석초류石草類 19종, 태류苔類 16종, 잡초류雜草類 9종이 실려 있고, 그 밖에 많은 풀이 소개되어 있다. 대부분이 산과 들에 야생하는 식물이다. 그 뒤로 곡부穀部와 채부菜部, 과부果部, 목부木部가 이어진다. 이것만 보아도 약이 되는 주된 자연물은 식물이라는 것을 알 수 있다.

제22~25권: 곡류 73종을 싣고 있다.

제26~28권: 채류 105종을 싣고 있다.

제29~33권: 과류 104종을 싣고 있다.

제34~37권: 목류 160종을 싣고 있다.

제38권: 복기류服器類 79종을 싣고 있다. 복백服帛(옷과 천)과 기물器物(종이, 나무 등으로 만든 그릇)을 다루었다.

제39~42권: 충류蟲類 99종을 싣고 있다.

제43~44권: 인류鱗類 59종을 싣고 있다. 물고기를 다룬다.

제45~46권: 개류介類 46종을 싣고 있다. 조개류를 다룬다.

제47~49권: 금류禽類 76종을 싣고 있다. 새를 다루었다.

제50~51권: 수류獸類 96종을 싣고 있다. 포유동물을 다루었다.

제52권: 인류人類 35종을 싣고 있다. 인체의 각 부분이나 분비물도 약으로 사용했다는 내용이 나오는데, 이 가운데는 오줌을 증발시켜 만드는 강장 호르몬제인 '추석秋石'이라는 흥미로운 약도 있다.

NOTES

마노瑪瑙: 화산암의 빈 구멍 내에서 석영, 단백석, 옥수 등이 차례로 침전하여 생긴 것. 장식품이나 공예품으로 쓰인다.

황제내경
(黃帝內經)

BC 200년경에 만들어진 책으로, 음양오행 사상에 기초해 고대 자연철학의 의학 이론과 침구 이론을 서술했다. '황제黃帝'는 황하 유역에 살았던 전설적인 인물이며, '내경內經'이란 내과를 다룬 의서라는 뜻이다. 병의 근원을 묻는 「소문素問」과 침구와 뜸을 다룬 「영추靈樞」의 2부분으로 나누어져 있는데, 전자가 주를 이룬다. 황제와 신하의 문답 형식을 취하고 있다.

INTRO

편저자는 알 수 없으나 『한서漢書』 「예문지藝文志」에 책 제목이 실려 있다. 책 제목 가운데 '황제'는 한족漢族의 시조로 알려진 전설상의 성왕聖王으로, 『사기』에 따르면 토덕土德의 상서로운 징후가 있어 이런 이름을 갖게 되었다고 한다(황제가 다스릴 때 황룡이 나타났기 때문에 황제라 불렸다고 한다. 황색은 오행의 '토土'에 해당한다. 그래서 토의 덕을 가졌다고 하는 것이다).

중국에서는 의학 이론을 기술한 책을 '의경醫經'이라 하는데, 『황제내경』은 가장 오래된 의경이다. 게다가 중국적 사고법의 근본 원리라 할 수 있는 음양오행과 밀접하게 관련되어 있어 후세에 이르기까지 중국 의학의 근간이 되었다.

이 책 자체의 주해註解와 재편찬의 경위는 비교적 명료하다. 남북조시대 말기에 전원기全元起가 흐트러진 원본에 주석을 달아 『전원기주황제소문全元起注黃帝素問』 8권을 정리했다. 이어서 수나라의 학자 양상선楊上善이 「소문」과 「영추」를 합해 『황제내경태소黃帝內經太素』 30권으로 만들었고, 다시 당나라의 왕빙王冰이 그것들을 기초로 『소문』 24권을 복원하고 재편찬했다. 북송 중기에는 인종仁宗의 칙명으로 학자들이 교정을 하여 『중광보주황제내경소문重廣補注黃帝內徑問』 24권을 편찬했다. 그 이후에도 다양한 연구가 계속되었고, 특히 금나라·원나라 시대에 유종소劉宗素 등의 사상가들이 전개한 의학 이론은 모두 「소문」에 기초한 것이다.

『상한론傷寒論』과 함께 고대 중국 의학의 쌍벽을 이루는 책이다. 「소문」은 자연철학 이론이 중심을 이루는 데 비해, 『상한론』은 실제적인 치료를 다루고 있어 대조적이다. 「소문」은 인간의 몸이란 근본적으로 음양의 원리에 따라 움직이며, 그 상태나 변화는 오행의 작용으로 설명될 수 있고, 질병도 그것으로 처치될 수 있다고 말한다. 그러나 늘 변화하는 생명 현상을 이론에 따라 구분하여 설명하는 것 자체는 의의가 있지만, 추상적인 음양 이론이나 오행으로 신체의 감각이나 내장의 상태, 질병의 종류까지 억지로 연결해서 논하는 데는 무리가 있다 하여 후세의 비판을 받게 된다. 「소문」을 개략적으로 설명하고, 「영추」에 대해서도 간략하게 설명하기로 하겠다.

「소문」

제1권 '상고천진론上古天眞論'

황제가 기백岐伯(신하이며 의학에 뛰어난 제자)에게 물었다.

"내가 듣기로 옛날 사람들은 100세가 넘도록 살았지만 조금도 기력이 떨어지지 않았다고 하는데, 요즘 사람들은 50세만 되어도 늙어 버리지 않는가. 이는 시대가 달라서인가, 아니면 생활 방식의 차이 때문인가?"

기백이 대답했다.

"옛날 사람들 중에서도 도를 아는 사람은 음양의 이치에 따라 술수에 화합하고, 음식과 생활에 절도를 지키고, 몸에 무리가 없도록 일을 했습니다. 때문에 몸과 마음이 편하니 천수를 누려 100세까지 살 수 있었습니다. 요즘 사람들은 술을 물처럼 마시고, 늘 무리하게 몸을 움직이고, 술에 취해 여자와 자고, 욕망이 이끄는 대로 정기를 소모해 생명력을 고갈시키고 맙니다. 욕망이 일어나는 대로 쾌락을 좇는 것은 올바른 삶에 반하므로 50세만 되어도 기력이 쇠하고 마는 것입니다. (……)"

제1권에는 이처럼 양생법에 관한 '사기조신대론四氣調神大論' 외의 3가지 이론이 이어지며, 내용은 거의 일반론이다.

제2권은 '음양응상대론陰陽應象大論', '음양이합론陰陽離合論', '음양별론陰陽別論'이라는 논제에서 추론할 수 있듯이, 음양의 원리를 인체에 본격적으로 적용하여 논하고 있다.

다음으로 각 권을 요약하고, 중국 의학에서 옛날부터 중시해 온 맥에 대하여 살펴보기로 하자.

제5권 '평인기상론平人氣象論'

황제가 물었다.

"건강한 사람의 맥은 어떠한가?"

기백이 대답했다.

"건강한 사람의 맥은 숨을 내쉴 동안 2번 뛰고, 숨을 들이쉴 동안 2번 뛰며, 들이쉬고 내쉬는 사이에 숨이 정지할 때 1번 뛰므로, 모두 5번 뜁니다. 그러면 병이 없고 건강합니다. 맥으로 진단하기 위해서는 늘 이 건강한 맥을 기준으로 삼아 환자의 맥을 알아봅니다. (······)"

이 논리는 지극히 상식적인 것이어서 이후 중국 의학에서 '맥'을 해석할 때는 가장 기본적으로 통용되고 있다.

제7권의 '선명오기宣明五氣'에도 기백의 대답으로 보이는 말이 이어진다.

"음식의 5가지 맛이 사람의 몸속에서 흡수되는 장소는 정해져 있습니다. 신맛(산酸)은 간에 흡수되고, 매운맛(신辛)은 폐로 흡수되며, 쓴맛(고苦)은 심장에, 짠맛(함鹹)은 신장에, 단맛(감甘)은 비장에 흡수됩니다. 이것이 '오입五入'입니다. 오장의 기가 상하면 반드시 증세가 나타나는데, 마음이 아프면 희기噫氣(한숨)가 나오고, 폐가 상하면 기침이 나오고, 간이 상하면 말이 과격해지며, 비장이 상하면 위산이 많이 나오고, 신장이 상하면 재채기가 나옵니다. 위가 상하면 구역질이 나고 기분이 나빠지며, 대장과 소장이 상하면 설사가 나고, 하초下焦(배꼽 아래, 방광 윗부분)가 상하면 수분이 많아지며, 방광이 상하면 소변이 안 나오고, 담이 상하면 화를 잘 내게 됩니다. 이것이 '오병五病'입니다. (……)"

이것만 보아도 내장의 작용과 상태, 질병의 증세를 '오행설'에 적용해 설명했음을 알 수 있다. 여기서 다시 개개의 질병(질병의 종류가 아니라 증세의 종류)으로 옮겨 간다.

제11권 '해론咳論'

황제가 물었다.

"폐에서 기침이 나는 것은 무엇 때문인가?"

기백이 대답했다.

"오장육부는 모두 기침을 나오게 하는 원인을 가지고 있습니다. 폐만이 기침을 나게 하는 것은 아닙니다."

황제가 말했다.

"그렇다면 기침의 여러 가지 양상에 대하여 말해 보아라."

기백이 대답했다.

"피부와 털은 폐를 위해 기를 느끼는 곳으로, 피부와 털이 바깥에서 사기邪氣를 받아들이면 그 사기가 폐로 전해집니다. 음식물을 통해 몸에 한기가 들어가면 그 한기가 위에서 폐맥을 따라 폐로 올라가 폐가 한기를 받아들이게 됩니다. 이렇게 하여 안팎의 한기와 사기가 폐에 모이니 폐에서 기침이 나오는 것입니다. (……)"

이처럼 여러 원인이 합해져서 병이 생기는 것이라고 주장한다. 이상의 「소문」편에 비해 「영추」편은 침구鍼灸(침과 뜸) 이론과 경락經絡을 주로 다루었다. 침구와 경락이 후세로 이어져 온 경위는 확실하지 않으나 이러한 의료 기술은 한방약과 함께 현대에서도 활발하게 행해지고 있다.

상한론
(傷寒論)

219년경에 만들어진 책으로, 실제의 치료를 목적으로 일관한, 가장 오래된 의학서이다. 음양 사상을 기반으로 논리 정연하고 알기 쉽게 정리해 서술했다. '상한傷寒'이란 장티푸스와 비슷한 종류의 급성 열병을 말하는데, 중국 남부의 강남 지방에서 자주 발생해 퍼지곤 했다. 고대 의학이나 민간 처방을 널리 조사하여 역병에 대처하고 치료하는 방법을 철저하게 논하고 있다. 10권 22편이며, 간결한 기술이 특징이다.

INTRO

편저자인 장기(자는 중경仲景)는 후한 말기 사람으로 장사長沙의 태수를 지냈다. 권두의 자서에 따르면, 상한이 유행해 친족들이 거의 죽었으며, 그런 불행이 계기가 되어 역병에 대처할 방법을 조사하고 연구해 이 책을 저술했다고 한다. 그는 고대 의학서와 민간요법을 널리 살펴 이 책을 지었다. 그러나 자서를 장중경이 썼다는 확증이 없고, 정사에도 장중경에 대한 기록이 없기 때문에 실존 인물인지 의심하는 설도 있다.

이 책은 세상에 나오자마자 그 실용성 때문에 널리 알려졌고, 임상의들은 '중방衆方의 시조'라 부르며 애용했으며, 세상 사람들은 장중경을 '의중醫中의 아성亞聖'이라 불렀다. 그 무렵 명의로 널리 알려진 화타華陀도 이 책을 높이 평가해 "진실로 사람을 살리는 책"이라고 칭찬했다. 중국에 남아 있는 가장 오래된 의학서로 평가받고 있다.

음양 사상을 기반으로 실제 치료법을 제시

『상한론』의 원문은 전해지지 않지만, 장중경이 편찬한 지 100년이 지난 뒤 서진西晉의 왕숙화王叔和가 여기저기에 목간으로 남아 있던 장중경의 글을 모아 편집했다. 그것이 후대에 다양한 교정을 거쳐 다양한 텍스트로 남게 되었는데, 여기서는 송나라 영종英宗(1065) 때의 교정본을 텍스트로 삼았다.

장중경이 이 책을 저술하게 된 직접적인 동기가 적혀 있다. 전 10권 22편으로 나누어지는 본문 모두가 장중경의 글인지에 대해서는 의문이 제기되기도 한다. 여기서는 순서에 따라 각 권의 제목과 내용을 들고, 본문을 간단하게 인용하겠다.

제1권에는 제1편 변맥법辨脈法과 제2편 평맥법平脈法이 실려 있다. 중국의 전통 의학에서 질병을 진단할 때 가장 중요시하는 것이 맥이다. 변맥법은 다음과 같이 시작된다.

물음:맥에 음양이 있다고 하는데 무슨 뜻인가?

답:양기가 성할 때 나타나는 맥에는 대大·부浮·수數·동動·활滑이 있고, 음이 성할 때 나타나는 맥에는 침沈, 색濇, 약弱, 현弦, 미微가 있다. 음의 질병에 걸렸을 때 양맥이 나타나면 살 수 있지만, 양의 질병에 걸렸을 때 음맥이 나타나면 살지 못한다.

— 동양의학에서는 서양의학에서 말하는 '내진內診'이라는 것을 하지 않고, 오로지 이 맥으로 병을 적확하게 진단하고 올바른 치료법을 판별한다. 이것을 잘할수록 뛰어난 의사로 평가받는다.

제2권에는 제3편 상한례傷寒例와 제4편 변경습갈맥증辨痙濕暍證, 제5편 변태양병맥증병치상辨太陽病脈證并治上이 실려 있다.

그리고 이 제5편에서 제14편까지가 장중경의 원문이라고 한다. 이 편들에는 증세와 증세에 알맞은 구체적인 약물 처방이 기술되어 있어 실제 치료에 응용할 수 있다. 다음은 제5편에서 인용한 것이다.

"태양의 질병은 맥이 뜨고, 머리나 목덜미가 딱딱해지고 오한이 난다."

— 이것은 태양병太陽病의 증세를 설명한 것이다.

"태양의 질병으로 열이 나고 땀이 나며 가벼운 오한이 일고 맥이 느슨한 경우는 중풍中風이다."

— 이것은 오늘날 말하는 '감기'이며, 장중경의 다른 저서 『금궤요략金要略』에 나오는 중풍은 오늘날의 뇌출혈에 해당한다.

3양 3음의 음양설로 모든 질병을 설명

『상한론』에서는 증세에 따라 태양병·양명병陽明病·소양병小陽病의 3양과 태음병太陰病·소음병少陰病·궐음병厥陰病의 3음으로 나눈다. 증세가 나타나는 신체 부위로 말하자면, 3양은 신체의 표면이나 거기에 가까운 곳이고, 3음은 몸속에서 나타난다. 외부에서 침입하는 사기邪氣는 신체의 표면에서부터 점점 안으로 들어가게 되어 태양병으로 진행되고, 더 나아가 궐음병에 이르러서는 중태에 빠지게 된다.

이는 질병의 진행 상태를 나타내는 말이기도 하고, 체질에 따라 다른 증세를 나타내는 말이기도 하다. 이처럼 『상한론』은 오로지 음양설만으로 모든 질병을 설명하는 특징이 있다.

이어지는 권의 순서대로 열거하면 다음과 같다.

제3권 제6편 변태양병맥증병치중辨太陽病脈證并治中
제4권 제7편 변태양병맥증병치하辨太陽病脈證并治下
제5권 제8편 변양명병맥증병치辨陽明病脈證并治

다음은 제8편에서 인용한 것이다.

"양명의 질병이란 위가실胃家實을 말한다."

— 위가胃家는 위와 대장, 소장을 모두 일컫는 말이다. 위가실은 변비로 복부에 팽만감이 있는 상태를 가리킨다.

"태양병을 앓을 때 땀을 많이 흘리거나 소변을 너무 많이 보아서 체액이 부족해지고 위 속이 건조해져서 양명병이 된 것이다. 이럴 때는 대변이 잘 나오지 않는다."

— 태양병을 올바르게 치료하지 못해 양명병으로 옮겨 가는 과정을 설명하고 있다.

양명병에 걸렸을 때 특정한 증세에 대응해 투여하는 약의 처방을 보면 다음과 같다.

대승기탕大承氣湯 : 대황大黃(4량, 술로 씻는다), 후박厚朴(반근, 볶아서 껍질을 벗겨 낸다), 지실枳實(탱자 5개, 볶는다), 망초芒硝(3흡)를 넣고 끓여서 만든다. 이 탕은 복부팽만감이나 변비가 있을 때, 손발에 땀이 날 때 복용한다. 식욕이 없고, 설사를 하고, 몸이 나른할 때도 복용한다.

— 한방은 반드시 여러 종류의 생약을 조합해 사용하는데, 이렇게 하면 각 약제가 단독으로는 발휘할 수 없는 효능을 내고, 특정 약제의 독성을 중화해 주기도 한다.

제9편은 변소양병맥증병치辨小陽病脈證幷治이다.

제6권 이하 제10권까지는 그 밖의 질병에 대한 진단과 치료의 실제 방법이 상세히 서술되어 있다.

위에서 살펴본 것처럼 『상한론』은 실제 진단과 치료에 적용하기 위해 편찬된 책이다. 가장 오래되고 뛰어난 '의방醫方'으로서 후세의 의학에 가늠하기도 힘들 만큼 커다란 영향을 끼쳤다.

진서천문지
(晋書天文志)

630~640년대에 만들어진 책으로, 중국 고대의 풍부한 천문학적 지식을 모아 다채로운 우주 구조론을 상세히 설명하고 있다. 천문 기록과 그에 대한 해석은 역대 왕조의 달력 제작에 귀중한 자료가 되었고, 또 왕조의 운명이나 대국의 명운을 읽는 점성술에도 활용되었다. 이런 까닭에 천문학은 정사에 기록되었다.

INTRO

진나라 왕조는 3세기 후반에서 5세기 초에 걸쳐 존속했는데, 그 정사인 『진서晉書』는 훗날 당나라 제2대 황제 태종의 칙명으로 편찬되었다. 「천문지」는 천문 역법의 대가인 이순풍이 담당했는데, 그는 또 『진서』 가운데 「율력지律歷志」도 집필했으며 점술에도 뛰어났다.

중국에서는 역대 왕조 최초의 정사인 『사기』 때부터 천문과 관련된 내용이 기록되었다. 『사기』에서는 '천관서天官書'라는 제목으로 많은 별자리에 당시의 관직명을 붙였다. 독특한 '천자' 사상에 바탕을 두고 왕조의 정치 체제를 하늘의 일과 연결했던 것이다. 따라서 당연히 천문 기록 자체는 점성술적 내용이 주를 이루었다. 그다음의 『전한서前漢書』와 『후한서後漢書』에서는 「천문지」로 편제가 고정되었고, 내용 면에서는 『사기』 「천관서」의 왕조 점성술 사상을 이어받으면서도 점차 과학적인 천체 관측 기록이 늘어났다.

이러한 경위를 거쳐 성립한 이순풍의 『진서천문지』는 고대 천문학의 정체적인 모습과 관측 기록, 그에 따른 판단 등을 잘 정리해 중국 천문학의 대표적 저작이 되었다. 전체는 3권 22항목으로 나누어져 있으며, 그 무렵 천문학의 전체적인 모습과 관측 기록, 그에 따른 판단을 담고 있다.

상권 – 천지의 움직임을 구별해 과거를 기억하고 미래를 예견

먼저 도입하는 서문에서 시작해 각 항목의 기술로 옮겨 간다.

옛날 포희庖犧는 복희伏犧의 다른 이름으로, 전설상의 성인이다. 그는 자연의 기호를 관찰하고, 그 준칙을 연구하고, 신령의 움직임을 이해하고, 천지의 움직임을 구별했다. 이렇게 하여 과거를 기억하고 미래를 예견하며, 사람이나 물질을 판단해 정치를 행할 수 있었다. 『역경』에서는 "하늘은 기호를 전달하고, 길흉을 표현한다. 성인은 그것을 상징화한다"라고 했다. 이것이 천문, 곧 하늘의 문양을 관찰하고, 다가올 변화를 사람들에게 알리는 일이다.

하늘의 형상(일종의 우주 구조론)

예부터 하늘을 논하는 사람들 가운데는 세 학파가 있었다. 첫째 학파를 개천蓋天이라 하고, 둘째 학파를 선야宣夜라 하며, 셋째 학파를 혼천渾天이라 한다. 후한의 영제靈帝 때, 채옹蔡邕은 삭방군朔方郡에서 천자에게 문서를 올리면서 이렇게 말했다.

"선야의 학문은 그 학설이 모두 사라지고 말았습니다. 주비周髀의 기술技術은 온전히 남아 있지만, 하늘의 상태를 실제로 조사해보면 차이가 난다는 것을 알 수 있습니다. 그리고 오직 혼천만이 하늘의 상태를 잘 파악하고 있음을 알 수 있습니다."

── 우주 구조론의 3가지 학설 가운데 개천설(주비의 기술)과 혼천설만이 가치가 있다는 말이다. 채옹 자신은 후자를 더 선호했다. 또한 주비의 법은 『주비산경周髀算經』 2권으로 오늘날까지 전해지고 있다. 다음은 이 2가지 설을 설명하는 부분을 들어 보자.

채옹이 말하는 주비란 개천설이다. (……) 그 설에 따르면, 하늘은 우산과 비슷하고 땅은 사발을 뒤집어 놓은 것같이 생겼다. 하늘과 땅은 제각기 중심이 높고 바깥쪽이 낮다. 북극의 아래가 천지의 중심이다. 그 땅은 가장 높아서 마치 물이 흘러 떨어지듯이 사방으로 떨어져내리고, 해와 달과 별이 숨기도 하고 비치기도 하여 낮과 밤이 생긴다.

단양丹陽 사람 갈홍葛洪은 이렇게 설명했다.

"『혼천의주渾天儀注』(장형張衡이 지은 책)에 이런 말이 있다. 하늘은 달걀과 같다. 땅은 달걀의 노른자에 해당하고 홀로 하늘의 내부에 있다(따라서 달걀의 껍데기 같은 것이 하늘일 것이다). 하늘은 크고 땅은 작다. 하늘의 겉면과 뒷면에는 물이 있다. 하늘과 땅은 모두 기를 타고 자리를 잡으며, 물을 타고 운행한다. 주천周天은 365와 4분의 1도이다. 그것을 반으로 나누면 그 반은 땅 위를 덮고, 나머지 반은 땅 아래를 감싼다. 그러므로 28수宿는 반만 보이고 반은 숨어 있다. 하늘의 회전은 수레의 바퀴가 움직이는 것과 같다."

— 저자 이순풍은 혼천설을 신봉하는 사람들의 실험적인 논증이나 사고 논리를 들어 이 설이 뛰어나다고 판단했다. 예를 들면 후한의 장평자張平子가 구리로 만든 혼천의渾天儀(혼천설에 기초해 만든 천체 모형)를 밀실에 두고 그 옆에 사람을 지키게 하여 시간의 흐름에 따라 혼천의가 나타내는 천문 현상(별의 출몰 등)을 천문대에서 관찰하는 사람에게 시시각각 전달했더니 모든 것이 한 치의 오차도 없이 맞아떨어졌다고 한다. 이렇게 하여 혼천의 도리는 증명되었다는 결론을 내린다. 이 뒤에는『사기』「천관서」에서 시작된 관직과 별자리의 연관성이 기술된다.

중권 – 천문 현상에 대해 점성술로 해석

일월日月과 오행성五行星, 거기서 나타나는 현상과 일식, 혜성, 유성 등 주로 태양계와 관련된 천문 현상과 그에 대한 점성술 해석을 담고 있다.

일월과 행성

"해는 태양(순수한 양기)의 정수이다. 사람들에게 은덕을 베풀고 길러 주는 일을 주재하므로 군주를 상징한다. (……) 달은 태음(순수한 음기)의 정수이다. 해에 비한다면 여왕을 상징한다. 덕에 비한다면 형벌의 의미이며, 궁정의 서열로 본다면 제후나 대신에 속한다.

세성歲星(목성)은 동쪽, 봄, 나무의 징표이다. 사람의 오상五常(인人·의義·예禮·지智·신信) 가운데 인에 해당하고, 오사五事(모貌·언言·시視·청聽·사思) 가운데서는 모(생긴 모습이나 행동거지)에 해당한다. (……)"

— 이상은 해와 달, 목성에 해당하는 것인데, 천문 현상을 설명하는 기본 원리로서 음양오행의 사상을 적용하고 있음을 알 수 있다. 『황제내경』에서 인체를 설명할 때와 마찬가지로, 모든 자연 현상은 음양오행사상을 바탕으로 설명되고 해석된다.

하권 – 천문 현상과 역사적 사건의 관계를 서술

달과 행성의 운행에 관한 내용이다. 달과 행성이 황도 위를 이동하며 각 성좌를 드나드는 현상과 함께 지상에서 일어나는 다양한 정치적·군사적 사건과의 관련성, 그리고 몇 가지 이상한 움직임을 보이는 별들에 대해서도 똑같은 원리로 설명하고 해석한다.

"위魏나라 명제明帝 때인 태화太和 5년(231) 5월에 형혹熒惑(화성)이 방숙房宿(별자리의 하나)을 침범했다. 점술에 따르면, '방숙 4성은 고굉股肱(다리와 팔)과 같은 신하와 장상將相의 위치에 해당한다. 달이나 혜성이 이것을 범하면, 장상이 불행해진다'고 했다. 그해 7월에 거기장군車騎將軍 장합張郃이 제갈량을 추적하다가 죽고 말았다."

천공개물
(天工開物)

1637년경에 만들어진 책으로, 모든 산업 부문을 망라한 특이한 산업백과전서이다. '천공天工'이란 인공人工에 대한 자연력을 뜻한다. 이 자연력을 이용하는 인공이 '개물開物'이다. 인공은 '천공'을 기초로 하여 성립한다는 사상으로 일관하고 있다.

INTRO

저자인 송응성은 자가 장경長庚으로, 명나라 말기에서 청나라 초기에 활동했던 강서성 봉신현奉信懸 사람이다. 만력萬曆 43년(1615)에 향시에 합격했다. 그 뒤 강서성에서 교육에 종사했는데, 『천공개물』 서문을 이 무렵에 썼다. 숭정崇禎 14년(1641)에 안휘성 박주亳州의 장관이 되었으나 3년 뒤 사임하고 고향으로 돌아가 살았다.

그가 태어난 강서성은 특산물이 풍부하고 농업·광업·도예업·제지업과 같은 산업이 발달하여 이 책을 쓸 만한 환경이 조성되어 있었다. 이 책의 수록 범위는 중국의 주요 산업을 모두 망라하는, 그야말로 중국 산업기술의 백과전서이다. 문인이 중시되고 산업이나 기술은 경시되던 중국에서는 특이한 존재이며, 그만큼 과학기술사에서 가치를 지닌다. 또한 이 책은 자세한 설명과 함께 간략한 삽화를 많이 넣어서 내용을 알기 쉽고 정확하게 기술하고 있다. 3권 18편으로 이루어져 있는데, 식품 생산과 관련된 사항이 가장 많고, 그다음으로 의복 염색 부문, 채광과 금속 가공 부문이 많다.

서문 - 농업은 하늘이 행하는 신성한 일

"천지 사이에는 1만 가지가 넘는 사물이 있다. 그 모든 것은 절대로 사람의 힘으로 만들어 낼 수 없다. 이처럼 사물이 헤아릴 수 없이 많기 때문에, 그것을 관찰하고 연구해서 과연 얼마나 많은 지식을 얻을 수 있을지 모를 일이다. (……) 책의 순서는 오곡을 소중히 여기고 금옥을 비천하게 여긴다는 기본 이념에 따랐다. 천문과 악률樂律을 다룬 2권은 원래 정교한 학문이며 나의 임무가 아니라고 생각되어 출판에 즈음해 빼 버렸다. 학문에 전념하는 사람들은 이 책을 그저 책상에 앉아서만 보기 바란다. 이 책의 내용은 출세와는 아무런 관계가 없기 때문이다."

상권 – 음식과 의복의 기원 및 생산 방법

음식과 의복의 생산에 관해 말하고 있다.

1. 곡류

"나는 이렇게 생각한다. 먼 옛날 신농씨神農氏가 존재했는지는 명확하지 않지만, 신농이라는 두 글자를 이름으로 삼은 것으로 보건대 농업을 신성시했음을 알 수 있다. 그 정신은 오늘날에도 전해진다. 인간은 오곡의 힘에 의지하지 않고서는 오래 살아갈 수 없다. 그러나 그 오곡도 그냥 생기는 것이 아니라 인간이 기르는 것이다. 토질은 시대와 함께 바뀌고, 품종은 토지의 상태에 따라 다르다. 만일 그렇지 않다면, 신농씨에서 도당씨陶唐氏(요임금)까지 1,000년이나 곡식을 먹고, 신농씨가 쟁기 사용법을 가르쳐서 빠른 시기에 품종이 좋아졌음에도 불구하고 후직后稷(주 왕조의 시조)에 이르러서야 비로소 여러 가지 뛰어난 품종이 생겨난 이유는 무엇인가? 귀족의 자제는 백성을 마치 죄인처럼 생각하고, 학자 집안은 농부를 깔본다. 이들처럼 매일같이 오곡을 먹으면서 그 유래를 잊어버린 사람이 많다. 무릇 농업을 첫째로 하고 거기에 '신神'을 연결하는 것은 오곡이 인력으로 만들어지지 않기 때문이다."

농업은 하늘이 행하는 신성한 일이라는 중국 특유의 사고가 드러나 있다. 이 뒤로 곡류의 명칭과 벼, 보리 등 주요 곡물에 대한 설명이 이어진다.

2. 의복

"나는 이렇게 생각한다. 만물의 영장인 사람의 몸에는 여러 가지 기관이 갖추어져 있다. 눈부신 문양으로 장식한 제왕은 긴 옷을 드리우고 천하를 다스린다. 비천한 사람은 거친 옷으로 겨울 추위를 견뎌 내고, 여름의 햇살을 가린다. 그렇게 하여 자연스럽게 짐승과 자신을 구별한다. 그 때문에 조물주는 의복의 재료를 주었다. 초목에서 얻을 수 있는 재료로는 면棉·마麻·경苘(어저귀)·갈葛(칡)을 들 수 있고, 금수나 곤충에서 얻을 수 있는 재료는 모피·모직물·비단·진면眞綿이 있다. 동물과 초목에서 얻는 재료는 의복으로 쓰기에 충분하다. (……)"

이어서 누에에서 견직물을 만들기까지의 생산 공정이 상세하게 설명된다. 그리고 목면과 양모로 이어진다.

3. 염색

염료는 모든 식물에서 취할 수 있으며, 쪽이나 홍화, 황벽黃檗 등과 같이 잘 알려진 것이 주를 이룬다는 내용을 설명하고 있다.

4. 조제調製

곡물을 정백·제분하는 방법을 설명했다.

5. 제염製鹽

해염海鹽과 지염池鹽, 정염井鹽 등의 채취 방법을 설명했다.

6. 제당製糖

감자甘蔗(사탕수수)로 설탕을 만드는 방법과 백설탕을 만든 내용이 실려 있다.

중권 – 도예법과 제지업 등의 가공 방법 기술

7. 제도製陶

기와에서 시작해 유명한 경덕진景德鎭●의 도자기 제조법까지 설명했다.

8. 주조鑄造

솥·종·동상·대포·거울·동전 등의 제품을 종류별로 설명하고 있다.

9. 주거舟車

해양선을 설명한 항목 가운데 나경반羅經盤(나침반)에 대한 기술이 있다. 중국에서 자침磁針을 항해에 이용한 것은 11세기부터이며, 세계에서 가장 빨랐다. 다만, 원추형 축으로 자침을 지탱하는 형식의 나침반은 명나라 때부터 사용되었는데, 여기서 말하는 나경반도 그와 같은 형태였을 것이다.

"(……) 배의 앞머리와 후미에 각각 나경반을 놓고 방향을 정한다. (……) 어느 나라, 어느 섬으로 가기 위해서는 어떤 방향으로 가야 하는지를 나경반이 가리켜 준다. 이것은 인간의 지혜로 만들어 낸 것이 아닐까 한다. (……)"

10. 단조鍛造

철을 단련하는 일반적인 방법을 설명하고, 도끼와 곡괭이·줄·톱·송곳 등의 제조법을 기술하고 있다. 닻의 제조법을 긴 문장으로 설명하고 있는데, 거대한 닻을 많은 사람들이 함께 만드는 모습을 담은 그림은 흥미롭다.

11. 배소焙燒

석탄·굴 껍데기·석회·반석礬石·백반白礬·청반靑礬·홍반紅礬·황반黃礬·담반膽礬·유황·비석砒石의 채취법과 제조법 등을 기술하고 있다. 비석에 관한 내용 가운데에는 사람이나 생물에 해를 끼치는 점에 대한 설명도 있다. '반礬'은 각종 금속에 포함된 유산염硫酸鹽을 말한다.

"비석을 구울 때, 곁에 있는 사람은 반드시 바람이 닿지 않는 10여 장의 거리만큼 떨어져 있어야 한다. 바람을 맞받는 곳에 있는 초목이 모두 말라 버릴 정도이기 때문이다. 비석을 굽는 사람은 2년만 일하고 직업을 바꾸어야 한다. 그렇지 않으면 머리카락이나 수염이 빠져 버린다. 이 물질은 조금만 먹어도 죽는다. 그런데도 매년 1,000만 근이나 소비되는 것은 산서 지방에서 콩이나 보리 씨앗을 파종할 때 종자에 섞기도 하고, 쥐를 몰아내는 데도 사용하기 때문이다."

12. 제유製油

식용 참기름을 비롯해 등불을 켤 때 쓰는 잣나무 기름을 만드는 법을 설명했다.

13. 제지製紙

종이는 한나라의 채륜蔡倫이 세계에서 최초로 만들기 시작하여 당나라 때 아라비아인이 그 기술을 유럽으로 전했다는 내용이 실려 있다.

하권 – 금옥의 가치와 생산 방법 기술

14. 오금五金(제련製鍊)

"나는 이렇게 생각한다. 사람에게는 10가지 등급이 있다. 왕에서 최하급 관리에 이르는 등급 그 가운데 하나만 없어도 사회의 질서는 흐트러지고 만다. 대지가 5가지 금속을 만들어 내고, 천하 사람들에게 활용되는 것도 그와 같다. 귀중한 금속은 1,000리 떨어진 곳에 산지가 있고, 아무리 가까워도 500~600리는 떨어져 있다. 그러나 비천한 금속은 교통이 조금 불편하기는 하지만 아무 데나 흩어져 있다. 황금처럼 귀중한 것은 그 가치가 쇠의 1만 6,000배나 되지만, 쇠로 만든 솥과 냄비, 도끼 같은 것이 없으면 아무리 황금이 귀하다 하더라도 아무 소용이 없다. (……)"

"황금은 금·은·동·철·주석 등 5가지 금속의 우두머리로, 한번 녹여서 형태를 만들어 놓으면 아무리 세월이 지나도 변하지 않는다. 은은 수로堅爐에 넣어도 줄지 않지만, 다만 불길이 강할 때 풀무로 바람을 불어 넣으면 불꽃이 흩어지다가 금방 사라져 버리고 다시 풀무를 밟아도 더 이상 나타나지 않는다. 그러나 황금의 경우에는 힘껏 풀무를 밟으면 바람이 들어갈 때마다 불꽃이 튀고, 밟으면 밟을수록 불꽃이 왕성하게 나타난다. 황금을 귀중하게 여기는 까닭도 여기에 있다. (……)"

이어서 은·동·아연·철·주석·납 등에 관한 내용을 기술했다. 여기에 철에 관한 내용을 조금 인용하겠다.

"강철의 제련법은 이렇다. 먼저 달아오른 쇠를 두드려서 손가락 끝 정도로 얇게 하고, 길이는 1촌 반으로 한다. 이 철편을 모아서 단단히 묶고, 생철을 그 위에 올려둔다. 그런 다음 낡은 짚신으로 그 위를 덮고(진흙은 끈적거리기 때문에 빨리 타지 않는다), 그 바닥에 진흙을 발라 수로에 넣은 다음 풀무로 바람을 불어넣는다. 화력이 세지면 생철이 녹아 숙철熟鐵 안으로 스며들어 섞인다. 그것을 꺼내 두드리고 또 두드린다. 한 번으로는 안 된다. 이것을 단강團鋼 또는 관강灌鋼이라고 한다. 일본에는 도검을 잘 만드는 기술이 있는데, 그 도검을 방 안에 두면 빛이 난다고 한다. 그들의 도검은 생철과 숙철을 서로 결합하는 정련법으로 제조하지 않는다고 한다. 그들은 우리 중국의 철을 하등품이라고 부른다. (……)"

15. 병기

화살과 노, 간干(방패), 화약의 재료, 화기 등에 대해 설명하고 있다.

16. 주묵朱墨

'주朱와 묵墨은 서재의 보물이다'라고 말하고 있다.

17. 양조釀造

주모酒母(주조용)와 신국神麴(약용), 단국丹麴(방부제) 등에 대하여 기술해 놓았다.

18. 주옥珠玉

방蚌(진주조개)이 달빛을 받아 달의 정기로 진주를 만든다고 설명하고
있다. 그리고 보석과 옥에 대한 기술로 이어지는데, 옥도 달의 정기를 받
아 형성된다고 기술해놓았다.

경덕진景德鎭 : 중국 강서성의 북동부에 있는 도시로, 부근에서 도토陶土와 유약의 원료가 산출되어 한
나라 때부터 도시 전체가 도자기를 굽기 시작했다. 이곳에서 만들어지는 도자기는 공물품으로 유명
하다.

다경
(茶經)

770년경에 만들어진 최초의 다도서로, 차를 마시는 풍습이 널리 퍼진 당나라 중기에 간행되었다. '다경'이란 차의 교과서라는 뜻이다. 상·중·하 3권으로 나누어져 있으며 각각 10편으로 구성되어 있다. 차의 기원에서 시작해 도구와 끓이는 법, 마시는 법을 정신적·미적인 감각으로 풀어 쓴 글이다.

INTRO

저자 육우는 8세기 때 당나라 호북성 사람이다. 3세 때 고아가 되어 승려원에서 자라다가 도망친 뒤 연극배우 집단에 들어가 그 집단의 우두머리가 되었다. 뒷날 상원上元 초년(760)에 호주湖州 근교에 있는 경승지 초계苕溪에 은거해 자유롭게 살며 문인·학자들과 교류하면서 일생을 보냈다.

집착이 강한 성격의 소유자였던 육우는 차에 깊이 빠져들어 차와 관련된 생활의 성과를 초계에 은거하여 『다경』으로 집약했다. 이 책이 나오면서 차를 마시는 풍습이 점점 널리 퍼져나가자, 차를 파는 사람들은 도자기로 육우의 상을 만들어 부뚜막의 굴뚝 곁에 놓아두고 다신茶神으로 소중히 모셨다고 한다. 다도로 이름이 알려진 뒤부터는 때로 고관의 집에 드나들며 차를 끓여 주기도 했다. 그렇게 하여 그는 중국 다도의 시조가 되었다.

당나라 병차를 중심으로 기록한 최초의 다도서

차의 원산지는 인도의 아삼Assam 지방이다. 중국에는 아주 오래전에 운남雲南을 거쳐 사천四川을 통해 전해진 것으로 보인다. 한漢나라 때에는 이미 사천 사람이 차를 마시고 있었다. 그것이 양자강을 따라 내려와 강남으로 전해졌고, 남북조시대에 북조인은 유제 음료를 마시고, 남조인은 차(명茗이라 불렀다)를 마셨다고 한다.

수나라와 당나라에 이르러 남북이 통일되자, 차 마시는 풍습이 화북 지방까지 전해졌다. 일반 민중이 차를 마시기 시작한 것은 8세기 당나라 현종 때부터이며, 그 풍조를 반영해 이 책의 저자인 육우와 같은 다인茶人이 나타나기에 이르렀다.

상권은 원源(차의 기원), 구具(제차 도구), 조造(차 제조법)에 대하여, 중권은 기器(차 그릇)에 대하여, 하권은 자煮(끓이는 법), 음飮(마시는 법), 사事(차에 관련된 문헌), 출出(산지), 약略(약식 차), 도圖(위의 내용을 제각기 그림으로 그려서 걸어 두기를 권하는 내용) 등이 총 3권 10편으로 정리되어 있다. 그러나 여기에 기술된 차 마시는 법은 오늘날 한국이나 일본에서 즐기는 말차抹茶● 나 전차煎茶●와는 다른 것으로, 당나라 시대 특유의 병차餅茶에 관한 내용이다. 병차는 잎을 쪄서 맷돌로 간 후 떡처럼 덩어리로 만들어 건조시킨 것인데, 그것을 굽거나 간 후 분말로 만든 다음 뜨거운 물에 타서 마시거나 끓여서 마시는 것이다.

『다경』은 차를 끓이는 법과 마시는 법에 일종의 정신적인 가치를 두고 미학적으로 기술했다.

제1편 「차의 기원」에는 이런 말이 있다.

"차에는 진정 작용이 있으므로 정려精勵하고 근검勤儉한 사람에게 적합하다."

또 제4편 「다기」에서는 이렇게 말하고 있다.

"완盌(찻잔)은 월주越州(절강성浙江省 소흥紹興 부근)에서 만들어진 것이 으뜸이고, 그다음은 정주鼎州(섬서성陝西省 경양涇陽)라 할 수 있고, 이어서 무주婺州(절강성 금용金茸)와 악주岳州(호북성 악양岳陽), 수주壽州(안휘성安徽省 수壽), 그리고 홍주洪州(강서성 남창南昌) 순이다.

형주邢州(하북성 형대邢臺)의 찻잔을 월주보다 높이 치는 설도 있지만, 결코 그렇지 않다. 형주의 도자기를 은이라고 한다면 월주의 도자기는 옥과 같다. 이것이 형주가 월주에 미치지 못하는 첫 번째 이유이다. 형주의 도자기를 눈이라고 한다면 월주의 도자기는 얼음과도 같다. 이것이 형주가 월주를 넘어서지 못하는 두 번째 이유이다. 형주의 도자기는 하얗기 때문에 차 색깔이 불그스름하게 보이지만, 월주의 도자기는 푸르기 때문에 차의 색깔이 녹색으로 보인다. 이것이 형주가 월주에 미치지 못하는 세 번째 이유이다."

입에 넣으면 쓰고, 목으로 넘기면 달콤하다

이러한 평가를 통해 차를 마시는 행위에도 미적인 면을 중시했음을 알 수 있다. 이어서 다음의 기술을 통해서는 당나라 때에 마시던 차가 담황색淡黃色이었다는 사실을 알 수 있다.

"차의 색깔은 상緗(담황)이고, 그 형馨(향기)은 아름답다. 입에 넣으면 쓰고, 목으로 넘기면 달콤하다."(제5편)

찻잎을 쪄서 갈거나 구우면 엽록소가 변해서 담황색이 된다. 푸른색 월주의 도자기에 담황색 차를 넣으면 녹색으로 보이는 것은 당연하다.

차의 맛에 대한 표현 또한 너무도 적절하다.

차 끓이는 물도 소홀히 할 수 없다.

"그 물은 산수山水(산의 물)를 사용하는 것이 가장 좋고, 그다음은 강수江水(강물)이며, 우물물은 그다음이다. 산수는 유천석지乳泉石池(종유동鍾乳洞, 곧 석회암 동굴에서 솟아오르는 물)에서 천천히 흐르는 물이 가장 좋다."(제5편)

중국의 우물물은 거의가 경수硬水이기 때문에 마시기에 적절치 않고,

종유동의 용천수는 미네랄이 많이 함유되어 가장 맛이 좋다.

물을 끓이는 방법에 대한 설명도 있다.

"그 물이 물고기 눈알처럼 방울이 떠올라 약간 소리를 내는 것을 일비
一沸라고 한다. 솥 가장자리로 샘물이 솟아오르듯 거품이 연속해 올라오
는 것을 이비二沸라 하고, 물이 끓어올라 표면이 마구 흔들리는 것을 삼
비三沸라고 한다. 그 이상 끓이면 안 된다. 일비에서 뜨거운 물과 말차를
적당량 섞은 다음 소금을 넣어 맛을 낸다. (……) 이비에서 뜨거운 물을
한 바가지 떠낸 뒤 대나무 젓가락으로 뜨거운 물의 중심을 둥글게 저으
면서 적당한 양의 말차를 중심에 넣는다. 잠시 그대로 두면 뜨거운 물이
거친 파도처럼 거품을 내게 되는데, 그때 미리 퍼 둔 뜨거운 물을 부어
파도를 잠재우고 차에 거품이 일게 한다."(제5편)

이처럼 당나라 때의 차 마시는 법은 병차를 가루로 만들어 소금을 조
금 넣고 가마에서 끓이는 것이었다. 오늘날 몽골이나 티베트에서 차를
끓이는 방법과 비슷하다.

티베트나 몽골에서는 전차磚茶라는 차 덩어리를 으깨서 끓인 다음, 거
기에 소금을 넣어 다즙茶汁을 만든 뒤 우유와 섞어 마신다. 다즙을 만드
는 과정까지는 당나라 때의 차 끓이는 방식과 동일하다.

NOTES

말차抹茶：차나무의 어린 순을 말려 가루로 만든 차.
전차煎茶：찻잎을 다기茶器에 담고 끓인 물을 부어 우려내서 마시는 차.

역대명화기
(歷代名畵記)

835년경에 만들어진 회화사서이며, 전 10권으로 구성된다. 중국 화가 371명의 전기와 함께 회화에 관한 자료와 지식, 논의 등이 담겨 있다. 제1~3권에는 회화에 관한 자료를 기술했고, 제4권부터는 중국 화가들의 전기를 실었다. 화론과 화사를 종합하여 회화사를 정리하는 방식은 이『역대명화기』가 처음이며, 그 뒤로 이 체계를 계승해 『도화견문지圖畵見聞志』, 『도희보감圖繪寶鑑』 등이 편찬되었다.

당나라의 화사畵史와 화론畵論을 집성한 것으로, 중국회화사의『사기史記』와도 같은 책이다.

저자 장언원은 진晉나라 문인 장화張華의 후손으로, 산서山西의 명문에서 태어나 건부乾符 연간(874~879)에 대리사경大里寺卿(최고재판소 장관)에 오른 인물이다.

그의 가문은 당나라 현종 때의 재상 장가정張嘉貞, 덕종德宗 때의 재상 장연상張延賞, 헌종憲宗 때의 재상 장홍정張弘靖 등 3대에 걸쳐 재상을 배출한 명문으로 한결같이 서화에 대한 취미가 깊었고, 화서 수집은 궁중의 수집에 필적할 정도였다고 한다.

그런 가문에서 자란 영향으로 장언원은 서화를 수집하고 감정하는 데 모든 열정을 쏟았고, 그 결정체로 서법 문헌을 집성한『법서요록法書要錄』 10권과『역대명화기』10권을 저술했다.

이 책의 전반부인 제1~3권은 중국 회화와 그 역사에 관한 기초적인 이론을 담고 있고, 후반부인 제4~10권은 상고시대부터 당나라 말기의 회창會昌 원년(841)까지 활동한 화가 270명의 전기를 시대순으로 모은 것이다.

전반부의 내용을 구체적으로 살펴보면, 제1권은 중국 회화의 원류와 효용, 회화 수집의 역사, 육법六法과 제작 태도, 산수수석山水樹石의 묘사 방법의 변천 등을 논하고 있다. 제2권은 진晉나라 시대 이래로 활동한 화가의 사제 관계, 고개지顧愷之 · 육탐미陸探微 · 장승요張僧繇 · 오도현吳道玄이라는 네 거장의 필법의 차이점, 비평의 기준, 모사模寫 기법, 그림의 가격, 감정과 수장收藏에서의 주의점 등을 논하고 있다. 제3권은 작품의 낙관落款, 표구 방법, 장안과 낙양의 불사도관佛寺道觀에 그려진 벽화 등의 항목에 관한 논의와 감상법을 기록하고 있다. 또한 후반부에 실려 있는 화가의 전기 가운데는 저자의 논평도 곁들여 있다.

이처럼 장언원은 당시까지 출간되었던 회화 관련 서적들과 일반서를 바탕으로 흩어져 있던 회화 자료를 정리하고 나아가 자신의 견해를 덧붙여 중국 최초로 화론과 화사를 종합했다.

개자원화전
(芥子園畵傳)

『개자원화보芥子園畵譜』라고도 한다. 제1집은 전 5권으로 1679년에 간행되었으며 왕개가 단독으로 저술하였다. 제2집과 제3집은 왕개와 그 형제인 왕시王蓍, 왕얼王臬이 함께 편찬하였으며 모두 1701년에 출시되었다. '개자원芥子園'이라는 이름은 난징南京에 있던 이어李漁●의 별장 이름에서 따왔다.

중국화의 기본적인 이념이나 묘사 방법을 예시한 청나라 때의 초학자용 입문서이다. 그림을 배우는 데 꼭 필요한 내용을 담고 있어 많은 독자들을 확보했다.

저자 왕개는 청나라 초기 강희康熙 황제 시대 때 화가로, 남경에 살면서 산수화를 잘 그렸다.

제1집 5권은 왕개가 단독으로 쓴 것이고, 제2집 8권과 제3집 4권은 왕개와 왕시, 왕얼의 공저이다. 중국 회화책 가운데 가장 널리 읽힌 책으로, 간행본 외에도 수많은 판본이 있는데, 그러한 통행본通行本의 대부분은 후세 사람이 내용을 덧붙여 권수가 늘어났다. 그리고 통행본 가운데는 원간본原刊本과는 아무 관계도 없는 제4집이라는 위서가 덧붙여진 것도 있다. 제1집 1권은 '청재당화학천설靑在堂畵學淺說'이라는 제목 아래 우선 '회화 18칙'이라는 부분에서 중국화의 근본 이념을 간략하게 설명하고, 이어서 '설색각법設色各法 26칙'을 들어 물감의 종류와 성질, 제조법, 사용상의 주의점, 먹·맥반·비단·종이에 대한 해설에서 낙관까지 초학자에게 필요한 지식을 망라하고 있다. 제2권은 중국화에서 중요한 지위를 차지하는 수목이나 잎을 그리는 방법을 예를 들어 보여 주고, 제3권은 돌과 바위, 봉우리, 폭포 등을 그리는 법, 제4권은 점경인물點景人物과 점경조수點景鳥獸, 가옥·성곽·교량·사원을 그리는 방법을 그림으로 예시하면서 해설하고 있다.

제1집에 이어가 쓴 서문에 따르면, 이어의 사위인 심심우沈心友가 왕개에게 의뢰해서 심씨 가문에 전하던 이류방李流芳의 화보를 토대로 크게 손질을 가해 만들었다고 한다. 제1집이 완성되자 그것을 보고 문인들이 높이 평가했고, 속편을 요구하는 목소리가 많아졌다. 그래서 왕개는 그의 동생 왕시를 불러 왕얼과 함께 매난국죽梅蘭菊竹을 그리는 방법을 예시하는 제2집을 편집했다. 제3집에서는 꽃을 그리는 다양한 방법을 예시하고 있다.

NOTES

이어李漁 : 1611~1685. 명나라 말기에서 청나라 초기까지 활동한 희곡 작가로, 16종의 희곡을 만들었다. 대표작으로는 『입옹10종곡』이 있다. 통속적인 창과 평이한 대사로 대중심리에 부합되는 작품을 만들었다.

율려신서
(律呂新書)

중국 남송 시대에 만들어진 음악 이론서이다. 이 책은 1415년 명나라 영락황제 때에 간행된 『성리대전性理大全』에 수록되어 있다. 세종 1년(1419)에 『성리대전』을 수입하면서 『율려신서』도 우리나라에 들어오게 되었고, 이후 조선의 아악을 정비하는 데 중요한 영향을 미쳤다. 내용은 『율려본원律呂本源』과 『율려증변律呂證辨』, 2부분으로 나누어진다.

남송 시대에 쓰인 창의적인 음악 이론서이다. 이 책은 음악 이론서이지만 미학이 아니라 이른바 악리樂理를 논한 글이다.

저자 채원정은 건주建州의 건양建陽 사람으로, 주자에게 배웠다는 이유로 '위학僞學의 금禁'(주자가 권신 한탁주韓侂冑의 미움을 받아 저서의 유포를 금지당한 일) 사건에 연루되어 도주道州(호남성湖南省)로 유배되었다가 죽은 유학자이다.

이 책은 상하 2권으로 이루어져 있다.

상권 『율려본원』에서는 12율律과 5성聲 등의 음조직과 음계론 등을 설명하고 있고, 하권 『율려증변』에서는 음조직과 음계론을 더욱 상세하게 설명하면서, 18율이라는 저자의 독창적인 이론을 제시했다.

중국 음악의 음조직의 기초는 12개의 절대음인 '12율'이다. 중국에서는 한漢나라 이래로 이른바 삼분손익법三分損益法(어떤 음높이의 현 길이를 3분의 1로 줄이면 완전5도 위의 음을 내는 제2의 현이 되고, 제2의 현 길이의 3분의 1을 늘인 현은 제2의 현보다 완전 4도 아래의 음이 나온다. 이것을 순차적으로 거듭하면 12

율이 된다)을 이용해 12율을 만들었다.

그러나 삼분손익법으로 구한 12율은 평균율이 아니며, 12개의 각 율 사이의 음정은 정확히 등분된 반음이 아니다. 따라서 삼분손익법을 거듭해 12율을 산출해 나가면 13번째는 한 옥타브 높은 음이 되어야 하지만 실제로는 조금 높게 빗나간 음이 된다.

채원정이 제시한 이론은, 최초의 12율에 이 어긋남을 제외한 6개의 변율變律을 더해 '18율'로 음계를 만들면 올바른 12조의 7음계가 만들어져 연주하는 데 편리해진다는 실용적인 안이다. 주자가 이 이론을 높이 평가한 탓에 후세에 자주 문제로 부각되었고 많은 주석서가 나왔지만, 결국 실용화되지 못했다.

이 변율을 사용하지 않고 음계와 일치하는 12평균율을 산출한 사람은 명나라의 주재육朱載堉이다. 그 성공의 열쇠는 오랫동안 중국의 음악 이론을 지배해 온 삼분손익법을 과감히 버리고, 연비례連比例 산출법에 따라 한 옥타브를 완전히 12등분한 평균율을 산출하여 구한 데 있다. 그 산출법은 그의 저서인 『악률전서樂律全書』에 실린 『율려정의律呂精義』 내편 1권에 기록되어 있다.

주재육은 명나라 정공왕鄭恭王의 아들로 황족이다. 아버지가 억울하게 반역죄의 누명을 쓰고 유배된 동안, 궁문 바깥에 흙집을 짓고 19년이나 홀로 살았을 정도로 기골 있는 사람이었다.

『율려정의』는 중국 아악의 악리와 악곡, 악기, 무용에 관한 고금의 설을 상세히 논하고, 흐트러진 아악을 올바르게 세우겠다는 뜻에 따라 편찬된 책으로, 명나라와 청나라 때의 음악서 가운데 대표적인 저서로 꼽힌다.

이처럼 중국의 음악서는 궁정 아악의 악리와 예식의 원리를 연구하는 차원에서 만들어졌으며, 음악을 윤리적인 측면에서 다루었다. 따라서 순수예술을 다루는 미학적이자 예술론적인 책은 아니다. 그러나 음조직이 천지자연을 지배하는 음양오행의 표현이라고 보았기 때문에 연구에 많은 노력을 기울였고, 그 연구와 노력의 성과가 이러한 책으로 나타난 것이다.

배우기만 하고 생각하지 않으면 어둡고, 생각만 하고 배우지 않으면 위태롭다

— 『논어』「학이편」 —

742년 42세의 이백은 당나라 조정의 부름을 받고 현종을 만난다. 거기서 그는 적당히 시를 지어 주고 문서를 작성해 주는 허드렛일을 했다. 그가 바라던 그럴듯한 직책을 얻지 못했던 것이다. 그는 정치를 하고 싶었고, 출세도 하고 싶었다. 그는 늘 술을 마셨다. 주로 페르시아 여자들이 시중을 드는 술집 같은 데서 친구들과 포도주를 마셨다고 하는데, 그 돈은 일설에 따르면 페르시아 상인이었던 아버지가 대주었다고 한다. 그는 호방한 성격에다 도교에 깊이 빠져 한때 수행을 하기도 했다.

같은 시대에 그보다 조금 젊은 두보는 학자의 가문에서 태어나 어린 시절부터 천재적인 시재를 자랑했지만, 시험만 쳤다 하면 낙방했다. 44세 때 안녹산의 난을 만나 엄청 고생했고, 전란으로 피폐해진 세상을 걱정하는 시를 지었고, 타향에서 고생하다 죽었다. 그는 유교적 지성이었고, 널리 사람을 사귀고 성실했다.

역사에 새겨진 이미지가 서로 다른 두 시인이 같은 시대를 살았다 하니 참으로 아이러니하다.

두보의 마음을 아프게 했던 내란을 일으킨 장본인인 안녹산은 북방 유목민족 출신으로, 여러 민족의 언어에 능통한 수재이자 수완가였다고 한다. 이 시절에는 민족에 대한 차별 같은 것이 없었을 뿐 아니라 아예 그런 의식조차 없었다는 것이 정설이다. 국민국가가 형성된 근대에 인종이니 민족이니 하는 것이 사람들의 머리에 똬리를 틀기 시작했다는 것은 한 번쯤 생각해 둘 문제가 아닐까 싶다. 이것은 중국 문명의 성립 과정과도 깊은 관계가 있다.

인류는 1만 년 전에 농업혁명을 경험하면서 비약적인 발전을 이루었고, 그 시기에 중국 대륙에서는 세련된 마제석기와 채문토기를 사용하는 앙소문화가 꽃을 피우고 있었다. 예전에는 이 문명이 서쪽에서 전래된 것으로 해석되었는데, 새로운 고고학적 발굴의 결과, 황하 유역에서 자생한 것으로 밝혀졌다고 한다.

더 놀라운 것은 황하 유역뿐 아니라 북으로는 산동 지방, 남으로는 양자강 등 여러 지역에서 문명이 동시에 또는 서로 영향을 미치는 관계를 가지고 발생했다는 사실이 드러나고 있다는 점이다. 중국 대륙이라는 광활한 공간에서 다양한 민족이 석기시대의 오랜 경험과 지혜를 살려 성숙한 문화를 꽃피웠던 것이다.

그 문명이 흘러내려 약 3,500년 전의 은나라에 이르러 한자의 원형인 갑골문자라는 게 발명되었다. 그림문자이면서 뜻을 표현하기에 적절한 이 언어가 만들어졌다는 것은 그만큼 사회가 복잡해져 관념적인 사고와 그것을 기록하는 수단이 필요해졌음을 말해 준다.

온갖 민족의 온갖 언어들을 하나로 통합하는 그 문자가 발명되지 않았더라면 한민족은 성립하지 못했을 것이다. 아마도 중국은 문자로 통일을 이룬 나라라 해도 지나친 말이 아닐 것이다. 오랜 옛날인 BC 470년경에, 그때보다 더 오랜 옛날부터 사람들이 즐겨 부르던 노래를 정리한 『시경』이라는 책이 만들어졌다.

오랜 세월에 걸쳐 중국 문명이 남긴 책은 참으로 내용이 다양하고 양도 많다. 『벽암록』과 같은 선불교 책과 『산해경』과 같은 도교 계통의 책, 『황제내경』과 같은 의학 책, 『육포단』과 같은 애정소설, 『사기』와 같은 역사책, 『육도』와 『삼략』 같은 병법 책, 『명이대방록』과 같이 정치를 다룬 책, 『분서』와 같이 유학을 비판한 책, 『문선』과 같은 시 모음집, 『유림외사』와 같은 풍자소설, 『요재지이』와 같은 괴담소설집, 『열녀전』과 같이 온갖 스타일의 여인을 다룬 책, 『몽구』와 같은 어린이를 위한 교과서, 『안씨가훈』과 같이 생활 지침을 가르쳐 주는 책, 『율려신서』와 같은 음악이론서, 『다경』과 같이 차를 다룬 책, 『진서천문지』와 같이 우주의 구조를 다룬 과학 책, 『판교잡기』와 같이 화류계를 다룬 책, 지금도 널리 읽히는 『논어』 같은 유학의 경전…… 눈이 어지러울 지경이다.

우리나라는 오랜 세월 동안 그들의 문자인 한자를 사용해 왔지만, 현대는 한자 교육을 받지 않은 사람이 대부분이라 그 유산을 원어로 그냥 읽을 수 없게 되었다. 그래서 번역본이 필요하게 되는데, 그 번역본도 가령 『춘추좌씨전』 하나만 보더라도 너무 방대하고 내용도 생소해서 전문가가 아니고서는 전권을 흥미롭게 읽기가 힘들다. 그래서 이런 요약본이 필요한 것이다. 여기에 망라된 책들을 일별하면, 중국의 역사와 문화가 어떻게 흘러왔는지 윤곽이 저절로 그려진다. 나는 이번 번역 작업을 통해 중국의 정신사에 대한 어느 정도의 개관을 얻을 수 있었다. 아마도 이 책의 독자도 나와 같은 경험을 하게 될 수 있을 것이다.

누구든 배우지 않으면 의식이 밝아지지 않는다. 굳이 문자가 아닌 구전으로라도 사람은 배워야 한다. 배우다 보면 누구든 자연히 역사와 만나게 된다. 그 역사라는 것이 굳이 왕조사가 아니어도 된다. 지식에 따라서는 아버지의 아버지가 남긴 것, 자신이 사는 지방에서 옛날부터 전해오는 말과 풍습, 자신이 배우는 어떤 분야의 기원과 그 흐름 같은 것이 모두 역사가 된다. 더 간단히 말하면 내가 아닌 다른 사람이 가졌던 경험과 사고를 접하는 것이 바로 역사의 핵심이라 할 것이다. 나의 좁은 사고력과 상상력을 세련되게 하고, 거기에 깊이를 더하게 하려면, 다른 사람들이 일생에 걸쳐 배우고 생각하고 연구해서 기록해 둔 것들을 보고 접해야 한다. 그 길을 가는 데 이 책이 등불이 되었으면 하는 바람이다.

양 억 관

찾아보기 (도서명)

찾아보기 (인명)

이 책의 집필에 참여한 필자들

가네오카 히데토모 金岡秀友	중국문학가
고다마 신지 駒田信二	중국문학가
구사카 수이 日下翠	九州大學 敎授
나카무라 겐 中村愿	중국문학가
난죠 타케노리 南條竹則	중국문학가, 작가
니와 준페이 丹羽隼平	번역가
다치마 쇼스케 立間祥介	慶應大學 名譽敎授
다케우치 미노루 竹内實	京都大學 名譽敎授
다케우치 요시오 竹内良雄	慶應義塾大學經濟學部 敎授
마루야마 마츠유키 丸山松幸	東京大學 名譽敎授
마츠무라 이치야 松村一弥	중국문학가
마츠에다 시게오 松枝茂夫	都立大學 敎授
모리무라 겐이치 森村謙一	중국 본초학 연구가
모리야 히로시 守屋洋	중국문학가, 작가
무라야마 마코토 村山孚	중국전문가, 수필가
사와다 미즈호 澤田瑞穂	전 早稻田大學經濟學部 敎授
스기야마 후미히코 衫山文彦	중국문학가
아라이야 준코 阿賴耶順宏	追手門學院大學 名譽敎授
야마타니 히로유키 山谷弘之	중국전문가
오쿠히라 타구 奧平卓	번역가
와다 다케시 和田武司	번역가
이마사토 소시 今里素士	중국문학가
이시카와 미사오 石川三佐男	秋田大學敎育學部 敎授
이치가와 히로시 市川宏	法政大學 敎授
히라이 슈ㄴ에이 平井俊榮	駒澤大學 敎授

지은이 **다케우치 미노루 竹內實**

1923년 중국 산동성에서 태어났다. 교토대학 문학부와 도쿄대학 대학원에서 중국문학을 공부했다. 교토대학 인문과학연구소 교수, 리츠메이칸대학 국제관계학부 교수, 북경일본학 연구센터 주임교수 등을 역임했다. 현재 일본에서 중국학의 최고 권위자로 평가받고 있으며, 주요 저서로는 『중국의 사상』, 『마오쩌둥 그 시와 인생』, 『중국은 어디로 가는가』 등이 있다.

옮긴이 **양억관**

1956년 울산에서 태어났다. 경희대 국문과와 동 대학원을 졸업하고, 현재 번역가로 활동하고 있다. 옮긴 책으로는 『관중』, 『장량』, 『남자의 후반생』, 『일본의 신화』, 『스피드』, 『러시 라이프』, 『중력 삐에로』, 『69』, 『조제와 호랑이와 물고기들』, 『스텝 파더 스텝』, 『들돼지를 프로듀스』 등이 있다.

절대지식 중국고전

초판 발행 2006년 10월 15일
개정판 인쇄 2015년 4월 25일
개정판 발행 2015년 4월 27일

지은이 다케우치 미노루 외
옮긴이 양억관
펴낸이 황보태수
기 획 박금희
마케팅 박건원
디자인 정의도, 박해리
교 열 양은희
인 쇄 한영문화사
제 본 한영제책

펴낸곳 이다미디어
주소 서울시 마포구 양화진4길 6번지(합정동 378-34 2층)
전화 02-3142-9612, 9623
팩스 02-3142-9629
이메일 idamedia77@hanmail.net

ISBN 978-89-94597-38-6 04300
      978-89-94597-30-0(세트)